社団法人・財団法人等の法人の理事・監事の法的な責任をめぐる判例と実務

法人の役員の責任の実情と防衛

升田　純〔著〕

民事法研究会

は し が き

　本書は、平成23年5月に刊行された『一般法人・公益法人の役員ハンドブック——役員の責任と責任追及の対応策』（旧著）の改訂版である。

　旧著は、その「はしがき」にも記載したが、当時、民法の公益法人制度が廃止され、一般社団法人及び一般財団法人に関する法律（一般法人法）が施行されて間もない時期（施行は、平成20年12月1日）、ある会議で理事・監事の義務、責任が話題になったことをきっかけに、急遽、平成23年1月頃、それまでに収集していた判例・裁判例をまとめ、執筆に取りかかる等し、当時の社会環境、法律実務の環境を背景として踏まえ、一般法人法の理事・監事等の権限、義務、責任追及の実情、関連する判例・裁判例（参考になる事例として株式会社の事例が多かった）等を紹介し、「役員の責任と責任追及の対応策」を解説する内容の「ハンドブック」として執筆したものであった。

　旧著は、その書名、内容量、内容の構成等に照らし、理事・監事の役員諸氏にとって責任追及の対応策が必要であることを踏まえ、対応策をできるだけわかりやすく説明することに努めたものであるが、実務上どの程度の需要があるかは不明であった。その後約10年を経て、幸い、読者諸氏にある程度受け入れられたようであり、令和4年秋、民事法研究会の田口信義社長から旧著の在庫がなくなったと連絡を受け、同時に、旧著を一般社団法人等の理事・監事の責任、判例・裁判例に関する基本書に改訂してほしいとの提案があったことから、相談のうえ、筆者が具体的な改訂の企画・作業を進めたものである。

　筆者は、令和5年3月頃以降、旧著を読み直し、社団法人・財団法人等の判例・裁判例を追加して収集し、その事案の概要、判決の内容、実務上の意義を取りまとめる等の作業を行ってきた。旧著の改訂作業は、「亀の歩み」のように進行していたところ、令和5年8月、筆者が突然に急病を患い、長期入院を余儀なくされ、その作業が頓挫したものの、入院中に時間の余裕ができたことから、病院で作業を再開し、大半の作業を終えることができ、退院後間もなく、同年11月、完成原稿を民事法研究会に送付することができたものである。しかし、令和6年5月、田口社長が突然逝去され、残念なが

ら、本書の最終原稿を手元において議論することや書評をもらうことができなかった。

　本書は、田口社長の希望を尊重しつつ、旧著における株式会社の取締役等の役員の責任に関する裁判例に関する説明を最小限度にとどめたこと、社団法人・財団法人等の理事・監事の責任に関する判例・裁判例につきその事案の概要、判決の内容、実務上の意義を詳細に説明したこと、株式会社の役員に関する最近の判例・裁判例を参考資料として添付したこと、理事等の権限・義務・責任、責任防衛策に関する説明につき加筆等して修正したこと、本書の書名につき『社団法人・財団法人等の法人の理事・監事の法的な責任をめぐる判例と実務——法人の役員の責任の実情と防衛』に改めたことに特徴があるものである。本書は、旧著を大幅に改訂したものであり、改訂の企画・意図に沿って、読者諸氏の実務上の要望に応えたいと期待しているものである。

　現代社会においては、一般法人法に基づき設立される一般社団法人、一般財団法人（公益社団法人、公益財団法人を含む）、個別の法律に基づき設立される他の類型の社団法人、財団法人、また、法人格を有しない団体による諸活動は、社会にとってますます重要な役割を担い、実際にも有用な効果・影響が得られているが、その活動が増加、拡大、多様化すればするほど、理事・監事等の役員の責任も重く、リスクも高くなるものである。本書が読者諸氏の理事等としての諸活動の責任・リスク防衛に少しでも役立つことがあれば、喜ばしいことである。

　最後に、本書が出版に漕ぎ着けることができたのは、民事法研究会編集部の堺紀美子氏のお世話になったものであり、感謝を申し上げたい。また、本書の原稿、ゲラを前にいつものように議論することができず、残念極まりないが、ようやく田口社長の要請に応えることができたとの気持ちを込めて、本書を田口社長のご霊前に捧げたい。

　　令和7年1月吉日

　　　　　　　　　　　　　　　　　　　　　　　　　升田　　純

はしがき（旧著）

　本書は、一般社団法人、一般財団法人、公益社団法人、公益財団法人の理事、監事、評議員（評議員は、一般財団法人、公益財団法人の場合）の権限・義務の概要を紹介し、権限の行使・不行使、義務の履行・不履行に伴う損害賠償責任の概要と損害賠償責任の追及の実情と防衛のための対策を紹介したものである。

　本書は、筆者が民法法人から公益社団法人、公益財団法人への組織替えが議論されている会議で、理事等の役員の責任につき質問を受け、説明をしたことがきっかけとなって執筆したものである。筆者としては、関連する法律の規定を概説書等を参考にして概要を適切に説明したつもりではあったが、実際に理事等の責任がどう追及されるのかがわかりにくいとの指摘を受け、自分でもそのような指摘はもっともであると思うに至ったからである。

　民法法人の下では、多くの人が理事等として民法法人の運営を遂行し、あるいは運営を支えてきたものであるが（多くの人は無報酬で活動をしてきた）、一般社団法人等の新法人制度の下では、理事等の権限、義務、責任等に関する法律の規定が多数設けられ、詳細かつ複雑な規定が設けられるに至っているために、わかりにくいのである。しかも、理事等の方々が従来の意識で理事等の職務を遂行することには、法律の観点からは責任追及のリスクを増大させることになる。また、一般社団法人等の新法人を取り巻く社会の環境、人々の意識も相当に変化しているが、理事等の方々が環境の変化に鈍感でいると、実際上責任追及のリスクを増大させることにもなる。

　理事等の方々の多くは、所属する一般社団法人、公益社団法人の目的を実現するために誠実にその職務を遂行し、その活動に熱意をもって取り組んでいるが、不幸にしてその活動に伴って法人、関係者に損失が生じることは避けられないのが実情である。この損失の負担が問題になると、人によっては理事等の責任を指摘する者が出てくることも最近の社会の風潮である。

　本書は、理事、監事、評議員の方々が誠実かつ熱意をもって一般社団法人、公益社団法人等の活動に関与していたのに、不幸にしてその損害賠償責任を追及される事例が今後増加するものと予想されることを想定し、責任追

はしがき（旧著）

及の過程の実態、訴訟への応訴・追行の実情等を紹介することによって、責任追及からの防衛対策を提示しようとしたものである。理事等として活動していると、さまざまな不幸な事態に直面することがあるが、事前の対策をとっておくことによってこのような事態に適切に対応するとともに、理事等の職務、活動をより実りの多いものにすることができるものと信じている。備えあれば、憂いなしである。

　本書が出版に漕ぎ着けられたのは、民事法研究会代表取締役の田口信義氏と編集部の南伸太郎氏のご協力のおかげであり、この場をお借りして感謝を申し上げる次第である。

　　平成23年5月吉日

升田　　純

『社団法人・財団法人等の法人の理事・監事の法的な責任をめぐる判例と実務』

目　　次

第1章　法人の理事・監事をめぐる紛争の実態

　1　社会生活・活動と責任・・1

　2　理事・監事の利用範囲と利用度・・・・・・・・・・・・・・・・・・・・・・・・・・・・・・・5

　3　法人制度の概要・・・11

　4　公益法人等の法人制度の改正・・・・・・・・・・・・・・・・・・・・・・・・・・・・・・13

　5　理事・監事の心構え・・17

　6　理事・監事の勧誘と就任の経緯・理由・・・・・・・・・・・・・・・・・・・・20

　7　役員と経営関与の実態・・・・・・・・・・・・・・・・・・・・・・・・・・・・・・・・・・・・22

　8　法人の経営に係るリスクと損失・損害の発生・・・・・・・・・・・・・・・23

　9　理事・監事の損害賠償責任以外の責任・・・・・・・・・・・・・・・・・・・・・24

　10　現代社会の特徴——法令遵守・コンプライアンスの横行・・・・・・・・・26

　11　現代型投資社会における理事・監事のリスク・・・・・・・・・・・・・・・・・28

　12　人間関係の緊密な公益法人・中間法人の紛争の実態・・・・・・・・・・・・・29

　13　理事らの責任追及のリスクが増大する場面——従来の裁判例の

　　　特徴の一つ・・30

　14　理事らの責任追及の厳格化の動向・・・・・・・・・・・・・・・・・・・・・・・・・・32

　15　法人を取り巻くさまざまな環境の変化と社会常識の変化・・・・・・・・・33

　16　理事らの権限・義務の理解の重要性・・・・・・・・・・・・・・・・・・・・・・・・34

　17　理事らの法的な責任の視点からみた一般法人法の評価・・・・・・・・・・・35

　18　一般法人法の制定による新法人制度制定の経緯と構造・・・・・・・・・・・36

　19　民法の制度の下における理事会・評議員会の運営と雰囲気を振

　　　り返る・・37

　20　旧民法の法人制度の下における理事・監事の責任問題・・・・・・・・・・・39

第2章　一般社団法人の概要

1　一般社団法人における理事・監事・・・・・・・・・・・・・・・・・・・・・・・・・・・・・41

2　一般社団法人の機関の基本構造・・・・・・・・・・・・・・・・・・・・・・・・・・・・・41

3　理事らの基本的義務——善管注意義務・・・・・・・・・・・・・・・・・・・・・・42

4　理事の業務執行に伴うリスク・・・・・・・・・・・・・・・・・・・・・・・・・・・・・43

5　理事の法令等の遵守義務・忠実義務・・・・・・・・・・・・・・・・・・・・・・・46

6　理事の守秘義務・善管注意義務・・・・・・・・・・・・・・・・・・・・・・・・・・・47

7　競業取引・利益相反取引の制限・・・・・・・・・・・・・・・・・・・・・・・・・・48

8　著しい損害を及ぼすおそれのある事実の報告義務・・・・・・・・・・・・・50

9　理事会と理事との職務・権限の分配・・・・・・・・・・・・・・・・・・・・・・51

10　理事の監督義務・・52

11　一般社団法人の理事の権限・義務の概観・・・・・・・・・・・・・・・・・・・53

12　一般社団法人の理事の権限・義務・・・・・・・・・・・・・・・・・・・・・・・・55

　⑴　社員総会招集権（一般法人法36条1項ないし3項）・・・・・・・・・・・・・55

　⑵　社員総会参考書類・議決権行使書面の交付義務（一般法人法

　　　41条、42条）・・・56

　⑶　社員総会における説明義務（一般法人法53条）・・・・・・・・・・・・・・・56

　⑷　業務執行権（一般法人法76条、91条）・・・・・・・・・・・・・・・・・・・・・57

　⑸　法人の代表権（一般法人法77条）・・・・・・・・・・・・・・・・・・・・・・・・57

　⑹　忠実義務（一般法人法83条）・・・・・・・・・・・・・・・・・・・・・・・・・・・・58

　⑺　競業に関する承認取得義務・理事会報告義務（一般法人法84

　　　条、92条）・・・59

　⑻　利益相反取引に関する承認取得義務・理事会報告義務（一般

　　　法人法84条、92条）・・・・・・・・・・・・・・・・・・・・・・・・・・・・・・・・・・・・・59

　⑼　損害報告義務（一般法人法85条）・・・・・・・・・・・・・・・・・・・・・・・・60

　⑽　理事会招集権（一般法人法93条）・・・・・・・・・・・・・・・・・・・・・・・・61

　⑾　理事会における議決権（一般法人法95条）・・・・・・・・・・・・・・・・・61

　⑿　一般社団法人に対する損害賠償責任の一部免除に関する開示

　　　義務（一般法人法113条2項）・・・・・・・・・・・・・・・・・・・・・・・・・・・・62

⒀　定款に基づく一般社団法人に対する損害賠償責任の一部免除
　　　権（一般法人法114条）・・63
⒁　計算書類等の承認権（一般法人法124条3項）・・・・・・・・・・・・・・・・63
⒂　計算書類等の社員への提供義務（一般法人法125条）・・・・・・・・・64
⒃　計算書類等の定時社員総会への提出・提供義務（一般法人法
　　　126条1項）・・65
⒄　事業報告内容の定時社員総会への報告義務（一般法人法126
　　　条3項）・・65
⒅　計算書類の定時社員総会への報告義務（一般法人法127条）・・・・・・65
⒆　その他・・・65
13　一般社団法人の監事の権限・義務・・・・・・・・・・・・・・・・・・・・・・・・・・・・66
　⑴　監事の職務の概要・・66
　⑵　業務監査権（一般法人法99条1項）・・・・・・・・・・・・・・・・・・・・・・・・67
　⑶　会計監査権（一般法人法124条1項）・・・・・・・・・・・・・・・・・・・・・・・68
　⑷　不正行為等の報告義務（一般法人法100条）・・・・・・・・・・・・・・・・68
　⑸　理事会への出席義務等（一般法人法101条1項・2項）・・・・・・・・・・69
　⑹　社員総会に提出する議案等の調査・報告義務（一般法人法
　　　102条）・・69
　⑺　監事の理事に対する不正行為等差止請求権（一般法人法103
　　　条1項）・・70
　⑻　訴訟の代表権（一般法人法81条）・・・・・・・・・・・・・・・・・・・・・・・・・・71
14　一般法人法の下における一般社団法人の理事・監事の権限・義
　　　務の拡大・・・72

第3章　一般財団法人の概要
1　一般財団法人における機関構成・・・・・・・・・・・・・・・・・・・・・・・・・・・・・・・・74
2　理事の権限・義務の概観・・・・・・・・・・・・・・・・・・・・・・・・・・・・・・・・・・・・・・75
3　一般財団法人の理事の権限・義務・・・・・・・・・・・・・・・・・・・・・・・・・・・・・・76
　⑴　基本財産の維持等義務（一般法人法172条2項）・・・・・・・・・・・・・・76

目　次

　⑵　評議員会の招集権（一般法人法 179 条 3 項）・・・・・・・・・・・・・・・・77

　⑶　評議員会における説明義務（一般法人法 190 条）・・・・・・・・・・・・・77

　⑷　業務執行権（一般法人法 197 条、91 条）・・・・・・・・・・・・・・・・・・・78

　⑸　法人の代表権（一般法人法 197 条、77 条 4 項、90 条）・・・・・・・・・79

　⑹　忠実義務（一般法人法 197 条、83 条）・・・・・・・・・・・・・・・・・・・・80

　⑺　競業に関する承認取得義務・理事会報告義務（一般法人法

　　　197 条、84 条、92 条 2 項）・・・・・・・・・・・・・・・・・・・・・・・・・・・・・・80

　⑻　利益相反取引に関する承認取得義務・理事会報告義務（一般

　　　法人法 197 条、84 条、92 条 2 項）・・・・・・・・・・・・・・・・・・・・・・・81

　⑼　損害報告義務（一般法人法 197 条、85 条）・・・・・・・・・・・・・・・・・81

　⑽　理事会招集権（一般法人法 197 条、93 条、94 条）・・・・・・・・・・・・82

　⑾　理事会における議決権（一般法人法 197 条、95 条）・・・・・・・・・・・82

　⑿　一般財団法人に対する損害賠償責任の一部免除に関する開示

　　　義務（一般法人法 198 条、113 条 2 項）・・・・・・・・・・・・・・・・・・・84

　⒀　定款に基づく一般財団法人に対する損害賠償責任の一部免除

　　　権（一般法人法 198 条、114 条）・・・・・・・・・・・・・・・・・・・・・・・・・84

　⒁　計算書類等の承認権（一般法人法 199 条、124 条 3 項）・・・・・・・・85

　⒂　計算書類等の評議員への提供義務（一般法人法 199 条、125 条）・・・86

　⒃　計算書類等の定時評議員会への提出・提供義務（一般法人法

　　　199 条、126 条 1 項 3 号）・・・・・・・・・・・・・・・・・・・・・・・・・・・・・86

　⒄　事業報告内容の定時評議員会への報告義務（一般法人法 199

　　　条、126 条 3 項）・・・・・・・・・・・・・・・・・・・・・・・・・・・・・・・・・・・・・86

　⒅　計算書類の定時評議員会への報告義務（一般法人法 199 条、

　　　127 条）・・・86

　⒆　その他・・86

4　一般財団法人の監事の権限・義務・・・・・・・・・・・・・・・・・・・・・・・・・・87

5　一般法人法の下における一般財団法人の理事・監事の権限・義

　　務の拡大・・87

第4章　一般社団法人・一般財団法人の理事・監事の責任

1　理事・監事の損害賠償責任の様相····························89

2　理事・監事の不法行為責任······························94

(1)　問題の所在····································94

(2)　裁判例······································95

〔裁判例1〕　東京地判平成10・7・13判時1678号99頁············95

〔裁判例2〕　東京地判平成18・12・12判時1981号53頁···········95

〔裁判例3〕　東京地判平成21・1・30判時2035号145頁···········96

〔裁判例4〕　名古屋地判平成27・6・30金判1474号32頁···········96

〔裁判例5〕　東京地判平成28・3・16判時2314号129頁···········97

〔裁判例6〕　名古屋地判平成28・6・15金判1570号55頁···········97

〔裁判例7〕　名古屋高判平成30・4・18金判1570号47頁···········98

〔裁判例8〕　東京地判平成29・6・6判時2402号19頁············99

〔裁判例9〕　東京高判平成30・4・11判時2402号6頁············99

〔裁判例10〕　名古屋地判平成29・12・27金判1539号16頁·······100

〔裁判例11〕　福岡地判平成30・9・14判時2413・2414号195頁···101

〔裁判例12〕　東京地判平成31・4・26金法2142号57頁··········102

3　不法行為以外の損害賠償責任の類型····················102

4　理事・監事の一般社団法人・一般財団法人に対する損害賠償責任

······································104

(1)　問題の所在····································104

(2)　裁判例·····································105

〔裁判例13〕　大阪地判平成12・5・31判時1742号141頁··········105

〔裁判例14〕　大阪地判平成12・6・21判時1742号146頁··········105

〔裁判例15〕　東京地判平成17・6・27判時1923号139頁··········106

〔裁判例16〕　東京地判平成19・9・27判時1986号146頁、金判

1278号18頁·······························106

〔裁判例17〕　さいたま地判平成22・3・26金判1344号47頁·······107

〔裁判例18〕　東京地判平成27・3・26判時2271号121頁··········108

〔裁判例 19〕　大阪地判平成 25・12・26 判時 2220 号 109 頁、金判
　　　　1435 号 42 頁 ……………………………………………108

〔裁判例 20〕　大阪高判平成 27・5・21 判時 2279 号 96 頁、金判
　　　　1469 号 16 頁 ……………………………………………109

〔裁判例 21〕　東京地判平成 28・5・19 金判 1502 号 42 頁 …………109

〔裁判例 22〕　東京地判平成 28・9・29 判時 2386 号 78 頁、金判
　　　　1507 号 26 頁 ……………………………………………110

〔裁判例 23〕　東京地判平成 20・1・17 判時 2012 号 117 頁 ………112

〔裁判例 24〕　東京地判平成 20・3・27 判時 2005 号 80 頁 …………112

〔裁判例 25〕　東京地判平成 21・10・22 判時 2064 号 139 頁 ………112

〔裁判例 26〕　福岡地判平成 23・1・26 金判 1367 号 41 頁 …………113

〔裁判例 27〕　東京地判平成 24・3・15 判時 2150 号 127 頁 ………114

〔裁判例 28〕　大阪地判平成 24・9・28 判時 2169 号 104 頁 ………114

5　理事・監事の第三者責任 ……………………………………………116

（1）　問題の所在 …………………………………………………………116

（2）　判　　例 ……………………………………………………………117

（3）　裁判例 ………………………………………………………………120

〔裁判例 29〕　横浜地判平成 24・7・17 判時 2162 号 99 頁、金法
　　　　1994 号 89 頁 ……………………………………………120

〔裁判例 30〕　東京高判平成 25・2・27 判時 2246 号 17 頁 …………121

〔裁判例 31〕　大阪高判平成 26・12・19 判時 2250 号 80 頁 ………121

〔裁判例 32〕　大阪地判平成 28・5・30 金判 1495 号 23 頁 …………122

〔裁判例 33〕　東京地判平成 28・9・27 判時 2370 号 79 頁 …………122

第 5 章　一般財団法人の評議員の義務と責任の概要

1　一般財団法人の評議員・評議員会に関する規定 ………………124

2　評議員会の権限・義務の変化の概要 ………………………………124

3　評議員会の権限・義務の詳解 ………………………………………126

（1）　理事・監事の解任権（一般法人法 176 条 1 項） ………………126

(2)　会計監査人の解任権（一般法人法 176 条 2 項）‥‥‥‥‥‥‥‥127

(3)　理事・監事の選任権（一般法人法 177 条、63 条）‥‥‥‥‥‥‥128

(4)　会計監査人の選任権（一般法人法 177 条、63 条）‥‥‥‥‥‥128

(5)　評議員の選任権・解任権（一般法人法 153 条 1 項 8 号）‥‥‥‥128

(6)　評議員会における議決権（一般法人法 178 条、189 条）‥‥‥‥128

(7)　評議員会の招集請求権（一般法人法 180 条）‥‥‥‥‥‥‥‥129

(8)　評議員会の目的事項請求権（一般法人法 184 条）‥‥‥‥‥‥129

(9)　評議員会の議案提案権（一般法人法 185 条）‥‥‥‥‥‥‥‥129

(10)　評議員会の議案の要領通知請求権（一般法人法 186 条 1 項）‥‥‥130

(11)　評議員会の招集手続等に関する検査役選任申立権（一般法人
　　法 187 条 1 項）‥‥‥‥‥‥‥‥‥‥‥‥‥‥‥‥‥‥‥‥‥130

(12)　評議員会の議事録の閲覧・謄写請求権（一般法人法 193 条 4 項）
　　‥‥‥‥‥‥‥‥‥‥‥‥‥‥‥‥‥‥‥‥‥‥‥‥‥‥‥‥130

(13)　評議員会の書面等の閲覧・謄写請求権（一般法人法 194 条 3 項）
　　‥‥‥‥‥‥‥‥‥‥‥‥‥‥‥‥‥‥‥‥‥‥‥‥‥‥‥‥131

(14)　一般財団法人に対する損害賠償責任の免除に関する同意権
　　（一般法人法 198 条、112 条）‥‥‥‥‥‥‥‥‥‥‥‥‥‥‥131

(15)　一般財団法人に対する損害賠償責任の一部免除権（一般法人
　　法 198 条、113 条 1 項）‥‥‥‥‥‥‥‥‥‥‥‥‥‥‥‥‥132

(16)　定款に基づく一般財団法人に対する損害賠償責任の一部免除
　　に関する異議権（一般法人法 198 条、114 条 4 項）‥‥‥‥‥‥132

(17)　会計帳簿の閲覧・謄写請求権（一般法人法 199 条、121 条 1 項）
　　‥‥‥‥‥‥‥‥‥‥‥‥‥‥‥‥‥‥‥‥‥‥‥‥‥‥‥‥133

(18)　計算書類の承認権（一般法人法 199 条、126 条 2 項）‥‥‥‥‥133

(19)　計算書類等の閲覧・謄写請求権（一般法人法 199 条、129 条 3 項）
　　‥‥‥‥‥‥‥‥‥‥‥‥‥‥‥‥‥‥‥‥‥‥‥‥‥‥‥‥134

(20)　定款の変更決議権（一般法人法 200 条）‥‥‥‥‥‥‥‥‥‥134

(21)　事業の全部譲渡の決議権（一般法人法 201 条）‥‥‥‥‥‥‥134

4　評議員の損害賠償責任‥‥‥‥‥‥‥‥‥‥‥‥‥‥‥‥‥‥‥‥134

第6章　一般社団法人等の理事・監事の責任をめぐる裁判例

I　理事・監事の所属する一般社団法人等に対する法的な責任‥‥‥‥137

　1　概　要‥‥‥‥‥‥‥‥‥‥‥‥‥‥‥‥‥‥‥‥‥‥‥‥‥‥‥137

　2　裁判例の実情‥‥‥‥‥‥‥‥‥‥‥‥‥‥‥‥‥‥‥‥‥‥‥142

　　〔裁判例1〕組合員らが美容環境衛生組合の理事長、副理事長、
　　　常務理事に対して美容学校の設立計画の中止に係る任務懈怠
　　　責任を追及した事例（仙台地判昭和52・9・7判時893号88頁）
　　　‥‥‥‥‥‥‥‥‥‥‥‥‥‥‥‥‥‥‥‥‥‥‥‥‥‥‥‥142

　　〔裁判例2〕組合員が企業組合の理事の善管注意義務・忠実義務
　　　違反を追及した事例（上告審）（最二小判昭和54・2・23民集
　　　33巻1号125頁、判時922号42頁）‥‥‥‥‥‥‥‥‥‥‥146

　　〔裁判例3〕信用組合が理事長のトップ貸しによる任務懈怠責任
　　　を追及した事例（東京地判昭和60・8・30判時1198号120頁）
　　　‥‥‥‥‥‥‥‥‥‥‥‥‥‥‥‥‥‥‥‥‥‥‥‥‥‥‥‥148

　　〔裁判例4〕財団法人と監事との間における不正の決算書をめぐ
　　　る紛争で財団法人の名誉毀損・信用毀損が問題になった事例
　　　（神戸地判昭和60・11・29判時1209号115頁）‥‥‥‥‥149

　　〔裁判例5〕組合員が商店街振興組合の理事長の善管注意義務違
　　　反を追及した事例（大阪地判昭和63・1・29判時1300号134頁）
　　　‥‥‥‥‥‥‥‥‥‥‥‥‥‥‥‥‥‥‥‥‥‥‥‥‥‥‥‥152

　　〔裁判例6〕社団法人の理事・監事に対する損害賠償請求訴訟の
　　　提起と特別代理人の選任が問題になった事例（控訴審）（名
　　　古屋高金沢支決昭和63・11・15判タ700号216頁）‥‥‥‥154

　　〔裁判例7〕農業協同組合が組合長理事に対して多額の国債購入
　　　に係る定款違反・善管注意義務違反・任務懈怠責任を追及し
　　　た事例（静岡地判平成3・7・30判タ774号260頁、金法1301号
　　　31頁、金判876号20頁）‥‥‥‥‥‥‥‥‥‥‥‥‥‥‥‥157

　　〔裁判例8〕組合員らが事業協同組合の理事長、副理事長、専務
　　　理事に対して金員の不法領得等責任を追及した事例（大阪地

判平成 6・3・1 判タ 893 号 269 頁）・・・・・・・・・・・・・・・・・・・・・・・・・・・・・159

〔裁判例 9〕社団法人の社員が理事らに対して解任を追及した事
例（東京地判平成 7・3・6 金法 1445 号 62 頁）・・・・・・・・・・・・・・・・・161

〔裁判例 10〕区分所有者が権利能力なき社団であるマンション管
理組合の理事長に対して改修工事に係る善管注意義務違反を
追及した事例（神戸地判平成 7・10・4 判時 1569 号 89 頁）・・・・・・・162

〔裁判例 11〕組合員が提起した信用組合の代表理事らに対する損
害賠償を請求する代表訴訟につき信用組合が補助参加を申し
立てた事例（東京地決平成 7・11・30 判タ 904 号 198 頁、金法
1443 号 40 頁、金判 991 号 37 頁）・・・・・・・・・・・・・・・・・・・・・・・・・・164

〔裁判例 12〕組合員らが提起した農業協同組合の理事らに対する
損害賠償を請求する代表訴訟につき理事らが担保の提供を申
し立てた事例（大阪地決平成 9・9・29 判時 1629 号 136 頁）・・・・・・164

〔裁判例 13〕農業協同組合が理事に対して貸金債権管理に係る任
務懈怠責任を追及した事例（上告審）（最三小判平成 9・12・16
判時 1627 号 144 頁）・・・・・・・・・・・・・・・・・・・・・・・・・・・・・・・・・・・165

〔裁判例 14〕組合員らが協同組合の理事らに対して自己取引責任
を追及した事例（名古屋地判平成 10・10・26 判時 1680 号 128
頁）・・・168

〔裁判例 15〕農業協同組合が組合長理事・理事に対して決議なし
で土地・建物を購入したことにつき忠実義務違反を追及した
事例（東京高判平成 11・5・27 判時 1718 号 58 頁）・・・・・・・・・・・・・173

〔裁判例 16〕漁業協同組合が理事・監事らに対して理事会の決議
なしで土地・建物を購入したことによる忠実義務違反を追及
した事例（札幌地浦河支判平成 11・8・27 判タ 1039 号 243 頁）
・・・176

〔裁判例 17〕整理回収機構が経営破綻した信用組合の理事らに対
して貸金の回収不能に係る善管注意義務違反を追及した事例
（大阪地判平成 12・5・24 判時 1734 号 127 頁）・・・・・・・・・・・・・・・184

〔裁判例 18〕整理回収機構が経営破綻した信用組合の理事らに対

して貸金の回収不能に係る善管注意義務違反を追及した事例
（大阪地判平成 12・9・8 判時 1756 号 151 頁）‥‥‥‥‥‥‥‥187

〔裁判例 19〕整理回収機構が経営破綻した信用組合の理事らに対
して貸金の回収不能に係る善管注意義務違反を追及した事例
（大阪地判平成 13・3・30 判タ 1072 号 242 頁）‥‥‥‥‥‥‥189

〔裁判例 20〕整理回収機構が経営破綻した信用組合の理事長らに
対して貸金の回収困難に係る善管注意義務違反を追及した事
例（大阪地判平成 13・5・28 判時 1768 号 121 頁、金判 1125 号
30 頁）‥‥‥‥‥‥‥‥‥‥‥‥‥‥‥‥‥‥‥‥‥‥‥‥‥‥193

〔裁判例 21〕組合員、金融管財人が経営破綻した信用組合の理事、
代表理事の相続人に対して貸金の回収不能に係る忠実義務違
反を追及した事例（東京地判平成 13・5・31 判時 1759 号 131
頁）‥‥‥‥‥‥‥‥‥‥‥‥‥‥‥‥‥‥‥‥‥‥‥‥‥‥‥198

〔裁判例 22〕信用組合が理事長に対して貸金の回収不能等に係る
職務誠実遂行義務・忠実義務違反を追及した事例（津地判平
成 13・10・3 判時 1781 号 156 頁、判タ 1207 号 255 頁）‥‥‥‥201

〔裁判例 23〕吸収合併した農業協同組合が経営破綻し、吸収され
た農業協同組合の専務理事に対して株式投資信託に係る善管
注意義務違反を追及した事例（控訴審）（東京高判平成 13・12
・26 判時 1783 号 145 頁）‥‥‥‥‥‥‥‥‥‥‥‥‥‥‥‥‥202

〔裁判例 24〕組合員が漁業協同組合の代表理事、専務理事らに対
して漁業補償金の配分に係る善管注意義務違反・忠実義務違
反を追及した事例（松山地判平成 14・3・15 判タ 1138 号 118
頁）‥‥‥‥‥‥‥‥‥‥‥‥‥‥‥‥‥‥‥‥‥‥‥‥‥‥‥205

〔裁判例 25〕整理回収機構が経営破綻した信用組合の理事長らに
対して貸金の回収困難に係る善管注意義務違反を追及した事
例（控訴審）（大阪高判平成 14・3・29 金判 1143 号 16 頁）‥‥‥‥207

〔裁判例 26〕整理回収機構が経営破綻した信用組合の理事長に対
して貸金の回収不能に係る任務懈怠責任を追及した事例（大
阪地判平成 14・10・30 判タ 1163 号 304 頁）‥‥‥‥‥‥‥‥‥210

〔裁判例27〕吸収合併した農業協同組合が経営破綻し、吸収され
た農業協同組合の専務理事に対して株式投資信託に係る善管
注意義務違反を追及した事例（上告審）（最三小判平成15・12
・16判時1846号102頁）‥‥‥‥‥‥‥‥‥‥‥‥‥‥‥‥‥213

〔裁判例28〕整理回収機構が経営破綻した信用組合の理事長、副
理事長らに対して不正経理等に係る善管注意義務違反・忠実
義務違反等を追及した事例（東京地判平成17・1・31判タ1182
号254頁）‥‥‥‥‥‥‥‥‥‥‥‥‥‥‥‥‥‥‥‥‥‥‥216

〔裁判例29〕県の住宅供給公社の経理担当の職員が長期にわたり
預金口座から多額の金銭を無断で払い戻し、着服横領したこ
とにつき、公社が理事長、副理事長、専務理事、理事、監事
に対して債務不履行責任を追及した事例（青森地判平成18・
2・28判時1963号110頁）‥‥‥‥‥‥‥‥‥‥‥‥‥‥‥‥218

〔裁判例30〕整理回収機構が経営破綻した信用組合の専務理事に
対して手形貸付け・手形割引の回収不能に係る善管注意義務
違反・忠実義務違反を追及した事例（東京地判平成18・7・6
判時1949号154頁、判タ1235号286頁）‥‥‥‥‥‥‥‥‥‥225

〔裁判例31〕整理回収機構が経営破綻した信用組合の常務理事に
対して貸金の回収不能に係る善管注意義務違反・忠実義務違
反を追及した事例（東京地判平成18・12・21判時1959号152
頁）‥‥‥‥‥‥‥‥‥‥‥‥‥‥‥‥‥‥‥‥‥‥‥‥‥‥229

〔裁判例32〕農業協同組合が代表理事、理事に対してその理事の
親族等の経営する株式会社に融資をし、回収不能になったこ
とに係る善管注意義務違反・忠実義務違反を追及した事例
（盛岡地判平成19・7・27判タ1294号264頁）‥‥‥‥‥‥‥‥232

〔裁判例33〕漁業協同組合連合会が代表理事、専務理事に対して
所属漁業協同組合のモズク等の漁獲物在庫の管理・販売に係
る善管注意義務違反・監督指導義務違反を追及した事例（那
覇地判平成20・6・25判時2027号91頁）‥‥‥‥‥‥‥‥‥‥236

〔裁判例34〕農業協同組合が合併するに当たって役員の損害賠償

15

責任を定める特約が締結された場合、組合員が理事、監事ら
に対して特約に基づく責任を追及した事例（上告審）（最三小
判平成 21・3・31 民集 63 巻 3 号 472 頁、判時 2065 号 145 頁、金
判 1342 号 39 頁）・・238

〔裁判例 35〕農業協同組合が監事に対して施設の建設事業の調査、
確認を怠った任務懈怠責任を追及した事例（上告審）（最二小
判平成 21・11・27 判時 2067 号 136 頁、金判 1342 号 22 頁）・・・・・・・・244

〔裁判例 36〕会員が信用金庫の専務理事、常務理事に対して貸金
の回収不能に係る善管注意義務違反・忠実義務違反を追及し
た事例（宮崎地判平成 23・3・4 判時 2115 号 118 頁）・・・・・・・・・・・・・・248

〔裁判例 37〕学校法人が退職した理事・歯科医師の退職金支払請
求に対して投資運用に係る善管注意義務違反を追及した事例
（横浜地横須賀支判平成 23・9・12 判タ 1370 号 169 頁）・・・・・・・・・・・・252

〔裁判例 38〕団地自治会の構成員が会長らに対して横領に係る不
法行為責任等を追及した事例（東京地判平成 24・6・8 判時
2163 号 58 頁）・・・256

〔裁判例 39〕漁業協同組合が理事長に対して従業員、理事の横領
に係る善管注意義務違反・忠実義務違反を追及した事例（松
山地今治支判平成 24・8・23 判時 2173 号 111 頁）・・・・・・・・・・・・・・・・258

〔裁判例 40〕マンションの管理組合（権利能力なき社団）が代表者
の相続人らに対して代表者による管理費、積立金等の私的費
消に係る不法行為責任を追及した事例（東京地判平成 27・3・
13 判時 2273 号 88 頁）・・・・・・・・・・・・・・・・・・・・・・・・・・・・・・・・・・・260

〔裁判例 41〕マンションの管理組合法人が理事長、副理事長、会
計監査役員に対して会計担当理事による管理費等の着服横領
に係る善管注意義務違反等を追及した事例（東京地判平成 27
・3・30 判時 2274 号 57 頁）・・・・・・・・・・・・・・・・・・・・・・・・・・・・・・・262

〔裁判例 42〕会員が権利能力なき社団である協議会の会長、副会
長らに対して専務理事による高額な報酬の受領に係る忠実義
務違反を追及した事例（東京地判平成 27・11・9 判時 2293 号

67頁）‥‥‥‥‥‥‥‥‥‥‥‥‥‥‥‥‥‥‥‥‥‥‥‥‥‥266

〔裁判例43〕組合員が農業協同組合の代表理事、常勤理事、非常
　　　勤理事らに対して全額出資の会社の経営悪化・清算に係る善
　　　管注意義務違反等を追及した事例（宮崎地延岡支判平成28・3
　　　・25金判1532号33頁）‥‥‥‥‥‥‥‥‥‥‥‥‥‥‥‥‥268

〔裁判例44〕農業共済組合連合会が会長理事の相続人、常務理事
　　　に対して善管注意義務違反を追及した事例（控訴審）（東京高
　　　判平成28・8・10判タ1434号121頁）‥‥‥‥‥‥‥‥‥‥274

〔裁判例45〕組合員が農業協同組合の代表理事、常勤理事、非常
　　　勤理事らに対して全額出資の会社の経営悪化・清算に係る善
　　　管注意義務違反等を追及した事例（控訴審）（福岡高宮崎支判
　　　平成29・11・17金判1532号14頁）‥‥‥‥‥‥‥‥‥‥‥277

〔裁判例46〕マンションの管理組合（権利能力なき社団）の前理事
　　　長が管理組合に対して在任中に行った大規模工事の施工に係
　　　る損害賠償責任等を争った事例（東京地判平成30・11・28判
　　　時2446号18頁、金判1589号37頁）‥‥‥‥‥‥‥‥‥‥‥283

〔裁判例47〕農業協同組合の理事が定年前に退任したことに伴い、
　　　農協の子会社の取締役に就任した後、任期に関する定款変更
　　　により退任させられ、農協の子会社の責任を追及した事例
　　　（名古屋地判令和元・10・31金判1588号36頁）‥‥‥‥‥‥286

〔裁判例48〕マンションの管理組合（権利能力なき社団）の前理事
　　　長が管理組合に対して在任中に行った大規模工事の施工に係
　　　る損害賠償責任等を争った事例（控訴審）（東京高判令和元・
　　　11・20判時2446号3頁、金判1589号24頁）‥‥‥‥‥‥‥288

〔裁判例49〕学校法人が三代目理事長（初代理事長・二代目理事長
　　　夫婦の娘）について、二代目理事長の退職金の支払い、死亡
　　　の際の弔慰金の支払い、自己の外国渡航の際の費用等を理由
　　　に解任したため、学校法人の責任が追及された事例（東京地
　　　判令和3・7・1金判1634号28頁）‥‥‥‥‥‥‥‥‥‥‥294

〔裁判例50〕事業協同組合の組合員が理事に対して任務懈怠責任

17

を追及した事例（東京地判令和 3・8・30 金判 1635 号 37 頁）
……………………………………………………………………299

〔裁判例 51〕公益社団法人において役員候補者の選任を拒否した
ことにつき候補者が法人の不法行為責任を追及した事例（控
訴審）（東京高判令和 4・5・31 判時 2576 号 67 頁）……………302

Ⅱ　理事・監事の同僚の理事・監事に対する法的な責任………………305
　1　概　要………………………………………………………………305
　2　裁判例の実情………………………………………………………307
　〔裁判例 52〕財団法人において理事長の常務理事に関する雑誌記
事、文書の送付による名誉毀損が問題になった事例（東京地
判平成 9・3・25 判タ 960 号 229 頁）………………………………307
　〔裁判例 53〕学校法人において専門学校設置計画を推進していた
理事長と理事、監事との間の計画妨害の法的責任が問題にな
った事例（静岡地判平成 9・11・28 判時 1654 号 92 頁）…………310
　〔裁判例 54〕社団法人支部において役員間に内紛が発生し、怪文
書等が配布される等したため、双方の役員の相手方に対する
名誉毀損に係る法的責任が問題になった事例（東京地判平成
9・12・24 判タ 987 号 222 頁）……………………………………313
　〔裁判例 55〕協同組合において初代代表理事と後継代表理事らと
の間に内紛が発生し、後継代表理事が新聞記者に初代代表理
事に関する情報を提供し記事が掲載されたため、協同組合、
後継代表理事の名誉毀損に係る法的責任が問題になった事例
（大阪地判平成 10・3・31 判タ 998 号 230 頁）……………………316
　〔裁判例 56〕財団法人の理事らに対立が発生し、常勤を解かれた
理事が地位保全の仮処分を申し立てた際に裁判所に提出する
ために作成した陳述書の写しが、他の理事によって週刊誌の
記者に交付され、記事が週刊誌に掲載されたため、理事のプ
ライバシー侵害の法的責任が問題になった事例（控訴審）（東
京高判平成 13・7・18 判時 1751 号 75 頁）………………………318

〔裁判例57〕学校法人の内紛がある状況において理事・評議員ら
の解任、新理事・新評議員の選任等を内容とする理事会の議
事録が作成・登記がされたため、新理事らの共同不法行為責
任が問題になった事例（東京地判平成19・9・12判時2002号
125頁）‥‥‥‥‥‥‥‥‥‥‥‥‥‥‥‥‥‥‥‥‥‥‥‥320

〔裁判例58〕創立者の家族の経営に係る学校法人において親族、
幹部従業員が詐欺等の行為によって理事長、理事らに就任
し、その経営を乗っ取ったことにつき理事長、理事らの不法
行為責任が問題になった事例（東京地判平成19・10・25判時
2005号27頁）‥‥‥‥‥‥‥‥‥‥‥‥‥‥‥‥‥‥‥‥‥322

〔裁判例59〕漁業協同組合の受けた融資の保証委託につき、漁協
の代表理事（組合長）が漁協の理事の一人とともに連帯保証
をし、漁協が破産手続開始決定を受けたため、理事の求償責
任、主債務減少義務違反に係る不法行為責任が問題になった
事例（高知地判平成22・2・23判時2103号45頁）‥‥‥‥‥325

〔裁判例60〕漁業協同組合の受けた融資の保証委託につき、漁協
の代表理事（組合長）が漁協の理事の一人とともに連帯保証
をし、漁協が破産手続開始決定を受けたため、理事の求償責
任、主債務減少義務違反に係る不法行為責任が問題になった
事例（控訴審）（高松高判平成22・9・28判時2103号42頁）‥‥‥‥329

〔裁判例61〕社会福祉法人の役員会において役員選任決議をめぐ
る内紛が生じ、役員の選任決議が成立したにもかかわらず、
選任された理事の就任等を否定した代表理事（法人）の不法
行為責任が問題になった事例（控訴審）（東京高判平成29・1・
31判時2335号28頁）‥‥‥‥‥‥‥‥‥‥‥‥‥‥‥‥‥‥331

〔裁判例62〕マンションの管理組合法人において元の理事らと現
在の理事らとの間に対立があり、現在の理事らが管理規約を
改正して元の理事らの処遇に係る差別的な取扱いをしたこと
につき現在の理事らの不法行為責任が問題になった事例（東
京地判平成30・7・31判時2468・2469号10頁）‥‥‥‥‥‥333

19

〔裁判例 63〕マンションの管理組合法人において元の理事らと現
在の理事らとの間に対立があり、現在の理事らが管理規約を
改正して元の理事らの処遇に係る差別的な取扱いをしたこと
につき現在の理事らの不法行為責任が問題になった事例（控
訴審）（東京高判平成 31・4・17 判時 2468・2469 号 5 頁）・・・・・・・・・337

Ⅲ　理事・監事の第三者に対する法的な責任・・・・・・・・・・・・・・・・・・・・・・・・・341
　1　概　　要・・341
　2　裁判例の実情・・344
　〔裁判例 64〕農業協同組合において参事が業務を任せきりにされ、
手形を乱発したことにつき理事らの第三者責任が問題になっ
た事例（控訴審）（仙台高判昭和 53・4・21 金判 584 号 32 頁）・・・・・・344
　〔裁判例 65〕漁業協同組合において組合長理事が会計主任に業務
を任せきりにし、融通手形を振り出されたことにつき組合長
の第三者責任、不法行為責任が問題になった事例（控訴審）
（福岡高判昭和 55・7・29 判タ 429 号 132 頁）・・・・・・・・・・・・・・・・・・347
　〔裁判例 66〕信用組合において代表理事が取引先に関する情報を
第三者に開示したことにつき理事の不法行為責任が問題にな
った事例（大阪地判平成 5・11・26 金判 966 号 28 頁）・・・・・・・・・・・349
　〔裁判例 67〕事業協同組合において理事長らが役員をしている会
社に高額の貸付けをし、回収不能になったことにつき理事長
らの任務懈怠に係る第三者責任が問題になった事例（東京地
判平成 6・2・23 判タ 868 号 279 頁）・・・・・・・・・・・・・・・・・・・・・・・・・352
　〔裁判例 68〕信用組合において代表理事が取引先に関する情報を
第三者に開示したことにつき理事の不法行為責任が問題にな
った事例（控訴審）（大阪高判平成 6・12・21 金判 966 号 24 頁）・・・・355
　〔裁判例 69〕社団法人の理事長のセクシュアルハラスメントにつ
き不法行為責任が問題になった事例（奈良地判平成 7・9・6
判タ 903 号 163 頁）・・・357
　〔裁判例 70〕事業協同組合において理事長らが役員をしている会

社に多額の貸付けをし、回収不能になったことにつき理事長らの任務懈怠に係る第三者責任が問題になった事例（東京地判平成7・9・19金法1458号115頁）・・・・・・・・・・・・・・・・・・・359

〔裁判例71〕社会福祉法人の運営に係る保育園の園上に設置された駐車場において利用者が自動車の運転を誤り転落した事故により園児が死亡したことにつき理事長、園長の不法行為責任が問題になった事例（控訴審）（名古屋高判平成18・2・15判時1948号82頁）・・・・・・・・・・・・・・・・・・・362

〔裁判例72〕学校法人の経営に係る幼稚園において園児が遊具を利用中に死亡したことにつき理事長、理事、園長らの不法行為責任等が問題になった事例（浦和地判平成12・7・25判時1733号61頁）・・・・・・・・・・・・・・・・・・・367

〔裁判例73〕宗教法人の主催する研修等に参加した信者らにつき代表役員・教祖、理事長、理事の共同不法行為責任が問題になった事例（大阪地判平成12・11・13判時1758号72頁）・・・・・・・370

〔裁判例74〕社会福祉法人による福祉施設の建設計画に関する県からの補助金の交付につき法人の代表理事の不法行為責任が問題になった事例（山形地判平成14・3・26判時1801号103頁）・・・・・・・・・・・・・・・・・・・372

〔裁判例75〕学校法人の経営に係る野球専門学校において教育を実施したところ、学校案内と実際の教育内容がかけ離れていたことにつき理事長らの不法行為責任が問題になった事例（大阪地判平成15・5・9判時1828号68頁）・・・・・・・・・・・・・・・・・374

〔裁判例76〕学校法人の経営に係る私立大学において法学部長の選挙をめぐり、理事会が選挙の当選者の適格性を審議し、法学部長への就任を承認しない旨の裁決を行うなどしたことにつき理事長、総長らの名誉毀損に係る不法行為責任が問題になった事例（東京地判平成15・8・22判時1838号83頁）・・・・・・・376

〔裁判例77〕信用組合において追加出資を募集した後間もなく大幅な債務超過に陥り、解散したことにつき理事長、理事の不

法行為責任が問題になった事例（東京地判平成 16・7・2 判時
1868 号 75 頁）・・・379

〔裁判例 78〕株式会社の設立に係る厚生年金基金の清算につき理
事長、理事の不法行為責任が問題になった事例（大阪地判平
成 16・7・28 判時 1877 号 105 頁）・・・・・・・・・・・・・・・・・・・・・・・・・・・382

〔裁判例 79〕信用組合において追加出資を募集した後間もなく経
営破綻したことにつき信用組合の法的責任の前提として理事
らの不法行為責任が問題になった事例（大阪地判平成 17・2・
22 判時 1914 号 127 頁、判タ 1182 号 240 頁）・・・・・・・・・・・・・・・384

〔裁判例 80〕社団法人において理事長、理事らが記者会見で会員
を批判したことにつき理事長らの名誉毀損に係る不法行為責
任が問題になった事例（東京地判平成 17・3・17 判タ 1182 号
226 頁）・・・387

〔裁判例 81〕漁業協同組合において漁業権放棄による補償金の分
配につき理事らの第三者責任等が問題になった事例（控訴審）
（福岡高判平成 17・5・12 判タ 1198 号 273 頁）・・・・・・・・・・・・・・389

〔裁判例 82〕医療法人の経営に係る産婦人科病院において無資格
で医療行為を行った理事長、院長・理事の共同不法行為責任
が問題になった事例（東京地判平成 11・6・30 判タ 1007 号 120
頁）・・397

〔裁判例 83〕信用組合において追加出資を募集した後間もなく大
幅な債務超過に陥り、解散したことにつき理事長、理事の不
法行為責任が問題になった事例（控訴審）（東京高判平成 18・
4・19 判時 1964 号 50 頁）・・・・・・・・・・・・・・・・・・・・・・・・・・・・・・・398

〔裁判例 84〕社会福祉法人において通所者の行方不明につき理事
の不法行為責任が問題になった事例（鹿児島地判平成 18・9・
29 判タ 1269 号 152 頁）・・・・・・・・・・・・・・・・・・・・・・・・・・・・・・・・・402

〔裁判例 85〕共済協同組合において多額の債務超過に陥り、破産
宣告を受けたことにつき理事長、専務理事らの不法行為責任
が問題になった事例（佐賀地判平成 19・6・22 判時 1978 号 53

頁）・・・405

〔裁判例 86〕協同組合において債権者から売掛債権の仮差押え・
差押えを受けた後、売掛に係る取引を他の名義で継続したこ
とにつき理事長、理事らの不法行為責任等が問題になった事
例（名古屋地豊橋支判平成 19・12・21 判タ 1279 号 252 頁）・・・・・・・408

〔裁判例 87〕病院を経営する医療生活協同組合において資金調達
のため組合債を発行し、運営が悪化して債務超過になり、破
産手続開始決定がされたことにつき理事長、理事らの不法行
為責任が問題になった事例（新潟地高田支判平成 22・3・18 金
判 1377 号 36 頁）・・412

〔裁判例 88〕マンションの管理組合（権利能力なき社団）において
株式会社である管理者の管理費の残余金の引渡義務、親会社
の不法行為責任が問題になった事例（東京地判平成 22・6・21
判タ 1341 号 104 頁）・・・・・・・・・・・・・・・・・・・・・・・・・・・・・・・・・・・・416

〔裁判例 89〕学会において役員らが医師につきさまざまな機会に
学会の倫理指針に従っていないなどと批判したことにつき名
誉毀損に係る不法行為責任が問題になった事例（松山地判平
成 23・6・29 判タ 1372 号 152 頁）・・・・・・・・・・・・・・・・・・・・・・・・・419

〔裁判例 90〕酒類業組合において仕組債を購入し、年金資産事業
が破綻したことにつき会長理事、副会長理事、専務理事、理
事ら、監事らの不法行為責任、第三者責任が問題になった事
例（大阪地判平成 23・7・25 判時 2184 号 74 頁）・・・・・・・・・・・・・・・421

〔裁判例 91〕病院を経営する医療生活協同組合において資金調達
のため組合債を発行し、運営が悪化して債務超過になり、破
産手続開始決定がされたことにつき理事長、理事らの不法行
為責任が問題になった事例（控訴審）（東京高判平成 23・7・27
金判 1377 号 30 頁）・・・・・・・・・・・・・・・・・・・・・・・・・・・・・・・・・・・・・428

〔裁判例 92〕マンションの管理組合法人において大規模修繕工事
を施工した際、規約違反を行う区分所有者の施工を留保した
ことにつき理事らの不法行為責任が問題になった事例（東京

地判平成 24・3・28 判時 2157 号 50 頁）‥‥‥‥‥‥‥‥‥‥429

〔裁判例 93〕外国人研修制度、技能実習制度の運用に関与する第
一次受入れ機関（協同組合）において代表理事の不法行為責
任、第三者責任が問題になった事例（長崎地判平成 25・3・4
判時 2207 号 98 頁）‥‥‥‥‥‥‥‥‥‥‥‥‥‥‥‥‥‥‥‥433

〔裁判例 94〕法科大学院の学生に奨学金の給与・貸与等を目的と
する公益財団法人の代表理事（弁護士）が受任した訴訟にお
いて訴訟上の和解が成立し、依頼者と報酬に関する合意をし
たことにつき報酬合意の錯誤・公序良俗違反が問題になった
事例（東京地判平成 25・8・27 判タ 1417 号 232 頁）‥‥‥‥‥439

〔裁判例 95〕行政書士の懲戒処分につき知事が行政書士会に調査、
意見の報告を求め、所定の手続が行われ、綱紀委員会が答申
をし、会長に報告したことにつき会長、申請取次業務適正化
委員会の委員長である理事の第三者責任が問題になった事例
（東京地判平成 26・10・15 判時 2248 号 56 頁）‥‥‥‥‥‥‥444

〔裁判例 96〕日本舞踊の流派団体（権利能力なき社団）において会
員、名取が除名処分を受けたことにつき家元の不法行為責任
が問題になった事例（東京地判平成 28・5・25 判時 2359 号 17
頁）‥‥‥‥‥‥‥‥‥‥‥‥‥‥‥‥‥‥‥‥‥‥‥‥‥‥‥‥447

〔裁判例 97〕日本舞踊の流派団体（権利能力なき社団）において会
員、名取が除名処分を受けたことにつき家元の不法行為責任
が問題になった事例（控訴審）（東京高判平成 28・12・16 判時
2359 号 12 頁）‥‥‥‥‥‥‥‥‥‥‥‥‥‥‥‥‥‥‥‥‥‥450

〔裁判例 98〕一般財団法人において理事らのパワーハラスメント
につき不法行為責任が問題になった事例（東京地判平成 30・
3・29 労判 1184 号 5 頁）‥‥‥‥‥‥‥‥‥‥‥‥‥‥‥‥‥451

〔裁判例 99〕学校法人の運営する幼稚園において宿泊保育の川遊
びの際、参加した園児数名が流され、うち 1 名が死亡したこ
とにつき理事長らの不法行為責任等が問題になった事例（松
山地西条支判平成 30・12・19 判時 2421 号 94 頁）‥‥‥‥‥‥452

〔裁判例100〕市が全額を出資して一般財団法人を設立し（代表理事は市長）、財団法人が経営破綻し、住民が市長に対して財団法人の役員の忠実義務違反等を追及した事例（大阪地判平成 31・3・20 判自 459 号 24 頁）‥‥‥‥‥‥‥‥‥‥‥457

〔裁判例101〕プロボクシングのライセンス等を取り扱う一般財団法人においてボクシングジムの会長、マネージャーの各ライセンスの更新を不許可にしたことにつき理事長、理事らの不法行為責任、第三者責任が問題になった事例（東京地判令和 2・1・31 判タ 1495 号 228 頁）‥‥‥‥‥‥‥‥461

〔裁判例102〕学校法人の運営に係る中学校において男子生徒による女子生徒らに対するセクシュアルハラスメント等があり、校長（理事）が男子生徒に自主退学を勧告したことにつき理事の不法行為責任が問題になった事例（控訴審）（福岡高判令和 2・5・29 判時 2471 号 74 頁）‥‥‥‥‥‥‥‥468

〔裁判例103〕学校法人の運営に係る大学において部活動の監督による女子部員に対するセクシュアルハラスメントにつき理事長、副学長の不法行為責任が問題になった事例（東京地判令和 2・8・28 判タ 1486 号 184 頁）‥‥‥‥‥‥‥‥‥471

〔裁判例104〕学校法人において学校の建物の建築工事がほとんど完了した時点で学校法人の再生手続開始決定がされたことにつき理事長らの不法行為責任が問題になった事例（大阪地判令和 3・8・24 判時 2537 号 29 頁、金判 1628 号 28 頁）‥‥‥‥‥475

〔裁判例105〕プロボクシングのライセンス等を取り扱う一般財団法人においてボクシングジムの会長、マネージャーの各ライセンスの更新を不許可にしたことにつき理事長、理事らの不法行為責任、第三者責任が問題になった事例（控訴審）（東京高判令和 4・2・24 判タ 1514 号 72 頁）‥‥‥‥‥‥‥‥478

〔裁判例106〕学校法人において学校の建物の建築工事がほとんど完了した時点で学校法人の再生手続開始決定がされたことにつき理事長らの不法行為責任が問題になった事例（控訴審）

（大阪高判令和 4・8・24 判時 2595 号 57 頁）･････････････････････479

第 7 章　責任の追及者と追及の理由・機会

1　理事・監事らに対する損害賠償責任追及の可能性･････････････482

2　損害賠償責任を追及する可能性のある者･･････････････････････483

3　理事らの損害賠償責任の根拠･･････････････････････････････････484

4　損害賠償責任の追及の兆し････････････････････････････････････485

5　理事らの所属する一般社団法人・一般財団法人らの法人からの
損害賠償責任追及･･･486

6　理事らに就任する際の責任追及のリスク･････････････････････486

7　クレーマーへの対応･･488

第 8 章　訴訟の実態と訴訟対策の実務

1　訴訟の実態･･･491

2　訴訟の結論を予測することの困難さ････････････････････････492

3　応訴した場合の対応･･493

(1)　理事らの置かれている諸状況･･･････････････････････････493

(2)　具体的な諸対策･･495

(3)　就任時の心構え･･495

第 9 章　後悔しないために

後悔しないためのいくつかの注意点･･････････････････････････497

《参考裁判例》

〔裁判例 1〕東京地判平成 20・1・17 判時 2012 号 117 頁････････････499

〔裁判例 2〕東京地判平成 20・3・27 判時 2005 号 80 頁････････････499

〔裁判例 3〕名古屋高判平成 20・12・25 労判 983 号 62 頁･･････････500

〔裁判例 4〕大阪地判平成 21・1・15 労判 979 号 16 頁････････････500

〔裁判例 5〕最三小判平成 21・3・10 民集 63 巻 3 号 361 頁、判時

2041 号 139 頁‥‥‥‥‥‥‥‥‥‥‥‥‥‥‥‥‥‥‥‥‥‥‥501

〔裁判例 6〕最二小判平成 21・11・27 判時 2063 号 138 頁、判タ

1313 号 119 頁‥‥‥‥‥‥‥‥‥‥‥‥‥‥‥‥‥‥‥‥‥‥501

〔裁判例 7〕京都地判平成 22・5・25 労判 1011 号 35 頁‥‥‥‥‥502

〔裁判例 8〕大阪高判平成 23・5・25 労判 1033 号 24 頁‥‥‥‥‥503

〔裁判例 9〕最一小判平成 22・7・15 判時 2091 号 90 頁、判タ

1332 号 50 頁‥‥‥‥‥‥‥‥‥‥‥‥‥‥‥‥‥‥‥‥‥‥503

〔裁判例 10〕横浜地判平成 24・7・17 判時 2162 号 105 頁、金法

1994 号 78 頁‥‥‥‥‥‥‥‥‥‥‥‥‥‥‥‥‥‥‥‥‥‥504

〔裁判例 11〕大阪地判平成 24・9・28 判時 2169 号 104 頁‥‥‥‥504

〔裁判例 12〕東京高判平成 24・11・29 金法 1994 号 66 頁‥‥‥‥‥505

〔裁判例 13〕大阪高判平成 25・3・27 判時 2286 号 50 頁‥‥‥‥‥505

〔裁判例 14〕名古屋高判平成 25・3・28 金判 1418 号 38 頁‥‥‥‥506

〔裁判例 15〕大阪地判平成 25・12・26 判時 2220 号 109 頁、金判

1435 号 42 頁‥‥‥‥‥‥‥‥‥‥‥‥‥‥‥‥‥‥‥‥‥‥507

〔裁判例 16〕大阪高判平成 26・2・27 判時 2243 号 82 頁‥‥‥‥‥507

〔裁判例 17〕東京高判平成 27・1・21 金判 1503 号 10 頁‥‥‥‥‥508

〔裁判例 18〕東京地判平成 27・4・22 判時 2297 号 51 頁‥‥‥‥‥509

〔裁判例 19〕東京地判平成 27・5・28 判時 2355 号 82 頁、金判

1472 号 34 頁‥‥‥‥‥‥‥‥‥‥‥‥‥‥‥‥‥‥‥‥‥‥510

〔裁判例 20〕大阪高判平成 27・7・10 判時 2281 号 135 頁‥‥‥‥510

〔裁判例 21〕東京地判平成 27・9・11 金判 1493 号 40 頁‥‥‥‥‥511

〔裁判例 22〕東京地判平成 27・10・8 判時 2295 号 124 頁、金判

1504 号 41 頁‥‥‥‥‥‥‥‥‥‥‥‥‥‥‥‥‥‥‥‥‥‥512

〔裁判例 23〕大阪地判平成 28・1・13 判時 2306 号 77 頁‥‥‥‥‥513

〔裁判例 24〕東京高判平成 28・1・27 判時 2297 号 44 頁‥‥‥‥‥513

〔裁判例 25〕東京高判平成 28・2・18 金判 1493 号 32 頁‥‥‥‥‥514

〔裁判例 26〕大阪地判平成 28・2・19 判時 2318 号 130 頁‥‥‥‥514

〔裁判例 27〕名古屋地岡崎支判平成 28・3・25 判時 2331 号 74 頁、

金判 1526 号 18 頁‥‥‥‥‥‥‥‥‥‥‥‥‥‥‥‥‥‥‥515

〔裁判例 28〕東京地判平成 28・3・28 判時 2327 号 86 頁‥‥‥‥‥‥516

〔裁判例 29〕東京地判平成 28・4・13 判タ 1453 号 134 頁‥‥‥‥‥517

〔裁判例 30〕東京地判平成 28・7・14 判時 2351 号 69 頁‥‥‥‥‥‥518

〔裁判例 31〕東京高判平成 28・7・19 判時 2355 号 76 頁‥‥‥‥‥‥518

〔裁判例 32〕東京高判平成 28・7・20 金判 1504 号 28 頁‥‥‥‥‥‥518

〔裁判例 33〕東京地判平成 28・7・28 金判 1506 号 44 頁‥‥‥‥‥‥519

〔裁判例 34〕最三小判平成 28・9・6 判時 2327 号 82 頁、金判

　　　　1503 号 152 頁‥‥‥‥‥‥‥‥‥‥‥‥‥‥‥‥‥520

〔裁判例 35〕東京高判平成 28・10・12 判タ 1453 号 128 頁‥‥‥‥520

〔裁判例 36〕名古屋高判平成 28・10・27 金判 1526 号 53 頁‥‥‥‥520

〔裁判例 37〕東京高判平成 28・12・7 金判 1510 号 47 頁‥‥‥‥‥‥521

〔裁判例 38〕東京地判平成 28・12・20 判時 2401 号 45 頁、判タ

　　　　1442 号 136 頁‥‥‥‥‥‥‥‥‥‥‥‥‥‥‥‥‥521

〔裁判例 39〕東京地判平成 29・1・19 金判 1512 号 42 頁‥‥‥‥‥‥522

〔裁判例 40〕名古屋地判平成 29・2・10 金判 1525 号 50 頁‥‥‥‥‥523

〔裁判例 41〕水戸地土浦支判平成 29・7・19 判タ 1450 号 240 頁、

　　　　金判 1538 号 26 頁‥‥‥‥‥‥‥‥‥‥‥‥‥‥‥‥524

〔裁判例 42〕水戸地土浦支判平成 29・7・19 金判 1539 号 52 頁‥‥‥524

〔裁判例 43〕東京高判平成 29・9・27 判時 2386 号 55 頁、金判

　　　　1528 号 8 頁‥‥‥‥‥‥‥‥‥‥‥‥‥‥‥‥‥‥‥525

〔裁判例 44〕東京地判平成 29・11・22 金判 1554 号 30 頁‥‥‥‥‥526

〔裁判例 45〕東京地判平成 30・1・22 判タ 1461 号 246 頁‥‥‥‥‥527

〔裁判例 46〕最一小判平成 30・2・15 金判 1543 号 8 頁‥‥‥‥‥‥‥528

〔裁判例 47〕大阪地判平成 30・3・1 判時 2382 号 60 頁‥‥‥‥‥‥‥529

〔裁判例 48〕東京地判平成 30・3・1 判タ 1470 号 222 頁、金判

　　　　1544 号 35 頁‥‥‥‥‥‥‥‥‥‥‥‥‥‥‥‥‥‥‥530

〔裁判例 49〕東京地判平成 30・3・22 判タ 1472 号 234 頁‥‥‥‥‥531

〔裁判例 50〕東京高判平成 30・3・23 判時 2401 号 32 頁‥‥‥‥‥‥531

〔裁判例 51〕東京地判平成 30・3・29 判時 2426 号 66 頁‥‥‥‥‥‥532

〔裁判例 52〕東京地判平成 30・4・12 金判 1556 号 47 頁‥‥‥‥‥‥533

〔裁判例 53〕 東京高判平成 30・5・9 金判 1554 号 20 頁‥‥‥‥‥‥533

〔裁判例 54〕 東京高判平成 30・9・26 金判 1556 号 59 頁‥‥‥‥‥533

〔裁判例 55〕 東京高判平成 30・9・20 金判 1566 号 27 頁‥‥‥‥‥534

〔裁判例 56〕 東京地判平成 30・9・20 判時 2454 号 78 頁‥‥‥‥‥534

〔裁判例 57〕 福岡地判平成 30・11・30 判時 2419 号 75 頁‥‥‥‥535

〔裁判例 58〕 長崎地判平成 30・12・7 労判 1195 号 5 頁‥‥‥‥‥535

〔裁判例 59〕 千葉地判平成 31・2・21 金判 1579 号 29 頁‥‥‥‥536

〔裁判例 60〕 福岡地判平成 31・2・22 判時 2418 号 104 頁‥‥‥‥537

〔裁判例 61〕 東京地判平成 31・3・22 判タ 1474 号 249 頁、金判

1613 号 44 頁‥‥‥‥‥‥‥‥‥‥‥‥‥‥‥‥‥‥‥537

〔裁判例 62〕 神戸地判令和元・5・23 金判 1575 号 14 頁‥‥‥‥538

〔裁判例 63〕 東京高判令和元・7・17 判時 2454 号 64 頁‥‥‥‥‥539

〔裁判例 64〕 東京高判令和元・8・21 金判 1579 号 18 頁‥‥‥‥‥539

〔裁判例 65〕 東京高判令和元・9・25 金判 1613 号 40 頁‥‥‥‥‥540

〔裁判例 66〕 東京地判令和 2・1・20 判時 2510 号 26 頁‥‥‥‥‥540

〔裁判例 67〕 東京地判令和 2・2・13 金判 1600 号 48 頁‥‥‥‥‥541

〔裁判例 68〕 大阪地判令和 2・2・21 判時 2452 号 59 頁‥‥‥‥‥541

〔裁判例 69〕 東京地判令和 2・2・27 金法 2159 号 60 頁‥‥‥‥‥542

〔裁判例 70〕 高知地判令和 2・2・28 判時 2509 号 70 頁‥‥‥‥‥543

〔裁判例 71〕 東京地判令和 2・3・19 金判 1628 号 20 頁‥‥‥‥‥543

〔裁判例 72〕 大阪地判令和 2・3・27 判時 2455 号 56 頁‥‥‥‥‥544

〔裁判例 73〕 横浜地判令和 2・3・27 判時 2505 号 79 頁‥‥‥‥‥544

〔裁判例 74〕 長野地上田支判令和 2・3・30 判時 2539 号 84 頁‥‥‥545

〔裁判例 75〕 東京高判令和 2・12・17 金判 1628 号 12 頁‥‥‥‥‥545

〔裁判例 76〕 高松高判令和 2・12・24 判時 2509 号 63 頁‥‥‥‥‥546

〔裁判例 77〕 東京高判令和 3・1・21 判時 2505 号 74 頁‥‥‥‥‥546

〔裁判例 78〕 大阪高判令和 3・3・25 判時 2519 号 120 頁‥‥‥‥547

〔裁判例 79〕 札幌地判令和 3・3・25 金判 1622 号 33 頁‥‥‥‥‥547

〔裁判例 80〕 千葉地松戸支判令和 3・3・26 判タ 1507 号 103 頁、

金判 1662 号 24 頁‥‥‥‥‥‥‥‥‥‥‥‥‥‥‥‥‥548

〔裁判例81〕東京地判令和3・4・28判時2543・2544号88頁‥‥‥‥549

〔裁判例82〕大阪地判令和3・7・16判時2526号68頁‥‥‥‥‥‥550

〔裁判例83〕最二小判令和3・7・19判時2514号13頁‥‥‥‥‥‥550

〔裁判例84〕熊本地判令和3・7・21判時2535号102頁‥‥‥‥‥551

〔裁判例85〕東京高判令和3・9・28判時2539号66頁‥‥‥‥‥‥551

〔裁判例86〕福岡地判令和4・3・1判タ1506号165頁‥‥‥‥‥‥552

〔裁判例87〕東京高判令和4・3・10判時2543・2544号75頁‥‥‥553

〔裁判例88〕東京地判令和4・3・28判時2550号73頁‥‥‥‥‥‥553

〔裁判例89〕大阪地判令和4・5・20判時2546号71頁‥‥‥‥‥‥554

〔裁判例90〕東京高判令和4・7・13金判1662号14頁‥‥‥‥‥‥555

〔裁判例91〕東京地判令和4・7・14金判1659号20頁‥‥‥‥‥‥555

・判例索引‥‥‥‥‥‥‥‥‥‥‥‥‥‥‥‥‥‥‥‥‥‥‥‥‥‥‥‥‥557
・著者紹介‥‥‥‥‥‥‥‥‥‥‥‥‥‥‥‥‥‥‥‥‥‥‥‥‥‥‥‥‥561

○凡例○

【法令】（50音順）

　○一般法人法：一般社団法人及び一般財団法人に関する法律

　○一般法人法施行規則：一般社団法人及び一般財団法人に関する法律施行規則

　○整備法：一般社団法人及び一般財団法人に関する法律及び公益社団法人及び
　　公益財団法人の認定等に関する法律の施行に伴う関係法律の整備等に関する
　　法律

　○商法特例法：株式会社の監査等に関する商法の特例に関する法律

　○環境衛生適正化法：環境衛生関係営業の運営の適正化に関する法律

　○協金法：協同組合による金融事業に関する法律

　○金融再生法：金融機能の再生のための緊急措置に関する法律

　○金商法：金融商品取引法

　○金販法：金融商品の販売等に関する法律

　○公益認定法：公益社団法人及び公益財団法人の認定等に関する法律

　○国賠法：国家賠償法

○凡例○

○自賠法：自動車損害賠償保障法
○独占禁止法：私的独占の禁止及び公正取引の確保に関する法律
○酒類業組合法：酒税の保全及び酒類業組合等に関する法律
○入管法：出入国管理及び難民認定法
○水協法：水産業協同組合法
○生活衛生同業組合法：生活衛生関係営業の運営の適正化及び振興に関する法律
○宅建業法：宅地建物取引業法
○マンション法／区分所有法：建物の区分所有等に関する法律
○中小企業団体組織法：中小企業団体の組織に関する法律
○中協法：中小企業等協同組合法
○ NPO 法：特定非営利活動促進法
○農協法：農業協同組合法
○農災法：農業災害補償法
○農災法施行規則：農業災害補償法施行規則

【旧法令】
○旧商法：平成 17 年法律第 87 号による改正前の商法
○旧民法：平成 18 年法律第 50 号による改正前の民法
○中間法人法：平成 13 年法律第 49 号により廃止
○有限会社法：平成 17 年法律第 87 号により廃止

【判例集・定期刊行物】
○民集：最高裁判所民事判例集／大審院民事判例集
○裁判集民事：最高裁判所裁判集民事
○判時：判例時報
○判自：判例地方自治
○判タ：判例タイムズ
○金判：金融・商事判例
○金法：金融法務事情
○商事法務：資料版商事法務
○交民集：交通事故民事裁判例集

31

○凡例○

　　○労判：労働判例

【組合等】（50 音順）
　　○漁協：漁業協同組合
　　○農協：農業協同組合
　　○基金協会：農業信用基金協会

第1章　法人の理事・監事をめぐる紛争の実態

1　社会生活・活動と責任

　読者諸氏は、本書に何かしらの興味をもって手にとっていると思われるが、このことからすると、活発に日頃の生活を送っているか、積極的に職業活動や、職業ではないものの社会的な活動を行っているものと推測される。積極的に生活、職業、あるいは社会的な活動を行うことは、人生を享受したり、生活の糧を得たり、生き甲斐を感じたりするために極めて重要であるとともに、その生活、活動に伴って社会や第三者との接触、関与、取引の機会が増加することになり、その反面、自ら損失・不利益・負担を負い、あるいは社会や第三者に損失・損害・不利益を現実に負わせ、その可能性、リスクを生じさせることがある。積極的に社会生活を送り、社会的な活動を行うことは、積極的に肯定できる側面が多いだけでなく、その負の側面が現実に生じたり、そのおそれが生じることも少なくないのが通常である。このような生活、稼働に伴う諸相は、社会的な生活、活動の範囲が拡大し、内容が活発になればなるほど、多様になり、拡大し、重大なものになる傾向が見られるところである。

　本書は、俗にいう法律書の一つであるが、説明に当たって、「人」という用語を多用し、説明の各所において「人」が活躍するが、「人」が最も基本的な概念、法律用語の一つであるため、最初に簡単にその意味、意義を紹介しておきたい。社会活動を行うに当たって、法律的に大きく分けてみると、われわれは個人として行う場合と、団体として行う場合に分けることができる。この場合「個人」とは生身の人間のことであり、「自然人」と呼ばれることがあるが、法律が特別に認めた株式会社等の多くの種類の「法人」と対比して用いられている。個人が社会活動を行うに当たって利用する団体は、法人になっている団体もあるし、法人になっていない団体もある（団体は、会社法、一般社団法人及び一般財団法人に関する法律（本書では「一般法人法」と呼ぶことにしたい）等の法律の定める要件、手続によって法人になることがで

きる。これを「法人格の取得」とか、「法人成り」ということがある）。団体については、どのような名称を使用するかは自由であるが、法人については、その名称には関係する法律ごとにさまざまな制限がある。個人が団体によって社会的な活動を行う場合、団体が法人であるかどうか、法人であるとして、どの種類、名称の法人であるかは、その社会的な信用・取引上の信用に大きく影響を与える事情である。団体の信用は、ほかにもその業績・業歴、規模、資産、負債の状況、役員の状況、組織、従業員等の事情に影響を受けるものである。法人格を取得していない団体・法人格のない団体の法律的な取扱い（特に団体名で行った取引の効果である権利・義務が団体に帰属するか、団体によって財産をもって所有・保有することができるか、団体の意思決定をどのように行うか等の法律的な事項の取扱い）が実際上問題になることが少なくなく、従来、実際の取引でも、判例・裁判例でも話題になっている。法人格のない団体に関するこれらの諸事項に一般社団法人及び一般財団法人に関する法律（一般法人法）、会社法等の関連する法律が類推適用されるか、どのような法理が適用されるかの問題が生じている。現在に至るまで、判例は、一定の要件をもって満たす団体については、「権利能力なき社団」、「権利能力なき財団」であると位置づけ、相当の範囲の事項につき法人に関する法理を具体的に適用することを明らかにしているし、関連する裁判例も公表されている。もっとも、一定の分野については、一般法人法、会社法の類推適用を否定する裁判例が公表されているから、注意が必要である（特定の事件について言い渡された判決については、広く「判例」と呼ばれることがあるが、本書では、最高裁判所の判決を「判例」、それ以外の裁判所の判決を「裁判例」としている）。

　人が法人等の団体によって活動することは、個人で活動する場合と比較して、活動の範囲、規模、影響が拡大し、活動量、取引関係者が増加し、取得する利益・所得が増加し、取引事故その他の事故、トラブルが増加する等の現象が見られ、肯定的な側面だけでなく、問題点、負の側面も顕在化しやすくなるし、生じる問題も複雑で重大なものになることがある。

　人が社会的な活動を行う場合、個人で行うと、活動の範囲が限定される等の限界が顕著ではあるものの、活動に伴う責任、リスクはわかりやすく、制御できることが多い。法人等の団体によって行うと、前記のように活動範囲

の拡大等の長所はあるものの、活動に伴う責任、リスクは拡大し、他人の活動による責任、リスクも負わされ、その制御は困難であることがある。法人等の団体によって活動する場合に特に注意をすべきことは、個人が法人等の団体においてどのような地位にいるかによって、個人の抱える責任、リスクの根拠、種類、範囲、程度が全く異なることである。法人等の団体のために活動する個人は、単純にいえば、役員と職員に分けられる（役職員と総称されている）。本書において検討、分析の対象にしているのは、これらのうち、役員であり、理事（理事は、その権限等によって異なる名称・肩書きが付加されることがある）、監事と呼ばれることが多い職種である。役員のうち、理事は、法人等の団体の経営・運営を委任された者であり、団体の組織を構成する機関の一つである。職員は、従業員、労働者などと呼ばれることがあるが、団体との間で雇用契約・労働契約を締結し、団体の職務に従事する者であり、従業員の中には相当に広範な業務執行上の権限が付与された幹部従業員がいることがあるものの、団体の機関を構成するものではないし、その地位は理事とは全く異なるものである。

　読者諸氏は、これまで、規模の大小、事業の内容、報酬の有無、額、常勤の有無を問わず、法人等の団体の理事・監事の就任を経験したことはないであろうか。勧誘者との関係もさまざまであり、知人、友人、職場の先輩、後輩、勤務先の人事関係者、上司、取引関係者、親戚、家族等がいる。勧誘の理由もまたさまざまであり、勧誘された者と勧誘者との関係、団体との関係等の事情を反映しているが、勧誘された者にとって勧誘をあからさまに拒否することが躊躇われることが少なくない。特に勧誘者が日頃の人間関係を背景として「ぜひあなたにお願いしたい」などと依頼されたりすると、さらに勧誘、依頼を拒否することが心理的に困難になる。しかも、理事等の就任の勧誘、依頼を受けた場合、勧誘等を受けた者がその団体の運営の実情、実態、真実についてどの程度知っているのか、どの程度情報の提供を受けているのか、どのように理解しているのかは相当に心許ないのが実情であるうえ、詳細な説明、情報提供を受けようとしたり、各種の資料を要求したり、調査を要求したりする精神的な強さがないし、そのまま勧誘、依頼を承諾する者も少なくないのではなかろうか。しかし、このような対応は、法人等の

団体の理事等の役員に就任し、その地位や業務の遂行に伴う責任やリスクにあまりにも無頓着であり、無防備であり、危険である。

　世上、さまざまな事業を行う法人等の団体が存在し、さまざまな取引を行い、取引を実行し、社会に影響を与える事業、社会にとって有益な事業を展開している。このような事業は、公益事業であれ、非公益事業であれ、社会的な意義を有するものが多いものである。しかし、団体による事業は肯定的に評価することができるとしても、事業が違法、不正・不当なものであったり、取引上の事故が発生したり、従業員の横領、詐欺等の不祥事があったり、経理・会計上の不正があったり、従業員の過労死、パワーハラスメント・セクシュアルハラスメント等があったり、資産の運用に失敗したり、運営・経営が破綻したりして、その内容、程度を問わなければ多くの団体においてこれらの諸問題が発生するリスクが存在することは否定できない。このようなリスクは、事情によっては現実化するものであり、団体自体、その他の第三者に多様な損失・不利益が発生するものであり、これらの責任が最終的に理事等の役員の責任として追及されることがある。理事等への就任を勧誘されたり、就任を承諾する段階において、読者諸氏が当該団体の運営・経営に関する責任、リスクの具体的で実情に即した全容や、団体の組織、人材の配置、適正な監視・監督体制の実施状況等のリスク、不祥事対策等を知っているか、実際に就任を勧誘されている団体における対策の実情を調査し、把握していることが就任後の業務の遂行の前提として極めて重要である。団体において不正行為、不祥事や損失の発生の防止が完璧に制御されているものは実際上存在しない。相当なリスク、不祥事対策を実施している団体においても、油断や魔が差したように不正行為、不祥事等が発生し、発覚することがある。不正行為、不祥事等は、団体の事業の内容、性質、規模、団体の組織、人材の配置、適正な監視・監督体制の実施状況等のほか、理事等の就任期間の運不運によるところもあるということができる。読者諸氏が現在、理事・監事の職にある場合には、どのような経過で就任し、責任、リスク、その対策につきどのような調査を行い、どのように認識しているかは興味深いところである。

2　理事・監事の利用範囲と利用度

　日本の現代社会において、会社を除き、どれくらいの数の法人（法律に基づき設立された法人格を有する社団法人・財団法人であり、その活動を実際には行っていない休眠法人を含む）、団体（法律上法人格が認められていないか、法人格を取得していないことから、「任意団体」と呼ばれることがある）が存在しているかは不明であるが、読者諸氏の日常生活・日常の活動の経験に照らしてみても、文字どおり数えきれないほどではなかろうか。法人格を有していない団体であっても（その名称は多様であり、「……会」、「……組合」、「……組」、「……団体」、「……団」、「……講」、「……クラブ」等が見られる）、その組織、財産、構成員の意思決定等の実態、事情によっては、社団法人、財団法人に準ずる法的な地位が認められることがある（権利能力なき社団、権利能力なき財団と呼ばれているが、社団であるか、財団であるかは、その実態によることになる）。社団法人、財団法人も、団体も、その法人、団体には意思を決定して活動を行うための組織と機関（役員）が必要であるが（法人、団体の規模等によっては、その構成員が役員だけであることもある）、機関（役員）の名称としては、法律上理事・監事が必要とされることが多いし（法人の場合には、法律上、代表理事、理事長、業務執行理事等として特定されることがあるほか、法人の内部規程により、理事長、副理事長、代表理事、専務理事、常務理事等として特定されることがある）、団体の場合にも、理事、代表、監事等の役員を選任し、設置するものも見られる（団体の役員と名刺交換すると、そのような役員名称を見かけることがあるし、団体の中にはホームページを開設し、パンフレットを配っているものもあるが、その記載には役員欄があり、役員が肩書きを付して表示しているものもある）。

　現在、社会においては、多数の社団法人、財団法人等の各種の法人、あるいは各社の団体が存在し、さまざまな活動や事業を行っているが、これらの法人、団体においては、多数の理事・監事等の役員が選任され、法人、団体のために意思を決定し、対外的な行為、内部的な事務処理等の業務を行い、あるいはこれに関与しているものである。読者諸氏の中にも、自ら法人、団体の理事・監事等の役員に就任したり、役員に就任している知人、友人がい

ることは少なくないのではなかろうか。社会には、誰でも身近に、理事・監事等の役員が存在し、活動しているのである。

　ところで、本書においては社団法人・財団法人の一般法として位置づけられる一般法人法の紹介に相当の頁数を割いているが、これは、一般法人法がその内容、立法の経緯に照らし、株式会社等の営利法人を除き、法人の原則的、基本的な内容を定めた法律であり、一般法人法が適用されない法人においても参考になるものであることから、紹介しているものである。しかし、法律の分野においては、一般法人法以外にも法人の設立を認める法律があり、法律の中に法人の設立を義務付けるものもあり、このような個別の法律が少なくなく、個別の法律に基づき設立され、活動している法人も数多い。社団法人、財団法人等の法人において役員の責任等の法律問題が発生した場合には、問題の法人の設立の根拠になった個別の法律の有無を調査することが必要であり、そのような法律が存在する場合には、まず、その法律の規定を確認、調査、解釈し（その適用範囲にも留意することが必要である）、他の法律（一般法人法等）の準用がされているときは、さらにその準用に係る法律の規定を確認、調査等をすることが必要である（一般法人法が適用、準用されないことも多々ある）。

　一般法人法に基づき設立され、活動している一般社団法人、一般財団法人、公益社団法人、公益財団法人においては、その役員として理事・監事の選任が必要であり、その責任に関する法律問題が生じる。個別の法律に基づき設立される法人においても、多種多様な法人の設立が認められ、役員として理事・監事の選任が必要であり、実際にも多数の理事・監事が選任され、その意思決定、活動、監督等の場面でその責任に関する法律問題が生じるものであり、実際にもこれらの法人において理事等の責任が問題になり、裁判例として公表されている判決も少なくない。

　個別の法律に基づきさまざまな名称の法人が設立されている。法律によっては法人の名称の全部または一部を特定の名称として義務付けたり、特定の名称を他の法人が使用することを禁止するものがある。これは、「名称独占」と呼ばれている。このような個別の法律として、日本の社会においては多くの人々にとって馴染みのある法人としては、マンションの管理組合の理事・

監事がある。現在、日本においては、特に大都市部を中心にして多数のマンションが存在し（マンションの中には、区分所有建物の区分所有を中心にした分譲マンションと賃貸用の部屋を中心にした賃貸マンションがあるが、理事・監事が役員を務めるのは、分譲マンションであり、建物の区分所有等に関する法律（マンション管理の実務上、「マンション法」と呼ばれることが多い）が適用されている。なお、区分所有建物は、マンションだけに見られるものでもなく、他の用途の建物にも見られ、マンションと同様にマンション法が適用されるが（本書の関心外であるので、本書では紹介を割愛したい））、生活の居住の場を提供しており、マンション居住が一般的な居住形態になっている。マンション法は、1棟の建物の建物部分（「専有部分」と呼ばれている）につき区分所有権を認め（専有部分を区分所有する者が区分所有者と呼ばれ、マンションの管理のために設立される管理組合の組合員、構成員になる）、その区分所有権の内容、建物、敷地の管理等を詳細に定める法律であるが、同法は、区分所有者は、全員で、建物並びにその敷地および附属施設の管理を行うための団体を構成し、同法の定めるところにより、集会を開き、規約を定め、および管理者を定めることができる等と定めている（同法3条）。マンションにおいては、通常、区分所有者全員が分譲の際、管理組合等の名称の団体（管理組合の名称が最も多く利用されているが、これに限定されるわけではなく、実際にも、自治会等の名称が利用されている事例もある）を組織、設立するとともに、管理規約を設定し（同法30条、31条。管理規約の名称が最も多く利用されているが、これに限定されているわけではない。同法上は、「規約」の名称が使用されている）、以後、区分所有者らによって管理が実施されるものである。同法上は、マンションの管理は、管理者を選任し、管理者が集会の決議、規約を実行すること等によって行われることが予定されているが、管理組合が設立され、管理規約が設定されている場合には、管理組合の役員（理事・監事が選任されることになっており、理事の中から理事長等が選任され、理事長が同法上の管理者とされることが多い）、これらの役員によって管理が実行されることになっている。マンションは、すべてのマンションにつき管理組合が設立されているものではなく、管理組合が設立されている場合であっても、その建築、分譲の主体、動機、規模、構造、分譲の内容、分譲の時代・経緯、区分所有者の

第1章　法人の理事・監事をめぐる紛争の実態

数、関係、管理組合の設立の経緯、管理規約の内容、専用使用権の設定の有無、内容等の事情によってさまざまな管理組合が見られるところである。管理組合は、同法に基づき法人格を取得している事例は少なく（同法47条以下。管理組合法人の設立が認められているところ、近年は、大規模なマンション等において管理組合法人が設立されることが多いようである）、任意団体として設立され、マンションの管理が実行されていることが多い。管理組合法人においては、役員として理事・監事の選任が必要であり（同法49条、50条。内部規程によって代表理事、理事長等が選任されることもある。同法49条5項）、一般法人法4条、78条の規定が準用されている。任意団体である管理組合が設立されている場合、管理組合には、管理規約等によって、その役員として理事長（組合長の選任の事例も見かけたことがある）、理事・監事が選任されることが多い。任意団体である管理組合は、その役員の選任、意思決定の方法、財産の保有状況等によって権利能力なき社団と認められ、法律上、権利・義務の主体が肯定されることがあるが、管理組合であるからといって当然に権利能力なき社団として認められるわけではない。任意団体である管理組合においては、従来、理事に選任されると面倒である、役員の事務処理は大変で時間をとる、仕事が忙しい、責任を負わされるおそれがある、何度も役員を務めた等の理由、口実で役員のなり手、希望者が少なかったり、区分所有者の高齢化によって高齢者が多くなり、役員の活動が困難であったり、不在の区分所有者が多く、役員に何度も選任されたり等、役員の選任をめぐる困難さ、問題が指摘されることがあり（その反面、特定の区分所有者らが長年にわたって理事長、理事を継続して務める等の事態が生じ、その弊害も指摘されてきた）、今後とも、同様な問題が繰り返して生じるおそれがある。マンションの管理組合の理事等の役員に選任されることは、区分所有者が同様に抱える身近な体験である。なお、マンションの管理組合の理事・監事の責任をめぐる裁判例は、すでに公表されており、後に紹介している。

　また、身近な体験としては、読者諸氏の中には、ボランティア活動等の社会貢献活動に関心をもっている人も多いのではないかと推測される。ボランティア活動等の活動を行い、参加する場合、現在、NPO法人を設立したり、その活動に関与することが多くなっている。NPO法人は、特定非営利活動

促進法（「NPO 法」と呼ばれることが多い）に基づき設立される法人であり、NPO 法上、「特定非営利活動法人」と呼ばれる法人である。NPO 法人は、定款で理事の他の役員に委任したものを除き、社員総会で決議によって業務を行うものであり（同法 14 条の 5）、役員として理事三人以上、監事一人以上を置くことが必要であり（同法 15 条）、理事によって業務が遂行されることになっている。同法には、一般法人法 78 条が準用されている（NPO 法 8 条）。NPO 法人は、その設立、運営等が比較的簡易である等の事情から、多くの人に広く利用されているようであり、読者諸氏もその理事等の役員への就任を勧誘された経験があるのではないかと推測されるが、NPO 法人であっても、さまざまな活動、取引を行い、職員を雇用する等し、法人の運営を行うことが必要であり、理事等の責任をめぐる問題が生じることがある。なお、NPO 法人、その理事等の活動、取引がボランティアであるからといって、法的な責任を免れるものでないことには留意が必要であり、従来、ボランティア活動に参加した者の法的な責任を肯定した裁判例が散見されるところである。

　学校教育の分野をみると、私立学校を設置、運営する学校法人の設立、管理が私立学校法によって認められているが、学校法人には、五人以上の理事、二人以上の監事を置くことが必要であり、理事のうち一人が寄附行為の定めるところにより理事長になることが必要であるとされている（同法 35 条）。私立学校法は、役員、理事会、評議員、評議員会に関する詳細な規定を定めるほか（同法 35 条ないし 44 条）、役員の学校法人に対する損害賠償責任（同法 44 条の 2）、役員の第三者に対する損害賠償責任（同法 44 条の 3）、役員の連帯責任（同法 44 条の 4）に関する規定を定め、一般法人法のいくつかの規定を準用している（私立学校法 29 条、34 条、44 条の 5）。なお、国公立の学校については、国立大学の場合、国立大学法人法が制定されており、同法に基づき国立大学法人の設立が必要であるが、その役員として、学長または理事長、理事（同法において員数が定められている）、監事二人を置くことが必要である（同法 10 条）。

　社会福祉の分野においては、社会福祉法に基づき設立される社会福祉法人が社会福祉に関するさまざまな活動、事業を行っているが、社会福祉法人の

役員としては、理事・監事を置くことが必要であり（同法31条1項）、機関としては、六人以上の理事、二人以上の監事のほか、評議員、評議員会、理事会を置くことが必要であるし（同法36条、44条。このほか、会計監査人を置くこともできる）、役員等または評議員の社会福祉法人に対する損害賠償責任（同法45条の20）、役員等または評議員の第三者に対する損害賠償責任（同法45条の21）、役員等または評議員の連帯責任（同法45条の22）に関する規定が定められているほか、一般法人法のいくつかの規定を準用している（社会福祉法35条、45条の9、45条の12、45条の14ないし45条の19、45条の22の2等）。

　医療の分野においては、医療法に基づき医療法人の設立が認められており、病院、医師もしくは歯科医師が常時勤務する診療所、介護老人保健施設または介護医療院を開設しようとする社団または財団につき医療法に基づき法人とすることができ、医療法人と称することになっているが（同法39条。なお、医療法人のうち、特定の要件を満たすものは、収益業務を行うことができる社会医療法人とされている。同法42条の2）、医療法人には、社団たる医療法人と財団たる医療法人の設立が認められている（同法39条、46条の2）、それぞれの機関については、社団たる医療法人には、社員総会、理事、理事会、監事を、財団たる医療法人には評議員、評議員会、理事、理事会、監事を置くことが必要である（同法6条の2）。医療法は、理事・監事等について詳細な規定を設けており（同法46条の6以下）、役員等の損害賠償責任に関する諸規定を定めている（同法47条、48条、49条）。医療法人には、一般法人法のいくつかの規定が準用されている（医療法46条の5の4、46条の6の4、46条の7の2、46条の8の3、47条の2、49条の2、49条の3等）。

　そのほかにも、農業協同組合法（農協法）は、農業協同組合（農協）、農業協同組合連合会の設立を認め、機関として理事・監事、経営管理委員等の役員を置くことを定め、水産業協同組合法（水協法）は、水産業協同組合（漁協）、漁業協同組合連合会、水産加工業協同組合、水産加工業協同組合連合会等の設立を認め、機関として理事・監事、経営管理委員等の役員を置くことを定め、森林組合法は、森林組合、森林組合連合会の設立を認め、機関として理事・監事を置くことを定め、農林中央金庫法は、農林中央金庫の設立

を認め、機関として理事・監事、経営管理委員等を置くことを定め、中小企業等協同組合法（中協法）は、中小企業等協同組合の設立を認め、機関として理事・監事等を置くことを定め、技術研究組合法は、技術研究組合の設立を認め、機関として理事・監事を置くことを定め、商店街振興組合法は、商店街振興組合、商店街振興組合連合会の設立を認め、機関として理事・監事を置くことを定め、輸出入取引法は、輸出組合、輸入組合の設立を認め、機関として理事・監事を置くことを定め、中小企業団体の組織に関する法律（中小企業団体組織法）は、協業組合、商工組合、商工組合連合会の設立を認め、機関として理事・監事を置くことを定め、内航海運組合法は、内航海運組合、内航海運組合連合会の設立を認め、機関として理事・監事を置くことを定め、消費生活協同組合法は、消費生活協同組合、消費生活協同組合連合会の設立を認め、機関として理事・監事等を置くことを定め、生活衛生関係営業の運営の適正化及び振興に関する法律（生活衛生同業組合法）は、生活衛生同業組合の設立を認め、機関として理事・監事を置くことを定め、信用金庫法は、信用金庫の設立を認め、機関として理事・監事、会計監査人を置くことを定め、労働金庫法は、労働金庫の設立を認め、理事・監事、会計監査人を置くことを定め、酒税の保全及び酒類業組合等に関する法律（酒類業組合法）法は、酒造組合、酒販組合等の設立を認め、機関として理事・監事を置くことを定める等している。

　以上、さまざまな法律を概観しただけでも、各種の法人が個別の法律によってその設立が認められるとともに、その機関として理事・監事等の選任、権限を定めていることがわかるところであり、社会においてはそれだけ理事・監事として活動し、その任務を行っている多数の人がいることが推測されるのである。

3　法人制度の概要

　本書は、最初に説明したように、株式会社等の営利法人を除いたほかの類型の法人の役員である理事・監事等の法的な責任の概要、判例・裁判例を中心に紹介するものである。株式会社等の営利法人については、現在は、商法が根拠となっていた時代から、会社法の制定など法律の名称、内容、会社の

種類、名称が変化しており、役員も取締役、監査役のほかにも新たな役員が認められており（営利法人の性質を有する法人の役員の名称として理事の用語が使用されている事例もある）、多様化している。

理論的、抽象的には、法人の基本的な類型としては、従来、営利法人のほか、公益法人、中間法人に分けられており、公益法人は、法人の設立の目的が積極的に公益の実現を図るものであり（公益法人の基本となる法律は従来民法であったが、現在、その関連規定は削除されている）、中間法人は、公益法人にも、営利法人にも分けられない類型の法人である。なお、実際上、非営利法人とか、一般社団法人、一般財団法人や個別の法律に名称の使用が強制されている法人もある。

法人の設立をどのような内容、手続によって認めるかは、歴史的にも、国によっても異なるところがあるが、現在、日本では設立を根拠づける一般法人法、会社法などの各法律によって認められている。営利法人の代表的な類型は株式会社であるが、会社法が設立、経営の根拠法である。会社法以外にも営利法人、その性質を有する法人も社会で稼働しているが、それぞれの設立、経営に関する個別の法律が制定されている（このような法律においては、必要に応じて会社法の規定を準用することが多く見られる）。営利法人以外の類型の法人（公益法人、中間法人）については、一般法、基本法として、この設立、運営に関して一般法人法が制定されており、このうち、公益法人は、一般法人法による設立に加え、公益社団法人及び公益財団法人の認定等に関する法律（以下「公益認定法」という）に基づく公益認定を受けることが必要である。また、公益法人も、中間法人も各種の法人が個別の法律に基づき設立され、経営され、事業を行っており、このような法律は多数制定されている。このような個別の法律の中には、必要に応じて一般法人法の規定を準用する事例が見られる。

株式会社等の営利法人であっても、公益法人・中間法人であっても、その各種の役員については、その内容、態様、程度、頻度を問わず、自己、他の役員、従業員の判断、行為によってさまざまな範囲で不利益・損失・損害・被害が発生する可能性があり、制度的、法人の運営、監視・監督上、この可能性を低下させることはできても、可能性を完璧に解消させることは事実上

できないのが現実である。法人の役員にとって自己の責任が現実的に問題になり、その負担を強いられるリスクは常に存在するといってよいものである。役員の地位につき、その地位に基づき法人の経営・事業を行うことは、個人的にも、法人にとっても有意義で、満足感を満たすことが多いが、役員の地位には、役員としての損得や責任、リスクも伴うことを忘れるべきではないであろう。役員の責任については、現行の制度の下においては、法令上の責任制限、免責、損害賠償責任保険等の利用も可能であり、一定程度の責任、リスクの緩和、安心感の提供が行われているが、この制度の例外も存在すること、訴訟における裁判官の判断が期待に沿わないことがあること、これらの制度があっても、訴訟の提起は妨げられないこと、訴訟の提起に伴う相当の各種の負担、リスク、不安は免れることができないこと等の事情は現実に存在するものである。

4　公益法人等の法人制度の改正

　昭和時代、平成時代の初期を通じて、さほど議論が見られなかったが、平成時代が中盤に差し掛かる頃、日本全国において、賑やかではなかったものの、社会全体に大きな影響を及ぼしてきた重要な問題の一つとして、民法の下の公益法人制度の見直し・中間法人制度の見直しが議論されていた。この見直しによって、一般法人法、公益認定法の新法人制度が生まれたものである。

　従来の民法の下における公益法人（民法33条ないし84条）は、法人の組織替え等が、全国の数万の公益法人において検討され、実行されてきたものであり、公益法人の役職員等の関係者にとっては、この数年間は法人組織の選択の検討、準備、実行手続等、さまざまな作業を行わざるを得なかったところであり、相当な負担であったことは否定できない。民法下の公益法人にとっては、新法人制度へ移行したとしても、今後の法人の運営は、従来の民法と異なり、多数かつ詳細な規定であり、役員の責任が厳格化されている一般法人法等に従って運営されることが予定されているため、当初は多数の条文に戸惑うことが多く、その後は厳格化された詳細な条文に従うことに細心の注意を払うことが必要になっている。

第 1 章　法人の理事・監事をめぐる紛争の実態

　民法下の公益法人の制度が新法人制度に改正されたのは、これを推進した
向きにはさまざまな背景事情と理由があろうが、新法人制度の下において新
たに重大なリスクと問題を生じさせていることは間違いがない。重大なリス
クの一つとして、新法人制度で拡大され、採用された理事・監事、評議員の
損害賠償責任の問題（その前提として理事等の義務が問題になる）がある。

　法人が設立され、法人としての活動が認められると、個人の活動よりも社
会における信用が増すことが従来から指摘されているため（個人が同じ活動
をしても、個人としての活動よりも、法人としての活動のほうが社会では信用さ
れる傾向が見られる）、民法が定める法人制度が厳格にすぎるため、自由な法
人の設立、法人の設立範囲の拡大等が提唱されてきたが、他方、法人の濫
用、不正の隠れ蓑・温床の増加も指摘されてきた。特に公益法人について
は、公益を目的とするものであるが（実際に設立されてきた公益法人における
公益性は、その内容、程度に相当の濃淡があった）、その設立、運用、監督、税
制上の優遇措置に対するさまざまな批判があり、その見直しが相当前から行
われてきた。

　比較的最近に行われた見直しとしては、たとえば、NPO 法（平成 10 年法
律第 7 号。平成 18 年の一般法人法の制定の際、廃止されなかった）の制定、中
間法人法（平成 13 年法律第 49 号）の制定（一般法人法の制定によって廃止され
た）がある。NPO 法人は、公益法人の一類型であるが、設立が容易である
ことのほか、社会において NPO 法の想定した公益活動に対する需要と期待
が多く見られたことから、多数の NPO 法人が設立され、活動を行っている。
中間法人法による中間法人は、徐々に利用され始めていたところであるが、
一般法人法に含まれるものであり、中間法人法が廃止されたわけである（長
期にわたって議論されていた中間法人制度を一般的に認める同法が短期間のうち
に廃止されたことに、近年における法人制度の展開が急であったことがうかがわ
れる）。

　一般法人法は、民法の下において認められていた公益法人の法人格の取得
と公益性の認定を別のものとし、剰余金の分配を目的としない社団または財
団について（非営利の類型の社団または財団である）、準則主義によって簡便
に法人格を取得することができる法人制度を設けるものであり、法人制度の

14

一般法としての性質を有するものである。一般法人法は、344 条からなる大部の法律であり（制定後数回改正されている）、一般社団法人と一般財団法人の設立、機関、計算、清算、合併等につき詳細な規定を設けている。

一般社団法人は、2 名以上の社員によって設立され、社員総会、理事が必置とされ、定款の定めによって理事会・監事、会計監査人を設置することができる構造になっている。

他方、一般財団法人は、設立者が 300 万円以上の財産を拠出することによって設立され、評議員、評議員会が必置とされるとともに、理事、理事会、監事が必置とされ、定款の定めによって会計監査人を設置することができる構造になっている。

民法の公益法人制度の下において、日本では多数の社団法人、財団法人が設立され、活動していた。公益法人においては、多数の理事・監事らが選任され、公益法人を運営していたが（なお、財団法人には、法定の機関ではないが、評議員が選任され、諮問機関等としての評議員会が設置されているところがあった）、たとえば、理事会においては相当多数の人がさまざまな公益法人の理事を兼務していたり、選任当初から多忙で出席することができないことを想定し、理事の代理人が常に出席するなどの事例があちこちで見られた。理事は、公益法人、あるいはその設立者との関係から選任される友人、知人、関係者であることが多かったし、相当多数の公益法人においては、常勤の理事は別として、非常勤の理事は年に数回出席し、友好を深めるといった雰囲気の理事会が行われることも珍しくなかった。理事に選任される場合には、事業の関係からやむを得ないためとか、公益法人の幹部らから勧誘、依頼され、決して迷惑をかけませんからなどと言われたことから、選任を承諾することは多々見られた。監事についても、多くの公益法人の活動規模・財政規模が小規模であること、主務官庁等の監督があること等の事情はあるものの、年間一、二度の監査を実施する等の事例が見られた。評議員については、財団法人、その設立者、理事らの関係から選任される友人、知人、関係者であることが多く、財団法人において年に一、二度の評議員会に出席し、財団法人の運営の報告を受け、意見を述べる等の機会が見られた。民法の公益法人制度の下においては、公益法人の運営の監督は、主務官庁の監督が重

要な機能、役割を有していたものであり、公益法人の運営は、特段の事情の
ない限り、和気藹々とした雰囲気の中で行われていた。公益法人の中には、
理事等の対立が先鋭化し、関係者の間に相手方の責任を追及する等の事例が
見られたが、表面化する事例は少なかったものであり、多くの公益法人にお
いては和気藹々とした環境の中で運営されてきたということができる。

　民法の法人制度の下においては、理事は、一人または数人の選任が必要と
され（同法52条1項。必置機関であり、常設機関である）、数人の理事が置か
れた場合には、定款または寄附行為に別段の定めがないときは、理事の過半
数で法人の事務を決めることになっていた（同条2項）。公益法人の代表に
ついては、理事が代表することができるが（同法53条本文。なお、代表理事
を定める等したときは、善意の第三者に対抗することができないとされていた。
同法54条）、定款の規定または寄附行為の趣旨に反することはできず、社団
法人の場合には、総会の決議に従わなければならないとの制限を受けていた
（同法53条ただし書。なお、同法63条参照）。理事が公益法人との利益が相反
する事項については、理事は代理権を有しないとされていた（同法57条）。
理事と公益法人との関係は、民法上明文の規定はなかったが、その選任に当
たって委任契約が締結されたものと解することができるものであった（同法
643条以下。準委任関係を含む）。なお、理事の選任は、理事の任免に関する
規定を定款または寄附行為に必ず記載することが必要になっているため（同
法37条5号、39条、40条）、この規定に従って選任されるものである。

　他方、監事は、一人または数人の選任をすることができるとされ（同法58
条。任意の機関である）、監事を置くかどうかは、各公益法人の裁量に委ねら
れていたが、多数の公益法人では監事が置かれていた。監事は、法人の財産
の状況を監査すること、理事の業務の執行の状況を監査すること、財産の状
況または業務の執行について、法令、定款もしくは寄附行為に違反し、また
は著しく不当な事項があると認めるときは、総会または主務官庁に報告をす
ること、報告のために必要があるときは、総会を招集することが職務であっ
た（同法59条）。監事と公益法人との関係は、同法上明文の規定はなかった
が、その選任に当たって委任契約が締結されたものと解することができるも
のであった（同法643条以下。準委任関係を含む）。なお、監事の選任は、定

款、寄附行為に定めがある場合には、その定めによるほか、総会の決議によって選任することができるとの見解があった。

　公益法人は、民法の規定に基づき設立されたもののほか（これは、「民法法人」と呼ばれることがあった）、これを前提としながらも、宗教法人法、私立学校法等の特別の法律に基づき設立されたものもある。

　一般法人法等の新制度の下における法人の運営と従来の公益法人制度の下における法人の運営を比較すると、前者における理事等の役員の義務、責任の詳細化、厳格化が目につくことは一目瞭然である。一般法人法等の新制度の下においては、理事等の役員が従来の慣習と慣行で法人の運営を行うことは、理事等の役員の義務違反になる可能性があり、法的な責任を追及される可能性が高いものと予想される。新法人制度の下においては、一般法人法等の関係法令の内容を理解し、その規定を遵守することが必要であるが、その前に理事等の役員の義務、責任と法人運営のあり方が大きく変更されていることを理解することが重要である。

　本書は、これまでの公益法人・中間法人における理事等の役員の損害賠償責任が問題になった裁判例等を紹介し、現在における理事等の役員の義務違反、責任が問題になった事案の参考として提供しようとするものである。理事等の役員の義務、責任については、民法においては簡単な規定しか設けられていなかったが、ほかの法律の中には比較的詳細な規定が設けられ、実際に義務違反等の規定が運用されていた事例も見られ、参考になる裁判例を提供している。

5　理事・監事の心構え

　理事・監事の法的な責任、リスクを検討する場合、公益法人や中間法人の類型ごとに違いがあるかどうかが関心事の一つになるところ、法的な責任の枠組みについては共通するところが多いが（法人の設立、業務の規制に関する個々の関連する法律ごとに異なるところがある）、法人の類型ごとの目的の違い、事業の種類、範囲は、影響を与える事情の一つである。公益法人・中間法人の区分・振分けは、個々の法人ごとに検討が行われることになるが、この区分、振分けに当たって見逃されがちな事柄の一つとして、本書で取り上げて

いる公益法人等の理事・監事の法人、第三者に対する法的な義務、責任、特に損害賠償責任がある。一般法人法等の制定によって従来の公益法人、中間法人制度は、特に公益法人を中心にして大きく変更されたわけであるが、従来の公益法人等の制度を同法等の下の公益法人・中間法人制度と比較すると、従来の公益法人が新制度の下の公益法人、中間法人として存続する場合には、法人の運営、経営のあり方、手続が大きく変更されていること（簡単にいえば、詳細な手続が必要になり、厳格化されている）に注目が集まってきた。このような変更が重要であることはいうまでもないが、理事・監事等にとっては、法人の運営、経営とともに、自己の責任のあり方がさらに重要であることが意外と注目されず、忘れられがちである。また、公益法人・中間法人の理事等の役員は、従来、さまざまな人間関係、仕事の関係から依頼されて就任した者が多く、その反面、法人の運営、経営に当たって法的な責任が問われることが少なかった実情にあった。公益法人等の従来の運営、経営は、常勤の役職員を信頼し、これらの役職員によって行われることが多く、時々役職員等の内部対立が生じたり、不祥事が生じたりする等の事態が表面化することがあったが（紛争としては、深刻な様相を呈するものもあったし、長期にわたる紛争になったものもあった）、比較的平穏で波風の立たない雰囲気の中で運営、経営が行われてきたということができる。しかし、一般法人法等の新制度の下においては、法人の運営・経営の法的な環境は著しく変化しているところであり、法人を取り巻く社会的な環境・経済的な環境がさほど変化していなくても、従来の意識と慣行によって法人を運営・経営したり、事業活動を行っていると、損害賠償責任等の法的な責任が問われる可能性が相当に高まっている。従来の公益法人の運営・経営に携わっていた理事等の役員は、従来の意識と慣行を捨て、新制度の内容、現在における法人制度の内容、これを取り巻く社会的・経済的な環境、社会通念を理解することが重要であるし、新たに就任する理事等の役員は、役員に就任するきっかけ、関係を問わず、就任に伴う各種のリスク、法的な責任の追求の可能性を前提として就任し、職務を遂行することが必要であり、重要である。なお、公益法人については、民法下の関係監督機関の監視・監督がなくなり、自ら業務の法令遵守、業務の適正、リスクの回避、法的な責任の回避の対策、実行のほ

か、適法・適正、合理的、相当な判断、行為を行った裏付けの確保（要する
に信頼できる証拠の確保、保存である）が必要不可欠である。

　個人が社会においてさまざまな活動を行う場合、個人自身で、個人の名称
で活動を行うことと、団体の名称で活動を行うこととは、実質的にはさほど
の違いがなくても、団体の名称で活動を行うことのほうが、活動の幅が広が
り、社会的な信用が得られるという認識、印象が社会全体にあるようであ
る。もちろん、団体の名称、規模、歴史、活動状況等の事情によっては団体
の名称で活動を行うことが、むしろいかがわしい印象を与えることがあるこ
とは否定できない。団体が法人格を取得した法人の場合には、任意団体以上
に活動の幅を広め、社会の信用が得られているようであり、従来の民法の法
人制度の下では、法人の設立の緩和、法人の監督の緩和等の要望が強くなっ
ていたが、一部の宗教法人による事件、公益法人による不祥事等も発生し、
法人に対する監督の要請も強くなっていた。前者の要請に応えるものとして
制定されたのが、NPO 法であり、同法によって NPO 法人が多数設立され、
社会においてさまざまな分野で活動する事例が見られるようになっていた。
一般法人法等の制定の際には、NPO 法の廃止も現実的に問題になったが（一
般法人法の下では独自の法的な意義がないか、あるいは乏しくなる）、NPO 法に
基づき設立されている NPO 法人が独自の活動をし、社会的に広く活動をし
ていること（NPO 法人は、その性質上、公益法人である）、設立しやすく運営
しやすい NPO 法人に独自の意義が認められること等の理由から、同法の存
続が認められている。

　一般法人法等の新しい法人制度の下においても、NPO 法人が設立され、
さまざまな分野で活動をしているが、NPO 法人に限らず、一般法人法等に
よって設立される公益社団法人・公益財団法人・一般社団法人・一般財団法
人、他の法律によって設立される公益法人、中間法人においては、その法人
の設立の目的に従った社会的、経済的な活動を行うことが予定され、期待さ
れている。しかし、公益法人、中間法人は、株式会社等の営利法人とは異な
るものの、さまざまな経済活動、事業を遂行するものであり、法人の種類、
事業、規模等の事情によっては、広範な活動を行い、多数、多額の取引を行
い、さまざまなリスクのある事業を遂行していることは否定できないところ

である（営利法人では、その事業の性質上、リスク、損失の意識が経営者等に浸透しているが、公益法人、中間法人であっても社会活動・経済活動を行っている以上、事業の遂行にリスクが伴うことは当然である）。公益法人、中間法人の理事等の役員は、これらの法人の経営者として、法人にとってリスクが現実化しないよう経営、事業を行い、理事、従業員等が行う事業を監督することが必要であるが、法人の事業の内容、性質、規模等の事情によっては相当に注意を払って法人の経営、事業の遂行、監督を行わなければ、法的な責任が問題になり得る。実際に公益法人、中間法人の経営、事業を垣間見ると、理事等の役員にとってこれらの事情が十分に認識されているかは疑問に思われることがある。

6　理事・監事の勧誘と就任の経緯・理由

　公益法人、中間法人の理事等の役員の選任は、各法人の事業の種類、内容、規模、設立の経緯、出資者との関係、社員との関係、候補者の経歴・経験等の諸事情によってさまざまであり、役員の中には、法人の運営につき相当の知識、経験、能力を有する者が少なくないが（最近は、株式会社等の営利法人の取締役等の経験者が組織運営の専門家として理事等の役員に就任する事例も増加しているようである）、逆に法人の運営の知識、経験等の乏しい者、法人の理事等から知人等の関係によって役員への就任を依頼された者、公務員としての経歴によって役員への就任を依頼された者、社会的な著名人として役員への就任を依頼された者、役員の数合わせ、名目的な意味で役員への就任を依頼された者等の役員も依然として多く見られるところである。前者の類型の役員は、自己の法人の運営の知識、経験等から法人の運営によって生じる各種のリスク、責任について相当程度の理解をしていることが通常であり、リスク、責任に対する認識も高く、リスク等が現実化する可能性が生じた場合には、リスク等の回避のための適切な対応をとることが可能である。他方、後者の類型の役員は、一般的には、さまざまな事情から各種のリスク、責任に対する認識も高くなく、リスク等が現実化する可能性が生じた場合にも、適切な対応をとることが困難であることが少なくない（役員らの中には、リスク等が現実化した場合であっても、リスク等の回避、対応につき他人

任せにする者も少なくない)。前者の類型の役員も、後者の類型の役員も、相当程度に単純化し、類型化したものであり、その間にはさまざまな知識、経験、能力の差がある多様な役員が存在するわけであるが、法人の運営に伴って生じる各種のリスク、責任を相当程度に理解し、必要な事態に適切な対応をとることができるには、社会的に見て相当の知識、経験、能力が必要であることに照らすと、前者の類型の役員を除けば、おおむね後者の類型の役員として位置づけることが妥当である。後者の類型の役員の中には、責任問題が生じた場合、名目的役員であり、責任を負う理由がないなどの主張をするものがあるが(会社の場合には、名目的取締役の問題として長年訴訟の実務で問題になっている)、名目的役員の実態が多様であり、多義的であり、効果的、明確な主張とはいいがたい。もっとも、実際には数が少ないが、名目的役員の主張を争点として取り上げ、理事の責任を否定した裁判例もある。名目的役員の主張は、事案によっては、役員として任務を懈怠していた裏付けになるおそれがあることにも注意が必要である。いずれにしても、勧誘者、推薦者の何もしなくてもよいとか、責任問題は生じないなどの説明を信頼し、そのように理事等の職務行っていると、名目的役員のリスクにさらされることに注意が必要である。

　公益法人、中間法人の理事等の役員は、一方で各法人の事業を適切に遂行し、各法人の目的を達成するよう法人の運営を積極的に図ることが必要であるが、他方、その権限、義務が広範であり、かつ重要であることから、権限を適切に行使し、義務を誠実に履行することが必要であるところ、権限の行使を誤り、義務の履行を怠ると、損害賠償責任等の法的な責任を追及されるおそれがあり、権限の行使、義務の履行につき相当な注意を払うことも必要である。理事等の役員は、前者の事業の遂行の場面に関心が向かいがちであるが、役員個人にとっては後者のリスク・責任の回避の場面も劣らず重要であり、関心をもつ必要がある。理事等の役員は、公益法人等の事業を展開し、盛んな運営に努め、実績を上げることは、リスク・責任を回避して初めて全うすることができるものである。

　なお、公益法人、中間法人の役員の名称について、本書においては、理事、監事の名称を使用しているが(株式会社等の営利法人の役員については、

取締役、監査役の名称が通常使用されている)、これは、一般法人法、民法等の関係法律の内容によるものであること、実務上の通常の使用であることを踏まえたものである。もっとも、理事・監事の名称が営利法人や営利法人の性質を有する法人において使用される例もあるが、例外的である。

7 役員と経営関与の実態

公益法人、中間法人の理事・監事は、その選任の過程をみると、各種の法人の種類、設立の経緯、設立母体、業務の種類、内容、規模等の事情によって異なるが、設立母体の関係者、法人の生え抜きの者、業務の関係者、理事長、代表理事等の関係者、これらの者の知人、著名人等が選任されることが多いし、弁護士が選任される事例も見かけるところである。もっとも、法人の理事等が内紛を起こしたり、法人が事実上買収されたり、法人の運営が乗っ取られたりした場合には、理事等の解任・辞任が行われた後、新たな経営陣、利害関係者の中から理事等が選任されることもある。理事の中には、法人の評価の権威づけのためとか、いわばお飾りとして選任される者もいないではない。

理事・監事は、所属する法人に対する法的な責任、法人以外の第三者に対する法的な責任を負う可能性があるが(これらの法的な責任は、最終的には主として損害賠償責任として問題になる)、これらの責任は、理事等の選任の経緯、動機、法人等との選任前の関係等の事情を問わず、適用されるものである。理事等の法的な責任の追及が現実的に問題になる可能性が生じたり、実際に責任が議論されるようになったりすると、責任が言及される理事等の中には、名目的に選任されたにすぎないとか、法人の運営、決定に関与していないなどの弁解、主張がされることが少なくない。名目的役員の意義は、すでに紹介したところもあるが、若干敷衍すると、確かに、法人の中には、理事長、代表理事がワンマンであり、他の理事を法人の運営に関与をさせなかったり、選任された理事自身が積極的に法人の運営に関与しなかったりする事例も、従来少なくなかったものと推測されるため、法人の運営の実態に照らすと、理事等の前記のような弁解にも実際上の根拠がないではない(小規模な株式会社においても、取締役等につき同様な実態が見られたところであり、

名目的な取締役の問題として裁判例上議論されることがあったが、公益法人、中間法人の場合においても、内容、態様、程度は異なるものの、同様な問題が生じる。なお、名目的な取締役等の名目的な役員の問題は、名目的であるとの意味合いが異なるし、関与の内容、態様、程度が異なるところであるうえ、因果関係の存否、義務の有無、内容、任務懈怠の成否等の側面で問題になり得るものである）。しかし、訴訟の実務においては、名目的な理事等であるからといって訴訟が提起されないわけではないうえ、法的な責任が認められる可能性があるため、その選任の経緯等の事情から法人の運営に関与することが少ない理事等にとっても、理事等としての各種の義務、法的な責任については十分に理解しておくことが重要である。特に法人に不祥事が発生したり、法人の運営、取引において損失が発生したり、法人が倒産したりした場合には、理事等の法的な責任が追及される可能性が一段と高まるものと予想される。

8　法人の経営に係るリスクと損失・損害の発生

　社会において株式会社（営利法人）、公益法人、中間法人等の法人を経営し、取引を行い、事業を遂行する場合には、法人内の組織を適切に構築し、運営するだけでなく（監督も行うことが必要である）、第三者と取引を行ってさまざまな事業を行うに当たっては、法人への出資者、取引の相手方、さらに事業によって影響を受ける者との間に利害関係が生じることになる。この利害関係者の中には、法人との間で契約関係を有する者だけでなく、契約関係を有しない者も多種多数存在する（後者の類型の者の中には、施設事故のように偶発的に法人との間で利害関係が生じる者もある）。利害関係を有する者のうち、利益を享受する者は法人に不平、不満を抱くことはほとんどないのに対し、損失を被ったり、期待していた利益を得られなかったと考える者は、法人に不平、不満を抱きがちであり、クレーム・苦情を付けたり、事態が深刻になると、法的な責任を追及する可能性がある。後者の場合、クレーム・苦情の対象、法的な責任の対象は、法人そのものであることもあれば、法人の役員に向けられることもある（クレーム・苦情の種類も多様であり、物理的、身体的な攻撃を伴ったり、虚偽の情報を社会に流布するような情報を利用する攻撃のこともあるし、クレームの対応の担当者にクレームが向けられることもある）。

社会において事業を行い、取引を行うに当たっては、クレーム・苦情、法的な責任の可能性が付きまとっているものであり、法人の経営に当たる役員らは、このリスクの現実化に対応する組織を構築し、運営することが重要である。日本の社会には、株式会社であっても、公益法人であっても、中間法人であっても、その種類、規模、経営状態等の事情によってさまざまな役員らが存在するところであり、役員らの中には唯我独尊、自己中心的な役員らも少なからず見かけ、クレーム、法的な責任が追及される可能性すら皆無であるなどと根拠のない認識を抱く者もいる（そのような根拠のない信念をもっている者もいる）。法人を経営し、社会において事業を行うことは、法人以外の第三者との接触、関係が発生することは不可避であり、そのような接触、関係は、第三者に利益を与えるだけではなく、多種多様な不利益、損失を強いることが多々あるものであり、不利益、損失を受けた第三者は、現代社会においては、自己の責任、自己の判断によるものとして受忍し、我慢をすることが少なくなりつつある。株式会社の場合には、従来から会社との取引によって損失を受けたり、事故によって損害を被ったりしたときに、会社だけでなく、会社の役員らに対して法的な責任を追及する事例を見かけることは珍しいことではなかったが（会社が倒産したりして会社に対する法的な責任を追及しても実効的でない場合にはなおさらであった）、公益法人、中間法人の場合にも、同様な傾向が見られるようになっている（一般法人法の下では、公益法人、中間法人一般に役員らの任務懈怠による法的な責任を追及しやすい制度になっている）。しかも、本書で紹介しているように、従来の中間法人の役員らの法的な責任をめぐる裁判例を概観してみると、少なくとも中間法人の場合には、その理事らの役員が第三者から法的な責任を追及される事例が見られ、事案によっては損害賠償責任を肯定する裁判例を見かけたということができる。なお、信用組合のような中間法人の場合には、バブル経済の崩壊の過程で、経営者であった役員らの損害賠償責任が法人自体から追及され、損害賠償責任を肯定する裁判例は相当数に上っている。

9 理事・監事の損害賠償責任以外の責任

公益法人、中間法人の理事らの役員の法的な責任は、損害賠償責任だけに

限られるものではない。法的な責任といっても、刑事・民事、行政上の各種の法的な責任があり、個々の役員らにとってこれらの各種の責任が単独で、あるいは重複して問題になることがある。刑事上の法的な責任は、背任罪等の刑法違反の刑事責任が代表的なものであるが、公益法人等が事業を行い、その事業につき法律が適用される場合には、その法律に罰則規定が設けられていることが少なくなく、これらの罰則規定に違反することがある。行政上の法的な責任は、役員らが所属する法人自体に対する行政上の制裁のことではなく（法人の経営、事業に関する法律の中には、役員らに対する行政上の制裁を定めるものもある）、役員らが退任等の後、同種の法人の役員になることができない制裁を受けたり、過料の制裁を受けることがある。民事上の法的な責任としては、損害賠償責任のほか、解任されたり、辞任を迫られたりすることがある（常勤の理事らにとっては降格処分ということもあろう）。理事らが法的な責任を追及される場合には、その悪影響は法的な側面に限られるものではなく、所属する法人内の人間関係、社会的な評価、自分の自信・プライドにも悪影響が及ぶことがある。事実上の悪影響の及ぶ範囲、程度は、広く日常生活、職業生活にも及ぶものであり、交通事故等の事故の誘発、気力の低下、うつ状態の発生、他の仕事の失敗等も生じることがある。理事らが法的な責任を追及され、さらにその法的な責任が訴訟によって肯定された場合には、その悪影響は重大であるし、事案によっては深刻なものになることもある（訴訟において長期にわたる審理の結果、理事らの責任が認められない場合であっても、訴訟の提起、審理の継続に伴う各種の負担、不利益はそのままであるし、その間の時間の損失は取り戻すことはできない）。法的な責任というと、弁護士にとっては、専門分野の範囲に含まれるものと考え、法的な責任の追及の可能性がある状況における相談等の場面で、損害賠償責任等の法的な責任の認められる蓋然性、内容、責任が認められる手続等の概要を説明すれば足りると思いがちであるが、実際上はこれにとどまらない悪影響が及ぶものであり、このような悪影響の内容、程度についても可能な限り説明しておくことが望ましいであろう。公益法人等の理事らにとって法的な責任が現実に問題になる事態は経験することが稀であるし、法的な責任が追及される場合に直面することはさらに稀であるから、未知の分野、未知の状況であること

に照らすと、通常以上に丁寧な説明が望ましいものである。

10 現代社会の特徴——法令遵守・コンプライアンスの横行

　現代社会においては、一昔前の時代（主として昭和時代）と比べると株式会社の取締役らの役員、公益法人、中間法人の理事らの役員の損害賠償責任が追及され、判決でこれが肯定される事例が激増している。この傾向は、現在に至るまで続いているということができる。その原因が興味深いが、役員らの不正行為自体が激増していることによるなどと推測される裏付けは見出せない。筆者の観察によると、役員の責任を追及することを容易にする法律の改正、役員らの責任に対する社会通念、利害関係者の厳格な姿勢、役員らの不祥事の多発と報道、役員らの責任を肯定する裁判例の登場と公表、役員らによる実際の判断・行為の不注意な実態、裁判官による役員らの責任肯定の姿勢の変化、役員らの責任肯定の法律解釈の発展、役員らの責任肯定の社会常識の拡大、役員らの責任を追及する訴訟提起の増加、役員らの責任を肯定する主張・立証の工夫等の事情を指摘することができよう。

　役員に対して損害賠償を請求する場合、個々の事案の内容に応じて役員が損害賠償責任を負う法律的な根拠、これに関係する事実関係を主張し、立証することになるが、その内容は個々の法人、損害賠償を請求する者の立場等によってさまざまな内容がある（その一部は本書で後に紹介する裁判例参照）。最近見られる損害賠償責任を追及する原告側の主張の特徴は、役員の判断、行為に法令違反があったとの主張であり、責任を争う被告側の主張の特徴は、経営判断の主張である。

　法人の役員が経営上、事業の遂行上、判断し、行為するに当たっては、関係法令がある場合には、法令の内容に適合した判断をし、行為をすることが必要であり（法律、政省令のほか、通達、通知等の下位の規則も含むことがあるし、法令の主管省庁による解釈が出されているときは、これも含むことがある）、法令に関するガイドラインがある場合には、その内容の遵守も重要である。法人の定款についても、その内容に適合した判断をし、行為をすることが必要であるし、法人内部に関係する規則、規程がある場合にも、これらの内部規則等に適合した判断をし、行為をすることが必要である。これらの法令、

ルールの遵守は、世上、現代社会において「コンプライアンス」と呼ばれているが、役員の損害賠償責任を追及する訴訟においても盛んに利用されている法理である。法人経営の実務において、読者諸氏は、経営上の判断、事業遂行上の判断に当たって法令、定款、内部規則の内容を常に遵守していることを確認し、確信を得ているということができるであろうか。ある判断、ある行為を行うに当たって関係する法令があることを知らないとか、調査をしなかったなどの事例は論外として、法令の存在を知っていたとしても、その内容を正確に理解しなかったとか、判例・裁判例、主管省庁の有権的な解釈による解釈をとらなかったなどのずさんな理解をして判断、行為を行う事例は少なくないが、このような判断、行為は法令遵守違反、コンプライアンス違反として取り上げられるおそれがある。法令遵守違反は、法人にとって社会的な批判の対象として問題になることが多いが、役員らの損害賠償責任が追及される訴訟においても、責任を肯定することができる有力な主張、裁判官にとってわかりやすい主張として利用されているのである。なお、法令違反といっても、法令の内容・趣旨、違反の内容・程度、損害との関係は多様であり、法令違反が認められるとしても、損害賠償責任をそのまま肯定させるものではないが、役員らの判断、行為のずさんさ、不合理さを裏付ける事実として機能することもある。

　公益法人も、中間法人も、法令、定款の諸規定を遵守し、事業を行うことが必要であるが、法令等を遵守するためには、理事・監事が十分な検討を行い、遵守を図ることが重要であることはいうまでもない。しかし、理事・監事の知識、経験にも限度があるし、法令等の遵守は、理事らの役員のみが調査、検討するだけではなく、法人組織として調査、検討すべき事柄であるところ、組織内の事務局がどの程度充実した人材が配置され、調査、検討を行っているかが重要である。規模が大きく、歴史のある公益法人等においては相当の人材の配置と経験の蓄積があると考えられるが、規模が小さく、歴史も浅い公益法人等においては組織が十分に構築、運用されていないのが実情であろう。法令等の遵守を確保するためには、公益法人等の組織内における法的な調査、検討、判断が重要であるが、法的な観点からの検討等に当たっては弁護士の助言も重要であるところ、公益法人等においてはどれだけ身近

第1章　法人の理事・監事をめぐる紛争の実態

な弁護士の助言が得られる体制になっていることも重要である（公益法人等の業務の性質、内容、規模等の事情によっては顧問弁護士による日頃からの相談も重要である）。現代社会では、株式会社等の営利法人については、規模の大小を問わず、法令等の遵守が求められ、法令違反等が判明した場合には、厳しい制裁が課せられることが多くなっているが、公益法人等の場合にも例外ではなく、公益法人等の役員にとってもこのリスクを認識しつつ、公益法人等の運営に努めることが必要である。特に規模が小さく、事務組織も十分に整っていない公益法人等においては、理事らが運営、業務の遂行に当たって、自ら調査、検討等する度合いが高いことを十分に認識しておくことが重要である。法令等の遵守を確実にするためには、法令等の内容が具体的である場合には、具体化された内容、手続を着実に履行することで足りるものであるが、法令等の要件が相当程度抽象的なものである場合には、その要件につき解釈が必要であり、その要件を満たすことが必要であるところ、このような解釈、検討、判断は必ずしも容易な事柄ではない。公益法人等の役員らは、法律の専門家でないことが多く、法的な検討、判断に習熟しているわけでもないから、時には慎重な検討、判断が必要であることを認識しておくことが重要である。公益法人等の中でも、施設事故、取引事故の発生の可能性がある程度予想できる場合には、理事らは、日頃から法令等を徹底することが賢明である。

11　現代型投資社会における理事・監事のリスク

　公益法人、中間法人は、その運営、事業を行うため、元々基本財産を保有していたり、事業によって利益を得たものを蓄積していたりし、その財産を運用し、使用することになるが（これらの法人においては、営利事業、営利取引を行うことが禁止されているものではなく、可能であるものの、一定の制限を受けることがある）、現代社会のように、財産の運用が困難な経済状況においては、その運用に責任をもつ理事らの仕事も大変である。現代社会においては、従前の社会とは異なり、投資の種類は格段に増加し、多様化、複雑化しているが、投資取引に伴うリスクが多様化し、高くなっているため、理事らが公益法人らの保有財産を運用する場合、投資の種類、投資先を選択するに

28

当たって困難で複雑な判断と取引が迫られている。投資の種類としては、最早高利率の銀行預金を期待することはできないため、国債を選択することがあるが、国債による利益も低いものであり、本来保有財産の運用としては魅力に乏しい。外国の国債、外貨預金等も一時期投資先として話題になり、証券業者等の業者が盛んに勧誘を行い、多数の取引が行われたが、その後、損失が発生する多数の事例が判明したこともある（多額の損失を出した事例も新聞等で報道されることもあった）。国内の会社に対する投資は、株式、社債について、公益事業を営む会社を中心にして投資の対象とされることがあったが、株式市場の低迷が続いたり、経済環境によっては下落したことから、保有財産の運用先として困難な判断が必要になることがあった。投資信託は、安定的な運用がセールスポイントであったが、元本を割り込む事例が多発し、保有財産の投資取引として問題になることがあった。各種のデリバティブ取引も開発されているが（新たな投資商品も開発、販売されている）、リスクの内容、程度に照らすと、比較的安定かつ安全な保有財産の運用を旨とする公益法人らにとっては選択することが極めて困難なものであった。公益法人らの理事らが保有財産を投資する場合、その内容、規模等の事情によるところ、投資業者の助言等を得て投資取引を選択するときであっても、最終的には自己の判断と責任によって投資取引を選択することになるが、投資取引は常に損失を伴う可能性があるため、損失の発生に伴って投資判断の当否、適否が問われる可能性がある。投資取引を行い、損失が発生したからといって、直ちに投資取引を最終的に判断した理事らが法的な責任を負うと解すべき根拠はないが、投資取引の検討、選択、判断が取引通念を著しく逸脱したような特段の事情がある場合には、公益法人らに法的な責任を負うことがあることも留意すべきである。現代社会は、投資取引の社会であるとの側面があり、公益法人らの運営、事業も投資取引とは無関係ではないから、理事らは投資取引を行うに当たってその職責に即した検討と判断が必要になっている。

12　人間関係の緊密な公益法人・中間法人の紛争の実態

　公益法人、中間法人は、社会において取引を行い、施設を活用し、保有財

産を費やして活動することによって、その設立の目的を達成することが期待されているが、具体的にどのような活動を行い、具体的にどのような結果を得ることが設立の目的を達成することになるかは、常に明らかであるわけではない。設立の目的、目的の達成の有無、程度は、公益法人等の経営者である理事らにとって認識、理解が異なることがあるし、事情によっては見解、意見、方針の対立が生じることがある。このような見解等の対立は、公益法人等の理事らの間だけでなく、社員、組合員等の構成員の間、さらに幹部従業員を巻き込んで対立が拡大し、激化することもある。公益法人や規模の小さな中間法人の場合には、理事ら、構成員、幹部従業員らの関係が各自の職務を超えて緊密であり、人間関係が密であるだけに一旦見解の対立、紛争が発生すると、その解決に時間がかかり、深刻化しやすくなり、困難になる可能性がある（株式会社の場合であっても、同族会社、小規模な会社の場合には同様な傾向が見られる）。緊密な人間関係が認識され、あるいは重視される類型の公益法人等の経営に当たっては、経営者である理事らにとって人間関係の適切な調整が重要であるが、人間関係に配慮すればするほど、法令、内部規則の遵守等のコンプライアンス、ガバナンスの観点から問題が生じやすくなる。従来の公益法人等の経営に当たっては、比較的法人内部の円滑な関係の維持が重視される事例が多々見られたが、今後の公益法人等の経営に当たっては、後者の観点からの経営が重要になっている。公益法人等の理事らは、日頃の組織内の人間関係、信頼関係を重視することから、その関係への依存、慣れが生じていることは否定できないところであるが、一旦見解の対立、紛争、不祥事が発生すると、この関係が逆に作用することには十分に留意することが賢明である。

13 理事らの責任追及のリスクが増大する場面——従来の裁判例の　　特徴の一つ

　公益法人・中間法人の理事らの責任をめぐる裁判例を概観していると、法人の経営破綻をきっかけにしてその責任が問われる事例が目立つようである。特に株式会社以外の金融機関の事例は、経営破綻に伴って整理回収機構が理事らに対する損害賠償請求権の譲渡を受け、実際に訴訟を提起したもの

が多数見られるが（後に紹介する裁判例参照）、これは金融機関の経営破綻によって公的資金が投入される等し、経営者の責任を明確にすることが要請されたという事情が背景にある。金融機関以外の法人の事例であっても、法人が経営破綻した事態に陥ると、理事らの責任が問われる可能性が高まるということができる（株式会社等の営利法人の場合にも同様な事態が見られるものであり、経営破綻した場合、取締役らの責任が問われた同様な裁判例も見かけるところである）。法人が経営破綻した場合には、任意の整理、法的な整理、法的な倒産手続の開始等の破綻処理が必要になるが（これらのほかに、法人の経営が放置される事例もあちこちで見られてきた）、これらの破綻処理の仕方によっても、理事らの責任が問われるかどうかが影響を受ける。法人の経営破綻は、その経営者らが法人の経営に失敗したものであると受け止められがちであるから、失敗した経営者らの責任を問うべきであるとの意見が利害関係者の間に生じることはやむを得ないが、経営破綻の原因は、法人の種類、規模、事業の内容、組織の状況、事業環境、経済環境、取引状況、事業状況、事業の歴史、経営者らの能力、経験等の諸事情によって異なるところが大きく、経営者らの責任のみが主要な原因であるとは限らない。しかし、法人が経営破綻した場合には、法人の利害関係者にとっては緊急事態であり、非常事態であるため、経営者らの責任問題を取り上げようとする意見が唱えられることが少なくないし、経営者らも心理的に追い詰められると、冷静な判断が困難な状態に陥ることがあるため、現実に経営者らの責任が現実に問題になることがある。また、法人の経営破綻の原因は、たとえば、法人にとって重大な取引事故、施設事故等の突発的な事件が発生し、急激に経営破綻の状態に陥るような事例がないではないものの、長年の経営上の判断過誤・事業上の過誤等が積み重なって経営破綻に至ることが少なくないところ、後者のような事例においては、経営破綻が発生した時点における理事らの経営者の責任が問われることが多い（理事らの交代が継続的に行われている場合には、過去の理事らの破綻原因への関与の度合いが強くても、消滅時効、記憶の劣化、証拠の不足等の事情から、過去の理事らの責任が問われないことがある）。経営に問題を抱えた法人において、理事らの職務を引き受けることは相当なリスクを抱えることにもなるのである。

14　理事らの責任追及の厳格化の動向

　株式会社の取締役らの役員は、会社そのもののほか、株主、債権者からその法的な責任が追及される可能性があり、すでに多数の裁判例が公表されているから、取締役らに就任する場合には、その法的な責任をも考慮し、選任の依頼を承諾することが多くなっているし（なお、取締役らに新らたに就任する者の中には、会社における勤務成績が評価され、抜擢として就任する者もいるし、取締役らとの知人、友人、家族・親族関係から就任する者もいるが、このような場合には、法的な責任の検討がされない等のこともある）、取締役らとしての職務を遂行するに当たっても、事実関係の認識、議論、判断につき法的な責任にも配慮した十分かつ慎重な検討、判断を行うことが多くなっている。株式会社の経営は、会社の事業の栄枯盛衰、会社を取り巻く取引環境、会社を取り巻く経済状況等によって大きく影響を受けるものであり、さまざまな観点から事業計画を立案し、事業を熱意をもって遂行したとしても、個々の取引、全部または一部の事業によって損失を被る可能性は常にあるため、取締役らの役員の検討、判断等は、常にリスクを伴うものである（取締役らのこのような法的な責任のリスクは、実際に役員の法的な責任を追及する訴訟が提起された場合、裁判官にとってはなかなか理解されず、裁判官によっては後知恵としか評価できない判断をすることがある）。

　他方、公益法人、中間法人の理事らの役員の場合にも、程度、内容の差はあっても、法人の経営、運営、事業の遂行に当たって法的な責任が問われるリスクを抱えるものであり、法人そのもの、社員・組合員、債権者から法的な責任が追及される可能性がある。公益法人、中間法人の役員の法的な責任を追及する訴訟は、株式会社の場合と比べて少ないのが実情であるし、公表された裁判例も少ないのも実情である。しかし、公益法人、中間法人の数が増加し、これらの法人の事業が拡大し、事業の遂行、取引が増加し、損失が発生する可能性が高まっていることは否定できないところであり、このような経営環境の中で、不用意に理事らの役員に就任したり、事業の遂行に無関心であったりすると、法的な責任が追及されることがある。しかも、これらの法人の経営、事業の遂行、取引は最終的には人と人との関係に還元するこ

とができるところ、相手方となる人は、一昔前とは大きく異なり、とことん人の責任を追及する姿勢、考えをもつものが増加しているのである。裁判例を概観していると、公益法人、中間法人の理事らの役員の責任に関する判断基準も軽いものではないし、責任の有無を判断する裁判例の姿勢も緩やかなものではないのであって、裁判例の動向に照らすと、今後、これらの法人の役員の意識と認識の向上が法律実務において重要な課題の一つであると考えるところである。

15 法人を取り巻くさまざまな環境の変化と社会常識の変化

近年の取締役らの責任追及の事例・裁判例の動向は、単に会社制度の改正によるだけでなく、会社を取り巻く経済情勢の変化、会社の経営に対する社会常識の変化、法令の変化、法令遵守（コンプライアンス）の要請の強化、従来型の経営の継続、会社の倒産の増加、株主の意識の変化等の諸事情が重要な影響を与えてきたものであるし、実際に株主代表訴訟による株主勝訴の判決の公表、会社自身による取締役等に対する責任追及訴訟による会社勝訴の判決の公表もこの動向に無視できない影響を与えてきたものである。

一般法人法等の現行の法人制度の下においては、理事・監事らの責任については、従来会社制度で改正が繰り返されてきた取締役等の責任と同様な制度を導入したものであり、今後の運用の動向が一部で注目されてきた。論者によっては、一般社団法人、公益社団法人等の活動が従来と異なるものではなく、理事らの責任も大きく変更されていないこと等から従来と同様であるとし、神経質に考える必要はなく、杞憂にすぎないなどと説明する。他方、実務家によっては、一般社団法人等につき代表訴訟制度が導入され、理事らの責任も厳格化されていること等から、従来の事例、動向は参考にならず、責任追及の事例は増加するなどと指摘する。実際に理事・監事の役員の就任を打診されたり、受諾したりする場合にも（なお、一般財団法人等では、評議員も法律上損害賠償責任が明記されている）、役員の責任につき法人の担当者らからの説明も、大丈夫であるなどといった大雑把な説明もあちこちで見聞されている。

16　理事らの権限・義務の理解の重要性

　一般法人法等の現行の法人制度の下においては、理事・監事、評議員に就任することが打診されている者は、従来同様な職務に就いていた場合には、従来の認識、理解で就任を受諾することが多いと推測されるし、新たに就任する場合には、制度につき必ずしも十分な理解をしていないことも少なくないであろう。理事・監事らの責任問題が現実化するかは、法制度の改正内容だけでなく、①法人を取り巻く社会環境、法人の運営に対する社会常識、法令の変化、②法令遵守（コンプライアンス）の要請、③法人の活動の内容・態様、法人の運営・活動による損失の発生、法人の運営の悪化、④法人の運営・活動に関する利害関係者の意識、理事等の権限・義務の理解度、⑤理事等による職務上の義務の履行度等の諸事情による。理事らが法律上の権限・義務につき十分に理解しているからといって、理事らの責任が現実化しないというわけでもないし、逆に十分に理解していないからといって、その責任が現実化するというわけでもないのであって、関連する諸事情の一つにすぎないことは確かである。

　しかし、理事らの責任問題が現実化し、訴訟が提起される等した場合、勝訴判決を得るためには、理事らの権限・義務を理解し、適切に権限を行使し、義務を的確に履行していることが必要であるから（実務上は、これらの事実を証拠によって証明することも必要であり、重要である）、少なくとも就任前から理事らとしての権限・義務の内容、適切な履行、責任追及に対する防衛手段等の重要性を理解していることが大切である。

　なお、公益法人、中間法人の理事・監事らの法的な責任、損害賠償責任を論じ、検討する場合には、直ちに一般法人法に基づき検討すべきである、検討すれば足りるなどと即断することは誤解である。多数の公益法人、中間法人が個別の法律に基づき設立され、事業を遂行しているところであるから、まず検討の対象である法人の設立の根拠となっている法律を調査、確認し、そのような法律がある場合には、その法律の諸規定、内容を検討することが必要である（そのような法律の中には、一般法人法の規定の一部を準用しているものもあるし、準用していないものもある）。

理事らへの就任を打診される読者諸氏は、自己の責任問題とその予防・訴訟対策を他人任せにしているのではなかろうか。法律実務の世界では、自分の責任は自分で防衛し、自分の権利は自分で闘い獲るほかないのである。本書は、新法人制度の下で理事、監事、評議員に就任する読者諸氏が理事らの権限・義務の概要を理解し、自分の責任が追及される事態の発生を予防し、訴訟が提起される場合を想定して対策を立てるための一助として書き連ねたものである。

17　理事らの法的な責任の視点からみた一般法人法の評価

一般社団法人、公益社団法人等の一般法人法の制度に対する評価はさまざまである。

一般法人法の下の法人制度としては、一般社団法人・一般財団法人の設立がまず認められ、これを基礎として公益社団法人・公益財団法人が認められている。

一般社団法人・一般財団法人は、自由な設立とある程度の裁量による機関設計が認められ、比較的自由な活動が認められる一方、公益社団法人・公益財団法人は、公益認定の要件が厳格にされ、その運営・活動もさまざまな規制を受けている（ほかにも多数の類型の法人が個別の法律によって設立が認められ、事業が行われている）。このような一般法人法の制度について積極的に評価する者もいる。しかし、①公益社団法人等については公益認定が厳格すぎる、②公益認定がまちまちになるおそれがある、③公益社団法人等の運営の規制が厳格すぎる、④公益社団法人等の活動の規制が厳格すぎる、⑤個人の公益活動を損なう、⑥従来の公益法人の大半を解散させるに等しい、などの批判がされている。一方、一般社団法人等については、①機関の設計が法人の規模によっては過大すぎる、②法律の規定、内容が複雑すぎる、③法人の設立が簡便すぎる、④法人の濫用が生じやすいなどの批判もされている。これらの批判の前には、そもそもどのような理由があって新法人制度が採用されたのかなどといった根本的な批判、疑問も未だに消えていない。

一般法人法による法人制度は、設立・運営、活動資金の調達、機関の設計、機関間の権限の分配、法人の運営、法人の活動、理事等の義務、理事等

の責任、業務監査、会計監査、会計等のいくつかの事項に分けてその合理性、妥当性、利便性等の観点から評価することができる（法人の規模、活動の内容によっても評価が異なり得る）。

本書は、この法人制度に対する評価、観点のすべてを議論する予定は全くない。本書は、理事・監事、評議員の責任の観点から一般法人法の制度の内容、運用を検討し、評価したうえ、理事らにとって過大であると思われる責任を的確に回避するためにどのように権限を行使し、義務を履行し、責任追及の可能性、リスクを軽減するかを検討しようとするものである（「備えあれば、憂いなし」を実践することが大切である）。本書のこの視点からみると、新法人制度の法人の理事らに就任する者は、その地位、受ける経済的な利益の割には過大な義務を負わされ、責任を負わされる可能性があることを忘れてはならない（「油断、大敵」である）。

18 一般法人法の制定による新法人制度制定の経緯と構造

一般法人法の制定の経緯を簡単に紹介すると、政治、行政の場ではさらに抜本的な見直しが行われた。平成14年3月29日、政府は、「公益法人制度の抜本的改革に向けた取組みについて」を閣議決定し、内閣官房において関係省庁らを交えて検討が開始され、同年8月、論点整理等が行われた。また、平成15年6月27日、政府は、「公益法人制度の抜本的改革に関する基本方針」を閣議決定し、抜本的改革の基本的枠組みを明らかにした。

さらに、平成16年12月24日、政府は、「今後の行政改革の方針」を閣議決定し、改革の基本的枠組みの具体的な方針を示した。その後、内閣官房において法律の立案作業が行われ、平成18年3月10日、「一般社団法人及び一般財団法人に関する法律案」、「公益社団法人及び公益財団法人の認定等に関する法律案」、「一般社団法人及び一般財団法人に関する法律及び公益社団法人及び公益財団法人の認定等に関する法律の施行に伴う関係法律の整備等に関する法律案」（公益法人制度改革3法案）が閣議決定され、国会に提出された。

公益法人制度改革3法案は、平成18年4月20日、衆議院において賛成多数で可決され、同年5月26日、参議院においても賛成多数で可決され、成

立したものである（平成 18 年法律第 48 号、第 49 号、第 50 号）。公益法人制度
改革 3 法は、それぞれ一般法人法、公益認定法、整備法と略称することがで
きるが、これによって従来の民法上の公益法人制度等が廃止され、新たな法
人制度が設けられたのである。

　一般法人法は、民法の下において認められていた公益法人の法人格の取得
と公益性の認定を別のものとし、剰余金の分配を目的としない社団または財
団について（非営利の類型の社団または財団であり、従来の公益法人、中間法人
が含まれる）、準則主義によって簡便に法人格を取得することができる法人
制度を設けるものであり、法人制度の一般法に属するものである。同法は、
344 条からなる大部の法律であるが、一般社団法人と一般財団法人の設立、
機関、計算、清算、合併等の規定を定めている。

　一般社団法人と一般財団法人は、伝統的に前者が一定の目的の人の集合に
法人格が認められるものであるのに対し、後者が一定の目的の一団の財産に
法人格が認められるという違いがあるが、一般法人法は、この制度を維持し
ている。一般社団法人と一般財団法人は、この基本的な違いを反映し、機関
を含む組織の構造、運営、管理が異なる。

　一般社団法人は、2 名以上の社員によって設立され、社員総会、理事が必
置とされ、定款の定めによって理事会、監事、会計監査人を設置することが
できる構造になっている。他方、一般財団法人は、設立者が 300 万円以上の
財産を拠出することによって設立され、評議員、評議員会が必置とされると
ともに、理事、理事会、監事が必置とされ、定款の定めによって会計監査人
を設置することができる構造になっている。

19　民法の制度の下における理事会・評議員会の運営と雰囲気を
　　振り返る

　日本全国にいったいどれくらいの公益法人が存在し、活動していたかは興
味深いが、政府の調査では、平成 17 年 10 月 1 日の時点で、社団法人が 1 万
2677、財団法人が 1 万 2586 を数えていたとされている。

　これらの多数の公益法人においては、多数の理事・監事らが選任され、公
益法人を運営していたわけであるが（なお、財団法人には、法定の機関ではな

いが、行政指導によって評議員を置くこととされ、実際にも評議員が選任され、諮問機関等としての評議員会が開催されているところがあった）、たとえば、理事会においては相当多数の人がさまざまな公益法人の理事を兼務していたり、選任当初から多忙で出席することができないことを想定し、理事の代理人が常に出席するなどの事例が見られた。理事は、公益法人、あるいはその設立者との関係から選任される友人、知人、関係者であることが多かったし、相当多数の公益法人においては、常勤の理事は別として、非常勤の理事は年に数回出席し、友好を深めるといった雰囲気の理事会が開催されることも珍しくなかった。理事に選任される場合には、事業の関係からやむを得ないためとか、公益法人の幹部らから迷惑をかけませんからと言われたことなどから、選任を承諾することは多々見られたところである。

　監事についても、多くの公益法人の活動規模、財政規模が小規模であること、主務官庁等の監督があること等の事情はあるものの、年間一、二度の監査を実施するなどの事例が見られた。

　評議員については、財団法人、その設立者、理事らの関係から選任される友人、知人、関係者であることが多く、財団法人において年に一、二度の評議員会に出席し、財団法人の運営の報告を受け、意見を述べるなどの機会が見られた。

　公益法人の運営は、設立の目的が公益であるとしても、収益事業を行うことは可能であったし、実際にも収益事業を行う公益法人は少なくなかった。公益法人がその運営に当たって、理事が定款・寄附行為に反する運営を行ったり、その職務に反する運営を行ったりする事例があったし（公益法人に損失が生じることになる）、不正・不当な取引を行うことによって取引の相手方が損失を被ることがあったし、さらに運営が悪化し、事実上破綻する事例もあった。また、公益法人の理事らの間に対立が生じ、あるいは公益法人が身売りする等した場合には、一方の理事らが他方の理事、前任の理事らの責任を追及したりする事例も見られたところである。

20 旧民法の法人制度の下における理事・監事の責任問題

旧民法の法人制度の下、理事・監事の法的な責任については、たとえば、理事の権限、義務に関する旧民法の規定は簡単なものであり、一見すると、単純な権限、狭い義務が認められており、理事の責任も軽いもののようであった。しかし、旧民法の下における理事の権限については、代表権、業務執行権が広く認められていたものであるし、義務については、法令、定款・寄附行為を遵守すべき義務は当然に負い、善管注意義務を負うものであったから、広範な権限・義務が認められていたということができる。また、実際に旧民法法人において理事の不正行為が発覚したり、従業員の不正行為につき理事の監督過誤が発覚したりした事例が時々マスコミを賑わせたり、裁判例として公表されることがあった（ほかにも、理事が辞任を余儀なくされたり、解任されたりした事例もあったし、主務官庁の監督権が行使された事例もあった）。宗教法人、学校法人の事例まで広げて概観してみると、法人内の理事等の対立抗争があり（対立抗争の中で相手方の不祥事、不正行為、誹謗中傷が行われることが多い）、理事等の不正行為が裁判例において問題になった事例も少なからず見られたところである。

監事については、任意機関であったが、設置された場合には、財産状況の監査、理事の業務執行状況の監査等の広範な権限・義務が認められていたものである（監事としての善管注意義務をも負っていた）。旧民法法人の監事の責任が裁判例上問題になった事例を見出すことは困難であるが、監事の権限・義務の内容に照らすと、その責任を問われる可能性はあったということができよう（旧民法法人の不祥事が発覚した場合には、辞任、解任の事例はあったと推測される）。

旧民法法人制度の下においては、旧民法法人は、定款・寄附行為に定められた公益目的のためにさまざまな公益活動を行っていただけでなく、収益活動をも行い、資産の運用も行っていたものである。このような旧民法法人の諸活動は、法人自身、あるいは法人と取引関係にある者等に損失が生じる可能性があるが、損失が生じた場合、自ら損失を受忍する者ばかりではない。損失が発生し、自ら負担したくないと考える場合には、他にその損失の負担

第1章　法人の理事・監事をめぐる紛争の実態

を転嫁することになるが、他に転嫁しようとする者に法的な根拠を与えるの
が法律であり、判例、裁判例の内容、動向であるし、他に転嫁することを決
断するのがその者の意志、意識、社会常識の動向等の諸事情である。また、
損失の転嫁先としては、損失の発生の原因になった法人の活動、取引に関与
した者（この関与としては、積極的な行為に限らず、消極的な不作為、権限の不
行使も含まれる）、たとえば、法人のほか、理事・監事、従業員が考えられ、
誰を転嫁先とするかは、法的な根拠、証拠の存否・内容、損害賠償責任を負
担することができる資産等を考慮し、損害賠償を請求する者の選択に委ねら
れている。

　従来、公益法人の理事等の責任が問題になった裁判例は多くないが、この
原因は、旧民法の理事等に関する規定の内容が無関係であるとはいえないも
のの、旧民法法人を取り巻く諸事情によるところが大きいものであり、過去
の裁判例、事例の状況が一般法人法による法人制度の下でどの程度参考にな
るかは疑わしい。過去は過去にすぎないのである。一般法人法による法人制
度の下において理事等の責任がどのようになるかは、一般法人法による法人
制度に関する法律の規定のみならず、一般法人法による法人を取り巻くさま
ざまな環境、事情によって大きく影響を受けるものであるから、新たな観点
から検討すべき必要性が高い。

第2章　一般社団法人の概要

1　一般社団法人における理事・監事

　理事・監事に関する民法の規定は、すでに紹介したとおりであり、簡単な規定が設けられていたわけであるが、一般法人法は、詳細な規定を設けている。一般法人法は、民法の規定と比較すると、読むだけでも相当な辛抱と努力が必要であるが、一般社団法人、一般財団法人の理事らに就任しようとする者、あるいは就任した者はこの辛抱と努力を放棄することは危険である。一般社団法人、一般財団法人の理事・監事になる者としては、少なくともこれらの諸規定につき最小限度の知識を得ておくことが必要である。一般法人法の理事らに関する規定についてどの程度知識を得ておくかは、上限はなく、同法の規定のほか、関連する判例・裁判例について十分な情報を得ておくことも無駄ではないが、時間、手間、記憶力、理解力の限界を考慮すると、できるだけ知識を得ておくことが理事等の職務に伴うリスクを軽減する重要で現実的な方法である。

　理事らの中には、法律の規定や、判例などといった技術的な事項・事務的な事項については、部下が十分に勉強したうえで要約し、整理したうえで説明をしてくれれば足りるといった他人任せの者も少なくないであろう。このような姿勢であっても、理事らの責任が現実化しないことがあることは確かであるが、運・不運があることもまた世間の現実である。法人の事務局等を信頼し、他人任せにしたところ、不運にも法人の不正取引・不祥事等が発覚し、理事らの責任が追及される事態が生じたような場合、他人任せにしたツケに苦しむおそれがないではない。「転ばぬ先の杖」が理事らにとっても必要である。しかも、この杖は何本あってもよいのである。

2　一般社団法人の機関の基本構造

　一般法人法の構造を概観すると、同法は、まず一般社団法人に関する規定を設け、次に一般財団法人に関する規定を設けている。一般財団法人の理事

らの役員の義務、責任等については特段の規定を設けたほか、一般社団法人に関する規定を準用する構造になっている（このような構造になっていることがなかなか読みにくくしている原因の一つでもある。同法は、法人の利用者の立場に立って作成されているとはいいがたいが、今、このような不満をもっても仕方のないことであろう）。

一般社団法人には、社員総会のほか、一人または二人以上の理事を置くことが必要であり（一般法人法60条1項）、定款の定めがあるときは、理事会、監事または会計監査人を置くことができるものである（同条2項）。理事会、監事または会計監査人は、必置の機関ではないが、理事会設置一般社団法人、会計監査人設置一般社団法人には監事を置くことが必要であり（同法61条）、大規模一般社団法人には会計監査人を置くことが必要である（同法62条）。

理事会設置一般社団法人とは、一般社団法人においては理事会の設置が任意であるところ、理事会を設置した一般社団法人のことをいう。

会計監査人設置一般社団法人とは、一般社団法人においては会計監査人の設置が任意であるところ、会計監査人を設置した一般社団法人のことをいう。

大規模一般社団法人とは、大雑把にいえば負債の額が200億円以上である一般社団法人のことであるが、正確な定義は一般法人法2条2号に定められている。

一般社団法人は、機関構成の観点からみると、一番簡単な組織のものは理事一人のものから、一番複雑なものは複数の理事、理事会、監事、会計監査人が設置されたものまでの種類がある。

3　理事らの基本的義務——善管注意義務

役員（法律上は、理事・監事をいうものとされている。一般法人法63条1項）は、社員総会の決議によって選任される（同項）。監事の選任については、理事は、監事の選任に関する議案を社員総会に提出するには、監事（監事が二人以上ある場合にあっては、その過半数）の同意を得ることが必要である（同法72条1項）。一般社団法人と役員との関係は、委任に関する規定に従うと

されている（同法64条）。

一般社団法人の理事・監事について、その権限、義務、責任を理解するためには、一般法人法の規定だけでなく、民法の委任に関する規定を理解しておくことが必要になる。同法は、委任者と受任者との間の委任契約に関する各種の規律を定めているが、一般社団法人の場合、委任者は法人であり、受任者は理事・監事である。同法には、受任者の義務、責任に関する規定が定められており、たとえば、受任者の注意義務（同法644条。この注意義務は、「善管注意義務」と呼ばれている）、報告義務（同法645条）、受取物の引渡し等の義務（同法646条）、金銭の消費についての責任（同法647条）がある。受任者の法的な責任が追及される場合には、同法の委任に関する受任者の義務、責任が根拠として主張されることが通常であるから、理事・監事としては、これらの規定についても一読しておくことが重要である。なお、前記の善管注意義務の違反をめぐる法律問題が生じることが多いが、実際にも善管注意義務違反に関する判例、裁判例は多数公表されている。理事・監事にとっては、委任契約上認められる善管注意義務は基本的な義務であり、重要な義務である。

4　理事の業務執行に伴うリスク

理事の職務は、まず、定款に別段の定めがある場合を除き、一般社団法人の業務を執行し（理事会設置一般社団法人の場合には、別の定めがある。一般法人法76条1項）、理事が二人以上ある場合には、定款に別段の定めがある場合を除き、業務の執行を理事の過半数をもって決することになっている（同条2項）。理事の業務執行は、一般法人法の関連規定が重要であるだけでなく、定款の規定も重要であり、理事にとっては常に定款の規定を遵守することが必要である。

理事の業務執行は、業務の内容が一般社団法人の事業の種類、内容、規模によって多様であるが、法人内部に関係する業務、外部の者と関係する業務があり、業務の遂行上、絶えず損失発生の可能性があるため、理事の業務執行に当たっては相当のリスクが伴うことになる。理事が業務を執行する場合、法令、定款を遵守することは当然であるとしても、法人の目的を達成す

るために業務を適切かつ効果的に執行するとともに、業務の執行が将来の法人の運営に影響を与えるものであり、予測的な判断を行って業務を執行することが必要である（業務を執行する場合、その検討、判断、執行、現実的に効果の発生等の各段階をみると、予測外の結果が生じることは少なくないが、それだからといって、理事の検討、判断、執行が誤っていたというべきではない）。理事の業務執行が一般社団法人にとって損失発生の可能性があり、将来の予測が困難であることがあるとすると、理事の業務執行が結果的に法人に損失を強いる事態が生じることがあり得るため、理事の業務執行にはリスクが付きまとうものである。

　また、一般社団法人の規模によっては、理事が業務執行のために一般社団法人の事業全体に目を配ることが極めて困難になることがある（このような目配り、注意が事実上不可能な一般社団法人も多い）。理事が業務を執行する場合、業務の企画、情報収集、交渉、文書作成、法令・定款遵守、利害得失の検討、必要な手続の遵守、執行の判断、一般社団法人としての意思決定、対外的な行為等の過程を経て行うことが必要であるが、これらの業務執行の過程すべてを理事が行うことが必要ではないものの（これらの一連の業務執行の過程を理事のみが行うことは事実上不可能である）、少なくとも法令・定款の遵守、執行の判断、一般社団法人としての意思決定、対外的な行為を理事が行うことが必要になる。

　理事が業務執行を行う場合、理事が実際に関与することができる範囲、程度は限定されざるを得ないわけであるから、一般社団法人に業務執行のための適切な組織を構築し、適切な人員を配置し、組織と人員を適切に運用して組織的に業務を執行することが通常であり、このような組織の構築・運用を指揮・監督することが理事にとって極めて重要な業務執行になる。近年、株式会社を中心にして内部統制体制（ガバナンス）の構築や、リスク管理体制の構築が重視されているのは、株式会社等を取り巻く経営環境、経済情勢を反映したものであり、これらの体制構築・運用義務が取締役の重要な職責になっているが、この動向が一般社団法人、一般財団法人等にも及んでいるのである。

　理事が二人以上ある場合には、従たる事務所の設置、移転および廃止、社

員総会の招集事項、理事の職務の執行が法令および定款に適合することを確保するための体制その他一般社団法人の業務の適正を確保するために必要なものとして法務省令で定める体制の整備、理事らによる免除に関する定款の定めに基づく責任の免除の事項については、業務の執行を各理事に委任することができないとされている（一般法人法76条3項。明記された事項以外の事項は、各理事に執行を委任することができる）。このような事項については、理事の過半数で決定することが必要である。これらの事項のうち、理事の職務の執行に関する体制の整備は、内部統制体制や、法令遵守体制と呼ばれることがあるが、法務省令である一般社団法人及び一般財団法人に関する法律施行規則（一般法人法施行規則）13条1項は、理事の職務の執行に係る情報の保存および管理に関する体制、損失の危険の管理に関する規程その他の体制、理事の職務の執行が効率的に行われることを確保するための体制、使用人の職務の執行が法令および定款に適合することを確保するための体制であると定めているところであり、これらの体制の整備が重要な事項であることを反映している。また、理事が二人以上である一般社団法人である場合には、業務の決定が適正に行われることを確保する体制を含むものとされている（同条2項）。さらに、監事が設置されている場合には、前記の事項に加えて、監事がその職務を補助すべき使用人を置くことを定めた場合における当該使用人に関する事項、当該使用人の理事からの独立性に関する事項、理事および使用人が監事に報告をするための体制その他の監事への報告に関する体制、その他監事の監査が実効的に行われることを確保するための体制を含めて定めることが必要であるとしている（同条3項）。

　理事は、代表理事その他一般社団法人を代表する者を定めた場合を除き、理事が一般社団法人を代表し、理事が二人以上ある場合には、各自、一般社団法人を代表するものである（一般法人法77条1項・2項。なお、その権限の範囲については、同条4項・5項参照）。代表理事の選任については、代表理事は、理事会設置一般社団法人を除き、定款、定款の定めに基づく理事の互選または社員総会の決議によって、理事の中から選任される（同条3項）。

45

5 理事の法令等の遵守義務・忠実義務

　理事は、法令および定款並びに社員総会の決議を遵守し、一般社団法人のため忠実にその職務を行わなければならないとされ（一般法人法 83 条）、法令等の遵守義務、忠実義務を負うことが明記されている。

　この法令等の遵守義務、忠実義務は、理事の責任追及にとっては重要な義務、法的な根拠を定めるものであり（少なくとも従来の取締役の損害賠償責任が追及された判例・裁判例に照らして、法人の経営者である理事にとってもこのように評価することには十分な根拠がある）、理事として業務を執行するに当たっては常に留意することが必要な規定である。法令等の遵守義務、忠実義務については、その一般社団法人における意義、機能等の観点からさまざまな評価は可能であるが、見方を変えれば、理事にとっては、広範な義務を認めるものであり、義務の内容が抽象的なところがあるため、理事の責任を追及しようとする者にとって簡便に主張することができる法的な根拠を与えるものであることに十分な注意をすることが重要である。

　法令等の遵守義務については、遵守の内容が法令、定款、社員総会の決議であり、社員総会の決議は一般社団法人としては決議の内容を熟知し、記録として保管されているはずであるから、その遵守は困難ではないであろう。また、定款の遵守についても、定款の内容、権限、義務の要件にもよるが、定款が一般社団法人の基本原則を定めたものであることから、その遵守が困難であるとはいえないであろう（定款の規定によってはその遵守をしたことが明白であると主張し、証明することができると言い切れないことがある）。他方、法令の遵守については、遵守すべき法令の内容は、一般法人法に限られないものであり、一般社団法人の事業に関係する法令を広く含むものであるから、その確実な遵守を図ることは相当に困難である（法令の解釈、適用にはさまざまな議論が必要であることから、法令を遵守したことが明白であると主張し、証明することができると言い切れないことが少なくない）。従来から株式会社等のさまざまな類型の法人について、取締役等の経営者の法令等の遵守義務違反、忠実義務違反が問題になった裁判例は少なくないものであり、実際に一般社団法人の理事の法令等の遵守義務違反、忠実義務違反が問われた場

合には、従来の取締役等の裁判例も事例として参考とされることになろう。

6　理事の守秘義務・善管注意義務

　一般法人法上、理事の義務として明記されていないが、たとえば、理事が一般社団法人の秘密を知る機会が多いところ、守秘義務を負うと解するのが相当であり、その根拠として忠実義務を援用することもできよう（善管注意義務も根拠とすることができよう）。理事として就任する場合、守秘義務を負う旨の合意書・誓約書を作成して交付することもあるし、理事の退任後にも守秘義務を負う旨の合意書等を作成することもある。

　善管注意義務が理事らにとって基本的で重要な義務であることは前記のとおりであるが、善管注意義務も、理事にとって忠実義務と同様な性質を有する広範な義務を認め、義務の内容が抽象的であるため、理事の責任を追及しようとする者にとって簡便に主張することができる法的な根拠を与えるものである（実際、株式会社の取締役の責任が問題になった場合、裁判例において善管注意義務違反が主張されることが多く、多数の裁判例が公表されている）。善管注意義務は、受任者は、委任の本旨に従い、善良な管理者の注意をもって、委任事務を処理する義務を負うというものであり（民法644条）、一般社団法人の理事の場合には、受任者である理事は、理事の職責に関する委任の本旨に従い、理事としての善良な管理者の注意をもって、理事の業務を執行する等、理事の職務を遂行する義務を負うことになる。理事の善管注意義務違反は、理事の職責に関する委任の趣旨に従った職務の遂行をしたか、理事としての善良な管理者の注意を怠ったかとかの問題が生じることになり、その判断基準は、通常の理事として相当の職務の遂行をしたかどうかによることになろう。通常の理事といっても、その具体的な基準として明確ではないが、実際には、訴訟において裁判官が判断することになり、その予測は困難である。

　善管注意義務（善良な管理者としての注意義務）の言葉は、理事・監事の責任が問題になる場合、法的な責任の根拠としてしばしば見聞するものであり、読者諸氏が理事・監事に就任している間には、日常的に飛び交うものであるが、その内容の意味、機能については十分に理解しておくことが重要で

第 2 章　一般社団法人の概要

ある。善管注意義務については、理事・監事にとっての注意義務の意義・要件が抽象的であること、義務違反の具体的な内容・基準が不明確であること、善管注意義務違反という特定、具体的なものがあるとの誤解が広く見られること、理事等の法的責任を追及する者にとって追及しやすい根拠と理解されていること等の問題がある。善管注意義務は、注意義務の水準が自己の財産におけると同一の注意義務（民法 659 条）と比べて高いことを示すものであり、それ自体、何を対象としてどのような注意をすべきであるか（注意の対象・内容・態様・範囲等）を具体的に明らかにするものではないのである。具体的な事案において理事等の善管注意義務違反を主張し、法的な責任を追及する場合には、追及する者において注意の対象・内容・態様・範囲等を特定し、具体的な注意義務の内容を主張し、立証し、その具体化された注意義務の懈怠・違反が具体的にあったことを主張し、立証することが必要であると解されている（この立証責任は、法的な責任を追及する者にある）。注意の対象・内容・態様等の具体的な特定、注意義務の有無、注意義務違反の有無は、個々の事案ごとに理事等の権限・義務、法令・定款等の内容、具体的な業務の状況、理事等の判断、行為等の諸事情を考慮して検討し、判断されるべきものである。理事等には善管注意義務があり、義務違反があるといっているだけでは、法的な責任追及の根拠としては全く足りないものである。

7　競業取引・利益相反取引の制限

　理事は、競業および利益相反取引の制限を受けるものであり、具体的には、理事が自己または第三者のために一般社団法人の事業の部類に属する取引をしようとするとき、理事が自己または第三者のために一般社団法人と取引をしようとするとき、一般社団法人が理事の債務を保証することその他理事以外の者との間において一般社団法人と当該理事との利益が相反する取引を行おうとするときには、社員総会において、当該取引につき重要な事実を開示し、その承認を受けることが必要であるとされている（一般法人法 84 条 1 項 1 号。なお、民法 108 条所定の自己契約および双方代理に関する規定は、社員総会の承認を受けた場合には、適用されないとされている。一般法人法 84 条 2 項）。

48

理事の競業の制限については、理事は、理事が自己または第三者のために一般社団法人の事業の部類に属する取引をしようとするときは、社員総会の承認を受けること等が必要になるというものである（理事の競業避止義務と呼ぶこともできる）。自己または第三者のためにという意義につき形式（名義）で判断するのか、実質（計算）で判断するのかが議論されており、見解が分かれている。一般社団法人が特定の事業を行っている場合、理事が個人で、あるいは他の個人、法人（一般社団法人、一般財団法人に限られない）のために一般社団法人が行っている同一の事業、類似の事業を行おうとすると、この制限を受ける。理事が一般社団法人の理事とともに、ほかに事業を行っていたり、他の法人の事業に関与していたり、さらに理事の経験を活かしたりする場合には、競業の制限を受けることになる。理事がほかの法人の役員に就任していたりした場合には、競業の制限違反を指摘されるおそれがあるから、理事への就任の打診等の段階から、競業の制限について十分に理解しておくことが不測の事態を招かないようにするために重要である。

利益相反取引の制限については、理事は、

① 理事が自己または第三者のために一般社団法人と取引をしようとするとき

② 一般社団法人が理事の債務を保証しようとするとき

③ その他理事以外の者との間において一般社団法人と当該理事との利益が相反する取引を行おうとするとき

に、社員総会の承認を受けること等が必要になるというものである（一般法人法84条1項2号・3号）。理事にとっては、これらの利益相反の類型を理解することが容易ではないが、②の類型の場合には、それでもわかりやすい。①の類型の場合には、直接取引と呼ばれているが、自己または第三者のためにという意義につき形式（名義）で判断するのか、実質（計算）で判断するのかが議論される等していてわかりにくいところがある。形式（名義）によるとする見解に立つと、自己の名で、または第三者の代理人・代表者として、と解することになる。③の類型の場合には（②、③の類型の場合には、「間接取引」と呼ばれている）、理事が一般社団法人の損失・犠牲によって利益を得るような取引を行うことは、その形式を問わず、利益相反取引として制

限を受けるものである（②の場合が典型的な事例である）。理事は、一般社団法人の業務を自ら判断し、執行することができるものであり、一般社団法人の損失・犠牲によって利益を得たり、一般社団法人の利益の機会を奪ったりするおそれが常にあるため、利益相反取引として制限を受けるわけである。民法法人制度の下においては、民法法人の理事として利害関係のある者が就任する事例は少なくなかったが（民法法人の場合にも利益相反取引の制限があった）、利益相反取引に関する認識が必ずしも十分ではなく、利益相反取引の制限違反による責任に関する認識も薄弱であったところであり、従来の認識のまま利益相反取引を行うことは、理事にとって相当なリスクを抱えることになる（理事の利益相反取引を見逃し、容認したほかの理事、あるいは監事がいた場合には、同様にリスクを生じさせることになる）。

　なお、競業取引、あるいは利益相反取引に当たらない取引を理事が行った場合であっても、一般社団法人に損失が生じ、他方、理事がこの取引によって不当な利益を得るようなときは、事情によっては忠実義務違反、善管注意義務違反が問われ、義務違反が認められる余地がある。

8　著しい損害を及ぼすおそれのある事実の報告義務

　理事は、一般社団法人に著しい損害を及ぼすおそれのある事実があることを発見したときは、直ちに当該事実を社員に報告することが必要であり、監事設置一般社団法人の場合には、監事に報告することが必要である（一般法人法85条）。理事が経営する一般社団法人が取引を行い、建物・設備を管理したり、資金を運用したりする場合、損失が生じる可能性が常にあるということができるし、事情によっては著しい損害が発生する可能性もあり（不正取引、不祥事の発生する可能性もある）、その発生が蓋然性の程度に高まることがある。理事の業務執行に問題があるかどうか等を問わず、一般社団法人に著しい損害を及ぼすおそれがある事実があることを発見した場合、理事は、その事実を社員に直ちに報告する義務（監事が設置されているときは、監事に報告する義務）があるが、これによって社員・監事が一般社団法人の損害を回避し、あるいは軽減することができる機会を提供することになる。

　なお、理事としても、このような事実を発見した場合、理事の権限を行使

50

することによって、あるいは義務を誠実に履行することによって損害の発生を回避し、損害を軽減することが必要である。

9　理事会と理事との職務・権限の分配

理事会が設置された一般社団法人（理事会設置一般社団法人）の場合には、理事会の職務と理事の職務の分配（見方を変えれば、権限の分配になる）が必要になるため、各種の規定が設けられている。

理事会は、すべての理事によって構成される（一般法人法90条1項）。

理事会は、まず、業務執行の決定、理事の職務の遂行の監督、代表理事の選定および解職の職務を行う機関であり（一般法人法90条2項）、代表理事の選任については、理事の中から選任することが必要である（同条3項）。理事会が設置された一般社団法人において、理事は、理事会の構成員として理事会に出席することが必要である。従来の民法法人の理事会は、任意の機関であり、理事の多くは理事本人が理事会に出席することに努めていたと推測されるが、理事会によっては書面決議や、代理出席も認められていたところもあったようである。一般社団法人の理事会においては、理事本人が理事会に出席することが必要であるから、従来の慣行に慣れ親しみ、出席を怠ると、理事の責任を追及されるリスクが高まることに注意が必要である。

理事会と理事との間の職務の分配については、理事会は、①重要な財産の処分および譲受け、②多額の借財、③重要な使用人の選任および解任、④従たる事務所その他の重要な組織の設置、変更および廃止、⑤理事の職務の執行が法令および定款に適合することを確保するための体制、その他一般社団法人の業務の適正を確保するために必要なものとして法務省令で定める体制の整備、⑥理事らによる免除に関する定款の定めに基づく責任の免除の事項、⑦その他重要な業務執行の決定については、理事に委任することができないと定められており（一般法人法90条4項）、理事会において決定することが求められている。

これらの事項のうち、理事の職務の執行に関する体制の整備は、理事会設置一般社団法人については、①理事の職務の執行に係る情報の保存および管理に関する体制、②損失の危険の管理に関する規程その他の体制、③理事の

職務の執行が効率的に行われることを確保するための体制、④使用人の職務の執行が法令および定款に適合することを確保するための体制、⑤監事がその職務を補助すべき使用人を置くことを定めた場合における当該使用人に関する事項、当該使用人の理事からの独立性に関する事項、⑥理事および使用人が監事に報告をするための体制その他の監事への報告に関する体制、⑦その他監事の監査が実効的に行われることを確保するための体制を含めて定めることが必要であるとされている（一般法人法施行規則14条）。

理事会において決定すべき事項については、理事として遵守すべきであることは当然であるから、理事会の開催、審議、決定の手続が遵守されることを理事として注意することが必要である。従来の民法法人の時代の慣行から特定の理事に一任することなどが許されないから、従来の慣行に慣れ親しんだ理事は特に注意を払っておくことが重要である。

10 理事の監督義務

理事会設置一般社団法人の理事は、理事会を前提とし、理事の職務を遂行することになるが、業務の執行については、代表理事のほかに、代表理事以外の理事であって理事会の決議によって業務を執行する理事として選任されたものが行うものとされている（一般法人法91条1項）。理事会設置一般社団法人においては、代表理事、業務執行理事は、3カ月に1回以上、自己の職務の執行の状況を理事会に報告することが必要である（同条2項本文。そのために、理事会が開催されることが必要である。なお、同項ただし書には、定款で毎事業年度に4カ月を超える間隔で2回以上その報告をしなければならない旨を定めた場合には、例外的に定款の定めによって理事会を開催して報告をすることができるとされている）。理事会設置一般社団法人においては業務執行理事を置くことが認められるわけであるが、代表理事・業務執行理事以外の理事は、理事会に出席し（審議等を行うことは当然である）、業務執行の決定、理事らの業務執行の監督が主要な職務になる。代表理事・業務執行理事の報告を受けて、業務の執行状況につき質問をし、事実関係の調査を求め、あるいは適切な業務執行を求め、不正・不当な事態の是正を求めることも、理事の重要な職務になる。

52

理事会設置一般社団法人の理事についても、競業および利益相反取引の制限を受けるが、この場合には、理事は、理事会に重要な事実を開示し、その承認を受けることが必要である（一般法人法92条1項。なお、理事は、取引をした後、遅滞なく当該取引についての重要な事実を理事会に報告することが必要である。同条2項）。

　また、理事は、ほかの理事の職務の遂行を理事会の一員として監督することも重要な職務の一つである。なお、近年は、法人の経営・業務の遂行につき法令の遵守義務が強調される時代になっていることから、一般社団法人においても法令の遵守体制の構築・運用義務が理事にとって重要な義務とされることに注意を払うことが必要である（そのための体制整備が必要であることは前記のとおりである）。一般社団法人であれ、一般財団法人であれ、ほかの類型の法人であれ、資産を保有し、資金を調達し、事業活動等の活動を行っていると、理事等の経営者・運営者による不正行為や、従業員等による不正行為が行われたり、損失が生じたりすることがあり得るものであり（不正行為、損失の不当な隠蔽も行われることがある）、このような不正行為の防止・事後の適切な対応が理事等に求められるものである。理事会設置一般社団法人の理事は、ほかの理事の不正・不当な業務執行、従業員の不正行為等につき監督義務を負うとともに、法人内に適切な内部組織・内部統制システムを構築し、運用する義務を負うものであり、この義務を適切に履行することも重要である。

　理事会は、従来の民法法人においては、一部の理事会で友人同士のクラブや仲良しクラブのような雰囲気のものが見られたが、理事の監督義務に照らすと、理事会設置一般社団法人における理事会は従来の理事会の延長線上にないだけでなく、相当に異なる職務の遂行・姿勢を期待されていることに注意が必要である。従来の民法法人の理事の経験がある者にとっては、理事としての意識と姿勢の大きな転換が必要である。

11　一般社団法人の理事の権限・義務の概観

　一般社団法人における理事の権限・義務について、その主要なものを一般法人法の条文に沿って列挙してみると、前記のものを含め、

53

① 社員総会招集権（一般法人法 36 条 1 項ないし 3 項）

② 社員総会参考書類・議決権行使書面の交付義務（一般法人法 41 条、42 条）

③ 電子提供措置義務（一般法人法 47 条の 3 ）

④ 社員総会における説明義務（一般法人法 53 条）

⑤ 業務執行権（一般法人法 76 条、91 条）

⑥ 法人の代表権（一般法人法 77 条）

⑦ 忠実義務（一般法人法 83 条）

⑧ 競業に関する承認取得義務・理事会報告義務（一般法人法 84 条、92 条）

⑨ 利益相反取引に関する承認取得義務・理事会報告義務（一般法人法 84 条、92 条）

⑩ 損害報告義務（一般法人法 85 条）

⑪ 理事会招集権（一般法人法 93 条）

⑫ 理事会における議決権（一般法人法 95 条）

⑬ 一般社団法人に対する損害賠償責任の一部免除に関する開示義務（一般法人法 113 条 2 項）

⑭ 定款に基づく一般社団法人に対する損害賠償責任の一部免除権（一般法人法 114 条）

⑮ 補償契約の内容の決定権（一般法人法 118 条の 2 ）

⑯ 保険契約の内容の決定権（一般法人法 118 条の 3 ）

⑰ 計算書類等の承認権（一般法人法 124 条 3 項）

⑱ 計算書類等の社員への提供義務（一般法人法 125 条）

⑲ 計算書類等の定時社員総会への提出・提供義務（一般法人法 126 条 1 項）

⑳ 事業報告内容の定時社員総会への報告義務（一般法人法 126 条 3 項）

㉑ 計算書類の定時社員総会への報告義務（一般法人法 127 条）

等があり、実に多様で、多数の権限・義務が一般法人法上明記されている。なお、一般法人法等の法令、規程上、規定の主語が「一般社団法人」と定められている場合には、その法令等の権限、義務は最終的には理事に帰属することになることにも注意が必要である。

公益認定法においても、公益社団法人の理事については特別の義務が定められているし、一般法人法、公益認定法に一般社団法人、公益社団法人の義務として定められている義務も法律の規定の解釈上理事の業務執行上の義務と解されることがある。このほか、定款の定め、理事会規程によっても権限・義務が定められることがあるし、理事としての業務を執行等するに当たって業務に関係する法令上の諸規制も遵守することが必要である。

理事は、以上のような多様な内容の権限を有し、義務を負うものであり、定款、法人内部の諸規程も遵守しながら、適正に権限を行使し、義務を適切に履行することが必要である。理事にとっては、事務局の準備作業・事務処理を踏まえながら、権限を行使し、義務を履行することになるが、法人内部の組織、システムを信頼することができるとしても、権限、義務の内容を理解することだけでも簡単な事柄ではない。理事が適正に権限を行使し、義務を適正に履行することは相当に大変な事柄であるし、緊急事態・非常事態が発生したような場合には、相当に困難な検討、判断、行動が必要になる。代表理事・業務執行理事以外の理事にとっては、平常時における権限の行使、義務の履行はさほどの困難、リスクは伴わないとしても、このような慣れが身に付いていると、緊急事態・非常事態を認識することができず、権限の行使・義務の履行が後日問題視される可能性がある。理事としては、日頃から一般社団法人・その理事・その従業員等の諸活動、そのリスク、損失の発生等につき注意を怠らないようにすることが理事の法的な責任のリスクを軽減させるために重要である。

前記の列挙した理事の権限・義務のうちいくつかをより詳細に眺めてみると、次のようになっている。

12 一般社団法人の理事の権限・義務

(1) 社員総会招集権 （一般法人法 36 条 1 項ないし 3 項）

社員総会は、定時社員総会も、それ以外の社員総会も、社員による招集の請求の場合は別として、理事が招集することになっている。これは、理事にとっては、権限であるとともに、義務になることもある（一般法人法 36 条 1 項）。

(2)　社員総会参考書類・議決権行使書面の交付義務（一般法人法41条、
　　42条）

　理事は、社員総会を招集する場合、社員総会に出席しない社員が書面によ
って議決権を行使することができることとするときは、その旨を定めるとと
もに（一般法人法38条1項3号）、招集の通知に際して、社員総会参考書類・
議決権行使書面を社員に対して交付する義務（同法41条1項）を負うなどと
されている（同条2項、42条）。

(3)　社員総会における説明義務（一般法人法53条）

　理事は、社員総会において、社員から特定の事項について説明を求められ
た場合には、当該事項について必要な説明をしなければならないものであり
（一般法人法53条本文。この義務は「説明義務」と呼ばれている）、例外として、
当該事項が社員総会の目的に関しないものである場合、その説明をすること
により社員の共同の利益を著しく害する場合その他正当な理由がある場合と
して法務省令が定める場合には、説明義務を負わないものである（同条ただ
し書）。

　前記の正当な理由があるとして法務省令で定める場合としては、①社員が
説明を求めた事項について説明をするために調査をすることが必要である場
合（当該社員が社員総会の日より相当の期間前に当該事項を一般社団法人に対し
て通知した場合、当該事項について説明をするために必要な調査が著しく容易で
ある場合を除く）、②社員が説明を求めた事項について説明をすることにより
一般社団法人その他の者（当該社員を除く）の権利を侵害することとなる場
合、③社員が当該社員総会において実質的に同一の事項について繰り返して
説明を求める場合、④これら以外の場合のほか、社員が説明を求めた事項に
ついて説明をしないことにつき正当な理由がある場合、が定められていると
ころであり（一般法人法施行規則59条）、理事が説明義務をめぐる判断をする
に当たって参考になる。理事の説明義務は、社員総会において社員から質問
があった場合、説明義務の対象になるか、説明をすべき場合であるとして
も、どの程度・範囲で説明すべきであるかが問題になるものであって、社員
総会の開催の前にある程度検討し、準備しておくことが賢明である。

　なお、取締役も株主総会において説明義務を負うものであり、株主総会の

時期には多くの株式会社で事前に株主総会のリハーサルが実施されている
が、社員総会において賑やかな議論が行われることが予想される場合には、
社員総会のリハーサルが必要になることもあろう。

(4) **業務執行権**（一般法人法 76 条、91 条）

理事の業務執行権については、その基本はすでに紹介したところであるが、理事会が設置されている一般社団法人であっても、設置されていない一般社団法人であっても、理事の業務執行権は理事にとって広範で重要な権限になる。業務執行を担当する理事としては、業務の執行に関係する法令・定款を遵守し（近年は、さらに社会通念、社会常識にも配慮することが求められている）、所属する法人のために忠実に職務を遂行するとともに、業務の性質・内容、前提となる状況を考慮して善良な管理者としての水準（通常の理事の水準）で具体的な業務を判断し、適切に執行することが必要である。

理事が業務を執行するに当たって、不正、不当に権限を行使したような場合には、理事の責任が問われる可能性があり、理事の業務執行権は、見方を変えると、理事にとっては、適法、適正に業務執行を行うべき義務という側面もある。

(5) **法人の代表権**（一般法人法 77 条）

理事の代表権は、理事会の設置された一般社団法人と設置されていない一般社団法人とで異なる。

理事会の設置された一般社団法人の場合には、理事会が理事の中から代表理事を選定するものであり（一般法人法 90 条 2 項・3 項）、代表理事が代表権を有するものである。代表理事は、一般社団法人の業務に関するいっさいの裁判上または裁判外の行為をする権限が認められている（同法 77 条 4 項）。

他方、理事会の設置されていない一般社団法人の場合には、理事は、代表理事その他一般社団法人を代表する者を定めた場合を除き、代表権を有するものであり（一般法人法 77 条 1 項）、原則として各理事が代表権を有するものである。この場合、代表理事を定めることができるが、その選定方法としては、定款・定款の定めに基づく理事の互選または社員総会の決議である（同条 3 項）。代表権を有する理事は、一般社団法人の業務に関するいっさいの裁判上または裁判外の行為をする権限が認められている（同条 4 項）。

57

代表権は、法人にとって必要不可欠な権限であるだけでなく、これを行使する代表理事にとっても対外的な行為全般を行う権限であり、極めて重要な権限である。代表権は、その権限の行使を誤ると、一般社団法人に損失が生じるおそれがあるため、対外的な行為に伴うリスクにも配慮しながら、慎重に権限を行使することが重要である。代表理事は、一般社団法人と取引等を行う者にとって直接に、あるいは組織上最終的な責任者として対応する者であるし、一般社団法人の顔というべき存在であるから、一般社団法人の外部の者にとって法的な責任を追及する対象になりやすく、それだけ多くリスクにさらされることになる（株式会社の取締役の法的な責任が問題になった事例に照らしても、代表取締役が法的な責任にさらされる事例は多いということができる）。

なお、代表理事その他の代表者がその職務を行うについて第三者に加えた損害については、一般社団法人が賠償責任を負うものであり（一般法人法78条）、代表理事等の代表権を有する者がその職務の遂行につき不法行為をした場合には、その者とともに一般社団法人も損害賠償責任を負うことになる（一般社団法人の不法行為が認められるものである。なお、一般社団法人が損害を被った者に損害賠償をした後は、代表理事に求償することができることになる）。代表権を有しない理事が職務の遂行につき不法行為をしたり、従業員が職務の遂行につき不法行為をした場合には、一般社団法人は、使用者責任（民法715条1項）に基づき損害賠償責任を負うことになる。

(6)　忠実義務（一般法人法83条）

理事の忠実義務（法令遵守義務を含む）については、すでに紹介したところであり、理事にとって基本的で広範な義務を定めるものである。理事の忠実義務は、理事にとってその職務を行うに当たって常にその適正な履行に注意を払っておくことが重要である。理事の忠実義務は、一般社団法人のための義務であるから、一般的には忠実義務違反は、一般社団法人から追及される可能性が高いということができるが、忠実義務の中でも、法令、定款、社員総会の決議を遵守すべき義務は一般社団法人以外の者からもその義務違反が追及される可能性があるということができる。

忠実義務を適正に履行するためには、理事としての職務を遂行するに当た

って、具体的な職務の内容・前提となる事実関係を適切に認識し、相当な検討を行い、相当な判断を行うことが必要であり、職務の内容が将来に効果を及ぼす場合には、その予測が相当であるかも判断することが必要である。理事が職務を遂行し、将来その結果、損失が生じることは少なくないが、理事の検討・判断の適否がその結果のみによって判断されるものではないし、その責任がその結果のみによって判断されるべきものでもない。予測的な検討・判断にはしばしば誤りがあるものであって、理事の職務はこのような予測的な側面が強いということができる。

(7)　**競業に関する承認取得義務・理事会報告義務**（一般法人法84条、92条）

　理事は、自己または第三者のために一般社団法人の事業の部類に属する取引をしようとするときは、社員総会においてその取引につき重要な事実を開示し、その承認を受けなければならないとされているから（一般法人法84条1項1号）、その理事としては、重要な事実の開示義務・社員総会の承認取得義務を負うものであり、これらの義務違反につき法的な責任を負うことになる。競業取引の成否、重要な事実の範囲とか、承認の基準などが実務上問題になるが、重要な事実は社員総会が一般社団法人に与える影響の内容・程度を考慮して承認の有無を審議、決議するのに通常必要であると考えられる範囲の事実であると解することができよう。

　なお、理事会設置一般社団法人の場合には、理事が競業取引を行う場合には、社員総会の承認ではなく、理事会に重要な事実を開示し、理事会の承認を取得することが必要である（一般法人法92条1項、84条1項）。また、理事会設置一般社団法人においては、理事が競業取引をしたときは、理事は、当該取引後、遅滞なく、当該取引についての重要な事実を理事会に報告する必要があり、報告義務を負っている（同法92条2項）。報告を受けたほかの理事は、その報告によって不正、不当な取引であることを知ったり、知り得た場合には、監督権を行使することが問題になる。

(8)　**利益相反取引に関する承認取得義務・理事会報告義務**（一般法人法84条、92条）

　理事は、自己のためまたは第三者のために一般社団法人と取引をしようと

するとき、一般社団法人が理事の債務を保証することその他理事以外の者との間において一般社団法人と当該理事との利益が相反する取引をしようとするときは、社員総会においてその取引につき重要な事実を開示し、その承認を受けなければならないとされているから（一般法人法84条1項2号・3号）、その理事としては、重要な事実の開示義務・社員総会の承認取得義務を負うものであり、これらの義務違反につき法的な責任を負うことになる。

なお、理事会設置一般社団法人の場合には、理事が利益相反取引を行う場合には、社員総会の承認ではなく、理事会に重要な事実を開示し、理事会の承認を取得することが必要である（一般法人法92条1項、84条1項）。また、理事会設置一般社団法人においては、理事が利益相反取引をしたときは、理事は、当該取引後、遅滞なく、当該取引についての重要な事実を理事会に報告する必要があり、報告義務を負っている（同法92条2項）。

理事は、以上のように、競業取引・利益相反取引につき制限を受けるものであるが（これらの取引は、一般社団法人の損失発生の可能性があることが考慮され、慎重な手続を適正に履行することが求められている）、制限を受ける理事だけでなく、他の理事にとっても慎重な検討・判断が必要であるが、特に利益相反取引のうち間接取引については、制限に該当する取引であるかどうかの判断が容易ではないことがあるから、十分な注意が必要である。

(9) 損害報告義務（一般法人法85条）

理事は、一般社団法人に著しい損害を及ぼすおそれのある事実があることを発見したときは、直ちに、当該事実を社員に、監事設置一般社団法人の場合には、監事に報告しなければならないとされ（一般法人法85条）、損害報告義務を理事に課している。一般社団法人が事業を遂行等していると、理事の過誤、従業員の不正行為、取引上のトラブル、施設・設備の瑕疵等によって一般社団法人に損害が生じるさまざまな事態に直面することがある。一般社団法人に損害が生じるような事態を認識した場合には、法人の経営者である理事としては、損害の発生のおそれがあることを認識すると、損害の発生を回避し、あるいは損害を軽減する対策をとったり、対策をとることを従業員に指示したりすることが必要であるが、それとともに、社員、あるいは監事に直ちにその旨を報告することが必要である。

理事のこの報告義務は、一般社団法人に損害の発生ではなく、著しい損害の発生であること、損害の発生の可能性のある事実ではなく、損害の発生のおそれのある事実であること、このような事実を発見したことが要件になっている。著しい損害であるかは一般社団法人の規模、業務の性質・内容、損害の予想される額によって判断することになるし、損害の発生のおそれがあるかは蓋然性を判断することになるが（なお、報告義務の前記の要件のうち「直ちに」は、文字どおりに直ちにということである）、その判断に迷うことがあるところ、迷ったら、報告をすることが無難である。

(10)　**理事会招集権**（一般法人法93条）

理事会設置一般社団法人においては、定時または臨時に理事会が開催されることが必要であるが、定款または理事会で招集権を有する理事を定めた場合は別として、各理事が理事会を招集することができるし（一般法人法93条1項）、招集権を有する理事以外の理事も事情によっては理事会を招集することができることがある（同条2項・3項）。一般社団法人の経営をめぐって理事らの間に深刻な対立が発生すると、理事会の招集をめぐって紛争が発生することがあり、理事会の招集権の不行使につき法的な責任が問われることがある。

(11)　**理事会における議決権**（一般法人法95条）

理事会設置一般法人においては、理事は、理事会の構成員として法令および定款によって理事会の決議事項について審議し、決議をすることができるし（一般法人法95条1項）、代表理事・業務執行理事から報告を受ける等して理事の業務執行につき議論をし、監督をすることができる（理事としては、その前提として理事会に出席すべき義務を負うものであるが、事前の日程調整・他の理事の出席可能性等の事情から理事会への欠席を選択せざるを得ないことがあるから、理事会に欠席することが直ちに理事としての義務違反に当たると解することは相当ではない）。理事が理事会の構成員として有するこれらの権限を行使するに当たっては、適切に行使することが必要であり、適切でない権限の行使や、権限の不行使は理事の法的な責任の原因になり得るから、理事会における審議・質問・決議等には理事として適切な権限行使に配慮することが必要である。

理事会の決議は、議決に加わることができる理事の過半数が出席し、その過半数で行うことができるのが原則である（一般法人法 95 条 1 項）。決議について特別の利害関係を有する理事は、議決に加わることができないから（同条 2 項）、決議事項と特定の理事との関係の有無・内容を事前に調査・検討、判断することが必要である。理事がその権限を行使するに当たって、著しく不合理、不相当な認識、判断、決議をした場合には、理事の有する裁量権を逸脱して法的な責任の根拠になり得るものであるから（単に当・不当の問題を超えることになる）、常日頃から十分に注意しておくことが重要である。

　理事会の議事については、議事録が作成されることになっているが（一般法人法 95 条 3 項・4 項）、理事の前記の審議・質問のうち重要なものは比較的に詳細に記載することが望ましい。理事会における議事の内容は理事の法的な責任に関係するものであり、議事録の記載内容のみが議事の内容を立証する証拠であるとはいえないが（理事等の供述も証拠になることはいうまでもないし、関係する文書も証拠になる）、重要な証拠になることから、一般社団法人にとって重要な事項、リスクの関係する事項につき審議・決議をする場合には、十分な審議をし、慎重な判断をするとともに、これらの概要を議事録に記載しておくことが重要である。

　なお、理事会の決議に参加した理事は、議事録に異議をとどめないと、その決議に賛成したものと推定されるから（一般法人法 95 条 5 項）、この観点から議事録の記載内容に注意を払うことも重要である。

　理事は、一般社団法人にとって業務の執行権・代表権等の重要な権限を行使するものであり、適正、適切にこれらの権限を行使することが重要であることはいうまでもないが、他方、適正、適切な権限の行使は証拠によって的確に裏付けることも重要であることを常日頃から意識しておくことが大切である（後者の観点は、法律実務家の経験を有しない理事にとっては十分に理解されていないが、理事の就任に当たって覚えておくべき重要な観点である）。

⑿　一般社団法人に対する損害賠償責任の一部免除に関する開示義務（一般法人法 113 条 2 項）

　理事・監事が任務懈怠による損害賠償責任を一般社団法人に負う場合（一般法人法 111 条）、理事らについて職務を行うにつき善意でかつ重大な過失が

ないときは、最低責任限度額を控除して得た額を限度として社員総会の決議によって責任の一部を免除することができるが（同法113条1項）、この免除の決議に当たっては、理事は、責任の原因となった事実および賠償の責任を負う額、免除することができる額の限度およびその算定の根拠、責任を免除すべき理由および免除額を開示することが必要である（同条2項。なお、監事設置一般社団法人の場合には、議案の提出に当たって監事の同意を得ることが必要である。同条3項）。

　理事らの一般社団法人に対する損害賠償責任を一部免除するためには、前記の要件を満たし、必要な手続を経ることが必要であるが、その前提として理事が一部免除の議案を社員総会に提出することが必要であり、理事が一部免除を事実関係上・法律関係上相当であることを検討し、判断することも必要である。理事がこれらの検討、判断を誤った場合には、不当な業務の執行、開示義務違反として自らの責任が追及される可能性があるので、注意を払うことが重要である。

⒀　定款に基づく一般社団法人に対する損害賠償責任の一部免除権（一般法人法114条）

　理事らの責任の一部免除は、社員総会の決議による場合のほか、定款の定めによることもでき、このような定款がある場合には、理事の過半数の同意、あるいは理事会設置一般社団法人においては理事会の決議によって免除をすることができる（一般法人法114条1項。なお、監事設置一般社団法人の場合には、定款に基づく責任の一部免除の理事らの同意または理事会に議案を提案するに当たって監事の同意を得ることが必要である。同条2項）。この理事らの同意または理事会の決議を行った場合には、理事は、遅滞なく、一定の事項および責任を免除することに異議があるときは一定の期間内に異議を述べるべき旨を社員に通知することが必要である（同条3項）。理事らの検討・判断に伴うリスクは、前記のとおりである。

⒁　計算書類等の承認権（一般法人法124条3項）

　一般社団法人は、事業年度ごとに貸借対照表・損益計算書（計算書類）等を作成することが必要であるが（一般法人法123条。なお、この作成は、理事等の業務として作成され、理事の権限であるとともに、義務であるということが

できるが、これを適切に行わないと、理事らの法的な責任が追及され得るものである。同法 117 条 2 項 1 号イ・ニ参照）、監事設置一般社団法人においては、計算書類等につき監事の監査を受けること等が必要である（同法 124 条 1 項・2 項）。理事会設置一般社団法人においては、監査を受けた計算書類等につき理事会の承認を受けることが必要であり、理事らは計算書類等を承認する権限を有するものである（同条 3 項）。計算書類等は、会計の慣行に従って作成されることが必要であるが（その前提として公正妥当な会計がされることが必要である）、虚偽の記載等が行われた場合には、理事等の法的な責任が問題になり得るし（同法 117 条 2 項 1 号）、一般社団法人の会計・計算書類等の作成においては業務の執行に伴う不正行為を発見し、その兆候を認識する重要な機会を提供するものであって、適正、適切に行わないと、不正行為を見逃すこと等によって理事の業務の執行上の義務違反が問われる可能性が生じることがある。

　一般社団法人の会計監査については、大規模一般社団法人では会計監査人が置かれているところ（一般法人法 62 条に規定されている。会計監査人設置一般社団法人。なお、会計監査人の資格等については、同法 68 条参照）、会計監査人という専門家の会計監査を受けているため（同法 124 条 2 項）、理事は、この会計監査人の会計監査を高度に信頼することができる。このような会計監査人の法定監査を受けていない一般社団法人についても、任意で専門家である会計士の監査を受けることができるが、この場合にも、会計士の監査を同様に信頼することができるから、理事としては、積極的に会計士の監査を利用することも重要である。

⒂　計算書類等の社員への提供義務（一般法人法 125 条）

　理事会設置一般社団法人においては、理事は、定時社員総会の招集の通知に際して、社員に対し、計算書類等、監査報告を提供することが必要であり（一般法人法 125 条。なお、これは、原則として定時社員総会において計算書類の承認を受けることが必要であるからである。同法 126 条 2 項）、計算書類等の社員に対する事前の提供義務を負っている。

⒃　計算書類等の定時社員総会への提出・提供義務（一般法人法 126 条 1 項）

理事は、一般社団法人の種類に従って定められた計算書類等を、定時社員総会に提出し、または提供することが必要であり（一般法人法 126 条 1 項）、計算書類等の定時社員総会に対する提出・提供義務を負っている。なお、理事が提出または提供した計算書類は、定時社員総会の承認を受けることが必要である（同条 2 項）。

⒄　事業報告内容の定時社員総会への報告義務（一般法人法 126 条 3 項）

理事は、提出または提供した事業報告の内容を定時株主総会に報告することが必要であり（一般法人法 126 条 3 項）、事業報告内容の報告義務を負っている。

⒅　計算書類の定時社員総会への報告義務（一般法人法 127 条）

前記の⒃の義務については、会計監査人設置一般法人の場合、理事会の承認を受けた計算書類が法令および定款に従い一般社団法人の財産および損益の状況を正しく表示しているものとして法務省令で定める要件に該当するときは、適用しないとされ、理事は、計算書類の内容を定時社員総会に報告することが必要であり、かつ、それで足りるとされている（一般法人法 127 条）。ここでいう法務省令で定める要件は、同条に規定する計算書類についての会計監査報告の内容に一般法人法施行規則 39 条 1 項 2 号イに定める事項（無限定適正意見、監査の対象となった計算関係書類が一般に公正妥当と認められる会計の慣行に準拠して、当該計算書類に係る期間の財産および損益の状況をすべての重要な点において適正に表示していると認められる旨）が含まれること、この会計監査報告に係る監査報告の内容として会計監査人の監査の方法または監査の結果を相当でないと認める意見がないこと、一般法人法 127 条に規定する計算書類が一般法人法施行規則 43 条 3 項の規定により監査報告を受けたものとみなされたものでないことのいずれにも該当することと定められている（同施行規則 48 条）。

⒆　その他

一般法人法においては、一般社団法人の理事は、一般社団法人の義務を介して、あるいは直接に理事の義務としてその他の規定が設けられているし、

理事の義務違反の内容、程度によっては罰則の制裁が科せられることもある（一般法人法 334 条以下）。

また、公益認定法においては、一般法人法所定の各種の義務のほかに、公益社団法人の義務を介して、あるいは直接に理事の義務として各種の義務が設けられているものであり（たとえば、理事の義務としては、公益認定法 17 条）、理事としてはこれらの義務を適正・適切に履行することが必要である。

13　一般社団法人の監事の権限・義務

(1)　監事の職務の概要

監事は、理事の職務の執行を監査し、監査報告を作成するとともに（一般法人法 99 条 1 項）、各事業年度に係る計算書類（貸借対照表および損益計算書）および事業報告並びに附属明細書の監査をすることができる（同法 124 条 1 項）と定められており、これらの監査は監事の権限であるとともに義務である。

監事は、また、理事が不正の行為をし、もしくは当該行為をするおそれがあると認めるとき、または法令もしくは定款に違反する事実もしくは著しく不当な事実があると認めるときは、その旨を理事（理事会設置一般法人の場合には、理事会）に報告することが必要であるし（一般法人法 100 条）、理事会に出席し、必要があるときは、意見を述べることが必要である（同法 101 条 1 項）。監事は、そのほか、理事の提出する議案等の調査義務、社員総会に対する報告義務（同法 102 条）、理事の行為の差止め（同法 103 条）、一般社団法人と理事との間の訴えにおける法人の代表（同法 104 条）が職務として定められている。

監事の職務は、前記のとおり、理事の業務監査・会計監査が主要なものであるが、従来の民法法人においても、監事が同様な職務を負っていたものの（旧民法 59 条）、主務官庁が強力な監督権限を有していたことから（同法 67 条）、監事の職責は相対的に軽かったということができる。一般法人法の下においては、主務官庁による監督制度が採用されていないことから、監事の職責はそれだけ重要性が増しているということができる。

従来の民法法人の下で監事に就任し、監事の仕事勘に慣れ親しんでいる

と、予想外の出来事から監事としての法的な責任が追及される可能性があり、それだけリスクが高くなっていることを認識することが必要である。なお、監事は、株式会社の監査役と類似した職務を遂行することが期待されているところ、監査役の法的な責任は、取締役の法的な責任と比較すると、これが肯定された事例は相当に少ないということができるが、法的な責任の肯定事例が少ないということは、法的な責任が現実に追及された事例が少ないというわけではないことにも注意が必要である。

　一般社団法人においては、監事の設置は任意であり、監事が設置された場合には、「監事設置一般社団法人」と呼ばれている。

(2)　業務監査権（一般法人法99条1項）

　監事の権限・義務は、一般法人法99条ないし106条に列挙されている。まず、監事は、理事の職務の執行を監査する権限を有しているが（同法99条1項）、これは同時に一般社団法人のための重要な義務でもある。監事のこの業務監査権限は、監事にとって基本的で広範な権限である。監事は、監査をした結果について、法務省令で定めるところにより、監査報告を作成することが必要である（同項）。監査報告の記載事項につき法務省令で定める事項については、一般法人法施行規則16条が定めているところであり（同条1項）、監事は、その職責を適切に遂行するため、当該一般社団法人の理事および使用人、当該社団法人の子法人の理事、取締役、会計参与、執行役、業務を執行する社員、会社法598条1項の職務を行うべき者その他これらの者に相当する者および使用人、その他監事が適切に職務を遂行するに当たり意思疎通を図るべき者との意思疎通を図り、情報の収集および監査の環境の整備に努めなければならないとされ（一般法人法施行規則16条2項。なお、同条4項も参照）、理事または理事会は、監事の職務の遂行のための必要な体制の整備に留意することも求められている（同条2項）。この意思疎通等に関する規定は、監事が公正不偏の態度および独立の立場を保持することができなくなるおそれのある関係の創設および維持を認めるものと解してはならないとされ（同条3項）、監事の立場も強調されている。

　監事は、この監査を行うために、理事および使用人に対して事業の報告を求め、または監事設置一般社団法人の業務および財産の状況の調査をするこ

とができる等されている（一般法人法99条2項・3項）。監事のこの監査権限は、理事の業務執行に対する重要な監督として位置づけられているものであり、監督権限の適切でない行使、あるいは不行使は監事の法的な責任の原因になるものであるため、監査義務としての側面も強いということができるし、理事等に対する報告請求権、業務・財産の状況の調査権も、義務としての側面があることに注意をすることが必要である（監事のこれらの義務違反による法的な責任が追及されるリスクがある）。

(3) 会計監査権（一般法人法124条1項）

監事設置一般社団法人においては、各事業年度に係る計算書類（貸借対照表および損益計算書）および事業報告並びにこれらの附属明細書を作成し、法務省令で定めるところにより、監事の監査を受けなければならないとされているが（一般法人法124条1項）、これは、監事の会計監査権を定めるとともに、義務を定めるものである。監事は、一般社団法人のために前記の業務監査権とともに会計監査権という重要な権限を有し、重要な義務を負うものである。会計監査人設置一般社団法人においては、会計監査人という専門家の会計監査を受けていることから（同条2項）、監事は、この会計監査人の会計監査を高度に信頼することができる。任意で専門家である会計士の監査を受けた場合にも同様である。

(4) 不正行為等の報告義務（一般法人法100条）

監事は、この業務監査権限を行使すること等によって、理事が不正の行為をし、もしくは当該行為をするおそれがあると認めるとき、または法令もしくは定款に違反する事実もしくは著しく不当な事実があることを認めるときは、遅滞なく、その旨を理事、あるいは理事会設置一般社団法人については理事会に報告しなければならないとされ（一般法人法100条）、不正行為等の理事等への報告義務が課されている。

監事が報告義務を負う内容は、理事が不正の行為をしたと認めるとき、理事が不正の行為をするおそれがあると認めるとき、法令・定款に違反する事実があると認めるとき、著しく不当な事実があることを認めるときであり、それぞれの内容を報告することが必要である（報告をするのは、これらの事実等を認めたときから遅滞なく行うことが必要であり、直ちにとか、速やかにとい

うわけではない)。監事が報告義務を負うこれらの内容のうち、理事が不正な行為をするおそれがあると認めるときは、事実関係の把握、要件の該当性の判断が容易ではなく、広く理解すると、理事の業務執行の障害になり得るし、逆に狭く解すると、不正な行為を見逃すことになる。監事のこの報告義務の履行によって不正な理事の行為、法令違反の事態等を停止させ、違法、不正な事態を解消させ、損失の発生を防止し、その拡大を回避することが期待されているものである。

　監事が理事の業務監査を行い、一般社団法人の業務、財産の状況につき報告を徴収し、調査をした結果、あるいは調査等の過程で不正、不当な業務の執行等の事実を知ることがあるが、監事の役割は知るだけでなく、その旨を理事に報告し、必要な措置をとらせることが必要であり、監事の報告義務はこのための重要な手段として認められているものである（なお、監事が理事に報告をしたにもかかわらず、理事、あるいは理事会が必要な措置をとらない場合には、そのこと自体が理事の不正な行為、法令・定款違反の事態等に該当することがあり、監事としては、その旨の報告をする必要に迫られることになる）。

(5)　理事会への出席義務等（一般法人法101条1項・2項）

　監事は、理事会が開催される場合には、理事会への出席義務を負うとともに、必要があるときは、理事会において意見を述べる権限を有している（一般法人法101条1項）。監事は、従来の民法法人の下でも理事会に出席することに努めていたが、新法人制度の下では出席は義務とされたものである。実際には、理事らが自分らの都合によって理事会の日程を決めることが少なくないため、監事の出席の機会に配慮されていないことがあるが、監事の出席の都合にも配慮して理事会の日程を決めることが望ましい。

　監事は、また、一般法人法100条所定の報告義務に該当する事実が認められる場合、必要があるときは、招集権のある理事に理事会の招集を請求することができ（同法101条2項）、一定の事情があるときは、監事が理事会を招集することができることになっている（同条3項）。

(6)　社員総会に提出する議案等の調査・報告義務（一般法人法102条）

　監事は、社員総会との関係でも重要な義務を負っているものであり、理事が社員総会に提出しようとする議案・書類その他法務省令で定めるものを調

査しなければならないとされ、しかも、法令もしくは定款に違反し、または著しく不当な事項が認められるときは、その調査の結果を社員総会に報告しなければならないとされ（一般法人法102条）、調査義務・報告義務が課されている。

社員総会は、一般社団法人における重要な意思決定機関であり、法令・定款を遵守し、社会常識に沿った決定をすることが必要であるところ、そのためには理事が社員総会に提出しようとする議案等は法令・定款、社会的な相当性を遵守するものであることが重要であり、この観点から監事に調査義務（業務監査の一環ということもできる）、報告義務を課しているのであろう。

(7) **監事の理事に対する不正行為等差止請求権（一般法人法103条1項）**

監事は、理事の不正行為等に関する報告義務だけでなく、さらに、理事が監事設置一般社団法人の目的の範囲外の行為その他法令もしくは定款に違反する行為をし、またはこれらの行為をするおそれがある場合において、当該行為によって当該監事設置一般社団法人に著しい損害が生ずるおそれがあるときは、当該理事に対し、当該行為をやめることを請求することができるとしており（一般法人法103条1項）、監事に理事の行為の差止請求権限が認められている。監事のこの差止請求権限は、監事の理事の業務監査権限を実効的にするための重要な手段である。

監事による差止請求の対象は、理事の法令・定款違反行為をしたとき、または理事がこれらの行為をするおそれがあるときであり（差止請求の内容が「当該理事に対し、当該行為をやめることを請求する」ものであることに照らすと、理事が積極的な行為をする場合に、その行為を停止させることに限られ、理事の不作為が法令・定款に違反する場合に積極的に作為を求めることはできないと解するほかない）、理事の法令・定款違反、そのおそれに限定されている。監事としては、理事による前記内容の不正な行為がなされるおそれがある場合に理事の行為をやめさせることを請求できるものであり、行為の結果を除去したり、将来の予防措置を求めたりすることを請求することはできない。監事がこの差止請求権限を行使するに当たっては、仮処分の申立て（民事保全法参照。なお、一般法人法103条2項参照）、訴訟の提起（民事訴訟法参照）をすることができるが、そのような法的な手段をとることなく、書面・口頭で差

止めを請求することも可能である（もっとも、書面による差止請求は実効性の観点から問題が残り、口頭による差止請求は実効性、証拠の保存の観点から問題がある）。

特定の理事が法令・定款違反行為を行い、あるいは行うおそれがある場合には、他の理事が理事会を通じて、あるいは理事会を通じることなく、これらの理事の行為をやめさせることが本来の手順である（理事はほかの理事の業務執行につき監督義務を負っているものであり、前記のとおり、監事の理事、理事会への報告義務もこの監督義務の発動に資するものである）。しかし、問題の理事が理事会の中で、あるいは一般社団法人の中で主流派に属し、あるいは実力者であるような場合には、他の理事に監督義務の発動を期待することが事実上困難であることがあり、このような事態に監事の差止請求権限の行使が期待されるわけである（なお、社員にも理事の行為につき差止請求権限が認められている。一般法人法88条）。

(8)　**訴訟の代表権（一般法人法81条）**

一般社団法人と理事との間に訴訟が提起されることがあるが、この場合、代表理事が一般社団法人の業務に関するいっさいの裁判上の権限を有するものであり（一般法人法77条4項）、代表理事が一般社団法人の法定代理人として訴訟活動を行うことができるのが原則である。しかし、代表理事が自動的に訴訟活動を行うことは馴れ合い訴訟になるおそれがあるため、社員総会は、代表理事ではなく、訴訟につき一般社団法人を代表する者を定めることが認められている（同法81条）。

また、監事設置一般社団法人については、以上のような取扱いをせず、監事が監事設置一般社団法人の訴訟につき代表するものとされ、法定代理人として訴訟活動を行うことになっているし（一般法人法104条1項）、監事設置一般社団法人の理事の責任を追及する訴えの提起の請求があった場合（同法278条1項）、監事設置一般社団法人が訴訟告知を受け（同法280条3項）、通知・催告を受ける場合（同法281条2項）にも監事設置一般社団法人を代表することになっている（同法104条2項）。

監事は、このような監事設置一般社団法人が当事者になる訴訟、その準備段階において訴訟に関する代表権を有するものとして適切な対応をすること

が予定されているから（訴訟において一般社団法人の代表者となるものであり、法定代理人である）、具体的な活動は専門家である弁護士に委任することができるが（弁護士は訴訟代理人であり、任意に依頼される代理人である）、自らもある程度は訴訟に関する知識を蓄えておくことが重要である（弁護士を代理人に選任した場合であっても、監事は、訴訟当事者の代表者として相当程度自ら検討し、判断することが求められるものであり、弁護士に訴訟に関する諸活動を一任することはあり得ない）。

14　一般法人法の下における一般社団法人の理事・監事の権限・義務の拡大

　民法の法人制度の下における理事・監事の権限・義務と比較してみると、一般法人法の下における理事については、民法法人の時代における理事は広範な職務権限を有していたということができ（理事の職務権限に関する民法の規定を解釈すれば、相当に広範な権限、義務、責任を導くことは可能であったであろう）、本来は一般社団法人における理事と職務権限が画期的に拡大しているとはいいがたいであろう。しかし、一般法人法の下においては、理事の職務に関する規定が増加し、具体化し、明確化しているものであって、権限・義務が相当に拡大しているものと解することが相当であるし、大幅に拡大していると認識されているものであって、法律の規定上も、実際の運用上も理事の権限・義務が一層拡大したものと解される可能性がある。

　他方、監事について同様に比較すると、監事の場合には、一般法人法の下においては、法律の規定上、その権限・義務が拡大しているということができる。

　一般法人法の下において理事・監事の権限・義務が法律の規定上も、さらに実際の運用上も拡大しているものであることに照らすと、理事・監事の法的な責任が認められる可能性が高くなっていることは否定できないものであるし（この傾向を支持する社会通念の変化もある）、少なくとも法的な責任が追及される可能性が高まっているということができる。理事・監事としては、法的な責任が認められるリスクだけでなく、法的な責任が追及されるリスクにも十分に配慮し、その業務を遂行することの必要があるし、そもそもこれ

らのリスクを認識し、理事・監事に就任するかどうかを検討し、判断することが重要である。

　一般社団法人の理事・監事は、以上に概観したように多種多様な権限・義務が認められているところであり、一般社団法人の目的を達成し、社会的に意義のある活動を行うためにこれらの権限を行使し、義務を履行することが重要である。他方、理事・監事は、これらの権限・義務は、一般社団法人の目的を実現し、活動を行うにつき重要な法的な手段を提供するだけでなく、権限の行使・義務の履行をめぐる法的な責任の根拠を提供することになるものであるから、法的な責任のリスクをなくし、あるいは軽減するという観点からも理事・監事としての権限・義務を理解することが重要である。理事・監事の権限・義務は、理事らの個人にとっては前記の両方の観点から理解することが必要であり、一般法人法は、このことを一層鮮明にしたものであると評価することができる。

　公益社団法人は、公益認定を受けた一般社団法人のことであるから、公益社団法人の理事・監事についても、以上に紹介した一般社団法人の理事・監事の権限・義務に関する説明が妥当する。

第3章　一般財団法人の概要

1　一般財団法人における機関構成

　一般財団法人については、一般法人法は151条以下に諸規定を定めているが、一般財団法人の機関として評議員、評議員会、理事、理事会、監事を置かなければならないとされている（同法170条1項）。一般財団法人における理事・監事の権限、義務については、個別の規定を若干定めているほか、同法197条が一般社団法人の理事・監事に関する規定を包括的に準用している。法律上は、このような包括的な準用規定があれば、一般財団法人における理事・監事の権限・義務を定めていることになるが、個々の理事・監事にとっては容易に理解することができないものであり、不親切である。個々の理事・監事は、何も法律の専門家ではないし、一般法人法の多数の条文を理解することも容易でないうえ、重要な規定である理事・監事の権限・義務に関する規定が準用規定によって賄われることになると、さらに一層理解が困難になることが痛感される（そもそも条文の規定として読みにくいものである）。

　法律の条文の書き方としては準用規定は便利であるが、一般法人法の利用者である理事・監事らにとっては不便なものである。また、準用規定は、準用される条文がそのまま適用されるものではなく、準用される対象の特徴・趣旨に応じて適用されるという意味をもつものであり（そのまま適用されるものではない）、準用規定の解釈が重要であり、必要である（最近の準用規定には、読み替え規定が設けられているが、この読み替え規定を正確に理解していないと、正確にどのように準用されるかを理解することができないことにも注意が必要である）。

　一般財団法人の理事・監事にとっては、まず、この準用規定の解釈に取り組まなければならないのである。理事・監事の準用規定については、具体的にどの規定が準用されているか、どのように準用されるかを明確に理解することが重要である。

　また、一般社団法人と比較してみた場合、一般財団法人につき重要なこと

は、一般財団法人においては、評議員、評議員会、理事、理事会、監事を置かなければならないとされ（一般法人法170条1項）、これらの機関が必置のものであることである（一般財団法人においては、その性質上、社員が存在しないし、社員総会も存在しない）。一般財団法人においては、理事会も、監事も必ず設置されているものである。なお、会計監査人については、定款の定めによって設置することができることになっている（同条2項。大規模一般財団法人の場合には、必ず会計監査人を置くことが必要である。同法171条）。

2　理事の権限・義務の概観

　一般法人法197条は、理事・監事に限定すると、一般的に次の規定を準用している。ほかにも、理事・監事に関する規定があるし、一般的な準用規定として、同法198条、198条の2、199条もある。

①　一般法人法第2章第3節第4款のうち、76条、77条1項から3項、81条、88条2項を除く規定（具体的には、77条4項・5項、78条、79条、80条、82条ないし87条、88条1項、89条が準用されている）

②　一般法人法第2章第3節第5款のうち、92条1項を除く規定（具体的には、90条、91条、92条2項、93条ないし98条が準用されている）

③　一般法人法第2章第3節第6款のうち、104条2項を除く規定（具体的には、99条ないし103条、104条1項、105条、106条が準用されている）

　一般財団法人の理事の権限・義務については、たとえば主要なものとして次のようなものがある。

①　基本財産の維持等義務（一般法人法172条2項）

②　評議員会の招集権（一般法人法179条3項）

③　評議員会招集の通知義務（一般法人法182条）

④　評議員会における報告義務（一般法人法190条）

⑤　業務執行権（一般法人法197条、91条）

⑥　法人の代表権（一般法人法197条、77条4項、90条）

⑦　忠実義務（一般法人法197条、83条）

⑧　競業に関する承認取得義務・理事会報告義務（一般法人法197条、84条、92条2項）

⑨　利益相反取引に関する承認取得義務・理事会報告義務（一般法人法197条、84条、92条2項）

⑩　損害報告義務（一般法人法197条、85条）

⑪　理事会招集権（一般法人法197条、93条、94条）

⑫　理事会における議決権（一般法人法197条、95条）

⑬　一般財団法人に対する損害賠償責任の一部免除に関する開示義務（一般法人法198条、113条2項）

⑭　定款に基づく一般財団法人に対する損害賠償責任の一部免除権（一般法人法198条、114条）

⑮　補償契約の内容の決議権（一般法人法198条の2、118条の2）

⑯　保険契約の内容の決議権（一般法人法198条の2、118条の3）

⑰　計算書類等の承認権（一般法人法199条、124条3項）

⑱　計算書類等の評議員への提供義務（一般法人法199条、125条）

⑲　計算書類等の定時評議員会への提出・提供義務（一般法人法199条、126条1項3号）

⑳　事業報告内容の定時評議員会への報告義務（一般法人法199条、126条3項）

㉑　計算書類の定時評議員会への報告義務（一般法人法199条、127条）

等が定められている。

3　一般財団法人の理事の権限・義務

(1)　基本財産の維持等義務（一般法人法172条2項）

財団法人は、特定の目的に提供された財産に法人格を認めるものであり、この財産が極めて重要であることも、社団法人との重要な違いであるが、理事の基本的な義務についても、この法人の性質を反映したものがある。理事は、一般財団法人の財産のうち一般財団法人の目的である事業を行うために不可欠なものとして定款で定めた基本財産があるときは、定款で定めるところにより、これを維持しなければならず、かつ、これについて一般財団法人の目的である事業を行うことを妨げることとなる処分をしてはならないとされている（一般法人法172条2項）。一般財団法人の基本財産は、重要な意義

をもつものであるから、その維持等義務を理事に負わせたものである。理事が基本財産の運用・処分を行うに当たっては、同法、定款違反に当たる可能性があるから、常に同法の規定、定款の規定に従って検討し、判断し、執行することが重要であり、理事がこれらの諸規定に違反することは、理事としての基本的で重要な義務に違反することになる。

　一般社団法人であっても、一般財団法人であっても、保有する財産の運用、管理、使用、処分は活動の基盤を支えるものであり、極めて重要な業務であるが、一般財団法人の基本財産は法人の存立にかかわるものであり、極めて重要な財産である。

(2)　評議員会の招集権（一般法人法 179 条 3 項）

　一般財団法人においては、評議員・評議員会が設置されているところであり、評議員会は、理事が招集することになっている（一般法人法 179 条 3 項。なお、例外として、同法 180 条、188 条参照）。理事が評議員会の招集権限を有するわけである。理事が評議員会を招集する場合には、理事会の決議によって評議員会の日時および場所、評議員会の目的である事項があるときは、当該事項等を定めることが必要である（同法 181 条 1 項）。

　なお、評議員会の権限は、一般法人法に規定する事項および定款で定めた事項に限り、決議をすることができるというものであり（一般法人法 178 条 2 項。なお、評議員は、評議員会の構成員として審議・議決をする権限を有するものである。同条 1 項）、強力な権限を有しているし（同条 3 項参照）、同法には、評議員会と理事との間の権限の調整に関する諸規定が設けられており、理事としては評議員会の権限行使を前提として、理事の権限を行使し、義務を履行することが重要であり、従来の民法法人の下におけるような諮問機関などとして認識することは、理事の職責を誤る重大な原因になるおそれがある。

(3)　評議員会における説明義務（一般法人法 190 条）

　理事は、評議員会において評議員会の目的である事項につき審議・決議を求めることになることから、評議員会において評議員からさまざまな質問を受けることが予定されている。理事は、評議員会において、評議員から特定の事項について説明を求められた場合には、当該事項について必要な説明をしなければならないとされ、説明義務が課されている（一般法人法 190 条本

文）。例外として、当該事項が評議員会の目的である事項に関しないもので
ある場合その他正当な理由がある場合として法務省令で定める場合は、理事
は説明義務を負わないとされている（同条ただし書）。

　一般社団法人の場合には、理事は、社員総会において社員に対して説明義
務を負うものであるが（一般法人法53条）、理事の評議員会における説明義
務は、これに対応するものである。前記の正当な理由があるとして法務省令
で定める場合については、評議員が説明を求めた事項について説明をするた
めに調査をすることが必要である場合（当該評議員が評議員会の日より相当の
期間前に当該事項を一般財団法人に対して通知した場合、当該事項について説明
をするために必要な調査が著しく容易である場合を除く）、評議員が説明を求め
た事項について説明をすることにより一般財団法人その他の者（当該評議員
を除く）の権利を侵害することとなる場合、評議員が当該評議員会において
実質的に同一の事項について繰り返して説明を求める場合、これら以外の場
合のほか、評議員が説明を求めた事項について説明をしないことにつき正当
な理由がある場合が定められているところであり（一般法人法施行規則59条）、
理事が説明義務をめぐる判断をするに当たって参考になる。

　理事の評議員会における説明義務も、評議員から質問があった場合、説明
義務の対象になるか、説明をすべき場合であるとしても、どの程度・どの範
囲で説明すべきものであるかが問題になるが、評議員会の開催の前に質問を
想定しつつある程度検討しておくことが重要である。

(4)　**業務執行権**（一般法人法197条、91条）

　一般財団法人の場合には、必ず理事会が設置されているため、個々の理事
が当然に業務執行の権限を有するものではない（一般法人法76条参照。なお、
同条は一般財団法人の理事には準用されていない）。

　一般財団法人においては、理事は、理事会の構成員となって理事会におけ
る審議、決議に参加等するものであり（一般法人法197条、90条1項）、代表
理事は理事会で選任され（同法197条、90条2項・3項）、また、業務を執行
する理事は、代表理事のほか、理事会で一般財団法人の業務を執行する理事
として選定されたもの（業務執行理事）に限られる（同法197条、91条1項）。

　代表理事、業務執行理事としては、業務の執行に関する法令・定款を遵守

し（社会常識の遵守も求められることがある）、所属する法人のために忠実に職務を遂行するとともに、業務の性質、内容、前提となる状況を考慮して善良な管理者としての水準（通常の理事の水準）で具体的な業務につき適切に判断し、適切に執行することが重要であり、業務執行は、代表理事・業務執行理事にとっては権限であり、他方、適法・適切に業務執行を行うべき義務という側面がある。業務執行は、その執行の検討過程・執行過程、執行後において代表理事・業務執行理事が所属する法人・取引先等に損失を発生させる可能性があるから（一般財団法人にとってはリスクの多い職務・地位である）、代表理事等にとって常に注意を怠らないことが重要である。

（5）　**法人の代表権**（一般法人法 197 条、77 条 4 項、90 条）

　一般財団法人においては、個々の理事が当然に代表の権限を有するものではない（一般法人法 77 条 1 項ないし 3 項参照。同条項等は準用されていない。同法 197 条参照）。

　一般社団法人においては、代表理事は、理事会で理事の中から選定されることになっているが（一般法人法 197 条、90 条 2 項・3 項）、一般財団法人の業務に関する一切の裁判上または裁判外の権限を有するものである（同法 197 条、77 条 4 項）。代表権は、一般財団法人の対外的な行為全般を行う権限であり、極めて重要な権限であることは、一般社団法人の場合と同様である。代表理事は、一般財団法人と取引等を行う者にとって直接に、あるいは組織上最終的な責任者として対応する者であり、法的な責任を追及する対象になりやすいものであって、多くのリスクにさらされるものである。

　なお、代表理事その他の代表者がその職務を行うについて第三者に加えた損害について一般財団法人が賠償責任を負うことは、一般社団法人の場合と同様である（一般法人法 197 条、78 条）。代表理事がその職務の遂行につき不法行為をした場合には、その者とともに一般財団法人も損害賠償責任を負うことになる（なお、一般財団法人が損害を被った者に損害賠償をした後は、代表理事に求償することができることになる）。代表権を有しない理事が職務の遂行につき不法行為をしたり、従業員が職務の遂行につき不法行為をした場合には、一般財団法人は、使用者責任（民法 715 条 1 項）に基づき損害賠償責任を負うことになる。

(6) **忠実義務（一般法人法197条、83条）**

一般財団法人における理事の忠実義務（法令遵守義務を含む）については、理事にとって基本的で広範な義務を定めるものであることは、一般社団法人の場合と同様である（一般法人法197条、83条。なお、一般財団法人には、社員総会が存在しないから、理事は、社員総会の決議を遵守する義務を負うことはない。同法197条参照）。理事の忠実義務は、理事の職務を行うに当たって常にその適切な履行に注意を払っておくことが重要である。

理事の忠実義務は、一般財団法人のための義務であるから、一般的には忠実義務違反は、一般財団法人から追及される可能性が高い。忠実義務の中でも、法令・定款を遵守すべき義務は一般財団法人以外の者からもその義務違反が追及される可能性がある。忠実義務を適正、適切に履行するためには、理事としての職務を遂行するに当たって、具体的な職務の内容、前提となる事実関係を適正、適切に認識し、相当な検討を行い、相当な判断を行うことが必要であり、職務の内容が将来に効果を及ぼす場合には、その予測が相当であるかも判断することが必要である。

理事が職務を遂行し、その結果、損失が生じることは少なくないが、理事の検討・判断の適否が損失の結果のみによって判断されるものではないし、損失の責任がその結果のみによって判断されるべきものでもない。予測的な検討・判断にはしばしば誤りがあるものであって、最終的には理事の損害賠償責任が認められないとしても、理事の職務はこのような予測的な側面が強いだけにリスクを伴うものである。

(7) **競業に関する承認取得義務・理事会報告義務（一般法人法197条、84条、92条2項）**

理事は、自己または第三者のために一般財団法人の事業の部類に属する取引をしようとするときは、理事会においてその取引につき重要な事実を開示し、その承認を受けなければならないとされているから（一般法人法197条、84条1項1号）、その理事としては、重要な事実の開示義務、理事会の承認取得義務を負う。

なお、理事が競業取引をしたときは、理事は、当該取引後、遅滞なく、当該取引についての重要な事実を理事会に報告する必要があり、報告義務を負

っている（一般法人法197条、92条2項）。報告を受けたほかの理事は、単に報告を聞けばすむというわけではなく、報告義務の意義を理解しておくことが必要であり、その報告によって不正、不当な取引であることを知ったり、知り得た場合には、監督権を行使することが問題になる。

⑻　利益相反取引に関する承認取得義務・理事会報告義務（一般法人法197条、84条、92条2項）

　理事は、自己のためまたは第三者のために一般財団法人と取引をしようとするとき、一般財団法人が理事の債務を保証することその他理事以外の者との間において一般財団法人と当該理事との利益が相反する取引をしようとするときは、理事会においてその取引につき重要な事実を開示し、その承認を受けなければならないとされているから（一般法人法197条、84条1項2号・3号）、その理事としては、重要な事実の開示義務、理事会の承認取得義務を負う。一般財団法人における理事の利益相反取引に関する制限は、基本的には一般社団法人の場合と同様である。

　なお、一般財団法人においては、理事が利益相反をしたときは、理事は、当該取引後、遅滞なく、当該取引についての重要な事実を理事会に報告する必要があり、報告義務を負っている（一般法人法197条、92条2項）。

　理事は、以上のように、競業取引・利益相反取引につき制限を受けるものであり、これらの疑いのある取引を行う場合には、制限を受ける理事だけでなく、ほかの理事にとっても慎重な検討、判断が必要である。特に利益相反取引のうち間接取引については、制限に該当する取引であるかどうかの判断が容易ではないことがあるから、理事にとって十分な注意が必要である。

⑼　損害報告義務（一般法人法197条、85条）

　理事は、一般財団法人に著しい損害を及ぼすおそれのある事実があることを発見したときは、直ちに、当該事実を監事に報告しなければならないとされ（一般法人法197条、85条）、損害報告義務を理事に課している。

　一般社団法人の場合と同様に、一般財団法人が事業を遂行等していると、理事の過誤、従業員の不正行為、取引上のトラブル、施設・設備の瑕疵等によって一般財団法人に損害が生じるさまざまな事態に直面することがある。一般財団法人の事業が大規模なものであったり、事業が拡大したりすると、

一般財団法人に損失が発生する場合が増加し、その結果、一般財団法人に損害が発生し、事情によっては著しい損害が発生することがある。一般財団法人に損害が生じるような事態を認識した場合には、一般財団法人の経営者である理事としては、損害の発生を回避し、あるいは損害を軽減する対策をとったり、対策をとることを従業員に指示したりすることが必要であるが、それとともに、監事に直ちにその旨を報告することが必要である。理事のこの報告義務は、一般財団法人に単なる損害の発生ではなく、著しい損害の発生であること、損害の発生の可能性のある事実ではなく、損害の発生のおそれのある事実であること、このような事実を発見したことが要件になっているが、著しい損害であるかは一般財団法人の規模、業務の性質・内容、損害の予想される額によって判断することになる。

　また、理事のこの報告義務は、損害の発生のおそれがあるかを判断することが必要であり、この損害の発生のおそれは蓋然性を判断することになるが、その判断に迷ったら、報告をすることが無難である。理事のこの報告義務は、損害の発生の原因を問わないものであることにも注意が必要である。

　⑽　**理事会招集権**（一般法人法 197 条、93 条、94 条）

　一般財団法人においては、常に理事会が設置されているため（一般社団法人の場合には、理事会が設置されていないことがあることは前記のとおりである）、定時または臨時に理事会が開催されることが必要である。定款または理事会で招集権を有する理事を定めた場合は別として、各理事が理事会を招集することができるし（一般法人法 197 条、93 条 1 項。もっとも、実際には招集権を有する理事が定められる場合が多いであろう）、招集権を有する理事以外の理事も事情によっては理事会を招集することができることがある（同法 197 条、93 条 2 項・3 項）。

　一般財団法人の経営をめぐって理事等の間に深刻な対立が発生すると、理事会の招集をめぐって紛争が発生することがある。理事会の招集は、理事会内、あるいは一般財団法人内における紛争につき戦略的に利用されることがあり、招集をめぐる主導権争いも生じるのである。

　⑾　**理事会における議決権**（一般法人法 197 条、95 条）

　一般財団法人においては、理事は、理事会の構成員として法令および定款

によって理事会の決議事項について審議し、決議をすることができるし（一般法人法 197 条、95 条 1 項）、代表理事・業務執行理事から報告を受ける等して理事の業務執行につき議論をし、監督をすることができる。理事は、その前提として理事会に出席すべき義務を負う。理事が理事会の構成員として有するこれらの権限を行使するに当たっては、適切に行使することが必要であり、適切でない権限の行使や、権限の不行使は理事の法的な責任の原因になりうるから、理事会における審議、質問、決議等には理事として適切な権限行使に配慮することが必要である。理事としては、理事会においては適切に事実を認識し、十分な議論をし、相当な判断をすることが必要であり（その前提として理事には検討・判断につき裁量権が認められている）、理事の善管注意義務違反・忠実義務違反は、理事として著しく不合理な検討・判断を行った場合に認められるから、常にこの基準を前提として行動することが重要である。

理事会の決議は、議決に加わることができる理事の過半数が出席し、その過半数で行うことができるのが原則である（一般法人法 197 条、95 条 1 項）。決議について特別の利害関係を有する理事は、議決に加わることができないから（同法 197 条、95 条 2 項）、一般財団法人の場合にも、決議事項と特定の理事との関係の有無、内容を事前に調査、検討、判断することが必要である。

理事会の議事については、議事録が作成されることになっているが（一般法人法 197 条、95 条 3 項・4 項）、理事の前記の審議・質問のうち重要なものは議事録に記載することが望ましい。一般財団法人においても、理事会における議事の内容は理事の法的な責任に関係するものであり、議事録の記載内容のみが議事の内容を立証する証拠であるとはいえないが（理事等の供述も証拠になることはいうまでもないし、関係する文書も証拠になる）、重要な証拠になることから、一般財団法人にとって重要な事項、リスクの相当にある事項につき審議・決議をする場合には、十分な審議をし、慎重な判断をするとともに、これらの概要を議事録に記載しておくことが重要である（理事として職務を遂行するに伴うリスクは、このような証拠を的確に作成し、保存しておくことによって相当に軽減することができる）。

第3章　一般財団法人の概要

　なお、理事会の決議に参加した理事であって議事録に異議をとどめないものは、その決議に賛成したものと推定されるから（一般法人法197条、95条5項）、議事録の記載にはこの視点からも注意を払うことが重要である。

⑿　**一般財団法人に対する損害賠償責任の一部免除に関する開示義務**
　　（一般法人法198条、113条2項）

　理事・監事が任務懈怠による損害賠償責任を一般財団法人に負う場合（一般法人法198条、111条）、理事らについて職務を行うにつき善意でかつ重大な過失がないときは、最低責任限度額を控除して得た額を限度として評議員会の決議によって責任の一部を免除することができるが（同法198条、113条1項。損害賠償責任の一部免除は、一般財団法人の場合には、社員総会が存在しないため、評議員会の権限によることになるが、評議員の職責もそれだけ重要である）、この免除の決議に当たっては、理事は、責任の原因となった事実および賠償の責任を負う額、免除することができる額の限度およびその算定の根拠、責任を免除すべき理由および免除額を開示することが必要である（同法198条、113条2項。なお、議案の提出に当たって監事の同意を得ることが必要である。同法198条、113条3項）。

　理事らの一般財団法人に対する損害賠償責任を一部免除するためには、前記の要件を満たし、必要な手続を経ることが必要であるが、その前提として理事が一部免除の議案を評議員会に提出することが必要であり、理事が一部免除につき事実関係上、法律関係上相当であることを検討し、判断することも必要である。監事が前記の同意をするかどうかの判断も相当であることが必要である。

⒀　**定款に基づく一般財団法人に対する損害賠償責任の一部免除権**（一般法人法198条、114条）

　理事らの責任の一部免除は、評議員会の決議による場合のほか、定款の定めによることもでき、このような定款がある場合には、理事会の決議によって免除することができる（一般法人法198条、114条1項。なお、一般財団法人の場合には、監事が設置されているから、定款に基づく責任の一部免除に関する議案を理事会に提出するに当たって監事の同意を得ることが必要である。同法198条、114条2項）。この理事会の決議を行った場合には、理事は、遅滞なく、

一定の事項および責任を免除することに異議があるときは一定の期間内に異議を述べるべき旨を評議員に通知することが必要である（同法198条、114条3項）。

理事等の検討・判断、監事の同意に伴うリスクは、前記のとおりである。

⒁　**計算書類等の承認権**（一般法人法199条、124条3項）

一般財団法人は、事業年度ごとに貸借対照表・損益計算書（計算書類）等を作成することが必要であるが（一般法人法199条、123条。なお、この作成は、理事らの業務として作成されるものであり、理事の権限であるとともに、義務であるということができる。理事が計算書類等の作成を適切に行わないと、理事らの法的な責任が追及され得るものである。同法198条、117条2項1号イ・ニ参照）、計算書類等につき監事の監査を受けること等が必要である（同法199条、124条1項・2項）。一般財団法人においては、監査を受けた計算書類等につき理事会の承認を受けることが必要であり、理事らは計算書類等を承認する権限を有するものである（同法199条、124条3項）。

計算書類等は、会計の慣行に従って作成されることが必要であるが（その前提として公正妥当な会計がされることが必要である）、虚偽の記載等が行われた場合には、理事らの法的な責任が問題になり得るし（一般法人法198条、117条2項1号）、一般財団法人の会計・計算書類等の作成においては業務の執行に伴う不正行為を発見し、その兆候を認識する重要な機会を提供するものであって、適正、適切に行わないと、不正行為を見逃すこと等によって理事の業務の執行上の義務違反が問われる可能性が生じることがある。

一般財団法人の会計監査については、大規模一般財団法人では会計監査人が置かれているところ（一般法人法171条。会計監査人設置一般財団法人。なお、会計監査人の資格等については、同法197条、68条参照）、会計監査人という専門家の会計監査を受けているため（同法199条、124条2項）、理事は、この会計監査人の会計監査を高度に信頼することができる。このような会計監査人の法定監査を受けていない一般財団法人についても、任意で専門家である会計士の監査を受けることができるが、この場合にも、会計士の監査を同様に信頼することができるから、理事としては、積極的に会計士の監査を利用することが重要である。

第3章　一般財団法人の概要

⑮　**計算書類等の評議員への提供義務**（一般法人法199条、125条）

　一般財団法人においては、理事は、定時評議員会の招集の通知に際して、評議員に対し、計算書類等、監査報告を提供することが必要であり（一般法人法199条、125条。なお、これは、原則として定時評議員会において計算書類の承認を受けることが必要であるからである。同法199条、126条2項）、計算書類等の評議員に対する事前の提供義務を負っている。

⑯　**計算書類等の定時評議員会への提出・提供義務**（一般法人法199条、126条1項3号）

　理事は、理事会の承認を受けた計算書類および事業報告を、定時評議員会に提出し、または提供することが必要であり（一般法人法199条、126条1項3号）、計算書類等の定時評議員会に対する提出・提供義務を負っている。なお、理事が提出または提供した計算書類は、定時評議員会の承認を受けることが必要である（同法199条、126条2項）。

⑰　**事業報告内容の定時評議員会への報告義務**（一般法人法199条、126条3項）

　理事は、提出または提供した事業報告の内容を定時評議員会に報告することが必要であり（一般法人法199条、126条3項）、事業報告内容の報告義務を負っている。

⑱　**計算書類の定時評議員会への報告義務**（一般法人法199条、127条）

　前記の⑯の義務については、一般財団法人の場合、理事会の承認を受けた計算書類が法令および定款に従い一般財団法人の財産および損益の状況を正しく表示しているものとして法務省令で定める要件に該当するときは、適用しないとされ、理事は、計算書類の内容を定時評議員会に報告することが必要であり、かつ、それで足りるとされている（一般法人法199条、127条）。

⑲　**その他**

　一般法人法においては、一般財団法人の理事は、一般財団法人の義務を介して、あるいは直接に理事の義務としてその他の規定が設けられているし、理事等の義務違反の内容・程度によっては罰則の制裁が科せられることもあることは、一般社団法人の場合と同様である（一般法人法334条以下）。

　また、公益認定法においては、一般法人法所定の各種の義務のほかに、公

86

益財団法人の義務を介して、あるいは直接に理事の義務として各種の義務が設けられているものであり（たとえば、理事の義務としては、公益認定法17条）、理事としてはこれらの義務を適正、適切に履行することが必要である。

4　一般財団法人の監事の権限・義務

　一般財団法人においては、常に監事が設置されていることは前記のとおりである。監事は、理事の職務の執行を監査し、監査報告を作成するとともに（一般法人法197条、99条1項）、各事業年度に係る計算書類（貸借対照表および損益計算書）および事業報告並びに附属明細書の監査をすることができる（同法199条、124条1項）と定められており、これらの監査は監事の権限であるとともに義務である。

　監事は、また、理事が不正の行為をし、もしくは当該行為をするおそれがあると認めるとき、または法令もしくは定款に違反する事実もしくは著しく不当な事実があると認めるときは、その旨を理事会に報告することが必要であるし（一般法人法197条、100条）、理事会に出席し、必要があるときは、意見を述べることが必要である（同法197条、101条1項）。監事は、そのほか、理事の提出する議案等の調査義務、評議員会に対する報告義務（同法197条、102条）、理事の行為の差止請求（同法197条、103条）、一般財団法人と理事との間の訴えにおける法人の代表（同法197条、104条1項）が職務として定められている。

　監事のこれらの権限・義務は、業務執行監査・会計監査を主要な内容とするものであり、一般財団法人の業務が法令、定款に従って適正に行われることを確保するために重要なものである。なお、監事は、会計監査人が設置されていない一般財団法人においては、自ら慎重な会計監査が必要になるが、会計監査人が設置されている一般財団法人においては、会計監査人の会計監査に高度の信頼を置くことができる。

5　一般法人法の下における一般財団法人の理事・監事の権限・義務の　拡大

　一般法人法の下における一般財団法人の理事・監事の権限・義務が拡大し

第 3 章　一般財団法人の概要

ていることは、一般社団法人の理事・監事と同様であり、このことはすでに説明したとおりである。

　また、公益財団法人は、公益認定を受けた一般財団法人のことであるから、公益法人の理事・監事についても、以上に紹介した一般財団法人の理事・監事の権限・義務に関する説明が当てはまる。

第4章　一般社団法人・一般財団法人の理事・監事の責任

1　理事・監事の損害賠償責任の様相

理事・監事の法的な責任（本書では、主として損害賠償責任を問題にしている）は、一般法人法に定められた各種権限の行使・不行使、義務の履行（不完全な履行）・不履行に伴うものである。理事の権限、義務は、すでに紹介したとおり、多様であり、広範なものであるから（一般法人法には関係する規定も多数ある）、権限の行使・不行使、義務の履行・不履行に伴って損害賠償責任が問題になる可能性は相当にある。また、監事の権限、義務は、基本的には理事の業務の監査・会計監査にとどまるとはいえ、その内容自体広い範囲を対象とするものであるから、権限の行使・不行使、義務の履行・不履行に伴って損害賠償責任が問題になる可能性があることは否定できない。

理事・監事が適切に権限を行使しなかったり、義務を履行しなかったりしたような場合には、辞任・解任が問題になるだけでなく、所属する一般社団法人・一般財団法人（公益社団法人・公益財団法人を含む。以下、特段の指摘をしない限り、同様とする）、それ以外の者（「第三者」と呼ばれている）に損失が生じると、理事・監事の損害賠償責任の問題に発展することになる（損害賠償責任は、義務の不履行のみに伴って生じるだけでなく、権限の行使・不行使に伴っても生じることに注意する必要がある）。

理事・監事がその権限の行使・不行使、義務の履行・不履行に伴って所属する一般社団法人等に損失が生じる場合としては、理事・監事のさまざまな内容、態様の行為によることがあり得る。一般法人法の施行に当たって理事・監事の行為につき損害賠償責任が問題になる場合として話題になったのは、一般社団法人における社員代表訴訟や、理事等の忠実義務違反・善管注意義務違反などであるが、理事等の損害賠償責任はこれらにとどまるものではない。

一般社団法人等の理事の事業の判断上、事業の遂行上法的な責任が問われる場合、個々の法人の事業の性質、内容、法人の置かれた状況、理事の具体

的な地位、職務、判断・遂行の状況、判断・遂行の経過、内容、態様等の諸事情を総合して、理事に必要かつ相当な範囲で裁量権が認められるとともに（裁量権の範囲内においてはその判断、職務の執行を誤ったとしても、原則として注意義務違反は認められない）、理事の法的な責任の根拠としては善良な管理者としての注意義務（善管注意義務。民法 644 条参照）等の法令、契約、業務上の性質、内容に応じて認められる注意義務、法的な義務があることが必要であるところ、法的な責任はこれらの注意義務に違反するときにその責任が認められると解するのが一般的である。

　理事の法的な責任が認められるためには、その前提としては善管注意義務といった抽象的な内容の注意義務が認められるだけでは足りないのであり（法的な義務が認められない場合には、義務違反の問題を論ずることなく、法的な責任が否定されるから、理事が法的な義務を負うかどうかが争点になることがある）、個々の事案の事情に照らして具体的な内容、態様の注意義務が主張され、立証されることが必要である。なお、世上においても、法律実務においても理事の責任の根拠として「善管注意義務違反があった」などと主張すると、これで十分であるとの見解が披瀝され、あるいはこの見解から議論が進展しない現象が相当広く見られるが、善管注意義務自体は「自己の財産に対するのと同一の注意」と比べて水準が高いことを示すものであること、善管注意義務の意味自体は抽象的であり、個々の事案ごとの特定、具体化を予定するものであること、理事が法的な責任を負うのは具体的な事案における特定の注意義務を前提とするものであり、善管注意義務自体だけで具体的な事案の法的な責任の根拠にはなり得ないことに照らすと、誤った見解である。

　一般社団法人等の理事・監事の損害賠償責任をめぐるリスクは、理事らの善管注意義務や一般法人法所定の理事らの各種の義務、あるいは同法、定款等に基づく権限の不行使、不適切な行使にとどまるものではない。理事・監事は、所属する一般社団法人等の業務を行うに当たって、同法、定款を適正に遵守するだけでなく、ほかの理事・監事らとともに法令上必要な協議、会議、検討、判断、決定等を行い、内部的には、組織を適正に運用し、適切な従業員を雇用し、適切な雇用関係を維持し、適切な雇用環境を確保することが必要であるし、対外的には、社会のさまざまな事業者と取引を行い、提供

するサービス、製品、施設の利用者と取引を行い、サービス・製品・施設の品質を確保し、社会的な活動を行うに当たっては関係する法律を遵守することが必要であるし、理事ら、従業員らが内部において職務を行い、社会で活動するに当たってはほかの従業員ら、社会で接触する者らに損害を与えないよう注意を払って職務、社会的な活動を行うことが必要である。一般社団法人等の法人は、組織を構築し、運営し、社会的な活動を行うことが存在の基本であるが、このような運営・活動の過程においてはさまざまな内容・態様で運営・活動の関係者に損害が発生する可能性があり、その損害の法的な塡補、救済が問題になり得る。これらの場合には、損害を被った者と一般社団法人等の法人の運営、活動を行い、あるいは法人の提供する施設・設備を利用し、法人の提供するサービス、製品を利用することによってさまざまな者に損害が発生すると、損害発生の原因になった行為を行った者（この行為としては、積極的な作為だけでなく、不作為も含まれ、法律実務においては不作為の損害賠償責任として問題になることがあるが、具体的には監督義務違反、監視義務違反、不作為に係る各種の注意義務違反、過失、重大な過失が問題になり得る）、この原因に関与した者の損害賠償責任が問題になるものである。一般社団法人等の法人は、社会において広く活動を行う場合には、活動に関係するさまざまな法令を遵守することが必要であるだけでなく、活動の際に締結した各種の契約を締結していることが少なくなく、この場合には、関係する契約に基づく義務を適切に履行することが必要になるし、法令、契約に法的な義務が定められていない場合であっても、活動に関する具体的な事情の下においては、条理、あるいは信義則に基づき活動に関係する者らに対して法的な注意義務（注意義務の内容は、個々の事案ごとに異なり得るが、要約すると、人の活動によって他人に損害の発生が予見される場合には、予見される損害発生を防止すべき注意義務ということができる）を負わせられることがあるのであって、社会活動上相当に広範な法的な注意義務を負わせられるのが法律実務の実情である。理事・監事だけでなく、社会で生活、活動する人にとっては、個々の事案の内容、状況において条理、あるいは信義則に基づき法的な注意義務が認められ得るのが法律分野の常識であることを前提として（このような考え方が判例であり、訴訟実務の常識である）、社会生活を送り、社会活

動を行うことが必要であるが、この法理が適用されることは事情によっては損害賠償責任を追及される者にとっては突然の不幸、予想外の事故、青天の霹靂である（なお、最近では、晴天の霹靂による事故についても、事故による人身被害の損害賠償責任を認めた判例がある）。理事・監事は、一般社団法人等の法人の運営、活動について法人の経営者として幅広い権限を有し、義務を負っているものであるから、自らは全く活動に関与せず、何らの行為もせず、全く被害が発生した事態、原因を知らなかったとしても、被害者から損害賠償責任を追及されたり、損害賠償を請求する訴訟を提起されることが十分にあり得るところであるだけでなく、訴訟における審理の内容、裁判官の考え方等の事情によっては理事らの損害賠償責任が肯定される可能性が相当にあるということができる。

　一般社団法人等の法人の運営、活動の過程において、その理事・監事、従業員らの言動や、その施設・設備の利用、そのサービス・製品の利用、取引の実行によって損害が発生した場合、法人自体、理事・監事、従業員らが具体的に損害賠償責任を負うかどうか、どのような法的な根拠によって損害賠償責任を負うかどうかは、その事案の内容と法的な根拠の内容に従って検討され、判断されることになるが、法律は、このような損害につき広くその賠償を認め得る根拠を準備しているところである。特に一般社団法人等の法人において従業員や施設・設備の利用者、サービス・製品の利用者に損害が生じるような場合には、その職務、活動に従事した従業員らの行為等によって損害が発生することが多く、その損害賠償責任は直接にはその従業員や法人自体が不法行為の法理（民法709条以下）、債務不履行の法理（同法415条）に基づき負うことが多い。理事・監事は、自ら直接、一般社団法人等の法人の運営に関する活動を行い、あるいは契約の締結、実行等の検討、判断、決定、活動を行うような場合には、これらの活動が原因になってほかの理事・監事、従業員ら、外部の者らに損害が発生したときは、自らの直接的な行為に係る法的な責任に基づき損害賠償責任を負う可能性が高いが、このような事情、事実関係がないとしても、ほかの理事の行為や従業員らの行為によって従業員ら、外部の者らに損害が発生し、自らはその損害の発生、原因に関与したことがなくても、あるいはその事態、原因を知らなかったとしても、

損害賠償責任を認め得る法的な根拠を見つけ出すことが可能であり、事案の内容や法的な根拠の内容によっては損害賠償責任が認められ得るのである。理事・監事にとっては、自分の知らない状況において一般社団法人等の法人の運営、活動の過程で他人に損害が発生した場合、自分としては「何にも関与していない」とか「そのようなことは全く自分は知らなかった」とか、「損害が発生した後に報告があり、その前には何も知らなかった」などと責任回避の反論をすることがあるが、このような反論、説明は、事案の内容、法的な根拠の内容によっては、理事ら自身の責任を否定する説明ではなく、むしろ何もしなかったとか、何も知らなかったことが損害発生の原因であると評価され、責任を肯定する積極的な事情として取り上げられることもあるのである。理事らは、自分が経営に関与する一般社団法人等の法人において、法人、あるいは他の理事ら、従業員ら、その他の第三者に損害が発生し、損害の発生原因や事態、損害の救済等について説明を求められることがあるが、これらの損害に係る責任、損害の救済等に関する自分の立場を明確に認識し、理解していないと、当座の説明が後の責任の裏付けとして利用されることもあり、特に法人の経営者・運営者として謝罪の有無を問われるような場合には、その対応を慎重に検討し、実行することが重要である。

　理事・監事の一般社団法人等の法人においてその運営、事業の遂行等の活動の過程で損害賠償責任を負う可能性がある場合、その法的な根拠としては、不法行為責任（民法709条以下）、債務不履行責任（同法415条）、一般法人法の定める根拠（同法111条ないし118条、278条ないし283条）があり得る。本書で紹介する裁判例は、一般法人法の制定・施行後のものもあるが、多くは、同法の施行前の裁判例であるところ、後者の裁判例については、同法の適用は問題にならず、民法、法人設立の根拠となる個々の法律に基づく損害賠償責任が問題になったものである。

　理事・監事の損害賠償責任については、さまざまな視点から分類し、類型化することが可能であるが、基本的な視点としては、誰に対する責任であるか、これと関連し、誰が責任を追及することができるか、責任追及の法的な根拠は何かが重要であり、本書では、この基本的な視点を中心にして裁判例を分類し、後に紹介することとしている（なお、法人の社団法人・財団法人の

別、公益法人・中間法人の別、設立根拠となる法律別、紛争の類型別、損害の発生原因別等の類型も無視できないものであるが、紙数の関係で省略したい）。

2　理事・監事の不法行為責任

(1)　問題の所在

　理事・監事が不法行為を行った場合には、不法行為に基づく損害賠償責任を負うことはいうまでもない（民法709条）。理事・監事が不正な行為を行い、所属する一般社団法人等、あるいは第三者に損害を被らせた場合には、不正な行為が不法行為に該当するときは、理事・監事が不法行為責任を負うことは当然であり、一般法人法は、この責任を否定するものではない。この場合には、さらに、理事・監事が職務を行うについて犯した不法行為によって一般社団法人・一般財団法人が不法行為責任を負うかが問題になるところ、これも肯定されている（一般社団法人らの代表理事その他代表者の不法行為につき一般社団法人・一般財団法人が損害賠償責任を負うことについては、同法78条、197条によるものであり、そのほかの理事・監事の場合については、民法715条1項による。なお、いずれの場合にも、一般社団法人・一般財団法人が損害を賠償した後、不法行為を行った理事・監事に対して求償権を行使することが可能である）。

　実際にも、理事・監事の不正な行為が不法行為に当たると主張され、不法行為に基づく損害賠償責任が問われ得るものであり、このような裁判例も若干見られるところである（後記の裁判例参照）。同様な不法行為責任は株式会社の取締役、監査役についても見られるが、たとえば、株式会社において代表取締役、取締役の行為が不法行為に当たるとし、その不法行為責任が問われた裁判例は多数公表されているところ、いくつかの裁判例を紹介すると次のようなものがある（複数の者が関与した場合には、民法719条所定の共同不法行為責任が問われる）。

(2) 裁判例

> 〔裁判例 1〕 東京地判平成 10・7・13 判時 1678 号 99 頁

Xは、不動産仲介・不動産コンサルタントを業とする Y_1 株式会社、その代表取締役 Y_2、東京支店長兼取締役 Y_3 の紹介を受け（Y_1 は、米国の不動産会社と提携し、米国の不動産会社が仲介をし、Y_1 は、その業者から紹介手数料を受け取る営業を行っていた。なお、名義上の買主は、Xが経営する会社であった）、米国アトランタ所在のモーテルを投資目的で購入したが、赤字経営が続き、抵当権を実行され、モーテルの所有権を失ったため、損害を被ったことから、Y_1 らに対して債務不履行、不法行為、商法 266 条ノ 3 に基づき損害賠償を請求した。

本判決は、Xと Y_1 との間では不動産仲介に準じた準媒介契約が成立していたとし、モーテルの部屋の稼働率・収益見通しについての説明義務違反等を肯定し、債務不履行を認め、Y_2 らの不法行為も認め、請求を認容したものである。

> 〔裁判例 2〕 東京地判平成 18・12・12 判時 1981 号 53 頁

X株式会社は、埼玉県内で一般消費者向けに LP ガスを販売し、主として Y_2 株式会社から LP ガスの供給を受けていたところ、Xと Y_2 との間で LP ガスの供給条件をめぐる交渉が行われたが、まとまらず、Xの方針に不満をもっていたXの代表取締役 Y_1 が代表取締役を退任し、Y_2 と LP ガスの販売業を営む Y_3 株式会社を設立し、Xの従業員を勧誘して転職させ、Xの顧客等に対して LP ガスの販売活動を行い、LP ガス供給契約を切り替えさせるなどしたため、Xが Y_1 ないし Y_3 に対して共同不法行為等に基づき損害賠償を請求した。

本判決は、共同不法行為の成立を認め、請求を認容した（本判決は、代表取締役の所属する株式会社に対する共同不法行為を肯定したものである）。

第 4 章　一般社団法人・一般財団法人の理事・監事の責任

> ## 〔裁判例 3〕東京地判平成 21・1・30 判時 2035 号 145 頁

　X 事業団は、信託銀行業を営む A 株式会社に資金を信託し、A が資金の運用として Y_1 株式会社の株式を購入していたところ、Y_1 に有価証券報告書の虚偽記載があることが判明し、A が損害を被り、X が損害賠償請求権を譲り受け、Y_1 のほか、Y_1 の親会社である B 株式会社を吸収合併した Y_2 株式会社、経営者 Y_3 に対して共同不法行為等に基づき損害賠償を請求した。

　本判決は、虚偽記載を認め、Y_1 らの不法行為を肯定し、請求を認容した（本判決は、代表取締役の第三者に対する不法行為を肯定したものである）。

> ## 〔裁判例 4〕名古屋地判平成 27・6・30 金判 1474 号 32 頁

　映像ソフト、音楽ソフト等の制作、販売等を業とする X 株式会社（東証 1 部、名証 1 部上場会社）は、1 件 1 億円以上の資産の取得等を取締役会の決議事項とする等の職務権限基準表を作成していたところ、代表取締役社長等を務めた Y_1、代表取締役会長等を務めた Y_2、取締役副社長を務めた Y_3 がそれぞれ取締役会の決議を経ることなく、不動産開発事業を行うに当たって A 会社らとの間でコンサルティング契約を締結し、金員を支出し、子会社の株式譲渡に当たって B 会社との間でアドバイザリー契約を締結し、報酬を支払い、機械の導入に当たって C 会社との間で業務委託契約を締結し、コンサルタント料を支払い、大震災の対応のため D 会社とコンサルティング契約を締結し、コンサルタント料を支払い、株主総会のため E 会社とアドバイザリー契約を締結し、報酬を支払い、F 会社との間で情報提供のサービス利用契約を締結し、利用代金を支払う等したため、X が Y_1 ないし Y_3 に対して会社法 423 条 1 項、不法行為に基づき損害賠償を請求した。

　本判決は、本件各取引が X の内規に違反し、取締役会の決議を経ずに、また、X にとって必要性に乏しく、あるいは業務提携の実態が明らかでない契約を締結し、X の資金を支出したことは、任務懈怠あるいは不法行為に当

たるとし、請求を認容した（本判決は、代表取締役ら、取締役副社長の所属する株式会社に対する不法行為あるいは任務懈怠を肯定したものであるが、法律の適正かつ厳密な適用の観点からは、異なる法的な責任であ不法行為あるいは任務懈怠を認めるという判断は疑問が残るとともに、判決の実態をうかがわせる一つの事例を示すものでもある）。

〔裁判例 5〕東京地判平成 28・3・16 判時 2314 号 129 頁

　A は、平成 13 年 6 月、Y_1 株式会社（代表取締役は、Y_3）に雇用され、コールセンター等の業務に従事していたところ、平成 23 年 10 月、Y_1 に在籍したまま、Y_2 株式会社（代表取締役は、前記の Y_3）のチョコレート販売事業に従事させる旨の人事異動が発令され、店舗管理、在庫管理等に従事していたが、平成 23 年 12 月、自殺したため、A の両親 X_1、X_2 が Y_1、Y_2 のほか、Y_3 に対して Y_1、Y_2 につき債務不履行、不法行為に基づき、Y_3 につき不法行為、会社法 429 条 1 項に基づき損害賠償を請求した。

　本判決は、A が過重な長時間労働に従事した結果、精神障害を発症し、自殺したものと認め、Y_3 の不法行為を認める等し、請求を認容した（本判決は、代表取締役の所属する株式会社の従業員に対する不法行為を肯定したものである）。

〔裁判例 6〕名古屋地判平成 28・6・15 金判 1570 号 55 頁

　X_1 は、平成 17 年 12 月、A 株式会社の取締役に選任され、平成 18 年 10 月、平成 20 年 10 月、それぞれ取締役に重任され、X_2（X_1 の母）は、平成 18 年 10 月、監査役に重任されていたところ、Y_1 は、平成 23 年 4 月当時、A の代表取締役会長であり、Y_2 は、A の顧問弁護士であったが、Y_1 は、同年 4 月、X_1 を含む取締役全員が平成 22 年 11 月に取締役を退任した等とし、定時株主総会を開催し、後任の取締役として Y_1、B（Y_2 の夫、Y_1 の父）ら 6 名を選任し、同様に Y_2 が監査役を退任したとし、定時総会において C を選

第4章　一般社団法人・一般財団法人の理事・監事の責任

任したところ、総会においては、Y_1 が議長を務め、Y_2 が顧問弁護士として同席しており、大株主である D 株式会社に総会開催の通知をせず、D の委任状を偽造し、D 名義の委任状を基に決議を行う等したため、X_1、X_2 が Y_1、Y_2 に対して違法な招集手続、偽造の委任状の行為、X_1 ら以外の者の選任等を主張し、不法行為に基づき株主構成が変わった平成 25 年 1 月までの役員報酬、慰謝料等の損害賠償を請求した。

　本判決は、平成 23 年 4 月前の株主総会が開催されたと認めることはできない等とし、X_1 らは不法行為によって権利が侵害されたとは認められないとし、請求を棄却した（本判決は、代表取締役の所属する株式会社の前の代表取締役らに対する不法行為を否定したものであるが、後記〔裁判例7〕名古屋高判平成 30・4・18 金判 1570 号 47 頁の控訴審判決参照）。

〔裁判例 7〕名古屋高判平成 30・4・18 金判 1570 号 47 頁

　前記〔裁判例6〕名古屋地判平成 28・6・15 金判 1570 号 55 頁の控訴審判決であり、X_1 らが控訴した。

　本判決は、本件の株主総会の通知は会社法 299 条 1 項の要件を満たさないものであるうえ、総株式数の 21％を有する株主に対する招集通知を欠いており、委任状も入手していない等、重大な瑕疵があるから、同株主が議決権の行使を委任したという虚構の事実を前提に、出席株主が全員異議なく提出議案に賛成したものとして違法に作出された本件株主総会決議は、招集手続の瑕疵が著しく、不存在である等とし、これに関与した Y_1、Y_2 が共謀のうえ、自らの利得のために故意によって不法行為を行ったものと認め、損害については、取締役、監査役としての報酬請求権は失われていないとしたが、慰謝料として各 600 万円、300 万円の損害を認め、原判決を変更し、X_1、X_2 の各請求を認容した（本判決は、代表取締役の所属する株式会社の前の代表取締役らに対する不法行為を肯定したものである）。

98

2 理事・監事の不法行為責任

〔**裁判例 8**〕**東京地判平成 29・6・6 判時 2402 号 19 頁**

　九州地区の業界団体を母体とする X 厚生年金基金は、投資コンサルタントC が経営する B 株式会社との間で厚生年金基金の運用に関する助言契約を締結しており、B は、投資商品を販売する A 株式会社（代表取締役は、Y）との間で商品販売協力契約を締結しており、X は、B の投資の助言により、A から投資商品を購入したが、投資商品が下落し、損失を被ったため、X が Y に対して本件取引につき B は利益相反の関係にあり、Y は X が B から適切な助言を受ける権利を侵害した等と主張し、不法行為等に基づき損害の一部（損失 10 億円、報酬相当額 3438 万円余）につき損害賠償を請求した。

　本判決は、A らの行為が不法行為に当たるためには、A らの行為が自由競争として許される限度を超え、社会的相当性を逸脱するものと評価できることが必要であるとし、本件では A らは B に実体のないファンドを X に推奨させたものではなく、自由競争として許される限度を超え、社会的相当性を逸脱したと評価することができないとし、請求を棄却した（本判決は、代表取締役の第三者に対する不法行為を否定したものであるが、後記〔裁判例 9〕東京高判平成 30・4・11 判時 2402 号 6 頁の控訴審判決参照）。

〔**裁判例 9**〕**東京高判平成 30・4・11 判時 2402 号 6 頁**

　前記〔裁判例 8〕東京地判平成 29・6・6 判時 2402 号 19 頁の控訴審判決であり、X が控訴した。

　本判決は、本件販売協力契約は X と B との間の利益相反の温床となるものであり、B の実態は中立公正な助言者の仮面をかぶった A の回し者と見られ、B らが本件運用助言契約に基づく X に対する善管注意義務、忠実義務に違反したものであり、債務不履行責任を負うにとどまらず、不法行為責任を負うものであり、A、Y は成約額の 1 ％の歩合報酬の支払いを B に約する契約であり、このことが B において本件運用助言契約を履行するに当た

99

第4章　一般社団法人・一般財団法人の理事・監事の責任

りXとBとの間の利益相反の温床となることを認識していたし、本件においてはA、Yの行為はXの傘下にある勤労者国民の財産を自己の財布代わりに投資資金として自由に使って、Xの年金資産を過剰なリスクにさらして勤労者国民の老後の生活基盤を不安定にするもので、社会通念上許される限度を超えた故意による債権侵害の不法行為に当たる等とし、原判決を変更し、請求を認容した（本判決は、代表取締役の第三者に対する不法行為を肯定したものである）。

〔裁判例10〕名古屋地判平成29・12・27金判1539号16頁

L株式会社は、企業間の提携の仲介等を業とし、M株式会社は、信用保証業務、企業間の提携の仲介等を業とする会社であり、それぞれ社債を発行したが、Y$_1$は、L、Mの全株式を保有する株主であり、Y$_2$は、Y$_1$の妻であり、Y$_3$株式会社の代表取締役であり、決算報告上、Y$_3$の全株式を保有するとされている者であり、Y$_4$ないしY$_7$は、LまたはMの代表取締役、取締役であり、Y$_8$ないしY$_{11}$は、LまたはMの社債販売の勧誘を担当した従業員らであるところ（Lは、平成25年6月、Mは、平成25年8月、それぞれ破産手続開始決定がされた）、Xら（合計82名）は、社債を購入したり、その被相続人が社債を購入した相続人らであり、Y$_1$、Y$_2$らに対して組織的詐欺の一環として社債の販売が行われた等と主張し、不法行為、会社法429条1項に基づき損害賠償を請求した。

本判決は、販売に係る社債は、早晩、配当はもちろん、元本償還もできなくなるものであり、かつ、そのようなリスクにつき著しく正確性を欠き、その安全性を顧客らに誤信させるような詐欺的要素をはらむ違法な勧誘が行われたとし、販売に関与した役員、従業員、発行会社の実質的支配者の共同不法行為を肯定し、名目的な代表取締役の重過失による任務懈怠に係る会社法429条1項の責任を肯定し、請求を認容した（本判決は、代表取締役、取締役らの第三者に対する不法行為を肯定したものである）。

100

〔裁判例 11〕 福岡地判平成 30・9・14 判時 2413・2414 号
195 頁

　Y₁ 株式会社は、運送業、土木工事業等を営み（当初は、土木工事業を営ん
でおり、その後、運送業を営むようになったが、就業規則は当初のままであった）、
Y₂ が代表取締役であり、Y₂ の夫 Y₃ が事実上 Y₁ の経営に関与し行動してい
たところ、X は、平成 24 年 3 月頃、Y₁ と雇用契約を締結し、長距離トラッ
クの運転手として業務に従事していたが、トラック運転手については日給月
給制を内容とする就業規則の定めと異なり、担当路線ごとの売上げに基づき
出来高払制で賃金の支払いを受け続けており、Y₃ から給料はいつでも下げ
られると言われ、木製バットで殴られ、丸刈りにされ、高圧洗浄機を噴射さ
れ、ロケット花火を発射させられ、土下座させられる等したため、X が Y₁
に対して未払賃金の支払い、割増賃金の支払いを請求し、Y₂、Y₃ に対して
賃金の未払いへの関与、パワーハラスメント等を主張し、会社法 429 条 1
項、民法 709 条に基づき損害賠償を請求したのに対し、Y₁ が反訴として業
務指示を受けていた運送業務の無断放棄を主張し、不法行為、債務不履行に
基づき損害賠償を請求した。

　本判決は、Y₁ の就業規則は労働実態が異なる長距離トラック運転手にも
適用される等とし、賃金の未払い等を認め、パワーハラスメントについては
X の主張の一部を認め、これらの一部が写真に撮影され、会社のブログにも
掲載されていたこと等から、Y₃ の事実上の代表取締役としての不法行為を
肯定し、Y₁ につき会社法 350 条の類推適用を認め、Y₂ については、任務懈
怠上の重過失、不法行為上の過失を否定し、Y₁、Y₃ に対する本訴請求を認
容し、Y₂ に対する本訴請求を棄却し、Y₁ の反訴請求を認容した（本判決は、
代表取締役、事実上の代表取締役につき所属する株式会社の従業員に対する不法
行為を肯定したものである）。

第4章　一般社団法人・一般財団法人の理事・監事の責任

> **〔裁判例 12〕東京地判平成 31・4・26 金法 2142 号 57 頁**

　太陽光発電事業を営む X 株式会社は、平成 24 年 12 月、Y₁ 株式会社（25%
出資）、A 株式会社（50％出資）、B 株式会社（25％出資）によって設立され、
取締役として個人で事業地の地主のとりまとめ等の事業を推進していた D、
A の代表者 E、B の代表者 F、Y₁ の従業員 Y₂ が、監査役として Y₁ の従業
員 Y₃ がそれぞれ就任していたところ、平成 25 年 4 月頃から、A と Y₁、B
との間で経営をめぐる対立が発生し、合弁の解消の協議が行われ、1 億円で
X の株式の譲渡が提案される等したが、解消には至らず、事業地の地主が X
に代わる事業主の紹介を G 株式会社の代表者 H に依頼し、H が J 株式会社
に打診し、その子会社である K 株式会社が本件事業を引き受けるとの回答
を得たことから、G が J に本件事業の権利を 1 億 2500 万円で譲渡する旨の
契約を締結し、H が X から本件事業上の地位の譲渡を受けるため、D、F、
Y₁、Y₂ と面談し（E には知られないようにし、報告もしなかった）、譲渡を行
うこととし、X と G が代金 400 万円で地位譲渡契約を締結し、G が委託者、
Y₁ が受託者、委託料 6700 万円の業務委託契約を締結し、H が K から 1 億
2500 万円を受領し、Y₃ にうち 7100 万円が支払われ、うち 400 万円が X の
預金口座に振り込まれ、平成 25 年 7 月、X の臨時取締役会が開催され、本
件地位譲渡契約の締結、代金 400 万円の受領が報告されたところ、E が反対
したものの、その余の取締役が賛成し、可決されたことから（業務委託契約
の締結については報告されなかった）、X が Y₁、Y₂、Y₃ に対して事業の不当廉
売等を主張し、Y₁ につき使用者責任、Y₂、Y₃ につき不法行為に基づき損害
賠償を請求した。

　本判決は、Y₂、Y₃ の不法行為を認め、Y₁ の使用者責任を認め、請求を認
容した（本判決は、取締役、監査役の所属する株式会社に対する不法行為を肯定
したものである）。

3　不法行為以外の損害賠償責任の類型

　前記のような理事・監事の不法行為以外の理事・監事の損害賠償責任につ

いては、理論的にいくつかの類型に分類することができる。

① 理事・監事が負う責任の相手方からみると、所属する一般社団法人・一般財団法人に対する責任、それ以外の者（第三者）に対する責任に分けることができる。なお、損害賠償請求権は譲渡可能であり、権利の譲受人も責任の相手方になることがある。

② 理事・監事に対して責任を追及する主体からみると、一般社団法人、一般財団法人、損害を被った第三者、一般社団法人の社員に分けることができる。

③ 理事・監事の損害賠償責任の原因・理由からみると、一般法人法の関連規定、法人の設立を認める法律の関連規定、民法415条、709条等損害賠償責任を認める同法の関連規定等に分けることができ、各規定の解釈によることになる。

④ 理事・監事に対する損害賠償責任の追及の手続からみると、一般社団法人の社員が法人を代表して損害賠償責任を追及する場合には、特別の手続を経ることが求められている（一般法人法278条ないし283条）。

現実に理事・監事が、損害賠償責任が問われる過程をみると、所属する一般社団法人、一般財団法人のほかの理事・監事、あるいは第三者から業務遂行上の過誤が疑われたり、損失の発生を知らされたりした後、非公式に損害賠償責任の可能性を示唆され、口頭・書面で損害賠償責任を指摘されたりすることがあり、さらに訴訟による損害賠償責任の追及が告知されることがある（これらの過程がどの程度の速度で進行するかは個々の事案ごとに多様であるが、少なくとも数カ月程度はかかるであろう）。

理事・監事としては、これらの各過程においてどのような対応をするかが重大な課題になるが、できれば、相当に早い段階から法律専門家の助言を受けておくことが賢明である（訴訟を提起された後に法律専門家の助言を受けるだけでは後手になるであろう）。理事・監事の職務を遂行するに当たっては、事案によっては訴訟対策が重要であるが、訴訟対策は訴訟が提起されてから立てるものではなく、職務を遂行する段階から考慮しておくこともまた賢明である。

4 理事・監事の一般社団法人・一般財団法人に対する損害賠償責任

(1) 問題の所在

理事・監事が損害賠償責任を負う場合、その相手方（損害賠償責任を追及する主体）としては、理事らが所属する一般社団法人・一般財団法人と第三者に分けることができる。

まず、理事・監事の一般社団法人・一般財団法人に対する損害賠償責任については、理事・監事との間で委任に関する規定に従うことになっているから（一般法人法64条、172条1項、民法643条ないし656条。特に同法644条が法的な根拠とされることが多い）、理事・監事が委任契約上の債務不履行責任（同法415条）を負うが、一般法人法は、この責任をより具体化した規定を設けている。理事・監事は、その任務を怠ったときは、一般社団法人・一般財団法人に対し、これによって生じた損害を賠償する責任を負うものである（同法111条1項、198条）。この理事・監事の損害賠償責任は、任務懈怠を理由とするものであるが、任務懈怠の内容は、理事・監事が一般社団法人・一般財団法人に対する各種の義務違反（義務の不完全な履行・不履行）、職務違反、権限の行使・不行使である。もっとも、理事・監事が負う善管注意義務（民法644条）の違反、忠実義務（一般法人法83条、197条）の違反も任務懈怠に当たるから、問題になり得る任務懈怠の範囲は広い（株式会社の取締役に関する従来の裁判例を概観すると、取締役の善管注意義務違反・忠実義務違反が主張されたものが大半であるが、これは、これらの義務違反の要件が抽象的であり、一見すると主張しやすく、損害賠償責任の法的な根拠としてさまざまな内容を盛り込みやすいという印象があるからであろう）。

理事・監事の一般社団法人・一般財団法人に対する損害賠償責任が認められるためには、理事等の任務懈怠（具体的に内容が特定されることが必要であり、この特定は、理事等の損害賠償責任を追及する者が負うと解するのが相当である）、一般社団法人等の損害の発生（損害賠償額を含む）、任務懈怠と損害発生との間の因果関係の存在が主張・立証されることが必要である。この主張・立証責任は、損害賠償を請求する一般社団法人・一般財団法人が負うものである。損害の発生は、損害の発生そのものが証明されることが必要であ

るとともに、任務懈怠との間で因果関係が存在することが証明されることが必要であるが（訴訟における証明の程度は、対象となる事実が高度の蓋然性が存在する程度に確実であることが必要である）、任務懈怠が認められたとしても、損害の発生がないとか、証明されないとの理由で理事等の損害賠償責任が否定されることがあることはもちろんである。たとえば、株式会社の場合には、会社法 423 条 1 項があり、一般法人法 111 条 1 項と同様な規定があり、この責任をめぐる裁判例が多数公表されているが、そのいくつかを紹介すると次のようなものがある。

(2)　**裁判例**

〔**裁判例 13**〕**大阪地判平成 12・5・31 判時 1742 号 141 頁**

A 株式会社は、B 株式会社を吸収合併したが、合併比率を A を 1 とし、B を 0.1 としたところ、A の株主 X が A の代表取締役 Y_1、監査役 Y_2、Y_3 に対して忠実義務違反、善管注意義務違反を主張し、株主代表訴訟により損害賠償を請求した。

本判決は、A が合併により損害を生じないものであり、合併比率の当・不当を判断するまでもないとし、請求を棄却した。

〔**裁判例 14**〕**大阪地判平成 12・6・21 判時 1742 号 146 頁**

A 株式会社（代表取締役は Y_1）は、ゴルフ場用地を取得して開発していたところ、B 株式会社（代表取締役は Y_1）に土地を売却したが、A の株主 X が土地の売却が安価であり、これが利益相反行為であり、A の取締役会において取締役 Y_2、Y_3 が承認したことが忠実義務違反に当たるなどと主張し、Y_1 ないし Y_3 に対して、A の監査役に対して提訴請求をした後、株主代表訴訟を提起して損害賠償を請求した。

本判決は、提訴手続に瑕疵があるものの、提訴請求の瑕疵が治癒されたとし、最も控え目にみて 11 億 5361 万円であった土地を 4 億 8000 万円で売却

第4章　一般社団法人・一般財団法人の理事・監事の責任

したことにつき損害賠償責任を負うものの、売買契約を合意解除し、損害が
回復された等とし、請求を棄却した。

〔裁判例 15〕東京地判平成 17・6・27 判時 1923 号 139 頁

　和装を中心とした繊維製品の卸販売業を営む A 株式会社は、平成 3 年、
取引先の倒産により多額の不良債権が発生し、平成 6 年、ディリバティブ取
引により多額の損失を被ったほか、取引先との取引中止・倒産等により経営
が悪化し、平成 12 年 11 月、破産宣告を受けたが、平成 10 年 9 月から A と
取引を開始した X 株式会社が平成 10 年から平成 12 年の間の A の取締役 Y_1
ら、監査役 Y_2 に対して計算書類の虚偽記載・粉飾決算を主張し、商法 266
条ノ 3 に基づき損害賠償を請求した。

　本判決は、計算書類の虚偽記載等を認めたものの、X の損害との因果関係
を否定し、請求を棄却した。

〔裁判例 16〕東京地判平成 19・9・27 判時 1986 号 146 頁、
金判 1278 号 18 頁

　X ら（501 名）は、A 株式会社の株主であるが、A は、平成 15 年 9 月の
中間決算期に連結ベースで約 630 億円の債務超過であり、事業の再生・財務
の改善のため、平成 16 年 3 月、産業再生機構に支援の申込みをし、平成 17
年 4 月頃、粉飾決算の事実を公表し、同年 6 月、上場が廃止されたところ、
スポンサー企業を探し、B 株式会社・C 有限責任事業組合等がスポンサー企
業として支援することになり、A の多数の株式を取得し、関連するファン
ド連合に A の事業の譲渡し、代金債権の処理につき債務引受け・相殺等を
する等したことから、X らが株主代表訴訟を提起し、A の取締役である Y_1
ないし Y_5 に対して善管注意義務違反、忠実義務違反を主張し、損害賠償を
請求した。

　本判決は、X らのうち 25 名が提訴請求をしていないとし、訴えを却下し、

他の X らにつき訴訟の提起が権利の濫用に当たらないとしたものの、A に損害が生じたと認めるに足りる証拠がないとし、請求を棄却した。

〔裁判例 17〕 さいたま地判平成 22・3・26 金判 1344 号 47 頁

　時計バンド等の製造、販売を業とする X 株式会社（ジャスダック上場会社）は、長期にわたる売上の低減が続き、債務超過に陥り、金融機関からの融資も打ち切られていたところ、金物、荒物等の販売を業とする A 株式会社の子会社化の話が持ち込まれ（当時、A は、X の筆頭株主 B が大多数の株式を保有する C 株式会社が主要な仕入先であり、C から支援を受けて経営が成り立っていた）、X が公認会計士に財務内容・株式の評価を依頼し、株式が 0 円との調査結果が出される等し、取締役会において反対の意見も出され、監査役会において買収の必要性につき取締役の責任のリスクがある旨の意見書が提出されたが、平成 19 年 5 月、開催された取締役会における議論を経て、A の全株式の無償取得による子会社化と 1 億円の増資が決定され、実行されたところ（増資に係る金員は、A の C に対する手形債務につき書換え後の期限前弁済に利用された）、同年 6 月、開催された株主総会において前記取締役らが再任されず、C が再生手続開始決定の申立てをし、同決定を受け、A が同年 8 月、破産手続開始決定の申立てをし、同決定を受ける等したため、X が前記増資に賛成した取締役ら Y$_1$ ないし Y$_6$ に対して善管注意義務違反を主張し、会社法 423 条 1 項に基づき損害賠償を請求した。

　本判決は、子会社が経営上大きく依存している取引先の財務・経営状況は慢性的に脆弱で逼迫した状態にあり、子会社化の安定的かつ継続的な支援を期待することが困難であり、この調査分析を尽くしていれば、これを認識し得たにもかかわらず、これを怠り、取締役会において増資に賛成した取締役には善管注意義務違反があり、子会社が倒産した結果、増資が無益に帰したことによる損害賠償責任を免れない等とし、請求を認容した。

第 4 章　一般社団法人・一般財団法人の理事・監事の責任

> **〔裁判例 18〕東京地判平成 27・3・26 判時 2271 号 121 頁**

　A 都（東京都）は、信託銀行を経営する X 株式会社の全株式の譲渡を受け、X を実質的に設立し、X は、東京都民、中小企業への融資を行うことを基本方針（利益の極大化ではなく、東京都民や中小企業への成果の還元を行うこと等を特徴とし、中小企業等の資金供給を行い、地域経済の活性化を支援し、既存の金融機関が十分提供できていない分野へ資金を供給する等の役割を果たすこと）として経営し（委員会設置会社となった）、中小企業等に対する融資、保証等を内容とする主力商品を販売していたところ、損失が生じる等したことから、X が代表取締役 Y_1、融資担当の執行役 Y_2 に対して与信システムが実質的に破綻しており、主力商品の販売を中止する旨の提案を取締役会等に提案すべきであったのに、これをしなかった善管注意義務違反・忠実義務違反があったと主張し、会社法 423 条 1 項に基づき損害の一部である 5 億円の損害賠償を請求した。

　本判決は、Y_1 らは主力商品の与信システムが有効に機能していないことを認識していたが、経営理念から伝統的な銀行とは異なる役割を果たすことを目的とし、システムの不備に対してさまざまな対応策を講じており、執行役会でもさまざまな意見があったものの、主力商品の販売を止めるべきとの意見がなかった等の事情から、中止の提案を取締役会等にすべきであったとの義務はなかった等とし、善管注意義務違反、忠実義務違反を否定し、請求を棄却した。

> **〔裁判例 19〕大阪地判平成 25・12・26 判時 2220 号 109 頁、金判 1435 号 42 頁**

　マンションの販売等を業とする A 株式会社（ジャスダック上場会社）は、大幅な赤字の中、株式を発行し、資金を調達していたところ、債務超過となり、上場廃止のおそれがあった中、A の代表取締役 B は、貸金、業務提携

108

の契約金、現物出資等のため多額の資金を流出させていたが、Aにつき破産手続開始決定がされ、Yが破産管財人に選任された後、Yが社外・非常勤監査役X（公認会計士）に対して会社法423条1項の任務懈怠責任があると主張し、破産裁判所に責任査定の申立てを行い、同裁判所が損害賠償額648万円につき査定決定を行い、また、YがXの不動産の共有持分につき仮差押決定を得たうえ、仮差押えを執行したことから、Xが査定決定に対して異議の訴えを提起し（第1事件）、Yが反訴として任務懈怠につき損害額8000万円につき損害賠償を請求し（第2事件）、Xが仮差押え、訴訟の提起が不法行為に当たると主張し、Yに対して損害賠償を請求した（第3事件）。

本判決は、Xには監査役として取締役にリスク管理体制を構築するよう勧告すべき義務違反等があるものの、重大な過失がないとし、責任限定契約の適用を認めたうえ、仮差押え、訴訟の提起に係る不法行為を否定し、査定決定を認可し、Xの請求を棄却した。

〔裁判例20〕大阪高判平成27・5・21判時2279号96頁、金判1469号16頁

前記〔裁判例19〕大阪地判平成25・12・26判時2220号109頁、金判1435号42頁の控訴審判決であり、Xが控訴した。

本判決は、監査役として内部統制システムを構築するよう助言または勧告すべき義務があり、これを怠った義務違反があるとしたものの、重大な過失を否定し、責任限定契約の適用を認め、不法行為を否定し、控訴を棄却した。

〔裁判例21〕東京地判平成28・5・19金判1502号42頁

銀行業を営むA株式会社は、中小企業向け融資、預金の受入れを主たる業務を行っていたところ、平成19年5月以降、Aの関連会社であったB株式会社に繰り返して融資を行い、平成21年6月には、社長、経営企画室長

第4章　一般社団法人・一般財団法人の理事・監事の責任

等を構成員とする融資委員会を設置し、取締役Yはオブザーバーとして参加し、平成22年2月、Yも参加する同委員会においてBに85億円の融資を行うことにつき取締役会に付議することが決定され、取締役会において全員の賛成により融資が実行されたが、その後、同年2月、金融庁の検査においてBが破綻懸念先であると指摘され、同年9月、預金保険法74条5項、139条1項に基づき金融庁長官に財産をもって債務を弁済できない旨を申し出、同長官は、金融整理管財人による業務・財産の管理を命ずる行政処分を行い、同月、再生手続開始決定を受け、破綻し（Bも、経営破綻した）、X株式会社（株式会社整理回収機構）は、Aから取締役らに対する善管注意義務違反を理由とする損害賠償請求権を譲り受けたため、XがYに対して善管注意義務違反等を主張し、会社法423条に基づき損害の一部である5億円につき損害賠償を請求した。

　本判決は、銀行の取締役は融資業務の実施に当たっては、元利金の回収不能という事態が生じないよう、債権保全のため、融資先の経営状況、資産状態等を調査し、その安全性を確認して貸付けを決定し、原則として確実な担保を徴求する等、相当の措置をとるべき義務を有するところ、本件では必要とされる調査、検討を十分に行うことなく、既存の担保を引き続き徴求するほか、特段の措置をとることなく漫然と融資を承認し、実行させたものである等とし、善管注意義務違反・忠実義務違反を認め、請求を認容した。

〔裁判例 22〕東京地判平成 28・9・29 判時 2386 号 78 頁、金判 1507 号 26 頁

　銀行業を営むA株式会社は、中小企業向け融資、預金の受入れを主たる業務を行っていたところ、商工ローン事業を行っていたB株式会社から、取締役議を経て総額460億円の商工ローン債権を買い取る等していたが、平成22年2月、金融庁の検査においてBが破綻懸念先であると指摘され、同年9月、預金保険法74条5項、139条1項に基づき金融庁長官に財産をもって債務を弁済できない旨を申し出、同長官は、金融整理管財人による業

務・財産の管理を命ずる行政処分を行い、同月、再生手続開始決定を受け、破綻し、X 株式会社（株式会社整理回収機構）は、A から取締役らに対する善管注意義務違反を理由とする損害賠償請求権を譲り受けたことから、取締役 Y_1 が破綻の前後に妻 Y_2、弟 Y_3 に多額の送金を受ける等したため（Y_2 については、贈与契約、Y_3 については、A の株式の売買契約に基づくものとされている）、X が Y_1 に対して債権買取の賛成決議に係る善管注意義務違反の 50 億円の損害賠償を請求し（第 1 事件）、Y_2 に対して贈与につき通謀虚偽表示による不当利得返還、詐害行為取消権の行使による贈与の取消等、Y_3 に対して A の売買の詐害行為取消権の行使による売買の取消し等を請求した（第 2 事件）。

本判決は、A の買取に係る債権は回収可能性に相当程度疑念を生じさせる状況にあったのに、A の行ったデューディリジェンスは名ばかりで、調査が甚だ不十分であり、B の経営状態は極めて危険な状態にあり、Y_1 はこれを十分認識しており、徴求した担保が不十分である等とし、善管注意義務違反を肯定し、債権の買取代金と経済的価値の差額の損害との相当因果関係を認め（37 億 5693 万円余）、贈与、株式譲渡の合意につき詐害行為を認め、Y_1 に対する請求を一部認容し、Y_2 らに対する請求を認容した。

なお、株式会社においては、株主が会社のために取締役等の任務懈怠等に基づく損害賠償請求等の請求を行うことが認められており（株主による責任追及等の訴えであるが、株主代表訴訟制度と呼ばれることが多い。会社法 847 条）、実際、多数の訴訟が提起され、判決も多数公表されている。一般社団法人においては、一般法人法によって、社員による理事・監事等に対する責任追及の訴えが認められているところであり（同法 278 条以下）、この訴訟制度・手続の運用に当たっては、株主代表訴訟制度の実際の運用実態が参考になると考えられるので、以下、いくつかの裁判例を紹介したい。

第 4 章　一般社団法人・一般財団法人の理事・監事の責任

> ### 〔裁判例 23〕東京地判平成 20・1・17 判時 2012 号 117 頁

　電気絶縁材料等の製造、販売を業とする A 株式会社は、株式譲渡制限会社であり、株主は前代表取締役 B の同族関係者、元代表取締役、役員持株会、社員持株会、メインバンクであったところ、平成 11 年 9 月、自己株式41 万 53 株を 1 株 800 円で代表取締役 Y₁ に譲渡したことから（その後、株式分割が実施された）、A の株主 X が株主代表訴訟を提起し、取締役 Y₁、Y₂ らに対して取締役会の承認決議が不存在、無効、廉価売買につき善管注意義務違反等を主張し、株券の引渡し、損害賠償等を請求した。

　本判決は、株券の引渡請求は株主代表訴訟の対象にならず、公認会計士等の意見書に照らし、売却価格が廉価とはいえない等とし、株券の引渡請求に係る訴えを却下し、その余の請求を棄却した。

> ### 〔裁判例 24〕東京地判平成 20・3・27 判時 2005 号 80 頁

　定期航空運送業等を営む A 株式会社は、B 株式会社と株式移転により、C株式会社が設立され（A は、C の完全子会社になった）、A の株主は C の株主になったところ、A の株主であった X（現在は C の株主）が株主代表訴訟を提起し、A の取締役、その後 C の取締役になった Y に対して株主優待券の不正流用、暴力団員に対する債権の未回収等につき善管注意義務違反、忠実義務違反を主張し、損害賠償を請求した。

　本判決は、完全子会社において行った過去の違法行為を理由に、完全親会社に対して責任を負うことは特段の事情がない限りないとし、本件では特段の事情が認められないとし、請求を棄却した。

> ### 〔裁判例 25〕東京地判平成 21・10・22 判時 2064 号 139 頁

　日刊紙を発行する A 株式会社の従業員 B は、平成 17 年 8 月頃から平成

112

18 年 1 月までの間、A の管理に係るコンピュータ内の情報を利用し、イン
サイダー取引を行ったことから（B は、証券取引法違反で起訴され、有罪判決
を受けた）、A の株主 X が株主代表訴訟を提起し、A の代表取締役 Y_1、取締
役 Y_2 らに対してインサイダー防止につき善管注意義務違反、コーポーレー
トブランドの毀損の損害を主張し、損害賠償を請求した。

　本判決は、インサイダー取引を防止し得る程度の管理体制を構築し、指導
監督すべき注意義務を負っているところ、本件では善管注意義務違反は認め
られないとし、請求を棄却した。

〔裁判例 26〕 福岡地判平成 23・1・26 金判 1367 号 41 頁

　A 株式会社は、水産物、加工品の輸入、販売等を業とする会社であり、
市場取引に参加する卸売業者、小売業者らと取引があり、B 株式会社は、A
の 100％子会社であるところ、B は、仕入業者に、一定の預かり期間内に売
却できなければ、期間満了時に在庫商品を買い取る旨を約束したうえで魚商
品を輸入してもらい、売却できなかった商品は一旦買い取り、仕入業者らに
売却し、さらに買い取る等の取引を順次行っていたが（判決上は、「ぐるぐる
回し取引」と呼ばれている）、不良在庫を抱えて倒産し、A が B に対して行っ
ていた融資の回収が不能になったため、A の株主 X が株主代表訴訟を提起
し、A の取締役 Y_1 ないし Y_3 に対して忠実義務違反、善管注意義務違反を
主張し、損害賠償を請求した。

　本判決は、親会社が子会社の経営状況を調査しないで子会社の取引先への
連帯保証をさせたり、高額の融資を行ったことは取締役としての忠実義務違
反、善管注意義務違反に当たるものの、子会社の再建を図るために、実質的
に貸付金を減額して返済を猶予するのに等しい新規の融資をすることは忠実
義務、善管注意義務に違反しないとし、請求を一部認容した。

第4章　一般社団法人・一般財団法人の理事・監事の責任

〔裁判例27〕東京地判平成 24・3・15 判時 2150 号 127 頁

　毛髪製品の製造、販売等を業とする A 株式会社（非上場会社。発行済株式総数 40 万株）は、その取締役会で代表取締役 Y_1 から株式 4 万株を総額 6000万円を限度で自己株式を取得する旨の決議をし、合計 3 万 3217 株を 1 株当たり 1500 円で買い受け、その 1 年 3 カ月後、臨時株主総会の決議（3 分の2 以上の賛成）、取締役会の決議を経て、自己株式 3 万 3217 株を 1 株当たり1500 円で Y_1 に売却し、取締役会において 4 万株を発行価額 1500 円で第三者割当の方法による新株を発行する旨の取締役会の決議、臨時株主総会の決議（3 分の 2 以上の賛成）を経て実施し、Y_1、代表取締役 Y_2、取締役 Y_3 に割り当て、Y_1 らはそれぞれ所定の金額を払い込む等したため、A の株主 X が株主代表訴訟を提起し、Y_1 ないし Y_3 のほか、取締役 Y_4 に対して自己株式の処分が不公正な価額であり、第三者割当による新株発行が有利発行に係る株主総会の特別決議を経ていない等と主張し、損害賠償を請求した。

　本判決は、自己株式の処分は同族会社の認定を避けるために行われたものであり、買戻しにすぎない等とし、著しく不公正な価格によるものとはいえないし、新株発行は公正な価額が 1 株当たり 7000 円を下らないとしたうえ、有利発行に関する株主総会の特別決議を経ていない法令違反を認め、請求を認容した。

〔裁判例28〕大阪地判平成 24・9・28 判時 2169 号 104 頁

　A 株式会社は、多数の商品を製造、販売等を業とし、平成 11 年 4 月以降、独立した会社のような権限と責任をもたせる企業体であるカンパニーの下に事業部、関連会社を置く体制で事業を行い（5 つのカンパニーが設置された）、配当を実施していたところ、A の株主 X が株主代表訴訟を提起し、平成 14年 9 月中間期から平成 16 年 9 月中間期までに実施された配当が関係会社株式の減損処理等の会計処理が行われず、配当可能性がなかった等と主張し、

Aの取締役、監査役Yらに対して損害賠償を請求した。

　本判決は、平成13年3月期から時価会計が導入されるに際し、関係会社の株式につき相当額の減損を行う必要があること等が周知されており、当時の公正なる会計慣行にもとる違法な処理がされたことはない等とし、配当可能利益を欠くような違法な配当は実施されなかったとし、請求を棄却した。

　一般法人法は、前記の立証責任の原則に対して次のような若干の例外を設けている（株式会社の場合には、会社法423条参照）。理事が競業および利益相反取引の制限に関する規定（同法84条1項、197条）に反して競業違反の取引を行ったときは、損害の額の証明については、当該取引によって理事または第三者が得た利益の額が損害の額であると推定される（同法111条2項、198条）。理事が競業取引を行った場合、一般社団法人等に具体的にどれだけの損害が生じたかの証明をすることは容易ではないことから、この推定規定が設けられたものであり、損害額の立証責任が緩和されているものである（なお、立証が困難な損害額の証明については、民事訴訟法248条の適用を検討することも一つの方法である）。

　また、理事の利益相反取引（一般法人法84条1項2号・3号、197条）によって一般社団法人等に損害が生じたときは、任務懈怠の証明については、当該取引を行った理事（同法84条1項、197条）、一般社団法人等が当該取引をすることを決定した理事、当該取引に関する理事会の決議に賛成した理事が任務を怠ったものと推定される（これらの理事については、任務懈怠が推定される。同法111条3項、198条）。この場合には、任務懈怠の立証責任が緩和されている。これらの推定規定を利用するに当たっては、一般社団法人等は、各推定規定の要件（たとえば、利益相反の取引が行われたこと、理事または第三者が利益を得たこと、利益の額）を証明することが必要であり、この各要件が証明された場合に前記の各推定がされるものであり、理事としては、各推定規定の要件について的確な反証をするか、損害が発生しなかったことや、注意を怠らなかったこと、責めに帰することができない事由があったことを証明することが必要になる。

　ただし、理事が利益相反取引のうち自己のためにした取引（一般法人法84

条1項2号、197条）を行った場合、理事の一般社団法人等に対する損害賠償責任は、当該理事が責めに帰することができない事由によるものであることを証明しても、その責任を免れることはできないとされ（同法116条1項、198条）、厳格な責任が認められている。理事が自己のために利益相反取引を行った場合には、無過失の証明をしても、損害賠償責任を免れることができないものであり、無過失責任が認められている（見方を変えれば、理事のほかの任務懈怠による損害賠償責任については、過失責任であると解することができる）。

5　理事・監事の第三者責任

(1)　問題の所在

理事・監事の第三者に対する損害賠償責任については、前記の不法行為は別として、その職務を行うについて悪意または重大な過失があったときは、当該理事・監事は、これによって第三者に生じた損害を賠償する責任を負うものである（一般法人法117条1項、198条）。

理事・監事の第三者責任は、その要件が理事等が職務を行うについて悪意または重大な過失があったこと（理事等の任務懈怠が前提になっている）、第三者に損害が発生したこと、悪意または重大な過失と損害の発生との間に因果関係が存在することである。これらの要件の主張・立証責任は、損害賠償を請求する第三者が負うと解することができる。

理事・監事の第三者責任と同様の損害賠償責任は、取締役につき従来の商法（266条ノ3）、有限会社法（30条ノ3）の下でも認められていたし、現在の会社法の下でも認められている（会社法429条）。また、同様な損害賠償責任は、従来中間法人と呼ばれた法人の役員にも認められていたものがある。たとえば、農業協同組合の場合には、従来、農業協同組合法（農協法）31条の2第2項に規定が設けられていたところ、現在は、同法35条の6第8項の規定があり、中小企業等協同組合の場合には、従来、中小企業等協同組合法（中協法）38条の2第2項に規定が設けられていたところ、現在は、同法38条の4に規定が設けられている。

法人の役員の第三者責任については、従来、株式会社・有限会社の取締

役、監査役の損害賠償責任をめぐる多数の裁判例が公表されており（法律の各条文ごとに分類した裁判例の数を基準とすると、当時の商法266条ノ3、有限会社法30条ノ3に関する裁判例は最多数のグループに属するということができるほどである）、これらの裁判例は一般社団法人、一般財団法人の理事・監事の第三者責任についても参考になるものであり、今後、訴訟等の場面で引用、参照されることが予想される。

(2) 判 例

最高裁判所の判例を取り上げただけでも、たとえば、次のものがあり、多数の最高裁の判例が公表されているところであり、いずれも重要な法理・事例を示したものとして参考になる。

① 中小企業等協同組合の理事の事例（最二小判昭和34・7・24民集13巻8号1156頁、判時195号20頁）

② 株式会社の代表取締役の事例（最一小判昭和37・3・15裁判集民事59号223頁）

③ 株式会社の取締役の事例（最三小判昭和37・8・28裁判集民事62号273頁）

④ 株式会社の取締役の事例（最二小判昭和38・10・4民集17巻9号1170頁）

⑤ 株式会社の代表取締役の事例（最二小判昭和41・4・15民集20巻4号660頁、判時449号63頁）

⑥ 株式会社の代表取締役の事例（最三小判昭和42・3・7裁判集民事86号457頁）

⑦ 株式会社の取締役の事例（最三小判昭和44・5・27金判167号5頁）

⑧ 株式会社の代表取締役の事例（最大判昭和44・11・26民集23巻11号2150頁、判時578号3頁）

⑨ 株式会社の代表取締役の事例（最一小判昭和45・3・26判時590号75頁）

⑩ 有限会社の代表取締役の事例（最一小判昭和45・7・16民集24巻7号1061頁、判時602号86頁）

⑪ 株式会社における取締役でないにもかかわらず、取締役就任登記がさ

第4章　一般社団法人・一般財団法人の理事・監事の責任

れた者の事例（最一小判昭和 47・6・15 民集 26 巻 5 号 984 頁、判時 673 号
7 頁）

⑫　株式会社の代表取締役の事例（最三小判昭和 47・10・31 判時 702 号 102
頁）

⑬　株式会社の取締役の事例（最三小判昭和 48・5・22 民集 27 巻 5 号 655 頁、
判時 707 号 92 頁）

⑭　株式会社の代表取締役の事例（最一小判昭和 51・6・3 金法 801 号 29 頁）

⑮　株式会社の代表取締役の事例（最三小判昭和 51・10・26 金法 813 号 40
頁）

⑯　株式会社の代表取締役の事例（最三小判昭和 53・12・12 金法 884 号 27
頁）

⑰　株式会社の取締役の事例（最三小判昭和 54・7・10 判時 943 号 107 頁）

⑱　株式会社の名目的取締役の事例（最三小判昭和 55・3・18 判時 971 号
101 頁）

⑲　株式会社の取締役の事例（最一小判昭和 59・10・4 判時 1143 号 143 頁）

⑳　株式会社において取締役を辞任したものの、登記が残っていた者の事
例（最一小判昭和 62・4・16 判時 1248 号 127 頁）

㉑　株式会社において取締役を辞任したものの、登記が残っていた者の事
例（最三小判昭和 63・1・26 金法 1196 号 26 頁）

㉒　株式会社の取締役の事例（最三小判平成 9・9・9 判時 1618 号 138 頁）

　これらの最高裁の判例のうち、訴訟実務において重要な先例となっている
のが前記⑧（最大判昭和 44・11・26 民集 23 巻 11 号 2150 頁、判時 578 号 3 頁）
であり、株式会社の取締役の第三者に対する責任について、議論があったこ
とを含め、その趣旨・法理を明らかにしたものである。この判決は、理事、
監事の第三者に対する損害賠償責任についても先例として引用されると予想
されるものであり、長文であるが、紹介すると、「商法は、株式会社の取締
役の第三者に対する責任に関する規定として 266 条ノ 3 を置き、同条 1 項前
段において、取締役がその職務を行なうについて悪意または重大な過失があ
つたときは、その取締役は第三者に対してもまた連帯して損害賠償の責に任
ずる旨を定めている。元々、会社と取締役とは委任の関係に立ち、取締役

118

は、会社に対して受任者として善良な管理者の注意義務を負い（商法254条3項、民法644条）、また、忠実義務を負う（商法254条ノ2）ものとされているのであるから、取締役は、自己の任務を遂行するに当たり、会社との関係で右義務を遵守しなければならないことはいうまでもないことであるが、第三者との間ではかような関係にあるのではなく、取締役は、右義務に違反して第三者に損害を被らせたとしても、当然に損害賠償の義務を負うものではない。

　しかし、法は、株式会社が経済社会において重要な地位を占めていること、しかも株式会社の活動はその機関である取締役の職務執行に依存するものであることを考慮して、第三者保護の立場から、取締役において悪意または重大な過失により右義務に違反し、これによつて第三者に損害を被らせたときは、取締役の任務懈怠の行為と第三者の損害との間に相当の因果関係があるかぎり、会社がこれによつて損害を被つた結果、ひいて第三者に損害を生じた場合であると、直接第三者が損害を被つた場合であるとを問うことなく、当該取締役が直接に第三者に対し損害賠償の責に任ずべきことを規定したのである。

　このことは、現行法が、取締役において法令または定款に違反する行為をしたときは第三者に対し損害賠償の責に任ずる旨定めていた旧規定（昭和25年法律第167号による改正前の商法266条2項）を改め、右取締役の責任の客観的要件については、会社に対する義務違反があれば足りるものとしてこれを拡張し、主観的要件については、重過失を要するものとするに至った立法の沿革に徴して明らかであるばかりでなく、発起人の責任に関する商法193条および合名会社の清算人の責任に関する同法134条ノ2の諸規定と対比しても十分に首肯することができる。

　したがつて、以上のことは、取締役がその職務を行なうにつき故意または過失により直接第三者に損害を加えた場合に、一般不法行為の規定によつて、その損害を賠償する義務を負うことを妨げるものではないが、取締役の任務懈怠により損害を受けた第三者としては、その任務懈怠につき取締役の悪意または重大な過失を主張し立証しさえすれば、自己に対する加害につき故意または過失のあることを主張し立証するまでもなく、商法266条ノ3の

第4章　一般社団法人・一般財団法人の理事・監事の責任

規定により、取締役に対し損害の賠償を求めることができるわけであり、また、同条の規定に基づいて第三者が取締役に対し損害の賠償を求めることができるのは、取締役の第三者への加害に対する故意または過失を前提として会社自体が民法 44 条の規定によつて第三者に対し損害の賠償義務を負う場合に限る必要もないわけである。」と判示し（判決中、商法 266 条ノ 3 は現在会社法 429 条、商法 254 条 3 項、254 条ノ 3 はそれぞれ会社法 330 条、355 条に当たるものである）、第三者に間接的に損害が生じた場合であっても、第三者に直接に損害が生じた場合であっても、取締役が悪意または重大な過失により取締役の義務に違反し、これによって第三者に損害を被らせたときは、取締役の任務懈怠の行為と第三者の損害との間に相当の因果関係がある限り、損害賠償責任を負うという法理を明らかにしているのである。

(3)　**裁判例**

> **〔裁判例 29〕横浜地判平成 24・7・17 判時 2162 号 99 頁、金法 1994 号 89 頁**

　X_1 ないし X_6 は、大手の消費者金融業を営む A 株式会社から金銭を借り入れ、弁済を繰り返していたところ、A が経営破綻したことから、A の取締役社長であった Y に対して過払金の返還を受けることができなくなった等と主張し、X_1 らが Y に対して不法行為、会社法 429 条 1 項に基づき損害賠償を請求した。

　本判決は、X_1 らのうち一人については、最二小判平成 18・1・13 民集 60 巻 1 号 1 頁、判時 1926 号 17 頁以後、貸金債権が残っていたとし、その請求を棄却し、その余の X らについては、A の代表取締役がみなし弁済の成立の余地がないことを認識した時点で制限利率による引直計算をする義務が生じ、その時点以降は通常の貸金業者であれば貸金債権に事実的・法律的根拠のないことを容易に認識し得たとし、Y の不法行為責任を肯定し（会社法 429 条 1 項に基づく損害賠償責任は、仮に同規定による責任が認められるとしても、損害額が同額であるとし、特段の判断をしなかった）、請求を一部認容した。

120

5　理事・監事の第三者責任

〔裁判例 30〕東京高判平成 25・2・27 判時 2246 号 17 頁

　前記〔裁判例 29〕横浜地判平成 24・7・17 判時 2162 号 99 頁、金法 1994
号 89 頁の控訴審判決であり、X₁ら、Y が控訴した。

　本判決は、貸金の請求および弁済の受領に係る不法行為は、これらが暴
行、脅迫等を伴うものであったり、当該貸金債権が事実的、法律的根拠を欠
くものであることを知りながら、または通常の貸金業者であれば容易にその
ことを知り得たのに、あえてその請求をしたなど、その行為の態様が社会通
念に照らして著しく相当性を欠く場合に限られるとし、本件では A の請求
等は不法行為に当たらないとし、不法行為が成立しないから、Y の不法行為
責任もないし、A が最二小判平成 18・1・13 民集 60 巻 1 号 1 頁、判時 1926
号 17 頁以後、改善策をとってきた等とし、Y の会社法 429 条 1 項の責任等
を否定し、Y の控訴に基づき原判決中敗訴部分を取り消し、請求を棄却し、
X₁らの控訴を棄却した。

〔裁判例 31〕大阪高判平成 26・12・19 判時 2250 号 80 頁

　X 株式会社は、A 株式会社（代表取締役は、Y）に、平成 24 年 4 月 21 日
から同年 5 月 31 日までの間、合計 663 万円余の商品を販売したところ、A
は、同年 6 月 1 日、債権者らに対して破産手続開始決定の申立てをする旨を
通知し、同年 8 月、破産手続開始決定を受けたため、X が Y に対して代表
取締役としての任務懈怠があった等と主張し、会社法 429 条 1 項、不法行為
に基づき損害賠償を請求した。

　第 1 審判決は、Y には悪意または重過失による任務懈怠は認められない
し、取り込み詐欺等の不法行為も認められないとし、請求を棄却したため、
X が控訴した。

　本判決は、A は、平成 24 年 1 月の決算時においてすでに経営状態が極め
て悪化していたものであり、Y は X と取引をしたとしても代金の支払いが

121

第 4 章　一般社団法人・一般財団法人の理事・監事の責任

不可能になって損害が発生することを容易に認識し得たとし、重大な過失に
よる任務懈怠責任を認め、原判決を取り消し、請求を認容した。

〔裁判例 32〕大阪地判平成 28・5・30 金判 1495 号 23 頁

　A 株式会社（設立当初は、有限会社）は、和牛の飼育、販売等の畜産業を
営んでおり、顧客との間でオーナー契約を締結し、和牛（繁殖牛）を販売後、
預託し、飼育し、販売額と同額で和牛を買い戻す、買戻しまでの間年 5 ％程
度の配当金（繁殖による子牛の買取代金名目）を支払う等の事業を行っていた
ところ、平成 11 年 3 月以降和牛の空売りを行う等し、経営が悪化し、平成
23 年 8 月、経営が破綻し、同年 9 月、再生手続開始決定がされ、その後、
同年 12 月、破産手続開始決定がされる等したため、顧客 X_1 ないし X_9 が A
の関連会社 3 社、A、関連会社の取締役、監査役ら Y_1 ないし Y_{29}（A の役員
は、Y_1 ないし Y_3）に対して共同不法行為、会社法 429 条 1 項に基づき損害賠
償を請求した。
　本判決は、Y_1、Y_2 の責任を肯定し、その余の Y らの責任を否定し、Y_1、
Y_2 に対する請求を認容し、その余の請求を棄却した（なお、一部の Y らとの
間で訴訟上の和解が成立する等した）。

〔裁判例 33〕東京地判平成 28・9・27 判時 2370 号 79 頁

　Y_1 株式会社は、信託業務等を業とし、Y_5 は、会計監査人であり、Y_2 株式
会社は、投資顧問業務を行い（Y_3 は、代表取締役）、Y_4 は、投資顧問業務を
行う A 株式会社の取締役、代表取締役を務めたものであるところ、信託型
ベトナム未公開株式ファンドを Y_3、Y_4 がその組成に関与し、Y_1 が販売し、
X_1、X_2 が本件ファンドを購入したが、Y_1 が行政処分を受け、信託業法上の
免許が取り消される等したため、X_1、X_2 が Y_1、Y_2、Y_4 につき不法行為、
Y_5 につき会社法 429 条 1 項、Y_2 につき会社法 350 条、Y_3 につき不法行為、
会社法 429 条 1 項に基づき、Y_1 ないし Y_5 に対して損害賠償を請求した。

5　理事・監事の第三者責任

　本判決は、説明義務違反、適合性原則違反、任務懈怠等を否定し、請求を棄却した。

第5章　一般財団法人の評議員の義務と責任の概要

1　一般財団法人の評議員・評議員会に関する規定

　一般財団法人については、評議員の選任、評議員会の設置が法定されている（一般法人法170条1項）。一般財団法人については、機関設計が厳格であり、評議員、評議員会のほか、理事、理事会、監事も必置の機関として法定されている（同項。なお、一般社団法人の場合には、機関設計につき裁量が認められている）。

　一般財団法人と評議員との関係は、委任に関する規定に従うとされており（一般法人法172条1項）、評議員は、一般財団法人に対して善管注意義務等の民法所定の受任者の義務を負うものである。

　評議員は、三人以上であることが必要であり（一般法人法173条3項）、資格も制限されている（同条1項・2項）。評議員の選任・解任は、その方法が定款の必要的な記載事項であるから（同法153条1項8号）、その方法に従って選任される。

　評議員は、評議員会の構成員であり（一般法人法178条1項）、評議員会の構成員として行為するものである。

2　評議員会の権限・義務の変化の概要

　評議員会は、一般法人法に規定する事項および定款で定めた事項に限り、決議をすることができ（同法178条2項）、同法の規定により評議員会の決議を必要とする事項について理事、理事会その他の評議員会以外の機関が決定することができるとする定款の定めは、効力を有しないとされ（同条3項）、評議員会の権限が強化されている。なお、民法法人の時代にも評議員会が設けられていることがあったが、諮問機関等として位置づけられていたにすぎないものであり、一般法人法の下では広範で強力な権限が評議員会に付与されている。

　評議員会の権限としては、理事・監事・会計監査人の解任権が認められて

124

おり、評議員会は、理事・監事、会計監査人が職務上の義務に違反し、または職務を怠ったとき等には、理事らを解任することができるとされている（一般法人法 176 条）。

評議員の権限・義務を一般法人法の条文の順に列挙すると、主に以下のような規定が設けられている。

① 理事・監事の解任権（一般法人法 176 条 1 項）

② 会計監査人の解任権（一般法人法 176 条 2 項）

③ 理事・監事の選任権（一般法人法 177 条、63 条）

④ 会計監査人の選任権（一般法人法 177 条、63 条）

⑤ 評議員の選任権・解任権（一般法人法 153 条 1 項 8 号）

⑥ 評議員会における議決権（一般法人法 178 条、189 条）

⑦ 評議員会の招集請求権（一般法人法 180 条）

⑧ 評議員会の目的事項請求権（一般法人法 184 条）

⑨ 評議員会の議案提案権（一般法人法 185 条）

⑩ 評議員会の議案の要領通知請求権（一般法人法 186 条 1 項）

⑪ 評議員会の招集手続等に関する検査役選任申立権（一般法人法 187 条 1 項）

⑫ 評議員会の議事録の閲覧・謄写請求権（一般法人法 193 条 4 項）

⑬ 評議員会の書面等の閲覧・謄写請求権（一般法人法 194 条 3 項）

⑭ 一般財団法人に対する損害賠償責任の免除に関する同意権（一般法人法 198 条、112 条）

⑮ 一般財団法人に対する損害賠償責任の一部免除権（一般法人法 198 条、113 条 1 項）

⑯ 定款に基づく一般財団法人に対する損害賠償責任の一部免除に関する異議権（一般法人法 198 条、114 条 4 項）

⑰ 会計帳簿の閲覧・謄写請求権（一般法人法 199 条、121 条 1 項）

⑱ 計算書類の承認権（一般法人法 199 条、126 条 2 項）

⑲ 計算書類等の閲覧・謄写請求権（一般法人法 199 条、129 条 3 項）

⑳ 定款の変更決議権（一般法人法 200 条）

㉑ 事業の全部譲渡の決議権（一般法人法 201 条）

第5章　一般財団法人の評議員の義務と責任の概要

　評議員の権限・義務は、従来の民法法人の下と比較すると、名称は同じであっても、根本的に異なるものであることに注意が必要である。民法法人の時代において評議員に就任していたり、評議員の印象をもち続けていたりすると、一般財団法人の下において評議員の就任の打診を受け、就任した場合、その権限の行使が適切でなかったり、義務の履行を怠ったりすることがある。一般財団法人の下における評議員は、従来と名称は同じであるが、異なる権限、義務、地位のものであることを理解することが重要である。また、評議員としては、多数の権限、義務が一般法人法によって認められているものであるから、その権限、義務の内容を理解しておくことが重要であることはいうまでもない。

　評議員は、基本的には評議員会の構成員として権限を行使するものであるが（後記のとおり、評議員が個人として行使することができる権限もある）、理事の業務執行等に対して監督権を行使することが重要な職責になっているものであり、評議員の就任の打診がある場合、理事らの役員と知人・友人の関係にあったり、一般財団法人との関係があったりすると、評議員としての重要な権限の行使等に躊躇が芽生えないではない。評議員としての権限の行使等に当たっては適法性、公正性、妥当性に配慮することが重要である。

3　評議員会の権限・義務の詳解

　前記のとおり列挙した評議員の権限・義務をより詳細に眺めてみると、次のようになっている。

(1)　理事・監事の解任権（一般法人法 176 条 1 項）

　評議員会は、理事または監事が職務上の義務に違反し、または職務を怠ったとき、心身の故障のため、職務の執行に支障があり、またはこれに堪えないときは、決議によってその理事または監事を解任することができるとされている（一般法人法 176 条 1 項）。評議員会の理事・監事の解任権は、これを適切に行使することによって理事・監事の不正な権限の行使、不正行為等を防止することが可能になる。理事らの不正な権限の行使、不正行為が判明する過程はさまざまなものが予想されるが、評議員の内部告発・告発によって知ることが少なくないものと予想されるし、一般財団法人の業務執行の監督

126

の過程から不正な権限の行使等が判明することもあろう。評議員が理事らの不正な権限の行使、不正行為を知り、あるいは疑うにつき相当な理由を知るに至った場合、評議員としてどのような対応をすべきかが問題になる。

理事らは、一般財団法人の役員であり、経営、事業の執行を行っているものであるから、評議員会は、相当に確実な事実関係上の根拠・法的な根拠がなければ監督権を行使することができないし、事実関係上の根拠を検討し、判断するためには証拠の収集、評価が必要である等、監督権の行使をするためには重要な障害がある（法的な検討、判断をするには、法律専門家の助言を得ることも必要になろう）。評議員会が自ら調査、検討、判断をするには相当な困難が伴うし、一般財団法人の役員・従業員の協力を得ることも、事柄の性質上、困難が伴う。評議員会が理事・監事の解任権を行使するには、このような過程を経たうえ、解任事由につき事実関係・法律関係上合理的な理由があることを判断することが必要であるが、前記のとおりの困難が伴うのである。

しかし、理事・監事を適切な時期に解任しないことによって、理事らの不正な権限の行使、不正行為がさらに行われると、一般財団法人、第三者に損失が生じることがあり（損失が拡大することもある）、解任権の不適切な行使、あるいは不行使につき損害賠償責任が問われるおそれが残るのである。

(2) 会計監査人の解任権（一般法人法176条2項）

評議員会は、会計監査人につき職務上の義務に違反し、または職務を怠ったとき、会計監査人としてふさわしくない非行があったとき、心身の故障のため、職務の執行に支障があり、またはこれに堪えないとき、決議によって会計監査人を解任することができるとされている（一般法人法176条2項）。会計監査人もその任務懈怠等につき一般財団法人、第三者に対して損害賠償責任を負うものであるが（同法198条、199条）、評議員会は、解任権を介して会計監査人の義務違反等を監督する権限を有するものであるから、その権限の行使が不適切であったり、行使しなかったりし、一般財団法人、第三者に損害が生じたと認められる場合には、評議員の損害賠償責任が問われるおそれが残るものである。

(3) **理事・監事の選任権**（一般法人法 177 条、63 条）

一般財団法人においては、機関として評議員、理事・監事を置かなければならないとされているが（評議員会、理事会も置かなければならないものである。一般法人法 170 条）、同法 177 条は、理事・監事の選任について同法 63 条 1 項の規定を準用している（一般社団法人の理事・監事の選任に関する規定）。

これらの規定によると、理事・監事の選任は、評議員会の決議によることになっている（一般社団法人法 177 条は、同法 63 条 1 項の「社員総会」を「評議員会」と読み替えている）。

(4) **会計監査人の選任権**（一般法人法 177 条、63 条）

一般財団法人においては、定款の定めによって会計監査人を置くことができ（一般法人法 170 条 2 項）、大規模一般財団法人においては、会計監査人を置かなければならないとされている（同法 171 条）。同法 177 条は、会計監査人の責任について同法 63 条 1 項を準用しているから、理事等と同様に、会計監査人の選任は評議員会の決議によることになっている。

(5) **評議員の選任権・解任権**（一般法人法 153 条 1 項 8 号）

一般財団法人における評議員は、必ず設置すべき機関の一つであるが、その選任および解任の方法は、定款の絶対的記載事項とされており（一般法人法 153 条 1 項 8 号）、理事または理事会が評議員を選任し、または解任する旨の定款を定めたとしても、無効とされている（同条 3 項 1 号）。

評議員の選任・解任の方法に関する定款の定めは、いくつかの方法があると考えられるが、実務上、その選任・解任を評議員会の決議による方法を定める定款に定めを採用している一般財団法人が少なくないと推測される。この場合には、評議員は、評議員会の決議に参加し、評議員の選任権・解任権を有するものである。

(6) **評議員会における議決権**（一般法人法 178 条、189 条）

評議員は、評議員会の構成員であり（一般法人法 178 条 1 項）、一般法人法で定められた事項および定款で定められた事項につき評議員会の構成員として決議に加わることができる（同条 2 項）。評議員会における決議は、議決に加わることができる評議員の過半数（これを上回る割合を定款で定めた場合にあっては、その割合以上）が出席し、その過半数（これを上回る割合を定款で

定めた場合にあっては、その割合以上）をもって行うとされ（同法189条1項。なお、一定の事項の決議については同条2項によって特別多数決が必要とされている）、これらの事項について特別の利害関係を有する評議員は議決に加わることができないとされている（同条3項）。

　評議員会における決議のルールは、このように一般法人法上明確にされているから、このルールに従うことは当然であるが、個々の評議員は決議に当たって適切に議決権を行使し、評議員会として妥当な権限を行使することも求められるということができる。評議員が不当、不正に議決権を行使し、評議員会が不当・不正な決議をし、あるいは決議を怠ったような場合には、評議員の任務懈怠が問われるおそれが残るものである。

(7)　評議員会の招集請求権（一般法人法180条）

　評議員会の招集は、原則として理事の権限であるが（一般法人法179条3項）、評議員は、理事に対し、評議員会の目的である事項および招集の目的を示して、評議員会の招集を請求することができる等とされている（同法180条1項・2項）。理事が評議員会を定時または臨時に招集することが通常であるが、理事らの解任等、役員等に不利な事項の決議をする場合には、理事の招集を期待することが困難である。評議員としては、自ら評議員会の招集を求めることができるし、招集をすべき場合も想定されているのである。

(8)　評議員会の目的事項請求権（一般法人法184条）

　評議員は、理事に対し、一定の事項を評議員会の目的とすることを請求することができるとされており（一般法人法184条本文）、目的事項請求権を有している。前記(7)のとおり、評議員会は理事が招集することができるのが原則であり、評議員会の目的も理事によって定められるのが原則であるが、評議員のこの権限は、評議員にも目的事項を請求することを認めるものであり、一般財団法人の経営・事業の状況によっては重要な役割が期待されるものである。

(9)　評議員会の議案提案権（一般法人法185条）

　評議員は、前記(8)の目的事項請求権にあわせて、評議員会において、評議員会の目的である事項につき議案を提出することができるとされ（一般法人法185条本文）、議案提出権を有している。評議員のこの権限は前記(7)、(8)の

目的事項請求権等と同様の役割が期待されている。

⑽　**評議員会の議案の要領通知請求権**（一般法人法 186 条 1 項）

評議員は、理事に対し、評議員会の日の 4 週間（これを下回る期間を定款で定めた場合にあっては、その期間）前までに、評議員会の目的である事項につき当該評議員が提出しようとする議案の要領を理事が行う通知に記載し、または記録して評議員に通知することを請求することができるとされ（一般法人法 186 条 1 項）、議案の要領通知請求権を有している。評議員のこの権限は前記⑺、⑻、⑼の権限と同様の役割が期待されている。

⑾　**評議員会の招集手続等に関する検査役選任申立権**（一般法人法 187 条 1 項）

評議員は、評議員会に係る招集の手続および決議の方法を調査させるため、当該評議員会に先立ち、裁判所に対し、検査役の選任の申立てをすることができるとされ（一般法人法 187 条 1 項）、招集手続等に関する検査役選任権を有している。評議員のこの権限は、評議員会の決議の効力等をめぐる紛争が予想される場合、招集手続・決議の方法が法令、定款に従ってされたかどうかを調査させるため、検査役を選任させ、検査役に調査結果を報告させるものである（同条 4 項ないし 6 項）。評議員のこの権限は、このような職務を有する検査役の選任を申し立てることができる権限である。

⑿　**評議員会の議事録の閲覧・謄写請求権**（一般法人法 193 条 4 項）

評議員会が開催され、決議がされると、後日、評議員会の議事については、法務省令が定めるところにより、議事録が作成されることになっている（一般法人法 193 条 1 項）。議事録は、決議の効力・決議の内容を明らかにする重要な書類であり、一般財団法人において保管され、主たる事務所等に備え置くことが求められている（同条 2 項・3 項）。評議員会の議事録は、その作成・保管自体が重要であるだけでなく、後日、決議の効力、決議の内容、決議の内容の当否等をめぐる紛争が生じることがあるが、評議員としては、その紛争において重要な証拠として利用されるものであることに留意することが重要である。

評議員にとっては、評議員会において審議事項につき、どのような意見をもち、何を発言し、どのように議決権を行使するかが重要であるが、それだ

けでなく、議事録に自分の意見がどのように記載され、記録されるかも重要である。評議員は、このように作成された議事録が後日生じるかもしれない評議員の責任をめぐる紛争において重要な証拠になることを理解しておくことは、訴訟対策としても必要である。

　このような事情を背景として、評議員は、一般財団法人の業務時間内は、いつでも、議事録が書面をもって作成されているときは、当該書面または当該書面の写し等の閲覧または謄写を請求することが認められている（一般法人法193条4項）。評議員にとって議事録は重要な証拠であるから、必要に応じて謄写を請求したうえ、謄写した議事録を保管しておくことが望ましい。

⒀　**評議員会の書面等の閲覧・謄写請求権（一般法人法194条3項）**

　評議員会における決議については、評議員会を開催するほか、評議員の全員が書面等によって同意した場合には、評議員会の決議があったものとみなされる場合が認められている（一般法人法194条1項）。評議員会の決議の省略が認められる場合においても、同意に係る書面等の保管・備置きが必要であり、評議員は、この書面等につき閲覧または謄写を請求することが認められている（同条3項）。

⒁　**一般財団法人に対する損害賠償責任の免除に関する同意権（一般法人法198条、112条）**

　一般財団法人の場合には、理事らの責任の免責について一般社団法人に関する規定が準用されているが（一般法人法198条。ただし、同法117条2項1号ロを除く）、社員総会・社員が存在しないため、社員総会・社員に関する規定は評議員会・評議員として準用されている。評議員は、理事・監事の責任の全部または一部の免除を検討し、判断することができる重要な役割が期待されているが、評議員の判断の誤りについても責任を負う可能性がある。

　一般財団法人の場合には、総評議員の同意があるときは、理事らの任務懈怠による損害賠償責任（一般法人法198条、111条1項）が免除されるとされ（同法198条、112条）、評議員が理事らの責任免除に関する同意権を有している。評議員がこの同意を検討するに当たっては、事実関係、法律関係、一般財団法人への影響等の多角的な観点から慎重に検討し、判断することが必要である。

第 5 章　一般財団法人の評議員の義務と責任の概要

(15)　**一般財団法人に対する損害賠償責任の一部免除権**（一般法人法 198
条、113 条 1 項）

　一般財団法人の理事らの任務懈怠による損害賠償責任については、前記(14)
の免除のほか、一部免除の規定も設けられている。評議員会は、その決議に
よって、理事らの任務懈怠の損害賠償責任（一般法人法 198 条、111 条 1 項）
につき、理事らが職務を行うにつき善意でかつ重大な過失がないときは、損
害賠償額から最低責任限度額を控除した額を限度として免除することができ
るとされている（同法 198 条、113 条 1 項）。最低責任限度額は、当該理事・
監事がその在職中に一般財団法人から職務執行の対価として受け、または受
けるべき財産上の利益の 1 年間当たりの額に相当する額として法務省令で定
める方法により算定される額に、代表理事の場合には 6 を、代表理事以外の
理事であって外部理事でないものの場合には 4 を、外部理事・監事の場合に
は 2 を乗じて得た額とされている（評議員会の決議によって免除されるのは、
損害賠償額とこの最低責任限度額の差額の範囲内であるということになるから、
最大限、最低責任限度額の範囲内で損害賠償責任を負うことになる）。

　評議員会において責任の一部免除の決議をするに当たっては、理事は、責
任の原因となった事実および賠償の責任を負う額・免除することができる額
の限度およびその算定の根拠・責任を免除すべき理由および免除額を評議員
会に開示することが必要であるし（一般法人法 198 条、113 条 2 項）、理事の
責任の免除に関する議案を評議員会に提出するには、監事（監事が二人以上
ある場合には、各監事）の同意を得ることが必要である（同条 3 項、198 条）。
理事・監事の責任の一部免除に関する評議員会が開催され、評議員が以上の
経過で議決権を行使するに当たっては、事実関係・法律関係、一般財団法人
への影響等の多角的な観点から慎重に検討し、判断することが必要である。

(16)　**定款に基づく一般財団法人に対する損害賠償責任の一部免除に関す
る異議権**（一般法人法 198 条、114 条 4 項）

　一般財団法人に対する理事らの任務懈怠による損害賠償責任については、
前記(14)・(15)の各免除のほか、定款の定めによる一部免除の規定も設けられて
いる。一般財団法人は、理事らの任務懈怠の損害賠償責任（一般法人法 198
条、111 条 1 項）につき、理事らが職務を行うにつき善意でかつ重大な過失

132

がない場合、責任の原因となった事実の内容、当該理事・監事の職務の執行の状況その他の事情を勘案して特に必要があると認めるときは、前記の免除することができる額を限度として理事会の決議によって免除することができる旨を定款で定めることができるとされている（同法198条、114条1項）。理事の責任の免除に関する議案を理事会に提出する場合等には、監事（監事が二人以上ある場合には、各監事）の同意を得ることが必要である（同法198条、114条2項、113条3項）。理事会が定款の定めに従って責任を免除する旨の同意をした場合には、理事は、遅滞なく、責任の原因となった事実および賠償の責任を負う額等の一定の事項・責任を免除することに異議がある場合には一定の期間内（1ヵ月を超える期間）に当該異議を述べるべき旨を評議員に通知することが必要であり（同法198条、114条3項）、評議員の10分の1（定款でこれを下回る割合を定めることができる）以上の議決権を有する評議員が定められた期間内に異議を述べたときは、定款の定めによる免除をすることができない（同法198条、114条4項）。評議員は、以上の要件の下で異議権を有している。

⒄　会計帳簿の閲覧・謄写請求権（一般法人法199条、121条1項）

評議員は、議決権の10分の1（これを下回る割合を定款で定めた場合にあっては、その割合）以上の議決権を有する場合には、一般財団法人の業務時間内は、いつでも、会計帳簿等の閲覧または謄写を請求することができるものであり（一般法人法199条、121条1項）、閲覧・謄写請求権を有している。

⒅　計算書類の承認権（一般法人法199条、126条2項）

理事は、計算書類等を定時評議員会に提出し、または提供することが必要であるが（一般法人法199条、126条1項）、これは定時評議員会の承認を受けることが必要であるからである（同法199条、126条2項）。定時評議員会においては、評議員は、提出または提供された計算書類を承認するかどうかを審議し、判断することが必要であり、承認権を有するものである（同法199条、126条2項）。一般財団法人の計算書類は、一般財団法人の経営・事業に重要な意義をもつだけでなく、一般財団法人と取引を行う第三者にも重要な情報を提供するものであるから、計算書類の承認の有無・当否が重要な意義をもつことになる。評議員の承認が事実関係、評価において誤っていた

133

ような場合には、一般財団法人、第三者から損害賠償責任が追及される根拠を提供する可能性がある。

⒆　**計算書類等の閲覧・謄写請求権**（一般法人法 199 条、129 条 3 項）

一般財団法人の計算書類・附属明細書は備置き・閲覧等に供されることになっているが（一般法人法 199 条、129 条）、評議員は、一般財団法人の業務時間内は、いつでも、書面によって作成された計算書類等の閲覧、謄本の交付・抄本の交付等を請求することができ（同法 199 条、129 条 3 項）、計算書類等の閲覧・謄写請求権を有している。

⒇　**定款の変更決議権**（一般法人法 200 条）

一般財団法人は、その成立後、定款を変更することができるが、この変更は、評議員会の決議によってすることができるものであり（一般法人法 200 条）、評議員は、この決議に当たって議決権を行使して参加することができる。

㉑　**事業の全部譲渡の決議権**（一般法人法 201 条）

一般財団法人は、事業全部を譲渡することができるが、この場合には、評議員会の決議によることが必要であり（一般法人法 201 条）、評議員は、この決議に当たって議決権を行使して参加することができる。事業の全部譲渡は、一般財団法人にとって極めて重大な判断が必要な事項であり、その決議が評議員会に委ねられていることは、個々の評議員にとっても重要な判断をすることになる。一般財団法人が事業全部の譲渡をする場合、その必要性、譲渡の内容の合理性・相当性等の事情を慎重に検討し、合理的で妥当な判断をすることが求められるし、譲渡に利害関係を有する者から後日責任を追及される可能性が残る。

4　評議員の損害賠償責任

評議員の損害賠償責任については、評議員が不法行為を犯した場合には、損害を被った者に民法 709 条に基づき損害賠償責任を負うほか、一般財団法人との関係で委任契約上の債務不履行に基づき損害賠償責任を負うことがある。

一般法人法は、そのほか、同法第 2 章第 3 節第 8 款（同法 117 条 2 項 1 号

ロを除く）の規定を評議員の損害賠償責任に準用しているから、基本的には理事・監事と同様な損害賠償責任を負うものである（同法198条）。

　具体的に準用されている条文をみると、一般法人法111条ないし116条、117条1項・3項、118条の規定が準用されている。評議員は、一般財団法人、第三者に対して損害賠償責任を負うものである。評議員の一般財団法人に対する損害賠償責任の免除についても、一般社団法人における免除に関する規定も準用されているが（同法198条、112条ないし115条。なお、準用に当たって必要になる条文の読替えについて、同法198条は、具体的な読替えにつき明文で規定している）、いくつかの適用上の問題が生じると考えられる。たとえば、評議員の一般社団法人に対する損害賠償責任の一般法人法112条の準用による免除については、条文の読替えにより、「総評議員の同意」が免除の要件になるところ、損害賠償責任が問題になっているのが評議員の一人または複数いる場合において、この要件をどのように適用するかが問題になるが、同条の適用（準用）を認めるとしても、問題の評議員を除いた全員の評議員の同意で足りるとすることには問題が多く（問題の評議員が複数存在する事態が発生することもある）、文字どおり「総評議員の同意」と解することが相当であろう（結論的には、要件を満たすことができないから、免除は当然に否定されることになろう）。また、たとえば、一般法人法113条所定の一部免除については、条文の読替えにより（同条の「社員総会」が「評議員会」に読み替えられるものである）、評議員の損害賠償責任の一部の免除に関する議案が理事会の決議等の所定の手続を経て、評議員会に提出され、評議員会の決議によって免除の可否・当否が決議されることになるが（同法198条、113条1項ないし4項。評議員会の決議については、同法189条参照）、問題の評議員が特別の利害関係を有するものであり、議決から排除され、特別多数決で決議されることになる（同法189条3項・2項2号）。一般法人法114条所定の免除については、免除に関する理事会の決議または理事の同意がされた場合、各評議員に異議を述べること等の通知がされることになっているが、一定の期間内の「総評議員の10分の1（これを下回る割合を定款で定めた場合にあっては、その割合）以上の評議員」（読替え前の同条4項は、「総社員（前項の責任を負う役員等であるものを除く。）の議決権の10分の1（これを下回る割合を定

款で定めた場合にあっては、その割合）以上の議決権を有する社員」という規定である）が異議を述べたときは、免除が認められないことになるところ（同法 198 条、114 条 4 項）、問題の評議員の議決権の取扱いが問題になるものの、その特別の利害関係を踏まえ、議決に参加することは相当ではなく、議決権の総数（10 分の 1 の前提となる議決権数）にはこれを含めて算定することが相当である。

　評議員は、従来、評議員会が設置された民法法人においては、任意の機関であり、諮問機関として設置されていたものであり、責任を負う可能性はないとの認識で選任され、理事らの友人・知人、社会的な地位、法人との関係等から就任を承諾することが多く、評議員の数も多く、評議員会に出席する評議員本人が少なく、代理人の出席・委任状等も多かった等の実情にあった（評議員会が民法法人にいわば箔を付ける機能をもっていたことは否定できない）。一般法人法の下における評議員は、民法法人の下の評議員とは全く権限、義務、責任が異なるものであり、その権限の行使、義務の遂行を誤ると、一般財団法人・第三者に対して損害賠償責任を負う可能性のある機関になっている（特に理事らの不祥事、その兆しが判明したような場合には、適切で的確な権限を行使することが期待されているところがあり、この権限の行使を誤ると、理事らの損害賠償責任のとばっちりとして損害賠償責任を問われ、事情によっては損害賠償責任を負わされる可能性がある）。評議員に就任を打診され、あるいは予定している者は、まず、同じ名称の機関であるが、評議員の権限、義務、責任の内容を的確に理解し、就任を検討し、判断することが重要である。

第6章　一般社団法人等の理事・監事の責任をめぐる裁判例

I　理事・監事の所属する一般社団法人等に対する法的な責任

1　概　要

　以下、一般社団法人等の理事・監事の責任をめぐる裁判例について、理事・監事の所属する一般社団法人等に対する法的な責任、理事・監事の同僚の理事・監事に対する法的な責任、理事・監事の第三者に対する法的な責任の類型ごとに、具体的に紹介し、その概要、実務上の意義を分析、説明することとしたいが、最初に各裁判例の特徴を紹介したい。なお、本書では、目次等において「一般社団法人」、「一般財団法人」の用語を使用しているが（これらの用語は、一般法人法の制定によって現実に使用されたものである）、紹介する裁判例の多くは一般法人法の制定前に言い渡された裁判例であるため、裁判例には「一般社団法人」等や一般法人法の名称はごく一部に登場するものである。

　まず、責任が追及された者としては、理事が対象とされたものが大多数であるが、監事のみ、あるいは監事が理事とともに責任が追及された裁判例としては、〔裁判例4〕神戸地判昭和60・11・29判時1209号115頁（なお、監事は弁護士である）、〔裁判例7〕静岡地判平成3・7・30判タ774号260頁、金法1301号31頁、金判876号20頁、〔裁判例29〕青森地判平成18・2・28判時1963号110頁がある。

　訴訟の提起が法人自体によるものではなく、代表訴訟によるものとしては、〔裁判例8〕大阪地判平成6・3・1判タ893号269頁、〔裁判例11〕東京地決平成7・11・30判タ904号198頁、金法1443号40頁、金判991号37頁（代表訴訟において法人の補助参加を許容した事例）、〔裁判例12〕大阪地決平成9・9・29判時1629号136頁（代表訴訟において担保提供の申立てを却下した事例）、〔裁判例14〕名古屋地判平成10・10・26判時1680号128頁、〔裁判例21〕東京地判平成13・5・31判時1759号131頁、〔裁判例24〕松山

137

地判平成 14・3・15 判タ 1138 号 118 頁、〔裁判例 34〕最三小判平成 21・3・31 民集 63 巻 3 号 472 頁、判時 2065 号 145 頁、金判 1342 号 39 頁、〔裁判例 36〕宮崎地判平成 23・3・4 判時 2115 号 118 頁、〔裁判例 38〕東京地判平成 24・6・8 判時 2163 号 58 頁、〔裁判例 42〕東京地判平成 27・11・9 判時 2293 号 67 頁（原告適格を否定した事例）、〔裁判例 50〕東京地判令和 3・8・30 金判 1635 号 37 頁がある。

マンションの区分所有者が理事の責任を追及した裁判例としては、〔裁判例 10〕神戸地判平成 7・10・4 判時 1569 号 89 頁（原告適格を否定した事例）、〔裁判例 40〕東京地判平成 27・3・13 判時 2273 号 88 頁、〔裁判例 41〕東京地判平成 27・3・30 判時 2274 号 57 頁、〔裁判例 46〕東京地判平成 30・11・28 判時 2446 号 18 頁、金判 1589 号 37 頁、〔裁判例 48〕東京高判令和元・11・20 判時 2446 号 3 頁、金判 1589 号 24 頁がある。

理事らの責任が追及された時期については、法人の倒産、法人の合併、法人内部の役員の対立等の時期に責任が追及される可能性が高くなるが、法人の倒産後に責任が追及された裁判例としては、〔裁判例 17〕大阪地判平成 12・5・24 判時 1734 号 127 頁、〔裁判例 18〕大阪地判平成 12・9・8 判時 1756 号 151 頁、〔裁判例 19〕大阪地判平成 13・3・30 判タ 1072 号 242 頁、〔裁判例 20〕大阪地判平成 13・5・28 判時 1768 号 121 頁、金判 1125 号 30 頁、〔裁判例 22〕津地判平成 13・10・3 判時 1781 号 156 頁、判タ 1207 号 255 頁、〔裁判例 25〕大阪高判平成 14・3・29 金判 1143 号 16 頁、〔裁判例 26〕大阪地判平成 14・10・30 判タ 1163 号 304 頁、〔裁判例 28〕東京地判平成 17・1・31 判タ 1182 号 254 頁、〔裁判例 30〕東京地判平成 18・7・6 判時 1949 号 154 頁、判タ 1235 号 286 頁、〔裁判例 31〕東京地判平成 18・12・21 判時 1959 号 152 頁がある。

理事らの責任の根拠として主張されている理由としては、詳細な内容は、個々の裁判例を読んでもらうほかはないが、その類型としては、善管注意義務違反、忠実義務違反、任務懈怠、監督義務違反、自己取引、不法行為、不法行為の幇助等が見られるところであり（括弧内は、主張された理由である。なお、善管注意義務自体は、義務の水準をいうものであり、義務の内容を具体的に特定するものではないから、これを具体的に特定することが必要であり、個々

の裁判例ごとに具体的な内容を見ることが必要である）、具体的には、〔裁判例1〕仙台地判昭和52・9・7判時893号88頁（善管注意義務違反・忠実義務違反）、〔裁判例2〕最二小判昭和54・2・23民集33巻1号125頁、判時922号42頁（善管注意義務違反・忠実義務違反）、〔裁判例5〕大阪地判昭和63・1・29判時1300号134頁（善管注意義務違反）、〔裁判例7〕静岡地判平成3・7・30判タ774号260頁、金法1301号31頁、金判876号20頁（善管注意義務違反・任務懈怠）、〔裁判例9〕東京地判平成7・3・6金法1445号62頁（解任）、〔裁判例13〕最三小判平成9・12・16判時1627号144頁（任務懈怠・提訴の手続違反）、〔裁判例14〕名古屋地判平成10・10・26判時1680号128頁（自己取引）、〔裁判例16〕札幌地浦河支判平成11・8・27判タ1039号243頁（忠実義務違反・監督義務違反）、〔裁判例17〕大阪地判平成12・5・24判時1734号127頁（善管注意義務違反）、〔裁判例18〕大阪地判平成12・9・8判時1756号151頁（善管注意義務違反）、〔裁判例19〕大阪地判平成13・3・30判タ1072号242頁（善管注意義務違反）、〔裁判例20〕大阪地判平成13・5・28判時1768号121頁、金判1125号30頁（善管注意義務違反）、〔裁判例21〕東京地判平成13・5・31判時1759号131頁（忠実義務違反）、〔裁判例22〕津地判平成13・10・3判時1781号156頁、判タ1207号255頁（忠実義務違反）、〔裁判例23〕東京高判平成13・12・26判時1783号145頁（善管注意義務違反）、〔裁判例24〕松山地判平成14・3・15判タ1138号118頁（善管注意義務違反・忠実義務違反）、〔裁判例25〕大阪高判平成14・3・29金判1143号16頁（善管注意義務違反）、〔裁判例26〕大阪地判平成14・10・30判タ1163号304頁（任務懈怠）、〔裁判例27〕最三小判平成15・12・16判時1846号102頁（善管注意義務違反）、〔裁判例28〕東京地判平成17・1・31判タ1182号254頁（善管注意義務違反・忠実義務違反）、〔裁判例29〕青森地判平成18・2・28判時1963号110頁（善管注意義務違反・監視義務違反）、〔裁判例30〕東京地判平成18・7・6判時1949号154頁、判タ1235号286頁（善管注意義務違反）、〔裁判例31〕東京地判平成18・12・21判時1959号152頁（善管注意義務違反・忠実義務違反）、〔裁判例32〕盛岡地判平成19・7・27判タ1294号264頁（善管注意義務違反・忠実義務違反）、〔裁判例33〕那覇地判平成20・6・25判時2027号91頁（善管注意義務違反・監督指導義務違反）、

139

第6章　一般社団法人等の理事・監事の責任をめぐる裁判例

〔裁判例35〕最二小判平成21・11・27判時2067号136頁、金判1342号22頁（任務懈怠）、〔裁判例37〕横浜地横須賀支判平成23・9・12判タ1370号169頁（任務懈怠）、〔裁判例39〕松山地今治支判平成24・8・23判時2173号111頁（善管注意義務違反・忠実義務違反）、〔裁判例40〕東京地判平成27・3・13判時2273号88頁（不法行為）、〔裁判例41〕東京地判平成27・3・30判時2274号57頁（確認義務違反）、〔裁判例42〕東京地判平成27・11・9判時2293号67頁（忠実義務違反）〔裁判例43〕宮崎地延岡支判平成28・3・25金判1532号33頁（善管注意義務違反・忠実義務違反）、〔裁判例44〕東京高判平成28・8・10判タ1434号121頁（善管注意義務違反）、〔裁判例45〕福岡高宮崎支判平成29・11・17金判1532号14頁（善管注意義務違反・忠実義務違反）、〔裁判例100〕大阪地判平成31・3・20判自459号24頁（忠実義務違反）、〔裁判例48〕東京高判令和元・11・20判時2446号3頁、金判1589号24頁（不法行為）、〔裁判例49〕東京地判令和3・7・1金判1634号28頁（任務懈怠）、〔裁判例50〕東京地判令和3・8・30金判1635号37頁（善管注意義務違反）というものである。

　社団法人・財団法人等の法人の組織上、その経営・運営を担う理事・監事の法的な責任に関して判断した判例・裁判例を言渡年月日順に概観していきたいが、前記のとおり、理事・監事の法的な責任、特に損害賠償責任については理事等と相手方、被害者との関係を基準としてこれを分類し、類型化することができる。理事らの法的な責任は、まず、理事らの法的な責任が問題になる相手方、被害者として、理事らがその任務を遂行する社団法人・財団法人等との関係で理事らが法的な責任を負うことがある。次に、理事らの法的な責任が問題になる相手方が同じ社団法人等の理事・監事であり、理事らが同僚の理事らとの関係で法的な責任を負うことがある（いわば内紛の事件である）。最後に、理事らの法的な責任が問題になる相手方が所属する社団法人等でもなく、同じ社団法人等の理事らでもなく、それ以外の第三者との関係で法的な責任を負うことがある。これらの三つの類型は、法的な責任が追及される場合、その相手方の違いによって法的な根拠、各種の義務の種類、内容、法的な責任の範囲、法的な責任の追及の手続等が異なるところがある。もちろん、理事らの法的な責任をめぐる紛争の実態が各類型ごとに異

140

なり、それぞれの特徴が現れることもある。本書においては、前記の三つの類型ごとに分けて裁判例を紹介することとしている。

なお、法人格を取得していない権利能力なき社団、権利能力なき財団においても、その組織の内容、構成、事業の性質、規模によっては理事・監事が選任され、事業活動が行われることがあるが、権利能力なき社団等の団体の理事・監事の法的な責任をめぐる裁判例もあり、これらもあわせて紹介するものである。

まず、紹介するのは、理事・監事の所属する社団法人、財団法人等に対する法的な責任に関する裁判例についてである。

この場合、まず、誰が理事らに対して損害賠償を請求することができるかが問題になる。理事・監事に対して責任を追及する主体については、一般法人法が適用される場合には、まず、一般社団法人、一般財団法人が主体となることはいうまでもなく、ほかに責任を追及する者がいるかが問題になる（代表訴訟の問題である）。法人自体が責任を追及するに当たっては、一般社団法人の場合には、代表権を有する理事が裁判上の行為をする権限を有するから（一般法人法77条4項）、この理事が一般社団法人を代表して訴訟を提起することができるのが原則であるが、理事の損害賠償責任を追及する訴訟については、責任追及の馴れ合いのおそれがあるから、社員総会が当該訴えにつき一般社団法人を代表する者を定めることができるし（同法81条）、監事が設置されている一般社団法人の場合には、当該訴えにつき監事が一般社団法人を代表するものとされている（同法104条1項）。

一般財団法人の場合には、代表理事が裁判上の行為をする権限を有するのが原則であるが（一般法人法197条、77条4項）、理事の損害賠償責任を追及する訴えについては、監事が一般財団法人を代表するものとされている（同法197条、104条1項）。

また、一般社団法人の場合には、一般社団法人の社員も理事・監事の損害賠償責任を追及する訴訟を提起することが認められている（「社員代表訴訟」と呼ぶことができる。一般法人法278条ないし283条。理事の責任を追及する代表訴訟の場合、監事設置一般社団法人については、監事が法人を代表するものである。同法104条2項1号）。社員が一般社団法人のために提起する訴訟は、

従来、株式会社の場合、株主代表訴訟として経済界、法律実務で話題になった類型の訴訟であるが、この制度が一般法人法の制定に当たって導入されたわけである（従来から民法法人への導入が議論されていた）。一般社団法人の運営に当たって経営陣が理事らの損害賠償責任を適正に追及しない事態がある場合、社員が一般社団法人のために責任を追及する訴訟の提起を認めたものである。株主代表訴訟は、平成 5 年の制度改正によってその利用が活発化したといわれているが、根拠がないか、または乏しい株主代表訴訟の提起も見られ、その制限をめぐる議論が訴訟実務、政治、経済の場で行われ、現在の会社法の下の制度に引き継がれているところである。一般社団法人の社員代表訴訟の今後の動向が注目されているが、一般社団法人の経営の動向、理事等の姿勢、意識によっては活発に利用される可能性を秘めているということができる。

　代表訴訟の許否の問題は、公益法人、中間法人の場合には、一般法人法に基づき設立され、同法が適用されるときは、社員が代表訴訟を利用することができるが、適用されない場合には、訴訟実務上、代表訴訟に関する規定の類推適用が問題になっているところ、裁判例はこれを否定している（株主代表訴訟に関する規程についても同様な問題が生じており、裁判例はこれを否定している）。

2　裁判例の実情

> 〔裁判例 1〕組合員らが美容環境衛生組合の理事長、副理事長、常務理事に対して美容学校の設立計画の中止に係る任務懈怠責任を追及した事例（仙台地判昭和 52・9・7 判時 893 号 88 頁）

【事案の概要】

　X_1、X_2 は、A 美容環境衛生組合の組合員であり、Y_1 は、A の理事長、Y_2、Y_3 は、副理事長、Y_4 は、常務理事であったが、A が総代会の承認を得て美容学校の設立を計画し、土地の購入のために手付金を支払う等していたところ、組合員に周知させる段階に至って、反対運動が激化し、計画を一時

中止したため、X_1 らが代表訴訟により、Y_1、Y_2 らに対して Y_1 らが計画の
ために支出した費用につき、善管注意義務違反、忠実義務違反を主張し、任
務懈怠に基づき損害賠償を請求した（任務懈怠責任については、環境衛生関係
営業の運営の適正化に関する法律（環境衛生適正化法）34 条、代表訴訟について
は同法 39 条、商法 267 条参照）。

この判決は、計画自体無謀とはいえないし、自己の利益を図り、A に損
害を与えるという目的も認められないとし、善管注意義務、忠実義務違反が
なかったとして、請求を棄却した。

【判旨】

「㈡　思うに組合の理事は、その業務の執行に当り、善良なる管理者の注意
をもって、法令、定款及び総会の決議に従い組合のために忠実にその職務を
遂行することを要することはいうまでもないところであって、若し理事にお
いて右の注意義務に違反しこれによって組合に損害を与えたときはその理事
が組合に対し連帯して損害賠償の責に任ずべきものであることは法 34 条 1
項によって明らかである。

しかしながら一般に企業の理事者がその任務遂行に当って用うべき善良な
る管理者の注意義務の具体的内容は、企業の規模種類業務の内容等によって
異るべきは当然であって、それが如何なる事業をなすべきか等の経営方針な
いし政策に関する事項に属するものであるときは、たとえ実行に移した事業
計画が終局的に成功しなかったとしても、それがその必要性ないし実現の可
能性に関する判断を明らかに誤り何人がみても無謀と認められるような計画
であったり、或いは不正、不当な目的、方法等でなされたものでない限り、
その経営手腕等について批判をうけるは格別、それについて理事者は損害賠
償の責を負うものではないと解すべきである。

（中略）

三、㈠　原告らは、本件養成施設設立の件については、第六回通常総代会に
おいて単に養成施設を設立することを承認する旨の決議がなされたにすぎ
ず、具体的計画は設立準備委員会（建設委員会）を設けこれに諮って決する
旨決議されたのであるから、理事会としては右委員会に諮問して具体案を策
定し、これに必要な予算案を付したうえ改めて総代会ないし総会に提案し、

その承認を得たうえでこれを執行すべきものであるにも拘らず被告らは右の措置を措ることなく独自の判断にもとづいて右事業の執行をした旨主張するが、右総代会においては設立準備委員会を設置し、一般組合員の意向を尊重しつつ慎重に検討して実施することを前提として養成施設設立の承認を可決する決議がなされたものであること前記認定のとおりであるから、被告らが右承認の決議がなされた後設立準備委員会を設置し、同委員会の決定した方針に従って本件養成施設設立の事業を進め、設立準備委員会等の会議に要した費用その他土地取得に要する費用等の支出をなしたことに何ら善良なる管理者の注意義務違反があるとは認められず、原告らの右主張は理由がない。

(二) 次に原告らは、第六回総代会において被告らが提出した事業案（目論見書）は多くの虚構の事実を含む杜撰な内容のもので、このような事業案を漫然立案して計画を実行したことに善良なる管理者の注意義務違反がある旨主張するが、第六回総代会に提出した事業案（目論見書）に多少杜撰な点があるとしても、右の事業案は参考資料として提出されたものにすぎないものであって、本件全証拠によるも、養成施設を設立しようとする本件事業計画それ自体が何人がみても無謀な計画と認められる程必要性のない或いは実現の可能性のない計画であるとは認められないし、本件事業計画の立案遂行が被告らにおいて自己の利益を図り或いは組合に損害を与えるというような不正、不当な目的、方法の下になされたものであることを肯認するに足る証拠はないから、本件養成施設の設立に関する事業を計画、遂行したことについて被告らに善良なる管理者としての注意義務違反ないし忠実義務違反があるということはできない。」

【実務上の意義】

　この事案は、中間法人である美容環境衛生組合（環境衛生適正化法に基づき設立されたものである）が美容学校の設立を計画し、手続を進め、土地を購入したところ、途中で計画を中止したことから、組合の組合員が計画を推進した理事長、副理事長、常任理事に対して組合への損害賠償を請求した代表訴訟の事件である（同法39条が当時の商法267条等の諸規定を準用している。なお、環境衛生適正化法34条1項は、理事がその任務を怠ったときは、その理事は、組合に対し連帯して損害賠償の責に任ずると定め、同条2項は、理事の第三

者に対する任務懈怠等による損害賠償責任を定め、同条3項は、当時の商法266条2項ないし4項の規定を1項所定の理事の責任につき準用している)。この事案は、法人(事業組合)の構成員(組合員)が法人の役員(理事)に対して代表訴訟によって法人に対する損害賠償責任を追及し、理事の法人に対する損害賠償責任が問題になった事件である。この事案は、中間法人である美容環境衛生組合の理事の法人に対する善管注意義務違反、忠実義務違反が問題になったこと、組合の組合員による代表訴訟が提起されたこと、美容学校の設立の計画が総代会、理事会等によって推進され、学校の敷地として土地が購入されたこと、計画が途中で中止されたことに特徴がある。

　この判決は、理事が任務遂行に当たって用うべき善良なる管理者の注意義務の具体的内容は、企業の規模種類業務の内容等によって異なるとしたこと、理事の任務がいかなる事業をなすべきか等の経営方針ないし政策に関する事項に属するものであるときは、たとえ実行に移した事業計画が終局的に成功しなかったとしても、必要性ないし実現の可能性に関する判断を明らかに誤り、何人が見ても無謀と認められるような計画であったり、あるいは不正・不当な目的、方法等でなされたものでない限り、その経営手腕等について批判を受けるは格別、それについて理事者は損害賠償の責めを負うものではないとしたこと、この事案につき事業計画を総代会等の手続をとって進めてきたものであるとし、土地取得等の費用の支出につき善管注意義務違反が認められないとしたこと、この事案の事業計画それ自体が何人が見ても無謀な計画と認められる程必要性のない、あるいは実現の可能性のない計画であるとは認められず、理事らにおいて自己の利益を図りあるいは組合に損害を与えるというような不正・不当な目的、方法の下になされたとは認められないとし、善管注意義務違反、忠実義務違反があるとはいえないとしたことに特徴がある。この判決は、中間法人の理事が事業計画を遂行するに当たって、経営方針・政策に関する事項に属する場合には、事業計画が終局的に成功しなかったとしても、原則として損害賠償責任を負わず、損害賠償責任が認められるためには、事業計画の必要性ないし実現の可能性に関する判断を明らかに誤り、何人が見ても無謀と認められるような計画であったり、あるいは不正・不当な目的、方法等でなされたものである場合であることが必要

であるとの法理を示し、この法理に基づいて理事の責任を判断していることが理論的に注目される（中間法人の運営につき理事に相当に広い裁量を認めるものである）。この判決の提示するこの法理は、株式会社等の営利法人の取締役の法的な責任が問題になる場合における現在の裁判例が採用している経営判断の原則と同旨のものであり、比較的古い時期に、中間法人の理事の法的な責任につき採用しているものである。営利法人の経営者（取締役）と中間法人・公益法人の運営者（理事）の経営・運営上の裁量が同じであるかどうかは議論があるが、各法人の事業の内容、経営・運営のあり方が異なるものの、後者の運営者にも各法人の事業の目的、性質、内容等を考慮し、必要かつ相当の範囲内で運営者の裁量を認めるべきである。また、この判決は、前記のとおり、理事の善管注意義務違反、忠実義務違反を否定したものであり、その意味の事例判断として参考になるものである。

> **〔裁判例 2〕組合員が企業組合の理事の善管注意義務・忠実義務違反を追及した事例**（上告審）（最二小判昭和 54・2・23 民集 33 巻 1 号 125 頁、判時 922 号 42 頁）

【事案の概要】

中小企業等協同組合法（中協法）に基づき設立された Y 企業組合の組合員 X_1 ないし X_3 は、Y から脱退し、Y に対して出資持分の払戻しを請求したのに対し、X_1 が設立以来 Y の理事であり、経理担当理事であって、運送業者として Y との間で砂利、砕石等の運搬取引を行っていたところ、Y が運賃につき不当に高額であった等と主張し、同法 38 条の 2 に基づく善管注意義務違反による損害賠償債権との相殺を主張した。

控訴審判決は、運送業者としての不当運賃の請求が直ちに理事としての善管注意義務違反になるものとは解し得ないとし、相殺の抗弁を排斥する等し、X_1 らの請求を認容すべきとしたため、Y が上告した。

この判決は、X_1 が経理業務を担当していたとし、その事務処理に故意または過失に基づく非違があるときは、善管注意義務ないし忠実義務に違反す

るものとして損害賠償責任を負う余地があるとし、X₁の請求を認容した部分を破棄し、本件を東京高等裁判所に差し戻し、その余の上告を棄却した。

【判旨】

「しかしながら、記録によれば、被上告人久保田が上告組合において経理担当の理事たる立場にあつたことは、上告組合の第一審以来主張するところであり、また、少なくとも、上告組合が設立されて操業が開始された当時に、上告組合の理事全員が集つて組合の事業遂行についての協議をし、組合の生産経理等の業務は同被上告人においてこれを担当することが理事全員によつて諒解されたものであることは、原審の確定するところである。そして、もし同被上告人が上告組合と同被上告人との取引の継続中においても、上告組合の単なる理事であるにとどまらず、前記の協議に基づいて上告組合の経理業務を自己の業務として担当していたものであるとするならば、その事務処理につき同被上告人に故意又は過失に基づく非違があるときは、同被上告人は、業務担当理事として負担すべき善良な管理者としての注意義務ないし忠実義務に違反するものとして、上告組合に対し、中小企業等協同組合法 38 条の 2 第 1 項所定の損害賠償責任を負担する余地があるものといわなければならない。」

【実務上の意義】

　この事案は、中間法人である企業組合の理事の善管注意義務・忠実義務違反が問題になった事件であるが、理事を含む企業組合の組合員が企業組合を脱退し、出資持分の払戻しを請求したところ、組合員の一人の理事の請求につき、善管注意義務・忠実義務違反による損害賠償債権との相殺を主張した上告審の事件である。この事案は、法人（企業組合）の理事の法人に対する法的な責任が問題になった相殺の場面における上告審の事件である。この事案は、中協法に基づき設立された中間法人である企業組合の理事の損害賠償責任が問題になったこと、理事が経理担当理事であり、企業組合と理事との取引が問題になったこと、理事の同法 38 条の 2 に基づく善管注意義務、忠実義務違反が問われたこと、控訴審判決が理事の責任を否定したことに特徴がある。

　この判決は、業務担当理事として負担すべき善良な管理者としての注意義

第6章　一般社団法人等の理事・監事の責任をめぐる裁判例

務ないし忠実義務に違反する可能性があるとし、控訴審判決を破棄したものであり、事例判断として参考になるものである。

> 〔裁判例3〕信用組合が理事長のトップ貸しによる任務懈怠責任を追及した事例（東京地判昭和60・8・30判時1198号120頁）

【事案の概要】

中小企業等協同組合法（中協法）に基づき設立されたX信用組合の理事長Yは、借主の返済能力等を十分に調査しないで金銭を貸し付け（理事長による貸付けであり、「トップ貸し」と呼ばれている）、投機的取引を行い、自分が関係する会社に架空の手数料を支払い、約4億円の損害を与えたため、XがYに対して任務懈怠を主張し、同法38条の2に基づきそのうち1億円の損害賠償を請求した。

この判決は、Yの任務懈怠を肯定し、請求を認容した。

【判旨】

「6　貸付係金子健二は元管理部に所属していたが、被告から命じられ遠州グループなどの大口債権、特殊債権についての貸付担当になった。被告が遠州グループの実質的代表者中村政一と面会し、同人から直接貸付の申込を受ける時に同席し、その場で被告が貸出を決定するのを目撃し、被告から稟議書の作成を命じられる時の用意に、話しの内容をメモし、《証拠略》を作成したが、その内容は自身で調査し確認したものではなく、被告が指示した内容を記載したものである。金子はいわゆるトップ貸しによる貸出を理事長専決の貸出とし、他の正常な貸出と区別するため、営業店の貸付担当者欄に（店）の印を押した。《証拠略》の内容は田中節本店長が記入し、貸付課長欄に米山英三が押印したが、その記載内容の調査確認は全くしていない。《証拠略》は金子が被告から命じられて作成したもので、内容について金子は調査していない。《証拠略》は深野常務理事が記入したもので同人は貸出に関する調査はしないし、押印した金子も内容を確認していない。（中略）

以上認定の事実によれば、丸亜建設、遠州建設及び遠州観光に対する貸出

148

は遠州グループの実質的代表者である中村政一らの申込に基づき、通常の稟議手続によらずに専ら被告の判断で貸出が決定され、その後に所定の貸出手続の形式を整えるという異常な手続でなされたものであり（いわゆるトップ貸。《証拠略》によれば、「審査機能を無力化するトップの独断による情実貸出」としている。）、返済能力及び担保物件の調査不十分による貸出であることが認められるから、被告には任務懈怠があったものといわざるをえない。このため原告は合計金3億2537万2345円の回収不能債権があり、これから未処分担保物件評価額金1800万円を控除すれば原告が蒙った損害は金3億737万2345円となる。」

【実務上の意義】

この事案は、信用組合の理事長が特定の事業者らに対して返済能力等を調査することなく、内部の手続を無視して融資を命じ、融資が実行される等したことから、信用組合が理事長の退任後、損害賠償を請求した事件である。この事案は、信用組合の理事長（代表者）の中協法38条の2第1項に基づく任務懈怠による信用組合に対する損害賠償責任が問題になった事件である。この事案は、理事長が杜撰な融資等の取引を決定したこと、信用組合に多額の損失が発生したことに特徴がある。

この判決は、取引の経過を認定し、理事長の異常な手続による融資の決定等の任務懈怠を認め、損害賠償責任を肯定したものであるが、その旨の事例判断を提供するものである。

〔裁判例4〕財団法人と監事との間における不正の決算書をめぐる紛争で財団法人の名誉毀損・信用毀損が問題になった事例（神戸地判昭和60・11・29判時1209号115頁）

【事案の概要】

Y財団法人は、A県（兵庫県）教育委員会の認可を経て、昭和51年10月に設立され、弁護士Xは、監事に就任し、昭和51年度、昭和52年度の収支決算がされ、Yが承認した内容の会計報告がされたが（Xは昭和54年6月

に辞任した)、Xが監事として会計監査をしていないのに、虚偽の報告がされた等と主張し、Yに対して名誉毀損等に係る不法行為に基づき損害賠償、謝罪広告の掲載を請求した。

この判決は、昭和51年度については、理事・監事の合同会議の席上、収支決算書類が提出されたことにXが若干の質問をしたものであり、YにおいてXが承認をしたものと理解したことに故意、過失がないとしたものの、昭和52年度についてはXの承認はなかったとし、Xの署名押印があるかのように記載して監督官庁に報告がされたことは名誉毀損・信用毀損に当たるとし（30万円の慰謝料を認めた）、損害賠償請求を認容し、その余の請求を棄却した。

【判旨】

「(三)　被告がその内容に前記認定のような不整の認められる昭和52年度収支決算書を原告の監査を経ることなく兵庫県教育委員会へ提出したことは明らかであり、しかも、右決算書の末尾には、「会計監査山本静尾（印）松重君予（印）」と記載し、これは、あたかも原本については原告外一名の会計監査を経由したものと受けとれる外観を呈するものと認めざるを得ない。

そして、《証拠略》によれば、原告が被告の昭和52年度収支決算につき監査を実施しておれば、前記不整について当然発見し、これを是正することができたものと認められるから、原告の監査を経ることなく右収支決算書を監督官庁の兵庫県教育委員会に提出した被告の行為は、原告に対する不法行為を構成するものというべきである。

もっとも、前記のとおり、被告側では、原告ら監事に対しその監査を求めるべく再三原告に連絡をとり日程の調整に努めたが、原告らの日程が折り合わないため延引するうち、兵庫県教育委員会よりその提出を督促され、やむなく未監査のまま提出した事実を窺うことができるけれども、その間全く原告の了承を得る余裕すらない程さし迫った情況が存したものとは到底認め難いから、右は前記違法性排除の抗弁たり得ないし、また、《証拠略》によれば、兵庫県教育委員会から右決算書につきなんら不整箇所の指摘を受けていないことが認められるが、だからといって、未監査決算書の提出が許されるとか、原告の名誉、信用が毀損されないというものではない。」

【実務上の意義】

　この事案は、財団法人の監事（弁護士）の法的な責任が直接に問題になったものではないが（財団法人において監事につき収支決算書に監査、承認がないのに、署名押印がされ、監査を経ていた外形が作出されていた）、財団法人とその監事との間の紛争であり、監事の職務のあり方の参考になる事件である。この事案は、弁護士が財団法人の監事に就任していたところ、監事が自己の会計監査、承認を経ていないのに財団法人の決算書に自己の会計監査を経た旨の記載がされていたことから、財団法人に対して名誉毀損等を主張し、不法行為に基づき損害賠償等を請求した事件である。この事案は、財団法人の監事の会計監査が問題になったこと、監事が弁護士であったこと、弁護士である監事が自己の明示の承認なく会計監査を行った旨の決算書が作成されたこと、監事の承認の有無が問題になったこと、財団法人が会計監査を求めるために監事に再三連絡をとったものの、日程の調整がつかなかったことに特徴がある。

　この判決は、一部の決算書については、財団法人において弁護士である監事が承認をしたと考えたとしてもやむを得ないとし、財団法人の不法行為を否定したこと、ほかの決算書については、監事が承認をしていないのに、会計監査を経由したものと受け取れる外観を呈する決算書を作成し、教育委員会に提出したことにつき名誉・信用毀損を肯定したことに特徴があり、その旨の事例判断を提供するものである。弁護士等の多忙な業務に従事する者にとっては、公益法人等の法人の理事・監事に就任している場合、会計監査等の監事の職務を適切に遂行する時間を、適切な時期にとることが困難であることが少なくない。多忙な者が理事、監事に就任している場合、多忙であることを理由に、その職務を遂行することの全部または一部が免れたり、職務上の義務が軽減されることはない。この事案は、財団法人と監事との間の前記内容の紛争であるが、事案によっては、財団法人または第三者が監事に対して損害賠償責任等の法的な責任を追及する事例も生じ得るところ、このような場合には、監事が多忙であるとか、会計監査を行わなかったなどの事情は免責事由にも当たらないし、責任を軽減する理由にもならないであろう。

第6章　一般社団法人等の理事・監事の責任をめぐる裁判例

〔裁判例5〕組合員が商店街振興組合の理事長の善管注意義務違反
を追及した事例（大阪地判昭和63・1・29判時1300号134頁）

【事案の概要】

　Xらは、A商店街振興組合の組合員であり、Yは、その理事長であるが、Aが商店街の地域振興の一環として銀行業を営むB株式会社から借地権付きの建物（銀行寮）を買い受け、建物を取り壊してコンビニエンスストアを建築する予定を立て、時価に比較して廉価（1800万円）で売買契約を締結したところ、その後、Aがその計画を中止し、売買契約上の地位をYが代表者であるC有限会社に同額で譲渡したため、Xらが代表訴訟により、Yに対して商店街振興組合法51条、56条に基づき建物等の時価と転売価格の差額につき損害賠償を請求した（前記売買はAの理事会において決議されているが、Y以外の理事らは訴訟を提起されていない）。

　この判決は、Yの善管注意義務違反を認め、特段の事情がない限り、公正な時価と転売価格の差額につき損害を認め、請求を認容した。

【判旨】

「（二）　被告山口は、右物件の価格が廉価であるか否かは、富士銀行から最初に価格の提示のあった昭和52年12月当時の価格を基準として判断されるべきものであると主張する。

　しかしながら、売買目的物の価格が公正であるか否かを判断するにあたっては、特段の事情がないかぎり、当該売買契約締結当時の時価を基準として判断すべきことは当然であって、被告山口の見解は独自のもので採用できないし、本件全証拠をもってしても、右と異なる時点の価格を基準として採用すべき特段の事情は認められない。

5　そこで、右廉価売買がやむを得ない理由に基づくものであるとの被告山口の主張について検討するに、同被告が本件転売に至った経過として種々述べるところのものは、結局右廉価売買を正当化するに足りないといわざるをえない。

　すなわち、本件は、組合が計画していた事業を中止し、その事業用財産を

152

廉価で売却したという事案であるが、組合理事としては、善管注意義務に従って、事業を適切に中止するのみならず、その後の事業用財産の売却にあたっても、売却の困難、資金窮乏に対応する緊急の必要等特段の事情がある場合を除いて、原則として公正な時価で売却することが要請されているものであるところ、被告山口は、原告高村と組合との間のメゾン鶴ケ丘に関する日照問題、本件計画㈠の工業の遅れ、組合の富士銀行寮買取りのための資金不足等のため理事の間で本件計画㈡の遂行につき意欲を失った等の事情を主張するが、これらの事情は、ただ右事業の中止がやむを得ないものであるという理由にすぎず、廉価売却の点について、右特段の事情を主張立証しない。

（中略）

6　以上認定の事実に基づいて考えると、組合に一旦帰属した富士銀行寮に関する借地権等の財産につき被告山口は理事長としてはこれを善良な管理者としての注意義務により管理すべき義務があるのにこれを怠り、不当に廉価にてこれを被告山口の経営する鶴家商事に譲渡したもので、そのため右廉価相当額につき組合に対し損害を与えているものというべきである。

したがって、被告山口は、前記公正な価格 3226 万円と、売却価格 1800 万円との差額 1426 万円相当の損害を組合に与え、自己の経営する鶴家商事に不当な利得を得せしめたものと評価されるのであって、被告山口は、組合に対して右損害を賠償する責に任ずべきものである。

なるほど、前記認定のとおり、昭和 54 年 1 月 30 日理事会において被告山口への廉価売買が決議されていることが認められるけれども、組合に対する関係においては被告山口をはじめこれに賛成した理事等が善管注意義務を怠ったことは否定しえないので、被告山口に右損害賠償責任が発生するといわざるをえない。そして、その余の理事については本件において提訴されていないので、ここにおいて判断するかぎりでない。」

【実務上の意義】

この事案は、商店街振興組合法に基づき設立された商店街振興組合が商店街の地域振興の一環として借地権付きの建物を買い受け、建物を取り壊してコンビニエンスストアを建築する予定を立て、時価に比較して廉価で売買契約を締結したところ、計画を中止し、売買契約上の地位を理事長が代表者で

第6章　一般社団法人等の理事・監事の責任をめぐる裁判例

ある会社に同額で譲渡したため、組合員が代表訴訟を提起し、理事長に対して時価と転売価格の差額につき損害賠償を請求した事件である。この事案は、法人（振興組合）の組合員らが法人の理事長に対して代表訴訟により損害賠償を請求し、理事長の法人に対する損害賠償責任が問題になった事件である。この事案は、中間法人である振興組合の理事長の損害賠償責任が問題になったこと、理事長の振興組合に対する同法51条に基づく責任が問題になったこと、理事長の善管注意義務違反が問題になったこと、前記の経緯で理事長が代表者である会社との間で廉価の売買契約が締結されたこと、売買契約の締結につき理事会の承認決議がされたこと、組合員が代表訴訟を提起したことに特徴がある。この事案の当時には、商店街振興組合の代表訴訟制度は、同法56条に定められていたところ（商法の準用）、その後、改正され、現在は、同法51条の4において会社法の関係規定が準用されている。

　この判決は、商店街振興組合が建物を理事長が代表者である会社に廉価（組合が購入した価格と同額）で売買契約（転売契約）を締結したことにつき善管注意義務違反があるとし、理事長の損害賠償責任を肯定したものであり、その旨の事例判断として参考になるものである。なお、この判決は、前記の売買契約の締結に当たって理事会の承認決議を経たことについては、決議の賛成した理事も善管注意義務違反が否定し得ないとしたものの、代表訴訟の被告になっていないと指摘しているが、この判決の結論にとっては傍論であるとしても、留意すべき事柄である。

〔裁判例6〕社団法人の理事・監事に対する損害賠償請求訴訟の提起と特別代理人の選任が問題になった事例（控訴審）（名古屋高金沢支決昭和63・11・15判タ700号216頁）

【事案の概要】

　X_1、X_2は、Y社団法人の社員であり、Y内部において健康保険の給付金の請求、振込み、手数料の徴収（Yの会長の口座を利用して行われていた）、支出等につき紛争が生じたことから、X_1らがYの理事らにおいて手数料の違

法、不当な支出をし、Yに損害を与えている、理事、監事に対する損害賠償請求訴訟を提起する必要がある、Yと理事らの間に利益相反がある等と主張し、民法57条に基づき富山地方裁判所に特別代理人の選任を申し立てた。

原審決定は、Y自体が理事らに対して損害賠償を請求するかどうか決めていない状態であり、この段階で特別代理人を選任すると、Yの団体自治を侵害することになるとし、申請を却下したため、X₁らが即時抗告した。

この決定は、現段階では、一部社員の意思で損害賠償請求訴訟の特別代理人を安易に選任することは、事実調査等広範な権限行使によって団体自治を侵し、代理制度にそぐわない結果になるし、民法上の法人には商法267条のような株主の代表訴訟の規定がないのに、類似の解釈をとることはできないとし、抗告を棄却した。

【判旨】

「4　民法は、法人に監事を置くことができるとし（民法58条）、事件本人には2名の監事が置かれている（定款8条）。そして、監事の職務権限として、業務の執行につき不正の廉があることを発見したとき、総会又は主務官庁に報告し、必要があれば総会を招集することもできる（民法59条）としており、抗告人らの主張する事項は監事の職務権限に属する事柄である。また、法人の社員はその5分の1以上により臨時総会を招集すべきことを請求することができ（民法61条）、事件本人の定款22条は、代議員は代議員の3分の1以上の同意を得て臨時代議員会の招集を請求できると規定しており、株式会社等の少数株主権に比べて不十分な面はあるとしても、一応少数社員権を保護する規定も置かれている。さらに、法人の業務は主務官庁の監督に属することとされ、主務官庁は監督上必要な命令をなし、何時でも職権で業務及び財産の状況を検査することができる（民法67条）のであって、民法上の法人についてはこれらの規定によってその適正な運営が期待されているものである。

5　抗告人らは、社員が責任追及をした場合の災いを恐れ、責任追及の熱意を失っており、団体自治が有効に機能しておらず（従って将来も回復せず）、主務官庁（富山県）による業務監督権の行使もなされておらず（従って将来の監督も望みなく）、理事らの不正から法人の利益を（現在も将来も）擁護す

ることができない事態が生じているのであるから、かかる場合には特別代理
人制度を拡張して、特別代理人による損害賠償請求の行使を許すべきである
と主張するが、本体記録によるも、いまだそのような事態（特に括弧書きの
事態）に立ち至っているとは認められず、特別代理人選任の必要性があると
いえない。

　抗告人らの主張は採用できない。

6　もっとも抗告人らの主張するように法人自治が有効に機能せず、民法の
定める臨時総会招集請求権等の少数社員権保護規定のみでは、理事の不正を
十分に糺すことができない事態も予想されないわけではなく、株式会社にお
ける少数株主権と同様の制度の必要性も理解できないわけではなく、抗告人
らはかかる状況の打開を特別代理人に求めているものと解されるが、商法
267条の代表訴訟は、六か前より引き続き株式を有する株主が会社に対し書
面を以て取締役の責任を追及する訴えの提起を請求し、会社が30日以内に
訴えを提起しない場合に、株主が会社のために訴えを提起することを許して
いるのであって、右訴えの提起について、被告の請求があれば裁判所は相当
の担保を供することを株主に命ずることができるとされているものであっ
て、代表訴訟を提起できる株主の資格要件、担保制度（267条）、その管轄、
他の株主や会社の訴訟参加、会社に対する訴訟告知（268条）、株主が勝訴し
た場合の弁護士費用の支払、株主が敗訴した場合の会社に対する損害賠償
（268条の2）、会社の権利を詐害する目的で判決をなさしめた場合の再審（268
条の3）等、詳細な規定を設けているのであって、このような規定を全く設
けていない民法上の法人について、実質的に代表訴訟と同視すべき訴訟の提
起を特別代理人制度を利用して行うことは法の予定しないものというべきで
あり、立法論としてはともかく、特別代理人制度の目的とするところではな
いというほかはなく、抗告人らの主張は採用できない。」

【実務上の意義】

　この事案は、社団法人の社員らが理事、監事に対して損害賠償を請求する
訴訟を提起すること等を主張し、法人につき特別代理人の選任を申し立てた
抗告審の事件である。なお、この事案で問題になっている民法57条は、平
成18年の民法の改正（平成18年法律50号。一般法人法の制定に伴うものであ

る）により規定が削除されたものであり、この事案は、旧民法57条に基づき特別代理人の選任が申し立てられたものである。

　この決定は、民法上の法人については、商法267条のような株主の代表訴訟の規定がないのに、類似の解釈をとることはできないとし、適用、類推適用を否定したものであり、当時の判断事例を提供するものである。

〔裁判例7〕農業協同組合が組合長理事に対して多額の国債購入に係る定款違反・善管注意義務違反・任務懈怠責任を追及した事例（静岡地判平成3・7・30判タ774号260頁、金法1301号31頁、金判876号20頁）

【事案の概要】

　X農業協同組合（農協）は、専務理事を経て組合長理事であったYが理事会の承認を得たうえ、合計約69億円の国債を取得し、A農協から約40億円の融資を受けたことから、Xが定款違反、総代会決議違反等を主張し、Yに対して農業協同組合法（農協法）31条の2、不法行為に基づき損害賠償を請求した。

　この判決は、定款、総代会の決議を変更して余裕金の弾力的な運用が許されないではない等とし、善管注意義務違反、任務懈怠を否定し、請求を棄却した。

【判旨】

「（二）　ところで、農協法52条の3は、農協の財務基準については政令によってこれを定めるものとし、農業協同組合財務処理基準令《証拠略》は、8条において組合の余裕金の運用目的を定めているが、そこでは、余裕金は、「国債証券、地方債証券、政府保証債券又は農林中央金庫若しくはその他の金融機関の発行する債券の取得」等の目的以外の目的に運用してはならない旨規定しているにすぎず、余裕金運用枠については何らの定めもなく、他方、農協法28条は、組合の定款に記載すべき事項を定めているが、その記載事項中には組合の余裕金の運用の目的ないし運用基準に関する事項はな

く、定款の任意的記載事項にすぎないものとされているのであるから、組合の定款中に余裕金の運用についての記載があっても、組合が所定の手続により、組合経営の実情に応じ、定款の記載を変更して余裕金を弾力的に運用することも許されないものではないと解するのが相当である。

　そして、このことに、被告が国債を買受け取得するに至った経緯を総合考慮すれば、前記国債の買受け取得について理事である被告が組合の理事として尽すべき任務を怠ったものと断定することは困難であり、そのことによって被告が原告に対して損害賠償責任を負うべきいわれはないといわざるを得ない。

（中略）

2　原告は、被告の前記国債の買受け取得は実勢価額を無視した取得であり、理事としての善管注意義務等に違反するとして損害賠償責任を負うべきであると主張するので、この点について判断する。

㈠　《証拠略》を総合すると、昭和54年度決算期において、決算処理上資金が必要となったので、被告は、原告が保有中の国債を買戻条件付で売却することによって必要資金を調達することが有利であると判断して、いわゆる現先取引を行って、その間の資金繰りをつけ、また、被告は、原告が保有する国債を一つの証券会社に集結することが、将来売却する際の引合において、好条件で交渉ができるなど有利であると判断し、日興証券から取得した国債を売却したうえ、山一証券から、第15回6.1パーセント国債（額面27億6,000万円）を取得したことが認められ、右認定に反する証拠はない。

㈡　右に認定した事実によれば、被告のした前記国債の買受け取得が原告に利益をもたらすことになったか否かはともかく、被告としては、原告の経営の立て直し、営業成績の挽回をはかろうなどと期待して行ったものというべく、その判断に著しい誤りがあったとか、被告において、理事あるいは組合長として、原告のため忠実かつ真摯に職務を執行することを怠ったと認めることが困難であるから、原告としては、被告に善管注意義務等の違反があったとして損害賠償を請求することはできないというべきである。」

【実務上の意義】

　この事案は、農協の理事（組合長）が理事会の承認を経て多額の国債を購

入し、農協連合会から多額の融資を受けたため、農協が理事に対して損害賠償を請求した事件である。この事案は、中間法人である農協の理事（組合長）の農協に対する損害賠償責任が問題になった事件である。この事案は、多額の国債を購入し、多額の融資を受けたことの責任が問われたこと、理事の不法行為責任、農協法31条の2所定の責任が問題になったこと、理事の善管注意義務違反・任務懈怠が問題になったこと、理事の定款違反・総代会決議違反が問題になったこと、この取引の背景には、農協が茶の在庫が増加し、経営危機に陥っていたことがあったことに特徴がある。

この判決は、農協における余裕金の運用につき、経営の状況、法令の規制の状況を認定し、理事の善管注意義務違反、任務懈怠を否定したものであり、その旨の事例判断を提供するものである。

〔裁判例 8〕組合員らが事業協同組合の理事長、副理事長、専務理事に対して金員の不法領得等責任を追及した事例（大阪地判平成 6・3・1 判夕 893 号 269 頁）

【事案の概要】

X_1、X_2、X_3 ら（合計 80 名）は、中小企業等協同組合法（中協法）に基づき設立された A 協同組合の組合員であり（X_1 は、監事、X_2 は、理事）、A の理事長 Y_1、副理事長 Y_2、専務理事 Y_3 と A の運営をめぐって対立し、Y_1 らが B 有限会社の取締役にも就任していたところ、X_1 らが Y_1 らにつき B から A に交付されるべき金員を不法に領得した、X_1 の監査業務を妨害した、除名により A の業務を妨害したなどと主張し（X_1、X_2 は臨時総代会で除名された）、中協法 42 条（商法 267 条を準用）に基づき代表訴訟を提起し、Y_1、Y_2 らに対して損害賠償を請求した。

この判決は、提訴前に提訴請求をしていなかった組合員についても原告適格を認め、Y_1 らの訴訟代理人が別件訴訟で A 協同組合の訴訟代理人をしていることは弁護士法 25 条 1 項に違反しないとし、不法領得、業務妨害などが認められないとし、請求を棄却した。

159

【判旨】

「2　右認定事実によれば、被告らにおいては、せいぜい本件全個商事の預り金を原資とする役員退職金に関係する書類については、監事である原告永井の閲覧を拒否したにとどまり、しかも被告坂本においては、他の理事らに関係する退職金関係の書類については、その意向を考慮した結果、その提出を拒否するに至ったものであって、決算関係書類一般についてまで同原告の閲覧を拒否したとまではいえず、更に原告永井はそもそも全大阪組合に対して意見書を提出していなかったというのであるから、決算関係書類の閲覧及び意見書添付の拒否に関する原告らの主張はいずれも採用することができない。

　更に臨時総代会を開催して右両名を除名する旨を宣伝したとの原告らの主張についても、全大阪組合の理事会において原告高橋および同永井の除名に向けての動きはあったものの、それは、右両原告の手による誹謗文書により、被告3名にとどまらず全大阪組合自体に対する不安や疑惑が生じたため、これを放置しておくことは同組合の発展に支障をきたすものとして行われたものと考えるのが自然であって、右両原告の言論封殺を企てたものとは到底いえず、この点に関する原告らの主張も採用することはできない。」

【実務上の意義】

　この事案は、中間法人である事業協同組合の組合員ら（理事、監事）が代表訴訟により、金員の不法領得を主張し、理事長、副理事長、専務理事に対して損害賠償等請求した事件である。この事案は、中間法人である事業協同組合の組合員らが代表訴訟により理事長らに対して損害賠償を請求し、理事長らの事業協同組合に対する損害賠償責任が問題になった事件である。この事案は、中間法人である事業協同組合の理事らの損害賠償責任が問題になったこと、組合員の代表訴訟であること、代表訴訟の提起に至るまでに理事らの組合内部の対立が背景にあったことの特徴がある。

　この判決は、協同組合の金員の不法領得に関する組合員らの主張を排斥し、理事らの損害賠償責任を否定したものであり、その旨の事例判断を提供するものである。

2　裁判例の実情

〔裁判例9〕社団法人の社員が理事らに対して解任を追及した事例
（東京地判平成7・3・6金法1445号62頁）

【事案の概要】

　社団法人X協会は、社団法人Y₁協会の会員（社員）であり、Y₂、Y₃は、Y₁の理事、Y₄は、監事であるが、Y₂らの協会運営につきXと対立し、Y₁の定款変更が適法に行われていない等と主張し、XがY₂らに対して商法257条、280条の類推適用により、Y₂らの解任を請求した。

　この判決は、商法257条、280条の類推適用を否定し、請求を棄却した。

【判旨】

「一　形成訴訟である取締役・監査役解任の訴えや法定訴訟担当の一種である株主代表訴訟と同様の制度を、民法上の社団法人の理事・監事について採用するかどうかは、もっぱら立法政策の問題というべきであって、法人としての性格や組織・機関の構成等も株式会社とは著しく異なる民法上の社団法人に、商法257条、267条及び280条を類推適用することは困難であるというほかない。違法行為を行った理事・監事の解任や、その違法行為から生じた損害の回復について、民法は、総会等による自律作用と主務官庁による監督権の行使に委ねているものと解すべきであり、右自律作用や監督権の行使が十分に機能しない場合があり得るからといって、そのことだけで直ちに右類推適用が相当とされるものではない。

　原告は、学校法人の理事会等の決議無効確認の訴えの適法性及び商法252条の類推適用の余地を認めた最高裁判例（最判昭47年11月9日民集26巻9号1513頁）を援用するが、法人の対内的・対外的法律関係の基礎となる機関の決議の有効性について司法審査を認め（このことは、同時に、法人の管理運営に参画するという社員の基本的権利を保護し、団体の自律作用の発揮を保障することにもなる）、その判決の効力拡張の余地を認めることと、理事・監事の解任の訴えという形成訴訟や、法人に属する権利の行使を社員に許す訴訟を明文に基づかないで認めることとを、同日に論じることはできない。」

161

第6章　一般社団法人等の理事・監事の責任をめぐる裁判例

【実務上の意義】

　この事案は、公益法人である社団法人の運営をめぐって理事らと社員との間に対立が発生し、社員が当時の商法257条、280条（現行会社法339条、341条、347条、854条、855条）の類推適用を主張し、理事らに対して解任の訴えを提起した事件である。この事案は、社団法人の社員が理事の法的な責任（解任）を追及した事件である。

　この判決は、公益法人である社団法人については当時の商法257条、280条の類推適用は困難であるとしたものであり、理論的に当然であるものの、その旨の事例判断として参考になるものである。

〔裁判例10〕区分所有者が権利能力なき社団であるマンション管理組合の理事長に対して改修工事に係る善管注意義務違反を追及した事例（神戸地判平成7・10・4判時1569号89頁）

【事案の概要】

　Xら（合計6名）は、Aマンションの区分所有者であり、A管理組合（権利能力なき社団）の組合員であり、Yは、Aの理事長（建物の区分所有等に関する法律（区分所有法）上の管理者）であったところ、Aが受水槽の改修工事を計画し、定時総会において工事を承認する決議が可決され、その後、工事費の見積もりをとり直したが、工事費用が増える等したことから、XらがYに対して管理者としての善管注意義務に違反し、定時総会の決議に従って工事を行わず、遅延させ、費用が増加した等と主張し、債務不履行に基づき損害賠償を請求した。

　この判決は、管理者は管理組合に対して損害賠償責任を負うことがあるが、構成員各自が管理者に対して損害賠償を求める訴訟を提起することができるかは、これを認める明文の規定がなく、債権者代位の要件も欠く等とし、Xらに本件訴訟を追行する権限はないとし、訴えを却下した。

【判旨】

「一　原告らは、管理組合の構成員であるところ、管理組合の理事長は管理

162

組合員から委任ないし代理を受けて組合総会の決議によって定められた業務等の執行をなすものであるから、その任務に背きこれを故意または過失によって履行せず、管理組合に損害を与えるようなことがあったときは、債務不履行となり、右理事長は管理組合に対して損害賠償の責めを負うべきことになる。したがって、管理組合（ないし区分所有者全員）が原告となって右理事長に対して損害賠償を求める訴訟を提起することはできるが、管理組合の構成員各自が同様の訴訟を提起することができるかについては、建物の区分所有者等に関する法律上、管理組合の構成員各自がその理事長に対する責任を問うことを認める旨の商法267条のような規定は存しないし、管理組合の構成員各自が民法423条により代位するという原告の構成もその要件を欠くというべきである。そして、建物の区分所有者等に関する法律（6条、57条）は、共同利益違反行為の是正を求めるような団体的性格を有する権利については他の区分所有者の全員または管理組合法人が有するものとし、これを訴訟により行使するか否かは、集会の決議によらなければならないとするように、区分所有者の共同の利益を守るためには区分所有者全員が共同で行使すべきものとしているところ、本件のように理事長の業務執行にあたっての落ち度を追及するような訴訟においても団体的性格を有する権利の行使というべきであるから右の法理が適用されるべきであり、一般の民法法理の適用される場面ではないものと解する。

　以上より、本件建物の区分所有者らがその全体の利益を図るために訴訟を追行するには、区分所有者ら全員が訴訟当事者になるか、その中から訴訟追行権を付与された当事者を選定する等すべきことになるところ、そのような手続きを何ら踏んでいない原告らには本件訴訟を追行する権限はない。」

【実務上の意義】

　この事案は、マンションの管理組合（権利能力なき社団）の組合員（区分所有者）が管理組合の理事長に対してマンションの改修工事に係る善管注意義務違反による損害賠償を請求した事件であり、組合員らの当事者適格（原告適格）が問題になったものである。この事案では、実体法上は、管理組合の理事長の組合に対する損害賠償責任が問題になったものである。

　この判決は、この訴訟につき区分所有者らの原告適格を認める法律上の明

第 6 章　一般社団法人等の理事・監事の責任をめぐる裁判例

文の規定がないなどとし、原告適格を否定したものであり、その旨の事例判断を提供するものである。

〔裁判例 11〕組合員が提起した信用組合の代表理事らに対する損害賠償を請求する代表訴訟につき信用組合が補助参加を申し立てた事例（東京地決平成 7・11・30 判タ 904 号 198 頁、金法 1443 号 40 頁、金判 991 号 37 頁）

【事案の概要】

　Y らは、A 信用組合の代表理事であり、X は、A の組合員であるが、X が A の B に対する貸付けが法定限度額を超過し、理事会の承認を得ないで行われたと主張して、Y らに対し、代表訴訟により損害賠償を請求したところ、A が Y らに補助参加を申し立てた。

　この決定は、法律上の利益を肯定し、参加を許可した。

【判旨】（省略）

【実務上の意義】

　この事案は、信用組合の組合員が代表理事らに対して損害賠償を請求する代表訴訟を提起したところ（代表訴訟が認められることは、中小企業等協同組合法（中協法）42 条・当時の商法 267 条参照）、信用組合が補助参加（民事訴訟法 42 条）を申し立てた事件である。

　この決定は、補助参加の要件を認め、申立てを認容したものであり、事例判断を提供するものである。

〔裁判例 12〕組合員らが提起した農業協同組合の理事らに対する損害賠償を請求する代表訴訟につき理事らが担保の提供を申し立てた事例（大阪地決平成 9・9・29 判時 1629 号 136 頁）

【事案の概要】

　A 農業協同組合（農協）の組合員 X らが A の専務理事 Y_1、金融担当理事

Y_2 ないし Y_5 に対して A の支店長 B が横領、不当貸付けにより A に 5 億円余の損害を負わせ、Y_1 らに監視義務違反があったなどと主張し、代表訴訟を提起し、損害賠償を請求したところ、Y_1 らが担保提供の申立てをした。

この決定は、悪意を否定し、申立てを却下した。

【判旨】（省略）

【実務上の意義】

この事案は、中間法人である農協の組合員が理事に対して代表訴訟を提起し、損害賠償を請求したことから、理事が担保提供を申し立てた事件である（当時の農業協同組合法（農協法）39 条参照。当時の商法 267 条 6 項、106 条 2 項が準用されている。現行の農協法 40 条の 2 も会社法 847 条以下の関連規定を準用している）。従来から株式会社の場合には、株主が株主代表訴訟を提起したときに、取締役が対抗手段として担保提供の申立てをする事例が多数見られたが（裁判例も多数法律雑誌に公刊されている）、この事案は、農業協同組合の代表訴訟における担保提供が問題になったところに特徴がある。

この決定は、担保提供の申立てが認容されるための要件である悪意を否定したものであり、事例判断を提供するものである。

〔裁判例 13〕農業協同組合が理事に対して貸金債権管理に係る任務懈怠責任を追及した事例（上告審）（最三小判平成 9・12・16 判時 1627 号 144 頁）

【事案の概要】

Y は、X 農業協同組合（農協）の理事に選任され、組合長であったところ、X の監事 A は、Y に対して Y が貸金債権の管理につき任務懈怠があったと主張し、X を代表して損害賠償を請求した（X の規約において訴訟の提起に当たっては理事会の決議を要する旨の規定があったが、理事会の決議はなかった）。

第 1 審判決は、請求を認容したため、Y が控訴した。

控訴審においては、当初、X の代表理事が X を代表していたところ、X の監事 B が X を代表して新たに訴訟代理人を選任する旨の委任状を提出し

165

第6章　一般社団法人等の理事・監事の責任をめぐる裁判例

た。

　控訴審判決は、Yの控訴を棄却したため、Yが上告した。

　この判決は、監事が訴訟を代表することができるとし、上告を棄却した。

【判旨】

「1　本件訴訟は、平成4年2月28日に、被上告組合の監事である岡山清市が被上告組合を代表して提起したものであるが、当時施行されていた農業協同組合法33条（以下「旧法33条」という。）は、「組合が理事と契約するときは、監事が、組合を代表する。組合と理事との訴訟についても、また同様とする。」と規定していた。同条後段の趣旨とするところは、組合と理事との間の訴訟について、他の理事に組合を代表させたのでは、組合の利益よりも同僚である訴訟の相手方の理事の利益を優先させ、いわゆるなれ合い訴訟により組合の利益を害するおそれがあるため、これを防止することにあったものと解される（最高裁平成元年(オ)第1006号同5年3月30日第三小法廷判決・民集47巻4号3439頁参照）。右の趣旨に照らすと、監事は、旧法33条により、単に組合と理事との間の訴訟において訴訟行為を行う権限を有するだけではなく、組合の利益の実現のため、組合を代表して理事に対する訴訟を提起するか否かにつき決定する権限も有していたものと解すべきである。

　記録によれば、被上告組合の規約19条10号は、被上告組合が訴訟を提起するに当たっては理事会の決議を要する旨定めているところ、仮に右が監事において被上告組合を代表して理事に対する訴訟を提起する場合にも適用されるものとすると、前記の法の解釈に抵触し、右規約の規定は右の限りで無効といわざるを得なくなるが、このような結果を招くことは、規約の制定に当たり意図されていたものとは考え難い。してみると、被上告組合が理事に対して訴訟を提起する場合は、右規約の規定の適用の対象から除外されていたものと解するのが相当であり、被上告組合の監事である岡山が、当時理事であった上告人に対して本件訴訟を提起するに当たり、事前に理事会の決議を得ていなかったとしても、右は、岡山の右訴訟行為の適法性を左右するものではないものといわなければならない。

2　また、職権により調査するに、平成4年10月15日から施行された同年法律第56号等による改正後の農業協同組合法は、組合と理事との間の訴訟

166

について商法 275 条ノ 4 前段を準用し、右訴訟においては監事が組合を代表すべきものとしているが、その趣旨とするところも、旧法 33 条後段について既に述べたところと同一と解される。そして、商法 275 条ノ 4 前段は、会社と取締役との間の訴訟に関し「其ノ訴ニ付テハ」監査役が会社を代表すべきものとしていること、また、いわゆるなれ合い訴訟を防止するとの前記の法の趣旨が容易に潜脱されるのを防ぐべきことを考慮すると、同規定が準用される組合と理事との間の訴訟において、訴訟の係属中に相手方である理事がその地位を失ったとしても、監事は、その後の訴訟行為について、なお組合を代表する権限を有するものと解するのが相当である。

　記録によれば、上告人は、本訴が第一審に係属中の平成 4 年 3 月 16 日、被上告組合の理事を退任し、原審では、当初、代表理事である安岡修身が被上告組合を代表していたが、口頭弁論の終結に先立って、被上告組合の監事である岸野豊馬が、同組合を代表して南正弁護士に対して本件の訴訟行為を委任し、同弁護士は本案について弁論を行っていることが明らかである。既に述べたところによれば、岸野は、右委任当時、被上告組合を適法に代表する権限を有していたものであり、南弁護士はその委任に基づき本案についての弁論を行っているのであるから、原審での審理の当初に安岡を被上告組合の代表者として行われた訴訟行為は、南弁護士の右訴訟行為によって追認されたものというべきである。」

【実務上の意義】

　この事案は、中間法人である農協の監事が農協を代表して理事（組合長）に対して損害賠償を請求する訴訟を提起したところ、理事会の決議を経ていなかったため、訴えの適法性が問題になった上告審の事件である（農協の規約においては、訴訟の提起に当たっては理事会の決議が必要である旨の定めがあったが、決議がされなかった）。この事案は、中間法人である農協の監事が理事（組合長）に対して任務懈怠に係る損害賠償を請求し、理事の農協に対する法的な責任が問題になった事件である。この事案は、農協の理事の貸付債権の管理に係る任務懈怠が問題になったこと、監事が農協を代表して訴訟を提起したこと、農協においては、訴訟の提起に当たっては理事会の決議が必要である旨の定めがあったものの、決議がされなかったこと、訴訟の途中で

167

第6章　一般社団法人等の理事・監事の責任をめぐる裁判例

代表理事が農協を代表したこと、その後、監事が農協を代表したこと、訴えの適法性が問題になったことに特徴がある。

　この判決は、旧農業協同組合法（農協法）33条（「組合が理事と契約するときは、監事が、組合を代表する。組合と理事との訴訟についても、また同様とする。」との規定）の後段の趣旨は、組合と理事との間の訴訟について、他の理事に組合を代表させたのでは、組合の利益よりも同僚である訴訟の相手方の理事の利益を優先させ、いわゆる馴れ合い訴訟により組合の利益を害するおそれがあるため、これを防止することにあったものと解されるとしたこと、監事は、同条により、単に組合と理事との間の訴訟において訴訟行為を行う権限を有するだけではなく、組合の利益の実現のため、組合を代表して理事に対する訴訟を提起するか否かにつき決定する権限も有していたものと解すべきであるとしたこと、監事が理事に対して訴訟を提起するに当たり、事前に理事会の決議を得ていなかったとしても、監事の訴訟行為の適法性を左右するものではないとしたこと、改正後の農協法は商法の監査役に関する規定（当時の商法275条ノ4前段）を準用しており、会社と取締役との間の訴訟に関し「其ノ訴ニ付テハ」監査役が会社を代表すべきものとしていること、いわゆる馴れ合い訴訟を防止するとの前記の法の趣旨が容易に潜脱されるのを防ぐべきことを考慮すると、組合と理事との間の訴訟において、訴訟の係属中に相手方である理事がその地位を失ったとしても、監事は、その後の訴訟行為について、なお組合を代表する権限を有するものと解するとしたことに特徴があり、理事と公益法人等の法人との間の訴訟の代表権に関する関連規定につき重要な解釈を明らかにしたものとして参考になる（現行の農協法は、35条の5において監事の権限等を定めており、会社法の関連規定を準用している）。

〔裁判例14〕組合員らが協同組合の理事らに対して自己取引責任を追及した事例（名古屋地判平成10・10・26判時1680号128頁）

【事案の概要】

　中小企業等協同組合法（中協法）に基づき設立されたトラック事業者を組

合員とする A 協同組合は、その共済事業を支部に委託していたところ、一部の支部がさらにその事業を B 組合（A の理事 Y₁ が理事長）、C 組合（A の理事 Y₂ が理事長）に委託し、委託手数料を支払っていたため、A の組合員 X ら（合計 21 名）が代表訴訟により A の理事 Y₁、Y₂ に対して中協法 38 条、38 条の 2 に基づき委託手数料相当の損害賠償を請求した。

この判決は、Y₁ らと B、C との間の業務委託が自己取引に当たるとしたが、A の黙示的な事後承諾を得ている等とし、請求を棄却した。

【判旨】

「㈣　中協法 38 条違反の主張について検討する。

中協法 38 条の規定する理事の自己契約は、理事が自ら当事者として、又は他人の代理人若しくは代表者として、組合と取引することをいうと解するべきである。

本件において被告らは東部貨物協及び東三貨物協の代者者として中交協と本件業務委託契約を締結、更新しているのであるから、本件業務委託契約は理事の自己契約に当たる。

もっとも、債務の履行等性質上裁量により会社に不利益を及ぼすおそれがないと判断される行為については理事会の承認を要しないと解される。しかし、本件業務委託契約は有償双務契約であるから、契約等手数料が不当に高く設定された場合には中交協が不利益を被るおそれがあるのであって、東部貨物協及び東三貨物協が、後に判断するように結果において本件業務委託契約により利益を得ていなかったとしても、このことのみをもって直ちに本件業務委託契約が理事会の承認を要する理事の自己契約に当たらないということはできない。

そして、中交協は昭和 60 年の第 94 回理事会において支部に対する業務委託を例外的に認めたにすぎず、本件業務委託契約は同理事会の議題の対象となっていなかったのであるから、前記のとおり、客観的にその必要性はあったとはいえ、同理事会が昭和 62 年度からの中交協と東部貨物協及び東三貨物協との間の本件業務委託契約を事前かつ包括的に承認していたとまでいうことはできない。

また、中交協は、平成 5 年の第 138 回理事会決議において特別調査会の報

告を承認しているが、右報告は右認定と異なり、本件業務委託契約は理事の自己取引に当たらないものと判断し、その結果中協法 38 条に抵触しないとしたにすぎないから、この事実のみをもって、同理事会が本件業務委託契約を明示的に事後承認ないし追認したということもできない。

　しかし、前記認定の事実及び《証拠略》によると、昭和 62 年以前の業務委託制度において、中交協は形式的に支部を契約業務の委託先としていたにすぎず実質的な委託先は一貫して東部貨物協及び東三貨物協を含む再委託先の団体であったこと、東部貨物協及び東三貨物協は契約業務に熟練していたほか、本件業務委託契約に基づく契約手数料は共済掛金の 6 パーセント以下であり一般損害保険の代理店の手数料が 10 数パーセントであるのに比べて低額であるといえ、その算出方法も昭和 62 年の変更前の算出基準に基づく機機的なものであったこと、中交協が東三地域において事務所を開設することは人員の確保及び採算面で困難であったこと等が認められ、これらの事実に照らすと、東部貨物協及び東三貨物協に対する業務委託が中交協にとって有利であったことは明らかである。そして、前記認定の事実によると、以上の経緯を踏まえて中交協は平成 5 年の第 138 回理事会において本件業務委託契約について問題はないとの特別調査会報告を承認したものと考えられること、《証拠略》によると、中交協は損益計算書の事業損益の科目として業務委託費の中に本件業務委託契約に基づいて東部貨物協及び東三貨物協に対し支払った手数料を算入しこれを昭和 62 年度以降の理事会において支部に対する業務委託費と一括して業務委託費名目で決算の承認を受けていたことが認められること、これらの諸事情を総合すると、中交協の理事会は昭和 62 年度以降、本件業務委託契約の締結、更新を黙示的に事後承認ないし追認していたということができる。

　したがって、本件業務委託契約の締結、更新は中協法 38 条に違反せず適法であって、原告の主張には理由がない。」

【実務上の意義】

　この事案は、中協法に基づき設立された協同組合が共済事業を支部に委託し、一部の支部がさらにその事業を別の協同組合に再委託し、委託手数料が支払われていたところ、協同組合の組合員らが代表訴訟を提起し、再受託者

の理事長であった委託者（協同組合）の理事らに対して自己取引に関する同法38条違反を主張し、損害賠償を請求した事件である。この事案は、中間法人である協同組合の組合員らが理事らに対して代表訴訟を提起し、損害賠償を請求し、理事らの協同組合に対する損害賠償責任が問題になった事件である。この事案は、協同組合の組合員らが代表訴訟を提起したこと、共済事業の委託者である協同組合の理事らが委託事業を再委託したこと、当該理事らが再受託者である協同組合の理事長を兼ねていたこと、理事らの自己取引が問題になったこと、理事らの同法38条の2の責任が問題になったことに特徴がある。

　この判決は、中協法38条所定の理事の自己契約は、理事が自ら当事者として、または他人の代理人もしくは代表者として、組合と取引することをいうとしたこと、この事案の業務委託契約は理事の自己契約に当たるとしたこと、この事案では、委託者の協同組合の理事会において業務委託契約の締結・更新を黙示的に事後承認ないし追認していたとしたこと、業務委託契約の締結・更新は同条に違反しないとしたことに特徴があり、理事らの自己取引に関する損害賠償責任を否定した事例として参考になるものである。

　中協法38条所定の理事の自己契約が問題になった判例としては、（最二小判昭和39・8・28民集18巻7号1366頁、判時385号51頁）があり、中協法に基づき設立された協同組合と株式会社間の取引において、組合の代表理事が株式会社の代表取締役を兼ねている場合に同条の準用、自己取引の効力が問題になった事案について、「思うに、訴外加茂庄太郎が上告人組合代表理事と訴外株式会社加茂組の代表取締役を兼ねている以上、その間に成立する本件金50万円の消費貸借について、中小企業等協同組合法第38条の規定の準用があるとする原判決の判断は、同条の立法趣旨に照らし、当裁判所もこれを正当と是認しうるところであつて、しかも、同条に違反して成立する消費貸借は、同条の立法趣旨に照らし、その効力を生じないと解するのが相当である。

　しかるところ、原判決は、同条所定の理事会の決議がなくても前記記述のような諸事情のもとでは、同条所定の理事会の承認を得たものと同視してこれを有効と解しうる旨判示しているが、この点についての原判決の判断は、

ただちに是認しがたい。

　すなわち、上告人組合のような中小企業等協同組合は、中小企業の商業等の事業を行う者、勤労者その他の者が、相互扶助の精神に基き協同して事業を行いこれらの者の公正な経済活動の機会を確保し、もつて、その自主的な経済活動を促進し、その経済的地位の向上を図る（同法1条参照）ために設けられるのであつて、行政庁による相当広汎な監督を受け（同法104条以下・27条の2・63条など参照）、経済上の利益をも享受しないわけでもなく（同法7条参照）、強度の公益性を有すると解され、その役員たる理事の職責は重大であつて（なお、同法37条参照）、法が理事会の権限としている事項については、全理事について意見を発表しうるなどその権限の行使が適切にあづかれるようにしなければならないことは、同法第42条において、商法第259条から第259条の3までの規定を準用していることからも明らかといわねばならない。

　そして、この理事たる者がその職責を尽くすべく理事会においてその権限を行使することは、単に組合員に対する誠実義務のみからでなく、前述の中小企業等協同組合の公益性の点からも強く要請されているというべきであり、したがつて、理事会の権限として定められている事項については、法に定める理事会の適法な議決がないのにみだりにこれありと解するようなことは、理事をして前記職責を果す機会を奪うことになり、許されないものと解すべきである。

　それゆえ、中小企業等協同組合法第42条により準用される商法第259条から259条の3の規定による理事会の招集手続も（株式会社の取締役会の招集手続についてはしばらくおき。）、前述した理事の職責にかんがみ、厳格に解釈すべきであつて、かりに一部の理事に対し招集手続に通知もれなどの違法のあつたときには、原則として右理事会の決議も無効となると解すべきであり、ただその理事が出席しても理事会の決議の結果になんらの影響がないことが証明されたときにかぎり、右理事会の決議の効力に影響がないと解するのが相当である。」と判示しているが、理事の損害賠償責任が問題になったわけではないものの、参考になるところである。

　なお、自己取引、利益相反取引は、株式会社の場合にも取締役につき問題

になることが少なくないが（当時の商法 265 条、会社法 356 条・365 条）、判例としては、最三小判昭和 33・10・21 判時 165 号 32 頁、最一小判昭和 38・3・14 民集 17 巻 2 号 335 頁、判時 334 号 48 頁、最二小判昭和 38・12・6 民集 17 巻 12 号 1664 頁、最一小判昭和 39・1・28 民集 18 巻 1 号 180 頁、判時 366 号 43 頁、最二小判昭和 42・12・15 判時 505 号 61 頁、最三小判昭和 43・9・3 金判 129 号 7 頁、最大判昭和 43・12・25 民集 22 巻 13 号 3511 頁、判時 541 号 6 頁、最一小判昭和 45・3・12 判時 591 号 88 頁、最一小判昭和 45・4・23 民集 24 巻 4 号 364 頁、判時 592 号 88 頁、最一小判昭和 45・8・20 民集 24 巻 9 号 1305 頁、判時 605 号 87 頁、最大判昭和 46・10・13 民集 25 巻 7 号 900 頁、判時 646 号 3 頁、最一小判昭和 46・12・23 判時 656 号 85 頁、最三小判昭和 47・2・22 判時 662 号 81 頁、最三小判昭和 48・12・11 民集 27 巻 11 号 1529 頁、最一小判昭和 48・12・13 金法 709 号 35 頁、最一小判昭和 49・9・26 民集 28 巻 6 号 1306 頁、判時 760 号 93 頁、最一小判昭和 50・12・25 金法 780 号 33 頁があり、参考になる。

〔裁判例 15〕農業協同組合が組合長理事・理事に対して決議なしで土地・建物を購入したことにつき忠実義務違反を追及した事例
（東京高判平成 11・5・27 判時 1718 号 58 頁）

【事案の概要】

　Y_1 は、X 農業協同組合（農協）の組合長理事であり、Y_2 は、理事であったところ、国土利用計画法の施行直前、同法による不動産取引額の規制を免れるため、価格調査を実施せず、理事会の決議を経ることなく、土地・建物を購入したため、X が Y_1 らに対して忠実義務違反を主張し、農業協同組合法（農協法）33 条に基づき購入額と当時の時価の差額につき損害賠償を請求した。

　第 1 審判決は、Y_1 らの忠実義務違反を認め、請求を認容したため、Y_1 らが控訴し、X が附帯控訴した（Y_2 は、控訴審において和解をした）。

　この判決は、Y_1 の忠実義務違反を認め、控訴を棄却し、附帯控訴に基づ

き原判決を変更し、請求を認容した。

【判旨】

「2 農業協同組合は、その行う事業によってその組合員及び会員のために最大の奉仕をすることを目的とし、営利を目的としてその事業を行ってはならないとされており（農業協同組合法8条）、また、理事は、法令、法令に基づいてする行政庁の処分、定款、規約等を遵守し、組合のため忠実にその職務を遂行しなければならず、理事がその任務を怠ったときは、組合に対して連帯して損害賠償の責任を負うとされているから（同法33条）、農業協同組合である被控訴人の組合長理事であった控訴人としては、右の趣旨に従い、法令、定款等に則って業務を忠実に執行し、被控訴人に損害を与えないように職務を遂行しなければならないものであったところ、右認定の事実によれば、控訴人は高橋と共同して、本件土地の売買契約について、売買代金額が当時の時価よりかなり高額であることを知りながら、国土法の適用を免れ売買代金額の規制を受けないようにするため、短期間のうちに、通常被控訴人が行う不動産取引で採用している価格等の調査を十分にしないまま、あえて平成3年4月の国土法による規制が施行される直前の時期に本件売買契約を締結し、しかも本来固定資産の取得として、理事会の議決等の手続を経なければならないにもかかわらず、右の手続を要しない棚卸資産として購入することとして、理事会の議決を得る手続を回避する等、被控訴人が通常行うべき不動産購入とは異なる手順、態様で本件売買契約を締結させたものであり、右の点で控訴人は本件不動産購入に当たって、被控訴人に対する忠実義務に違反したものと認めるのが相当である。

なお、前記のとおり後日理事会において本件土地の約6割である1184・07平方メートルを固定資産とすることが議決されたからといって、右はすでに本件土地を購入した後のことであるから、控訴人の右忠実義務違反の判断を覆すべきものではない。また、《証拠略》によれば、被控訴人の組合員浅見弘が、控訴人、高橋らは忠実義務に違反して本件売買契約を締結し、被控訴人に損害を与えたものであるとして、損害賠償請求訴訟を提起することなどを求めてきたことから、監事中村正平が控訴人に対し、本件売買契約の成立の経過や売買代金決定の経過等について報告を求めたところ、被控訴人

組合長理事控訴人名で、右中村に対し、「価格の決定につきましては、高橋
茂樹前専務理事（当時総務委員）と新井芳二の二人の間で行なわれ、農協役
職員は一切タッチしていない。高橋茂樹は、この土地を宅地建物取引事業で
農協で取得したいと組合長に申入れたが、組合長から価格が高いと指摘され
た。高橋前専務は、近隣の学校前の土地が当時60万円で売買があり、この
土地を他の業者が買いたいとの話がある等、組合長の内諾を得るため巧みな
説明を行った。同土地は処分されていないので、農協の損害は現在生じてい
ない。尚、同土地の処分に当たって、処分損が生じた場合は、別添の念証に
より高橋茂樹が損害の賠償を行うこととなる。」と回答し、高橋作成名義の
念証を右回答に添付して送付したことが認められるが、右回答や念書がある
からといって、前記認定の事実に照らせば、控訴人の右忠実義務違反の判断
を左右することができるものではなく、他に右認定判断を動かすに足りる証
拠はない。

　したがって、控訴人は、被控訴人に対し、右忠実義務違反により被控訴人
に生じた損害について賠償する責任を負うものといわなければならない。」

【実務上の意義】

　この事案は、中間法人である農協の理事ら（組合長理事・理事）が国土利
用計画法の施行直前、同法による不動産取引額の規制を免れるため、価格調
査を実施せず、理事会の決議を経ることなく、土地・建物を購入したため、
農協が理事らに対して忠実義務違反を主張し、損害賠償を請求した控訴審の
事件である（第1審判決は理事らの忠実義務違反を認めた）。この事案は、中間
法人である農協が理事らに対して損害賠償を請求し、理事らの農協に対する
損害賠償責任が問題になった事件である。この事案は、理事らが価格調査を
せず、理事会の決議を経ない等して不動産を購入したこと、農協が理事らの
責任を追及したこと、理事らの忠実義務違反が問題になったこと、農協法
33条所定の責任が問題になったこと、理事らの一人は控訴審において和解
が成立したこと（残った理事は、組合長理事である）に特徴がある。

　この判決は、理事は、農協法により、組合のため忠実にその職務を遂行し
なければならず、理事がその任務を怠ったときは、組合に対して連帯して損
害賠償の責任を負うとされていること（旧農協法33条。忠実義務については

175

現行の農協法35条の2、役員の責任については同条の6参照）、組合長理事は、この趣旨に従い、法令・定款等に則って業務を忠実に執行し、組合に損害を与えないように職務を遂行しなければならないものであったとしたこと、組合長理事は、売買代金額が当時の時価よりかなり高額であることを知りながら、国土利用計画法の適用を免れ、売買代金額の規制を受けないようにするため、短期間のうちに、価格等の調査を十分にしないまま、国土利用計画法による規制が施行される直前の時期に売買契約を締結したこと、理事会の議決等の手続を経なければならないにもかかわらず、この手続を要しない棚卸資産として購入することとし、理事会の議決を得る手続を回避する等、組合が通常行うべき不動産購入とは異なる手順、態様で本件売買契約を締結させたこと、組合長理事が組合に対する忠実義務に違反するとしたことに特徴があり、組合長理事の損害賠償責任を肯定した事例として参考になるものである。

〔裁判例 16〕漁業協同組合が理事・監事らに対して理事会の決議なしで土地・建物を購入したことによる忠実義務違反を追及した事例（札幌地浦河支判平成 11・8・27 判タ 1039 号 243 頁）

【事案の概要】

水産業協同組合法（水協法）に基づき設立された X 漁業協同組合（漁協）は、一組合員当たりの貸付最高限度額が平成 3 年 4 月 1 日までは 8000 万円、以後は 1 億円であったところ、X の準組合員である A 有限会社、B 有限会社に最高限度額を超える貸付けを繰り返し、結局、A につき 4 億円余、B につき 3 億円余が回収不能になったため、X が X の理事・監事であった Y ら（組合長、専務理事、非常勤理事、監事、担当部長ら合計 12 名）に対して忠実義務違反、監督義務違反等を主張し、水協法 37 条、不法行為に基づき損害賠償を請求した。

この判決は、組合長、専務理事、非常勤理事、監事の義務違反を認める等し（理事の一人の責任は否定した）、不正貸付けを認識し得た時期等の諸事情

を考慮し、民事訴訟法 248 条を適用し、8000 万円、7000 万円、5000 万円の範囲で請求を認容した。

【判旨】

「2　小室の責任について

㈠　被告小室は、参事（専務理事設置前）ないし専務理事であったところ、参事（専務理事設置前）ないし専務理事は、事務方の最高責任者で、職制規定の職務権限表（甲4）にしたがって一定の要件を備えた個々の貸付についても決裁をしたりしていた。ところで、佐藤興産に対する不正貸付の内容及びそれが行われた態様・期間（平成5年まで継続して行われてきた。）は、前記認定したとおりであるところ、同不正内容は、いずれも原告の貸付業務の根幹に係わるもので、そのような不正があってはならないことは当然のことであるが、そのような不正貸付を原告の信用部長及び担当職員のみで長期にわたって、かつ、継続して行うことは特段の事情でもない限り、考え難い。右のような事実に被告小室が信用部長であった同草野から問題のある融資に関して適宜、相談を受けていたこと、同小室が佐藤興産及び襟裳興産に対する不正貸付について、両社を倒産させないなどとの理由があったとしてもそれを容認していたことを総合すると、両社に対する限度超過貸付が生じた当初から、当時参事などであった同小室は、両社に対する限度超過貸付とともに貯金担保がないにもかかわらずそれ有るように装われた貸付の事実を認識のみならず積極的に容認していたものと推認される。

㈡　ところで、被告小室は、佐藤興産に対する限度超過貸付や担保がないにもかかわらず貯金担保貸付名目で融資をしていたことを認識したのは、昭和63 年末から平成元年初めころと主張し、同被告本人尋問の中でそれに沿う供述をしている（被告小室調書18 頁）。仮に、被告小室が昭和63 年ころないし平成元年の初めころに初めて限度超過貸付などの事実を知ったので有れば、その問題の重大性からその事実を知った段階でそれに関与した職員の責任を含めて大きな問題として取り上げたと思われるのに、そのような問題が生じたことを窺わせる事実は、証拠上認められず、かえって、同小室が右超過貸付の事実を認識したという時期以降も同事実の改善策が採られることもなく、従前と同様な態様で引き続いて貸付が行われている。以上の事情及び

第6章　一般社団法人等の理事・監事の責任をめぐる裁判例

事実を踏まえると、被告小室の右供述は、にわかに採用し難く、その他、右
2 (一)で認定した事実を覆すに足りる証拠はない。

　また、被告小室は、限度超過貸付を知った後、それを継続した理由として
原告や他の組合員に与える影響の大きさから佐藤興産や襟裳興産を倒産させ
ることができなかった旨供述する（小室調書23、24頁）。確かに、佐藤興産
及び襟裳興産に対する貸付を直ちに停止したり、また、直ちに債権の回収を
図ったりすると、両社を倒産させる危険性が高く、仮に、両社あるいはいず
れかでも倒産させるとしたら、原告や組合員に多大な影響が及ぶことが予想
されたが、被告小室が限度超過貸付などの違法な貸付事実を認識した時期
は、佐藤興産、襟裳興産のいずれにあっても、同事実が生じて間もない時期
であって、したがって、違法な事実状況を改善することを意識して貸出し、
回収をしていたならば両社に対する倒産の危険性などの程度もより少なく、
後記のような多額なものとはならなかったことは容易に推認される。したが
って、被告小室の融資継続に対する右供述も限度超過貸付を継続したことを
正当化させる理由となるものでない。

3　監事らの責任について

(一)　争いのない事実など及び証拠（甲22、72、被告菊地恭助）並びに弁論の
全趣旨によれば、同菊地恭助ら監事は、監査の中で道の常例検査報告書を見
ることもあって、道の常例検査の中で固定化債権の問題が指摘された当初か
ら同検査の中で固定化債権の問題が指摘されていることを認識していたこ
と、会計監査に当たっては、備荒貯金元帳、定期貯金台帳、手形貸付金補助
簿残高明細表（甲22）などの帳簿類を見ていたこと、そして、その際、原告
の佐藤興産及び襟裳興産に対する貸付額は、多額に上り、そのほとんどが貯
金担保貸付であると認識していたこと、同菊地恭助ら監事は、平成4年度末
の決算監査を行うに当たって、佐藤興産及び襟裳興産に対する貸付が貸付限
度を超過していること及びその貸付（貯金担保貸付）に当たって担保となる
貯金がなかったことを認識したことが認められる。ところで、同菊地恭助ら
監事は、昭和59年以前から監査規則に従って四半期毎に監査を行っている
ところ、監査にあたっては、監査の重点項目を設定してその業務・会計の各
監査にあたってきた。

178

㈡　監事は、毎事業年度（毎年4月初めから翌3月末日まで）に2回（実際は、4回）、原告の財産及び業務執行の状況が適切に行われているかどうか、監査（会計監査、業務監査）をしなければならないところ、同監査に当たって調査の対象となる事項と関連する資料を見ることができたこと、特に会計監査に当たっては、備荒貯金元帳や手形貸付金補助簿残高明細表などの会計帳簿などの資料を見ることができたこと、そして、常例検査で固定化債権の問題が何度も問題とされてきたこと、そして、佐藤興産及び襟裳興産の貯金担保名目とする手形借入金額がその貸付限度を超えた時期ないしそれ以降も借入額が他の組合員に比して極めて高額に上っていたこと、借入金に対する未返済額の利息が高額に上っていたこと、両社に対する貯金担保の引き当てであった備荒貯金の性格（原告をとおした売上げの3パーセントを備荒貯金として組み入れる。）からして、その貯金額が右貯金担保名目の貸付額に相当する貯金額があるとまで考えにくいこと、また、同菊地恭助ら監事らが右㈠で認識していた事実関係を総合すると、同菊地恭助ら監事（但し、被告渡部を除く。）が少しの注意を払って、両社に関係する部分の貸付元帳、そして備荒・定期貯金の各元帳などの資料を見れば、両社の手形による借入れについて、その貸付限度額を超過したときからそれほど間もない時期（遅くとも、それぞれ超過した年の毎年3月末に行われる期末監査の際）に貸付限度を超過していたことないし貸付に当たって担保となる貯金がなかったことを容易に把握できたものと推認され、同認定を覆すに足りる証拠はない。ところで、被告菊地恭助は、前記認定したとおり佐藤興産に対する貸付について、貸付額が多額で気がかりになったこともあって昭和60年ごろ、当時、信用担当の監事であった被告浜波に佐藤興産の貸付について聞いたことがあるところ、同事実は、同菊地恭助及び同浜波が遅くとも、同時点ころ、佐藤興産に対する不正貸付の事実を気付くことができたことを裏付けている。次に、同渡部であるが、昭和63年5月に監事に就任しているところ、同就任時期に右認定した監事の職責、監査の内容、その際の資料、佐藤興産及び襟裳興産の右借入状況などの事実及び事情を総合すると、佐藤興産の手形による借入れにつき、遅くとも昭和63年度の期末監査の際（平成元年3月末日）には、貸付限度を超過していたことないし貸付に当たって担保となる貯金がなかったことを容

易に把握できたものであって、また、襟裳興産の手形による借入れについては、その貸付限度額を超過したときからそれほど間もない時期（遅くとも、貸付限度を超過した平成元年の３月末に行われる期末監査の際）に貸付限度を超過していたことないし貸付に当たって担保となる貯金がなかったことが容易に把握できたものと推認され、同認定を覆すに足りる証拠はない。ところで、同渡部は、平成元年、２年ころの監査の際、同菊地恭助から佐藤興産の貸付について、それに見合う備荒貯金があるかどうか尋ねられたことがあるところ、同事実は、同菊地恭助及び同浜波が遅くとも、同時点ころ、佐藤興産及び襟裳興産に対する不正貸付の事実を気付くことができたことを裏付けている。

㈢　ところで、被告菊地恭助ら監事は、佐藤興産及び襟裳興産に対する貸付が貸付限度額を超えていること及び貯金担保貸付においてその担保となる貯金が不足していたことを知ったのは、平成４年度の会計監査をした平成５年４月であった旨主張しているが、仮に、その主張のとおりの時期に同不正貸付の事実を知ったとしても、監事としての右職責などからすると、右３㈡で認定したとおりの時期に不正貸付の事実を認識し得べきであって、それを前提として監事の責任が生じるとするのが相当である。

４　理事（被告吉田、被告小室を除く）らの責任について

㈠　証拠（被告吉田、同菊地恭助、同菊地勝彦）及び弁論の全趣旨によれば、理事らは、平成５年５月の理事会で被告菊地恭助ら監事から佐藤興産及び襟裳興産に対する貸付金などについて、具体的な報告を受け、両社に対する貸付が貸付限度を超過していること及びその貸付に当たって担保となる貯金がなかったことを明確に認識したことが認められる。

㈡　そこで、理事ら（被告吉田、被告小室を除く）が佐藤興産及び襟裳興産に対する貸付が貸付限度を超過していたこと及び貯金担保名目での貸付にあたって、担保となる貯金がなかったことを認識することができた時期について検討する。

　ところで、専務理事を除いた理事（代表理事の組合長も含む。）らは、非常勤であって、同人らが貸付業務に関与するのは、理事会においてそれに関する議決権を行使するときであること、しかし、被告小室ら両社の貸付に直接

関与していた原告の職員らは、両社に対する貸付に関して、被告小室が被告吉田に対して後記のとおり話をしたほか平成5年5月の理事会で両社に対する不正貸付が問題として取上げられるまで理事らに対して、両社に対する貸付の話をしたこともなく、原則として、毎月開催される理事会で両社に対する貸付について個別に協議されたこともほとんどなかったことを総合すると、被告福島ら理事ら（被告吉田、被告小室を除く）が佐藤興産に対する貸付額が貸付限度額を超過して間もない時期に限度超過貸付の事実や貯金担保名目の貸付にあたって担保となる貯金がなかったことを認識し得たとまで認めることができず、その他、同時期に認識し得たと認めるに足りる証拠はない。なお、被告同飯田、同幌岩は、佐藤興産に対する貸付額が貸付限度額を超過して間もない昭和58、59年当時、前記認定したとおり理事に就任していなかったものであるから、その時期を前提にしてその認識を問題とすることができないことはいうまでもない。

　そこで、原告らが主張する常例検査での固定債権の問題であるが、確かに、昭和59年度の常例検査で固定化した債権の回収について、指摘を受けているが、その債権の内訳は、購買未収金を除くと、漁業経営維持安定資金などのいわゆる消極的対策資金に関するものであって、佐藤興産らに対する貯金担保貸付が具体的に問題とされてなかったことからすると、右常例検査での指摘からそれを検討するうえで直ちに佐藤興産に対する限度超過貸付の事実とともに貯金担保名目の貸付にあたって担保となる貯金がなかったことまで認識し得たとまで証拠上認められるのか必ずしも明かでない。また、昭和61年10月を基準日とする常例検査で貸付金のうち、固定化した債権について、その種類（手形、証書）、人数、金額を指摘したうえその保全と回収について、指摘を受けているが、その指摘の内容（特に、金額）と当時の佐藤興産に対する貸付債権額からすると、佐藤興産に対する貸付金は、同指摘の対象になっていなかったことが窺え、特に、貯金担保による貸付は、同指摘事項の対象とはなっていなかったことが窺われる。そうすると、右昭和61年度の常例検査の指摘からそれを検討するうえで直ちに佐藤興産に対する限度超過貸付の事実とともに貯金担保名目の貸付にあたって担保となる貯金がなかったことまで認識し得たとまで証拠上認められるのか必ずしも明かでな

い。そして、昭和63年10月を基準日とする常例検査で貸付金のうち、固定
化した債権について、貸付金、未収利息など10億円を超える固定化した債
権の存在とともに決裁権限に抵触しないようにするため、短期間に同一目的
の資金を数回に分割して貸付ている例、そして、備荒貯金など通帳を担保と
する貸付にあたって、担保差入れ証や当該貯金通帳などを必ず預かるよう指
摘を受けているところ、そのような指摘内容は、佐藤興産の多額に上ってい
た未収利息金、理事会での承認を回避するため佐藤興産に対して短期間に分
けて資金の貸付をしていること、そして、佐藤興産に対する貯金担保名目と
する貸付との間で関連性があり、そのことに関して、理事会において、職員
らに調査を命じたり、また、調査にしたがって具体的に検討、協議をしてい
たとすると、佐藤興産に対する限度超過貸付に事実とともに貯金担保名目の
貸付にあたって担保となる貯金がなかったことまで認識し得たと考えられ
る。ところで、右昭和63年10月を基準日とする常例検査の指摘事項につい
て、別紙常例検査表四の指摘事項に対する理事会の回答のとおり同年11月
25日の理事会で回答をしているが、仮に、佐藤興産に対する貸付に関して
右指摘事項に沿って具体的に検討、協議されていれば、同日開催の理事会な
いしそれに引続いて開催された理事会で佐藤興産に対する不正貸付が問題と
なり、その後の措置などを含めて協議などがなされ、したがって、被告小
室、同吉田、同幌岩を除く理事であった被告らは、いずれも同各理事会に出
席していたところ、その時期ころ、佐藤興産に対する限度超過貸付に事実と
ともに貯金担保名目の貸付にあたって担保となる貯金がなかったことまで認
識し得たと考えられる。

　そうすると、遅くとも、同常例検査の指摘事項について協議した昭和63
年11月25日の理事会の時期ないし同年12月末日ころまでには、その当時
理事としての地位にあった被告ら（被告吉田、同小室、同幌岩を除く）は、佐
藤興産に対する右不正貸付の事実を認識し得たと推認され、同事実を覆すに
足りる証拠はない。

　また、理事としての地位にあった被告ら（被告吉田、同小室、同幌岩を除く）
は、襟裳興産に対する不正貸付の事実について、佐藤興産に対する不正貸付
の事実を右認定した当時認識していたとすると、その当時ないしそれ以降、

佐藤興産に対する不正貸付と同様の貸付があるのかどうか見直しがなされたり、そのような不正貸付が生じないようにするための方策などが具体的になされた可能性が高く、佐藤興産と関連性のある襟裳興産に対する貸付について、具体的な注意が払われた可能性が高いので、遅くとも、襟裳興産に対する貸付限度額を超過して間もないころには、その不正を含む不正貸付の事実を認識し得たと考えられる。

㈢　被告幌岩であるが、平成 3 年 5 月 13 日に理事に就任しているところ、同就任直後の同月 27 日の理事会において、同年 1 月に行われた常例検査での指摘事項（別紙常例検査表六の指摘事項記載のとおりの内容）について報告され、固定化債権の解消について協議（具体的な協議内容は、本件での証拠によっても、必ずしも明かでない。）されているが、同就任時期ないしその協議から直ちに、佐藤興産及び襟裳興産に対する貸付限度超過の貸付及び貯金担保不存在の貸付の事実を認識することが可能であったとまで認定することができず、その他、同人が佐藤興産及び襟裳興産の不正貸付について、その後平成 5 年 5 月の理事会で議題となって協議されるまで、両社に対する貸付限度超過貸付などの不正貸付を認識し得たとまで認めるに足りる証拠がなく、かえって、同年 5 月に佐藤興産及び襟裳興産に対する不正貸付について協議されるまで理事会で協議されたことが無かったことからすると、同不正貸付を認識できなかったことに責められるべき点はないと考えられる。

　そうすると、同幌岩に対する原告の本件請求は、その余の点について判断するまでもなく理由がないといわざるを得ない。」

【実務上の意義】

　この事案は、漁協が準組合員である有限会社らに貸付けをしたところ、回収不能になったため、漁協が理事、監事らに対して回収不能に係る損害につき損害賠償を請求した事件である。この事案は、漁協が理事ら（組合長、専務理事、非常勤理事）、監事らに対して準組合員に対する貸付けに係る回収不能の損害につき損害賠償を請求し、理事・監事の漁協に対する法的な責任が問題になった事件である。この事案は、水協法に基づき設立された中間法人である漁協の貸付け（融資）が問題になったこと、組合の準組合員である有限会社に対する貸付けが回収不能になったこと、有限会社らに対する貸付け

が貸付最高限度額を超過するものであったり、貯金担保融資であるのに、貯金がなかったこと、融資等に関与した理事・監事らの損害賠償責任が問題になったこと、理事らの忠実義務違反・監督義務違反等が問題になったこと、理事らの漁協に対する同法 37 条、不法行為に基づく損害賠償責任が問題になったことに特徴がある。

この判決は、各理事・各監事につき不正な貸付け等を知り得た時期をそれぞれ認定し、理事らの法的な責任を認めたうえ、責任の時期を認定し、民事訴訟法 248 条を適用し、具体的な損害賠償責任を認めたものである。この判決は、理事、監事らの法的な責任が融資の担当職員らによる不正な貸付け等を具体的に知り得た時期を、各人ごとに詳細に認定し、その当時の貸付状況を踏まえた各人ごとの損害賠償額の算定を試み、結局、同条を適用し、損害賠償額を算定したものであるが（理事の一人については、その就任時期に照らして、不正貸付けを認識することができなかった等とし、その責任を否定した）、理事、監事らのこの事案の貸付けへの関与は、積極的な関与だけでなく、監視・監督義務を介する義務違反もあり得るものであって、この検討が十分とはいえず、この判決の論理には疑問が残る。

> **〔裁判例 17〕整理回収機構が経営破綻した信用組合の理事らに対して貸金の回収不能に係る善管注意義務違反を追及した事例**（大阪地判平成 12・5・24 判時 1734 号 127 頁）

【事案の概要】

A 信用組合は、無担保で高額の株式投資資金を B 有限会社に対して貸し付けたところ、B が倒産し、貸金が回収不能になり、A が破綻し、A から事業の譲渡を受けた X 株式会社（株式会社整理回収銀行。後に株式会社整理回収機構）が A の理事であった Y_1（理事長）、Y_2（専務理事・常務理事）、Y_3（常務理事）に対して善管注意義務違反を主張し、中小企業等協同組合法（中協法）38 条の 2、不法行為に基づき損害賠償を請求した。

この判決は、理事らの善管注意義務違反を肯定し、請求を認容した。

【判旨】

「(1)　被告龍治は理事長として三福信用組合の全般的経営をなすべき義務を負っており、そうである以上、個別の貸付について担保が十分に確保されているかどうかを検討しなければならなかった。そして、本件貸付はいずれも貸付審査会の承認を必要とし、被告龍治は貸付審査会における審査、決裁を通じて、本件貸付の大幅な担保不足を認識することが可能であった。

　にもかかわらず、被告龍治は本件貸付の一部については、貸出稟議書に決裁印を押して承諾し、決裁印を押していないものについては、自ら審査をなすべき義務を怠って、他の理事の業務執行を看過し、その結果信用組合として本来行うべきではない本件貸付を実行させた。

　したがって、被告龍治は理事としての善管注意義務を怠ったものであり、中小企業等協同組合法38条の2第1項により、三福信用組合が本件貸付により被った損害を賠償すべき義務を負う。

(2)　被告龍彦は、専務理事又は常務理事として、日常業務の処理又は業務全般の運営に参画する義務を負っていたにもかかわらず、本店営業部に対し、本件貸付の稟議書を作成して貸付審査会の決裁を受けるべく指示し、大幅な担保不足である本件貸付の実行に積極的に関与した。

　また、貸付審査会の一員として、本件貸付の一部について決裁印を押して承諾し、決裁印を押していないものについては、自ら審査をなすべき義務を怠って、他の理事の業務執行に委ね、本件貸付を実行させたものである。

　したがって、被告龍彦は理事としての善管注意義務に違反し、中小企業等協同組合法38条の2第1項により、三福信用組合が本件貸付により被った損害を賠償すべき義務を負う。

(3)　被告彰彦は、常務理事として業務全般の運営に参画する義務を負い、1000万円以上の金銭の出入りを管理していたから、個別の貸付について、回収の見込みがあるか、担保が十分に確保されているかどうかを検討しなければならなかった。そして、本件貸付はいずれも貸付審査会の承認を必要とし、被告彰彦は貸付審査会における審査、決裁を通じて、本件貸付の大幅な担保不足を認識することが可能であった。

　にもかかわらず、被告彰彦は本件貸付の一部については、貸出稟議書に決

第6章　一般社団法人等の理事・監事の責任をめぐる裁判例

裁印を押して承諾しており、決裁印を押していないものについても、貸付審査会の構成員として、回収の見込みがあるか、担保が十分に確保されているかを審査すべき立場にあったのにそれを怠り、他の理事の違法な業務執行を看過していたから、理事としての善管注意義務に違反し、中小企業等協同組合法38条の2第1項により、三福信用組合が被った損害を賠償すべき義務を負う。

なお、被告彰彦は、自らは融資の直接の担当者ではないうえ、各営業店の責任者や審査部の審査を経た貸出稟議書を、書面上不備な点や不審な点がないかどうかを確認して決裁したにすぎないと主張して自らの責任を争うが、被告彰彦は貸付を直接担当していなくとも、貸付審査会の構成員であり、融資が適切であるかどうか判断しなければならない立場にあり、また本件貸付の貸出稟議書は、それ自体の記載から、本件貸付が大幅な担保割れであることを認識することができるから、被告彰彦の主張は採用できない。」

【実務上の意義】

この事案は、信用組合が無担保で多額の株式投資資金を有限会社に貸し付けたところ、会社が倒産し、貸金が回収不能になったため、経営破綻した信用組合の事業の譲渡を受けた整理回収機構が信用組合の理事ら（理事長、専務理事、常務理事）に対して損害賠償を請求した事件である。この事案は、経営破綻した信用組合から事業の譲渡を受けた法人が信用組合の理事らに対して損害賠償を請求し、理事らの信用組合に対する損害賠償責任が問題になった事件である。この事案は、中協法に基づき設立された中間法人である信用組合の貸付け（融資）が問題になったこと、貸付けが無担保、株式投資資金であったこと、信用組合の有限会社に対する貸付けが倒産により回収不能になったこと、理事らの信用組合に対する損害賠償責任が問題になったこと、理事らの善管注意義務違反が問題になったこと、理事らの同法38条の2第1項、不法行為に基づく責任が問題になったこと、信用組合の経営破綻後、事業譲渡がされ、理事らの損害賠償責任が追及されたことに特徴がある。この事案は、バブル経済の崩壊後における多数の金融機関の経営破綻に伴う事件のうちの1件である。

この判決は、理事長、専務理事、常務理事の各職責を前提とし、各理事に

つき担保不足の貸付けに関する審査、決裁の善管注意義務違反を肯定したものであり、事例判断として参考になるものである。

> ### 〔裁判例 18〕整理回収機構が経営破綻した信用組合の理事らに対して貸金の回収不能に係る善管注意義務違反を追及した事例（大阪地判平成 12・9・8 判時 1756 号 151 頁）

【事案の概要】

A 信用組合は、B 有限会社に土地の購入代金等として 4 億円余を融資を行ったところ、B が倒産し、回収が困難になり、経営破綻した A が資産を C 株式会社（株式会社整理回収銀行）に譲渡し、C が吸収合併され、X 株式会社（株式会社整理回収機構）になった後、X が A の理事長 Y_1、専務理事 Y_2、常務理事 Y_3、B の代表取締役 Y_4 に対して、Y_1 らの善管注意義務違反等を主張し、不法行為に基づき損害賠償を請求した。

この判決は、理事らの善管注意義務違反を肯定し、請求を認容した。

【判旨】

「㈠ 被告龍治の行為の違法性について

被告龍治は、理事長として三福信組の業務全般について総轄する責任を負っていたのであり、しかも本件各貸付け当時、三福信組の債務超過の状況は悪化の一途をたどっていたのであるから、自ら直接に決裁する貸付けについて、債権回収の確実性について検討し、十分な確実性が認められない場合には融資を実行しないとの判断をすべき義務を負っていたのはもちろんのこと、自らが直接には決裁しない貸付けについても、不適切な貸付けが実行されないよう他の理事を監視する義務を負っていたものと認められる。

にもかかわらず、被告龍治は、甲貸付けについては、貸出稟議書に自ら決裁印を押して、違法な貸付けを実行するとの判断をし、乙貸付けについても稟議書に押印して、違法な貸付を行うという被告龍彦の判断を追認したものであるし、丙貸付けについては、決裁権者である専務理事の被告龍彦に対する監視を怠り、よって違法な貸付けを実行させたものであるから、本件各貸

付けについて理事長としての善管注意義務を怠ったものであると認められるし、右各行為は、三福信組に対する不法行為を構成するというべきである。

㈡　被告龍彦の行為の違法性について

　被告龍彦は、三福信組の専務理事として理事長を補佐して業務を執行する義務を負っていたのであるから、理事長を補佐するという点からの制限はあるものの、被告龍治と同様の義務を負っていたものと認められる。

　にもかかわらず、被告龍彦は、甲貸付けについては、理事長専決である案件であったため、自ら決裁したものではないが、前記の事務処理の流れからすれば、被告龍治が決裁する以前に、違法な貸付けの実行を容認していたものと認められ、また、乙貸付け、丙貸付けについては、自らこれを実行するとの判断をし、違法な貸付けを実行したのであるから、本件各貸付けについて理事としての善管注意義務を怠ったものであると認められる。

　また、右各行為は三福信組に対する不法行為を構成するというべきである。

㈢　被告彰彦の行為の違法性について

　被告彰彦は、三福信組の常務理事として理事長及び専務理事を補佐して業務を処理する義務を負っていた上、総務と経理の総括責任者として、三福信組の債務超過の状況や大阪府の検査に基づく指摘事項については当然認識していたと認められるので、理事長及び専務理事の補佐という点からの制約はあるとしても、被告龍治及び被告龍彦と同様の監視義務を負っていたものと認められる。

　そして、被告彰彦は、本件各貸付けについて、これを実行するかどうかを判断するという職務を直接行ったわけではないとはいえ、事前に落合から本件計画に対する融資について相談を受け、融資申込みを勧めていたこと、大口融資案件については審査部から被告彰彦に対し資金繰りの照会が行われていたことなどを総合考慮すると、少なくとも本件各貸付けが実行されることを、事前に認識し得る立場にあったものと認めるのが相当である。

　にもかかわらず、被告彰彦が、本件各貸付けの実行を看過したのは、他の理事の行為に対する監視を怠り、よって違法な貸付を実行させたものというべきである。

188

したがって、被告彰彦は、本件各貸付けについて理事としての善管注意義務を怠ったものと認めるのが相当であり、また、右各行為は三福信組に対する不法行為を構成するというべきである。」

【実務上の意義】

　この事案は、信用組合が有限会社に土地の購入代金等を貸し付けたところ、貸金の回収が困難になったため、経営破綻した信用組合の事業の譲渡を受けた整理回収機構が信用組合の理事ら（理事長、専務理事、常務理事）に対して損害賠償を請求した事件である。この事案は、経営破綻した信用組合から事業の譲渡を受けた法人が信用組合の理事らに対して損害賠償を請求し、理事らの信用組合に対する損害賠償責任が問題になった事件である。この事案は、前記〔裁判例17〕大阪地判平成12・5・24判時1734号127頁と同一の信用組合、その理事らが問題になったこと、中小企業等協同組合法（中協法）に基づき設立された中間法人である信用組合の貸付け（融資）が問題になったこと、信用組合の有限会社に対する貸付けが回収困難になったこと、理事らの組合に対する損害賠償責任が問題になったこと、理事らの同法38条の2所定の責任、不法行為責任が問題になったこと、理事らの善管注意義務等違反が問題になったこと、信用組合の経営破綻後、事業譲渡がされ、理事らの損害賠償責任が追及されたことに特徴がある。

　この判決は、理事長、専務理事、常務理事について、自ら直接に決裁する貸付けにつき債権回収の確実性について検討し、十分な確実性が認められない場合には融資を実行しないとの判断をすべき義務を負うとともに、自らが直接には決裁しない貸付けについても、不適切な貸付けが実行されないよう他の理事を監視する義務を負うとし、善管注意義務違反、不法行為責任を認めたものであり、事例判断として参考になるものである。

〔**裁判例19**〕整理回収機構が経営破綻した信用組合の理事らに対して貸金の回収不能に係る善管注意義務違反を追及した事例（大阪地判平成13・3・30判タ1072号242頁）

第6章　一般社団法人等の理事・監事の責任をめぐる裁判例

【事案の概要】

　A信用組合は、土木建築業者であるB株式会社等に対してそれぞれ10億円前後の融資を行い、回収が不能になり、経営破綻したAが資産をC株式会社（株式会社整理回収銀行）に譲渡し、Cが吸収合併され、X株式会社（株式会社整理回収機構）になった後、XがAの理事Y_1、Y_2、Y_3（理事長・専務理事・常務理事）に対して、大口規制違反、無担保融資・融資の調査不足・善管注意義務違反等を主張し、債務不履行に基づき損害賠償を請求した。

　この判決は、理事らの融資につき善管注意義務違反を認め、請求を認容した。

【判旨】

「2　争点②（被告らは善管注意義務違反による責任を負うか否か）について

(1)　田辺信用組合では、貸付事務取扱規定等の上で、理事長、専務理事が与信残高50万円以上の案件について、本部審査部長の審査を経た後、決裁を行うとされており（甲6、13、14、42ないし45、53ないし55）、亡橘、被告苅田は、本件第一融資のうちの1、2番融資及び本件第2、第3融資について、それぞれ理事長、専務理事として決裁を行った。さらに、田辺信用組合では、この融資審査体制をより厳格にするようにとの大阪府からの指摘を受けて、平成8年5月31日、亡橘（理事常勤顧問）、被告苅田（理事長）、被告辰巳（専務理事）、被告阪口（常務理事）ら6名を構成員とする融資審査役員会を設置することとし、田辺信用組合内にもその旨の通牒を発していた（甲7、67の2、被告阪口、同苅田）。

　融資審査役員会では、その審査対象案件を、①田辺信用組合（プロパー）与信8億円超又は総与信（含代理貸付）10億円超の先柄に対する5000万円を越える新規与信、②1件（分割取扱いの場合は合計）5億円を超える新規与信、③取扱い後担保不足額が3億円超となる5000万円を超える新規与信、④4分類、6か月以上延滞の先柄に対する5000万円を超える新規与信、⑤同役員会の定める特定グループ又は先柄に対する新規与信とした上、その審査方法としては、全員一致による協議を原則とし、一人でも反対する構成員があれば案件を差し戻すとの厳格な審査体制が採られていた（甲7の1、67の2）。

190

なお、融資審査役員会は、当初週に２回の頻度で開催される会合において
審議がなされることが予定されていたが（甲７の１、67の２）、その審査対象
案件が多数に上ることから、各構成員が、各々貸付申請書の審査意見欄中の
「認可」ないし「否決」欄に押捺する方法で、持ち回りによって決裁すると
の慣行が確立していた（被告苅田）（被告辰巳は、持ち回りで有効な決議がなさ
れるためには、何らかの積極的な根拠が必要であると主張するけれども、そのよ
うに解すべき理由はない。）本件第一融資のうち３番融資以降の融資について
は、融資審査役員会において決裁がなされた。

(2)　信用組合に対して善管注意義務を負う理事は、融資実行の決裁に際して
は、この善管注意義務の一態様として、貸付金がその後確実に回収され信用
組合が損害を被らないように、調査を尽くし担保措置を講ずるなどすべきで
あり、仮に当該融資が信用組合に損害を与えるものであれば、その旨を積極
的に進言し、融資実行を阻止すべき義務を負っているといわねばならない。

(3)　本件についてこれをみると、亡橘及び被告苅田については、亡橘は理事
長ないし融資審査役員会の構成員（理事常勤顧問）として、被告苅田は専務
理事ないし融資審査役員会の構成員（理事長）として、常に田辺信用組合の
経営の中枢にあって、強い発言権を持ち、本件各融資のすべてについて積極
的に関与し決裁してきたことが認められるのであるから（乙４、丙６、７、
丁19、22、戊27、被告苅田、同辰巳、同阪口）、いずれも、本件各融資のすべ
てにつき善管注意義務違反による責任を負うものといわねばならない。

　被告辰巳、同阪口については、被告辰巳は本件第一融資中３ないし７、
９、10番融資、同阪口は本件第一融資中３番以後の各融資の際に、貸出事
前協議書ないし貸出申請書の審査意見欄等に自ら「認可」する旨の押捺をな
し決裁を行っているのであるから、同被告らが、これらの融資について理事
として善管注意義務違反による責任を負うべきことは明らかである。

(4)　被告辰巳、同阪口は、融資審査役員会の設立は形を整えるためだけのも
ので、その設置後も融資決裁権限は亡橘、被告苅田が握っていて被告辰巳、
同阪口には決裁権限はなかったのであり、実際融資実行前に稟議がなされる
こともなく、被告辰巳、同阪口らは融資実行後、機械的に認可欄に押捺して
いたにすぎないと主張する。しかしながら、融資審査役員会が被告辰巳、同

第6章　一般社団法人等の理事・監事の責任をめぐる裁判例

阪口らもその構成員として設置されたことは前記認定のとおりであり、したがって同被告らも亡橘、被告苅田らと同様、同役員会の構成員理事として融資決裁に当たり、当該融資を実行しても回収不能に至ることが見込まれ田辺信用組合に損害を与えることになるということを認識していれば、これに対し反対の意見を具申し、当該融資の実行を阻止すべき義務を負っていたのである。したがって、被告辰巳、同阪口らの上記主張は採用できない。」

【実務上の意義】

　この事案は、信用組合が株式会社らに多額の貸付けをしたところ、貸金の回収が不能になったため、経営破綻した信用組合の事業の譲渡を受けた整理回収機構が信用組合の理事ら（理事長、専務理事、常務理事）に対して損害賠償を請求した事件である。この事案は、経営破綻した信用組合から事業の譲渡を受けた法人が信用組合の理事らに対して損害賠償を請求し、理事らの信用組合に対する損害賠償責任が問題になった事件である。この事案は、前記〔裁判例17〕大阪地判平成12・5・24判時1734号127頁等と同様な事件であり、中小企業等協同組合法（中協法）に基づき設立された中間法人である信用組合の貸付け（融資）が問題になったこと、信用組合の株式会社らに対する貸付けが倒産により回収不能になったこと、理事らの組合に対する損害賠償責任が問題になったこと、理事らの善管注意義務違反が問題になったこと、理事らの債務不履行責任が問題になったこと、信用組合の経営破綻後、事業譲渡がされ、理事らの損害賠償責任が追及されたことに特徴がある。この事案は、バブル経済の崩壊後における多数の金融機関の経営破綻に伴う事件のうちの1件である。

　この判決は、理事の善管注意義務について、融資実行の決裁に際しては、善管注意義務の一態様として、貸付金がその後確実に回収され信用組合が損害を被らないように、調査を尽くし担保措置を講ずるなどすべきであり、仮に当該融資が信用組合に損害を与えるものであれば、その旨を積極的に進言し、融資実行を阻止すべき義務を負っているとしたこと、この事案の理事長、専務理事、常務理事は、常に信用組合の経営の中枢にあり、強い発言権を持ち、各融資のすべてについて積極的に関与し決裁してきたことから、善管注意義務違反による責任を負うとしたことを判示しており、事例判断とし

192

て参考になるものである。

〔裁判例 20〕整理回収機構が経営破綻した信用組合の理事長らに対して貸金の回収困難に係る善管注意義務違反を追及した事例（大阪地判平成 13・5・28 判時 1768 号 121 頁、金判 1125 号 30 頁）

【事案の概要】

　A 信用組合は、土木建築等を業とする B 株式会社等に対して土地開発プロジェクトに関して融資を行ったところ、回収が困難になり、経営破綻した A が資産を C 株式会社（株式会社整理回収銀行）に譲渡し、C が吸収合併され、X 株式会社（株式会社整理回収機構）になった後、X が A の理事長 Y_1、専務理事 Y_2、理事 Y_3 に対して、大口規制違反、不十分な審査、善管注意義務違反等を中小企業等協同組合法（中協法）38 条の 2 第 1 項に基づき主張し、損害賠償を請求した。

　この判決は、一部の融資につき Y_1 らの善管注意義務違反を肯定し（第一融資ないし第五融資のうち、第四融資、第五融資の義務違反を認めた）、請求を認容した。

【判旨】

「(2)　理事の経営判断と安全性の原則

　ところで、信用組合の理事といえども、信用組合という中小規模の金融機関の維持運営を、組合員により包括的に委託されている者であるから、経営の専門家たる取締役と本質的に変わるところはなく、組合を取り巻く複雑かつ流動的な諸状況の下で、その任務を遂行するため、専門的な知識と経験に基づき、合目的的かつ政策的な判断を常に求められているものであって、その総合的判断を下すに当たっての理事の裁量はその性質上自ずから広い裁量が認められているというべきである。

　したがって、信用組合の理事がした融資決裁上の判断により、結果的に当該融資が回収不能となって組合に損害をもたらしたとしても、それだけで直ちに理事の善管注意義務違反があったということはできず、融資時点で回収

不能となることが相当程度予見され、又は予見され得べき状態であるにもかかわらず、十分な担保を取らずに融資を実行する等（最高裁第三小法廷昭和53年12月12日判決・金融法務事情884号27頁参照）、その判断が信用組合の理事として著しく不合理なものであるか、もしくは不注意による事実誤認により、結果的に著しく不合理な判断を行った場合に限り、上記裁量を逸脱したものとして善管注意義務違反になるものというべきである。そして、かかる裁量の逸脱の有無を判断するに当たっては、融資の条件、内容、担保の有無、内容、借主の財産、経営の状況等を考慮することはもちろん、信用組合の経営状況、経済的社会的状況等の諸事情も含めて総合的に判断することが必要である。

（中略）

(1) 第一融資について

ア 第一融資当時、既に府民住宅グループにおいて実質的延滞が生じていたこと、府民住宅グループは、平成4年度において合計40億円以上の未処理損失を有し、売上高は支払利息と比較しても微々たるものであったこと、大和信組の府民住宅グループに対する融資残高は約50億円で、ジャパン地所だけをみても6億円以上となっていること、バブル崩壊により平成3年以降土地価格が下落し、府民住宅グループが保有している固定資産も大きく目減りしていることが推測されることなどからすれば、当時の債務者の資力には相当程度の不安があったといえる。

　また、不動産担保についても、担保価格と比較すると1億4,073万3,000円の不足、根抵当権実質枠と比較すると5,194万1,000円の担保不足が生じており、十分な担保があったともいえない。

イ しかしながら、府民住宅グループは、不動産を買い集めて開発し、付加価値をつけて売却することを事業内容とする企業グループであることからすれば、実質的延滞や未処理損失の存在が直ちに返済能力の喪失を意味しないし、平成5年当時、不動産関係の景気には明るい兆しもあり、再び地価が上昇すると予想した当時の経済人も少なくなかったことも考慮すると、客観的にみて、債務者の資力が決定的に不足していたとはいえない。

　また、第一融資においては、東側斜面地の売却代金が返済原資とされてい

たところ、融資がなされた平成5年2月当時、日本開発公社と大阪府土地開
発公社との間の売買交渉は大詰め段階に至っており、近いうちに多額の売却
代金が府民住宅グループに入る蓋然性が高かったものであり、このような事
実を考慮に入れれば、多少の担保不足は心配に足りないと判断したことにつ
いても合理的な理由があると評価できる。

ウ　しかも、第一融資の資金使途は、東側斜面地の売却にかかる費用とされ
ているところ、仮に、この融資を行わないとすれば、ほとんど決まりかけて
いる東側斜面地の売却が頓挫することにもなりかねなかったのであって、第
一融資が回収できない危険があったものの、東側斜面地の売却により既往融
資額が回収できる見通しが高かったこと（実際にも、東側斜面地が大阪府土地
開発公社に売却できたことにより、大和信組の府民住宅グループに対する多くの
既往融資が回収できている。）を考慮すれば、第一融資を実行することは信用
組合の理事の判断として必ずしも不合理とはいえない。

エ　以上からすれば、第一融資が実質的に大口融資規制に反するものであ
り、回収の安全性について慎重に判断しなければならないことを考慮しても
なお、当時の具体的状況に照らすと、被告大原及び被告岡田の同融資の決裁
における判断が、信用組合の理事として著しく不合理であるとまではいえ
ず、この点に関する原告の主張は理由がない。

（中略）

(4)　第四融資について

ア　第四融資当時、債務者の資力に相当程度の不安があったことはこれまで
の融資と同様であるし、大和信組の府民住宅に対する融資残高は14億円以
上に及んでおり、府民住宅単独でも大和信組の信用供与限度額を超過してい
る。また、東側斜面地が売却されているにもかかわらず、第一及び第二融資
が返済されることなくその返済期限を徒過していることなどを考えると、第
四融資の回収は困難な状況に陥っていたことは明らかである。

　しかも、第四融資は、融資金額が4億5,000万円と極めて多額であり、そ
の回収の安全性にはより細心の注意が必要であったというべきである。

イ　さらに、第四融資においては、「保全面14百万生ずるも不安感ない。」
と記載されているとおり、当初から保全不足であったことは明らかであり、

しかも、稟議書に添付された「貸付内容明細一覧表（不動産等担保評価）」（甲21の4）において、第四融資の4億5,000万円が貸付金残高に含まれていないこと、売却予定のため根抵当権を抹消した寝屋川市国守町（中略）等の土地（東側斜面地の一部）を担保として列挙していること、物件G、Hの根抵当権は第2順位であるため担保価値が極めて低いこと、物件Iについて時価よりも高い坪当たり89万円の評価をしていることなどを総合すると、実際には極めて多額の担保不足に陥っていることは明白であり、少なくとも5億円以上の担保不足が生じているものといえ、無担保の融資とほぼ同視できるものである。

　しかも、第四融資は、稟議書上の資金使途とは異なり、寝屋川市大字打上（中略）等の土地（いちょう園の敷地）の購入資金にあてられているところ、同土地を担保に取っていない（なお、事前協議の際に、本部において支店長谷本が口頭で実際の資金使途を説明していることは、前記事実認定のとおりである。）。

ウ　以上からすれば、第四融資が回収不能となることは決裁時において十分に予見されたものというべきであり、しかも、融資金が極めて多額であり、大口融資規制違反が明白であること、資金使途や返済原資に関する審査が極めてずさんで、大阪府の検査の目を免れるために資金使途について虚偽の記載まで行っていることなどを考え併せると、被告らの同融資の決裁における判断は、信用組合の理事として著しく不合理であるといわざるを得ず、善管注意義務違反があったものと認められる。」

【実務上の意義】

　この事案は、信用組合が株式会社等に対して土地開発プロジェクトに関して融資を行ったところ、回収が困難になり、経営破綻後、資産の譲渡を受けた整理回収機構が信用組合の理事ら（理事長、専務理事、理事兼審査管理部長）に対して損害賠償を請求した事件である。この事案は、経営破綻した信用組合から事業の譲渡を受けた法人が信用組合の理事らに対して損害賠償を請求し、理事らの信用組合に対する損害賠償責任が問題になった事件である。この事案は、中間法人である信用組合の理事らの責任が問題になったこと、信用組合の融資が回収困難になったこと、信用組合の融資が土地開発プロジェ

クトであったこと、信用組合が経営破綻したこと、理事らの中協法38条の2第1項所定の責任が問題になったこと、理事らの善管注意義務違反が問題になったことに特徴がある。

この判決は、信用組合の理事の裁量について、経営の専門家たる取締役と本質的に変わるところはなく、組合を取り巻く複雑かつ流動的な諸状況の下で、その任務を遂行するため、専門的な知識と経験に基づき、合目的的かつ政策的な判断を常に求められているとしたこと、理事は、この総合的判断を下すに当たっての理事の裁量はその性質上おのずから広い裁量が認められているとしたこと、信用組合の理事がした融資決裁上の判断により、結果的に当該融資が回収不能となって組合に損害をもたらしたとしても、それだけで直ちに理事の善管注意義務違反があったということはできないとしたこと、融資時点で回収不能となることが相当程度予見され、または予見され得べき状態であるにもかかわらず、十分な担保をとらずに融資を実行する等、その判断が信用組合の理事として著しく不合理なものであるか、もしくは不注意による事実誤認により、結果的に著しく不合理な判断を行った場合に限り、裁量を逸脱したものとして善管注意義務違反になるとしたこと、理事の裁量の逸脱の有無を判断するに当たっては、融資の条件・内容、担保の有無・内容、借主の財産・経営の状況等を考慮することはもちろん、信用組合の経営状況、経済的社会的状況等の諸事情も含めて総合的に判断することが必要であるとしたこと、この事案につき、5件の融資を検討し、2件の融資の善管注意義務違反を肯定したことに特徴がある。この判決は、信用組合の理事の経営上の判断・裁量について、会社の取締役と本質的に異なるものではないとし、経営判断の原則の適用を認めているが、理論的に参考になるものであり、公益法人、中間法人の理事らの経営者についても、法人の種類、業務・義務等の事情によって異なる側面はあるものの、経営上、運営上の裁量を認めることが合理的である。また、この判決は、信用組合の理事の融資上の判断につき善管注意義務違反を肯定した事例としても参考になるものである。もっとも、この判決は、信用組合の理事らの経営上の裁量を認めるに当たって、最三小判昭和53・12・12金法884号27頁を参考判例として引用するが、この判決は、株式会社の取締役の第三者に対する商法266条ノ3所定の

第6章　一般社団法人等の理事・監事の責任をめぐる裁判例

責任が問題になった事案について、「商法266条ノ3第1項前段の規定は、株式会社の取締役が悪意又は重大な過失により会社に対する義務に違反し第三者に損害を被らせたときは、当該取締役は、右任務懈怠の行為と相当因果関係のある損害を直接第三者に賠償する責めに任ずべきことを定めたもの、と解すべきであるから（最高裁昭和39年(オ)第1175号同44年11月26日大法廷判決・民集23巻11号2150頁参照）、本件において、富士建匠の代表取締役であつた上告人が被上告人に対し右条項による損害賠償責任を負わなければならないとするためには、上告人が、玉工事の返済不能により自社の資産状態を極度に悪化させるに至るべきことを予見し又は予見し得たにもかかわらず、悪意ないし重大な過失により玉工事への貸付をその後も漫然継続させた結果富士建匠を倒産するに至らせ、そのために富士建匠の債権者である被上告人に対する弁済を不能にし、被上告人に損害を被らせたことを要するものというべきである。」と判示しているものであり、必ずしも的確な引用であるとはいいがたい。

〔裁判例21〕組合員、金融管財人が経営破綻した信用組合の理事、代表理事の相続人に対して貸金の回収不能に係る忠実義務違反を追及した事例（東京地判平成13・5・31判時1759号131頁）

【事案の概要】

　A信用組合は、その理事Bが代表者をしていたC株式会社とそのグループ会社に融資を行い、69億円余の融資が回収不能になったため、Aの組合員X₁が代表訴訟により融資に関与したAの理事Y₁、代表理事Dの死亡後の相続人Eら（相続人らによって選定当事者Y₂が選定された）に対して中小企業等協同組合法（中協法）38条の2第1項、42条に基づき損害賠償を請求したところ、組合員X₂、X₃が参加を申し出、Aにつき金融機能の再生のための緊急措置に関する法律（金融再生法）が適用され、Zが金融管財人に選任され、Zが代表者としてAが代表訴訟に共同訴訟参加した。

　この判決は、X₁らの訴えが不適法になったとし、却下し、Y₁らの忠実義

務違反による損害賠償責任を認め、ZによるAの請求を認容した。

【判旨】

「二　被告金聖中及び許弼奭の忠実義務違反の責任

　以上の認定事実によれば、東京商銀の本店長理事であった被告金聖中と理事長代表理事であった許弼奭は、松本祐商事の資金調達のために、フェニックス、日本ゴルフ信販、シティリースなどの関連会社の名義をも利用して法律による大口融資規制を回避しつつ多額の融資を行い、他方で、短期間に与信が大幅に拡大しているにもかかわらず、むしろその間に有価証券担保などの担保を解除するなどして担保を圧縮し、これによっても松本祐商事の資金調達の便宜を図っていたものと認められるのであって、その結果、東京商銀に対し、松本祐商事名義の47億6871万3758円、フェニックス名義の10億円及びシティリース名義の10億5400万円の合計68億2271万3758円の回収不能の債権を少なくとも生じさせたものであり、信用協同組合の理事として組合のため忠実に職務を遂行すべき義務に違反し、違法に取引先の利益を図ったものと評価するのが相当である。したがって、被告金聖中と許弼奭は、中小企業等協同組合法42条によって準用される商法254条ノ3の規定する忠実義務に違反し、組合に対する任務を怠ったものであるから、中小企業等協同組合法38条の2第1項に基づき、東京商銀に対し連帯して損害賠償の責めに任ずべきものである。なお、本件では、融資全体にあらわれた諸事情から判断して、継続的融資を全体として評価した結果、これを忠実義務に違反する行為であると認められるのであり、このような場合、個々の融資についての違法性を検討する必要性はない。

　被告らは、松本祐商事の絶大な信用力を信頼して融資したなどと主張して責任を否定する。たしかに、松本祐商事が日経ビジネスの未上場会社ランキングで上位にランクされたことなどから、バブル経済の下で大きな信用力があったであろうことは一応認められ、他方で、当時の経済情勢・金融行政などの動向から、融資先の開拓等の資金運用が困難を極めていたであろうことも一応推測できるけれども、そうであるからといって、前記認定事実及び前掲各証拠によれば、松本祐商事に対する東京商銀の融資は、東京商銀の資金量や自己資本比率等からみても大規模な信用供与であり、その内容は信用協

同組合の経営の基礎を揺るがしかねない極めて杜撰かつ危険なものであったと評価されるものであり、利息収入等の利益を考慮したとしても、組合のためとして正当化することができる範囲を明白に逸脱しているものと言わざるを得ない。ほかに被告金聖中及び許弼爽の行為を東京商銀のためとして正当化するに足りる事実を認めるべき証拠はない。」

【実務上の意義】

　この事案は、信用組合の理事が自ら代表者をしていた会社、グループ会社に融資をし、融資が回収不能になったため、信用組合の組合員が代表訴訟により融資に関与した理事・代表理事らに対して損害賠償を請求した後、信用組合が経営破綻し、金融再生法に基づき選任された金融管財人が代表する信用組合が代表訴訟に共同訴訟参加し、他の組合員も参加を申し出た事件である。この事案は、信用組合の組合員が代表理事、理事に対して代表訴訟により損害賠償を請求し、信用組合が経営破綻した後の金融管財人が代表者となって共同訴訟参加する等し、代表理事、理事の信用組合に対する損害賠償責任が問題になった事件である。この事案は、中間法人である信用組合の代表理事、理事の責任が問題になったこと、信用組合の融資が回収不能になったこと、信用組合がその代表理事が代表者である株式会社、そのグループ会社に融資をしたこと、組合員が理事らに対して代表訴訟を提起したこと、代表理事、理事の中協法38条の2第1項所定の責任が問題になったこと、代表理事、理事の忠実義務違反が問題になったこと、信用組合が経営破綻し、金融管財人が選任されたこと、金融管財人が代表者である信用組合が代表訴訟に共同訴訟参加したことに特徴がある。

　この判決は、組合員らの代表訴訟が不適法であるとし、却下したこと、理事らの忠実義務違反は継続的融資を全体として評価した結果認められるとし、個々の融資につき違法性を検討する必要がないとしたこと、信用組合の融資が極めて杜撰かつ危険なものであるとしたことを判示している。この判決は、信用組合の組合員による代表訴訟に、経営破綻後、金融管財人が共同訴訟参加した事案について、信用組合の融資が極めて杜撰かつ危険なものであったとしたうえ、理事らの忠実義務違反を簡潔に肯定したものであり、事例判断として参考になる。

2 裁判例の実情

〔裁判例 22〕信用組合が理事長に対して貸金の回収不能等に係る
職務誠実遂行義務・忠実義務違反を追及した事例（津地判平成 13・
10・3 判時 1781 号 156 頁、判タ 1207 号 255 頁）

【事案の概要】

　Y は、X₁ 信用組合の理事長であったところ、ほかの理事らとともに A に
対して返済の見込みがないのに、1 億 7000 万円を融資し、支店用地に適し
ない土地を支店用地として購入したため、X₁ が Y に対して職務誠実遂行義
務違反、忠実義務違反等を主張し、中小企業等協同組合法（中協法）38 条の
2 第 1 項、42 条に基づき損害賠償を請求したが、訴訟の係属中、経営破綻
し、X₂ 株式会社（株式会社整理回収機構）に損害賠償請求権を譲渡し、X₂ が
訴訟を引き受けた。

　この判決は、Y の職務誠実遂行義務違反ないし忠実義務違反を認め、請求
を認容した。

【判旨】

「一　争点(1)（本件融資についての被告の義務違反の有無）について

　上記認定の事実及び《証拠略》によれば、被告は、平成 9 年 7 月 10 日こ
ろ、乙山に対する総額 1 億 7000 万円の本件融資について甲田本店融資部長
から説明を受けたが、その際、本件融資は乙山が株式会社住宅金融債権管理
機構、クレジット、消費者金融、高利貸し等に対して負担する多重債務を整
理するためのものであり、本件融資による債務の返済原資についても真実月
額約 40 万円の収入があるかどうか明らかでないゲーム機のリース収入も含
まれている上、本件融資の担保として徴求した抵当物件は融資金額に比して
大幅に不足しており、ま、保証人についても乙山の妻、息子及び娘であって
いずれも乙山と生計を同一にする者であり、特段資力のある者もいないこと
からすると人的保証も不十分であることが分かったにもかかわらず、甲田部
長から原告の有力理事である丙川竹夫からの紹介案件であるとの説明を受
け、丙川竹夫理事の原告内部における影響力が大きいことから自らの地位を
確保するために本件融資の要請を断ることができず、同月 11 日、乙山に対

第6章　一般社団法人等の理事・監事の責任をめぐる裁判例

する1億7000万円の融資を包括的に決裁し、その結果、原告は、同年8月11日、乙山に対し、1億1500万円と5000万円の合計1億6500万円を貸し付けたことによってその回収が著しく困難になったことが認められる。そうすると、このような被告の行為は、理事長として原告のためにその職務を誠実に遂行すべき義務ないし忠実義務に違反したものと認められるのであって、この認定を覆すに足りる証拠はない。」

【実務上の意義】

　この事案は、信用組合が融資をし、支店用地を購入したところ、融資が回収不能、支店用地が不要であったことから、信用組合が理事長に対して損害賠償を請求した後、経営破綻をし、整理回収機構が訴訟を引き受け参加した事件である。この事案は、中間法人である信用組合の理事長の責任が問題になったこと、理事長の中協法38条の2第1項所定の責任が問題になったこと、信用組合の融資、支店用地のための土地の購入が問題になったこと、信用組合が理事長に対して損害賠償を請求したこと、信用組合が経営破綻し、整理回収機構が訴訟を引き受けたこと、理事長の忠実義務違反・職務誠実遂行義務違反が問題になったことに特徴がある。

　この判決は、信用組合の融資、支店用地の購入につき理事長の忠実義務違反等を認めたものであり、事例判断を提供するものである。

〔裁判例23〕吸収合併した農業協同組合が経営破綻し、吸収された農業協同組合の専務理事に対して株式投資信託に係る善管注意義務違反を追及した事例（控訴審）（東京高判平成13・12・26判時1783号145頁）

【事案の概要】

　X農業協同組合（農協）は、定款において投資信託への投資が認められていなかったところ、Y専務理事が主導して株式投資信託を購入し、損失を被ったことから、Xにおいて代表理事Aが訴訟代理人を選任し、Yに対して善管注意義務違反、忠実義務違反を主張し、農業協同組合法（農協法）33条

202

に基づき損害賠償を請求し、その後、Xの経営が破綻し、Z農業協同組合がXを吸収合併し、訴訟を承継した。

第1審判決は、請求を認容したため、Yが控訴した。

この判決は、投資信託の購入が善管注意義務違反に当たる等とし、控訴を棄却した。

【判旨】

「(2) 控訴人の責任について

農業協同組合の理事は、法令、定款、総会の決議等を遵守し、組合のため忠実にその職務を遂行すべき義務があり、その任務を怠ったときは、組合に対して連帯して損害賠償の責めに任ずるものとされている（農業協同組合法33条1項、2項）が、上記のとおり本件投資信託の購入は当時の定款に違反するものであったし、投資信託は元本が保証されておらず、値下がりにより損失が生じる危険性もあり、とりわけ、本件投資信託のように株式に投資する株式投資信託においてはその危険性が大きいことからすれば、仮に、本件投資信託の購入の注文をしたのが控訴人であるとすれば、控訴人による本件投資信託の購入は、理事としての善管注意義務に違反するものというべきである。

また、仮に、本件投資信託の購入の注文をしたのが飯塚であったとしても、控訴人は、奥多野農協における有価証券の取引について審査すべき立場にあり、遅くとも購入後直ちにその事実を知ったにもかかわらず、遅滞なく定款違反の事実を指摘し、理事会を招集するなどして善後策を講ずる等の行為に出なかったことは同人自身本人尋問において認めるところであり、かえって同人はその購入を承認する趣旨で決裁印を押捺していることからすれば、控訴人が理事として善管注意義務を尽くしたものということはできない。

なお、平成2年4月22日開催された奥多野農協の第13回通常総代会において、同農協の定款が改正され、投資信託の購入が可能となったものである《証拠略》が、本件投資信託購入当時定款上投資信託の購入が禁じられていたことに変わりはなく、定款を遵守していれば本件投資信託が購入されることはなかったのであるし、上記の定款の改正がされた当時、本件投資信託の

第6章　一般社団法人等の理事・監事の責任をめぐる裁判例

購入の是非が問われたことはうかがわれず、むしろ平成4年までは同農協に
おいて投資信託を保有している事実自体が組合員らに隠されていたものと認
められる《証拠略》こと、同農協の理事会で決議され、平成3年1月10日
から実施された余裕金運用規程によれば、証券投資信託に運用する余裕金の
総額は、同農協の貯金及び定期積金の合計額の100分の3以内とするものと
されている《証拠略》が、本件投資信託の購入はこの割合を上回るものであ
った《証拠略》ことからすれば、上記通常総代会において定款の改正がさ
れ、平成元年度の決算の承認がされたからといって、同農協が本件投資信託
の購入に関与した理事の行為を追認するなどその責任を免除したものと評価
することはできず、これにより控訴人が責任を免れるものとはいえない。」

【実務上の意義】

　この事案は、農協が定款で投資信託への投資が認められていなかったの
に、株式投資信託を購入し、損失を被ったことから、購入を主導した専務理
事に対して損害賠償を請求し、その後経営破綻をし、吸収合併されたため、
合併した農協が訴訟を承継した控訴審の事件である。この事案は、農協が投
資を担当した専務理事に対して投資に係る損失につき損害賠償を請求し、専
務理事の農協に対する損害賠償責任が問題になった事件である。この事案
は、中間法人である農協の専務理事の責任が問題になったこと、専務理事の
主導で株式投資信託を購入したこと、投資信託の購入が定款違反に当たった
こと、専務理事による投資の失敗が問題になったこと、専務理事の善管注意
義務違反・忠実義務違反が問題になったこと、専務理事の農協法33条所定
の責任が問題になったこと、農協が専務理事に対して損害賠償請求をしたこ
と、農協が経営破綻し、吸収合併後、合併した農協が訴訟を承継したことに
特徴がある。

　この判決は、株式投資信託の購入が農協の定款違反に当たるとしたうえ、
その危険性が大きかった等とし、善管注意義務違反に当たるとしたものであ
り、事例判断を提供するものである。

> **〔裁判例 24〕組合員が漁業協同組合の代表理事、専務理事らに対して漁業補償金の配分に係る善管注意義務違反・忠実義務違反を追及した事例**（松山地判平成 14・3・15 判夕 1138 号 118 頁）

【事案の概要】

A 漁業協同組合（漁協）は、松山港港湾整備事業に伴い、B 県（愛媛県）から漁業権の消滅補償として漁業補償金 7 億 200 万円の交付を受け、臨時総会において漁業補償金の配分につき配分委員会を設置し、配分委員を選任し、配分委員会で配分案が作成・決定され、理事会において承認された後、臨時総会において配分案が決定され、組合員らに配分が実施されたため、A の組合員 X ら（合計 6 名）が代表訴訟を提起し、A の元代表理事 Y₁、専務理事 Y₂、理事（現在の代表理事）Y₃ に対して組合員としての資格を有しない者にも配分され、これが善管注意義務違反、忠実義務違反に当たると主張し、水産業協同組合法（水協法）37 条、44 条に基づき損害賠償を請求した。

この判決は、正組合員としての資格を有しない者に対する配分が公序良俗に違反して無効であり、理事には善管注意義務違反・忠実義務違反がある等とし、請求を認容した。

【判旨】

「(2)　被告らの善管注意義務ないし忠実義務違反の有無

ア　被告 E 及び被告 F について

被告 E 及び被告 F は、本件配分基準案に従った配分を行えば、水協法・組合定款の定める正組合員としての資格要件を充足していない者（被告丁原を除く本件受領者を含む。）に対しても配分がなされることを認識した上で、本件配分基準案を提出する臨時総会の招集を決定する理事会（平成 7 年 7 月 29 日開催）に出席し、これに異議をとどめなかったことが認められるから、被告丁原を除く本件受領者に対する配分に関し、故意又は過失により、理事としての善管注意義務（水協法 44 条、商法 254 条 3 項、民法 644 条）ないし忠実義務（水協法 37 条）に違反して、○○漁協に損害を与えたというべきである。

第6章　一般社団法人等の理事・監事の責任をめぐる裁判例

イ　被告丁原について

　被告丁原は、上記アの理事会開催当時には理事の職にはなかったものの、本件配分基準案の作成に関与した者であり、組合員名簿に記載されている正組合員全員に対して配分を行えば、水協法・組合定款の定める正組合員としての資格要件を充足していない者（被告丁原を除く本件受領者を含む。）に対しても配分がなされることを認識した上で、理事の在職期間中（平成7年7月13日まで）、本件配分委員会において、配分委員長として、組合員名簿に記載されている正組合員全員に対する配分を推進するなどしており、○○漁協に損害が発生することを阻止しなかったばかりか、かえって損害発生の原因となるべき行為を積極的に推進していたことが認められるから、被告丁原を除く本件受領者に対する配分に関し、故意又は過失により、理事としての善管注意義務ないし忠実義務に違反して、○○漁協に損害を与えたというべきである。

ウ　被告らは、本件受領者に対する配分は本件配分決議に基づいて行われたものであり、理事としては総会の決議がなされた以上これに従わざるを得ないのであるから、被告らが○○漁協に対して責任を負うことはない旨主張するが、理事には、法令・定款に違反する内容の総会決議がなされる前に、これを未然に防止することが期待されていると考えられ、他方、本件代表訴訟の提起があり、組合員全員の同意による責任の免除（水協法37条、商法266条5項）はなされていないのであるから、本件配分決議が存在するからといって被告らの責任が否定されることはないというべきである。」

【実務上の意義】

　この事案は、漁協の漁業権の消滅につき県から漁業補償がされることになり、総会の決議等を経て正組合員らに配分されたところ、正組合員の資格を有しない者にも配分されたことから、組合員らが代表訴訟により代表理事らに対して損害賠償を請求した事件である。この事案は、漁協の組合員が代表理事・専務理事・理事に対して代表訴訟により損害賠償を請求し、代表理事らの漁協に対する損害賠償責任が問題になった事件である。この事案は、中間法人である漁協の理事（理事長、専務理事、理事）の責任が問題になったこと、漁協における漁業補償金の配分が問題になったこと、総会等の手続を経

206

て配分が決定されたこと、正組合員の資格を有しない者への配分がされたこと、組合員らによる代表訴訟が提起されたこと、代表理事らの水協法37条、44条所定の責任が問題になったこと、代表理事らの善管注意義務違反、忠実義務違反が問題になったことに特徴がある。

この判決は、代表理事らが正組合員の資格を有しない者であることを認識しながら、配分の決議のために総会の招集を決定する理事会に出席し、異議をとどめなかったこと等を認め、代表理事、専務理事、理事の善管注意義務違反、忠実義務違反を肯定したものであり、事例判断を提供するものである。なお、この事案では、代表理事、専務理事らがこの事案のような決議を推進するに至った事情があり、総会の配分決議も行われているものの、定款を遵守し、漁協自身の利益を保護するという姿勢が十分に徹底していなかったことが問われたものである。

〔裁判例 25〕整理回収機構が経営破綻した信用組合の理事長らに対して貸金の回収困難に係る善管注意義務違反を追及した事例（控訴審）（大阪高判平成 14・3・29 金判 1143 号 16 頁）

【事案の概要】

前記〔裁判例 20〕大阪地判平成 13・5・28 判時 1768 号 121 頁、金判 1125 号 30 頁の控訴審判決であり、X、Y₁ らの双方が控訴した。

この判決は、大口融資規制に反して巨額の融資をしたことが善管注意義務違反に当たるとし、X の控訴に基づき原判決の一部を取り消し、請求を認容し、Y₁ らの控訴を棄却した。

【判旨】

「3　第1審被告らが大和信組に対して負う善管注意義務の内容

⑴　信用組合の理事は、善管注意義務を負うから（中小企業等協同組合法 42 条、商法 254 条 3 項、民法 644 条）、同義務に違反し、信用組合に損害を与えた場合には、その損害を連帯して賠償しなければならない（中小企業等協同組合法 38 条の 2 第 1 項）。

⑵　ところで、信用組合は、協同組合による金融事業に関する法律（以下「協金法」という。）の適用を受けるが、同法は、協同組織による金融業務の健全な経営を確保し、預金者その他の債権者及び出資者の利益を保護することにより一般の信用を維持し、もって協同組織による金融の発達を図ることを目的としている（1条）。そして、同法は、6条で銀行法の一部規定を準用して、信用組合の健全な経営を確保するため、銀行と同様の種々の義務を課すとともに、監督官庁に強力な監督権限を認め、財務内容の悪化した信用組合に対し、業務停止等の措置をとれるものとしている。このように、信用組合が、協金法等により種々の規制を受けるのは、不特定多数の者から預金を集めることが予定されているため、これら預金者を保護する必要があるほか、身近な金融機関として地域住民や企業に信用の供与等をしているため、万一、これが破綻すれば、信用秩序の混乱をもたらし、地域社会に甚大な悪影響を及ぼすことになるので、その経営の健全性を保つ必要が高いためであると解される。

⑶　このような点から、信用組合には特殊な社会的責任があると考えられるから、その経営者たる理事は、出資者のみならず、預金者及び地域社会、さらには、国に対し、経営（財務体質）を健全に保つ法的義務を負うと解されるところ、信用組合には、協金法6条1項で、銀行法13条の「銀行の同一人（当該同一人と特殊の関係のある者に対する信用の供与を含む。）に対する信用の供与等の額は、当該銀行の信用供与等限度額を超えてはならない。ただし、信用の供与を受けている者が合併をし又は営業を譲り受けたことにより銀行の同一人に対する信用の供与限度額を超えることになる場合その他政令で定めるやむを得ない理由がある場合において、大蔵大臣（本件各融資当時）の承認を受けたときはこの限りでない。」旨の規制（以下「大口融資規制」という。）が準用されている。同規制の目的が、金融機関が同一貸付先に対し、自己の消却力を超える過大な貸付をすることによって、その貸付先とともに連鎖倒産の危機に陥ることを防止することにあることは明らかである。そもそも、信用組合の理事には、前記のとおり、信用組合の財務体質を健全に保つ法的義務があるので、同規制を待つまでもなく、これらの点は、融資の際に当然配慮しなければならないことであるが、その基準等を明確化した点で

意義があると解すべきである。ともあれ、信用組合の理事には法令遵守義務があるから（中小企業等協同組合法42条、商法254条の3）、大口融資規制が法令の規制である以上、これに反する貸付をすることは許されないし、このような貸付がされないよう監視すべき義務があり、仮に、これに反する事態が生じている場合には速やかに是正する義務を負うというべきである。

(4) そうすると、第1審被告らが、大口融資規制に反する貸付を決裁した場合には、その違法性を阻却する特段の事情が認められない限り、理事の任務に違反した違法な行為であるといわざるを得ない。

なお、第1審被告らは、違法性阻却の根拠として、経営判断の原則を持ち出しているものの、同原則は、経営者が経営の専門家として、合理的な判断をしたことが前提となり、大口融資規制の趣旨・目的からすると、同規制に反する行為は、原則として、信用組合の財務の健全性を害する不合理なものというべきであって、経営者の裁量権の範囲を逸脱するものというほかないから、単に、経営上の判断ということのみで、その責任を免れることはできない。」

【実務上の意義】

この事案は、信用組合が株式会社等に対して土地開発プロジェクトに関して融資を行ったところ、回収が困難になり、経営破綻後、資産の譲渡を受けた整理回収機構が信用組合の理事長、専務理事、理事兼審査管理部長に対して損害賠償を請求した控訴審の事件である（第1審判決は一部の融資につき善管注意義務違反を肯定した）。この事案は、経営破綻した信用組合から事業の譲渡を受けた法人が信用組合の理事らに対して損害賠償を請求し、理事らの信用組合に対する損害賠償責任が問題になった事件である。この事案は、中間法人である信用組合の理事らの責任が問題になったこと、信用組合の融資が回収困難になったこと、信用組合の融資が土地開発プロジェクトであったこと、信用組合が経営破綻したこと、理事らの中小企業等協同組合法（中協法）38条の2第1項所定の責任が問題になったこと、理事らの善管注意義務違反が問題になったことに特徴がある。

この判決は、協同組合による金融事業に関する法律（協金法）等の法律の規定を援用し、信用組合の健全性の確保が重要であるとし、信用組合には特

第6章　一般社団法人等の理事・監事の責任をめぐる裁判例

殊な社会的責任があり、その経営者たる理事は、出資者のみならず、預金者および地域社会、さらには、国に対し、経営（財務体質）を健全に保つ法的義務を負うと解されるとしたうえ、法令上要請され大口融資規制に反する融資を決裁した場合には、違法性を阻却する特段の事情がない限り、理事の任務に違反した違法なものであるとしたこと（善管注意義務違反を肯定したこと）、大口融資規制の趣旨・目的からすると、この規制に反する行為は、原則として信用組合の財務の健全性を害する不合理なものであり、経営者の裁量権の範囲を逸脱するとしたことに特徴がある。この判決は、第1審判決よりも広く、信用組合の理事長、専務理事、理事の善管注意義務違反を認めたものであり、その理論構成は別として、相当な判断として参考になるものである。また、この判決は、信用組合の融資につき大口融資規制が重要な法令上の規制であることは当然であるとしても、信用組合の理事の法的な責任について、出資者のみならず、預金者および地域社会、さらには、国に対し、経営（財務体質）を健全に保つ法的義務を負うと解されるとしたこと、この法的義務を根拠に損害賠償責任を裏付けたことには議論があろう（この判決の考え方は、金融行政上の法的な責任・義務と私法上の法的な責任、義務を混同しているおそれがある）。なお、この判決は、信用組合の理事につき経営上の裁量自体は認めているものの、第1審判決と異なり、法令違反の理事の判断、行為にその適用を否定したものであるが、参考になる事例判断を提供するものである。

〔**裁判例 26**〕**整理回収機構が経営破綻した信用組合の理事長に対して貸金の回収不能に係る任務懈怠責任を追及した事例**（大阪地判平成 14・10・30 判タ 1163 号 304 頁）

【事案の概要】

　A 信用組合は、B に農地（農地転用の見込みがなかった）を担保（抵当権の設定）として 8 億円を融資したが、その際、A の理事長 Y が強引に融資をさせ、回収不能になったため、A の破綻後、A から損害賠償請求権の譲渡

を受けた X 株式会社（株式会社整理回収機構）が Y に対して任務懈怠を主張
し、中小企業等協同組合法（中協法）38 条の 2 第 1 項、42 条に基づき損害
賠償を請求した。

　この判決は、Y が本件農地が担保不適格であることを知りながら融資を決
済したとし、任務懈怠を認め、請求を認容した。

【判旨】

「2　争点(1)、(2)（被告の責任原因）について

(1)　本件融資は、8 億円にものぼる巨額の融資である。そして、本件融資の
返済条件は、平成 6 年 12 月 26 日を期限とする一括返済であって、その返済
は、担保として提供された本件各土地を農地転用の上造成して売却し、その
売却金をもって一括返済することが予定されていたものである。しかしなが
ら、本件各土地は、農振法上の農用地区域内にある農地であり、農地転用で
きる可能性は著しく低かったものであって、大阪弘容の融資準則に照らして
担保不適格であることが明らかなことはもとより、宅地として任意売却する
ことも事実上できない土地であり、いずれにしても、同土地を担保に取った
としても、返済の目処が立たなかったというのである。

(2)　そして、本件融資の連帯保証人である Z_2 は、本件融資当時、大阪弘容
から合計 14 億円もの融資を受けていたところ、その元利金の支払を滞らせ
ていた上、これらの借入金債務を担保するため設定されていた先順位抵当権
の実行を受けたり、滞納処分の差押えを受けていたものであり、これらの事
実はいずれも大阪弘容に通知され、その支払能力に多大の疑問があること
は、大阪弘容にとって明らかであった。また、本件融資の主債務者である
Z_1 も、本件融資当時、Z_2 を債務者とする第 2 融資を担保するため自己及び
その母所有の物件について設定された抵当権の実行を受け、また、同担保物
件に係る固定資産税を滞納したことを理由とする交付要求を受けていたもの
であり、この事実も大阪弘容に通知されていて、Z_1 についてもその支払能
力に多大の疑問があったことも、大阪弘容にとって明らかであった。

(3)　しかるに、被告は、上記(1)の事情を知っており、また、(2)の事情につい
ては、少なくとも大阪弘容の理事長として、Z_1 及び Z_2 の支払能力の有無に
ついて調査すべきであり（両名の支払能力に関する重要な事実は、上記のとお

り大阪弘容にとって明らかであった。)、そうすれば同両名がいずれも支払能力に乏しいことを容易に知り得たものというべきである。このように、被告は、本件融資金の返済を得られる見込みが著しく低いことを知り、又はこれを容易に知り得たにもかかわらず、本件各土地について農地転用許可が得られるのを待つなどの措置をとらないまま、あえて本件融資の決裁をし、これを実行させたものである。

(4) そうすると、被告は、理事としての任務を怠ったものであることが明らかであり、中企法38条の2第1項による責任を免れない。したがって、被告は、本件融資の実行により大阪弘容が被った損害を賠償すべき責任がある。」

【実務上の意義】

　この事案は、信用組合が個人に農地としての転用の可能性のない農地に担保を設定し、多額の融資を行い、債権が回収不能になった後、信用組合が経営破綻し、事業を譲り受けた整理回収機構が融資を主導した理事長に対して損害賠償を請求した事件である。この事案は、信用組合が経営破綻した後、損害賠償請求権の譲渡を受けた者が理事長に対して損害賠償を請求し、理事長の信用組合に対する法的な責任が問題になった事件である。この事案は、中間法人である信用組合の理事長の責任が問題になったこと、信用組合による担保不足の多額の融資が問題になったこと、理事長が融資を主導したこと、理事長の中協法38条の2第1項、42条所定の任務懈怠による損害賠償責任が問題になったこと、信用組合が経営破綻し、損害賠償請求権が整理回収機構に譲渡されたことに特徴がある。

　この判決は、理事長が融資の返済が得られる見込みが著しく低いことを知り、または容易に知り得たにもかかわらず、農地につき転用許可が得られるのを待つ等の措置をとらないまま融資を決裁したことが任務懈怠に当たるとしたものであり、理事長の杜撰な融資につき損害賠償責任を肯定した事例判断として参考になる。

> ［裁判例27］吸収合併した農業協同組合が経営破綻し、吸収され
> た農業協同組合の専務理事に対して株式投資信託に係る善管注意
> 義務違反を追及した事例（上告審）（最三小判平成15・12・16判時
> 1846号102頁）

【事案の概要】

　前記〔裁判例23〕東京高判平成13・12・26判時1783号145頁の上告審
判決であり、Yが上告受理を申し立てた。

　この判決は、農業協同組合（農協）の代表理事は、農協が退任した理事に
対して提起する訴えについて農協を代表する権限を有するとしたうえ、本件
では旧農協の代表理事を代表者として提起される等したものであり、違法と
すべき点はないとし、上告を棄却した。

【判旨】

「2　商法275条ノ4前段の規定（以下、単に「前段の規定」といい、同条後段
の規定を「後段の規定」という。）は、会社が取締役に対し又は取締役が会社
に対し訴えを提起する場合においては、その訴えについては監査役が会社を
代表する旨を定めており、農業協同組合法39条2項は、農業協同組合の監
事について、商法275条ノ4の規定を、その規定中の「取締役」を「理事若
ハ経営管理委員」と読み替えるなどした上で準用している。

　そこで、まず、商法275条ノ4の規定の趣旨等についてみるに、会社の代
表取締役は、特別の法律の定めがない限り、その営業に関する一切の裁判上
の行為をする権限を有し、会社が当事者となる訴訟において会社を代表する
権限を有するものである（商法261条3項、78条1項）。前段の規定は、その
特則規定として、会社と取締役との間の訴訟についての会社の代表取締役の
代表権を否定し、監査役が会社を代表する旨を定めているが、その趣旨、目
的は、訴訟の相手方が同僚の取締役である場合には、会社の利益よりもその
取締役の利益を優先させ、いわゆるなれ合い訴訟により会社の利益を害する
おそれがあることから、これを防止することにあるものと解される（最高裁
平成元年㈠第1006号同5年3月30日第三小法廷判決・民集47巻4号3439頁、

最高裁平成9年(オ)第1218号同年12月16日第三小法廷判決・裁判集民事186号625頁参照)。

　そして、過去において会社の取締役であったが、訴え提起時においてその地位にない者(以下「退任取締役」という。)が前段の規定中の「取締役」に含まれると解するのは文理上困難であること、これを実質的にみても、訴訟の相手方が退任取締役である場合には、その相手方が同僚の取締役である場合と同様の、いわゆるなれ合い訴訟により会社の利益を害するおそれがあるとは一概にいえないことにかんがみると、前段の規定にいう取締役とは、訴え提起時において取締役の地位にある者をいうものであって、退任取締役は、これに含まれないと解するのが相当である。

　そうすると、前段の規定は、会社と退任取締役との間の訴訟についての会社の代表取締役の代表権を否定する特則規定ではないから、会社の代表取締役は、会社が退任取締役に対して提起する訴えについて会社を代表する権限を有するものと解すべきである。

　もっとも、後段の規定は、商法267条1項の規定により株主が同項所定の「取締役ノ責任ヲ追及スル訴」の提起を会社に請求する場合におけるその請求を受けること等について監査役が会社を代表する旨を定めている。その趣旨は、監査役が取締役の職務の執行を監査する権限を有し(商法274条1項)、前段の規定により会社と取締役との間の訴訟については監査役が会社を代表する旨定められたことから、上記「取締役ノ責任ヲ追及スル訴」の提訴請求を会社が受けること等についても、上記監査の権限を有する監査役において会社を代表することとされたものである。そして、後段の規定の趣旨及び上記「取締役ノ責任ヲ追及スル訴」には退任取締役に対するその在職中の行為についての責任を追及する訴訟も含まれ、その提訴請求等についても監査役が会社を代表して受けることとされていることにかんがみると、後段の規定は、監査役において、このような退任取締役に対する責任追及訴訟を提起するかどうかを決定し、その提起等について会社を代表する権限を有することを前提とするものであり、その権限の存在を推知させる規定とみるべきである。そうすると、監査役は、後段の規定の趣旨等により、退任取締役に対するその在職中の行為についての責任を追及する訴訟について会社を代表する

権限を有するものと解するのが相当である。

　上記のように解する場合には、代表取締役の上記訴訟における代表権限が否定されることになるのかが問題となるが、退任取締役に対する上記訴訟における監査役の代表権限が前段の規定を直接的な根拠とするものでないことは、前段の規定に関して前記説示したところから明らかである。監査役の上記代表権限の根拠は、上記のとおり、後段の規定の趣旨等によるものであり、前段の規定のような会社の代表取締役の代表権を否定する特則規定としては定められていないことからすると、監査役が退任取締役に対する上記訴訟について会社を代表する権限を有することは、会社と退任取締役との間の訴訟についての会社の代表取締役の代表権を否定するものではないと解すべきである。

3　以上の点は、商法275条ノ4の規定を準用する農業協同組合法39条2項の解釈においても同様である。すなわち、同項の規定により読み替えられる農業協同組合（以下「組合」という。）の「理事」には、訴え提起時において退任している理事は含まれないものと解すべきであるから、同項の規定により準用される商法275条ノ4の規定は、組合と退任した理事との間の訴訟について組合の代表理事の代表権を否定する特則規定ではないというべきである。そうすると、組合の代表理事は、組合が退任した理事に対して提起する訴えについて組合を代表する権限を有するものと解するのが相当である。

　してみると、旧組合の代表理事を代表者として提起され、同人及び訴訟を承継した被上告人の代表理事から委任された訴訟代理人により追行された本件訴訟における被上告人の訴訟行為には、違法とすべき点は認められないというべきである。」

【実務上の意義】

　この事案は、農協が定款で投資信託への投資が認められていなかったのに、株式投資信託を購入し、損失を被ったことから、購入を主導し、退任した専務理事に対して損害賠償を請求し、その後経営破綻をし、吸収合併をしたため、合併した農協が訴訟を承継した上告審の事件である。この事案は、農協が投資を担当し、その後退任した専務理事に対して投資に係る損失につき損害賠償を請求し、専務理事の農協に対する損害賠償責任が問題になった事

件である。この事案は、すでに紹介した控訴審判決について指摘した特徴を
もつ事件であるほか、訴訟の提起につき代表理事の代表権の有無が問題にな
ったものである。

　この判決は、農協が退任した理事に対して提起する訴えについての組合の
代表理事の代表権の有無が問題になった事案について、農協の代表理事は、
過去において農協の理事であったが、訴え提起時においてその地位にない者
に対して農協が提起する訴えについて、農協を代表する権限を有するとした
ものであり（なお、この判決は、監事も訴訟の代表権をもつことを認めるもので
ある）、農業協同組合法（農協法）39 条 2 項、準用に係る当時の商法 275 条
ノ 4（会社法 386 条）の規定の解釈を明らかにした先例としての意義を有す
るものである。

**〔裁判例 28〕整理回収機構が経営破綻した信用組合の理事長、副
理事長らに対して不正経理等に係る善管注意義務違反・忠実義務
違反等を追及した事例**（東京地判平成 17・1・31 判タ 1182 号 254 頁）

【事案の概要】

　X₁ 信用組合（朝鮮民主主義人民共和国の系列の金融機関）は、経営破綻し、
A 機構（預金保険機構）の理事長が金融整理管財人に選任されていたところ、
X₁ の B 理事長、Y₂ 副理事長の指示により、平成 6 年 12 月から平成 10 年 4
月までの間、合計 13 回にわたり、Y₁ 団体（在日朝鮮人総聯合会。権利能力な
き社団であり、朝鮮民主主義人民共和国の傘下の団体）の X₁ に対する借入金の
返済にあてるべき金銭が二つの架空の預金口座に振り込まれ、入金される等
の不正な経理処理をしていたことから、X₁ が B、Y₁、Y₂ のほか、Y₁ の中央
常任委員会財政局長 Y₃ に対して入金が Y₁ の需要資金を捻出するための不
法領得、不法行為に当たる、B、Y₂ につき信用組合の理事としての善管注意
義務、忠実義務違反がある、Y₃ の不法行為があると主張し、損害賠償を請
求し、Y₂ の妻 Y₄ に対して不動産持分の贈与につき詐害行為に基づく取消し
等を請求したものであり、X₂ 株式会社（株式会社整理回収機構）が訴訟の係

属中、本件各請求権の譲渡を受け、訴訟を承継した（訴訟の係属中、Bに対する訴訟は、弁論が分離された）。

この判決は、Y_1の使用者責任、Y_2の善管注意義務、忠実義務違反、詐害行為等を認める等し、請求を認容した。

【判旨】

「(6) まとめ

以上のとおり、本件各口座の実質的な管理処分権の帰属に関する被告らの主張は、その他るる主張するところを含め、いずれもおよそ理由がなく、他に前記(一)の判断を覆し、あるいは左右するに足りる証拠はない。

4 以上によれば、本件各口座の実質的な管理処分権が被告朝鮮総聯に帰属していたことは明らかである。したがって、Bの指示等に基づき本件横流し金が本件各口座に入金処理された時点で、被告朝鮮総聯がこれを不当領得したものと認めることができる。

また、前記前提事実のとおり、被告Y_2は、本件利息の横流しを部下に指示して行わせたことに争いはないから、右不法領得につき不法行為が成立することは明らかであるし、同行為は同被告が原告の副理事長として負っていた忠実義務・善管注意義務の不履行にも当たるというべきである。

（中略）

5 以上のことからすれば、B及び被告Y_2が本件利息の横流しを実行するに当たり、被告Y_1は、貸し増しを原資とする原告に対する既存借入金の利息の返済金の一部が不正に出金されて本件各口座に入金されるであろうことを十分に認識した上で、あえてBに対しこれを要請、指示していたものと認められ、したがって、B及び被告Y_2と共謀して本件利息の横流しを行ったものということができる。

よって、被告Y_1は、本件利息の横流しについてB及び被告Y_2と共同不法行為責任を負うものであるし、被告Y_1の右行為は、被告朝鮮総聯の財政局長たる地位に基づいて、被告朝鮮総聯の需要資金を捻出するために行われたものであるから、被告朝鮮総聯の事業の執行について行われたものと評価することができ、被告朝鮮総聯はこれについて使用者責任を負うものといえる。」

第6章　一般社団法人等の理事・監事の責任をめぐる裁判例

【実務上の意義】

　この事案は、信用組合が経営破綻し、金融整理管財人が信用組合の経営管理をし、信用組合の従来の不正経理につき信用組合の理事長、副理事長らに対して不法行為に基づき損害賠償等を請求し、損害賠償請求権等が整理回収機構に譲渡され、同機構が訴訟を引き受けた事件である（理事長に関する事件は、分離された）。この事案は、信用組合が経営破綻した後、金融整理管財人の管理下にある信用組合に対する副理事長の法的な責任が問題になった事件である。この事案は、北朝鮮系の信用組合が経営破綻したこと、信用組合が金融機能の再生のための緊急措置に関する法律（金融再生法）、協同組合による金融事業に関する法律（協金法）等の法律の適用を受け、金融整理管財人が選任されたこと、信用組合において架空の預金口座を利用し、北朝鮮系の団体（権利能力なき社団）をめぐる不正経理が問題になったこと、理事長・副理事長らの善管注意義務違反、忠実義務違反が問題になったこと、副理事長の不法行為責任が問題になったこと、提訴に係る損害賠償請求権が整理回収機構に譲渡され、訴訟が引き受けられたことに特徴がある。

　この判決は、副理事長の善管注意義務違反、忠実義務違反を認め、不法行為を肯定したものであり、その旨の事例判断を提供するものである。

〔裁判例 29〕県の住宅供給公社の経理担当の職員が長期にわたり預金口座から多額の金銭を無断で払い戻し、着服横領したことにつき、公社が理事長、副理事長、専務理事、理事、監事に対して債務不履行責任を追及した事例（青森地判平成 18・2・28 判時 1963号 110頁）

【事案の概要】

　Ｘ住宅供給公社において経理事務を担当していた A は、平成 5 年 2 月から平成 13 年 10 月まで合計約 14 億 6000 万円を X の預金口座から引き出し、外国人女性のために費消する等したため（A は、一時所在不明になり、借金歴・暴力団関係者との接触歴があったが、経理部門にとどめられていた）、X が前

218

記期間内の理事長、副理事長、専務理事、理事、監事らであるＹらに対して善管注意義務違反等を主張し、委任契約上の債務不履行に基づき損害賠償を請求した。

　この判決は、専務理事の１名につき経理事務の監視体制の整備強化を怠り、総務部長３名と課長１名につき経理事務の点検確認、指導体制の強化を怠ったとし、その債務不履行責任を認め、請求を認容したが、その余の理事、監事らについては不正行為を防止するために具体的に監視等をすることが現実的に困難であった等とし、責任を否定し、請求を棄却した。

【判旨】

「(2)　理事長又は副理事長であった被告ら（被告丁野を除く。）の責任について

ア　前記認定のように、①理事長は青森県副知事の、副理事長は青森県土木部長又は県土整備部長の、いずれも無報酬の充て職であり、他の公社等複数の公的団体の役職を兼務していたこと、②理事長及び副理事長は非常勤であり、本件横領当時は理事会も主として決算と予算を承認する決議のため年２回しか開催されないことが慣行化されていたこと、③被告らも上記のような事情を前提として理事長又は副理事長に就任していたといえることなどに照らすと、理事長又は副理事長が原告公社の職員の不正行為を防止するために具体的な監視等をすることは現実的には困難であったから、理事長又は副理事長が実際に職務として行っていた理事会での審議及び決裁案件以外の事項である職員の不正行為に関しては、疑問を抱くべき特段の事情がうかがわれない限り、責任を負わないものと解するのが相当である。

　ただし、平成８年度に副理事長であった被告丁野は、同年度も常勤の理事として原告公社で執務を行っており、年度途中からは専務理事が不在となったため実質的に専務理事を兼務していたのであるから、副理事長であった年度の責任についても、専務理事であった年度と同様に解するのが相当である。

イ　そうであるところ、本件においては、前記認定のとおり、理事会での審議及び決裁した案件自体には、戊野の本件横領をうかがわせるような事項がなく、それ以外の事項について特に疑問を抱くべき特段の事情があったと認

めるに足りる証拠はないから、被告丁野以外の理事長又は副理事長であった被告らについては、善管注意義務違反の責任を認めることはできない。

ウ　原告公社の主張について

(ア)　これに対し、原告公社は、「勤務態度の悪い戊野一人に経理事務が任せきりにされていたことを把握し、専務理事らをしてこれを是正すべきであった。」旨主張する。

　しかしながら、前記認定のとおり原告公社の職務規程上、総括主幹以下の職員の人事に関しては専務理事の専決事項となっており（甲Ａ３・処務規程７条１項、別表(1)９項）、特に報告等を受けない限りは非常勤の理事長又は副理事長が戊野の勤務状況等に関する具体的な事情を知ることができないから、職員人事を担当の専務理事にゆだねることが許されるものと認められるところ、理事会での審議及び決裁をした案件自体には、専務理事による職員人事の業務執行について特に疑問を抱くべき事情があったことはうかがわれないのであるから、この点に関する原告公社の主張は理由がない。

（中略）

(3)　監事であった被告らの責任について

ア　前記認定のとおり、戊野による本件横領については、金銭出納帳又は仕訳日計表とその証拠書類や振替伝票との照合を行いさえすればこれを容易に発見することができたものと認められる。そして、監査の際に行われる証拠書類等の照合は、対象となるすべての会計書類について行われるわけではないとしても、戊野による横領が別紙「横領目録」記載のとおり約８年半の間に186回も行われていたことに照らすと、監査が適切に行われていれば本件横領を発見することが可能であったというべきであり、本件横領当時の監事監査には不適切な点があったものというほかない。

　しかしながら、前記のとおり、本件横領当時の原告公社における監事監査においては青森県出納局と建築住宅課の職員による共同の監査補助が行われ、その監査補助においては、①財務諸表と各種帳簿類との照合、②貸借対照表及び財産目録における預金残高と預金通帳、預金証書等の残高等との照合、③預金通帳、定期預金証書、有価証券等の保管状況の確認、④各種証拠書類の確認等が行われるものとされていた。そして、監事であった被告らは

無報酬のいわゆる充て職（青森県出納長の充て職）で非常勤とされていたところ、監事は上記の監査補助の結果、原告公社の決算が適正であると認められるとの報告を受け、これに基づいて監査報告を行っていたのであり、監査補助が適切に行われていなかったことを監事である被告らが認識し又は認識し得たといった事情も認められないことからすれば、監事であった被告ら個人の職務執行自体について善管注意義務違反があったと認めることはできない。

イ　これに対して、原告公社は、「監査補助者の過失は履行補助者の過失として、監事であった被告らが自ら過失を犯したものと評価されるべきである。」旨主張する。

　しかしながら、前記のとおり、監事は非常勤とされていた上、監事であった被告らは、監事に就任する際、青森県出納局の職員を通じて、原告公社の監査の実務は監査補助によって行われる旨の説明を受けており、原告公社において他に監事が監査を行うために必要な人員や予算の措置もされていなかったのであるから、監査補助者の過失をいわゆる履行補助者の過失として評価するのは相当ではなく、この点に関する原告公社の主張は採用することができない。

ウ　また、原告公社は、「監事である被告らは、何ら必要もないのに常時数億円の残高のある普通預金を漫然と維持してきたことについても是正意見を述べるべきであったのにこれを怠った。」旨主張するが、普通預金に数億円の残高があろうとなかろうと適正な経理事務処理がされていれば本件横領は行われなかったであろうから、監事である被告らにおいて普通預金に数億円の残高があることを是正すべき義務があったということはできない。

（中略）

⑷　専務理事又は常務理事であった被告らの責任について

ア　戊野の人事配置に関する責任の有無

㋐　原告公社は、「専務理事又は常務理事であった被告らは、戊野の勤務態度などから、理事長に進言して戊野の解雇処分を決定すべきであり、少なくとも経理以外の部門への人事異動を行うべきであった。」旨主張する。

　確かに、前記認定のとおり、被告丁野は平成6年8月ころに戊野が所在不

明となった際、戊野の借金歴や暴力団関係者との接触歴等について報告を受けていたのであるから、懲戒処分を行うことを検討するため、処分権者である理事長に対して速やかに事実関係の報告等をすべきであったというべきであるし、人事権を有していた専務理事として、少なくとも戊野を数億円単位の金員を操作することのある経理部門から異動させたり、戊野による事務処理について特に注意して監視する体制を取るように職員の事務分掌に関する権限を有している総務部長に特段の指示をするといった措置を講ずべきであった。そうであるのに、被告丁野はこれらを行わず、戊野の親戚である前専務理事の依頼を受けたことなどから長期欠勤後の懲戒処分を免れさせ、戊野をして従前と同様に経理業務に従事させた上、その監視体制を整備強化することもなかったというのであるから、この点について善管注意義務違反があったというべきである。

　この点について、被告丁野は、戊野の横領については予見可能性がなかった旨主張するが、戊野が一時所在不明になり、借金歴や暴力団関係者との接触歴もあったといった上記のような事情があった以上、不正行為に及ぶ可能性があることを認識すべきであったといえるから、予見可能性がない旨の被告丁野の主張は採用することができない。

　なお、被告丁野は平成8年度は専務理事ではなく副理事長となっていたが、前記のとおり、同年度も常勤の理事として執務を行い、専務理事を実質的に兼務していたのであるから、同年度についても専務理事としての責任を負うものと解するのが相当である。

(イ)　他方、被告丁野以外の専務理事又は常務理事であった被告らについては、確かに戊野の欠勤等が少なくなく、また、原告公社の経理事務に関しては、合計残高試算表を呈覧に供するのが遅滞していたといった事情が存したものの、戊野の借金歴や暴力団関係者との接触歴といった経理担当者として将来の不正を懸念させるような問題行動歴について引継ぎを受けておらず、むしろ、平成9年度に戊野が企画課に異動した際には戊野の後任者が育てられていなかったため決算業務に支障が生じたといった事情があったのであるから、戊野に関する人事配置について善管注意義務違反があったとまでいうことはできない。

イ　経理事務の是正に関する責任の有無

㋐　原告公社は、「専務理事又は常務理事であった被告らは、原告公社の経理事務が杜撰に行われていたこと、すなわち金銭出納帳、合計残高試算表及び仕訳日計表の各作成遅滞、借入金台帳の不備、公印管理の杜撰さ、証拠書類との照合の懈怠、振替先口座への入金確認の懈怠を是正すべきであったのにこれらを怠った。」旨主張する。

　しかしながら、原告公社の職務規程によれば、経理事務は総務部において所掌され、総務部長がその業務を統括するものとされており、専務理事又は常務理事であった被告らは、多数の部下（例えば平成13年度は37名〔甲G42の2〕）を抱え、基本的に経理に関する日常的な業務に関与することが予定されていなかったのであるから、経理に関する日常的な業務が適切に行われていないことを認識し得るような事情が存在するといった事情がある場合に限り、専務理事又は常務理事において日常的な経理事務の体制を是正すべき義務を負うものと解するのが相当である。

　そうであるところ、前記認定のとおり、専務理事又は常務理事であった被告らは、日常的な経理業務について特に問題があるとの報告も受けておらず、また、他に日常的な経理業務が適切に行われていなかったことを認識し得るような事情があったとも認めることはできない。なお、上記の合計残高試算表についてはその作成時期が遅れていたのは事実であるが、専務理事又は常務理事はその呈覧を受けるのみであって、その決裁を求められていたわけではないことからすれば、その遅れを知り又は知り得たことをもって上記事情に当たるとまでいうことはできない。したがって、経理事務の是正に関しては善管注意義務違反を認めることはできない。

　ところで、仮に専務理事又は常務理事であった被告らにおいて合計残高試算表を速やかに提出するように指導監督すべき善管注意義務の懈怠があったとしても、当時の経理事務のやり方においては合計残高試算表の基になる仕訳日計表の作成には銀行から返還される証拠書類を添付する関係で1、2週間程度を要していたから、やはり戊野が本件横領を隠ぺいするための時間があったし、戊野自身が速やかに隠ぺい工作をしたにすぎなかったであろうとも考えられる。そして、その当時はなんといっても戊野がした経理処理につ

いて振替伝票及び証拠書類との点検照合をする体制がなかったであるから、仮に専務理事又は常務理事であった被告らが合計残高試算表の早期提出を指導したとしても、それが証拠書類等との照合につながり本件横領を発見又は防止することができたとまでは認めることができない。したがって、仮に合計残高試算表の提出遅滞の是正を懈怠した善管注意義務違反があったとしても、これと本件横領との間には因果関係がない。」

【実務上の意義】

　この事案は、特殊な公益法人である県の住宅供給公社の経理担当の職員が長期（約8年半）にわたって預金口座から多額の金銭（約14億円）を無断で払い戻し、着服横領したため、公社が理事長、副理事長、専務理事、常務理事、幹部職員らに対して債務不履行に基づき損害賠償を請求した事件である。この事案は、公社が理事長、副理事長、専務理事、常務理事、理事、監事、幹部職員らに対して損害賠償を請求し、理事長、専務理事、常務理事、理事、監事らの公社に対する損害賠償責任が問題になったものである。この事案は、住宅供給公社において多額の横領が問題になったこと、経理担当職員が長期にわたり公社の預金口座から多額の預金の払戻しを受け、横領したこと、公社の理事長、副理事長、専務理事、常務理事、幹部職員らの債務不履行責任が追及されたこと、理事長らの善管注意義務違反が問題になったこと、経理担当職員の横領行為を監視・監督する体制整備や運用が極めて杜撰であったこと、長年にわたる横領が発覚しなかったこと自体不可解なものであったこと、理事長、副理事長、監事らの要職にある者が県の幹部職員の充て職であったことに特徴がある。この事案の背景にある横領事件は、発覚当時盛んにマスコミに取り上げられ、横領された金銭の使途をめぐっても社会的な話題を提供したものである。

　この判決は、理事の責任については、専務理事の一人は、問題の職員の借金歴や暴力団関係者との接触歴等について報告を受けていたことから、懲戒処分を行うことを検討するため、処分権者である理事長に対して速やかに事実関係の報告等をすべきであったし、人事権を有していた専務理事として、少なくとも問題の職員を数億円単位の金員を操作することのある経理部門から異動させたり、事務処理について特に注意して監視する体制をとるように

職員の事務分掌に関する権限を有している総務部長に特段の指示をするといった措置を講ずるべきであったとし、監視体制を整備強化すべき善管注意義務違反があったとし、債務不履行責任を認めたこと、理事長、副理事長、専務理事、監事らについて非常勤、県の幹部職員の充て職である等とし、善管注意義務違反を否定したことに特徴がある。この事案は、経理担当職員の長期にわたる多額の横領事件であること、公社の預金口座から無断で預金の払戻しを受けたこと、公印が長期にわたって無断で使用されていたこと等の事情に照らすと、公社内の経理業務の監視監督体制が極めて不備であったということができ、適正な体制の構築、整備を怠っていたというべきであり、この判決は、理事長、副理事長、専務理事、監事らの善管注意義務の内容、義務違反の判断につき相当に緩やかな判断を示したものであり、現実に発生した横領の内容・実態に照らすと、疑問が残るものである。

〔裁判例 30〕整理回収機構が経営破綻した信用組合の専務理事に対して手形貸付け・手形割引の回収不能に係る善管注意義務違反・忠実義務違反を追及した事例（東京地判平成 18・7・6 判時 1949 号 154 頁、判タ 1235 号 286 頁）

【事案の概要】

A 信用組合は、十分な審査をすることなく、B に手形貸付けをし、B が代表者である C 有限会社にも手形割引をしていたところ、大半の債権の回収が困難になり、A が経営破綻し、X 株式会社（株式会社整理回収機構）が A から損害賠償請求権の譲渡を受け、A の専務理事 Y に対して融資が著しく不合理なものであり、善管注意義務違反・忠実義務違反があったと主張し、中小企業等協同組合法（中協法）38 条の 2 第 1 項に基づき損害賠償を請求した。

この判決は、経営判断の原則を前提としつつ、善管注意義務違反・忠実義務違反を肯定し、請求を認容した。

【判旨】

「二　争点(1)（被告の善管注意義務及び忠実義務違反の有無等）について

(1)　信用組合の理事は、信用組合に対し、善管注意義務及び忠実義務を負っているのであるから（平成17年法律第87号による改正前の中小企業等協同組合法42条、同改正前の商法254条3項、254条ノ3）、融資を行うについても、これらの義務に違反して信用組合に損害を与えた場合には、当該損害を賠償しなければならない（同改正前の中小企業等協同組合法38条の2第1項）。

　本件のように、信用組合において、理事長とともに信用組合を代表する専務理事が、貸出案件について、部・店長の起案した稟議書及びその添付書類に基づいて審査部が行った審査をさらに審査することによって、最終的な理事長の判断を補佐する仕組みが取られている場合、専務理事としての融資を行うべきか否かの判断は、融資額、返済方法、担保等といった当該融資の基本的な条件・内容等が当該信用組合における貸出事務処理規程に適合するものであることを確認したうえ、融資金の使途、申込者の業績及び資産、申込者とのそれまでの取引の状況、将来の見込み等に加え、景気の動向等の経営の外部条件も踏まえ、当該融資によって信用組合が得る利益と負担するリスク等を総合的に判断して行うべきものであって、そこには、専門的な評価・判断を伴う経営判断事項として一定の裁量が認められるべきであるが、このような裁量の存在を前提としても、当該判断が、当時の具体的状況下における理事の判断として著しく不合理なものであるときには、当該理事は、善管注意義務及び忠実義務に違反するものとして、信用組合に対して損害を賠償する責任を負うと解すべきである。

　なお、被告は、信用組合は、実態としてリスクの比較的高い事業者が取引先であるため、そのリスクを補う意味で金利が高くされているのであるから、融資審査におけるリスク判断は当然銀行より緩やかにならざるを得ず、信用組合の理事たる者にとって、融資の可否の判断基準は、回収のリスクを抱えつつ、取引先の将来性を判断しながら融資の可否を判断する、きわめて高度な判断が求められるのであり、善管注意義務が認められるのは、一見明白な違法ないし不当な行為があった場合に限られると主張するが、協同組合による金融事業に関する法律は、協同組織による金融業務の健全な経営を確

保し、預金者その他の債権者及び出資者の利益を保護することにより一般の信用を維持し、もって協同組織による金融の発達を図ることを目的とし（1条）、銀行法の一部規定を準用し、信用組合の健全な経営を確保するため、銀行と同様の種々の義務を課するとともに、監督官庁に強力な権限を認めており（6条）、信用組合の理事の裁量の幅が、銀行の取締役と比較して、より広範であると解すべき理由はない。

⑵　そこで、以上を前提として、被告の善管注意義務及び忠実義務違反の有無を検討する。

ア　本件融資①は、申込金額が2500万円であって、実行予定日（平成5年8月30日）から返済期限（同年9月6日）までは一週間しかないのに対し、稟議書には償還資源についての記載がなく、債務者である丙川竹夫の返済能力を確認できる資料は提出されていないのであるから、返済能力について検討されたとは到底解されない。

また、保全についても、稟議書では差引担保不足額521万1574円とされており、保全不足であったことは明らかであり、営業店意見に述べられている長野県の別荘の根抵当は、丙川社に対する融資にかかる担保不足分の保全であるから、丙川竹夫を債務者とする本件融資①を保全するものとはいえない。

そして、前記稟議書記載の申込金額と使途に照らせば、被告は、本件融資①は丙川社への迂回融資であることは容易に推認することができ、また、それまでも丙川社に対する融資の決裁を行っていたなどからすれば、本件融資①の時点において、丙川社が融資金の返済を延滞していたことも十分了知可能であったことは明らかである。

このように、これらの稟議書及びその添付書類からだけでも、本件融資①①にかかるそれまでの審査が東京信組の貸出事務処理規程に定める受付調査（3条）及び実地調査（4条2項）が十分尽くされていないことが明らかであるにもかかわらず、上記のような状況下において、被告が、本件融資①について漫然とこれを可とする決裁を行い、本件融資①にかかる融資金の支払を行わせたことは、前記⑴記載のとおりの職責を負っている専務理事の判断として著しく不合理な判断であったというべきである。」

第6章　一般社団法人等の理事・監事の責任をめぐる裁判例

【実務上の意義】

　この事案は、信用組合が取引先に手形貸付け・手形割引の取引を行い、大半が回収不能になったため、信用組合が経営破綻した後、損害賠償請求権の譲渡を受けた整理回収機構が信用組合の専務理事に対して損害賠償を請求した事件である。この事案は、信用組合が経営破綻し、損害賠償請求権の譲渡を受けた整理回収機構が信用組合の専務理事に対して損害賠償を請求し、専務理事の信用組合に対する法的な責任が問題になった事件である。この事案は、中間法人である信用組合の融資が問題になったこと、信用組合の取引先に対する手形貸付け等が回収不能になったこと、信用組合が経営破綻したこと、専務理事の善管注意義務違反・忠実義務違反による損害賠償責任が問われたこと、専務理事の中協法38条の2第1項所定の責任が問題になったことに特徴がある。

　この判決は、専務理事は、貸付案件について、部・店長の起案した稟議書およびその添付書類に基づいて審査部が行った審査をさらに審査することによって、最終的な理事長の判断を補佐する仕組みがとられていること、専務理事の融資の判断は、融資額、返済方法・担保等といった融資の基本的な条件、内容等が信用組合における貸出事務処理規程に適合するものであることを確認したうえ、融資金の使途、申込者の業績および資産、申込者とのそれまでの取引の状況、将来の見込み等に加え、景気の動向等の経営の外部条件も踏まえ、融資によって信用組合が得る利益と負担するリスク等を総合的に判断して行うべきものであるとしたこと、専務理事の融資の判断には専門的な評価・判断を伴う経営判断事項として一定の裁量が認められるべきであるとしたこと、専務理事の融資の判断が、当時の具体的状況下における理事の判断として著しく不合理なものである場合には、善管注意義務および忠実義務に違反し、信用組合に対して損害を賠償する責任を負うとしたこと、この事案では、専務理事の善管注意義務違反、忠実義務違反が認められるとしたことに特徴がある。この判決は、信用組合の専務理事について融資の判断の枠組みと責任を説示したうえ、経営判断の原則の適用を認めつつ、その善管注意義務違反、忠実義務違反を肯定した事例判断として参考になるものである。

〔裁判例 31〕 整理回収機構が経営破綻した信用組合の常務理事に
対して貸金の回収不能に係る善管注意義務違反・忠実義務違反を
追及した事例（東京地判平成 18・12・21 判時 1959 号 152 頁）

【事案の概要】

　A 信用組合は、リゾート開発を行っていた不動産業者である B 株式会社
に 19 億円を融資したものの、回収不能になったところ、経営破綻し、X 株
式会社（株式会社整理回収機構）が損害賠償請求権の譲渡を受け、A の常務
理事 Y に対して善管注意義務違反、忠実義務違反を主張し、中小企業等協
同組合法（中協法）38 条の 2 第 1 項に基づき損害賠償を請求した。

　この判決は、開発事業が実現する見込みがなく、本件融資の担保物件は大
幅な担保不足であった等とし、融資を承認すべきではなかったとし、善管注
意義務違反・忠実義務違反を肯定し、請求を認容した。

【判旨】

「(1)　平成 5 年 5 月 20 日当時の永代信組においては、融資申込者から借入申
込みがあると、支店あるいは本店営業部において、必要書類を整え、融資の
可否を判断したうえで、融資稟議書を起こす手続を践み、その申込み額が 1
件当たり 1 億円以上の融資については事前協議を経ることとされており、ま
た、一債務者に対する表債（債権額）が 3 億円を超える融資若しくは与信
（無担保部分）が 8000 万円を超える融資案件については、本部における組合
長、常務理事、常勤理事から構成される常勤理事会の承認を必要とする仕組
みが採られていたことは前記のとおりであるが、このような融資の可否を判
断する過程において、信用組合の理事として融資を行うべきか否かを判断す
るに当たっては、融資額、返済方法、担保等といった当該融資の基本的な条
件・内容等が当該信用組合における貸出事務処理規程に適合するものである
ことを確認したうえ、貸付金の使途、融資先の業績及び資産、融資先とのそ
れまでの取引の状況、将来の見込み等に加え、景気の動向等の経営の外部条
件をも踏まえ、当該融資によって信用組合が得る利益と回収の確実性など負
担するリスク等を総合的に判断して行うべきものであって、そこには、専門

的な評価・判断を伴う経営判断事項として一定の裁量が認められるべきであるが、このような裁量の存在を前提としても、当該判断が、当時の具体的状況下における理事の判断として著しく不合理なものであるときは、当該理事は、信用組合に対する善管注意義務及び忠実義務（平成17年法律第87号による改正前の中小企業等協同組合法42条、同改正前の商法254条3項、254条ノ3）に違反するものとして、その結果、信用組合に生じた損害を賠償する責任を負うとすべきである（同改正前の中小企業等協同組合法38条の2第1項）。

　そして、上記のような永代信組における融資手続に鑑みれば、被告は、原則的には、事前協議に付議される前における支店あるいは本店営業部及び審査部による情報の収集・分析が、それぞれの基準に従って誠実に行われたものと信頼してその判断をすべきこととなるが、判断の基礎となる資料及び情報収集の内容やこれらに基づいた提案営業店等の判断が適切にされたことについて疑問を生じさせる事情が存在するときには、漫然とこのような提案営業店等又は審査部の判断に依拠することが許されないのは当然であって、安易にこれを信頼して、判断の前提となった事実の認識に看過しがたい誤りを来したような場合には、理事としての信用組合に対する善管注意義務及び忠実義務に違反するものとして、損害を賠償する責任を免れないというべきである。

(2)　ア　五州地所は平成3年ころから業績が悪化し、中央抵当に対しては、平成4年3月以降は全く元利金の返済をせず、延滞債権額は26億9000万円に達していたことは前記認定のとおりであるから、開発中の事業を完成させてその対象物件の販売が可能になるなど新たに資金調達の目途がない限り、本件融資額である19億円を返済する能力はなかったものと認められる。」

【実務上の意義】

　この事案は、信用組合がリゾート開発を行った不動産業者に多額の融資を実行したものの、回収不能になり、経営破綻した後、損害賠償請求権の譲渡を受けた整理回収機構が信用組合の常務理事に対して損害賠償を請求した事件である。この事案は、経営破綻した信用組合から損害賠償請求権の譲渡を受けた整理回収機構が信用組合の常務理事に対して損害賠償を請求し、常務理事の信用組合に対する損害賠償責任が問題になったものである。この事案

は、中間法人である信用組合の融資が問題になったこと、信用組合がリゾート開発を行った不動産業者に多額の融資を実行したこと、信用組合が経営破綻したこと、常務理事の善管注意義務違反、忠実義務違反が問われたこと、常務理事の中協法 38 条の 2 第 1 項所定の責任が問題になったこと、整理回収機構が損害賠償請求権の譲渡を受けた後、訴訟を提起したことに特徴がある。

　この判決は、信用組合の理事としての融資判断について、融資額・返済方法・担保等といった融資の基本的な条件・内容等が信用組合における貸出事務処理規程に適合するものであることを確認したうえ、貸付金の使途・融資先の業績および資産、融資先とのそれまでの取引状況、将来の見込み等に加え、融資によって信用組合が得る利益と回収の確実性など負担するリスク等を総合的に判断して行うべきものであるとし、専門的な評価、判断を伴う経営判断事項として一定の裁量が認められるべきであるとしたこと、この裁量の存在を前提としても、その融資判断が、当時の具体的状況下における理事の判断として著しく不合理なものである場合には、理事は、信用組合に対する善管注意義務および忠実義務に違反するものとし、信用組合に生じた損害を賠償する責任を負うとしたこと、融資判断をする理事は、事前協議に付議される前における支店あるいは本店営業部および審査部による情報の収集、分析が、それぞれの基準に従って誠実に行われたものと信頼してその判断をすべきこととなるとしたうえ、判断の基礎となる資料および情報収集の内容やこれらに基づいた提案営業店等の判断が適切にされたことについて疑問を生じさせる事情が存在する場合には、漫然とこのような提案営業店等または審査部の判断に依拠することが許されないのは当然であり、安易にこれを信頼して、判断の前提となった事実の認識に看過しがたい誤りを来したようなときは、理事としての信用組合に対する善管注意義務および忠実義務に違反し、損害を賠償する責任を免れないとしたこと、この事案については、リゾート開発事業が実現する見込みがなく、融資の担保物件は大幅な担保不足であった等とし、融資を承認すべきではなかったとし、常務理事の善管注意義務違反、忠実義務違反を肯定したことに特徴がある。この判決が信用組合の常務理事の善管注意義務違反、忠実義務違反を肯定したことは事例判断とし

て参考になるものであるが、融資判断を行う理事に裁量を認めたうえ、融資
判断に当たっての注意事項を具体的に摘示していることもまた参考になる。

> **〔裁判例 32〕農業協同組合が代表理事、理事に対してその理事の
> 親族等の経営する株式会社に融資をし、回収不能になったことに
> 係る善管注意義務違反・忠実義務違反を追及した事例**（盛岡地判平
> 成 19・7・27 判タ 1294 号 264 頁）

【事案の概要】

X 農業協同組合（農協）（代表理事は、Y_1）は、理事 Y_2 の親族、知人 B の
経営する株式会社等に対して合計 11 件、総額 12 億円を超える融資をし、回
収不能になったため、X が Y_1、Y_2 に対して善管注意義務違反、忠実義務違
反を主張し、農業協同組合法（農協法）33 条 1 項、39 条に基づき損害賠償
を請求した後、X が Z 農協に吸収合併されたことから、Z が訴訟を承継し
た。

この判決は、一部の融資は農協法 34 条を潜脱して行った違法性の高いも
のであり、その余の融資は過大な担保評価を行うなどして行われたものであ
るとし、善管注意義務違反・忠実義務違反を認め、請求を認容した。

【判旨】

「(1)　善管注意義務等の内容

組合の理事は、その職務の遂行に関し、組合に対して善管注意義務及び忠
実義務を負い（農協法 33 条 1 項、39 条、商法 254 条 3 項、254 条の 3）、理事が
同任務に違反した場合、組合に対して連帯して損害賠償責任を負うものであ
る（農協法 33 条 2 項）。

そして、善管注意義務等の懈怠があるか否かの判断に当たっては、理事に
よって当該行為がされた当時における組合の状況及び組合を取り巻く社会・
経済・文化の情勢の下において、組合の業務執行に当たる通常の理事の有す
べき知見及び経験を基準として、当該行為をするにつき、その目的に社会的
な非難可能性がないか否か、その前提としての事実調査に遺漏がなかったか

232

否か、調査された事実の認識に不注意な誤りがなかったか否か、その事実に基づく行為の選択決定に不合理がなかったか否かなどの観点から、当該行為をすることが著しく不当と評価されるときは、理事の当該行為にかかる判断は、裁量の範囲を逸脱したものとして、善管注意義務等の懈怠に当たると解するのが相当である。

これを組合の理事の融資における善管注意義務等について見るに、もとより金融機関として貸付を実行するか否かの判断については、経営判断に属する事項として理事に対して一定の裁量が認められるべきであるが、不特定多数から借り入れた資金を他に融資するという業務の特殊性及び金融システムの根幹を担うという公共性からすると、当該融資により収益が合理的に期待し得る場合にのみ融資を行うべきであって、引き受けるリスクには自ずと限界があるというべきであり、融資にあたっては、融資から得られる利息収入、既存融資の回収可能性に与える影響など融資から得られる、利益のみならず、融資の持つリスクを的確に把握し、これに応じた適切な債権保全措置をとることが必要であり、融資を実行するとの判断の前提となった事実（債務者の償還能力や当該貸付金を以て行うとされた事業計画の実現可能性等）の認識に不注意な誤りがあったり、判断の過程・内容に著しく不合理なものがあった結果、融資を実行するとの判断が著しく不当と評価されるときは、貸付を決定実行した理事は、善管注意義務等違反による責任を負うものと解するのが相当である。

加えて、理事は任務遂行に当たって法令を遵守しなければならないのであるから、融資を実行するに当たって、理事が組合をして違法行為（法令違反行為）を行わせたような場合は、当然に裁量の範囲を逸逸したものとして、当該規定の名宛人が理事であるか組合であるかを問わず、原則として善管注意義務等違反による責任を免れないというべきである。

以上を前提として、本件各貸付に関し、被告らが善管注意義務等違反による責任を負うかどうかについて検討する。

⑵　本件貸付①、②及び⑪についての被告らの責任

前記のとおり、本件貸付①及び②は、当初、被告二郎が、北川から投資物件を購入するために和賀農協に借入を申し込んだのであるが、その後、被告

二郎名義で貸付を実行すると農協法34条により理事会決議が必要となることから、同被告は、それを避けるため、自己の親族である一郎及び花子を形式的な借主として貸付を受けることを希望し、被告乙川もこれを了承して貸付が実行されたものである。

また、本件貸付⑪は、被告乙川ら和賀農協本所の経営陣からの要請を受けた被告二郎が、同貸付による借入金を、当時延滞に陥っていた一郎、花子らに対する貸付の未払利息等に充当し、延滞を一時的に解消するために行われたものであり、実質的な借主は被告二郎であったところ、本件貸付①及び②と同様、理事会付議規定を潜脱するために次太郎名義で貸付を受けたものである。

このように、上記各貸付は、いずれも事実の借受人は被告二郎であったにもかかわらず、理事会決議に付されるのを避けるため、形式的に同被告の親族名義を使用したものであるから、農協法34条の規定を潜脱し、実質的に同条に違反するものというべきである。そして、同条の規定は、理事と組合との利益が相反する場合に、理事が組合の利益を犠牲にして自らの利益を図るのを防止することを目的とするものであり、その趣旨に鑑みれば、これを潜脱する行為の違法性は高いというべきであるから、理事がそのような行為を行うことは善管注意義務等違反になるものと解される。

しかるに、被告二郎は、上記の事情を十分認識した上で本件貸付①、②及び⑪を申し込み、被告乙川も、かかる事情を十分認識した上で上記貸付の実行を決裁したのであるから、被告らは、いずれも同貸付について善管注意義務等違反による責任を負うと認められる。」

【実務上の意義】

この事案は、農協が、理事の親族・知人の経営する株式会社等に対して多額の融資をし、回収不能になったため、農協が理事長、融資に係る関係理事に対して損害賠償を請求した事件である（訴訟の提起後、農協が他の農協に吸収合併された）。この事案は、農協が代表理事、関係理事に対して損害賠償を請求し、代表理事、関係理事の農協に対する損害賠償責任が問題になった事件である。この事案は、中間法人である農協の融資が問題になったこと、多額の融資が理事の親族・知人の経営に係る会社等に行われたこと（融資の一

部が実質的には理事本人に対する融資であったこと)、融資が回収不能になったこと、農協が理事長、関係理事に対して損害賠償責任を追及したこと、代表理事、理事の善管注意義務違反・忠実義務違反が問われたこと、代表理事らの農協法33条1項所定の責任が問題になったことに特徴がある。

　この判決は、農協の理事の善管注意義務・忠実義務懈怠の判断は、行為当時における組合の状況および組合を取り巻く社会、経済、文化の情勢の下において、組合の業務執行に当たる通常の理事の有すべき知見および経験を基準として、当該行為をするにつき、その目的に社会的な非難可能性がなかったか否か、調査された事実の認識に不注意な誤りがなかったか否か、その事実に基づく行為の選択決定に不合理がなかったか否かなどの観点から、当該行為をすることが著しく不当と評価される場合には、理事の判断は、裁量の範囲を逸脱したものとして善管注意義務等の懈怠に当たるとしたこと、理事の融資における善管注意義務等については、経営判断に属する事項として理事に対して一定の裁量が認められるとしたうえ、不特定多数から借り入れた資金を他に融資するという業務の特殊性および金融システムの根幹を担うという公共性から、融資により収益が合理的に期待し得る場合にのみ融資を行うべきであるとしたこと、理事は融資の決定・実行に当たって、融資を実行するとの判断の前提となった事実(債務者の償還能力や貸付金をもって行うとされた事業計画の実現の可能性等)の認識に不合理な誤りがあったり、判断の過程、内容に著しく不合理なものがあった結果、融資を実行するとの判断が著しく不当と評価される場合には、善管注意義務等違反による責任を負うとしたこと、この事案については、融資の一部につき農協法34条違反の法令違反があるとしたこと、融資につき理事らの担保評価を過大にする等の善管注意義務違反、忠実義務違反を肯定したことに特徴があり、事例判断として参考になるものである。

第 6 章　一般社団法人等の理事・監事の責任をめぐる裁判例

〔裁判例 33〕漁業協同組合連合会が代表理事、専務理事に対して
所属漁業協同組合のモズク等の漁獲物在庫の管理・販売に係る善
管注意義務違反・監督指導義務違反を追及した事例（那覇地判平成
20・6・25 判時 2027 号 91 頁）

【事案の概要】

　X 漁業協同組合連合会は、所属の協同組合の漁獲物を保管・在庫管理・販
売をしていたところ、モズク、ソデイカの在庫を持ち越す等したため、X が
代表理事（会長）Y_1、専務理事 Y_2、幹部職員 Y_3 に対して在庫を適切に管理
し、適正な時期に販売すべきであり、善管注意義務違反、監督指導義務違反
を主張し、債務不履行、水産業協同組合法（水協法）37 条 1 項に基づき損害
賠償を請求した。

　この判決は、モズクの取引価格が不安定であり、ソデイカの取引価格も不
安定であり、その販売が不当であるといえない等とし、監督・指導上の善管
注意義務違反を否定し、請求を棄却した。

【判旨】

「c　以上検討した結果によれば、モズクが大豊作となった平成 11 年度にお
いて、原告は、同年度産モズクを高値で大量に仕入れ、そのために同年度末
において高額の在庫を大量に抱えるに至ったものであって、原告の役員であ
った被告甲野らは、この高額の大量在庫について、これを一気に放出するこ
とによる取引価格の更なる下落やこれに伴う市場の混乱等を回避しつつ、後
年度産モズクと抱き合わせで徐々に売却するなどして、市場の状況をみなが
ら販売をしていくことによって、損失もできるだけ抑えようとしていたもの
であり、しかも、そのような方針は、原告の総会や理事会等で被告甲野らか
ら説明がされ、議論を経て、了承されていたものといえる。

　そして、モズクは、数年ごとに豊作と不作を繰り返すものであるところ、
モズクの品質についての統一的な評価基準は存在しないことや、モズクの取
引については、卸売市場での競りがなく、相対取引によっていたことなどの
ため、価格が乱高下し、各取引ごとにもばらつきが出ることも多くあり、ま

た、モズクは、越年保存が利き、相場も不安定なため、零細な流通業者の投機的な商品としても利用されることなどもあり、そのことも価格が不安定になる原因となっていた。

このように、モズクの取引価格が不安定であることからすれば、原告が抱えていた大量の在庫買取モズクを一挙に放出することが、平成12年及び平成13年におけるモズクの取引価格の更なる下落を招いた可能性を否定することはできず、会員が共同して経済活動を行い、所属員（漁業協同組合連合会を直接又は間接に構成する者（水産業協同組合法87条1項3号参照））の事業の振興を図り、もって所属員の経済的、社会的地位を高めることを目的として設立された法人である原告が、上記のようにモズク取引価格の更なる下落を防止するために、在庫のモズクを一挙に放出することを控え、後年度産モズクと抱き合わせで販売することなどにより、損失をできるだけ少なくする方策を探りつつ、また、モズク相場の上昇にも期待しながら、徐々に本件在庫モズクの処分を図った被告甲野ら当時の原告の役員の判断が合理性を欠くものであるとまで認めることはできず、本件在庫モズクを平成13年6月末までに全量売却しなかったことについて、被告らに善管注意義務違反が存するものということはできない。」

【実務上の意義】

この事案は、漁業協同組合連合会が所属漁業協同組合（漁協）のモズク等の漁獲物の在庫を管理・販売する等していたところ、大量の在庫を抱えたため、漁業協同組合連合会がその代表理事、専務理事らに対して損害賠償を請求した事件である。この事案は、漁業協同組合連合会が代表理事、専務理事に対して損害賠償を請求し、代表理事、専務理事の漁業協同組合連合会に対する法的な責任が問題になった事件である。この事案は、中間法人である漁業協同組合連合会の業務遂行が問題になったこと、漁業協同組合連合会が所属の漁協からモズク等の漁獲物の仕入、保管、在庫管理、販売等の業務を行っていたこと、漁業協同組合連合会が大量のモズク等の在庫を抱えたこと、モズク等の取引価格、相場が不安定であり、大量の放出が値下がりを招く状況にあったこと、漁業協同組合連合会が代表理事、専務理事らの在庫を適切に管理し、適正な時期に販売すべき善管注意義務違反・監督指導義務違反に

よる損害賠償責任を追及したこと、代表理事、専務理事らの債務不履行責任、水協法 37 条 1 項所定の責任が問題になったことに特徴がある。

この判決は、モズク等の在庫を抱えた代表理事、専務理事らが相場が不安定であり、大量の放出によるさらなる価格の下落を招いた可能性を否定できず、総会、理事会でその状況の説明がされていた等とし、代表理事らが全量売却しなかったことにつき善管注意義務違反を否定したものであり、その旨の事例判断として参考になるものである。この事案では、そもそもモズク等の相場動向は関係者によく知られた事柄であるうえ、代表理事らが総会、理事会で状況説明がされていたにもかかわらず、代表理事らの損害賠償責任が問われたものであり、法的な責任が追及されるリスクとしては想定外のものであったと推測されるが、法人の運用、経営陣の交代等の事情によっては、想定外の損害賠償責任が追及される可能性が現実のものになることは見かけるところであり、十分なリスク対策が日頃から重要であることを示すものである。

> **〔裁判例 34〕農業協同組合が合併するに当たって役員の損害賠償責任を定める特約が締結された場合、組合員が理事、監事らに対して特約に基づく責任を追及した事例**（上告審）（最三小判平成 21・3・31 民集 63 巻 3 号 472 頁、判時 2065 号 145 頁、金判 1342 号 39 頁）

【事案の概要】

X_1、X_2 は、A 農業協同組合（農協）、X_3、X_4 は、B 農協の組合員であり、Y_1、Y_2 ら（合計 35 名）は、C 農協の平成 12 年度・13 年度の理事、監事、あるいはその相続人らであったところ、A、B、C、D 農協の合併が計画され、C の不良債権の評価・貸倒引当金の過少計上等が問題になっていたことから、平成 13 年 2 月、A らの旧四農協は、同年 9 月に合併し、E 農協を新設する旨の合併契約を締結し、本件契約中には、引き継がれる旧四農協の財産が貸借対照表等のとおりであること、貸借対照表等に誤謬脱落もしくは隠

れた瑕疵があったため、Ｅが損害を受けたときは、故意または重過失のある旧四農協の役員個人が損害賠償責任を負うこと（本件賠償条項）等の条項が含まれており、Ｃは、同年２月、臨時総会において本件合併契約の締結等を承認する決議をし、同年５月、通常総会において、不良債権を適正に評価し、必要な貸倒引当金を計上したとし、平成12年度の事業報告がされ、同年９月、本件合併の効力が発生したところ（X₁らは、Ｅの組合員となった）、Ｃの貸借対照表等において個別貸倒引当金が過少に計上されていることが判明し、Ｅは、個別貸倒引当金を１億円以上積み増すことを余儀なくされ、その後の調査によって、Ｃにおいては平成13年２月の時点で個別貸倒引当金の計上額が本来計上すべき金額より４億円弱不足していたことが判明する等したため（X₁らは、Ｅに対して貸倒引当金の不足額等を支払う訴訟を提起することをＥの理事でもあったY₁ら６名につき求める提訴請求書を送付したが、理事が代表者として記載されており、監事が代表者として記載されておらず、Ｅは、平成15年６月、理事会において、本件提訴請求につき審議し、提訴請求書が読み上げられ、同年７月、理事会において、監事出席の下、記載内容に沿って訴訟を提起することを決議したものの、同年12月、理事会において訴訟を提起しないことを決議した）、X₁らがY₁ら６名、その余のY₂らに対して本件賠償条項に基づき貸倒引当金等をＥに支払うこと等を請求した（農協の組合員代表訴訟）。

　控訴審判決（東京高判平成19・12・12民集63巻３号524頁）は、Ｅの代表者として代表理事を記載した提訴請求書しか送付されていないところ、適式な提訴請求を欠く等とし、Y₁らに対する訴えを却下し、その余のY₂ら（Ｅの理事にならなかったものである）については、本件合併契約の当事者ではなく、Y₂らと旧四農協との間で本件賠償条項に基づく責任を負う旨の合意をしたと認められる特段の事情のない限り、Y₂らが責任を負うことにはならず、特段の事情が認められない等とし、請求を棄却したため、X₁らが上告受理を申し立てた。

　この判決は、農協の理事に対する代表訴訟を提起しようとする組合員が、農協の代表者として監事ではなく代表理事を記載した提訴請求書を農協に送付した場合であっても、監事において請求書の記載内容を正確に認識したうえで当該理事に対する訴訟を提起すべきか否かを自ら判断する機会があった

といえるときには、代表者として監事が記載された適式な提訴請求書があら
かじめ農協に送付されていたのと同視することができ、代表訴訟を不適法と
して却下することはできないとし、本件では監事にはその機会があったと
し、不適法として却下することはできないし、本件賠償条項については、
Y₂らのうちCの理事会に出席してCが本件合併契約を締結することに賛成
した理事またはこれに異議を述べなかった監事に該当する者は、本件合併契
約中の本件賠償条項が含まれていることを承知したうえで、Cが本件合併契
約の締結に賛成するなどして、その締結手続を代表理事に委ねているのであ
るから、代表理事を介して、旧四農協に対し、個人として本件賠償条項に基
づく責任を負う旨の意思表示をしたものと認められ、旧四農協もこの意思表
示を承諾したものと認められるから、これらの者は本件賠償条項に基づく責
任を免れないとし、本件賠償条項の内容、趣旨について、Eからの財産の流
出等がない限り、Y₂らが責任を負うものではないというものではなく、旧
四農協において不良債権が適正に評価されておらず、貸倒引当金が過少に計
上されていることが判明した場合に、過少に計上したことに故意または重過
失のある農協の理事、監事に対して引当不足額をEにてん補する義務を負
わせる趣旨を含むものであるとし、原判決を破棄し、Y₁らに関する部分を
取り消し、本件を前橋地方裁判所に差し戻し、Y₂らに関する部分につき本
件を東京高等裁判所に差し戻した。

【判旨】

「(1) 原審の上記一(1)の判断について

確かに、本件合併契約は、旧四農協を当事者とするものであり、被上告人
甲川らを当事者とするものではない。

しかし、被上告人甲川らのうち桐生市農協の理事会に出席して同農協が本
件合併契約を締結することに賛成した理事又はこれに異議を述べなかった監
事に該当する者については、本件合併契約の中に、旧四農協のうちのいずれ
かの農業協同組合の貸借対照表等に誤びゅう脱落等があったためにわたらせ
農協が損害を受けた場合には、そのことに故意又は重過失がある当該農業協
同組合の役員は個人の資格において賠償する責任を負う旨を明記した本件賠
償条項が含まれていることを十分に承知した上で、桐生市農協が本件合併契

約を締結することに賛成するなどして、その締結手続を代表理事にゆだねているのであるから、同農協の代表理事を介して、旧四農協に対し、個人として本件賠償条項に基づく責任を負う旨の意思表示をしたものと認めるのが相当である。また、旧四農協においても、本件合併契約の締結に至っている以上、上記の意思表示について承諾したものと認めるのが相当である。そうすると、少なくとも、被上告人甲川らのうち上記のような理事又は監事に該当する者については、旧四農協の権利義務を承継したわたらせ農協に対する関係でも、本件賠償条項に基づく責任を免れないものというべきである。

　これと異なる原審の判断には、判決に影響を及ぼすことが明らかな法令の違反がある。

⑵　原審の上記一⑵の判断について

　確かに、本件賠償条項においては、「賠償の責に任ずる」場合について、「新組合が損害を受けたとき」と定められているところであり、その文理に照らすと、原審のように解する余地もないわけではない。

　しかし、旧四農協のうちのいずれかの農業協同組合の貸借対照表等に誤びゅう脱落等があったために、わたらせ農協の資産が流出するなどして、同農協に具体的な損害が生じた場合には、当該農業協同組合の理事及び監事は、軽過失のときであっても、法律上当然に、わたらせ農協に対する損害賠償責任を負うのであるから（農協法33条2項、39条2項）、故意又は重過失の場合に限って旧四農協の理事及び監事が責任を負うものとする本件賠償条項について上記のように解するのは、当事者の合理的意思に合致しないものというべきである。

　前記事実関係によれば、本件合併契約には、わたらせ農協に引き継がれる旧四農協の財産が貸借対照表等どおりのものであることを前提とする条項（4条1項）が設けられており、平成13年2月25日に開催された桐生市農協の臨時総会では、不良債権であるのに、そうでないように見せ掛けるなどした場合に、同農協の役員が本件賠償条項に基づく責任を負うことになることから、そのような事態の発生を回避するために、同農協の職員において注意して自己査定を行っている旨の説明がされているというのである。また、前記事実関係によれば、本件合併の前後を通じて、桐生市農協及びわたらせ農

協において、不良債権を適正に評価し、必要な貸倒引当金を計上し、財務の健全性確保に努め、自己資本比率の維持、向上を図っていくことが重要な課題となっていたことは、明らかである。

　これらの事情に照らすと、本件賠償条項は、不良債権が適正に評価され、必要な貸倒引当金が計上されていることを含めて、旧四農協の貸借対照表等が正確であることを担保する趣旨の定めというべきであり、旧四農協のうちのいずれかの農業協同組合において、不良債権が適正に評価されておらず、貸倒引当金が過少に計上されていることが判明した場合には、過少に計上したことに故意又は重過失のある当該農業協同組合の理事及び監事に対して、引当不足額相当額をわたらせ農協にてん補する義務を負わせる趣旨を含むものと解するのが相当である。」

【実務上の意義】

　この事案は、群馬県東部に所在する四つの農協が合併し、新設の農協を設立した際、その中で農協の貸倒引当金の過少計上のおそれが協議の対象になり、合併契約において旧四農協の貸借対照表等に誤びゅう脱落もしくは隠れた瑕疵があったため、新設農協が損害を受けたときは、故意または重過失のある旧四農協の役員個人が損害賠償責任を負う旨の条項（判決文上、本件賠償条項と呼ばれている）が締結されていたところ、旧四農協のうち大規模な農協につき4億円弱の貸し倒れ引当金の計上不足が判明する等し、旧四農協の組合員らが代表訴訟により大規模な旧農協の理事、監事ら（死亡した役員の相続人らを含む）に対して本件賠償条項に基づき損害賠償を請求した上告審の事件である。この事案は、農協の組合員が合併に係る旧農協の役員（理事、監事、死亡した役員の相続人ら）に対して代表訴訟（農協組合員の代表訴訟）により合併契約の損害賠償条項に基づき損害賠償責任を追及した事件である。この事案は、四つの農協が合併し、財務上の懸念があり、合併契約に旧四農協の役員が損害賠償責任を負う旨の本件損害賠償条項が設けられたこと、四つの農協のうち大規模な農協につき4億円弱の貸し倒れ引当金の計上不足が判明する等したこと、大規模な農協の役員につき本件賠償条項の適用が問題になったこと、旧農協の組合員らが問題の役員らに対して代表訴訟を提起したこと、提起前に組合員らが新設農協の代表理事（組合長）あてに提

訴請求書を送付したこと、代表訴訟の提起の適法性が問題になったこと（本来、新設農協の監事宛に送付すべきであった）、合併契約上の本件賠償条項が旧四農協の理事、監事（合併契約の当事者ではない）を拘束するかが問題になったこと、本件賠償条項の具体的な解釈が問題になったこと（本件のような財産の流出等がない場合に適用されるか）に特徴があり、控訴審判決は、代表訴訟の提起が不適法であり、本件には本件賠償条項が適用されない等と判断したものである。

　この判決は、本件代表訴訟の提起の適法性については、農協の代表者として監事ではなく、代表理事を記載した提訴請求書を農協に送付した場合であっても、監事において請求書の記載内容を正確に認識したうえで理事に対する訴訟を提起すべきか否かを自ら判断する機会があったといえるときには、代表者として監事が記載された適式な提訴請求書があらかじめ農協に送付されていたのと同視することができるとしたこと、本件では同視できる事情があるとし、適法な代表訴訟の提起があったとしたこと、本件賠償条項と役員との関係、拘束力については、本件では、問題の役員らは本件賠償条項が含まれていることを十分に承知したうえで、農協が合併契約を締結することに賛成するなどして、その締結手続を代表理事に委ねているから、代表理事を介して、旧四農協に対し、個人として本件賠償条項に基づく責任を負う旨の意思表示をしたものと認めるのが相当であるとしたこと、農協の役員らのうち理事会に出席し、合併契約の締結に賛成し、または異議を述べなかった者は、旧農協の権利義務を承継した新設農協に対する関係でも本件賠償条項に基づく責任を免れないとしたこと、本件賠償条項の解釈については、新設農協の資産が流出するなどして、同農協に具体的な損害が生じた場合には、旧農協の理事および監事は、軽過失のときであっても、法律上当然に、新設農協に対する損害賠償責任を負うものであり、本件賠償条項がこの場合に限定されると解するのは当事者の意思に合致しないとしたこと、本件賠償条項は、不良債権が適正に評価され、必要な貸倒引当金が計上されていることを含めて、旧四農協の貸借対照表等が正確であることを担保する趣旨の定めというべきであり、旧四農協のうちのいずれかの農協において、不良債権が適正に評価されておらず、貸倒引当金が過少に計上されていることが判明した

第6章　一般社団法人等の理事・監事の責任をめぐる裁判例

場合には、過少に計上したことに故意または重過失のある旧農協の理事および監事に対して、引当不足額相当額を新設農協にてん補する義務を負わせる趣旨を含むものと解するのが相当であるとしたことに特徴がある。この判決は、いずれも代表訴訟の提起の要件、理事らの損害賠償責任の特約の効力・解釈に関する実務上の地味な事項について判断したものであるが、実務上重要な判断を示したものとして参考になる。

〔裁判例 35〕農業協同組合が監事に対して施設の建設事業の調査、確認を怠った任務懈怠責任を追及した事例（上告審）（最二小判平成21・11・27 判時 2067 号 136 頁、金判 1342 号 22 頁）

【事案の概要】

　X 農業協同組合（農協）の代表理事 A は、X が理事会の承認を受け、堆肥センターの建設事業を補助金を受け、X の財政的負担のない形で行う計画を進めていたところ、補助金の交付申請をしていないのに、理事会には申請をしているとの虚偽の報告をし、X の資金を使用して建設用地を取得する等したが、資金調達の目処が立たず、計画が中止される等したため、X が X の監事である Y に対して A の違法な行為に気づき、差し止めなかった善管注意義務違反、任務懈怠があった等と主張し、農業協同組合法（農協法）33条、39 条に基づき損害賠償を請求した。

　第 1 審判決（岡山地津山支判平成 18・12・22 金判 1342 号 33 頁）は、任務懈怠があるということはできないとし、請求を棄却したため、X が控訴した。

　控訴審判決（広島高判平成 19・6・14 金判 1342 号 27 頁）は、唯一の常勤理事である A が理事会の一任を取り付け、さまざまな事項を処理判断するとの慣行が存在し、なし崩し的に建設工事が実行に移されたものであり、Y に義務違反があったということはできないとし、控訴を棄却したため、X が上告受理を申し立てた。

　この判決は、資金調達の方法を調査・確認することなく、建設事業が進められたことを放置したことに任務懈怠があるとし、原判決を破棄し、第 1 審

244

判決を取り消し、請求を認容した。

【判旨】

「(1) 監事は、理事の業務執行が適法に行われているか否かを善良な管理者の注意義務（農業協同組合法 39 条 1 項、商法〔平成 17 年法律第 87 号による改正前のもの。以下「旧商法」という。〕254 条 3 項、民法 644 条）をもって監査すべきものであり（農業協同組合法 39 条 2 項、旧商法 274 条 1 項）、理事が組合の目的の範囲内にない行為その他法令若しくは定款に違反する行為を行い、又は行うおそれがあると認めるときは、理事会にこれを報告することを要し（農業協同組合法 39 条 3 項、旧商法 260 条ノ 3 第 2 項）、理事の上記行為により組合に著しい損害を生ずるおそれがある場合には、理事の行為の差止めを請求することもできる（農業協同組合法 39 条 2 項、旧商法 275 条ノ 2）。監事は、上記職責を果たすため、理事会に出席し、必要があるときは意見を述べることができるほか（農業協同組合法 39 条 3 項、商法〔平成 13 年法律第 149 号による改正前のもの〕260 条ノ 3 第 1 項）、いつでも組合の業務及び財産の状況の調査を行うことができる（農業協同組合法 39 条 2 項、旧商法 274 条 2 項）。

　そして、監事は、組合のため忠実にその職務を遂行しなければならず（農業協同組合法 39 条 2 項、33 条 1 項）、その任務を怠ったときは、組合に対して損害賠償責任を負う（同条 2 項）。

　監事の上記職責は、たとえ組合において、その代表理事が理事会の一任を取り付けて業務執行を決定し、他の理事らがかかる代表理事の業務執行に深く関与せず、また、監事も理事らの業務執行の監査を逐一行わないという慣行が存在したとしても、そのような慣行自体適正なものとはいえないから、これによって軽減されるものではない。したがって、原審判示のような慣行があったとしても、そのことをもって被上告人の職責を軽減する事由とすることは許されないというべきである。

(2) 前記事実関係によれば、A は、平成 13 年 1 月 25 日開催の理事会において、公的な補助金の交付を受けることにより上告人自身の資金的負担のない形で堆肥センターの建設事業を進めることにつき承認を得たにもかかわらず、同年 8 月 31 日開催の理事会においては、補助金交付をブルーシー・アンド・グリーンランド財団に働き掛けたなどと虚偽の報告をした上、その後

も補助金の交付が受けられる見込みがないにもかかわらずこれがあるかのように装い続け、平成14年5月には、上告人に費用を負担させて用地を取得し、堆肥センターの建設工事を進めたというのであって、このようなAの行為は、明らかに上告人に対する善管注意義務に反するものといえる。

そして、Aは、平成13年8月31日開催の理事会において、補助金交付申請先につき、方向転換してブルーシー・アンド・グリーンランド財団に働き掛けたなどと述べ、それまでの説明には出ていなかった補助金の交付申請先に言及しながら、それ以上に補助金交付申請先や申請内容に関する具体的な説明をすることもなく、補助金の受領見込みについてあいまいな説明に終始した上、その後も、補助金が入らない限り、同事業には着手しない旨を繰り返し述べていたにもかかわらず、平成14年4月26日開催の理事会において、補助金が受領できる見込みを明らかにすることもなく、上告人自身の資金の立替えによる用地取得を提案し、なし崩し的に堆肥センターの建設工事を実施に移したというのであって、以上のようなAの一連の言動は、同人に明らかな善管注意義務違反があることをうかがわせるに十分なものである。

そうであれば、被上告人は、上告人の監事として、理事会に出席し、Aの上記のような説明では、堆肥センターの建設事業が補助金の交付を受けることにより上告人自身の資金的負担のない形で実行できるか否かについて疑義があるとして、Aに対し、補助金の交付申請内容やこれが受領できる見込みに関する資料の提出を求めるなど、堆肥センターの建設資金の調達方法について調査、確認する義務があったというべきである。

しかるに、被上告人は、上記調査、確認を行うことなく、Aによって堆肥センターの建設事業が進められるのを放置したものであるから、その任務を怠ったものとして、上告人に対し、農業協同組合法39条2項、33条2項に基づく損害賠償責任を負うものというほかはない。」

【実務上の意義】

この事案は、農協の代表理事が理事会の承認を受け、補助金を受け、農協の財政的負担のない形で行う施設の建設工事計画を進めていたところ、補助金の交付申請をしていないにもかかわらず、理事会には申請をしているとの

虚偽の報告をし、農協の資金を使用して建設用地を取得する等したが、資金調達の目処が立たず、計画が中止されたため、農協が監事に対して損害賠償を請求した上告審の事件である。この事案は、農協が監事に対して損害賠償を請求し、監事の農協に対する損害賠償責任が問題になった事件である。この事案は、中間法人である農協の事業遂行が問題になったこと、代表理事が施設の建設工事を計画し、遂行したこと、理事会の承認を経た内容と異なる計画が実行されたこと、当初の計画では補助金を得て農協の財政的負担がないというものであったものの、補助金の交付申請がされなかったこと、代表理事が虚偽の報告を理事会で行ったこと、資金調達の目処が立たず、計画が中止されたこと、農協が監事に対して農協法33条、39条に基づき損害賠償責任を追及したこと、監事の善管注意義務違反、任務懈怠が問題になったこと、監事の代表理事の業務執行に対する監督が問題になったこと、第1審判決、控訴審判決ともに監事の損害賠償責任を否定したことに特徴がある。この事案は、中間法人の監事の法的な責任が農協から追及されたところに大きな特徴があるということができる。

　この判決は、監事の職責は、農協において代表理事が理事会の一任を取り付けて業務執行を決定し、他の理事らがかかる代表理事の業務執行に深く関与せず、監事も理事らの業務執行の監査を逐一行わないという慣行が存在したとしても、これによって軽減されるものではないとしたこと、この事案の代表理事の一連の言動は、明らかな善管注意義務違反があることをうかがわせるに十分なものであるとしたこと、監事は、理事会に出席し、代表理事の説明では、農協自身の資金的負担のない形で実行できるか否かについて疑義があるとして、代表理事に対して補助金の交付申請内容やこれが受領できる見込みに関する資料の提出を求めるなど、堆肥センターの建設資金の調達方法について調査・確認する義務があったとしたこと、この事案では監事の任務懈怠を認めたことに特徴がある。この判決は、中間法人の監事の法人に対する任務懈怠による損害賠償責任を肯定した重要な事例判断としても、また、監事の代表理事の業務執行に対する監督等に関する任務懈怠による損害賠償責任を肯定した重要な事例判断としても参考になるが、さらに、中間法人の意思決定により代表理事に一任された業務執行につき監査を逐一行わな

247

い実情があったとしても、監事の注意義務、職責が軽減されないとした判断も重要であり、参考になるものである。この判決は、監事の所属する法人に対する厳格な注意義務・損害賠償責任を認めるものであり、議論はあろうが、監事にとって十分に注意を払うべき内容を明らかにしたものである。

〔裁判例 36〕会員が信用金庫の専務理事、常務理事に対して貸金の回収不能に係る善管注意義務違反・忠実義務違反を追及した事例（宮崎地判平成 23・3・4 判時 2115 号 118 頁）

【事案の概要】

A信用金庫においては、融資の決定権限は理事長にあったが、常務会における審査会を経て行われることになっていたところ、常務会の理事であった Y_1 ないし Y_6（Y_1 らは、各時期に常務理事・専務理事・理事長等の役付き理事を務めたものである）は、B株式会社、C株式会社、D株式会社に対する各融資を実行し、回収ができなくなったため、Aの会員 X_1 が会員代表訴訟を提起し、Y_1 らに対して善管注意義務違反、忠実義務違反を主張し、信用金庫法 39 条に基づき損害賠償を請求し、会員 X_2 が訴訟に参加した。

この判決は、融資先ごとの数回の各融資ごとに Y_1 ないし Y_6 の各関与の内容を検討し、一部の融資につき確実な回収保全が図られていない状況で融資を行い、経営判断の範囲を超えたものであるとし、Y_1 ないし Y_6 の各善管注意義務違反を認め、請求を認容した。

【判旨】

「一　争点(1)　（戌原社に対する融資）について

（中略）

(2)　融資の可否の判断に関する理事の善管注意義務ないし忠実義務について

前記認定のとおり、補助参加人においては、融資申込者から借入申込みがあると、営業店ないし審査部において、必要な審査及び検討を行い、一案件5000 万円を超えるものなど一定の案件については、審査部長以上の上位者との事前協議を経ることとされており、また、同一債務者に対する表債が3

億円を超える融資案件については、常務会理事で構成される常務会審査会での協議の上これを決裁する必要があるとされていたものであるところ、このような融資の可否を判断する過程において、信用金庫の理事として融資を行うべきか否かを判断するに当たっては、融資額、返済方法、担保等といった当該融資の基本的な条件や内容等が当該信用金庫における貸出事務処理規程等に適合したものであることを確認した上で、貸付金の使途、融資先の業績及び資産、融資先とのそれまでの取引状況、将来の見込み等に加え、景気の動向等の経営の外部条件をも踏まえ、当該融資によって信用金庫が得る利益と回収の確実性など負担するリスク等を総合的に判断して行うものであって、そこには、専門的な評価・判断を伴う経営判断事項として一定の裁量が認められるというべきである。しかしながら、このような裁量の存在を前提としても、当該判断が、当時の具体的状況下における信用金庫の理事の判断として著しく不合理なものであるときは、当該判断を行った常務会理事は、善管注意義務及び忠実義務に違反するものとして、その結果、信用金庫に生じた損害を賠償する責任を負うと解すべきである。

　そして、前記認定のような補助参加人における融資手続に鑑みれば、常務会理事は、融資の可否を判断するに当たって、原則的には、営業店及び審査部による情報の収集・分析が、それぞれの基準に従って誠実に行われたものと信頼してその判断をすることが許されるものというべきであるが、判断の基礎となる資料及び情報収集の内容やこれに基づく営業店及び審査部の判断が適切にされたことについて疑問を生じさせる事情が存在するときには、漫然とこのような営業店及び審査部の判断に依拠することが許されないのは当然であって、安易にこれを信頼して、判断の前提となった事実の認識に看過し難い誤りを来したような場合については、理事としての信用金庫に対する善管注意義務及び忠実義務に違反するものとして、損害を賠償する責任を免れないというべきである。

（中略）

ウ　小括

㋐　以上に照らせば、第三融資の決裁を行った常務会理事は、確実な保全が図られているわけではない状況下において、事業計画及び返済原資に関する

合理的な情報収集・分析、検討を行っておらず、融資の回収可能性に重大な疑念が生じる点が存在することを認識し、又は、認識し得たにもかかわらず、漫然と第三融資を可とする決裁を行ったものであるから、その判断の前提となった事実の認識に看過し難い誤りがあり、その意思決定の内容が信用金庫の理事として著しく不合理なものであったといわざるを得ない（なお、第三融資は、一つの事業計画に基づく一つの融資申込みであるから、土地購入資金とその余の資金に分けて、土地購入資金7400万円分の融資判断についてのみ合理的であったということはできない。）。

　よって、第三融資を可とした経営判断は、常務会理事に認められた裁量の範囲を逸脱するものであるというべきであるから、第三融資の決裁を行った常務会理事である被告丙川、被告丁原梅夫、被告戊田春夫、被告甲田及び被告乙野については、善管注意義務違反及び忠実義務違反が認められるというべきである。

（中略）

二　争点(2)　（甲川社及び乙原社に対する融資）について

（中略）

ウ　小括

㋐　以上検討したところによれば、本件①ないし⑨融資を決めた常務会理事の判断は、追加融資を打ち切る場合の損失と追加融資を行う場合のリスクの衡量判断に必要かつ相当な情報収集・分析、検討を怠り、回収不能となる具体的おそれのある融資を漫然と続けていたものであるというべきであって、その判断の前提となった事実の認識に看過し難い誤りがあり、その意思決定の内容が信用金庫の理事として著しく不合理なものであったと言わざるを得ない。

　よって、本件①ないし⑨融資を可とした経営判断は、常務会理事に認められた裁量の範囲を逸脱するものであるというべきであるから、本件①ないし⑨融資の決裁を行った被告丙川、被告丁原梅夫及び被告戊田春夫並びに本件⑨融資の決裁を行った被告乙野には、善管注意義務違反及び忠実義務違反が認められるというべきである。」

【実務上の意義】

　この事案は、信用金庫が会社に融資を行ったところ、回収ができなくなったため、信用金庫の会員が代表訴訟を提起し、常務会のメンバーである専務理事、常務理事らに対して損害賠償を請求した事件である。この事案は、信用金庫の会員が代表訴訟により専務理事らに対して損害賠償を請求し、専務理事らの信用金庫に対する損害賠償責任が問題になった事件である。この事案は、中間法人である信用金庫の融資が問題になったこと、信用金庫の会員が代表訴訟を提起したこと、融資は、一定の金額以上の場合には、常務会の審査を経て、理事長が決定権限を有していたこと、信用金庫が会社らに融資を実行したものの、回収不能になったこと、常務会の専務理事らの損害賠償責任が追及されたこと、専務理事らの融資についての善管注意義務違反・忠実義務違反が問題になったことに特徴がある。

　この判決は、理事が融資を判断するに当たっては、融資額、返済方法、担保等の基本的な条件や内容等が信用金庫における貸出事務処理規定等に適合したものであることを確認したうえ、貸付金の使途、融資先の業績および資産、融資先とのそれまでの取引状況、将来の見込み等に加え、景気の動向等の経営の外部条件をも踏まえ、融資によって信用金庫が得る利益と回収の確実性など負担するリスク等を総合的に判断して行うものであるとしたこと、理事の融資判断については専門的な評価・判断を伴う経営判断事項として一定の裁量が認められるとしたこと、理事の融資判断は、裁量の存在を前提としても、その判断が当時の具体的状況下における信用金庫の理事の判断として著しく不合理なものである場合には、善管注意義務および忠実義務に違反するとしたこと、理事は、融資の可否を判断するに当たって、原則的には、営業店および審査部による情報の収集・分析がそれぞれの基準に従って誠実に行われたものと信頼してその判断をすることが許されるとしたうえ、判断の基礎となる資料および情報収集の内容やこれに基づく営業店および審査部の判断が適切にされたことについて疑問を生じさせる事情が存在する場合には、漫然とこのようなことが許されないとしたこと、この事案では一部の融資につき判断の前提となった事実の認識に看過しがたい誤りを来したものであり、理事としての信用金庫に対する善管注意義務および忠実義務に違反す

第 6 章　一般社団法人等の理事・監事の責任をめぐる裁判例

るとしたことに特徴がある。この判決は、融資の判断・決定を行う信用金庫の専務理事らについて、裁量を認め（経営判断ということができる）、信用金庫の事務職員の審査等を一定の範囲で信頼することができるとしたうえ、その裁量、信頼の限界を指摘しつつ、具体的な事情を考慮し、善管注意義務違反、忠実義務違反を肯定したものであり、参考になる事例判断を提供するものである。

> **〔裁判例 37〕学校法人が退職した理事・歯科医師の退職金支払請求に対して投資運用に係る善管注意義務違反を追及した事例**（横浜地横須賀支判平成 23・9・12 判タ 1370 号 169 頁）

【事案の概要】

　X は、歯科医師であり、歯科大学等を経営する Y 学校法人に雇用され、助手として勤務し、教授、附属病院の院長を歴任し、平成 17 年 5 月以降、病院担当の理事に就任していたところ、同年 9 月以降、投資顧問業者が運用する投資ファンド等において約 66 億円の資産を運用したが、平成 20 年度には約 52 億円の評価損を計上する等したことから（Y の投資担当の理事 A は、虚偽の説明をし、投資を行っていたが、詐欺ないし業務上横領で逮捕された）、X が理事を退任し、役員退任慰労金の受取りを辞退する等し、さらに退職し、Y に対して労働契約上の退職金規程に基づき退職金の支払いを請求した。

　この判決は、X が Y の理事会において理事として投資運用の議案に賛成したとしても、理事としての善管注意義務違反は従業員としての行為ではないこと、病院担当の理事として過半数で意思決定がされる理事会において 1 票を投じたにすぎないこと、投資担当の理事らが強行的に投資を主導したこと、X が受動的な立場で投資に賛成したにすぎないこと等を考慮し、従業員としての功を抹消ないし減殺してしまうほどの信義に反する行為があったとはいえないとし、請求を認容した。

【判旨】

「(2)　以上の事実を前提として検討するに、本件退職金規程 7 条 1 項 1 号た

だし書には、「不都合の所為が認められ退職する者」であることが退職金の不支給事由として定められているところ、退職金は、功労報償的性格のみならず、賃金の後払的性格を併有していることに照らせば、退職金不支給規定を有効に適用できるのは、労働者のそれまでの勤続の功を抹消ないし減殺してしまう程の著しく信義に反する行為があった場合に限られると解すべきであるから、本件退職金規程7条1項1号ただし書の「不都合の所為が認められ退職する者」についても、被告の職員でそれまでの勤続の功を抹消ないし減殺してしまうほどの著しく信義に反する行為があった場合に被告を退職する者をいうと解すべきである。

　そこで、これを本件についてみると、被告は、原告は被告における理事の役職についており、被告に対して委任又は準委任契約に基づく善管注意義務を負い、原告は理事会の構成員として、理事会が本件投資について意思決定するに当たり、本件寄附行為等に違反することがないように監視・監督する義務を負っていたところ、本件寄附行為及び本件資産運用規則に反する、元本返還の確実性が極めて低い投機的な本件投資に係る議題に理事会で賛成し、その投機性の高さ、投資適格性の欠如は、甲野等の説明等から容易に知り得、被告の教職員の指摘や、文部科学省からも指摘があったにもかかわらず、その注意義務を尽くさなかったものであり、本件投資を含む一連の不正投資の決議に原告が賛成し続けてきたこと等を考慮すると、原告の注意義務の違反の程度が重大で、被告に著しい損害を与えたことをもって、「不都合の所為が認められ退職する者」に当たると主張する。

　しかしながら、本件投資に関し問題となる原告の責任は、理事としての善管注意義務違反であり、従業員としての行為ではないし、前記(1)イのとおり、原告は病院担当理事として、過半数で意思決定がされる理事会において一票を投じたにすぎず、同ケのとおり、被告においても、資産運用に関する理事会に係る問題として、平成20年9月9日及び同年11月19日に被告の理事会が開催された当時、後に逮捕されることとなった丙川理事と丁谷理事がかなり強行的に主導しており、その他の理事や監事は、提案された投資案件について十分な質問ができる状況でなかったとしており、理事会における実際の原告の発言内容に照らしても同キ及びクのとおり、本件投資の判断に

関しては原告は投資の「素人」として数回質問するのみで丙川理事や丁谷理事の強行的な主導の下、一般の理事として、専ら説得される受動的な立場であったものと認められる。

そして、原告は、病院担当の理事であり、このような受動的な立場で本件投資に賛成したにすぎないものであるところ、本件投資に係る一連の投資自体は、前記(1)ウ及びエのとおり被告の収入面を補うために行われ、当初は16億円程度の運用益を上げていたことに照らせば、被告に対する何らかの注意義務違反が成立するか否かは別としても、同アのとおり、原告はそれまで31年間も被告に勤務し、被告の大学の教授や被告の病院の病院長、被告の経営する歯科技工専門学校の学校長を勤めるなどしているのであるから、その被告に対する功を抹消ないし減殺してしまうほどの著しく信義に反する行為があったとまでは認め難いというべきである。これは、本件投資以外の一連の投資について考慮しても、病院担当理事にすぎなかった原告の主体的な関与も見いだすことができないことからすれば、同様であり、被告の主張は理由がない。

なお、原告は、前記(1)クのとおり、平成20年11月19日の理事会において、本件10億円の投資がうまくいっていないことについて、箝口令をしいてほしいなどとし、これが組合等にもれないようにする方策を申し出るなどしているが、他方で本件投資に係る道義的責任があるとして、同シ及びスのとおり、役員退任慰労金（200万）を自主返上したほか、理事の職務手当及び賞与を一部寄付（573万8600円）することを申し出ていること等を考慮すれば、上記の点をもって、原告に、上記著しく信義に反する行為があったとまでは認め難い。

2 争点(2)（権利濫用）について

前記1(2)で述べたとおり、退職金は、賃金の後払的性格と、功労報償的性格を有するものであるところ、労働者のそれまでの勤続の功を抹消ないし減殺してしまうほどの著しく信義に反する行為があった場合には、退職金規程に不支給事由の定めがないか、又は、労働者の行為が退職金規程に定める不支給事由に該当しない場合においても、労働者の退職金請求が権利濫用となり、その請求の一部ないし全部が認められないことはあり得るというべきで

あるが、被告が権利濫用として主張するところは、退職金不支給事由として
主張するところと同じであり、被告の行為が退職金不支給事由に該当しない
のに、同事由として主張するところと異なる事情を主張して被告の退職金請
求が権利濫用となることを主張するものではないから、被告の権利濫用の主
張は、同主張に係る事由について退職金不支給事由に該当しないと判断され
た以上、これが別個に認められる余地はなく、本来独立した攻撃防御方法と
して判断を示すまでもないものである。

　ただ、上記の点を別としても、前記1(2)で述べたとおりで、原告が本件投
資に賛成したこと等について、原告のそれまでの勤続の功を抹消ないし減殺
してしまうほどの著しく信義に反する行為があったとまでは認め難いから、
被告の権利濫用の主張は、いずれにしても理由がない。」

【実務上の意義】

　この事案は、歯科医師が歯科大学等を経営する学校法人に助手として雇用
され、教授・附属病院の院長を歴任した後、病院担当の理事に就任したとこ
ろ、投資担当の理事が投資取引を行い、多額の損失が発生したことから、理
事を退任し、役員退任慰労金の受取りを辞退し、退職し、学校法人に対して
労働契約上の退職金規程に基づき退職金の支払いを請求したが、学校法人が
退職金不支給事由、権利の濫用を主張した事件であり、学校法人から退職金
の不支給事由として、理事としての損失を発生させた投資案件の行為（理事
会で議案に賛成したこと）が同規程上の「不都合の所為が認められ退職する
者」に該当すると主張されたものである。この事案は、公益法人である学校
法人の理事である歯科医師の責任が問題になったこと、長年学校法人の職員
（歯科医師）であり、病院担当の理事に昇格したこと、投資担当の理事が投
資取引で多額の損失を発生させたこと、歯科医師が理事を退任し、役員の退
任慰労金を辞退し、職員を退職し、職員としての退職金の支払いを請求した
こと、学校法人の主張に係る退職金の不支給事由、権利の濫用が問題になっ
たこと（理事としての責任が背景にある）に特徴がある。

　この判決は、歯科医師が学校法人の理事会において理事として投資運用の
議案に賛成したとしても、理事としての善管注意義務違反は従業員としての
行為ではなく、病院担当の理事として過半数で意思決定がされる理事会にお

第6章　一般社団法人等の理事・監事の責任をめぐる裁判例

いて1票を投じたにすぎない等とし、従業員としての功を抹消ないし減殺してし得るほどの信義に反する行為があったとはいえないとし、権利の濫用も否定したものである。公益法人、中間法人の理事の中には、法人の従業員からそのキャリアを始め、理事に昇格し、就任する者が少なくないが、この場合、理事に就任するに際し、従業員としての退職金の支給を受けることも少なくない。この事案では、理事の退任の際に理事としての慰労金の受領を辞退したが、従業員の退職金の支払いを請求したことから、紛争に至ったものである。この判決は、前記のとおりの判断を示したものであり、事例判断として参考になるものである。

〔裁判例38〕団地自治会の構成員が会長らに対して横領に係る不法行為責任等を追及した事例（東京地判平成24・6・8判時2163号58頁）

【事案の概要】

Xは、団地のA自治会（権利能力なき社団）の構成員であり、Y_1ないしY_4は、Aの代々の会長であり、Y_5は、Aの会計の役員であり、Y_6、Y_7は、監査の役員であったところ、XがY_1らに対して、代表訴訟により、Aにおける財産の横領を主張し、不法行為に基づきAへの損害賠償、受任者の報告義務を主張し、入出金記録の開示を請求した。

この判決は、法律上の明文の規定がないにもかかわらず、一般法人法278条を類推適用し、代表訴訟を認めることはできない等とし、訴えを却下した。

【判旨】

「(3)　原告は、一般法人法278条の規定は、法人の社団性から導かれる規定であり、法人と同様に社団性を有する権利能力なき社団にも準用されると主張する。

しかしながら、社団であることから、当然に代表訴訟が認められると解することはできない。前記のとおり、社団は、法人格を有するか否かを問わ

256

ず、自ら当事者となって訴えを提起することができる上、法人格を有する社団であっても、当然に代表訴訟が認められているわけではない。例えば、地縁による団体（地方自治法260条の2）、管理組合法人（建物の区分所有等に関する法律47条）、労働組合法人（労働組合法11条）及び医療法人社団（医療法39条）については、上記各法律において、一般法人法78条等の規定を準用する旨の条文が置かれているが（地方自治法260条の2第15項、建物の区分所有等に関する法律47条10項、労働組合法12条の6、医療法68条参照）、代表訴訟について定めた一般法人法278条は、準用条文から除外されている。一方、農業協同組合、中小企業等協同組合、森林組合および信用金庫等の法人については、法律上、株主の代表訴訟について定めた会社法847条を準用する旨の条文が置かれている（農業協同組合法40条の2、中小企業等協同組合法39条、森林組合法54条、信用金庫法39条の4参照）。

　以上によれば、団体においては、多数決の原則等に従い、その内部規定に基づき団体としての意思を決定することを通じて、総構成員の共同の利益を図るのが原則であるというべきであり、例外的に、法が、役員相互間の情実により役員の団体に対する責任が不問に付され、団体ひいては各構成員の利益が害されることを防ぐなどの理由により、特に代表訴訟を認めた場合についてのみ、これが許されると解するべきであって、法の明文の規定がないにもかかわらず、一般的に一般法人法278条の規定を類推して、代表訴訟を認めることはできないというべきである。」

【実務上の意義】

　この事案は、団地の自治会（権利能力なき社団）の構成員が代々の会長・会計の役員、監査の役員に対して横領を主張し、自治会への損害賠償等を請求した事件である。この事案では、自治会の構成員が代表訴訟により会長、会計の役員、監査の役員に対して不法行為に基づき損害賠償を受任者の報告義務に基づき出入金記録の開示を請求し、会長らの自治会に対する法的な責任が問題になった事件である。この事案は、団地の自治会が権利能力なき社団であること、自治会の構成員が代表訴訟を提起したこと、会長、会計の役員、監査の役員の法的な責任が追及されたこと、構成員の原告適格が問題になったこと、一般社団法人法278条の類推適用が問題になったことに特徴が

第 6 章　一般社団法人等の理事・監事の責任をめぐる裁判例

ある。

この判決は、権利能力なき社団につき代表訴訟を認める法律上の規定がないとしたこと、一般社団法人法 278 条の類推適用を否定したこと、本件訴えを却下したことに特徴があり、その旨の事例判断を提供するものである。

〔裁判例 39〕漁業協同組合が理事長に対して従業員、理事の横領に係る善管注意義務違反・忠実義務違反を追及した事例（松山地今治支判平成 24・8・23 判時 2173 号 111 頁）

【事案の概要】

X 漁業協同組合（漁協）の従業員 A は、平成 11 年 4 月から会計を担当していたところ、平成 18 年 3 月には信用事業担当の理事に就任したが、平成 18 年 2 月頃から平成 22 年 5 月にかけて現金合計 3370 万円を横領し、一部の弁済の後、合計 2780 万円余の損害が生じたことから、X が代表理事 Y に対して善管注意義務違反、忠実義務違反を主張し、水産業協同組合法（水協法）39 条の 6 第 1 項に基づき損害賠償を請求した。

この判決は、Y が業務執行の補助者の行為に職務違反がないかどうかを監督し、不当な職務執行を制止し、未然に防止策を高ずる等の職責を有するのに、これを怠ったとし、善管注意義務違反、忠実義務違反を認め、請求を認容した。

【判旨】

「二(1)　被告は、本件当時、代表理事として、水協法 34 条の 3、民法 644 条の善管注意義務、並びに水協法 39 条の 2 第 1 項及び原告の定款 32 条 1 項の忠実義務を負っており、原告の業務を統括する者として（前記(1)イウ）、C を含む職員 4 名の事務処理を指導監督し、職員の違法・不正な事務処理により原告に損害を与えることがないよう未然に防止する義務を負っていたというべきである。また、被告は、代表理事として、理事職にあった C（平成 18 年 3 月 18 日に信用事業担当理事に就任）の業務執行を監督する義務を負っていたことはいうまでもない。

⑵　ところが、前記一⑴で認定した事実によると、被告は、本件当時、現金の管理を含め経理全般をＣに任せており、被告ないしＣ以外の職員において本件金庫に現実に保管されている現金の有高と現金出納帳や元帳の現金額とが一致しているかどうか照合するようなことさえなかったというのであるから、被告には上記⑴の義務懈怠があったことは明らかである。

⑶　この点に関し、被告は、平成20年8月の行政庁による常例検査等の際、原告内部に不祥事が起きているとの指摘を受けなかったため、不祥事が起きていないものと信用していたのであるから、上記常例検査以降のＣによる横領行為を制止ないし防止できなかったことについて過失はないなどと主張する。

　しかしながら、前記一⑵で認定したとおり、本件当時、既に、漁業協同組合においても、内部監査の役割・重要性が指摘され、内部監査に対する役職員の認識の徹底や担当部門・役員及び内部監査規程の整備等が求められており、代表理事であった被告は、リスクの種類・程度に応じた実効性ある内部監査態勢を構築すべき立場にあったのであるから、行政庁による常例検査等の際に現金横領について指摘を受けなかったとの一事をもって、横領の危険は何らないと信じ込み、Ｃに現金の管理を含む経理全般を一任したままにし、常勤理事である自らは何ら監督しなかったこと自体、まさしく被告の監督義務懈怠そのものというべきである。」

【実務上の意義】

　この事案は、漁協に雇用された従業員が信用事業担当の理事に就任した頃から組合の金銭を横領したため、組合が理事長に対して善管注意義務違反・忠実義務違反を主張し、水協法39条の6第1項に基づき損害賠償を請求した事件である。この事案は、漁協が代表理事に対して損害賠償を請求し、代表理事の組合に対する損害賠償責任が問題になった事件である。この事案は、組合の従業員が信用事業担当の理事に就任したこと、理事がその頃から組合の金銭を長年にわたって横領したこと、組合が代表理事につき善管注意義務違反・忠実義務違反を主張したこと、組合が同項に基づき損害賠償責任を追及したことに特徴がある。

　この判決は、代表理事は、組合の業務を統括する者として職員の事務処理

第6章　一般社団法人等の理事・監事の責任をめぐる裁判例

を指導監督し、職員の違法・不正な事務処理により原告に損害を与えることがないよう未然に防止する義務を負っていたとしたこと、代表理事は、理事の業務執行を監督する義務を負っていたとしたこと、本件では、代表理事は、理事による横領の危険は何らないと信じ込み、現金の管理を含む経理全般を一任したままにし、常勤理事である自らは何ら監督しなかったとしたこと、代表理事の理事に対する監督義務懈怠を認めたことに特徴があり、代表理事の理事に対する監督義務懈怠に係る善管注意義務違反、忠実義務違反を肯定した判断として参考になるものである。

〔裁判例40〕マンションの管理組合（権利能力なき社団）が代表者の相続人らに対して代表者による管理費、積立金等の私的費消に係る不法行為責任を追及した事例（東京地判平成27・3・13判時2273号88頁）

【事案の概要】

　マンションの区分所有者らは、管理が業者によって行われていたところ、自主管理を行うこととし、平成7年、X管理組合（権利能力なき社団）を設立し、区分所有者であったAが代表者（代表幹事）に選任され、Aは、区分所有者らから管理費、積立金を集金する等し、自ら現金で保管したり、B銀行のC支店のX預金口座に預金したり、D銀行のX名義の貯金口座に貯金したりして管理し、平成7年5月から平成8年4月までの収支報告を行ったものの、以後の収支報告を行わず、その後、修繕工事の代金が不足する等したことがあり、Aが平成22年1月に死亡し、預金口座の残高が24万6744円、貯金口座の残高が9402円であったことから、XがAの相続人Y₁、Y₂ら（5名）に対して不法行為に基づき損害賠償を請求した。

　この判決は、収入、支出を推認する等し、不法行為を肯定し、少なくとも私的な費消額が700万円であると推認し、請求を認容した。

【判旨】

「二　争点（亡松夫が原告の管理費等から流用した額）に対する判断

260

前記一(4)のとおり、亡松夫は、平成16年1月以降、原告の収支を適正に記録せず、次第に原告の管理費等を私的に流用するようになったことが認められるところ、亡松夫が管理費等から私的に流用した額の一部は、亡松夫が作成したメモに記載されているものの、同メモは平成19年11月以降の分しか残されていないことから、平成16年1月1日から平成22年1月22日までの間に、亡松夫が流用した額は、平成16年1月1日に存在したと認められる原告の管理費等に同日から平成22年1月22日までに集金した管理費等の収入額を加えたものから同期間の支出及び平成22年1月22日に現存した管理費等の額を控除した額から推認するのが相当である。

前記第二の一(3)のとおり、原告において、平成16年1月1日の時点において、本件預金口座の残高が45万9786円、本件貯金口座の残高が9357円であり、前記一(2)及び同(3)のとおり、平成16年1月1日から平成22年1月22日までの間に1192万4967円の収入、444万4493円の支出があったのであるから、平成22年1月22日の時点で、794万9617円（〔45万9786円＋9357円＋1192万4967円〕－444万4493円＝794万9617円）の残高があるべきであるにもかかわらず、本件預金口座の残高が24万6744円、原告の郵便本件貯金口座の残高が9402円であり、769万3471円不足していることが認められる。そうすると、証拠に残されていない支出がある可能性を考慮したとしても、亡松夫は、原告の代表幹事としての善管注意義務に反し、原告の管理費等から少なくとも700万円を費消したと認めるのが相当である。」

【実務上の意義】

この事案は、マンションの管理組合（権利能力なき社団）の代表者（代表幹事）が管理費、積立金等の集金、預金・貯金口座による保管等を行っていたところ、死亡後、預金・貯金口座の残高が僅かな金額であったため、管理組合が代表者の相続人らに対して損害賠償を請求した事件である。この事案は、マンションの管理組合が代表者の相続人らに対して損害賠償を請求し、代表者の管理組合に対する損害賠償責任が問題になった事件である。この事案は、マンションの区分所有者らが自主管理を経て、管理組合（権利能力なき社団）を設立したこと、代表者（代表幹事）が選任されたこと、代表者が管理費、積立金の集金、預金口座、貯金口座において管理する等していたこ

と、一時期収支報告がされたものの、長年にわたって収支報告が行われなかったこと、代表者が死亡したこと、預金口座、貯金口座の残高が僅少な額であったこと、管理組合が代表者の相続人らに対して支出不明額につき損害賠償を請求したこと、代表者の不法行為責任が問題になったことに特徴がある。

この判決は、収入、支出を推認する等し、不正費消額を少なくとも700万円と算定したこと、代表者の不法行為責任を肯定したことに特徴があり、管理組合の代表者の不正支出に関する事例判断として参考になるものである。

> **〔裁判例41〕マンションの管理組合法人が理事長、副理事長、会計監査役員に対して会計担当理事による管理費等の着服横領に係る善管注意義務違反等を追及した事例**（東京地判平成27・3・30判時2274号57頁）

【事案の概要】

マンションが昭和51年頃から区分所有者らの自治会によって管理が行われていたところ、X管理組合法人は、平成20年1月、設立されたが、その間、Aは、平成6年から平成19年11月まで自治会の会計担当理事を務め、自治会会計のA名義の銀行預金口座の預金通帳、印鑑、キャッシュカードを管理し、毎年5月頃開催される定期総会において前年度の収支決算報告書の承認が行われ、会計監査役員に同報告書、預金口座の残高証明書を提示する等していたところ、着服横領が発覚し、Xは、平成21年、Aに対して不法行為に基づく損害賠償を請求する訴訟を提起し、勝訴判決を得た後、平成7年から平成19年11月まで理事長であったY_1、同期間の会計監査役員であったY_2、平成6年から平成19年6月まで副理事長であったY_3に対してAの着服横領につき善管注意義務違反等を主張し、不法行為に基づく損害賠償を請求した（なお、Y_1らの謝礼としては、年間、Y_1につき6万円、Y_2につき5000円、Y_3につき5万円であった）。

この判決は、Y_1につき収支報告書を確認・点検して適正に行われている

ことの確認義務違反、Y_2につき収支決算報告書、残高証明書等を点検・確認し、会計業務が適正に行われていることの確認義務違反による不法行為を肯定し、過失相殺の法理を類推適用し、責任を9割減ずるとし、Y_3につきAの横領行為を予見し、何らかの措置を講ずべきであったとはいえないとして責任を否定し、Y_1、Y_2に対する請求を認容し、Y_3に対する請求を棄却した。

【判旨】

「(2) 被告丙川の注意義務違反の有無等について

上記(1)の認定事実によると、被告丙川は、会計監査役員として、会計担当理事である戊田が作成した前年度の収支決算報告書を確認・点検し、会計業務が適正に行われていることを確認すべき義務があったにもかかわらず、戊田から定期総会直前に示された虚偽の収支決算報告書の記載と戊田が偽造した残高証明書の残高等を確認するだけで、本件預金口座の通帳の確認をせず、戊田による横領行為を看過したものであった。そして、銀行発行名義の預金口座の残高証明書については、それが真実銀行発行のものであるならばその内容の信用性が極めて高いものであるが、他方、上記(1)の認定事実のとおり、戊田が被告丙川に示した本件預金口座の残高証明書は、戊田が自分のワープロで偽造したというものであって、その体裁等からして真実の銀行発行の預金口座の残高証明書の原本とはかなり異なるものであったことが推認され、このような偽造された残高証明書を安易に信用し、戊田が保管しており、その確認が容易である本件預金口座の預金通帳によって残高を確認しようとしなかった被告丙川には、会計監査役員として、本件自治会に対する善管注意義務違反があったと認めざるを得ない。

そして、被告丙川がこのような確認を行っていたならば、戊田が本件預金口座から継続的に金員を払い戻して横領していることを把握でき、本件における損害の発生を回避することができたと認めることができる。

(3) 被告乙山の注意義務違反の有無等について

前記(1)の認定事実によると、被告乙山は、本件自治会の理事長として、前年度の収支決算報告書を作成して総会で自治会員に報告する義務を負っていたものである。したがって、たとえ会計については会計担当理事である戊田

に委託しており、また、戊田による収支決算報告に対しては会計監査役員である被告丙川による会計監査が行われていたとしても、やはり被告乙山が自治会員に対して収支決算報告をすべき最終的な責任者であることに照らすと、戊田が作成した収支決算報告書を確認・点検して適正に行われていることを確認すべき義務があったといわざるを得ない。それにもかかわらず、前記(1)の認定事実のとおり、被告乙山は、戊田に本件預金口座の管理、その預金通帳及び銀行用印鑑の保管を任せていたにもかかわらず、会計の報告につき、定期総会の直前に戊田から簡単な説明を受けるのみであって、本件預金口座の通帳の残高を確認することなく、また、会計監査役員である被告丙川に対し、本件預金口座の通帳を確認するなどの適正な監査をすべき指示を出したり、被告丙川が適正な監査をしているかを確認したりすることもなく、その結果、戊田による会計業務の具体的内容について十分な確認をしないままとしていたものであって、このような被告乙山には、理事長として、本件自治会に対する善管注意義務違反があったと認めざるを得ない。

　なお、仮に被告乙山が戊田から偽造された銀行発行名義の預金残高証明書を見せられていたとしても、それをもって注意義務違反がないとされるものでないことは、上記(2)の被告丙川の場合と同様である。

　また、被告乙山がこのような確認等を行っていたならば、戊田が本件預金口座から継続的に金員を払い戻して横領していることを把握でき、本件における損害の発生を回避することができたと認めることができる。

(4)　被告丁原の注意義務違反の有無について

　前記第二の一(3)のとおり、本件規約上、副理事長は、理事長を補佐し、理事長に事故があるときはその職務を代行することとされており（34条）、また、副理事長も構成員である理事会は、総会の議決、本件規約による自治会の業務遂行に当たるほか、必要と認める事項を決定しこれを処理することとされている（43条1項）。また、前記(1)の認定事実によれば、理事長である被告乙山は、平成7年以降、本件自治会の役員の役割分担を決め、副理事長については、①理事長の補佐、②定期的な共用部分の保守管理、③管理名簿等の日常管理資料の作成をその具体的な職務とし、被告丁原はこれらの職務を分担してきたことが認められる。

以上によると、副理事長であった被告丁原においては、本件規約上も実際の職務分担のいずれにおいても、本件自治会の会計事務について具体的に何らかの権限が与えられていたものではないところ、このような被告丁原において、会計事務について何らかの措置を講ずべき場合とは、理事長である被告乙山が会計に関して行っていた行為について副理事長である被告丁原として何らの補佐をしなければならない状況が存在することになった場合又は被告乙山に事故があった場合であると解される。しかるところ、当時、被告丁原自身はもちろん、被告乙山やその他の本件自治会関係者においても、本件自治会の会計事務において被告丁原が何らかの措置を講ずべき状況にあると認識されておらず（そのように認識される状況にあったと認めるに足りる証拠もない。）、また、被告乙山に事故があるとの状況にもなかったこと（そのような状況であったと認めるに足りる証拠はない。）に照らすと、戊田の横領行為につき、被告丁原において予見して何らかの措置を講ずべきであったということはできず、被告丁原に本件自治会に対する善管注意義務違反があったと認めることはできず、本件全証拠によっても同義務違反を認めることはできない。」

【実務上の意義】

　この事案は、マンションの管理組合法人の会計担当理事が自ら管理する管理組合法人の管理費等を着服横領し、管理組合法人が会計担当理事に対して不法行為に基づく損害賠償請求訴訟を提起し、勝訴判決を得た後、横領期間の理事長、副理事長、会計監査役員に対して損害賠償を請求した事件である。この事案は、理事長、副理事長、会計監査役員の管理組合法人に対する損害賠償責任が問題になった事件である。この事案は、マンションの管理組合法人において会計担当理事による管理費等の着服横領が発覚したこと、管理組合法人が会計担当理事に対して損害賠償請求訴訟を提起したこと、管理組合法人が勝訴判決を得て、判決が確定したこと、管理組合法人が横領期間に在任した理事長、副理事長、会計監査役員に対して損害賠償責任を追及したこと、法的な根拠として善管注意義務違反が主張されたこと、理事長らの不法行為責任が問題になったこと、理事長らが非専従であったこと、年間の謝礼が理事長につき6万円、副理事長につき5万円、会計監査役員につき

第6章　一般社団法人等の理事・監事の責任をめぐる裁判例

5000 円であったことに特徴がある。

　この判決は、理事長については、収支報告書を確認・点検して適正に行われていることの確認義務違反（善管注意義務違反）を認めたこと、会計監査役員については、収支決算報告書、残高証明書等を点検・確認し、会計業務が適正に行われていることの確認義務違反（善管注意義務違反）を認めたこと、副理事長については、会計担当役員の横領行為を予見し、何らかの措置を講ずべきであったとはいえないとし、その責任を否定したこと、理事長らの謝礼の額、区分所有者らが管理組合の運営に関心が高くなく、役員に任せるままにしていたこと等を考慮し、過失相殺の規定を類推適用し、賠償額を9割減らしたことに特徴がある。この判決が会計担当役員の横領につき理事長、会計監査役員の法的な責任を肯定した判断は事例判断として参考になるが、過失相殺の類推、賠償額の減額の程度等については疑問が残るところである。

〔裁判例 42〕会員が権利能力なき社団である協議会の会長、副会長らに対して専務理事による高額な報酬の受領に係る忠実義務違反を追及した事例（東京地判平成 27・11・9 判時 2293 号 67 頁）

【事案の概要】

　X_1 ないし X_3 は、A 協議会（権利能力なき社団）の会員であるところ、A の会長 Y_1、副会長 Y_2、副会長 Y_3 が専務理事 Y_4 に対して 1 年間にわたって専務理事の報酬として合計 1200 万円を支払ったことから、X_1 らが Y_1 らに対して株主代表訴訟（会社法 847 条）、一般法人法所定の理事の責任追及の訴え（同法 278 条）の類推適用により、忠実義務違反を主張し、1200 万円の損害賠償を請求した。

　この判決は、本件の主張に係る権利は、A が当事者となって訴訟を提起することが認められるものであり、A の一構成員である X_1 らに原告適格を認めることはできず、株主代表訴訟、一般法人法所定の理事の責任追及の訴えの類推適用することはできない等とし、訴えを却下した。

266

2 裁判例の実情

【判旨】

「(2) 原告らは、Aの会長等の立場にあった被告らの責任を追及する本件訴えの性質に照らせば、会社法や一般社団法人及び一般財団法人に関する法律の趣旨を類推適用して、原告らの当事者適格が肯定されるべきであると主張する。

しかし、《証拠略》によれば、Aにおいては、その規則上、理事及び監事は、総会において選任するとされ、会長、副会長及び専務理事は、理事会において理事のうちから互選により選任するとされる（規則25条）ほか、毎年通常総会が開催される（規則10条2項）上、一定の要件の下に臨時総会の開催も予定されていること（同条3項）が認められ、実際、《証拠略》及び弁論の全趣旨を総合すると、本件訴訟が係属中の平成27年においても6月12日に通常総会が開催されたことが認められる。

そうすると、原告らが、自己の固有の権利を主張するものであればともかく、Aの被告らに対する請求権の行使を望むのであれば、こうした総会における議論等を通じて、A内部の意思決定を諮るのが相当であり、会社法や一般社団法人及び一般財団法人に関する法律のように、法が明文で第三者に訴訟追行権を規定しているのであれば別段、そのようには法が予定していないにもかかわらず、権利能力なき社団の構成員に対し、当該社団の権利を訴訟上行使させることは、かえって混乱を招き得るものというほかはない。」

【実務上の意義】

この事案は、権利能力なき社団である協議会において、専務理事が高額な報酬を受け取っていたことから、協議会の会員が代表訴訟を提起し、会長、副会長2名、専務理事に対して協議会への損害賠償を請求した事件である。この事案は、権利能力なき社団の会長、副会長らの権利能力なき社団に対する法的な責任が問題になった事件である。この事案は、権利能力なき社団の会員が会長、副会長らに対して提起した代表訴訟の適法性が問題になったこと、会員の原告適格が問題になったこと、株主代表訴訟（会社法847条）、一般法人法所定の理事の責任追及の訴え（同法278条）の類推適用が問題になったこと、会長、副会長らの忠実義務違反による損害賠償責任が問題になったことに特徴がある。

267

第6章　一般社団法人等の理事・監事の責任をめぐる裁判例

　この判決は、本件訴訟は協議会の会員が自己の固有の権利を主張するものではないとしたこと、協議会の総会等を通じて内部の意思決定を諮ることが相当であるとしたこと、本件訴訟を認める明文の法律の規定はないとしたこと、権利能力なき社団の構成員に社団の権利を訴訟上行使させることは混乱を生じさせるとしたことに特徴があり、株主代表訴訟（会社法847条）、一般法人法所定の理事の責任追及の訴え（同法278条）の類推適用を否定した事例判断を加えるものである。

〔裁判例43〕組合員が農業協同組合の代表理事、常勤理事、非常勤理事らに対して全額出資の会社の経営悪化・清算に係る善管注意義務違反等を追及した事例（宮崎地延岡支判平成28・3・25金判1532号33頁）

【事案の概要】

　A農業協同組合（農協）は、全額を出資し、畜産センターを運営するB有限会社を設立し、事業を行っており、X_1、X_2は、Aの組合員であり、C農業信用基金協会（基金協会）は、農協等の機関が農業者に行う貸付けにつき債務を保証することを主たる業務とするものであり、Y_1は、Aの代表理事組合長、Bの代表取締役、Y_2は、Aの常勤理事副組合長、Y_3は、Aの常務理事であり、Y_4ら（合計14名）は、Aの非常勤理事であったところ、Aは、平成14年9月、財産を有していなかったBに10億円を融資し、Cが連帯保証をし（当初、融資には多額の引当金を積み立てることが必要であったが、Cに保証を行ってもらうことにより、引当金の積立てを回避しようとし、Bの当時の取締役らは、貸付債務・求償債務につき連帯保証を行った等の経緯があった）、Bは、この資金でAが保有していた在庫牛を簿価の約9億1000万円で買い取り、事業を行い、貸付けは借換え等が行われ、Cの連帯保証が行われ、Y_1、Y_2も連帯保証を行い、Y_1がAは本件主債務が完済されるまでBの事業を継続させる等の内容の念書をCに差し入れる等したが、Bの赤字が累積し（5億5900万円余）、抜本的に業績を回復することが困難になり、Aは、

平成 24 年 10 月、理事会において B を清算する方針を固め、C との間で保証債務の履行の協議を行うこととしたところ、C がこれを拒否し、A は、顧問弁護士の意見・農協の中央会の意向等を考慮し、平成 25 年 4 月、通常総代会において、損失引当金を承認し、B の取締役会は、同年 8 月、清算処理等を決定し、A の理事会も同様の決定をし、B の株主総会が解散を決議し、A は、B との間で事業の一部につき事業譲渡契約を締結し、同年 12 月、理事会において、A と C、Y_1、Y_2 との間の保証契約を解除する旨の決議をし、Y_1 は、平成 26 年 1 月、C、Y_1、Y_2 に保証債務を免除する旨を通知する等し、A は、引当金を取り崩し、本件貸付債権に充当する等し、B の清算が完了したため、X_1 らは、A の代表監事に Y_1 らの責任を追及する訴訟の提起を請求したものの、これが拒否されたことから、X_1 らが代表訴訟により、Y_1、Y_2 らに対して保証契約の解除、保証債務の免除により A が貸付債権残額相当額の損害を被った、理事である Y_1 らに善管注意義務違反があるなどと主張し、農業協同組合法（農協法）35 条の 6 第 1 項に基づき損害賠償を請求した。

　この判決は、Y_1 らが C、Y_1、Y_2 に対して保証債務の履行を求めず、免除する決議をし、免除したことは、理事としての善管注意義務、忠実義務に違反するとし、3 億 9502 万円余の貸付残額相当の損害を認め、請求を認容した。

【判旨】

「以上によれば、平成 25 年 5 月中旬頃の時点で、被告 Y_1 らが経営判断の前提として収集した情報からすれば、A 農協が基金協会に対して本件保証債務の履行を求めるに当たり法律上の支障があったとまではいえないと認められるところ、本件貸付債権残額が約 7 億円を超えており、その回収を図るか否かは A 農協の経営に重大な影響を有する事柄であり、基金協会の業務内容からして本件保証債務の履行を求めていれば、本件貸付債権残額について回収を図ることが可能であったといえるのであるから、畜産センターが清算手続に至り、同センターからの回収見込みが消滅した以上、A 農協は、基金協会に対し、本件保証債務の履行を求めて本件貸付債権の回収を図るのが相当であったというべきである。

⑵　にもかかわらず、前記認定事実⑺⑻によれば、被告 Y_1 らは、遅くとも、

平成 25 年 8 月頃までには、基金協会に対して本件保証債務の履行を求めないことを決定し、同方針に沿って畜産センターの解散・清算手続を進めるとともに、同年 12 月 27 日、A 農協顧問弁護士の本件意見を本件理事会に示すことなく、同理事会に本件議案を提出するに至っている。これによれば、被告 Y₁ らは、経営判断の前提となる情報を収集しながら、不注意により、その分析・検討を誤って、これに起因する不合理な決定をしたものと認められる。

　また、被告 Y₁ らを除く被告らについてみると、本件理事会に出席して、本件議案の決議に参加し、これに賛成したから、基金協会に対し本件保証債務の履行を求めない決定をしたものと認められる。本件理事会において被告 Y₁ らが本件意見を示さなかった事実があるけれども、本件議案の内容からすれば、その是非を判断するには外部の専門家（弁護士等）の意見を聴取する必要があったものと認められるところ、証拠（甲 18）によれば、本件理事会において、基金協会に対し本件保証債務の履行を求めない理由について、同協会のいう一体性の主張につき議論がされ、一部の理事らからは、弁護士による説明が必要であるとの意見が出されたほか、本件議案についての同日中の決議を延期すべきとの発言もあったのであり（前記認定事実⒀イ）、これらの議論を通じて、被告らにおいても弁護士等の意見を聴取する必要性は認識できたものといえる。

⑶　被告らは、第 2 の 4 ⑴被告らの主張に記載のとおり、基金協会に対し本件保証債務の履行を求めなかった被告らの決定の正当性を主張するが、同イ㋐㋑については、上述のとおり、A 農協顧問弁護士が本件意見を述べていたのであるから、被告 Y₁ らにおいても同様の認識を有していたものと認められるところであるし、本件念書違反に基づく損害賠償請求の主張については、そもそも、本件理事会には示されておらず（甲 18）、上記決定をした際に考慮されていたとは認め難い。また、被告らは、仮に、基金協会との間で訴訟となった場合にはその決着までに長期間を要することが畜産センターの清算手続を阻害することをも考慮した旨主張するが、この点について A 農協顧問弁護士の意見を求めるなどして具体的に検討した形跡はない。

⑷　以上によれば、基金協会に対し、本件保証債務の履行を求めなかった被

告らの決定は、被告らの A 農協に対する善管注意義務及び忠実義務に違反する。

3　争点 2 (本件貸付けの連帯保証人であった被告 Y_1 及び同 Y_2 に対し、本件保証債務の履行を求めなかった被告らの決定が、被告らの A 農協に対する善管注意義務及び忠実義務に違反するか) について

(1)　前記前提事実及び認定事実によれば、上記 2(1)において摘示したとおりの事実経過に加え、①被告 Y_1 及び同 Y_2 は、基金協会がしたのと同時に、A 農協との間で書面により本件保証契約を締結したこと、② A 農協顧問弁護士は、基金協会の顧問弁護士と本件保証債務の履行について協議を行った平成 25 年 4 月下旬から同年 5 月中旬頃までに、被告 Y_1 又は同 Y_3 に対し、被告 Y_1 及び同 Y_2 が本件保証債務を履行した場合、求償の循環が生じる旨の見解を示したことが各認められる。

　もっとも、上記②の A 農協顧問弁護士の求償の循環が生じる旨の見解は、被告 Y_1 及び同 Y_2 が A 農協役員の充て職として本件保証債務を負うに至った経緯から、同人らに対し、その履行を求めるべきではないと考えていた被告 Y_3 が、A 農協顧問弁護士と別件で面談した機会に、あらかじめ上記相談内容を明かすことなく、その場で初めて聞いた質問に対する回答であり、被告 Y_3 において A 農協顧問弁護士に対しその回答の根拠について尋ねることもしていない (被告 Y_3 本人)。そして、被告 Y_3 が本件理事会において本件議案の趣旨を説明するために作成したメモ (乙 15。以下「本件メモ」という。) には、被告 Y_1 及び同 Y_2 につき本件保証債務の履行を求めない理由として、要旨、組織機構上の理由で畜産センターの取締役であった両名を保証人としたのであるから個人に保証債務を履行させるべきではない旨の記載があるのみで、A 農協顧問弁護士から聞いたという求償の循環が生じる旨の見解は記載されておらず、本件理事会においても同弁護士からその旨の見解があったことを説明していない (甲 18)。これらの事情からすると、被告 Y_3 において、A 農協顧問弁護士の求償の循環が生じる旨の見解は熟考の末に出された回答ではないことは十分認識し得たといえ、同見解を根拠に又はこれを重要視して、被告 Y_1 及び同 Y_2 に対し本件保証債務の履行を求めなかった決定をしたものではないと認めるのが相当である。そして、被告 Y_1 らは、

A農協顧問弁護士に対し、上記以外に、上記決定の是非について相談等をしていない。

　そうすると、被告 Y_1 らが経営判断の前提として収集した情報は、本件メモに記載の事情に止まるといえるところ、これによれば、A農協が被告 Y_1 及び同 Y_2 に対して本件保証債務の履行を求めるに当たり法律上の支障があったとはいえず、その他上記2(1)に挙げた事情を考慮すると、A農協は、被告 Y_1 及び同 Y_2 に対し、本件保証債務の履行を求めて本件貸付債権の回収を図るのが相当であったというべきである。

(2)　にもかかわらず、上記2と同様、前記認定事実(7)(8)によれば、被告 Y_1 らは、遅くとも、平成25年8月頃までには、被告 Y_1 及び同 Y_2 に対して本件保証債務の履行を求めないことを決定し、同方針に沿って畜産センターの解散・清算手続を進めるとともに、同年12月27日、本件理事会に本件議案を提出するに至っている。これによれば、被告 Y_1 らは、不注意により、経営判断の前提となる情報を十分収集せず、これに起因して不合理な決定をしたものと認められる。

　また、被告 Y_1 らを除く被告らについてみると、本件理事会に出席して、本件議案の決議に参加し、これに賛成したから、被告 Y_1 及び同 Y_2 に対し本件保証債務の履行を求めない決定をしたものと認められる。なお、前記認定事実(13)イのとおり、本件理事会においては、被告 Y_1 及び同 Y_2 について本件保証契約を解除することを疑問視する意見のほか、本件議案について継続審議とすべきとの意見が出されていたから、被告らにおいて本件決議の問題性については認識できたものといえる。

(3)　被告らは、第2の4(2)被告らの主張ア～エのとおり、被告 Y_1 及び同 Y_2 に対し本件保証債務の履行を求めなかった被告らの決定の正当性を主張するが、上記にみたとおり、いずれの事情も被告らにおいて上記決定をした際に考慮したことを認めるに足りず、これを理由に本件保証債務の履行を求めないこととしたとの被告らの主張は採用し難い。

(4)　以上によれば、被告 Y_1 及び同 Y_2 に対し、本件保証債務の履行を求めなかった被告らの決定は、被告らのA農協に対する善管注意義務及び忠実義務に違反する。」

【実務上の意義】

　この事案は、農協が全額を出資し、畜産センターを運営する有限会社を設立し、農協が融資をする等して事業を行ったものの、経営が悪化し、農協の理事会において会社の清算の方針を固め、通常総代会の決定等を経て、組合長らの保証債務を免除し、引当金の取崩し、貸付債権への充当等を行って清算が完了したところ、農協の組合員が代表訴訟により、組合長理事、副組合長理事、常務理事、非常勤理事らに対して農協への損害賠償を請求した事件である。この事案は、農協の組合員が代表訴訟により組合長、副組合長、常務理事、非常勤理事らに対して損害賠償を請求し、組合長、副組合長らの農協に対する法的な責任が問題になった事件である。この事案は、農協が全額出資により、畜産センターを運営する会社を設立したこと、農協が財産を有しなかった会社に多額の融資を行ったこと、基金協会、組合長、副組合長が連帯保証をしたこと、会社は融資に係る資金によって牛を買い取り、事業を行ったこと、融資は借換えが行われたこと、会社の赤字が累積し、回復が困難な状況になったこと、農協の理事会においてBを清算する方針を固め、基金協会との間で保証債務の履行の協議を求めたものの、拒否されたこと、農協は、顧問弁護士の意見、農協の中央会の意向等を考慮し、通常総代会において会社を清算することにしたこと、農協の理事会において保証契約を解除する旨の決議をしたこと、保証債務を免除したこと、農協が引当金を取り崩し、貸付債権に充当する等し、会社の清算が完了したこと、農協の組合員らが代表監事に組合長、副組合長、常務理事、非常勤理事らの責任を追及する訴訟の提起を請求したものの、拒否されたこと、組合員らが代表訴訟を提起したこと、組合長らの農協法35条の6第1項所定の責任が問題になったこと、組合長らの農協に対する善管注意義務違反・忠実義務違反が問題になったことに特徴がある。

　この判決は、組合長らが基金協会に対して保証債務の履行を求めなかったことが善管注意義務違反・忠実義務違反であるとしたこと、組合長、副組合長に対して保証債務の履行を求めなかった決定が善管注意義務違反・忠実義務違反であるとしたこと、組合長、副組合長、常務理事、非常勤理事らの損害賠償責任を肯定したことに特徴がある。

273

第6章　一般社団法人等の理事・監事の責任をめぐる裁判例

〔裁判例 44〕農業共済組合連合会が会長理事の相続人、常務理事
に対して善管注意義務違反を追及した事例（控訴審）（東京高判平成
28・8・10 判タ 1434 号 121 頁）

【事案の概要】

Aは、X農業共済組合連合会（連合会）の会長理事、Y_1 は、常務理事、Y_2 は、参事であったところ、Xは、平成 13 年 4 月から平成 19 年 1 月までの間、国債取引を繰り返して行い（合計 482 回の取引。第 1 取引。なお、その後も、取引が行われ、第 2 取引と略称されている）、第 1 取引によって 17 億 2920 円の損失発生が見込まれたため（Aが死亡し、Y_3 が相続した）、Xが Y_1 ないし Y_3 に対して善管注意義務違反等を主張し、Y_1、Y_3 につき農業災害補償法（農災法）32 条の 2 第 2 項、定款に基づき、Y_2 につき債務不履行に基づき前記損失の一部 4 億円の損害賠償を請求したのに対し、Y_1 らが反訴として本件損失等につき組合員に書面で報告し、報道機関に発表し、本件訴訟を提起したことに係る名誉毀損を主張し、不法行為に基づき損害賠償を請求した。

第 1 審判決は、Y_1 らの善管注意義務違反等を否定し、名誉毀損を否定し、本訴請求、反訴請求を棄却したため、Xが控訴し、Y_1 らが附帯控訴した。

この判決は、第 2 取引による含み益、処分益が第 1 取引の損失より多額であり、満期まで保有すると額面額で償還を受けることができる等とし、損害の発生を否定し、農業災害補償法施行規則（農災法施行規則）26 条により余裕金による国債保有の運用が認められており、Aらが第 1 取引を行った目的は受取利息の増大であり、値上がり利益の増大ではなく、多くの取引は入替取引であり、国債の満期前の売却を禁止する法令上の規定がない等とし、第 1 取引が投機的売買・短期回転転売には該当せず、法令上禁止された行為ではないとし、善管注意義務違反を否定し、名誉毀損も否定し、控訴、附帯控訴を棄却した。

【判旨】

「(2)　亡Aらの善管注意義務違反の有無について

274

ア　控訴人は、亡Ａらが行った第１取引は、法令上禁止された投機的売買であり、かつ、短期間回転売買に該当し、善管注意義務に違反する行為であると主張する。

イ　しかしながら、前記認定事実によると、本件国債取引のうち第１取引は、平成13年４月17日から平成19年１月17日までの間に行われた取引であるところ、約５年９か月間の間に延べ482回にわたって行われ、月平均約７回と頻回に行われたが、その多くは入替取引であったこと、農業災害補償法施行規則26条によれば国債を保有することによる余裕金の運用が認められていること、亡Ａらが第１取引を行った目的が受取利息を増大させることにあって、値上がり益の増大を目的としたものではなかったこと、控訴人は、その予算において、期待利息収入額を計上しており、余裕金で保有する国債から受取利息の収入を得て、それをもって控訴人の経費を支弁することを予定していたこと、入替取引によって処分益が発生した場合にも処分益を計上することなく、処分益を事業経費に支出してもいないこと、国債の満期前における売却を禁止する法令上の規定が存しないこと、平成14年ないし平成17年の農林水産省による常例検査において、第１取引について何ら指摘がされなかったこと、亡Ａらは、平成19年の農林水産省による常例検査において、単価調整を伴う入替取引の問題点について指摘を受けると、同省のＢ監理官補佐を控訴人理事会に招いて説明と指導を求めた上（乙36）、第２取引において上記指摘について是正を図ったこと等の事実が認められる。

　以上によると、亡Ａらは、第１取引において、値上がり益の取得を目的として頻回の取引を行ったものではないのであるから、第１取引は、投機的売買や短期間回転売買には該当せず、法令上禁止された行為を行ったとはいえないというべきである。もっとも、亡Ａらが、第１取引において、有価証券処分損が貸借対照表等に計上されない単価調整を伴う入替取引を長期間継続したのは、処分損等を顕在化させないまま、これを繰り延べる経理処理を続けたものであって、その結果、控訴人の資金運用管理委員会への処分損発生に関する情報提供がされることなく推移したのであるから、亡Ａらのこれらの行為は不適切であったし、控訴人内部における職責に応じた処分等を受けることもあり得たところである。しかしながら、平成14年ないし平

成 17 年の農林水産省による常例検査において、第 1 取引について取立てて指摘がされなかったことに加え、平成 19 年における常例検査において、この点について指摘がされるや、亡 A らにおいて直ちに是正を図り、第 2 取引については問題点が解消されたのであるから、上記の不適切な処理について、亡 A らにおいて損害賠償義務を負う程度にまで善管注意義務に違反する行為をした違法なものであるとは認め難い。」

【実務上の意義】

　この事案は、連合会が多数回にわたって国債取引を行い、損失発生が見込まれ（第 1 取引）、その後も国債取引を行ったため（第 2 取引）、連合会が会長理事の相続人（会長理事は、その間に死亡した）、常務理事、参事に対して損害賠償を請求した控訴審の事件である（第 1 審判決は、理事らの善管注意義務違反を否定し、請求を棄却した。なお、理事らは取引による損失発生等を組合員に通知し、報道発表したことにつき名誉毀損を主張し、損害賠償を請求する反訴を提起した）。この事案は、会長理事・常務理事の連合会に対する損害賠償責任が問題になった事件である。この事案は、連合会の会長理事、常務理事が国債取引を行ったこと、取引の目的は受取利息の増大であり、値上がり利益の増大ではなく、多くの取引が入替取引であったこと、多数回の取引（第 1 取引）によって損失の発生が見込まれたこと、その後も、国債取引を行ったこと（第 2 取引）、第 2 取引によって含み益・処分益が見込まれたこと、会長理事が死亡し、相続が発生したこと、連合会が会長理事の相続人、常務理事らに対して損害賠償責任を追及したこと、会長理事、常務理事の善管注意義務違反が問題になったこと、連合会が国債取引による損失発生等につき組合員に通知し、報道機関に情報提供をしたこと、常務理事らが反訴により連合会に対して名誉毀損に係る損害賠償責任を追及したことに特徴がある。

　この判決は、第 2 取引による含み益・処分益が第 1 取引の損失より多額であり、満期まで保有すると額面額で償還を受けることができるとしたこと、取引による損害の発生を否定したこと、連合会につき農災法施行規則 26 条により余裕金による国債保有の運用が認められているとしたこと、会長理事らが第 1 取引を行った目的は受取利息の増大であり、値上がり利益の増大ではなく、多くの取引は入替取引であるとしたこと、国債の満期前の売却を禁

止する法令上の規定はないとしたこと、第1取引は投機的売買、短期回転転
売には該当せず、法令上禁止された行為ではないとしたこと、会長理事らの
善管注意義務違反を否定したこと、連合会による組合員への通知、報道機関
への情報提供につき名誉毀損を否定したことに特徴があり、会長理事、常務
理事による多数回の国債取引に係る善管義務違反を否定した事例判断として
参考になるものである。

〔**裁判例 45**〕**組合員が農業協同組合の代表理事、常勤理事、非常
勤理事らに対して全額出資の会社の経営悪化・清算に係る善管注
意義務違反等を追及した事例**（控訴審）（福岡高宮崎支判平成 29・11・
17 金判 1532 号 14 頁）

【事案の概要】

前記〔裁判例 43〕宮崎地延岡支判平成 28・3・25 金判 1532 号 33 頁の控
訴審判決であり、Y$_1$らが控訴した。

この判決は、農業協同組合（農協）の理事はその職務を遂行するに当たり
裁量を有しているが、法令または定款に違反してはならないことはもとよ
り、農協はその行う事業によってその組合員および会員のために最大の奉仕
をすることを目的とするものとされている農業協同組合法（農協法）の趣旨
に照らして、著しく不合理な判断をしたような場合には、理事としての善管
注意義務に違反するところ、本件では、農協が全額出資した会社に対する貸
付金につき優良貸付債権の外形を作出するため農業信用基金協会（基金協会）
等に連帯保証をさせた場合において、基金協会が保証債務の履行に応じるこ
とは、農業信用保証保険法の目的および趣旨に反するものであり、他方で、
経済的にみて組合員の利益に資するものではあるものの、農業信用保険の制
度の趣旨を損なうものであって、基金協会が保証債務の履行を拒絶したこと
について相応の法的根拠が存したなどの事情の下では理事において基金協会
に対して保証債務の履行を求めずに保証契約を解除したことは、理事として
の善管注意義務に違反するということも、忠実義務に違反するということも

第6章　一般社団法人等の理事・監事の責任をめぐる裁判例

できない等とし、原判決中 Y₁ らの敗訴部分を取り消し、請求を棄却した。

【判旨】

「2　当裁判所は、A 農協の理事会において本件保証契約を解除する旨の本件決議をするなどしたことについて、理事である控訴人らに善管注意義務違反は認められないと判断する。その理由は以下のとおりである。

(1)　農協法は、農業者の協同組織の発達を促進することにより、農業生産力の増進及び農業者の経済的社会的地位の向上を図り、もって国民経済の発展に寄与することを目的とするところ（同法1条）、同法に基づき組織される農協は、その行う事業によってその組合員のために最大の奉仕をすることを目的とし（同法7条1項、平成27年法律第63号による改正前の農協法8条）、これを達成するために、組合員のためにする農業の経営及び技術の向上に関する指導、組合員の事業又は生活に必要な資金の貸付け、組合員の貯金又は定期積金の受入れ、組合員の事業又は生活に必要な物資の供給、組合員の生産する物資の運搬、加工、保管又は販売、共済に関する施設等の事業を行うものとされている（農協法10条1項）。

　そして、農業者等の資格を有する者は、任意に農協に加入し、また、脱退することができ（同法12条、19条、20条1項）、組合員は、総会において、出資口数にかかわらず一人一票の議決権及び選挙権を有している（同法16条1項、30条6項）。また、理事は、定款の定めるところにより総会又は総代会における選挙等により選任されるところ（同法30条4項、10項、48条1項）、その定数の少なくとも3分の2は、組合員たる個人又は組合員たる法人の役員でなければならない（同法30条11項）。さらに、剰余金の配当については、定款で定めるところにより、組合員の出資組合の事業の利用分量の割合に応じ、又は年8分以内において政令で定める割合を超えない範囲内で払込済みの出資の額に応じてしなければならないとされている（同法52条2項）。

　このような農協法の目的及び規定からすると、農協は、同じ立場にある者が任意に集まって組織された団体で、農協自体が利益を上げ、これを出資者に分配することを直接の目的とするものではなく（なお、平成27年法律第63号による改正前の農協法8条では、営利を目的としてその事業を行ってはならな

278

いと明記されていた。)、その行う多様な事業そのものにより、組合員に対して経済的な便益を与えようとするものであり、組合員自身が基本的にその運営を担い、出資口数にかかわらず平等に決定権を持つ組織であるということができる。

　農協の理事は、農協と委任関係に立ち、農協に対して善管注意義務を負っているところ（農協法30条の3、民法644条）、その選任方法及び委任の趣旨からすると、その職務を遂行するに当たり裁量を有しているというべきであるが、法令又は定款に違反してはならないことはもとより、上記の農協の団体としての性格、とりわけ、農協は、その行う事業によってその組合員及び会員のために最大の奉仕をすることを目的とするものとされている農協法（7条1項。平成27年法律第63号による改正前の農協法8条）の趣旨に照らして、著しく不合理な判断をしたような場合には、理事としての善管注意義務に違反するものと解すべきである。

（中略）

オ　以上を踏まえて、まず、控訴人Y1において基金協会に対して本件保証債務の履行を求めずに本件保証契約を解除する方針を決定し、その旨の本件議案を本件理事会に提出したことが、理事としての善管注意義務に違反するか否かについて検討する。

カ　前記のとおり、基金協会による連帯保証は、A農協が上記畜産センターに対する貸付金について信用事業規程等に従った引当金の積立て（計上）を回避すべく優良貸付債権の外形を作出するためのものであったというのであり、A農協はいずれ引当金を積み立てるので基金協会に対して代位弁済を請求するような迷惑を掛けることはないなどと説明していたものの、畜産センターから基金協会に対して約定の保証料が支払われていること、畜産センターの基金協会に対する求償債務について畜産センターの取締役でA農協の理事でもある控訴人Y1らが連帯保証していること及び基金協会は本件貸付けに係る基金協会の連帯保証契約（本件保証契約）に際してその当時のA農協の理事長であった控訴人Y1に本件主債務が完済されるまで責任をもって畜産センターの事業を継続させる旨の本件念書を差し入れさせていることからすれば、基金協会が本件貸付けを連帯保証する意思を欠いていたもの

と認めることはできず、本件保証契約は有効に成立していたというべきである。

　しかしながら、基金協会による上記のような趣旨の連帯保証がそもそも農業信用保証保険法の目的及び趣旨に反するか否かはさておくとしても、少なくとも基金協会においてＡ農協の事業損失の補填の実質を有する本件保証債務の履行に応じることは、農業経営に必要な資金の融通を円滑にし、農業の生産性の向上を図り、農業経営の改善に資するという同法の目的及び趣旨に反するものということができる（中央会がＡ農協に対して示した、本件保証債務の履行を求めることは基金協会の事業目的に反する可能性がある旨の意見は、相応の法的根拠を有するものであったということができる。）。他方で、Ａ農協が本件保証債務の履行を受けることは、経済的にみて組合員の利益に資するものではあるものの、上記のように農業信用保証保険法の目的及び趣旨に反し農業信用基金協会の制度ひいては農業信用保証保険の制度の趣旨を損なうような態様で組合員の利益を図ることを農協法７条１項等が要求しているものとまで解することはできない。

　そして、Ａ農協の畜産センターに対する当初貸付けについて基金協会が連帯保証するに至った経緯に加えて、代表理事である控訴人 Y_1 が基金協会に対して本件主債務が完済されるまで畜産センターの事業を継続させると記載した本件念書を差し入れておきながら、Ａ農協は自ら畜産センターを清算することを決定し、その結果として、畜産センターから本件貸付けの一部の返済を受けることができなくなったこと（なお、本件念書が差し入れられた当時、Ａ農協が畜産センターを清算することを決定していたことをうかがわせる証拠はないから、本件念書の内容自体、その時点における畜産センターの経営方針をありのままに伝えたものにすぎないというべきである。）、基金協会は畜産センターから約4300万円の保証料を受け取っていたものの、保証債務額や保証期間に鑑みれば必ずしも高額とはいえず、Ａ農協は、この間、当初貸付け及び借換貸付けそのものに対して引当金を積み立てることを免れていたのであり、相応の利益を受けていることなどを併せ考えると、Ａ農協が基金協会に対して本件保証債務の履行を請求することは信義則上許されないと解する余地もあり、基金協会が本件保証債務の履行を拒絶したことについては

相応の法的根拠が存したというべきである。

さらに、畜産センターが多額の赤字を抱えていることは組合員に対しても報告されていたところ、A農協の総代会において、平成21年度以降、畜産センターのために外部出資等損失引当金及び子会社等支援引当金を計上することが報告承認されており、A農協は、組合員に対し、これらの引当金を充当することにより畜産センターを清算する方針を説明していたことからすると、組合員の多数は、本件貸付けのうち畜産センターを清算しても返済されない部分について、基金協会、控訴人 Y$_1$ 及び同 Y$_2$ に対して本件保証債務の履行を請求するのではなく子会社等支援引当金を充当することを了承していたというべきである。

また、A農協に対して経営の指導等を行う立場にあった中央会は、A農協が基金協会に対して本件保証債務の履行を請求することに反対の意向を示しており、上記のとおりの畜産センターの清算方針は、中央会の意向に沿ったものと評価できる。

なお、本件貸付債権について基金協会に対する本件保証債務の履行を求めずにA農協の子会社等支援引当金による充当処理をしたことによってA農協の経営状態が危機に陥り、事業の継続が困難になったという事情も見当たらない。

キ　上記カにおいて検討したところを総合考慮すれば、控訴人 Y$_1$ において基金協会に対して本件保証債務の履行を求めずに本件保証契約を解除する方針を決定し、その旨の本件議案を本件理事会に提出したことが、農協法（平成27年法律第63号による改正前のもの）8条の趣旨に照らして著しく不合理な判断であったということはできず、理事としての善管注意義務に違反するということも忠実義務に違反するということもできない。

そうであるとすれば、本件理事会において基金協会に係る本件議案に賛成して本件決議を成立させた控訴人ら（控訴人 Y$_1$ 及び同 Y$_2$ 以外の控訴人ら）及び本件決議に加わらなかった控訴人 Y$_2$ についても、理事としての善管注意義務違反ないし忠実義務違反を認めることはできないというべきである。

ク　次に、控訴人 Y$_1$ において同控訴人及び控訴人 Y$_2$ に対して本件保証債務の履行を求めずに本件保証契約を解除する方針を決定し、その旨の本件議

第6章　一般社団法人等の理事・監事の責任をめぐる裁判例

案を本件理事会に提出したことが、理事としての善管注意義務に違反するか否かについて検討する。

（中略）

コ　上記ケにおいて検討したところによれば、控訴人 Y₁ において同控訴人及び控訴人 Y₂ に対して本件保証債務の履行を求めずに本件保証契約を解除する方針を決定し、その旨の本件議案を本件理事会に提出したことが、農協法（平成27年法律第63号による改正前のもの）8条の趣旨に照らして著しく不合理な判断であったということはできず、理事としての善管注意義務に違反するということも忠実義務に違反するということもできない。

　そうであるとすれば、本件理事会において控訴人 Y₁ 及び同 Y₂ に係る本件議案に賛成して本件決議を成立させた控訴人ら（控訴人 Y₁ 及び同 Y₂ 以外の控訴人ら）及び本件決議に加わらなかった控訴人 Y₂ についても、理事としての善管注意義務違反ないし忠実義務違反を認めることはできないというべきである。」

【実務上の意義】

　この事案は、農協が全額を出資し、畜産センターを運営する有限会社を設立し、農協が融資をする等して事業を行ったものの、経営が悪化し、農協の理事会において会社の清算の方針を固め、通常総代会の決定等を経て、組合長らの保証債務を免除し、引当金の取崩し、貸付債権への充当等を行って清算が完了したところ、農協の組合員が代表訴訟により、組合長理事、副組合長理事、常務理事、非常勤理事らに対して農協への損害賠償を請求した控訴審の事件である（第1審判決は、前記のとおり、理事らの善管注意義務違反・忠実義務違反を肯定したものである）。この事案は、農協の組合員が代表訴訟により組合長、副組合長、常務理事、非常勤理事らに対して損害賠償を請求し、組合長、副組合長らの農協に対する法的な責任が問題になった事案である。この事案は、農協が全額出資により、畜産センターを運営する会社を設立したこと、農協が財産を有しなかった会社に多額の融資を行ったこと、基金協会、組合長、副組合長が連帯保証をしたこと、農協は、顧問弁護士の意見・農協の中央会の意向等を考慮し、通常総代会において会社を清算することにしたこと、農協の理事会において保証契約を解除する旨の決議をし、保

282

証債務を免除したこと、農協が引当金を取り崩し、貸付債権に充当する等し、会社の清算が完了したこと、組合員らが代表訴訟を提起したこと、組合長らの農協法35条の6第1項所定の責任が問題になったこと、組合長らの農協に対する善管注意義務違反・忠実義務違反が問題になったこと等に特徴がある。

　この判決は、農協の理事はその職務を遂行するに当たり裁量を有しているものの、法令または定款に違反してはならないとしたこと、理事らは農協法の趣旨に照らして、著しく不合理な判断をしたような場合には、理事としての善管注意義務に違反するとしたこと、本件では、農協による会社の設立、全額出資・融資、連帯保証、清算、保証債務と求償との関係等の事情と経過を詳細に認定し、理事らが基金協会に対して保証債務の履行を求めずに保証契約を解除したこと、理事の保証債務を免除したことにつき理事としての善管注意義務の違反、忠実義務の違反を否定したこと、組合長、副組合長、常務理事、非常勤理事らの責任を否定したことに特徴がある。この判決は、組合長、副組合長の責任や、第1審判決のように非常勤理事らを含む理事全員の責任を肯定する論理があり得たところ、本件の各取引、清算処理の内容、経過を考慮し、実質的な観点から著しく不合理な判断ではなかったとして、理事ら全員の善管注意義務違反、忠実義務違反を否定したことに特徴があり、理事らの経営判断のあり方、善管注意義務違反、忠実義務違反の判断基準と判断のあり方として参考になるものである。

〔裁判例 46〕マンションの管理組合（権利能力なき社団）の前理事長が管理組合に対して在任中に行った大規模工事の施工に係る損害賠償責任等を争った事例（東京地判平成 30・11・28 判時 2446 号 18頁、金判 1589 号 37 頁）

【事案の概要】

　マンションの Y₁ 管理組合（権利能力なき社団）は、昭和 56 年 9 月に竣工したマンション（12戸）の管理組合であり、X は、平成 13 年、区分所有者

第6章　一般社団法人等の理事・監事の責任をめぐる裁判例

となり、平成 25 年 1 月から平成 26 年頃まで Y₁ の理事長であり、Y₂ は、平成 26 年 10 月、理事長になった者であり、Y₃ は、平成 25 年 1 月、監事になり、平成 26 年 10 月、副理事長になり、Y₄ は、平成 26 年 10 月、監事になった者であり、B 株式会社が Y₁ の委託を受け、管理業務を行っていたところ、本件マンションでは、平成 25 年 10 月、Y₁ の臨時総会が開催され、大規模修繕工事に関する決議が行われ（決議の効力は争点になっている）、同年 11 月、A 機構から 1000 万円を借り入れ、C 株式会社との間で大規模修繕工事につき建築工事請負契約を締結し、修繕工事が施工され、1838 万円余が Y₁ から支出されたが、X は、理事長を事実上更迭され、Y₁ から工事代金等の損害賠償を請求され、Y₃ は、平成 26 年 4 月、6 月、区分所有者らに監査報告書の偽造、総会議事録の偽造、X の工事チェックは不可能、役員の規約違反、法違反、関係者の民事責任、刑事責任がある、X の不正行為をやめさせるなどの内容の書面を作成して配付し、Y₁ は、平成 28 年、X の不正行為によって支払われた工事代金等の損害賠償を求める旨の書面をマンション内の掲示板に掲示し、区分所有者らに配付する等したため（この間、X は、マンション管理士に相談をしており、相談料も返還請求の対象になっている）、X が Y₁ に対して Y₁ の主張に係る工事代金の返還等の債務の不存在確認、Y₂ ないし Y₄ に対して名誉毀損を主張し、不法行為に基づき損害賠償を請求した。

この判決は、大規模修繕工事は、Y₁ の総会決議によって承認されたものであり、X には理事長として注意義務違反は認められない等とし、Y₃ の書面の配付に係る名誉毀損（慰謝料 10 万円、弁護士費用 1 万円の損害を認めた）、Y₁ らの書面の掲示等に係る名誉毀損を認め（慰謝料として 50 万円、弁護士費用 5 万円の損害を認めた）、債務不存在確認請求、損害賠償請求を認容し、その余の請求を棄却した。

【判旨】

「2　争点(1)について

(1)　前記認定事実によれば、本件借入れを伴う本件大規模修繕工事及び本件戸車交換工事は、いずれも、被告管理組合の総会において承認を得て行われたものと認めることができるから、原告が本件支出等②～⑤を行うことに違法があるとはいえず、そのほかこれらについて、原告に、理事長としての注

意義務を怠り、違法と評価されるような行為があったと認めるに足りる証拠
はない。

　また、《証拠略》及び弁論の全趣旨によれば、本件支出等①は、原告が、
理事長として住宅金融支援機構に工事資金の相談に行ったり、大規模修繕を
する際にマンション管理士に相談した費用等であることがうかがわれ、本件
支出等①について、原告に、理事長としての注意義務を怠り、違法と評価さ
れるような行為があったと認めるに足りる証拠はない。」

【実務上の意義】

　この事案は、マンションの管理組合（権利能力なき社団）が臨時総会で大
規模修繕工事の実施を決議し、工事が施工されたところ、その後に就任した
管理組合の理事長、副理事長、監事が工事施工時の前理事長の注意義務違
反、不正等を批判し、区分所有者らに書面を配付し、掲示板に掲載したこと
から、前理事長が管理組合に対して損害賠償債務の不存在確認、現在の理事
長、副理事長、監事に対して名誉毀損を主張し、損害賠償を請求した事件で
ある。この事案は、前理事長の管理組合に対する大規模工事に係る注意義務
違反、損害賠償責任とともに管理組合、理事長、副理事長、監事の前理事長
に対する名誉毀損に係る損害賠償責任が問題になった事件である。この事案
は、管理組合の理事長が主導してマンションの大規模修繕工事が行われたこ
と、臨時総会が開催され、大規模修繕工事の施工が決められたこと、工事代
金には修繕積立金、金融機関からの借入金があてられたこと、当時の理事長
が事実上更迭されたこと、新たに役員（理事長、副理事長、監事ら）が選任さ
れたこと、新役員らは前理事長の責任を問題視したこと、管理組合は前理事
長に対して工事代金等の返還を請求したこと、新役員らは区分所有者らに監
査報告書の偽造・総会議事録の偽造、規約違反、関係者の民事責任・刑事責
任等を内容とする書面を配付したこと、書面を掲示板に掲示したこと、前理
事長が現在の理事長、副理事長、監事に対して不法行為責任を追及したこ
と、名誉毀損が問題になったこと、管理組合が前理事長に対して損害賠償を
求めたのに対し、前理事長が債務不存在確認を請求したこと、前理事長の不
正行為が問題になったことに特徴がある。

　この判決は、大規模修繕工事に関する前理事長の注意義務違反を否定した

こと、現在の理事長らの名誉毀損を認めたこと、現在の理事長らの不法行為を肯定したことに特徴がある。

〔裁判例 47〕農業協同組合の理事が定年前に退任したことに伴い、農協の子会社の取締役に就任した後、任期に関する定款変更により退任させられ、農協の子会社の責任を追及した事例（名古屋地判令和元・10・31 金判 1588 号 36 頁）

【事案の概要】

　Y 株式会社は、A 農業協同組合（農協）管内の農家に農業支援事業を行うことを目的とする会社であり、A が設立したものであり（発行済株式数 900 株のうち 897 株を A が保有していた）、X は、A の理事であり、平成 23 年 6 月、A を退任したが、当時 A の職員の定年が 60 歳であり、X は定年まで 2 年以上残されていたことから、X の生活保障のため、子会社の役員のポスト等の適当な役職を用意すべきこととされ、同年 7 月、Y の取締役、代表取締役に選任されたところ（Y の定款によると、取締役の任期は、選任後 10 年以内に終了する事業年度のうち最終のものに関する定時株主総会の終結の時までと定められていた）、A の組合長は、平成 26 年、X が取締役、代表取締役に就任して 3 年間を経過したことから、X に取締役、代表取締役を辞任するように伝えたものの、X がこれを拒否し、平成 29 年 7 月、代表取締役を辞任し、この間、Y が各決算期にいずれも営業損失を計上する等し、Y は、同年 10 月、臨時株主総会において、取締役の任期に関する規定を、選任後 1 年以内に終了する事業年度のうち最終のものに関する定時株主総会の終結の時までと変更し、X の任期が平成 30 年 5 月 24 日の定時株主総会の終結の時に終了し（X の報酬は、平成 23 年 7 月から平成 27 年 3 月までは月額 60 万円、平成 27 年 4 月から平成 29 年 7 月までは月額 57 万円、平成 29 年 8 月から平成 30 年 5 月までは月額 45 万円であった）、X は取締役に再任されなかったため（他の取締役は再任された）、X が Y に対して会社法 339 条 2 項の類推適用を主張し、当初の任期の満了時までの取締役報酬相当額の損害賠償を請求した。

この判決は、取締役の任期変更に関する定款変更について会社法 339 条 2 項の類推適用の余地があるとし、本件では、取締役、代表取締役の地位は X の生活保障のためであり、退任時までに生活保障としては十分な金銭を得ていることなどに鑑みると、X を取締役に選任した目的は定款変更による任期満了までにすでに達成しており、X を取締役に再任しなかったことについては正当な理由がある等とし、請求を棄却した。

【判旨】（省略）

【実務上の意義】

　この事案は、農協の理事が定年前に退任後、その生活保障のため、農協の子会社の代表取締役に任期 10 年間で選任され、その後、退任を勧奨されたものの、拒否し、代表取締役は辞任したところ、子会社が取締役の任期を 1 年に変更し、再任の際に再任されなかったため、元理事である取締役が会社に対して会社法 339 条 2 項の規定の類推適用に基づき損害賠償を請求した事件である。この事案は、社団法人、財団法人の理事の法人に対する責任が争点になったものではなく、農協の理事が退任後就職した農協の子会社の代表取締役、取締役を務めていたところ、退任勧奨を拒否したことから、取締役の任期に関する定款変更により退任を余儀なくされ、再任もされなかったため（この事態の推移には農協の少なくとも意向が反映していることは明らかであろう）、元理事が農協の子会社に対して損害賠償を請求した事件であるが、理事の地位、解任に係る法的責任に関係する事件として参考になるので、紹介するものである。この事案は、農協の理事が定年前に退任したこと、退任後の生活保障のために農協の子会社の代表取締役（任期 10 年）に就任したこと、その後、子会社から退任を勧奨されたものの、拒否したこと、代表取締役は辞任したこと、子会社は取締役の任期を 1 年に変更する定款変更を行ったこと、元理事の取締役は任期満了により退任し、再任されなかったこと、同項の類推適用が問題になったこと、任期の残存期間中の報酬相当額等の子会社の損害賠償責任が問題になったことに特徴がある。

　この判決は、取締役の任期を短縮する定款変更による場合の会社法 339 条 2 項の規定が類推適用についてその余地があるとしたこと、正当な理由について、本件で取締役が取締役に就任したのは前職の途中退任に伴う生活保障

287

のためであったとし、すでに取締役に選任された目的が達成されたとし、正
当な理由を肯定したことに特徴があり、その旨の事例判断を提供するもので
ある。この事案については、同項の類推適用を肯定することに相当な理由が
あるというべきであり、途中退任の正当な理由については、農協の子会社が
農協の意向を踏まえて任期 10 年の代表取締役に選任した理由、経緯、実質
解任の必要性、相当性、経緯、本人の経営実績等の事情を総合的に考慮すべ
きであろう。

〔裁判例 48〕マンションの管理組合（権利能力なき社団）の前理事長
が管理組合に対して在任中に行った大規模工事の施工に係る損害
賠償責任等を争った事例（控訴審）（東京高判令和元・11・20 判時
2446 号 3 頁、金判 1589 号 24 頁）

【事案の概要】

　前記〔裁判例 46〕東京地判平成 30・11・28 判時 2446 号 18 頁、金判 1589
号 37 頁の控訴審判決であり、Y₁ らが控訴した。

　この判決は、管理組合の役員と管理組合の法律関係は一般的には委任契約
が成立しているから、役員は契約の本旨に従い善良な管理者をもって委任事
務を処理する義務を負い、理事長が私的利益を目的として職務を遂行するこ
とは管理組合または理事会の決議に基づくものであったとしても、善管注意
義務違反に当たるとし、本件では大規模修繕工事の実施に関する X の理事
長としての職務遂行は、総組合員の利益を目的とすることを装いつつ、その
実は X の私的利益・将来の総組合員の利益を犠牲にしたうえでの自己所有
住戸の高値転売を図ったものと推認し、委任契約上の善管注意義務違反があ
るし、X の損害賠償責任の範囲が 715 万円余であると認め、工事代金の借入
れが必要でなかったとし、借入金保証料・利息等も損害に当たるとし、Y₂
らの名誉毀損を否定し、原判決を変更し、909 万円余を超えて債務が存在し
ないことの確認請求を認容し、その余の請求を棄却した。

【判旨】

「3　争点(1)（本件各支出等に係る第一審原告の不正行為の有無）のうち、本件大規模修繕工事に係る部分（本件支出等①②④⑤）について

(1)　管理組合の役員と管理組合の法律関係

　一般に、管理組合の役員と管理組合の法律関係については、役員を受任者とし、管理組合を委任者とする委任契約が成立しているものと解され、受任者（理事長その他の役員）は委任の本旨に従い善良な管理者の注意をもって委任事務を処理する義務を負う（民法644条）。本件規約35条1項が「役員は、法令、規約及び使用細則等並びに総会及び理事会の決議に従い、組合員のため、誠実にその職務を遂行するものとする。」と定めるのも、これと同趣旨であると解される。また、本件規約36条2項によれば理事長は区分所有法に定める管理者であり、管理者の権利義務は委任に関する規定に従う（建物の区分所有等に関する法律28条）とされるから、この点からも、理事長は、管理組合に対して善管注意義務を負う。

　理事長は、その職務の遂行に当たり、自己の私的な利益を追求してはならない。私的利益を目的として職務を遂行することは、管理組合に対する善管注意義務違反に当たり、これによって管理組合に生じた損害を賠償する責めに任ずる。当該職務の遂行が総会又は理事会の決議に基づくものであったことは、賠償責任を免れる理由にはならない。私的利益を目的とすることを隠し、総組合員の利益を目的とすることを装って総会又は理事会の決議を得たからといって、善管注意義務の違反があることに変わりはないからである。賠償責任を免れるためには、委任者（管理組合）から責任を免除する旨の意思表示を受けることが必要である。以上のことは、基本的に、株式会社とその取締役との間の関係と同様である。

　なお、第一審原告は、本件規約35条3項に基づき、理事長はその職務の執行につき故意重過失があった場合にのみ責任を負うにすぎないと主張する。そこで検討するに、本件規約35条3項は「理事会及び理事会の執行した業務に関する責任は、組合員全員が負う。その割合は第10条の割合（判決注：共有持分）によるものとする。ただし、故意または重大な過失による場合については、この限りではない」と規定する。同項は、管理組合の役員

が職務を行うに当たり第三者に損害を発生させた場合を規定したものであり、役員が管理組合に対して負う善管注意義務の程度を軽減させるものではない。第1審原告の上記主張は採用できない。

(2) 善管注意義務違反——私的利益を図る目的

ア 本件大規模修繕工事の実施についての理事長たる第1審原告の職務遂行は、総組合員の利益を目的とすることを装いつつ、その実は第1審原告の私的利益を図ったもので、善管注意義務違反に当たるというべきである。その理由は、イ以下に説示するとおりである。

イ 第1審原告は、平成23年に住民票を移転した時期や、平成25年に実父（平成27年9月死亡・乙72）の居宅の新築が完成した時期には、301号室を転売して転居することを考えていた。第1審原告は、強い役員就任意欲を示し、平成24年1月には新たに副理事長に就任し、平成25年1月には理事長に就任した。理事長に就任するや、強引に大規模修繕工事の実施に一人でのめり込んでいった。本件管理会社が時間的、資金的に無理だというのに、理事会決定（本件管理会社に劣化診断・仕様書作成を依頼し、数社から相見積もりをとる）の趣旨に反して、本件管理会社への劣化診断等の依頼を怠り、複数社からの相見積もりを取らずに本件業者を工事業者に選定し、事前に本件住民らへの十分な説明をしなかった。第1審原告は、総会決議を成立させるために、賛成が多数であるとの説明（不適切な設問のアンケートによるもので、アンケート結果の開示もない。）をしたり、一部の区分所有者に利益誘導（組合費用による専有部分の内装工事）したり、虚偽の説明（防水工事保証期間切れ）をしたりした。

　第1審原告は、大規模修繕工事と戸車交換工事の終了後まもなく、予定通り転売を実行しようとして、複数の大手不動産仲介業者に仲介を依頼した。なお、平成26年9月以降の理事長解任、これに引き続く書類・印鑑の引継ぎ問題、平成27年9月の実父の死亡などのため、売却活動は円滑にすすまなかったものとみられる。物件広告においては、大規模修繕工事及びサッシ戸車交換工事を実施済みであることを強調した（乙1）。仲介業者のウェブサイトで301号室が売りに出されているのをみた第1審被告らが、売却が実現した場合の売却代金から第1審被告組合に対する損害賠償（未収金）の支

払を求めるなどしたため、301 号室の売却は実現していない。

ウ　より小規模な工事で足りたのに、強引に大規模修繕工事を推進した。

　すなわち、204 号室及び 304 号室の漏水問題に対応するのに、本件マンション全体の大規模修繕工事を実施すべき客観的な必要性が乏しかった。防水工事だけを行うとか、本件マンションの東側だけ防水を中心とする工事を行う（甲 14）とか、より小規模な工事で足りた。しかしながら、第 1 審原告は、本件マンションの外観の見栄えをよくする効果がある外壁タイル補修工事の実行が可能な本件マンション全体の大規模修繕工事の実施にこだわった。

エ　漏水対策の中心は、屋上、2 階屋根、出窓、斜壁であって外壁全般ではないのに、第 1 審原告は、理事会や総会で、漏水の原因が「外壁」に特定されたとして、外壁補修が漏水対策（大規模修繕工事）の中心であるかのように説明した。そして、第 1 審原告は、大規模修繕工事の施工前後を通じて、工事の重点を秘かに、漏水対策等のための外壁補修から、美観確保のための外壁補修に移動させていった。その結果、大規模修繕工事の内容や第 1 審原告の施工への関与が、喫緊の課題であった漏水工事に重点を置いたものになっておらず、本件マンションの外観の見栄え向上という転売に有利な対策に重点を置いたものとなっている。第 1 審原告は、足場を組んだ後に予定されていた漏水原因調査とその結果に基づく修繕方法の協議を、本件業者との間で実施した形跡がない。第 1 審原告は、漏水原因調査の結果を本件住民らにも本件管理会社にも知らせていない。第 1 審原告は、工事の進行状況や工事内容の変更（増減）について、本件住民らにも本件管理会社にも知らせていない。工事完了の立会いも、専門的な能力がなく、転売希望を有している第 1 審原告と葉月監事（大規模修繕工事と戸車交換工事の終了後まもなく、監事の任期途中であるにもかかわらず 103 号室の売却手続に入り、監事解任直後に売却を実現）の 2 名だけで行っている。第 1 審原告は、本件マンションの外観の見栄えをよくする効果がある外壁タイル補修工事には非常に熱心であり、理事長として、本件業者と協議の上、既製品よりも数倍高い特注の外壁タイルを特別に焼き上げてもらったり、外壁タイルの張替枚数を予定の約 4 倍（923 → 3617）に増やしたり、自己の住居（301 号室）の白華した外壁タイル

291

を特別に追加補修してもらったりした。増額工事分の多くは、このような本件マンション（特に301号室）の外観の見栄えをよくするためのものであった。他方、防水工事は、大幅に削減して実行された。

オ　大規模修繕工事費用の約3分の2（1000万円）を住宅金融支援機構からの借入れでまかなった。借入金の返済負担は将来の区分所有者の負担となり、また、返済資金を修繕積立金会計で負担するとすれば、将来の区分所有者が修繕積立金会計の資金不足に苦しむことになる。他方、大規模修繕済みの見栄えの良い物件として転売すれば、築年数（32年以上）相応の転売価格の値崩れを防ぐことができるとともに、将来の組合の借金の返済負担や修繕積立金会計の資金不足に苦しまなくてすむ。

カ　第1審原告の理事長としての職務遂行の方法は、透明性がなく、強引かつ不誠実である。平成25年9月1日の理事会決定の直後に、明白に理事会決定に180度違反する内容の職務執行を行ったり、理事会開催の事実がないのに架空の平成26年5月12日の理事会議事録（甲23）を作成するなど、法令や各種のルールを遵守する意識に乏しい。理事長時代に本件住民らにアンケートを実施しながら、アンケートの回答文書の開示を全面的に拒否しており、多くの賛成を得たなどという供述にも信用性がない。第1審原告が作成して本件住民らに回覧した文書（甲14～18、20）は、客観的な意味が把握しにくく、多義的であって、情報や意見が相手方に正確に伝わらない。また、第1審原告は、にせものの証拠書類（甲20）を平然と提出するし、利益誘導や虚偽の情報伝達を行う。以上の点を総合すると、第1審原告の陳述書や本人尋問における供述の信用性は、著しく低いものと評価せざるを得ない。

キ　イからカまでの点を総合すると、本件大規模修繕工事の実施に関する第1審原告の理事長としての職務遂行は、総組合員の利益を目的とすることを装いつつ、その実は第1審原告の私的利益（将来の総組合員の利益を犠牲にした上での301号室の高値転売）を図ったものと推認することができる。この点において、第1審原告には、第1審被告組合に対する委任契約上の善管注意義務違反があるというべきである。」

【実務上の意義】

　この事案は、マンションの管理組合（権利能力なき社団）が臨時総会で大

規模修繕工事の実施を決議し、工事が施工されたところ、その後に就任した管理組合の理事長、副理事長、監事が工事施工時の前理事長の注意義務違反、不正等を批判し、区分所有者らに書面を配付し、掲示板に掲載したことから、前理事長が管理組合に対して損害賠償債務の不存在確認、現在の理事長、副理事長、監事に対して名誉毀損を主張し、損害賠償を請求した控訴審の事件である。この事案は、マンションの管理組合の前理事長の管理組合に対する損害賠償責任とともに、管理組合、理事長、副理事長、監事の前理事長に対する名誉毀損に係る損害賠償責任が問題になった事件である。この事案は、管理組合の理事長が主導してマンションの大規模修繕工事が行われたこと、臨時総会が開催され、大規模修繕工事の施工が決められたこと、工事代金には修繕積立金、金融機関からの借入金があてられたこと、当時の理事長が事実上更迭されたこと、新たに役員（理事長、副理事長、監事ら）が選任されたこと、新役員らは前理事長の責任を問題視したこと、管理組合は前理事長に対して工事代金等の返還を請求したこと、前理事長の管理組合の業務執行上の善管注意義務違反が問題になったこと、新役員らは区分所有者らに監査報告書の偽造・総会議事録の偽造、規約違反、関係者の民事責任・刑事責任等を内容とする書面を配付したこと、書面を掲示板に掲示したこと、前理事長が現在の理事長、副理事長、監事に対して不法行為責任を追及したこと、名誉毀損が問題になったこと、管理組合が前理事長に対して損害賠償を求めたのに対し、前理事長が債務不存在確認を請求したこと、前理事長の不正行為が問題になったことに特徴がある。

この判決は、管理組合の役員と管理組合の法律関係は一般的には委任契約が成立しているから、役員は契約の本旨に従い善良な管理者をもって委任事務を処理する義務を負うとしたこと、理事長が私的利益を目的として職務を遂行することは管理組合または理事会の決議に基づくものであったとしても、善管注意義務違反に当たるとしたこと、本件では大規模修繕工事の実施に関する理事長としての職務遂行は、総組合員の利益を目的とすることを装いつつ、その実は自己の私的利益、将来の総組合員の利益を犠牲にしたうえでの自己所有住戸の高値転売を図ったものと推認したこと、前理事長には委任契約上の善管注意義務違反があるとしたこと、前理事長の管理組合に対す

第6章　一般社団法人等の理事・監事の責任をめぐる裁判例

る損害賠償責任を肯定したこと、現在の理事長らによる前理事長に対する名誉毀損を否定したことに特徴があり、第1審判決とは全く異なる判断を示したのであり、大規模修繕工事の施工に関する前理事長の損害賠償責任を肯定し、現在の理事長らの名誉毀損に係る不法行為を否定した事例判断として参考になるものである。

〔裁判例 49〕学校法人が三代目理事長（初代理事長・二代目理事長夫婦の娘）について、二代目理事長の退職金の支払い、死亡の際の弔慰金の支払い、自己の外国渡航の際の費用等を理由に解任したため、学校法人の責任が追及された事例（東京地判令和3・7・1 金判 1634 号 28 頁）

【事案の概要】

　Y 学校法人は、A 大学、A 国際大学、A 短期大学を設置しており、X は、米国の大学の助教授・准教授を経た後、Y の大学、国際大学の教授を務め、平成 6 年から 8 年までの間、大学の学長、平成 8 年から 21 年までの間、国際大学の学長、平成 16 年から平成 28 年までの間、Y の理事長等を務めたところ、平成 16 年に二代目理事長であった B が退任し（初代理事長は、B の夫であり、X は、B 夫婦の二女である）、X が三代目理事長に就任したが、B に 1 億 6800 万円の退職金の支払い、平成 25 年に名誉理事長であった B が死亡した際に弔慰金 3000 万円の支払いをし、X が外国に渡航した費用等が問題にされるようになり、平成 28 年 11 月、Y の理事会において、X につき理事長を解任する旨の動議が提出され、理事長辞任を解除条件とする解任の決議がされ、X が理事長を辞任し（任期は令和 2 年 3 月末であった）、平成 29 年 4 月、弁護士 2 名、公認会計士 2 名により構成される会計調査委員会が設置され、同年 9 月、会計調査報告書が作成、提出され、Y の理事会が開催され、X による B に対する報酬・退職金・功労金の支払い等が違法または極めて不適切であると説明される等し、調査結果を承認し、寄附行為に違反する行為があったとし、理事の解任が決議され、Y の評議員会が開催され、同様な

294

説明がされ、理事の解任決議がされる等したため、XがYに対して解任決議の無効等を主張し、任期満了までの間の理事報酬額の支払いを請求した（なお、本件訴訟とは別に、Xは、理事会における議長の解任理由の説明に係る発言が名誉毀損、侮辱に当たると主張し、損害賠償を請求する訴訟を提起し、第1審判決が請求を一部認容したものの、控訴審判決が議長の発言が理事としての正当な業務行為であるとし、不法行為を否定し、請求を棄却したことがある）。

この判決は、退職金1億6800万円の支給を決定し、支給したことが理事会の決議およびその委任による裁量権の範囲を逸脱して行われた違法なものであるから、寄附行為10条1項1号の「法令の規定又はこの寄附行為に著しく違反したとき」および同項3号の「職務上の義務に著しく違反したとき」に該当し、弔慰金3000万円の支給決定、支給、七回忌の食事会の費用の支払いは寄附行為に違反するものではなく、米国への渡航費用の支払いは不相当なものであり、損害賠償責任を負うことは別論として、重大な非行には当たらないし、学用車・運転手の利用は重大な非行に当たらないとし、Yの主張に係る解任事由の多くが解任事由に当たらないとしたものの、名誉理事長に対する退職金の支払いが解任事由に当たるとし、解任決議が適法有効であるとし、請求を棄却した。

【判旨】

「1　争点(1)ア（花子に対する名誉理事長としての報酬等の支払関係）について

（中略）

(2)　以上の諸事情を総合すれば、原告は、平成16年5月から平成25年1月までの間、平成16年3月・5月の理事会における上記(1)エの決議及び花子の名誉理事長としての報酬等の額の決定についての包括的委任を受けて、常務会で審議した上、理事長として、花子の名誉理事長としての報酬等として合計2億2556万円を支出する旨の決裁をし、被告においてこれを支出させたものと認められる。

(3)　これに対し、被告は、別紙5の1（被告の主張）(1)・(2)のとおり主張する。

しかしながら、花子に名誉理事長としての勤務実態がないのに名誉理事長としての報酬等を支払ったとの点は、そもそも名誉理事長の職務は、前記(1)

キのように、最高顧問として理事会、常務会及び各種委員会に出席すること等ができるというにとどまり、常に理事会の出席を求めるものではなかったし、名誉理事長としての報酬等は、花子がこれまでに被告の発展のため偉大な功績を挙げてきたことに対して支出するものとされていた（前記(1)エの平成16年3月の理事会における決議を参照）から、被告指摘の点をもって著しく不合理な支出であると断ずることはできない。

その余の点については、前記(1)・(2)で説示したところに照らし、いずれも理由がない。

したがって、被告の上記主張は採用することができない。

(4) 以上によれば、前記(2)の原告の行為は、理事会の決議及びその委任に基づいて行われたものであり、仮に予算措置の不備等があったとしてもこれは支出の違法を生じさせるものではないといえるから、被告寄附行為10条1項1号の「法令の規定又はこの寄附行為に著しく違反したとき」又は同項3号の「職務上の義務に著しく違反したとき」に該当しないものと認められる。

(中略)

2　争点(1)イ（花子に対する理事長退任に伴う退職金の支払関係）について

(1)　前提事実によれば、原告は、平成17年7月、花子に対し、理事長退任による退職金として1億6800万円を支給する旨の決裁をし、同年8月、被告においてこれを支出させたものである（別紙4の2(6)）。

そして、前記1(1)で説示した諸事情を総合すれば、原告の上記決裁は、①平成16年3月・5月の理事会において、花子の理事長退任に伴う処遇として必要な金銭給付の額の決定を委任されたこと（前記1(1)エ）を踏まえ、②平成17年5月の常務会において、花子に対する理事長退任による退職金につき、退職時報酬月額280万円に職員の上限（専任職員退職金規程の上限）である60か月分を乗じた1億6800万円の支給とすることが了承され、名誉理事長としての報酬等は引き続き現行どおり支給することとされたことに基づいて行われたものといえる。

しかしながら、原告は、前記1(1)のとおり、平成16年3月・5月の理事会の決議等を受けて、花子の名誉理事長としての報酬及び功労金の額を決定

するに当たり、①退職金を専任教職員に対する支給基準を参考として算定し、②功労金の総額は、退職金と同額とし、月々の分割払とすることとしていたのである。一般に、退職金が功労報償的な性格を有するものであり、前提事実によれば、被告の理事会は、昭和51年12月に被告の理事長であった太郎が死亡したときも、弔慰金2000万円に加え、太郎に対する退職金5000万円の支給を決定したにとどまること（前提事実(1)ウ(ア)）をも併せ考慮すれば、原告は、花子の名誉理事長としての処遇として必要な金銭給付として、功労報償的な性格を有することが明らかな「功労金」を支給することとし、現にその支給を開始したにもかかわらず、これとは別に花子の理事長退任に伴う処遇として必要な金銭給付として、同じく功労報償的な性格を有する「退職金」を支給することは、花子の理事長としての功労を二重に評価して金銭給付を行うに等しく、社会通念上著しく妥当性を欠き、理事会から委任された花子の理事長退任に伴う処遇として必要な金銭給付の額の決定に関する裁量権の範囲を超えるものといわざるを得ない。

（中略）

(4)　以上によれば、前記(1)の原告の行為は、平成16年3月・5月の理事会の決議及びその委任による裁量権の範囲を逸脱して行われた違法なものであるから、被告寄附行為10条1項1号の「法令の規定又はこの寄附行為に著しく違反したとき」及び同項3号の「職務上の義務に著しく違反したとき」に該当するといわざるを得ない。

3　争点(1)ウ（死亡時退職金／弔慰金の支払関係）について

（中略）

(2)　以上の諸事情を総合考慮すれば、原告は、平成25年6月、平成16年3月・5月の理事会における前記1(1)エの決議及び花子の名誉理事長としての報酬等の額の決定についての包括的委任を受けて、常務理事の黙示の同意を得て、弔慰金として本件3000万円を支出する旨の決裁をし、被告においてこれを支出させたものと認められる。

（中略）

ウ　死亡時退職金（弔慰金）の額を3000万円と決定したことは著しく不当であるとの点は、太郎に対しては、退職金5000万円に加え、弔慰金2000万

第6章　一般社団法人等の理事・監事の責任をめぐる裁判例

円が支給されたこと（前記(1)ア）、花子が理事長を長年務め（前提事実(1)ウ(ア)）、被告を発展させてきたこと等に照らすと、被告指摘の事情（花子に対しては、名誉理事長としての報酬等が支給されていたこと、被告の慶弔・見舞金規程（乙94）に定める金額を大幅に超えていること、平成25年3月に如月から2000万円～2200万円とする話があったこと等）を十分しん酌しても、原告の上記決裁は、理事会から委任された弔慰金の額の決定に関する裁量権の範囲を逸脱するものとはいえず、著しく不当であるとはいえない。

(4)　以上によれば、前記(2)の原告の行為は、理事会の決議及びその委任に基づいて行われたものであり、平成26年法律第15号による改正前の私立学校法40条の4の適用もないといえるから、被告寄附行為10条1項1号の「法令の規定又はこの寄附行為に著しく違反したとき」又は同項3号の「職務上の義務に著しく違反したとき」に該当しないものと認められる。」

【実務上の意義】

　この事案は、学校法人の運営（同族による運営がされていた）に係る大学、国際大学の教授を務め、大学の学長、国際大学の学長を務め、学校法人の三代目理事長に就任し（初代理事長、二代目理事長夫婦の娘である）、二代目理事長の退職金の支払い、死亡の際の弔慰金の支払い、自己の外国渡航の際の費用等が問題視され、理事会において、理事長を解任する旨の動議が提出され、理事長辞任を解除条件とする解任の決議がされたことから、理事長を辞任し、その後、理事会において理事を解任され、評議員会において理事を解任されたため、解任に係る理事（理事長）が解任決議の無効等を主張し、学校法人に対して任期満了までの間の理事報酬額の支払いを請求し、学校法人が解任事由を主張した事件である。この事案は、学校法人が元理事長に対して損害賠償責任を追及したものではなく、元理事長、理事を解任する等し、元理事長（理事）の学校法人に対する職務遂行上の解任事由に係る法的責任が問題になったものであるが、理事長、理事の地位、解任に係る法的責任に関係する事例として参考になるので、紹介するものである。

　この判決は、元理事長によって名誉理事長（二代目理事長）に退職金1億6800万円の支給を決定し、支給したことが理事会の決議およびその委任による裁量権の範囲を逸脱して行われた違法なものであるとし、寄附行為10

298

条1項1号の「法令の規定又はこの寄附行為に著しく違反したとき」および同項3号の「職務上の義務に著しく違反したとき」に該当するとしたこと、名誉理事長（二代目理事長）に弔慰金3000万円の支給決定、支給、七回忌の食事会の費用の支払いは寄附行為に違反するものではないとしたこと、米国への渡航費用の支払いは不相当なものであり、損害賠償責任を負うことは別論として、重大な非行には当たらないとしたこと、学用車・運転手の利用は重大な非行に当たらないとしたこと、解任決議には学校法人の主張に係る解任事由の多くが解任事由に当たらないとしたものの、名誉理事長に対する退職金の支払いが解任事由に当たるとし、解任決議が適法有効であるとしたこと、解任に係る法的責任を肯定したことに特徴があり、その旨の事例判断として参考になるものである。

〔裁判例50〕事業協同組合の組合員が理事に対して任務懈怠責任を追及した事例（東京地判令和3・8・30金判1635号37頁）

【事案の概要】

A協同組合は、中小企業の情報化の構築、福利厚生の向上を支援する中小企業等協同組合法（中協法）に基づき設立された事業協同組合であり、Yは、Aの理事であり、X株式会社は、Aの組合員であり、Yは、Xの取締役、B株式会社の株主、取締役、Xの完全子会社であるC株式会社の代表取締役であったところ、Xは、令和3年5月、Aの理事会において実質的に恒久的な休業状態である等とし、定款に基づき組合員たる資格を喪失し、法定脱退が生じたと判定され、その旨の通知を受ける等したが、Aは、会報誌の発行をD一般社団法人に委託し、DがBにコンサルティング業務を委託し、業務を再委託する等しており（Bの代表取締役はYの内縁の夫であり、一時期Aの理事であった）、Aは、多額の支払いをDに行い、Dは、Bに多額の支払いを行う等したことから、Xは、Aの監事らにYの理事としての任務懈怠を理由とする損害賠償請求訴訟の提起を請求したものの、これが拒否されたため、Xが代表訴訟により、Yに対してAへの損害賠償を請求し

299

た。

　この判決は、中協法19条1項1号所定の法定脱退事由である組合員たる
資格の喪失は、事業を一時休止しただけでは足らないとし、Xにつき脱退の
効力を否定し、本件訴訟の原告適格を肯定し、本件でXの主張に係る支出
の一部につきYが理事として支出したものと認め、善管注意義務違反につ
いては、支出に対応する業務が行われなかったものがある等とし、その違反
を肯定し、請求を一部認容した。

【判旨】

「3　理事就任後の支出に係る理事としての責任の有無（争点(2)から(4)まで）
について

（中略）

(2)　善管注意義務違反に関する判断枠組みについて

　原告は、被告において合理的な情報収集・調査・検討・判断を行わないま
ま本件支出5から28までの各支出を行ったことが理事としての善管注意義務
違反を構成すると主張するところ、これは、被告においてこれらの支出が補
助参加人に損害を及ぼす危険性があることを認識し又は認識可能であったに
もかかわらず当該支出を行ったことが善管注意義務違反を構成すると主張す
る趣旨と解される。他方、被告及び補助参加人は、補助参加人の損害に関し、
原告主張の損害が認められるためには、補助参加人が支出した対価に見合う
業務の提供を受けていないことが必要であるとする趣旨の主張をしている。

　これらを踏まえると、補助参加人が本件支出5から28までの各支出に対
応する業務の提供を受けたか否かという観点から、被告の善管注意義務違反
の有無を検討するのが相当である。具体的には、前記前提事実(2)から(4)まで
の各事実、上記2(2)掲記の各証拠（創成会又は研究会の補助参加人に対する請
求書等、証人e、証人f）及び弁論の全趣旨によれば、これらの支出は、い
ずれも補助参加人が創成会に対して委託した業務の対価として支出されたも
のであり、委託先である創成会によって当該支出に対応する業務は実施され
ていないものと認められるから、再委託先であるHYSないしその代表者で
あるdによって、当該支出に対応する業務が実施された場合には、その対
価を支出したことが理事としての善管注意義務違反を構成することはないの

に対し、当該支出に対応する業務が実施されなかった場合には、各支出が行われた当時、被告がこのような事態の発生を認識し又は認識可能であったにもかかわらず、当該業務の対価として支出を行ったことは、理事としての善管注意義務違反を構成するというべきである。」

【実務上の意義】

この事案は、事業協同組合の組合員が理事に対して代表訴訟により任務懈怠に係る組合への損害賠償を請求した事件である。この事案は、事業協同組合の理事の組合に対する損害賠償責任が代表訴訟によって問題になった事件である。この事案は、事業協同組合は、中小企業の情報化の構築、福利厚生の向上を支援することを事業とするものであること、組合員である株式会社の取締役が組合の理事に就任していたこと、理事は株式会社の完全子会社の代表取締役であったこと、組合が会報誌の発行業務を一般社団法人に委託し、社団法人が理事の内縁の夫が代表取締役である株式会社に再委託していたこと、組合が多額の支払いを社団法人に行い、社団法人が再委託に係る会社に多額の支払いを行っていたこと、組合員である会社が組合の監事らに理事の任務懈怠を理由とする損害賠償請求訴訟の提起を請求したものの、これが拒否されたこと、組合員である会社が中協法39条、会社法847条に基づき代表訴訟を提起したこと、理事の善管注意義務違反、任務懈怠が問題になったこと、組合員が理事に対して組合への損害賠償を請求したことに特徴がある。

この判決は、組合の業務の委託先と再委託先との間に支出に対応する業務が実施された場合には、その対価を支出したことが理事としての善管注意義務違反を構成することはないのに対し、支出に対応する業務が実施されなかった場合には、各支出が行われた当時、理事がこのような事態の発生を認識しまたは認識可能であったにもかかわらず、業務の対価として支出を行ったことは、理事としての善管注意義務違反を構成するとしたこと、主張に係る支出の一部につき支出に対応する業務が実施されていないとし、理事の善管注意義務違反を認めたことに特徴があり、その旨の事例判断を一例加えるものである。

301

第6章　一般社団法人等の理事・監事の責任をめぐる裁判例

**〔裁判例 51〕公益社団法人において役員候補者の選任を拒否した
ことにつき候補者が法人の不法行為責任を追及した事例**（控訴審）
（東京高判令和 4・5・31 判時 2576 号 67 頁）

【事案の概要】

　Y₁ 公益社団法人は、宅地建物取引等に関する法人であり、Y₂ 公益社団法
人は、Y₁ が母体となって設立され、宅地建物取引業法（宅建業法）に基づく
営業保証金相当額の弁済業務等を行う法人であり、それぞれ従たる事務所と
して各都道府県に支部（地方本部）があり、本件で問題になった千葉県本部
（本件本部）もその一つであり、X₁ ないし X₃ は、本件本部に所属する者であ
るところ、本件本部の役員等の選任等は、組織・運営に関する規則等に定め
られており（本件本部においては、独自に、資格審査委員会規程が定められ、審
査、決議等が行われていた）、X₁ らは、平成 31 年度の役員候補者となり、資
格審査委員会（委員長は本件本部の理事 A）において不適格者とされ、本件本
部の理事会に上程されず、理事に選任されなかったため、X₁ ないし X₃ が
Y₁、Y₂ に対して本件委員会の権限の濫用、決議の違法等を主張し、使用者
責任に基づき損害賠償を請求した。

　第 1 審判決（東京地判令和 3・7・6 判時 2576 号 72 頁）は、本件本部が行っ
た本件委員会規程の解釈、運用は、原則として本件本部の裁量に委ねられて
いるものであり、裁量の逸脱、濫用のない限り、これが役員候補者に対する
不法行為を構成することはない等とし、請求を棄却したため、X₁ らが控訴
した。

　この判決は、本件委員会規程 12 条は、議決の対象を明示していないとこ
ろ、役員候補者が役員として不適任であることにつき審査権限を行使するも
のと解するのが相当であり、本件委員会の委員長 A は、X₁ らにつき書面に
よる決議の結果（本件委員会は、開催されたが、資格審査につき決議をすること
ができず、審議継続となり、次回の開催日につき日程の調整がつかず、書面によ
る決議が行われることになった）、役員として適任であるとの決議が終えられ
なかったとし、本件本部の本部長に報告しなかったものであり、本件委員会

302

の指示を受け、本件本部事務局は、Y₁らの顧問弁護士に本件委員会規程12条の解釈、書面による決議の可否を照会し、同弁護士から同条は不適任であることにつき特別多数による決議を要する趣旨であり、書面による決議はできないとの回答を受けたものの、Aは是正措置をとらなかった等とし、Aの不法行為を認め、Aの行為につきY₁、Y₂の使用者責任を肯定し（慰謝料各10万円、弁護士費用各1万円の損害を認めた）、原判決を変更し、請求を認容した。

【判旨】

「《証拠略》によれば、資格審査委員会は、平成31年4月26日の資格審査委員会において、控訴人らの資格審査については決議をすることができず、審議継続となったが、総会の日程が令和元年5月22日に迫っていたため、同月10日、同月13日から15日までの資格審査委員の都合を確認したが日程の調整がつかなかったことから、同月13日に書面による決議をしたものと認められる。

しかしながら、令和元年5月13日の時点では、総会の開催日まで9日間の日程の余裕があり、総会は、定時総会だけでなく、臨時総会を開催することも可能であり（現に、本件については、同年6月6日に臨時総会が開催されている。）、同年5月22日の総会に間に合わないとしても、臨時総会を開催すれば足りるのであるから、上記の事情を考慮したとしても、定款施行規則26条1項所定の「緊急やむを得ない理由により」との要件を充たすとは認め難い。また、同項は、「軽微な事項」を対象としているところ、役員候補者の資格審査は、同項所定の「軽微な事項」にも該当しない。さらに、同項は、書面により「意見又は回答を求めることができる」と定めているにすぎず、書面により決議をすることができるとは定めていないのであるから、同項を根拠として書面による決議をすることはできない。したがって、いずれにしても、P₂委員長は、役員候補者の資格審査について書面決議によることはできないにもかかわらず、これを書面による決議に付したものといえる。

カ　千葉県本部事務局は、資格審査委員の指示を受けて、被控訴人ら総本部を通じて、被控訴人ら顧問弁護士に対し、資格審査委員会規程12条の解釈

第6章　一般社団法人等の理事・監事の責任をめぐる裁判例

及び書面による決議によることの可否を照会したところ、同顧問弁護士（被控訴人ら代理人）から、同規程12条は、役員候補者として不適任であることにつき特別多数による決議を要するとの趣旨であり、書面による決議によることはできないとの回答（本件顧問弁護士回答）を受けたにもかかわらず（原判決前提事実承(5)キ）、P2委員長は、上記回答の内容を資格委員に周知するのみで、P3本部長に対し、資格審査委員会の招集を求めることはなかったものと認められる。

　既に説示したとおり、資格審査委員会が採用した解釈、すなわち、資格審査委員会規程12条は、役員候補者が適任であることにつき特別多数による決議を要するとの解釈及び書面決議によることができるとの解釈は、いずれも誤ったものであるが、P2委員長は、上記の本件顧問弁護士回答により、それらが誤った解釈であることを認識したにもかかわらず、これを是正する措置を何ら講じなかったものである。P2委員長は、遅くとも、この時点で、同規程12条は、役員候補者として不適任とする旨の特別多数による決議を要する旨定めたものとの解釈を採用した上で、資格審査委員会の招集を求め、控訴人らについて再度資格審査をやり直すべきであったにもかかわらず、これを怠ったものと認められ、控訴人らに対し、不法行為責任を負うものと解するのが相当である。」

【実務上の意義】

　この事案は、相互に関連する二つの公益社団法人において、都道府県支部（地方本部）が置かれ、地方本部の役員選任に当たって役員候補者らが資格審査委員会（地方本部の理事が委員長）によって不適格者とされ、理事会に上程されず、役員に選任されなかったことから、役員候補者らが公益社団法人等に対して不法行為、使用者責任に基づき損害賠償を請求した控訴審の事件である。第1審判決は、役員の選任が原則として各地方本部の裁量に委ねられ、本件では裁量の逸脱、濫用がないとし、不法行為を否定したものである。この事案は、社団法人の理事の法人に対する責任が問題になったものではなく、法人の理事候補者に対する責任が問題になったものであるが、実質的には法人の理事候補者の選任拒否に係る法的責任に関係するものであることから、参考として紹介するものである。この事案は、資格審査委員会の決

議について、日程が迫っていることから、書面決議により不適任であると決議したこと、本件の地方本部の資格審査委員会規程には書面決議の定めがなかったこと、本件では公益社団法人の顧問弁護士に関連規程の解釈に関する意見を聴取し、決議が適任であることにつき特別多数決が必要であること、書面決議が認められていないことの回答を得ていたこと、資格委員会の委員長が規程の解釈を認識しながら書面決議を行ったこと、委員長の不法行為が問題になったこと、社団法人等の使用者責任が問題になったことに特徴がある。

　この判決は、資格審査委員会の委員長は、役員候補者の資格審査につき書面決議によることはできず、これを認識したにもかかわらず、書面による決議に付したことは誤りであるとしたこと、委員長としては資格審査委員会を招集し、再度資格審査をやり直すべきであったのに、これを怠ったとし、不法行為に当たるとしたこと、社団法人等の使用者責任を肯定したこと、役員候補者の慰謝料の損害を認めたことに特徴があり、その旨の事例判断として参考になるものである。

Ⅱ　理事・監事の同僚の理事・監事に対する法的な責任

1　概　要

　ここでは、前記の三つの類型のうち、理事・監事の同じ社団法人等に所属する同僚の理事・監事に対する法的な責任に関する裁判例を紹介したい。同じ法人の理事らの役員同士の関係は、役員の同僚であるが、従業員のような法人との間に雇用関係のある者とは異なり、法人との間に法人の経営等を行う委任契約のある者同士の関係である。法人においては、理事らの間で経営方針の対立、事業の遂行をめぐる対立、利権をめぐる対立、広く意見の対立、党派的な対立、性格的・人格的な対立、主流派と反対派（少数派）の対立、選任母体を背景とする対立などのさまざまな内容・態様の対立が発生し、変化している。役員らの間の紛争が損害賠償を請求する訴訟に発展する場合、法人と役員らの間（法人が多数派によって経営される等の場合には、少数派の役員が多数派の役員との間で紛争になるだけでなく、直接には法人との間

第6章　一般社団法人等の理事・監事の責任をめぐる裁判例

の紛争になることが少なくない）における訴訟になることがある。裁判例の中には、法人の理事等の役員間で訴訟が提起された事件もあり、ここではそのような類型の裁判例を紹介するものである。法人にとっては、代表理事を除き、法人の機関の一部を構成するとはいえ、理事ら損害賠償の場面では第三者であるが、法人の機関の一部という特徴を踏まえ、別個の類型として紹介するものである。

　理事・監事の同僚の理事・監事に対する法的な責任が問題になった類型の裁判例（以下に紹介する裁判例の（　）内の記載は、責任が肯定されたことを意味するものではない）としては、〔裁判例52〕東京地判平成9・3・25判タ960号229頁（財団法人における名誉毀損の事例）、〔裁判例53〕静岡地判平成9・11・28判時1654号92頁（学校法人における業務妨害の事例）、〔裁判例54〕東京地判平成9・12・24判タ987号222頁（社団法人における名誉毀損の事例）、〔裁判例55〕大阪地判平成10・3・31判タ998号230頁（協同組合における名誉毀損の事例）、〔裁判例56〕東京高判平成13・7・18判時1751号75頁（財団法人におけるプライバシーの侵害の事例）、〔裁判例57〕東京地判平成19・9・12判時2002号125頁（学校法人における理事会の議事録の偽造、業務妨害等の事例）、〔裁判例59〕高知地判平成22・2・23判時2103号45頁（漁業協同組合における主債務の減少義務違反の事例）、〔裁判例60〕高松高判平成22・9・28判時2103号42頁（漁業協同組合における主債務の減少義務違反の事例）、〔裁判例61〕東京高判平成29・1・31判時2335号28頁（社会福祉法人における理事の地位否定の事例）、〔裁判例62〕東京地判平成30・7・31判時2468・2469号10頁（マンション管理組合における役員立候補の妨害の事例）、〔裁判例63〕東京高判平成31・4・17判時2468・2469号5頁（マンション管理組合における役員立候補の妨害の事例）がある。なお、このほか、理事・監事の所属する一般社団法人等に対する法的な責任の類型の裁判例の項において紹介した〔裁判例46〕東京地判平成30・11・28判時2446号18頁、金判1589号37頁、〔裁判例48〕東京高判令和元・11・20判時2446号3頁、金判1589号24頁も理事・監事の同僚の理事・監事に対する法的な責任が問題になった判断を含むものである。

　同じ一般社団法人、一般財団法人等の理事・監事らが同僚の理事・監事ら

306

Ⅱ　理事・監事の同僚の理事・監事に対する法的な責任

との間で意見、方針、利害が対立し、相性が悪化する等の事態は、時々見られるところであるところ、具体的なトラブル、紛争に発展することは多いものではないが、一旦トラブル、紛争が発生すると、一般社団法人等の法人の運営、事業の遂行のさまざまな場面で対立が現実化し、相手方の悪口、批判から誹謗中傷、名誉毀損、信用毀損、プライバシー、業務妨害等に発展し、最後には人事権の掌握、相手方に対する役員の解任等によって役員から放逐する等の事態にまで発展し、事情によっては訴訟が提起されることがある。一般社団法人等の法人で理事等の役員として法人の運営、事業を遂行する場合には、さまざまなリスクがあるが、同僚との間の関係もそのリスクの一つである。

2　裁判例の実情

> 〔裁判例52〕財団法人において理事長の常務理事に関する雑誌記事、文書の送付による名誉毀損が問題になった事例（東京地判平成9・3・25判タ960号229頁）

【事案の概要】

　Xは、音楽祭の開催等を目的とするA財団法人（理事長は、Y₁）の常務理事であったところ、Y₂株式会社が発行する雑誌（「選択」）においてXが財団設立のエキスパートとしての保身に汲々とする、私物化したなどの内容の記事を掲載し、Y₁がAの役員らに対してXが寄附行為に違反したなどの内容の文書、本件記事の写しを送付したため、XがY₁、Y₂に対して名誉毀損を主張し、不法行為に基づき損害賠償を請求した。

　この判決は、Y₂の本件記事の主要な点は真実であるものの、論評には飛躍がある等とし、名誉毀損を認め、Y₁の文書の送付は正当な行為である等とし、Y₂に対する請求を認容し、Y₁に対する請求を棄却した。

【判旨】

「二　被告加藤に対する請求について

1　訴外財団の寄付行為によれば、理事は理事長を補佐するものとされ、理

事長は理事会を召集するとされているところであるが、理事には理事会等を延期する権限は認められていない。そうすると、理事長である被告加藤の意向に反して原告の行った開催延期の通知は、理事として権限のない行為を行ったものであり、理事長を補佐するという理事の義務に反する行為であるということができる。原告は、理事長である被告加藤が違法行為を行ったことをもって、理事長が正当な業務を遂行できない場合に該当するとし、理事がこれに代わって行える旨供述しているが、右違法行為の具体的内容は明らかではなく、理事長である被告加藤が右違法行為を行ったことを認めるに足りる証拠はなく、仮に、そのような行為があったとしても、それは適法に開催された理事会及び評議員会において追及すべきものであって、理事会及び評議員会の開催を延期したり阻止したりするという手段によるべきとはいえないものであるし、前記第二の二2でみたとおり、原告の行動は、もっぱら、理事長である被告加藤との意見対立から理事を解任されることや再任されないことを防ごうとする意図でなされたものであると評価されても仕方がないというべきであり、被告加藤の第一行為は、被告加藤による理事会及び評議員会の開催通知の送付に先手を打つ形でなされた原告の右行為に対し、被告加藤が右開催通知に添付した書面において、原告の右行為に言及して、右行為は寄付行為に定める理事の理事長を補佐する義務に違反し、また、役員たるにふさわしくない行為に当たると指摘したにすぎないのであり、そのことにより、原告の名誉ないし名誉感情が害されたとは認め難い。また、右第一行為は、原告の右行為に対応してやむを得ずなされた理事長としての正当な行為ということができ、その方法や内容（記載内容、表現は前記第二の二2のとおり）においても、被告の右行為と均衡を失しておらず、不適当であったとは認められないから、この点からも違法性を欠くものということができる。なお、原告は右第一行為が、訴外財団の確立した慣行に反する等、正当なプロセスを経ずに原告を常務理事及び理事の地位から排除するという違法な目的のためになされたものであると主張するが、原告が訴外財団設立の貢献者であることをもって、原告の理事再任や再任をしないことのために寄付行為に定めた以上の手続を履践すべきとすることにはならず、原告の理事再任を拒否するには理事会や評議員会での討議のほかに別途原告を交えた各理

事等との実質的な話し合いが必要であることや主務官庁による理解を得ることなどが正当なプロセスであるとする右主張は採用できず、また、被告加藤において違法目的を有していたことを認めるに足りる証拠もない。

2　本件記事が、原告の社会的地位を低下させるものであったことは前記のとおりである。

しかし、被告加藤の第二行為は、本件記事が掲載された「選択」がその購読者に対し頒布された後にそれほど時間を経ることなくなされたものであること、右行為は、理事及び評議員など訴外財団の役員を対象におこなわれたものであって、右役員らは、それまでに行われた理事会やサイトウ・キネン・フェスティバル実行委員会会議等を通じ、原告と被告加藤及び小澤との確執について、「選択」の一般の読者と比してよりその真相を認識している者であるということができ、原告が「財団屋」ないし財団を「私物化した」等と評されたことについて適切な判断をすることは十分に期待できるところであるから、右第二行為によって、さらに原告の名誉が毀損されたとまでは認め難い。」

【実務上の意義】

この事案は、財団法人の常務理事が雑誌の記事によって批判されたり、法人の理事長により寄附行為に違反したなどの内容の文書や記事の写しをほかの役員らに送付されたため、理事長等に対して名誉毀損を主張し、損害賠償等を請求した事件である。この事案は、財団法人の常務理事が理事長に対して損害賠償等を請求し、理事長の常務理事に対する法的な責任が問題になった事案である。この事案は、財団法人における理事長と常務理事との間の訴訟であること、理事長と常務理事との間には財団法人の運営をめぐる対立があったこと、常務理事が寄附行為に違反する行為を行ったこと、常務理事が理事長による名誉毀損を主張したこと、理事長がほかの役員に常務理事を批判する文章を送付したこと、理事長がほかの役員に雑誌の記事の写しを送付したこと、理事長の常務理事に対する名誉毀損に係る不法行為に基づく損害賠償責任の法的な責任が問題になったことに特徴がある。社団法人、財団法人等の法人において役員間に対立が発生すると、さまざまな手段、方法による名誉毀損をめぐる紛争が発生しがちになるが、この事案もそのような類型

第6章　一般社団法人等の理事・監事の責任をめぐる裁判例

の事例の一つである。

　この判決は、雑誌社の記事の掲載に関する名誉毀損の不法行為を肯定したこと、理事長の責任については、理事長による文書の送付に係る名誉毀損を否定したことに特徴があるが、理事長の責任は微妙な判断であるところ、その旨の事例判断を提供するものである。

〔裁判例 53〕学校法人において専門学校設置計画を推進していた理事長と理事、監事との間の計画妨害の法的責任が問題になった事例（静岡地判平成 9・11・28 判時 1654 号 92 頁）

【事案の概要】

　X は、Y_1 学校法人の理事長であったが、Y_1 においては専門学校の設置を計画し、検討を行い、設置が妥当であるとの結論に達したところ、理事会、評議員会等で議論がされ、理事会で設置が可決され、Y_2 県（静岡県）の担当課と事前の折衝が行われる等したものの、担当課から指示がされる等していたところ、Y_1 の関係者の中から X の姿勢を批判し、退陣を要求する者が出たり、マスコミが報道する等したりしたことから、X が任期満了により理事長の地位を失ったため（専門学校は、結局、設置が認可された）、X が Y_1、Y_2 のほか、Y_1 の理事 Y_3 ら、監事 Y_4 に対して設置を妨害したなどと主張し、不法行為に基づき損害賠償等を請求した。

　この判決は、設置計画が遅延していたとはいえないし、内部紛争につき X が経営する会社との利益相反行為等があったとし、X の主張を排斥し、請求を棄却した。

【判旨】

「2　争いのない事実及び前認定事実によって判断するのに、原告の主張する学園紛争は、原告が代表取締役をしていた株式会社 ABC システム及び有限会社丙内と乙山学園との間で利益相反行為にあたるにもかかわらず、乙山学園の理事会の承認を得ることなく取引をしていたこと、また乙山学園は、戊村塗装株式会社に本館塗装工事を注文し、また甲内開発株式会社に樹木の

310

剪定を請負わせているが、いずれも株式会社 ABC システムの株式引受人である丁森一夫が代表取締役を勤める会社であるにもかかわらず、理事会の承認を得ないで取引していたことを理由として、父母の会の役員が原告の責任を追及すべく他の理事及び戊村県の学事課に相談していたところ、平成3年3月1日の理事会において緊急動議という形で原告の責任を追及していた評議員6名を解任したために引き起こされたものと認めるのが相当である。

同月19日の父母の会の臨時総会において配布された文書は、被告甲山の監査報告書に基づき父母の会の役員が作成したものであって、乙山学園の正常な運営を望む被告らが総会の進行運営上必要としたものであり、その内容を検討しても直ちに原告の名誉を毀損するものとは言い難いし、事実が公共の利害にかかり、その目的も公共の利益をはかることにあったものと認められる。

原告は、被告等が共同して客観的事実に反する事実を主張し、原告を乙山学園の理事から追放したと言うが、被告等の虚偽主張の事実は証拠上認められない。

原告は、乙山学園が物品を安く購入できるように有限会社丙内との取引をし、また、富士通から最新技術を導入しながら知識技術をもって学生を指導すべく株式会社 ABC システムから専門学校の教員等を派遣したと主張するが、そのような原告の意図は理事会等に対して説明されたこともないのであるから、これらの会社が乙山学園から不当な利益を取得し、それが究極的には原告に帰することになっていたと疑われてもまことに致し方のないところというべきである。

また、戊村塗装株式会社、甲内開発株式会社との取引についても、原告が理事会にかけることなく取引をしたことは、父母の会の役員等に不正な取引があるのではないかと疑われる事情を提供したものと言うべきである。乙山学園と有限会社丙内との取引は、原告は物品を安く購入するためであると主張するものの、理事会の承認を得たわけではなく、契約書等が存在しないこともあり、取引の内容が適正なものであるかどうかははっきりしないし、株式会社 ABC システムとの講師派遣についても、5名の非常勤講師の中には乙山学園が直接に雇用契約を結ぶことが可能と思われる者も含まれていた。

多額の派遣料を支払う必要があったかについてはなお疑問が残る。例えば、乙岡二雄には月額派遣料として29万9463円を支払っているが、同社が同人に支払っている給料は13万6000円にすぎない。さらに丙森冬子については月額50万円の派遣料を請求され、これに応じているが、同女が会計事務所に勤務した経歴があるとしても法外な派遣料と言わざるを得ない。

　以上判断したほかに、被告らがことさらに原告を追放しようと相当性を欠く振る舞いに出たことを認めるに足りる証拠はない。原告の主張はいずれも理由がない。」

【実務上の意義】

　この事案は、公益法人である学校法人において専門学校の設置が計画され、理事会で設置を認める決議がされる等して計画が進行していたところ、計画を推進していた理事長が批判され、任期満了により理事を退任することになったため、任期満了後の元理事長が学校法人、理事ら、監事に対して設置を妨害した等と主張して損害賠償等を請求した事件である。この事案は、学校法人内で専門学校の設置をめぐり理事長と理事・監事が対立し、理事長が任期満了による退任後、学校法人、理事ら、監事に対して損害賠償を請求し、理事・監事の損害賠償責任が問題になった事件である。この事案は、公益法人である学校法人の理事ら、監事の責任が問題になったこと、学校法人の理事長が理事らの責任を追及したこと（理事らの間の内部対立があったものである）、専門学校の設置をめぐる内部対立があったこと、理事らの設置妨害が主張されたこと、付随的に理事長の利益相反取引の責任が問題になったことに特徴がある。

　この判決は、専門学校の設置計画が遅延したとはいえないし、内部対立が生じたのは、理事長に利益相反取引があった等とし、理事らの損害賠償責任を否定したものであり、その旨の事例判断を提供するものである。

Ⅱ　理事・監事の同僚の理事・監事に対する法的な責任

〔裁判例 54〕社団法人支部において役員間に内紛が発生し、怪文書等が配付される等したため、双方の役員の相手方に対する名誉毀損に係る法的責任が問題になった事例（東京地判平成 9・12・24 判タ 987 号 222 頁）

【事案の概要】

　X₁ は、A 社団法人の東京都本部 B 支部の支部長であり、X₂ ないし X₄ は、その子であるが、X₁ を悪徳業者、その夫を前科者とする内容の支部長に関する意見書という怪文書が A の総本部の理事ら、都本部の理事ら、支部の役員ら、一部の会員らに配付され、支部役員会において、X₁ が役員会において副支部長 Y₁ につき怪文書の作成、配付者であると名指して批判したため、Y₁、Y₂ ら（Y₁ ないし Y₄ は、支部役員、Y₅ は、職員）は、怪文書を添付して X₁ の言動を批判する文書を支部会員の大半に配布したことから、X₁ らが文書の作成、配布が名誉毀損に当たると主張し、Y₁、Y₂ らに対して損害賠償を請求したのに対し、Y₁ が反訴を提起し、X₁ に対して怪文書の作成、配布者が Y₁ であると名指したことが名誉毀損に当たると主張し、不法行為に基づき損害賠償を請求した。

　この判決は、怪文書を添付したことは名誉毀損に当たらないとし、X₁ らの本訴請求を棄却したが、怪文書の作成、配布者であると名指したことが名誉毀損に当たるとし、Y₁ の反訴請求を認容した（慰謝料を 10 万円認めた）。

【判旨】

「1　争点 1 について

㈠　前記のとおり、被告らは、平成 7 年 4 月 11 日ころ世田谷支部の会員のうち約 300 名の者に対し、本件文書を、これに別紙として本件怪文書を添付した上配布したことが認められる。

　そこで、被告らの右行為が原告らに対する不法行為を構成するか否かについて検討する。

㈡　本件怪文書には、太郎が前科者であるとか、原告花子が法律違反の行為を行っているなどの趣旨の記載が存し、右記載内容はそれ自体としてみれば

313

原告花子及び太郎の社会的評価を低下させる名誉毀損的表現であることは明らかである。

　しかし、右のような名誉毀損的表現を含む文書を配布する行為が特定人の社会的評価を低下させるに足りる行為（名誉毀損行為）といえるか否かは、その文書が名誉毀損的表現を含んでいるとの一事をもって直ちに名誉毀損行為と目すべきものではなく、名誉毀損的表現の前後の文脈、文書全体の趣旨などからして、一般人の普通の注意と読み方を基準としてその文書が特定人の社会的評価を低下させるに足りるかどうかによって判断すべきものと解される。

㈢　そして、本件文書の記載中には、本件怪文書の記載内容の真偽について直接触れる部分は存しないものの、本件怪文書を引用した上、これが「甲野氏を中傷する、卑劣極まる行為であるとして、役員会は不問を決議しました。」との記載が存すること、右記載に続けて、原告花子が本件怪文書を作成・配布した者は被告大里であると発言したことや被告大里が世田谷支部の役員を辞任した経緯等に関する記載が存する。これらの記載内容からすれば、一般人の普通の注意と読み方を基準とする限り、本件文書は、原告花子の言動などを非難する趣旨の文書であって、別紙として添付された本件怪文書の内容を真実であるものとして引用するものではないことが容易に理解され得るのであって、本件怪文書の内容が真実であるとの印象を与えるものとは解されない。

　したがって、本件文書に本件怪文書を添付した上、これを世田谷支部の会員のうち約300名の者に対し配布した被告らの行為は、原告花子及び太郎らの社会的評価を低下させるに足りるものであると解することはできず、また、太郎の遺族である原告らの名誉ないし太郎に対する敬愛追慕の情を毀損・侵害するに足りるものと解することもできない。

㈣　以上の判断に加え、前記のとおり、本件文書に本件怪文書を添付した被告らの目的が、被告大里が本件怪文書を作成・配布した者と名指しされたことの重大さを訴えることに存したこと、その他、本件文書の配布に至る経緯等の事情を総合考慮すれば、本件怪文書を本件文書に添付して世田谷支部の会員のうち約300名の者に対し配布した被告らの行為が社会的相当性を逸脱

した違法なものであるということはできない。

㈤　よって、被告らの右行為に違法性は認められず、他に右行為の違法性を基礎付けるに足りる事情が存することの主張立証はないから、被告らが原告らに対し不法行為責任を負ういわれはない。

2　争点2について

㈠　前記のとおり、原告花子は、平成6年6月16日及び平成7年1月28日に開催された世田谷支部の役員会において、本件怪文書を作成し、平成6年3月下旬から同年4月上旬にかけてこれを協会総本部理事、協会東京都本部の理事約37名中30名、世田谷支部の役員5名及び一般会員のうち若干名の者に対し配布したのが被告大里である旨発言したことが認められる。

㈡　本件怪文書の記載内容からすれば、これを被告大里が作成・配布した旨の原告花子の右発言は、被告大里の社会的評価を低下させるに足りるものであることは明らかであるから、違法性を有するものというべきであり、被告大里は、これにより、精神的苦痛を蒙ったことが認められる（被告大里本人の供述、弁論の全趣旨）。

　したがって、原告花子の右発言は、被告大里に対する不法行為を構成するものというべきである。」

【実務上の意義】

　この事案は、社団法人の支部の役員間に内紛が発生し、怪文書・文書が配布される等し、双方の役員が相手方に対して名誉毀損を主張し、損害賠償を請求した事件である。この事案は、法人の支部の役員の相手方の役員に対する名誉毀損に係る損害賠償責任が問題になった事件である。

　この判決は、怪文書を添付して役員を批判した書面の配布につき名誉毀損を否定したこと、怪文書の作成、配布者であると名指ししたことにつき名誉毀損を肯定したことに特徴があり、法人の支部内部の内紛が発生している状況における怪文書の配布、名指しの批判に係る名誉毀損の事例判断を提供するものである。

第6章　一般社団法人等の理事・監事の責任をめぐる裁判例

〔裁判例 55〕協同組合において初代代表理事と後継代表理事らとの間に内紛が発生し、後継代表理事が新聞記者に初代代表理事に関する情報を提供し記事が掲載されたため、協同組合、後継代表理事の名誉毀損に係る法的責任が問題になった事例（大阪地判平成10・3・31 判タ 998 号 230 頁）

【事案の概要】

　Y協同組合は、津久野駅前ショッピングセンターの商店主を組合員とする協同組合であり、Xは、その初代代表理事であったが、Yの当時の代表理事AがB新聞を発行するB株式会社の記者に情報を提供したり、取材を受けたりし（Yにおいては、Xの業務執行と組合員との間に内紛が生じていた）、B新聞にXにつき元理事長による無法又貸し、家賃二倍差額着服等を見出しとする記事が掲載されたため、XがYに対して名誉毀損を主張し、不法行為に基づき損害賠償を請求した。

　この判決は、本件記事掲載の契機はYの代表理事によるものであるが、提供に係る情報が虚偽情報であると認めるに足りる証拠はなく、Bにおいて独自の取材に基づき記事・見出しを作成し、記事を掲載したものである等とし、Yの代表理事による情報提供と本件記事との間の因果関係はない等とし、情報提供者であるAの不法行為責任を否定し、請求を棄却した。

【判旨】

「二　思うに、報道機関により公表された記事による名誉毀損が問題とされる場合、その情報提供者に対し不法行為責任を問うためには、当該情報提供者に故意又は過失を要すると共に、情報提供と名誉を毀損したとされる当該記事の掲載との間に相当因果関係を要する。

　そして、報道機関が他からの情報提供に取材、報道の契機を得る場合にも、例えば、犯罪報道に関する警察発表のように、捜査機関による強力な情報収集能力、専門的捜査能力を駆使して得られた情報の提供を受けるようないわば官公庁情報に取材源を置く場合と、投書等による一般私人からの情報に情報源を置く場合とに大別され、前者にあっては、それが一定の信頼度を

316

置くことのできる情報で公共の利益に直結し、かつ、報道の迅速性を要することから、報道機関が逐一発表内容の裏付け取材をすることなくそのまま報道されることが多いので、情報提供者においても当該提供情報に即した記事が掲載される蓋然性が高いことを容易に予見できるが、後者にあっては、極端な場合対立当事者の私怨をはらす目的で虚偽情報を提供することもあり得ることから、報道機関による慎重な裏付け取材と独自の判断により報道がなされるのが通常であって、その反面として情報提供者としては報道機関の独自の取材と報道機関の独自の判断により報道の有無が決せられることを予見するのが通常である。

　本件についてみると、本件記事掲載の契機こそ被告代表者によるものであるが、前記認定事実のとおり、被告組合が毎日新聞に提供した情報が虚偽情報にも及ぶと認めるに足りる証拠はない上、仮に被告が提供した情報に何らかの虚偽があったとしても、毎日新聞は、原告と被告の間に長期間にわたる訴訟を初めとする確執が存在していることを十分に認識していたのであって、被告の執行部において毎日新聞が裏付け取材等を経ないで情報を鵜呑みにするとは到底予見できず、現に、毎日新聞による前記のとおりの被告代表者北口、被告組合員の他、公団の複数の担当者や原告自身に対する独自の取材をした上で、独自の判断に基づき本件記事の見出し、中見出し等の構成や文章の字句を作成し、記事として掲載したというべきであり、被告代表者による情報提供と本件記事との間には相当因果関係は到底認められない。」

【実務上の意義】

　この事案は、協同組合において初代の代表理事とその後継の代表理事らとの間に内紛が生じていたところ、後継の代表理事が新聞記者に初代の代表理事の不正に関する情報を提供し、初代の代表理事につき新聞に記事が掲載されたため、初代の代表理事が協同組合に対して損害賠償を請求した事件である。この事案は、直接的には、協同組合の初代の代表理事が協同組合に対して損害賠償を請求し、協同組合の法的な責任が問題になった事件であるが、主張されている不法行為自体は後継の代表理事の不法行為である。この事案は、協同組合において初代の代表理事と後継の代表理事らとの間に内紛が生じていたこと、後継の代表理事が新聞記者に初代の代表理事の不正に関する

第6章　一般社団法人等の理事・監事の責任をめぐる裁判例

情報提供をしたこと、初代の代表理事の不正に関する新聞記事が作成され、掲載されたこと、初代の代表理事に対する名誉毀損が問題になったこと、代表理事の行為による協同組合の不法行為責任が問題になったことに特徴がある。

　この判決は、後継の代表理事の情報提供について、報道機関に対する情報提供者の不法行為責任として検討したこと、本件では情報提供が新聞社における記事作成の契機になったにすぎないとしたこと、提供された情報が虚偽であったと認めるに足りる証拠がないとしたこと、新聞社が独自の取材によって記事を作成したとしたこと、後継の代表者の情報提供に係る不法行為を否定したことに特徴があり、法人内部の内紛が生じている状況において、法人の代表者が過去の代表者の不正に関する情報を新聞社に提供し、新聞記事が作成、掲載されたことによる不法行為責任を否定した事例判断を提供するものである。

〔裁判例56〕財団法人の理事らに対立が発生し、常勤を解かれた理事が地位保全の仮処分を申し立てた際に裁判所に提出するために作成した陳述書の写しが、他の理事によって週刊誌の記者に交付され、記事が週刊誌に掲載されたため、理事のプライバシー侵害の法的責任が問題になった事例（控訴審）（東京高判平成13・7・18判時1751号75頁）

【事案の概要】

　週刊誌を発行するY₁株式会社は、担当記者がA財団法人の専務理事Y₂からAの理事Xの収入、家計の内容を記載する裁判所に提出された資料の写しの交付を受け（Xが常勤を解かれ、地位保全の仮処分を申し立てた際にXが作成した陳述書の写しが交付された）、Xにつき高給取り等を内容とするXの仮名を用いた記事を掲載したため、XがY₁、Y₂に対してプライバシーの侵害等を主張し、不法行為に基づき損害賠償を請求した。

　第1審判決は、プライバシーの侵害を認め、請求を認容したため、Y₁ら

が控訴した。

この判決は、報道の自由が優先するとし、記事につきプライバシーの侵害の違法性を否定し、Y_1の敗訴部分を取り消し、Y_1に対する請求を棄却したが、Y_2の違法性を否定する理由はないとし、Y_2の控訴を棄却した。

【判旨】

「二　控訴人甲野に対する請求について

㈠　控訴人甲野が本件陳述書の写しを亀井記者に交付したことは前記のとおりであり、この行為と本件記事の掲載との間に相当因果関係があることは、原判決がその「事実及び理由」欄の「第三　争点に対する判断」の二の項の3（原判決42頁7行目から45頁3行目まで）で説示するところと同一であるから、この説示を引用する。

そして、控訴人甲野が亀井記者の取材に応じて被控訴人の個人的情報が記載された本件陳述書の写しを交付したのは、これに基づいて「週刊文春」に被控訴人に対して批判的な記事が掲載されることを予見し、期待してのことであると推認することができ、これを覆すに足りる証拠はない。

その結果、上記のとおり、本件記事の掲載によって被控訴人のプライバシーが侵害されるに至ったのであって、控訴人甲野の行為には違法性があり、被控訴人に対する不法行為を構成するものというべきである。なお、本件記事を掲載した控訴人文藝春秋の行為は上記一のとおり違法性を欠くものと解すべきであるが、これは専ら報道の自由を保障するという観点によるものであって、この観点による余地のない控訴人甲野の行為について違法性を否定する理由はないといわなければならない。マスメディアに情報を提供する行為についてまで、その結果他人の権利が侵害されることになるにもかかわらず、その自由が保障されているものとは考えられないからである。」

【実務上の意義】

この事案は、財団法人の理事らに対立が生じている状況において、常勤を解かれた理事が地位保全の仮処分を申し立てた際に裁判所に提出するために作成した陳述書（写し）が、ほかの理事（専務理事）によって週刊誌の記者に交付され、これを基にする記事が週刊誌に掲載されたことから、理事が出版社、陳述書を交付した専務理事に対して損害賠償を請求した控訴審の事件

319

第6章　一般社団法人等の理事・監事の責任をめぐる裁判例

である（第1審判決はプライバシーの侵害を認め、請求を認容した）。この事案においては、財団法人の理事が週刊誌の記事によりプライバシーの侵害を主張し、週刊誌の出版社のほか、情報を提供した法人の専務理事に対して損害賠償を請求し、専務理事の理事に対する法的な責任が問題になったものである。この事案は、財団法人の専務理事が別の理事の作成に係る仮処分裁判所に提出した陳述書（写し）を週刊誌の記者に提供したこと（この陳述書は仮処分の申立ての性質上公開を前提としていないものである）、理事らの間の対立が背景にあったこと、専務理事のプライバシーの侵害による不法行為責任が問題になったことに特徴がある。

　この判決は、専務理事が週刊誌の記者に陳述書（写し）を提供したのは、これに基づいて週刊誌に批判的な記事が掲載されることを予見し、期待してのことであると推認し、プライバシーの侵害による不法行為を認めたものであり、事例判断として参考になる。この事案の理事の不法行為は、週刊誌にプライバシーを侵害する記事が掲載された場合における情報提供者としての不法行為であり、この判決は、週刊誌の記事につき情報提供者としての不法行為責任を肯定した参考になる事例判断である。なお、この判決は、週刊誌の出版社については、報道の自由を保障する観点から不法行為を否定している。

〔裁判例 57〕学校法人の内紛がある状況において理事・評議員らの解任、新理事・新評議員の選任等を内容とする理事会の議事録が作成・登記がされたため、新理事らの共同不法行為責任が問題になった事例（東京地判平成 19・9・12 判時 2002 号 125 頁）

【事案の概要】

　X 学校法人は、音楽大学等を設置運営していたところ、X の理事会が開催されたこと、理事 9 名のうち、理事長 A ほか 5 名の理事を解任したこと、評議員 B ほか 7 名を解任し、Y_1 ないし Y_4 ら 8 名を後任に選任したこと、理事の後任として Y_1 ないし Y_4 ら 6 名を理事に選任したこと、C を理事長

に選任したことの決議が可決された旨の議事録が作成され、登記されたため、Aらの解任された理事らが東京地方裁判所にY₁らの職務停止、職務代行者の選任を求める仮処分を申し立て、認容され、解任された理事らは、理事会の決議不存在確認を求める訴訟を提起し、東京地方裁判所が請求認容の判決をし、Y₁らが控訴をしたものの、東京高等裁判所が控訴棄却の判決をし、同判決が確定し、Bらの解任された評議員らも仮処分の申立てをし、認容される等したため、XがY₁ないしY₄らに対して理事会の議事録の偽造・虚偽の登記、Xの業務妨害を主張し、共同不法行為に基づき損害賠償を請求した。

　この判決は、Xにおける内紛の状況、Y₁らの不正行為の実情等を詳細に認定し、議事録の偽造・虚偽の登記等を認め、新理事ら・新評議員らの共同不法行為を認め、請求を認容した。

【判旨】

「⑦　原告は、警視庁目白署に対し、平成15年12月20日、本件について、被告ら、戊田、乙野を告発した。

　被告甲野、被告乙山、戊田、甲田は、平成16年10月28日、本件登記について、電磁的公正証書原本不実記録、同供用の罪で起訴され、第1回公判期日で、いずれも事実を認めた。戊田は、原告と示談し、平成17年3月31日、100万円を支払った。東京地方裁判所は、平成17年3月14日、戊田を懲役1年4月執行猶予3年に、被告甲野、被告乙山、甲田を懲役1年6月執行猶予3年に処した。

⑧　原告は、東京地方裁判所に対し、平成17年3月30日、被告らの外、甲田、乙野を被告として、本件訴訟を提起した。

　乙野は、平成17年5月13日、欠席判決を受けた。被告丙田、被告丁原は、平成17年5月13日の第1回口頭弁論期日において、提出した答弁書を陳述したとみなされたが、その後も期日に出頭せず、何ら主張立証を行わない。甲田は、平成18年12月25日、原告と裁判上の和解をした。

二　以上によれば、被告ら外は、共謀の上、本件議事録を偽造して、虚偽の本件登記を経て、東京音楽大学に乗り込み、原告の業務を妨害するなどしたのであるから、被告らが、本件について、原告に対する共同不法行為の責任

第6章　一般社団法人等の理事・監事の責任をめぐる裁判例

を負うことは明らかである。」

【実務上の意義】

　この事案は、学校法人の内紛がある状況において、理事・評議員らの解任、新理事・新評議員の選任等を内容とする理事会の議事録が作成され、登記がされたため、学校法人（解任された理事ら）が新理事らに対して共同不法行為に基づき損害賠償を請求した事件である。この事案は、学校法人（議事録等に解任されたと記載された理事ら）が選任されたと記載された理事らに対して損害賠償を請求し、新理事らの損害賠償責任が問題になった事件である。この事案は、公益法人である学校法人の新理事ら・新評議員らの責任が問題になったこと、学校法人の経営等をめぐる内紛があったこと、理事・評議員らの解任、新理事・新評議員の選任等を内容とする理事会の議事録が作成され、これに従って登記がされたこと、理事会の議事録の偽造・偽装の登記、業務妨害が問題になったこと、学校法人（解任された理事ら・評議員ら）が新理事ら・新評議員らの共同不法行為責任を追及したことに特徴があるが、紛争の内容に照らすと、刑事事件にもなったものであり、民事事件にとどまらない深刻な事件である。

　この判決は、新理事らによる理事会の議事録の偽造、偽装の登記、業務妨害を認め、選任されたとされる新理事ら、新評議員らの共同不法行為を肯定したものであり、事例判断として参考になるものである。

〔裁判例 58〕創立者の家族の経営に係る学校法人において親族、幹部従業員が詐欺等の行為によって理事長、理事らに就任し、その経営を乗っ取ったことにつき理事長、理事らの不法行為責任が問題になった事例（東京地判平成 19・10・25 判時 2005 号 27 頁）

【事案の概要】

　X_1 学校法人は、A が創立し、B 短期大学、C 専門学校等を設立し、運営しており、X_2 は、A と D の長男であり、昭和 54 年、X_1 の職員として採用され、昭和 62 年から X_1 の理事、理事長を務め、その後、学園長に就任し

322

ていたところ、Y_1（D の甥であり、昭和 50 年に X_1 の職員として採用され、その後、X_1 の評議員、部長を務めていた）、Y_2（X_1 の理事、本部長等を務めていた）、Y_3（X_1 の評議員、部長等を務めていた）、Y_4（X_1 の幹部職員を務めていた）は、X_2 に X_1 の理事長等を辞任させ、X_1 を意のままに支配しようと共謀し、X_1 の資金の流用に関する疑惑をことさらに誇張、流布し、警察に通報し、文部科学省による調査、国税当局の査察、警察の捜査が X_1、X_2 に及びつつあるように装い、X_1 の臨時理事会において警察の事情聴取を受けているという虚偽の事実を告げ、X_2 が辞任すれば身分保障、生活保障を行う旨の虚偽を告げて、これを誤信した X_2 が X_1 の理事等を辞任し、X_2 の辞任登記がされ、Y_1 が理事長、Y_2、Y_3 が理事に就任し、その旨の登記がされたが、X_2 は、平成 15 年、X_1、Y_1 に対して X_2 の理事、理事長の地位の確認、辞任登記の抹消、Y_2、Y_3 の理事でないことの確認、Y_2、Y_3 の就任登記の確認等を請求する訴訟を提起したところ（当時の X_1 の代表者は、Y_1）、第 1 審判決が X_2 の請求を一部認容したことから、X_2、X_1 が控訴し（X_2 が控訴審において請求を追加した）、控訴審判決が X_2 の請求を認容し、X_1 が上告、上告受理申立をし、上告審判決が上告を棄却する等したため、X_1、X_2 が Y_1 ないし Y_4、Y_5（Y_1 の妻であり、離婚届をする等したが、その後も同居している）に対して Y_1 らの詐欺、強迫、X_1 に対する違法な支配等を主張し、Y_1 ないし Y_4 についてはお手盛り人件費、新理事長就任パーティー費用、X_2 の慰謝料、弁護士費用の損害につき不法行為に基づき損害賠償、Y_5 については詐害行為取消権の行使による所有権移転登記を経由した不動産の登記の抹消を請求した。

　この判決は、Y_1 らが詐欺によって X_2 を X_1 の理事、理事長を辞任させた等の不法行為を肯定し（X_1 の損害として 1 億 9091 万 9394 円の損害を認め、X_2 の損害として 220 万円の損害を認めた）、詐害行為も肯定し、請求を認容した。

【判旨】

「上記認定した事実経過によれば、原告後藤は、平田と相談の上で理事長経費を使用しており、真下某公認会計士の監査で原告後藤の理事長経費について特に問題にされたことはなかったこと、被告太郎らは、本件疑惑が脱税、横領又は背任等の犯罪行為を構成することを裏付けるだけの資料を有していないこと、被告太郎ら以外に内部通報者が存在せず、平田は、同日には警察

の事情聴取は受けていなかったこと、原告後藤は、本件辞任後も、刑事処分を受けていないばかりか、警察による事情聴取すら受けておらず、本件疑惑は、刑事事件として立件されていないこと、そうであるにもかかわらず、被告太郎らは、原告後藤に原告学園の理事長等を辞任させ、被告太郎らにおいて、原告学園を意のままに支配して自己又は第三者の利益を図ろうと考え、共謀の上、原告学園内において、本件疑惑の存在をことさらに誇張、流布し、被告太郎、被告乙山及び被告丙川自身が本件疑惑を積極的に警察に通報し、本件疑惑につき、文部科学省による調査、国税当局による査察及び警察による捜査が原告学園又は原告後藤に及びつつあるかのように装い、原告学園の同日の臨時理事会で、その一端として、平田が同日には警察の事情聴取を受けているとの虚偽の事実まで告げるとともに、原告後藤の身分保障及び生活保障を行う意思がなかったにもかかわらず、原告後藤の身分保障および生活保障を行う旨の虚偽の事実を告げ、その旨誤解した原告後藤をして本件辞任をさせたことが明らかである。被告太郎らは、本件辞任は、原告後藤の冷静かつ合理的な判断の結果であると主張するが、上記事実経過によれば、そうでないことが明らかである。

　したがって、被告太郎らは、共謀の上、自己又は第三者の利益を図る目的で、詐欺により原告後藤に本件辞任をさせ、原告学園を違法に支配したということができ、これは不法行為に当たるということができる。」

【実務上の意義】

　この事案は、創立者の長男が理事長、学園長として経営していた学校法人において、その親族、理事、幹部従業員等が共謀して虚偽の事実を告げる等し、理事長を理事等の地位から辞任させ、自ら理事長、理事に就任し、その旨の登記を経たことから、元理事長が共謀行為者に自己の理事の地位の確認等を請求する訴訟を提起し、勝訴判決を得た後、共謀行為者らに対して損害賠償を請求した事件である。この事案は、学校法人の新理事長、新理事らが前理事長を詐欺等によって辞任させ、学校法人の経営を乗っ取ったことから、理事らの間に内部紛争が生じた状況において、新理事長、新理事らの前理事長、学校法人に対する損害賠償責任が問題になった事件である。この事案は、学校法人において創立者の長男が理事長、学園長として経営していた

こと、理事長の親族、幹部従業員が共謀して学校法人の経営の乗っ取りを図ったこと、理事長の親族らが虚偽の事実を告知する等して、理事長を辞任に追い込んだこと、共謀行為者が新理事長、新理事らに就任したこと、前理事長が新理事長、学校法人に対して自己の理事の地位の確認等を請求する訴訟を提起し、勝訴判決を得て、最高裁判所の上告棄却によって確定したこと、前理事長、学校法人が新理事長、新理事らに対して損害賠償責任を追及したこと、新理事長らの詐欺、強迫等の不法行為責任が問題になったこと、新理事長らの経営を乗っ取った学校法人に対する損害賠償責任も問題になったこと、新理事長らの1億円を超える損害賠償責任が問題になったことに特徴がある。

この判決は、この事案の内部紛争の経過、内容を詳細に認定したうえ、学校法人の経営の乗っ取りを実行した新理事長らが共謀のうえ、自己または第三者の利益を図る目的で、詐欺により前理事長に理事らの辞任をさせ、学校法人を違法に支配したとし、不法行為を肯定したことに特徴があり、その旨の事例判断として参考になるものである。

〔裁判例 59〕漁業協同組合の受けた融資の保証委託につき、漁協の代表理事（組合長）が漁協の理事の一人とともに連帯保証をし、漁協が破産手続開始決定を受けたため、理事の求償責任、主債務減少義務違反に係る不法行為責任が問題になった事例（高知地判平成 22・2・23 判時 2103 号 45 頁）

【事案の概要】

Xは、A漁業協同組合（漁協）の代表理事（組合長）を務めていたが、AがB公庫から貸付けを受け、C金庫に保証委託をするに当たって、連帯保証をし、Aの理事であるY₁も連帯保証をしたところ、Bからの貸付金はAの組合員の船舶建造資金の転貸に用いるものであったのに、転貸先が廃業する等し、BがAに期限の利益の喪失による繰上げ償還を求めたため、Cが保証委託に係る代位弁済を一部行ったところ、平成19年5月、Aにつき破

産手続開始決定がされ、Xは、Cから預金債権の相殺通知を受け、Aの配当金の差押えを受け、合計1億36万円余につきB、Cの免責を受けたことから、Xは、Aの理事Y1のほか、理事Y2、Y3に対して主債務を減少させる義務の懈怠を主張し、水産業協同組合法（水協法）39条の6第8項、不法行為に基づき損害賠償を請求し、Y1に対して共同して連帯保証をしていたと主張し、求償金の支払いを請求した。

この判決は、Y1、Y2らが本件連帯保証債務が消滅または減少させる義務があったとはいえないとし、その責任を否定し、求償制限特約の効力を認め、請求を棄却した。

【判旨】

「(1)　室戸漁協の役員は、室戸漁協に対して、善良な管理者としての注意義務及び報告義務を負い（法34条の3、民法644条、645条）、また、理事として、法令や定款、総会の議決を遵守し、室戸漁協のために忠実に職務を遂行すべき義務がある（法39条の2第1項、定款33条1項）。そして、役員がその任務を怠ったときは、室戸漁協に対して、損害を賠償する責任を負い（法39条の6第1項、定款33条2項）、役員がその職務を行うについて悪意又は重大な過失があったときは、当該役員はこれによって第三者に生じた損害を賠償する責任を負う（法39条の6第8項、定款33条3項）。

被告らは、それぞれ室戸漁協の常務理事、専務理事、代表理事専務ないし代表理事組合長などの職にあった者であるから、その役職にあった当時、上記の責務を負っていたものである。

(2)　原告は、上記役員の責務には、本件転貸先に対する未償還金の問題について、どのように処理し、償還していくかについて、原告に通知、報告、説明する義務も含まれている旨主張するが、上記(1)の責務は、役員が室戸漁協に対して負うものであって、原告に対する直接的な義務を発生させる根拠になるとは解し難い。確かに、室戸漁協の本件貸金債務を連帯保証した原告にとっては、未償還金がどのように返済されるかは重大な利害を有する問題であるから、一般論としてその処理方法等を連帯保証の受託者である原告に説明するのが相当であるとは考えられるが、それが法的な責任を発生させる義務であるとまで解することは困難である。

また、原告は、被告らが室戸漁協の預貯金等の資産や当期利益金等を未償還金の弁済に充当することなどを提案して協議すべきであったのに、これら事後処理について何らの提案をせずに放置したなどと主張するが、前記前提事実のとおり、室戸漁協では、本件転貸先に対する未償還金が回収不能となったことを受け、平成14年3月30日、理事会において、これを経理上の貸倒引当金として計上し、損失金として処理することとし、かかる会計処理については本件総代会で承認可決されているところである。そして、《証拠略》によれば、原告が未償還金の弁済に充当すべきであると主張する室戸漁協の預貯金は、室戸漁協が営んでいた信用事業に係る預かり資産で、剰余金処分案に記載された当期利益は、貸倒引当金の戻入れと貸倒引当金の差額でキャッシュフローはゼロであったことが認められるから、いずれも室戸漁協の公庫もしくは金庫に対する債務の弁済に充当することはできないものである。なお、被告らが室戸漁協の役員として、本件連帯保証債務を消滅または減少させるべき職務上あるいは信義則上の義務があるとは認められないし、本件連帯保証債務が消滅または減少しなかったことについて被告らに法的な責任が発生するとも考えられない。

さらに、原告は、室戸漁協が公庫や金庫に対して本件承認をしたことを原告に通知、報告せず、説明しなかった旨主張するが、被告らにかかる法的義務があるとは解されない。なお、理事が辞任した場合、当該理事が室戸漁協のために負担していた連帯保証債務をどのように処理するかについては漁協内部に別段の定め等はなく、原告が室戸漁協の理事職を辞任するに伴って、本件連帯保証債務を免除するよう公庫ないし金庫に働きかける法的義務が被告らにあったとも考え難い。

(3) 結局、本件において、被告らの職務上の義務違反など被告らの責に帰すべき事由によって本件貸金債務（ひいては本件連帯保証債務）が消滅または減少しなかったものであることを認めるに足りる的確な証拠はなく、また、室戸漁協が本件連帯保証契約の委託者として、原告に対して原告が主張するような情報を通知し、報告し、あるいは説明すべき法的義務があるとは解されないから、原告の主張はいずれも理由がないというほかない。なお、仮に被告らが、室戸漁協の役員として本件貸金債務ないし本件連帯保証債務の帰趨

第6章　一般社団法人等の理事・監事の責任をめぐる裁判例

について原告に何らかの説明をすべきであったとしても、それがされなかったことによって原告に法律上請求できるような損害が生じたとも考えられない。

　以上のとおりであって、本件において、被告らが原告に対し、法39条の6第8項（定款33条3項）や不法行為による責任を負うとは解されず、この点についての原告の主張は理由がない。」

【実務上の意義】

　この事案は、経緯はいささか複雑であるが、理事の責任に関する範囲で紹介すると、漁協の代表理事（組合長）が漁協の受けた融資の保証委託につき漁協の理事の一人とともに連帯保証をし、漁協が破産手続開始決定を受け、預金の相殺、配当金の差押えを受ける等したため、漁協の理事らに対して損害賠償を請求した事件である。この事案は、破産した漁協の代表理事がほかの理事らに対して損害賠償を請求し、漁協の理事らの代表理事に対する損害賠償責任が問題になった事件である。この事案は、漁協の代表理事が漁協の受けた融資の保証委託につき連帯保証をしたこと、漁協の理事の一人も連帯保証をしたこと、貸付金が転貸される予定であったところ、転貸先が廃業したこと、漁協が融資の返済を求められたものの、漁協が破産したこと、代表理事が預金の相殺、配当金の差押えを受ける等したこと、代表理事が漁協のほかの理事らに対して損害賠償責任を追及したこと、ほかの理事らの水協法39条の6第8項の責任（故意または重過失の任務懈怠による理事の第三者に対する責任）、主債権者である漁協の債務の減少義務違反に係る不法行為責任が問題になったことに特徴がある。

　この判決は、漁協の理事につき連帯保証債務が消滅または減少させる義務があったとはいえないとしたこと、水協法39条の6第8項の責任、不法行為責任を否定したことに特徴があり、その旨の事例判断を提供するものである。

〔裁判例 60〕 漁業協同組合の受けた融資の保証委託につき、漁協の代表理事（組合長）が漁協の理事の一人とともに連帯保証をし、漁協が破産手続開始決定を受けたため、理事の求償責任、主債務減少義務違反に係る不法行為責任が問題になった事例（控訴審）（高松高判平成 22・9・28 判時 2103 号 42 頁）

【事案の概要】

　前記〔裁判例 59〕高知地判平成 22・2・23 判時 2103 号 45 頁の控訴審判決であり、X が控訴した。

　この判決は、理事である Y₁ らの義務、故意・過失等を否定し、求償制限特約があったとしても、共同保証人間の負担割合に応じて求償請求することができるとし、原判決を変更し、Y₁ に対する求償請求を認容し、その余の請求を棄却した。

【判旨】

「(1)　室戸漁協の理事は、室戸漁協との関係において、受任者として地位を有し、その結果、善良な管理者としての注意義務及び報告義務を負う（民法644 条、645 条）とともに、法令や定款、総会の議決を遵守し、室戸漁協のために忠実に職務を遂行すべき義務がある（旧法 37 条 1 項、定款 33 条 1 項）。そして、理事がその職務を行うについて悪意又は重大な過失があったときは、その理事はこれによって第三者に生じた損害を賠償する責任を負う（法37 条 3 項、定款 33 条 3 項）。一方で、理事の行為が不法行為を構成する場合には、理事個人が 709 条に基づく損害賠償責任を負うことがあるが、旧法37 条 3 項に基づく責任は、理事の職務を行うについての悪意・重過失を要件とするのに対し、不法行為責任は、第三者に対する加害行為についての故意・過失を要件とする点で異なる。

　被控訴人らは、それぞれ室戸漁協の常務理事、専務理事、代表理事専務ないし代表理事組合長などの職にあった者であり、その役職にあった当時、以上の責務を負うものであった。

(2)ア　控訴人は、上記役員の責務には、本件転貸先に対する未償還金の問題

について、どのように処理し、償還していくかについて、控訴人に通知、報告、説明する義務も含まれている旨主張するが、その根拠について、連帯保証人に対する説明義務や、連帯保証人の事前求償権から導き出される旨を主張するところからすると、室戸漁協自体が控訴人に対して通知、報告、説明義務を負い、被控訴人らは、室戸漁協の理事として、上記室戸漁協の負う義務を履行すべき義務がある旨を述べるものと解される。しかし、信義則上、一般的に主債務者は連帯保証人に弁済期に弁済ができないことについての通知、報告、説明義務を負うとまでは言い難い上、仮に、特段の事情がある場合に主債務者自身がそのような義務を負うことがあり得るとしても、本件においては、そのような義務があるというべき特段の事情があったとは認められないから、主債務者の理事である被控訴人らが、連帯保証人に対し、通知、報告、説明を行わなかったことにつき重大な過失があったとはいえない。

　まして、室戸漁協の理事である被控訴人らが、個人として直接控訴人に対し、通知、報告、説明義務を負うと認めるべき根拠は見出せないから、被控訴人らにおいて、不法行為における故意または過失があるとも認められない。

イ　また、控訴人は、被控訴人らが、理事として、室戸漁協の預貯金等の資産や当期利益金を未償還金の弁済に充当すること等を提案すべきであったにもかかわらず、これら事後処理について何らの提案も協議もせずに放置したなどと主張するが、引用にかかる原判決の前提事実のとおり、室戸漁協では、本件転貸先に対する未償還金が回収不能となったことを受け、平成14年3月30日、理事会において、これを経理上の貸倒引当金として計上し、損失金として処理をすることとし、かかる会計処理については本件総代会で承認可決されているところである。そして、《証拠略》によれば、控訴人が未償還金の弁済に充当すべきであると主張する室戸漁協の預貯金は、室戸漁協が営んでいた信用事業に係る預かり資産であり、剰余金処分案に記載された当期利益も貸倒引当金の戻入れと貸倒引当金の差額で、現実のキャッシュフローはゼロであったことが認められるから、いずれも当時の理事らにおいて、室戸漁協の公庫もしくは金庫に対する債務の弁済に充当することは相当

でないと考えたことについて重大な過失があったとはいえない。」

【実務上の意義】

この事案は、経緯はいささか複雑であるが、理事の責任に関する範囲で紹介すると、漁業協同組合（漁協）の代表理事（組合長）が漁協の受けた融資の保証委託につき漁協の理事の一人とともに連帯保証をし、漁協が破産手続開始決定を受け、預金の相殺、配当金の差押えを受ける等したため、漁協の理事らに対して損害賠償を請求した控訴審の事件である。この事案は、破産した漁協の代表理事が他の理事らに対して損害賠償を請求し、漁協の理事らの代表理事に対する損害賠償責任が問題になった事件である。この事案では理事らの漁協の主債務を減少させる義務違反、説明・報告義務違反等が問題になったものであるが、いずれも理事らの代表理事に対する義務違反であり、紛らわしい内容の事件である。

この判決は、理事らの損害賠償責任に関する範囲内で紹介すると、漁協の理事らの代表理事に対する義務、故意・過失を否定したものであり、その旨の事例判断を提供するものである。

〔**裁判例61**〕 **社会福祉法人の役員会において役員選任決議をめぐる内紛が生じ、役員の選任決議が成立したにもかかわらず、選任された理事の就任等を否定した代理理事（法人）の不法行為責任が問題になった事例**（控訴審）（東京高判平成29・1・31判時2335号28頁）

【事案の概要】

保育園、老人介護施設等を運営するY社会福祉法人（代表者理事は、A）は、元々X、その兄B（Aの夫）の両親の資産を基本財産として社会福祉法に基づき設立されたものであり、平成26年3月、役員会（評議会兼理事会）においてBによりBを理事長、Xを理事に選任する旨の提案がされ、議案が承認されたものの、理事Bが心変わりし、Aを代表者理事とする旨の登記がされ、AがYの代表者としてYを運営し、Xの理事であることを否定

第6章　一般社団法人等の理事・監事の責任をめぐる裁判例

する等したことから、XがYに対してXの理事就任の確認、Aが理事、評議員でない旨の確認を請求した。

　第1審判決は、Xの就任確認請求を棄却し、Aに関する確認請求の訴えを却下したため、Xが控訴し、就任確認請求を理事、評議員の権利義務確認請求に交換的に変更し、Xの理事、評議員の地位を認めなかったことに係る不法行為を主張し、損害賠償請求を追加した。

　この判決は、役員会におけるXの理事選任決議がされたことを認め、訴訟係属中に理事の任期が満了したとし、後任者が選任されるまで従前の役員がその権利義務を有するとの任期伸長規定が類推適用される余地はないとし（その後、社会福祉法の改正により、任期伸長規定が新設された）、本件ではYが一貫してXの理事、評議員としての地位を否定し続けたことが不法行為に当たるとし、慰謝料10万円を認め、控訴を棄却し、控訴審における追加請求を一部認容した。

【判旨】

「六　争点(4)（被控訴人の不法行為の成否及び損害額）について

　前記に認定した本件の紛争の経緯に照らせば、Aは理事を退任し、控訴人が本件役員会一において理事兼常務理事に選任されて就任したところ、被控訴人がこれを覆してAが代表権を有する理事に重任された旨の登記申請をし、以降、被控訴人が一貫して控訴人の理事兼常務理事としての地位を否定し続けたことは、控訴人に対する不法行為に当たり、これにより控訴人は精神的損害を受けたものと認められる。

　もっとも、本件役員会二において、本件役員会一で承認された本件人事案を撤回し、会長をBとして理事長をAとする前年と同様の役員体制を了承する旨賛成多数で議決したとの経過によれば、その後、被控訴人が控訴人を理事兼常務理事として取り扱わず、控訴人がその後2年間の任期中に理事兼常務理事としての活動の機会を失ったとしても、それは、過半数の評議員及び理事の実質的な判断に基づくものであったと認められる。

　このことに、本件に現れた一切の事情を併せ考慮すれば、被控訴人の控訴人に対する不法行為による慰謝料は、10万円と認めるのが相当である。」

Ⅱ　理事・監事の同僚の理事・監事に対する法的な責任

【実務上の意義】

　この事案は、同族で運営される社会福祉法人の役員会（評議会、理事会）における役員選任決議をめぐる内部紛争が生じ、役員の選任決議が成立したにもかかわらず、代表理事に登記された者、法人等が選任された理事の地位を否定する等し、法人が理事等に選任された者の地位を否定したことに係る不法行為責任が追及された控訴審の事件である。この事案は、社会福祉法人の理事選任をめぐる内紛が生じている状況で、法人（代表理事の登記がされた者）の理事に選任された者に対する損害賠償責任が問題になった事件である。

　この判決は、役員会における理事、評議員の選任決議がされたことを認めたこと、訴訟係属中に理事の任期が満了し、後任者の選任までの任期伸長は認められないとしたこと、任期伸長規定の類推適用を否定したこと、社会福祉法人が理事に選任された者の地位を否定したことが不法行為に当たるとしたことに特徴があり、同族の運営に係る社会福祉法人の理事等の選任をめぐる不法行為責任を認めた事例判断として参考になるものである。

> 〔裁判例62〕マンションの管理組合法人において元の理事らと現在の理事らとの間に対立があり、現在の理事らが管理規約を改正して元の理事らの処遇に係る差別的な取扱いをしたことにつき現在の理事らの不法行為責任が問題になった事例（東京地判平成30・7・31判時2468・2469号10頁）

【事案の概要】

　X_1 ないし X_3 は、Aマンションの区分所有者であり、Y_1 ないし Y_5 は、Aマンションの管理組合法人の理事であり、X_1 らはA管理組合法人の理事長等を務めた経験があったところ、平成27年6月、A管理組合法人の臨時総会において立候補者が役員候補者として選任されるためには理事会の承認を必要とする旨の規定が管理規約に新設する決議がされ、X_1 らが同年7月に役員となるための立候補の届出をしたところ、A管理組合法人の理事会は、

333

X₁ らを承認しない旨の決定をしたため、X_1 ないし X_3 が Y_1 ないし Y_5 に対して役員立候補権の侵害を主張し、共同不法行為に基づき損害賠償を請求した。

　この判決は、本件改正条項は、理事の選定の第一次的判断を理事会の広範な裁量に委ねる趣旨で制定されたものであり、本件改正条項に基づく理事会の承認または不承認が違法とされるのは、理事会がその広範な裁量の範囲を逸脱しまたは濫用した場合に限られるとし、本件決定は、X_1 らが役員となった場合にはほかの役員とともに円滑に理事会を運営していくことが困難であり、理事会の業務遂行に支障が生じる可能性があること等を総合的に考慮された等とし、裁量権の濫用または逸脱はないとし、請求を棄却した。

【判旨】

「2　争点(1)（本件決定による権利侵害ないし違法性の有無）について

⑴　被告らが本件決定をしたことが違法か否かについて検討するに、まず、前記 1 ⑴のとおり、本件改正条項は、役員の改選に関する本件管理規約の規定に解釈の疑義が生じる余地があり、実際に、総会の場においてもその解釈を巡って議論が対立したことを受け、役員候補者が乱立して組合員が混乱することを防ぐために理事会において候補者をある程度絞る必要があるなどの観点を含めて検討された結果、改選する役員を立候補及び輪番の合計で 3 名とし、総会における役員候補者となるには理事会の承認を必要とすることなどを内容とする本件管理規約の改正議案が総会に提案され、総会での議決により制定されたものである。

　このような本件改正条項の内容及び制定の経緯からすると、本件改正条項は、役員として立候補した者が総会における役員候補者としてふさわしいかの判断について、第一次的な判断を理事会の広範な裁量に委ねる趣旨であったと認められ、本件改正条項に基づく理事会の承認又は不承認が違法とされるのは、理事会がその広範な裁量の範囲を逸脱し又は濫用した場合に限られるというべきである。

⑵ア　そこで、本件決定が前記裁量の範囲を逸脱し又は濫用したか否かについて検討する。

イ　まず、前記認定事実によれば、被告らは、本件決定に当たり、理事会に

おいて、原告らの役員立候補について、これを承認して総会において組合員の判断を仰ぐべきとの意見も出た一方で、原告らの立候補を承認しつつ、理事会として別の役員選任案を提案すると、役員候補者が乱立して組合員が混乱することを防ぐという本件管理規約を改正した趣旨が生きてこないなど、本件改正条項が設けられた経緯や趣旨等を考慮した上で議論を重ねたことが認められる（前記1(6)）。

　そのうえで、前記認定事実によれば、被告らは、本件決定に当たり、原告らが、複数の組合員が原告らに対してビラを突き返すなどして不快の意を表明していたにもかかわらず、これを対話拒否であるなどとしてビラの全戸配布を繰り返していたほか、そのビラの記載内容も、理事会による本件管理組合の運営を批判したり、修繕積立金を値上げする直近の総会決議について、これが無効であると主張するのみならず、「誰かの差し金」であるなどと中傷したりするものであったことなどから（前記1(4)ないし(6)）、原告らが役員となった場合には、本件管理規約の定めにより役員として留任する被告Y_3及び被告Y_5とともに円滑に理事会を運営していくことが困難であり、理事会の業務遂行に支障が生じる可能性があることなどを総合的に考慮し（前記1(7)）、理事会として、原告らを役員候補者として承認することは相当でないと判断したと認められる。

ウ　このような本件決定における判断過程や考慮事情などのほか、平成27年9月27日開催の第35期通常総会において、組合員に対し、本件決定の内容と理由について被告Y_1から説明があった上で、理事会の提案する役員選任案が承認され（前記1(7)）、原告ら以外の本件管理組合の組合員から本件決定について疑問が呈されたり、批判的な意見が表明されたりしたことはうかがわれないことにも照らすと、理事会が本件決定に当たり、その広範な裁量の範囲を逸脱し又は濫用したということはできないというべきである。」

【実務上の意義】

　この事案は、マンションの管理組合法人の元の理事らと現在の理事らとの間に対立があり、現在の理事らが元の理事らの処遇（役員の選任への立候補）に係る差別的な取扱いをしたことにつき、元の理事らが現在の理事らに対して不法行為に基づき損害賠償を請求した事件である。この事案は、管理組合

法人の内部対立がある状況で、現在の理事らの元の理事らに対する損害賠償
責任が問題になった事件である。この事案は、管理組合法人の総会において
役員候補者として選任されるためには理事会の承認を必要とする旨の規定を
管理規約に新設する議案（本件改正条項）が提出されたこと、この議案が可
決されたこと、元の理事らが立候補の申出をしたものの、理事会が承認をし
ない決議をしたこと、立候補を拒否された元の理事らが理事会を構成する現
在の理事らに対して損害賠償を請求したこと、現在の理事らの不法行為責任
が問題になったこと、役員立候補権の侵害が主張されたことに特徴がある。

　この判決は、本件改正条項が有効であることを前提とし、理事の選定の第
一次的判断を理事会の広範な裁量に委ねる趣旨で制定されたものであるとし
たこと、本件改正条項に基づく理事会の承認または不承認が違法とされるの
は、理事会がその広範な裁量の範囲を逸脱しまたは濫用した場合に限られる
としたこと、本件決定は、ほかの役員とともに円滑に理事会を運営していく
ことが困難であり、理事会の業務遂行に支障が生じる可能性があること等を
総合的に考慮された等とし、裁量権の濫用または逸脱はないとしたこと、理
事らの不法行為を否定したことに特徴がある。この判決の論理と結論による
と、マンションの管理組合法人の理事の選任は、理事会の理事らの判断にす
べて委ねることになるが、建物の区分所有等に関する法律（区分所有法）の
諸規定（区分所有者の意思、意向が最も優先されることを趣旨としており、区分
所有者間の民主的な判断、決定が尊重されている）、理事の職務に照らし、疑問
の残る判断であるし（理事は法令、規約だけでなく、公序良俗、平等原則、公平
原則、信義則等に従って判断、行動すべきであり、区分所有法の総会運営の原則、
管理運営の原則に従うべきことはいうまでもなく、この範囲内において裁量が認
められるものである）、前記内容の本件改正条項の有効性も極めて疑わしいも
のである。また、この判決は、理事の選任につき理事会の広範な裁量を認め
るが、このような不合理な差別、権限を認めるべき根拠は、区分所有法上見
当たらない。管理組合の運営上、区分所有者らの間の意見の対立は当然に想
定されている事柄であり、意見の対立を超えて法律違反等の特段の事情がな
い限り、これは関係者の真摯な協議と協力によって解決を図るべきである
が、理事会の構成員を独占することによる解決は区分所有法上疑問が多いも

のである。この事案には、役員立候補権の侵害、これによる損害の発生、損害額の算定等の難しい問題があるが、この判決のような論理で理事らの不法行為を否定した判断には問題と疑問が多すぎるものである。

> 〔裁判例63〕マンションの管理組合法人において元の理事らと現在の理事らとの間に対立があり、現在の理事らが管理規約を改正して元の理事らの処遇に係る差別的な取扱いをしたことにつき現在の理事らの不法行為責任が問題になった事例（控訴審）（東京高判平成31・4・17判時2468・2469号5頁）

【事案の概要】

前記〔裁判例62〕東京地判平成30・7・31判時2468・2469号10頁の控訴審判決であり、X₁らが控訴した。

この判決は、管理規約は区分所有者間の利害の衡平が図られるように定めなければならず、これを害するような規約は無効であり、本件改正条項は特定の立候補者について理事会のみの判断によって立候補を認めず、集会の決議によって役員としての適格性が判断される機会も与えられない事態が起こり得ることから、建物の区分所有等に関する法律（区分所有法）30条3項に反するものであり、成年被後見人等やこれに準ずる者のように客観的に見て理事としての適格性に欠ける者について承認しないことができるという趣旨の限度で有効であるとし、本件ではX₁らが客観的に明らかに理事としての適格性を欠いていたと認めるに足りる証拠はないから、本件決定は裁量権の範囲を逸脱したものとして違法であるとしたものの、過失がないとし、不法行為を否定し、控訴を棄却した。

【判旨】

「3　争点(1)（本件決定による権利侵害ないし違法性の有無）について

(1)　建物の区分所有等に関する法律（以下「区分所有法」という。）25条1項、49条8項及び50条4項によれば、管理組合法人の役員の選任に関しては、「規約に別段の定めがない限り」集会の決議によって定めることとされてお

第6章　一般社団法人等の理事・監事の責任をめぐる裁判例

り、規約によって、役員の選任方法について別段の定めをすることが認められている。もっとも、規約は、区分所有者間の利害の衡平が図られるように定めなければならないとされている（区分所有法30条3項）から、これを害するような規約の定めは無効であるというべきである。

　本件改正条項は、「立候補者が役員候補者として選出されるためには、理事会承認を必要とする」というものであるところ、この趣旨が、承認をするかどうかについて理事会に広範な裁量を与えるものであるとすると、本件管理組合の規約において、一方では組合員である区分所有者に役員への立候補を認めながら、他方で特定の立候補者について理事会のみの判断によって、立候補が認められず、集会の決議によって役員としての適格性が判断される機会も与えられないという事態が起こり得るから、役員への立候補に関して区分所有者間の利害の衡平を害するものであって（同時に、選任者である区分所有者の議決権の行使を妨げるという意味でも、区分所有者間の利害の衡平を害することになる。）、区分所有法30条3項に反するものといわざるを得ない。そうすると、本件改正条項は、明示されてはいないものの、成年被後見人等やこれに準ずる者のように客観的にみて明らかに本件管理組合の理事としての適格性に欠ける者（なお、マンション標準管理規約36条の2が、本件決定後である平成29年に設けられた規定であるとしても、そこに規定された事由は、客観的に役員としての適格性に欠ける場合の例示としては適切なものであるということができる。）については、理事会が立候補を承認しないことができるという趣旨であると解され、その限度で本件改正条項は有効であるというべきである。

　そして、理事会が上記の裁量の範囲を逸脱して、立候補を認めない旨の決定をした場合には、それによって、少なくとも、当該立候補者が有する人格的利益（役員としての適格性の是非を、集会において区分所有者によって、判断されて、信任・選任されるという利益）を侵害するものとして、違法性を有するものというべきである。

（中略）

(2)　控訴人らは、被控訴人らが注意義務1に違反した旨主張する。

　上記3で説示したとおり、本件改正条項は、理事会に広範な裁量を与える

ものではなく、成年被後見人等やこれに準ずる者のように客観的にみて明らかに本件管理組合の理事としての適格性に欠ける者については、理事会が立候補を承認しないことができるという趣旨であると解され、本件決定は、客観的には、理事会の裁量権の範囲を逸脱したものであって、違法であったといわざるを得ない。

しかしながら、本件改正条項は、本件管理組合の総会の決議により承認されて設けられたものであり、被控訴人らとしてはこれに従って理事会を運営するべき義務を負っていたものであるところ、本件改正条項においては、理事会が立候補者を役員候補者とすることの承認をするか否かについての基準について明示されておらず、理事会の裁量を制限するような定めはないこと、本件決定の時点では、この条項が上記の趣旨の規定であることが裁判等によって明らかにされていたものではないこと、被控訴人らは、本件マンションの区分所有者であることから理事になったものであって、いずれも、法律やマンション管理について専門知識を有するものではなく、また、理事としての報酬も多額ではないことに照らすと、被控訴人らにおいて、本件改正条項によって理事会に対して一定の（実際に与えられたものより広範な）裁量権が与えられており、立候補者に上記のような客観的に明らかな欠格事由が存在する場合でなくても、承認しないことができると考えたことはやむを得ないものであり、被控訴人らに、控訴人らの主張する注意義務1に違反した過失があるということはできない。」

【実務上の意義】

この事案は、マンションの管理組合法人の元の理事らと現在の理事らとの間に対立があり、現在の理事らが元の理事らの処遇に係る差別的な取扱いをしたことにつき、元の理事らが現在の理事らに対して不法行為に基づき損害賠償を請求した控訴審の事件である。この事案は、管理組合法人の内部対立がある状況で、現在の理事らの元の理事らに対する損害賠償責任が問題になった事件である。この事案は、管理組合法人の総会において役員候補者として選任されるためには理事会の承認を必要とする旨の規定を管理規約に新設する議案が提出されたこと、この議案が可決されたこと、元の理事らが立候補したものの、理事会が承認をしない決議をしたこと、立候補を拒否された

元の理事らが理事会を構成する現在の理事らに対して損害賠償を請求したこと、現在の理事らの不法行為責任が問題になったこと、役員立候補権の侵害が主張されたことに特徴がある。

　この判決は、管理規約は区分所有者間の利害の衡平がこれを害するような規約は無効であるとしたこと、本件改正条項は特定の立候補者について理事会のみの判断によって立候補を認めず、集会の決議によって役員としての適格性が判断される機会も与えられない事態が起こり得るとし、区分所有法30条3項に反するとしたこと、本件改正条項は成年被後見人等やこれに準ずる者のように客観的に見て理事としての適格性に欠ける者について承認しないことができるという趣旨の限度で有効であるとしたこと、本件では元の理事らが客観的に明らかに理事としての適格性を欠いていたと認めるに足りる証拠はないとし、理事らの不承認決定は裁量権の範囲を逸脱したものであり、違法であるとしたこと、理事らの過失については、本件改正条項が総会の決議により承認されて設けられ、理事らとしてはこれに従って理事会を運営するべき義務を負い、立候補者を役員候補者とすることの承認の理事会の裁量を制限するような定めはない等とし、理事らがマンションの区分所有者であることから理事になったものであり、いずれも、法律やマンション管理について専門知識を有するものではないし、理事としての報酬も多額ではないこと等に照らし、過失がないとしたことに特徴がある。この判決は、極めて問題の多い本件改正条項について、同項に該当するとした部分は賛同できる論理であるが、端的に無効とすべきであり、この判決のように限定的な解釈を施し、限定的に有効とする論理と結論には疑問があり（その限定が合理的であるかも議論が必要である）、しかも本件改正条項で採用されている規定とは全く無縁の要件を取り上げて限定的に有効とすることには判断のあり方としても問題が残るものである。また、この判決が理事らの不承認決定につき違法とした判断は妥当なものであるが、理事らに過失がなかったとの判断には賛同することができず、大きな疑問の残るものである。この判決が理事らの判断につき過失を認めない論理は、本件改正条項の内容を読めば特定の者を役員立候補者から排除しようとする意図とそのための要件であることは明白であり（現実に排除したものであって、本件改正条項の提案、議決の目的は

達成されたものである）、専門家でないこと、報酬が多額でないこと等の理事らに一見有利になりそうな事情を列挙して、過失を否定しているが、容易に納得できる論理ではない。この事案において理事らの報酬が多額でないことが過失否定の一つの論拠・事情として取り上げられているが、これも理事らの責任に関する一般的な見解からは違和感のあるものである。この事案については、理事らの過失を認めることが相当であるが、元の理事らの損害については、その損害の内容、損害の発生、損害額の算定の問題に悩まされるものである。

　現代社会においては、マンションの管理組合の理事らにとっても、理事らのコンプライアンスが求められる時代が到来しているというべきであり、この判決のような理事らの救済を図る論理が今後も通用するものではないと考えられる。

Ⅲ　理事・監事の第三者に対する法的な責任

1　概　要

　ここでは、前記の三つの類型のうち、理事・監事の第三者に対する法的な責任に関する裁判例を紹介したい。

　理事・監事の第三者（本書では、法人以外の者をいうものとし、法人の役員、従業員を含むものである）に対する損害賠償責任については、前記の不法行為は別として、その職務を行うについて悪意または重大な過失があったときは、当該理事・監事は、これによって第三者に生じた損害を賠償する責任を負うものである（一般法人法117条1項、198条。第三者責任と呼ばれることが多い）。

　理事・監事の第三者責任は、その要件が理事等が職務を行うについて悪意または重大な過失があったこと（理事等の任務懈怠が前提になっている）、第三者に損害が発生したこと、悪意または重大な過失と損害の発生との間に因果関係が存在することである。これらの要件の主張・立証責任は、損害賠償を請求する第三者が負うと解することができる。

　理事・監事の第三者責任と同様な損害賠償責任は、取締役につき従来の商

法（266条ノ3）、有限会社法（30条ノ3）の下でも認められていたし、現在の会社法の下でも認められている（429条）。また、同様の損害賠償責任は、従来中間法人と呼ばれた法人の役員にも認められていたものである（たとえば、農業協同組合法（農協法）33条3項・4項、中小企業等組合法（中協法）38条の2第2項・3項）。

　法人の役員の第三者責任については、従来、株式会社、有限会社の取締役、監査役の損害賠償責任をめぐる多数の裁判例が公表されており（法律の各条文ごとに分類した裁判例の数を基準とすると、当時の商法266条ノ3、旧有限会社法30条ノ3に関する裁判例は最多数のグループに属するということができるほどである）、これらの裁判例は社団法人、財団法人の理事・監事の第三者責任についても参考になるものである。

　また、法人の第三者が法人の理事・監事に対して損害賠償を請求する場合、実務上は、不法行為が請求の根拠として主張されることが相当にあり、これを肯定する裁判例が公表されているから、実務の参考になる。この場合には、不法行為の要件、解釈、立証を踏まえた対応が必要である。特に理事・監事が第三者に対して直接に行為を行った場合には、不法行為を主張する事実関係上、法的な根拠が認められやすいということができるし、損害の発生、範囲の判断もより明確である。

　他方、前記の理事らの第三者責任については、議論があったものの、任務（任務懈怠）は、理事らの法人に対する任務（各種の法的な義務であるが、第三者に対する法的な義務、その義務違反は必要ではなく、法人に対する義務で足りるものである）の違反が法人に対するものであり、悪意または重大な過失の立証が必要であり、損害は間接損害も含むと解されており、不法行為の場合と比較すると、悪意・重大な過失の要件は相当に厳格になっている反面、その余の要件は相当に緩和されているものである。なお、理事らの第三者責任はこれを認める法律の規定がある場合に認められるものである。

　理事・監事の第三者に対する法的な責任が問題になった類型の裁判例（以下に紹介する裁判例の（　）内の記載は、責任が肯定されたことを意味するものではない）としては、〔裁判例64〕仙台高判昭和53・4・21金判584号32頁（農業協同組合における任務懈怠の事例）、〔裁判例65〕福岡高判昭和55・

7・29 判タ 429 号 132 頁（漁業協同組合における不法行為の教唆、任務懈怠の事例）、〔裁判例 66〕大阪地判平成 5・11・26 金判 966 号 28 頁（信用組合における不法行為の事例）、〔裁判例 67〕東京地判平成 6・2・23 判タ 868 号 279 頁（経済協同組合における任務懈怠の事例）、〔裁判例 68〕大阪高判平成 6・12・21 金判 966 号 24 頁（信用組合における不法行為の事例）、〔裁判例 69〕奈良地判平成 7・9・6 判タ 903 号 163 頁（社団法人における不法行為の事例）、〔裁判例 70〕東京地判平成 7・9・19 金法 1458 号 115 頁（経済協同組合における任務懈怠の事例）、〔裁判例 72〕浦和地判平成 12・7・25 判時 1733 号 61 頁（学校法人における債務不履行、不法行為の事例）、〔裁判例 73〕大阪地判平成 12・11・13 判時 1758 号 72 頁（宗教法人における不法行為の事例）、〔裁判例 74〕山形地判平成 14・3・26 判時 1801 号 103 頁（社会福祉法人における不法行為の事例）、〔裁判例 75〕大阪地判平成 15・5・9 判時 1828 号 68 頁（学校法人における不法行為の事例）、〔裁判例 76〕東京地判平成 15・8・22 判時 1838 号 83 頁（学校法人における不法行為の事例）、〔裁判例 77〕東京地判平成 16・7・2 判時 1868 号 75 頁（信用組合における不法行為の事例）、〔裁判例 78〕大阪地判平成 16・7・28 判時 1877 号 105 頁（厚生年金基金における不法行為の事例）、〔裁判例 79〕大阪地判平成 17・2・22 判時 1914 号 127 頁、判タ 1182 号 240 頁（信用組合における不法行為の事例）、〔裁判例 80〕東京地判平成 17・3・17 判タ 1182 号 226 頁（社団法人における不法行為の事例）、〔裁判例 81〕福岡高判平成 17・5・12 判タ 1198 号 273 頁（漁業協同組合における不法行為、任務懈怠の事例）、〔裁判例 83〕東京高判平成 18・4・19 判時 1964 号 50 頁（厚生年金基金における不法行為の事例）、〔裁判例 84〕鹿児島地判平成 18・9・29 判タ 1269 号 152 頁（社会福祉法人における不法行為の事例）、〔裁判例 85〕佐賀地判平成 19・6・22 判時 1978 号 53 頁（商工共済協同組合における不法行為の事例）、〔裁判例 86〕名古屋地豊橋支判平成 19・12・21 判タ 1279 号 252 頁（協同組合における不法行為の事例）、〔裁判例 87〕新潟地高田支判平成 22・3・18 金判 1377 号 36 頁（医療生活協同組合における不法行為の事例）、〔裁判例 88〕東京地判平成 22・6・21 判タ 1341 号 104 頁（マンションの管理組合における不法行為の事例）、〔裁判例 89〕松山地判平成 23・6・29 判タ 1372 号 152 頁（学会における不法行為の事例）、〔裁判例 90〕大阪地判平成 23・7・25 判

時 2184 号 74 頁（酒販組合中央会における不法行為の事例）、〔裁判例 91〕東京高判平成 23・7・27 金判 1377 号 30 頁（医療生活協同組合における不法行為の事例）、〔裁判例 92〕東京地判平成 24・3・28 判時 2157 号 50 頁（マンションの管理組合法人における不法行為、債務不履行の事例）、〔裁判例 93〕長崎地判平成 25・3・4 判時 2207 号 98 頁（協同組合における不法行為の幇助の事例）、〔裁判例 94〕東京地判平成 25・8・27 判タ 1417 号 232 頁（公益財団法人における公序良俗違反の事例）、〔裁判例 95〕東京地判平成 26・10・15 判時 2248 号 56 頁（行政書士会における不法行為の事例）、〔裁判例 96〕東京地判平成 28・5・25 判時 2359 号 17 頁（権利能力なき社団における不法行為の事例）、〔裁判例 97〕東京高判平成 28・12・16 判時 2359 号 12 頁（権利能力なき社団における不法行為の事例）、〔裁判例 99〕松山地西条支判平成 30・12・19 判時 2421 号 94 頁（学校法人における債務不履行、不法行為の事例）、〔裁判例 101〕東京地判令和 2・1・31 判タ 1495 号 228 頁（一般財団法人における不法行為の事例）、〔裁判例 102〕福岡高判令和 2・5・29 判時 2471 号 74 頁（学校法人における不法行為の事例）、〔裁判例 103〕東京地判令和 2・8・28 判タ 1486 号 184 頁（学校法人における不法行為の事例）、〔裁判例 104〕大阪地判令和 3・8・24 判時 2537 号 29 頁、金判 1628 号 28 頁（学校法人における不法行為の事例）がある。

2 裁判例の実情

> 〔裁判例 64〕農業協同組合において参事が業務を任せきりにされ、手形を乱発したことにつき理事らの第三者責任が問題になった事例（控訴審）（仙台高判昭和 53・4・21 金判 584 号 32 頁）

【事案の概要】

A 農業協同組合（農協）が経営不振になり、B 県から再建整備組合の指定を受ける等したが、再建後の事業を行うにつき C 共済連から D を推薦され、D は A の参事に選任され、A の理事会の理事 Y ら（Y_1 ないし Y_6、Z）は業務を専務理事 E に一任し、E は業務執行を D に任せていたところ、D が F

株式会社らに対してＡ振出名義の融通手形を発行する等し、多額の損失が生じたものの、Ｙらは噂を聞いていたが、何らの手を打たず、緊急理事会において不祥事等を知らされ、再建ができない状態になったため、Ｆらから手形の割引の依頼を受けて取得したＸ₁株式会社、Ｘ₂がＡに対して手形金の支払いを請求する訴訟を提起し、勝訴判決を受けたものの、回収ができなかったため、Ｘ₁、Ｘ₂がＹ₁ないしＹ₆、Ｚの相続人らに対して忠実義務違反を主張し、農業協同組合法（農協法）31条の2第3項に基づき損害賠償を請求した。

　第1審判決は、Ｙ₁らの責任を否定し、請求を棄却したため（なお、専務理事Ｅも被告とされ、Ｅの損害賠償責任が認められ、Ｅに対する請求が認容されたようである）、Ｘが控訴した（Ｅとの関係では判決が確定したようである）。

　この判決は、理事は参事の業務執行を監視すべき義務があり、業務のいっさいを参事と専務理事に任せきりにしていたことは職務を行うにつき重大な過失があるとし、一人の理事（Ｚ）の責任について当時脳疾患で倒れ、執務不能であったとして監視義務違反を否定し、その理事の相続人に関係する事件を除き、原判決を変更し、請求を認容し、その余の控訴を棄却した。

【判旨】
「ところで農業協同組合の参事には商人の支配人と同様組合業務の遂行に関し、広汎な権限を与えられている（農業協同組合法（以下農協法と略称。）第42条第3項、商法第38条。）ことに鑑み法はその選任、解任を理事の過半数で決することにしている（農協法第42条第2項。）のである。そして農協の理事は、組合に対しいわゆる忠実義務（同法第31条の2第1項。）を負つているうえ、右のとおり参事の任免権を有していることに照らせば、理事には直接もしくは理事会を通じて間接的に参事の業務遂行を監視すべき義務が課せられているものと解するのが相当である。

　しかるに被控訴人小向伊喜雄、同堀口重輔、同佐藤左一、同小野甚太郎、同山口金次郎、同川又正治（亡小田島閑二については後記のとおり。）は、当時同農協の理事の地位にありながら毎年数回招集される理事会に出席するだけで、同農協の業務は専務理事である原審被告川尻栄吉と伊藤参事に任せきりにして右監視義務を尽さず、これがため伊藤参事の手形乱発を阻止すること

ができなかつたことは前記のとおりであるから、右被控訴人らにその職務を行うにつき重大な過失があつたものというべく、従つて右被控訴人らは農協法第31条の2第3項により控訴人らに対し連帯して前記損害を賠償すべき責任を免れない。

被控訴人らは、自分達は組合事務や経理に暗く、伊藤参事の業務遂行を監視、監督する能力に欠けていた旨主張するが、右能力の不足は前記被控訴人らの責任を否定する事由とはならない。けだし、たとい右被控訴人らがさような能力に不足するところがあつたにせよ、自らの職責を自覚し、それなりに組合業務に関心を持ち積極的にその衝にあたる者の執務状況を見守る姿勢を示していたならば、本件のような手形の乱発という事態を招かずに済んだことと思われるからである。（単に右能力不足を理由に理事の損害賠償責任を否定することが許されるならば、農協法の右規定は空文に等しいものとなるであろう。）。」

【実務上の意義】

この事案は、中間法人である農協の参事が専務理事らから業務を任せきりにされ、農協の業務を行っている間に、融通手形を振り出す等したところ、手形の所持人が農協の理事らに対して損害賠償を請求した控訴審の事件である（第1審判決は、専務理事を除く理事らの責任を否定し、請求を棄却した）。この事案は、法人（農協）の理事らの第三者（手形の所持人）に対する法的な責任が問題になった事件である。この事案は、中間法人である農協の理事の監視義務違反が問題になったこと、農協の理事らの手形の所持人である第三者に対する損害賠償責任が問題になったこと、当時の農協法31条の2第3項が理事の第三者責任を定めており、この事案ではこの第三者責任が問題になったこと、農協の参事が融通手形を振り出す等の不正な取引を行ったこと、理事らが参事に業務を任せきりにしていたことに特徴がある。同法31条の2第1項は、この事案の当時、理事は、法令、法令に基づいてする行政庁の処分、規約、共済規程、宅地等供給事業実施規程、内国為替取引規程および総会の決議を遵守し、組合のため忠実にその職務を遂行しなければならないと定めていた（現在は、農協法が改正されており、従来の31条の2第1項と同旨の規定は、現行農協法35条の2第1項に設けられており、理事らの役員の

責任は、現行農協法 35 条の 6、40 条の 2 等に関連する規定が設けられている）。

　この判決は、理事は、組合に対しいわゆる忠実義務（農協法 31 条の 2 第 1 項）を負っているとしたこと、理事は直接もしくは理事会を通じて間接的に参事の業務遂行を監視すべき義務が課せられているとしたこと、専務理事以外の理事は、業務の遂行を専務理事、参事に任せきりにしていたとし、重大な過失（同法 31 条の 2 第 3 項参照）を認め、損害賠償責任を肯定したこと、これらの理事らの監督能力が不足していたとの主張につき、自らの職責を自覚し、積極的に職務を行うべきであったとし、排斥したこと、この事案の手形振出前に脳疾患で倒れ、執務不能になっていた理事の任務懈怠を否定したことに特徴がある。この判決は、中間法人である理事らの第三者に対する従業員の監視義務違反による損害賠償責任を肯定し、専務理事に業務の遂行を任せきりにしたことにつき監視義務違反を肯定した事例判断として参考になるものである。

> 〔裁判例 65〕漁業協同組合において組合長理事が会計主任に業務を任せきりにし、融通手形を振り出されたことにつき組合長の第三者責任、不法行為責任が問題になった事例（控訴審）（福岡高判昭和 55・7・29 判夕 429 号 132 頁）

【事案の概要】

　A 漁業協同組合（漁協）の組合長理事 Y は、会計主任 B に手形振出しを含む会計業務いっさいを任せていたが、知人で会社を経営する C から融資を依頼され、B に相談し、協力してやれなどと指示し、B は、C から求められるままに約 4 年間にわたって融通手形を交付したことから、X_1、X_2 森林組合、X_3 が手形を取得したものの、不渡りとなったため、X_1 らが Y に対して不法行為、水産業協同組合法（水協法）35 条の 2 第 3 項に基づき損害賠償を請求した。

　第 1 審判決は、不法行為の教唆を認め、請求を認容したため、Y が控訴した。

第6章　一般社団法人等の理事・監事の責任をめぐる裁判例

　この判決は、Yの不法行為、任務懈怠に係る水協法35条の2第3項所定の責任を否定し、原判決を取り消し、請求を棄却した。

【判旨】

「次に、被控訴人らは、控訴人が西条漁協の組合長に在任中、その職務を怠つて築山の伊予漁網に対する融通手形の振出、交付を放置したため、組合長退任後も築山が本件各手形を濫発する結果となつたので、控訴人には水産業協同組合法35条の2の責任があると主張する。しかしながら、前叙の事実関係のもとにおいて、築山が本件各手形を伊予漁網に振出し、交付したのは控訴人が西条漁協の理事を退任し、新たに藤田孝夫が組合長理事に選任された後のことであるから、築山が右行為をする際控訴人に築山を監督すべき任務があつたということはできないし、控訴人が西条漁協に組合長理事として在任中、築山に対する監督が不十分であつたことは認めることができるけれどもその職務を行なうにつき悪意又は重過失があつたとまでは認め難い。しかも、右在任中の控訴人の任務懈怠と控訴人が理事を退任した後に築山がした本件手形の振出、交付との間に相当因果関係があると認めることはできないので、控訴人に水産業協同組合法35条の2第3項に定める責任があると解することはできない。」

【実務上の意義】

　この事案は、中間法人である漁協の会計主任が業務を任せきりにされている間に、融通手形を振り出す等したところ、手形の所持人が漁協の理事（組合長）に対して損害賠償を請求した控訴審の事件である（第1審判決は理事の責任を肯定し、請求を認容した）。この事案は、法人（漁協）の理事（組合長）の第三者（手形の所持人）に対する法的な責任が問題になった事件である。この事案は、前記〔裁判例64〕仙台高判昭和53・4・21金判584号32頁と類似の事件であるということができる。この事案は、中間法人である漁協の理事の監視義務違反が問題になったこと、漁協の理事の手形の所持人である第三者に対する損害賠償責任が問題になったこと、理事の不法行為責任、水協法35条の2第3項所定の第三者責任が問題になったこと、漁協の会計主任が融通手形を振り出す等の不正な取引を行ったこと、会計主任が長期にわたって融通手形を振り出したことに特徴がある。同法35条の2は、この事

348

案の当時、農業協同組合法（農協法）31条の2と同旨の規定であったが、その後、改正を経て、現行水協法は、39条の2、39条の6、44条等に関係する規定を設けている。

この判決は、この事案の手形が振り出されたのは、理事が退任した後のことであること、在任中に監督が不十分であったとしたものの、悪意・重過失があったとは認められないとしたこと、理事退任後の手形振出しと理事在任中なのに任務懈怠との因果関係を否定したこと、理事の第三者に対する損害賠償責任を否定したことに特徴があり、その旨の事例判断として参考になるものである。なお、この判決は、理事在任中の任務懈怠と理事退任後の因果関係を否定したものであるが、任務懈怠の内容・態様等の事情によっては、因果関係が肯定されることもあり得るものである。

〔裁判例66〕信用組合において代表理事が取引先に関する情報を第三者に開示したことにつき理事の不法行為責任が問題になった事例（大阪地判平成5・11・26金判966号28頁）

【事案の概要】

Xは、AがY₁信用組合に対して負う債務のために自己所有の不動産に根抵当権を設定したところ、その後、X、A、Y₁がA、XがY₁に債務を負うことを確認し、その一部を即時支払い、その余を分割支払いするとの合意をし、A、Xがこれを完済したものの、Xの登記抹消の要求にもかかわらず、Y₁がこれをしないでいたところ、Y₁の代表理事Y₂が、新聞を発行するBに対して、A、Xに対する利息計算書を交付し、利息債権の支払いがないので抹消登記手続をしない旨を述べ、BがこれをCに見せたところ、Cが前記不動産を担保にXに融資をすること等になっていたのに、この融資を中止したため、XがY₁、Y₂に対して守秘義務に違反したとか、虚偽の情報を伝えた等と主張し、不法行為に基づき損害賠償を請求した。

この判決は、BがXの側に立ってY₁と交渉していたもので、Y₂が利息計算書を交付してY₁の希望を述べたものである等とし、守秘義務違反を否

定する等し、請求を棄却した。

【判旨】

「二、1．原告は、被告山喜が宮井に利息計算書を交付した行為が金融機関の守秘義務に違反すると主張する。

しかし、前項で認定したところによれば、宮井は、原告と親しい間柄にあることを示しながら、原告側の立場に立って被告組合と交渉を試みている。特に、平成4年1月4日、原告から事情を聞いて以後は、原告側の言い分を基に、被告組合の対応を非難し、根抵当権の抹消ないし利息債務の免除を被告組合に対して要求している。これに対して、被告山喜は、被告組合の帳簿上利息債権が残存していることを示して原告側と交渉するために、原告の代理人あるいは少なくとも原告の側の仲介者として行動している宮井に対して、利息計算書を手渡して被告組合の要望を述べたものであり、そのこと自体は、右交渉に当然伴うことであって、無関係の第三者に対する情報の開示にはあたらず、金融機関としての守秘義務に反するとはいえない。

また、このとき、被告山喜が、原告との利息免除の約束の存在自体を否定し、虚偽の情報を流したと認めるに足る証拠はない。

これに対して、原告本人は、根抵当権の抹消についての被告組合との交渉を、宮井にも他の誰に対しても委任していなかったと供述する。

たしかに、本件証拠上、原告本人が宮井に代理権を与えて被告組合と交渉させたとか、宮井に対して積極的に被告組合との交渉を委任したとの事実までは認めるに足りない。しかしながら、原告は、柴橋商事から融資を受けるために早急に本件根抵当権の抹消を求める必要があったのに、平成4年6、7月になってこれを訴求するまで、自ら直接被告組合とこれを交渉した形跡はうかがわれず、かえって、この間、訴外北本明や、亜細亜同志会や、宮井らが被告組合との交渉を試みていることが認められ、他方、宮井は、1月4日には原告から被告組合との間の問題についての事情を聞き、原告はこれに対して元本の2分の1を支払えば根抵当権を抹消するとの約束になっていたのに抹消に応じてもらえない等と具体的な事情を説明しているのであるから、この時点で、原告としても、宮井が被告組合との間で原告則の言い分に基づいて仲介の労を取ることを期待し、あるいは、少なくともそのことを容

認していることが明らかである。その結果、宮井はその翌々日に再度被告組合側と前記のような交渉に及んでいるのである。

　そうだとすれば、原告は、宮井が被告組合との交渉の過程で原告と被告組合との取引の経緯について被告組合側の言い分を聞き、事情の説明を受けることを容認しているものというべきであり、そのことは、原告が積極的に宮井に交渉を委任したり、代理権を与えていなかったとしても変わりはない。

　被告山喜が前記計算書を宮井に対して交付したことが守秘義務の違反にあたらないことは、以上の点からも明らかである。」

【実務上の意義】

　この判決は、信用組合の理事（代表理事）が取引先（融資の債務者のための根抵当権設定者）に関する情報（利息残高・根抵当権設定登記を末梢しない理由）を第三者に開示したため、取引先が信用組合・理事に対して損害賠償を請求した事件である。この事案は、中間法人である信用組合の取引先が信用組合の理事（代表理事）に対して損害賠償を請求し、信用組合の理事の取引先（第三者）に対する損害賠償責任が問題になった事件である。この事案は、理事の取引先の情報の開示が問題になったこと、情報の開示は信用組合と取引先との間の登記抹消等の交渉の過程で行われたこと、理事の守秘義務違反、虚偽の情報の提供が問われたことに特徴がある。

　この判決は、信用組合と取引先との間で根抵当権設定登記の抹消等が交渉されている過程において、理事が取引先の情報を開示したものである等の事実を認定し、理事、信用組合の守秘義務違反等を否定したものであり、その旨の事例判断を提供するものである。この事案は、中間法人の理事が取引関係にある者の情報を第三者に開示したものであり、中間法人が信用組合という金融機関であることから、理事、信用組合の守秘義務違反が特に問題になったものであるが、一般の中間法人の場合であっても、取引先等の情報を特段の理由もなく第三者に開示すると、中間法人、開示した者の法的な責任が問題になることがあるため、開示する前にはその当否を検討することが重要である。特に開示される情報が個人情報、プライバシーに属する情報、企業秘密に属する情報、名誉毀損に当たる情報等の場合には、開示の当否を慎重に検討することが必要である。

第6章　一般社団法人等の理事・監事の責任をめぐる裁判例

〔裁判例 67〕事業協同組合において理事長らが役員をしている会社に高額の貸付けをし、回収不能になったことにつき理事長らの任務懈怠に係る第三者責任が問題になった事例（東京地判平成 6・2・23 判タ 868 号 279 頁）

【事案の概要】

　Y_1 協同組合は、中小企業等協同組合法（中協法）に基づき設立されたものであり、組合員の取り扱う食料品の共同購買等の事業を行っていたが、一組合員に対する貸付金の最高限度額を 1 億円とする総会決議をしていたところ、Y_1 の理事長 Y_2、専務理事 Y_3、常勤理事 Y_4 が役員を務める A 株式会社に総額 88 億円を貸付け、平成 3 年 10 月頃、約 47 億円が回収不能になっていることが判明する等したため、Y_1 に対して 1712 万円余を貸し付けていた組合員 X が Y_1 に対して貸金の返済を請求するとともに、同法 38 条の 2 第 2 項に基づき Y_2 ないし Y_4、非常勤理事 Y_5 ら、監事 Y_6 らに対して損害賠償を請求した。

　この判決は、Y_1 に対する請求を認容するとともに、Y_2 ないし Y_4 の悪意または重大な過失を認め、請求を認容し、Y_5 らの悪意または重大な過失を否定し、請求を棄却した。

【判旨】

「二　被告荒井、被告黄田及び被告砂永の損害賠償責任について

　被告荒井は訴外会社への右貸付当時の被告組合の理事長であり、被告黄田は同専務理事、被告砂永は同営業部長であり、右被告らが被告組合の常勤の理事を務めていたのであり、また、右被告らは訴外会社への貸付けに直接あたった者である。

　ところで、右被告らは、被告組合から訴外会社に対する貸付けについては、貸付当時、いずれも株式、不動産などの十分な担保を取得していたと主張するので、この点について検討する。

（中略）

　右のとおり被告組合の訴外会社に対する貸付金額が常軌を逸した巨額なも

352

のであること、右貸付開始当時訴外会社は設立直後であり、資本金も1000万円であったこと《証拠略》、にもかかわらず、訴外会社への貸付は、当初から総会決議による限度額をはるかに超えていたこと、訴外会社の実際上の業務は株式取引に尽きること（弁論の全趣旨）等の事実に照らせば、右被告らの訴外会社に対する貸付けは、その当初から無謀な貸付けであり、右被告らは、これによって被告組合が支払不能に陥るおそれがありうることを認識していたものということすらできないわけではないが、仮にそうまでいわないとしても、そのような貸付けによって被告組合が支払不能の状態に陥ったことにつき、右被告らに重大な過失があったことは明らかである。したがって、右被告らは原告に対し、被告組合が原告からの借入金の返済が不能になったことによる右借入金相当額の損害を賠償すべき責任がある。

被告黄田は、右貸付けについて理監事会にそのつど事後報告をし、承認を得ていた旨述べている（この供述が信用できないことは後に述べる。）が、被告組合の理事長、専務理事及び営業部長の各立場で常勤で被告組合の業務執行に当たっていた被告荒井、被告黄田及び被告砂永の右無謀貸付けによる責任が、理監事会への報告などで免除ないし軽減されるものでないことはいうまでもない。

（中略）

2　右認定のとおり、被告金子ら10名の非常勤理事、監事は、被告組合の訴外会社に対する貸付けの内容を知らされていなかったものというべきであるから、右被告らは被告組合が借入金債務の支払不能に陥ったことについて悪意であったものということはできない。また、右認定事実からすれば、被告組合の理監事会の議事録その他の右貸付内容を明らかにする書類は右貸付実行当時隠蔽されていた疑いがあること、被告荒井、被告黄田及び被告砂永は、本件訴訟が提起された後においても、なお、右貸付けの不当性を否定していること等からすれば、非常勤理事及び監事であった被告金子ら10名が右貸付けを阻止しなかったからといって、そのことに重大な過失があったものと認めることはできない。

したがって、被告金子ら10名の非常勤理事及び監事は原告に対し、損害賠償義務を負うものとはいえない。

第6章　一般社団法人等の理事・監事の責任をめぐる裁判例

3　原告は、平成2年5月25日に開催された被告組合の通常総会で、組合員が「組合の株で取引をやっているか」「貸出先に対するチェックをやっているか」と質問したのに対し、被告荒井が「株の取引はやっていない」「貸出先へのチェックはやっている」と答えたことで、全理事、監事に貸出先の点検義務が生ずる旨述べているが《証拠略》、前記2認定のとおり、被告荒井、被告黄田及び被告砂永は非常勤理事及び監事に公表することなく訴外会社への巨額の貸付けを行っていたものであり、非常勤理事及び監事には右貸付けを阻止しなかったことに重大な過失があったとまではいえないのであり、このことは、原告が指摘する通常総会の発言があったことによって左右されるものではない。」

【実務上の意義】

　この事案は、中間法人である事業協同組合に対して貸金債権を有する者が組合に対して貸金の返済を請求するとともに、組合の理事長、専務理事、常務理事が役員をしている株式会社に高額の貸付けをし、回収不能になっていたことから、任務懈怠等を主張し、理事長、専務理事、常務理事のほか、非常勤の理事、監事らに対して損害賠償を請求した事件である。この事案は、中間法人である事業協同組合の取引先が組合の理事長、専務理事、常務理事、非常勤理事、監事らに対して損害賠償責を請求し、理事長らの取引先（第三者）に対する損害賠償責任の任が問題になった事件である。この事案は、事業協同組合に貸金債権を有する債権者が理事長らの損害賠償責任を追及したこと、事業協同組合の理事長、専務理事らが高額の融資を行い、回収不能になったこと、常勤理事のほか、非常勤理事、監事の責任が問題になったこと、理事らの中協法38条の2第3項所定の任務懈怠の責任（第三者責任）が問題になったことに特徴がある。

　この判決は、この事案の高額の貸付けが理事長、専務理事らによって行われた無謀なものであるとし、理事長、専務理事の損害賠償責任を認めたこと、その余の理事ら、監事らについては、貸付けに関する書類が隠蔽されたこと等から重大な過失があったとはいえないとし、損害賠償責任を否定したことに特徴がある。この判決が理事ら、監事らの任務懈怠を認めたことは当然であるところ、故意・重大な過失の有無が責任の判断を分けたものである

354

が、理事長、専務理事、常勤理事の損害賠償責任を肯定し、その余の非常勤理事ら、監事らの損害賠償責任を否定した事例とし参考になるものである。

〔裁判例68〕信用組合において代表理事が取引先に関する情報を第三者に開示したことにつき理事の不法行為責任が問題になった事例（控訴審）（大阪高判平成6・12・21金判966号24頁）

【事案の概要】

　前記〔裁判例66〕大阪地判平成5・11・26金判966号28頁の控訴審判決であり、Xが控訴し、予備的に分割金を完済すれば直ちに登記の抹消を受けられるとの期待が裏切られた等と主張した。

　この判決は、本件の事情の下では守秘義務違反に当たらないとし、控訴を棄却したものの、債務を完済したときは直ちに根抵当権設定登記の抹消登記手続をする旨の約定に反してこれを拒否したことが不法行為に当たるとし、予備的請求を認容した。

【判旨】

「(2)　証人柴橋秀彦の証言及び控訴人本人尋問の結果並びに弁論の全趣旨によれば、控訴人は、前記債務を完済すれば、被控訴人組合によって直ちに約定どおり本件登記の抹消登記手続をしてくれるものと期待し、これを予定して柴橋から本件物件を担保として5000万円の追加融資を受けることを計画し、同人の了解も得ていたこと、ところが、右債務を完済したのに、被控訴人組合が右約定に違反して本件登記の抹消登記手続をすることを拒否したため、控訴人の右期待は裏切られ、右資金計画も頓挫をきたし、柴橋の控訴人に対するそれまでの信頼も一部損なわれたことが認められる。

　控訴人は、右資金計画が頓挫し、柴橋の信頼も失われたことにより精神的苦痛を受けた旨主張するが、控訴人の右資金計画が頓挫し、柴橋の信頼が一部損なわれたことは、本件登記の抹消登記手続がなされなかったという債務不履行による特別損害というべきところ、被控訴人組合がその事情を予見し又は予見することができたことを認めるに足りる証拠はない。そうすると、

控訴人は、これによる損害の賠償を請求することはできないというべきである。

　しかし、前記認定事実からすれば、控訴人が被控訴人組合の前記債務不履行によって、控訴人の被控訴人組合に対する前記期待が裏切られ、控訴人が本件登記の抹消登記手続がいつなされるのかとの憂慮、煩悶により、精神的苦痛を受けたであろうことは容易に推認しうるところであり、この損害は右債務不履行による通常損害というべく、被控訴人組合はその損害を賠償すべき責任があるというべきである。その損害の額は、本件に顕われた諸般の事情を考慮すると、40万円が相当である。

(3)　被控訴人組合が本件登記の抹消登記手続をすることを拒否し続けたため、控訴人がやむを得ず、平成4年6月18日、弁護士平山芳彦及び同平山忠に委任し、本件登記の抹消登記手続をすることを求める訴訟を提起したことは、当事者間に争いがない。

　弁論の全趣旨によれば、控訴人は、右訴訟提起のために弁護士費用として100万円の出費をし、同額の損害を被ったことが認められるが、同訴訟の事案の内容等諸般の事情を考慮すると、被控訴人組合の前記債務不履行と相当因果関係のある弁護士費用相当の損害額は、10万円と認めるのが相当である。」

【実務上の意義】

　この事案は、信用組合の理事（代表理事）が取引先（融資の債務者のための根抵当権設定者）に関する情報（利息残高、根抵当権設定登記を末梢しない理由）を第三者に開示したため、取引先が信用組合・理事に対して損害賠償を請求した控訴審の事件である（第1審判決は、理事の守秘義務違反等を否定し、請求を棄却した）。この事案は、中間法人である信用組合の理事（理事長）の取引先（第三者）に対する損害賠償責任が問題になったこと、理事の取引先の情報の開示が問題になったこと、情報の開示は信用組合と取引先との間の登記抹消等の交渉の過程で行われたこと、理事の守秘義務違反、虚偽の情報の提供が問われたこと、控訴審において分割金を完済すれば直ちに登記の抹消を受けられるとの期待が裏切られた旨の主張が追加されたことに特徴がある。

この判決は、理事らの守秘義務違反を否定したこと、登記の抹消がされなかったとの債務不履行については、これにより資金計画が頓挫し、信頼も失われたとの特別損害の予見、予見可能性を認める証拠がないとし、否定したこと、取引先の分割金を完済すれば直ちに登記の抹消を受けられるとの期待が裏切られたことにつき信用組合の不法行為を認めたこと、取引先の慰謝料として40万円を認めたことに特徴がある。この判決は、理事の取引先に関する守秘義務違反を否定した事例判断、登記抹消の期待侵害の不法行為を肯定した事例判断を提供するものであるが、特に後者の判断はその判断基準、論理を含め議論を呼ぶものである。

〔裁判例 69〕社団法人の理事長のセクシュアルハラスメントにつき不法行為責任が問題になった事例（奈良地判平成 7・9・6 判タ 903 号 163 頁）

【事案の概要】

Xは、A社団法人に雇用され、勤務していた女性であるが、Aの理事長Yと出張した帰途、電車内で太ももを触られ、Yの別荘に赴いた際、胸を触られる等し、退職を余儀なくされたため、XがYに対してセクシュアルハラスメントを主張し、不法行為に基づき損害賠償を請求した。

この判決は、セクシュアルハラスメントを認定し、請求を認容した（慰謝料として100万円、弁護士費用の損害を10万円認めたが、退職と不法行為との因果関係を否定し、逸失利益の主張を排斥した）。

【判旨】

「3　右のとおり、原告と被告の各供述は、前記各争点を中心に対立しているのであるが、次の諸点に照らすと、右各争点に係わる原告の前記供述と相反する被告の供述部分は、採用することができない。

(一)　争点に係わる被告の供述が、その核心部分において不合理であること

被告は、前示のとおり、本件の核心部分ともいうべき平成6年6月17日の伊勢の別荘での出来事について、「肉親の間では子育ての期間にスキンシ

ップというのがちょいちょいあるね」と言いながら、冗談として、原告の肩を持って頬擦りをし、赤ん坊を抱くようにして抱き上げたと供述しているのであるが、職場を離れての旅行とはいえ、60歳の男性理事長と23歳の女性職員との関係において、子育て期間中のスキンシップの話題から、どういう経緯でそれが頬擦りや抱き上げるという行動に発展するのか、その過程は理解困難であり、被告の右供述内容は極めて不合理であるというほかはない。

㈡　原告が1の㈢、㈣で供述しているような事実があったとされる直後に、原告の同僚職員が、原告から直接そのような事実があったと聞かされていること

　原告の供述により真正に成立したものと認められる甲第11号証（録音テープ筆記録）、原告及び被告の各供述によれば、原告は平成6年8月24日、被告から命じられて振興会に出勤したが、午後5時前ころ被告代理人から電話があって、いったん被告代理人の事務所へ言った被告が振興会事務所へ戻ってきた後、被告から、原告を含む職員全員に応接室へ集まるよう指示があったこと、この場では、主として被告が一方的に話すような状況で本件をめぐる事実関係について説明をしたが、被告の話が、喜びの時や悲しみの時には抱き合ったり、頬擦りするぐらいのことはするが、セックス目的で触ったりしたことはないという内容に及んだ際、同僚職員の永井は、「私が口をはさむのもあれですけど、甲野さんがそれが何回かあった後、私も何回か聞いているんです、どういうことがあったって。その都度言っていいほどだいぶ聞いているんですけど」「何もないことを次の日とかに言いますか」「わざわざその通り作ったように私に言いますか」などと話していたこと、この永井の発言を受けて被告も、「それは、何かはあるわけだ。何かはあるけれども、それはセックス目的でもなんでもないわけや」と話していたこと、山田、永井を除く他の同僚職員も原告から話を聞いている旨を被告に申し述べていること、が認められる。

　そして、その会話の前後の文脈や原告本人の供述からすると、永井の発言中にみられる、何回かあった「それ」とは、少なくとも平成6年6月4日と同月17日の各出来事を指しているものと推認され、原告はそれぞれの出来事があった直後に、前記1の㈢、㈣の供述と同様の話を同僚職員にしていた

ものと認められる。

㈢　原告があえて創作して前記のような供述をすべき理由のないこと

　原告は、被告自身も供述するとおり、振興会に就職した平成5年4月から平成6年7月ころまでは、被告の指示どおり忠実に職務に精励していたのであり、原告の供述態度に照らしても、このような原告があえて右のような話を創作して同僚職員にする理由はないと考えられる。

4　そうすると、争点1の㈠ないし㈢に関しては、原告が前記1の㈢ないし㈤において供述しているような事実があったものと認めるのが相当である。そして、右1の㈢及び㈣における被告の行為が、原告の明確な拒絶の態度にあっていないとはいえ、その意思に反するものとして不法行為を構成することは明らかであり、同じく1の㈤における被告の言辞も、その内容、振興会における被告と原告との関係、性差、年齢差等に照らすと、原告に著しい不快感を抱かせるものとして不法行為を構成するというべきである。」

【実務上の意義】

　この事案は、公益法人である社団法人の女性職員が理事長に対して出張先におけるセクシュアルハラスメントを主張し、不法行為に基づき損害賠償を請求した事件である。この事案は、社団法人の職員が法人の理事（理事長）の損害賠償責任を追及したものであり、理事長の職員（第三者）に対する不法行為責任が問題になった事件である。

　この判決は、女性職員と理事長の法廷における供述が対立するところ、女性職員の供述を信用し、セクシュアルハラスメントを認め、理事長の損害賠償責任を肯定したものであり、その旨の事例判断を提供するものである。

〔裁判例70〕事業協同組合において理事長らが役員をしている会社に多額の貸付けをし、回収不能になったことにつき理事長らの任務懈怠に係る第三者責任が問題になった事例（東京地判平成7・9・19金法1458号115頁）

第6章　一般社団法人等の理事・監事の責任をめぐる裁判例

【事案の概要】

　Xは、A協同組合に約4500万円を貸し付けていたところ、Aが理事長Y$_1$らの設立に係る関連会社に融資をしていた約47億円の債権が回収不能になり、貸金の返済を受けることができなくなったため、XがAのY$_1$、専務理事Y$_2$、常勤理事Y$_3$、非常勤理事Y$_4$ら、監事Y$_5$らに対して融資が定款違反、貸付限度額違反であった、任務懈怠があり、悪意であった等と主張し、中小企業等協同組合法（中協法）38条の2第2項、42条に基づき貸金相当額の損害賠償を請求した。

　この判決は、組合員でもない関連会社に多額の融資をしたことは組合の目的に沿ったものとはいえない異常な融資である等とし、理事長Y$_1$、専務理事Y$_2$、理事Y$_3$の任務懈怠、悪意を認めてその責任を認め、請求を認容し、その余の理事、監事につき悪意、重過失を否定してその責任を否定し、請求を棄却した。

【判旨】

「一　被告荒井らの責任について

1　証拠（《証拠略》、被告砂永、被告李）によれば、中央経済協同組合の業務の執行は、被告黄田が専務理事として組合の日常的業務一般を取り仕切り、被告砂永が理事兼営業部長として融資先の開拓、銀行との折衝などの業務を行い、これらの業務全般を被告荒井が理事長として統括していたこと、その他の理事らは常時は理事としての職務を行わず、被告荒井が毎月1回（8月を除く）招集する理事会（理監事会とも呼ばれる）に出席して、被告荒井ら常勤理事の提案する案件の審議を行うのみであったことが認められる。

　したがって、組合から協栄企業株式会社に対する融資を決定し、実行したのは、被告荒井らであるということができる。

2　組合は、中小企業等協同組合法に基づき設立された事業協同組合であり、組合の定款は、組合は組合員の相互扶助の精神に基づき、組合員のために必要な協同事業を行い、もって組合員の自主的な経済活動を促進し、かつ、その経済的地位の向上を図ることを目的とすると定め、その目的を達成するため組合員に対してのみ事業資金の貸付けを行うと定めている（《証拠略》）。また、総会決議により、組合員1名に対する貸付金額の最高限度額は

360

1億円とすることを定めている。

　それにもかかわらず、組合は、有価証券の保有及び運用などを会社の目的とし、組合員でもない協栄企業に対して、昭和62年から平成3年までに合計46億9976万円もの多額の融資を行っている。その融資においては、1回当たりの貸付金額が1億円を超える貸付けが20回以上も行われており、最も多額の時は1回に10億円もの貸付けが行われているのであって（《証拠略》）、これは組合の目的に沿ったものとは到底いえない異常な融資である。

3　被告荒井らは、組合の業務の拡張のために協栄企業を設立し、融資を行ったものであり、その融資を行うについては、株式、不動産などを担保として取得していたと主張し、被告砂永本人の供述や、被告荒井及び被告黄田の尋問調書及び陳述書（《証拠略》）には、これに沿う部分がある。

　しかし、被告砂永本人の供述から明らかなように、被告荒井らが取得したという担保の主体は株式であって、しかも、主として価格変動の危険性が大きいいわゆる仕手株であり、結局、株価の暴落により担保価値が著しく下落したというのであるから、十分な担保を取った融資であったということはできない。協栄企業は被告荒井らが設立した会社であり、被告荒井らは同社から多額の取締役報酬を得ていたのであるから（《証拠略》、被告砂永）、組合の業務の拡張のために協栄企業に対する融資を行っていたとの被告砂永本人の供述などを信用することもできない。

4　被告荒井らが組合の理事として行った協栄企業に対する融資は、組合の定款及び総会決議に反し、かつ、十分な担保を取ることなく行われたものであり、被告荒井らは、この任務懈怠について悪意であったというべきであるから、これより原告が被った損害を賠償する責任がある。

（中略）

4　被告金子らは非常勤の理事であり、理監事会においてのみ組合の業務に参画することができたが、前記のとおり、理監事会においては協栄企業に対する貸付けは被告荒井らによって秘匿されていた。また、（中略）によれば、監事である被告伊藤らは理監事会に出席したり、被告荒井らから提出される帳簿書類の検査を行っていたが、帳簿書類について特に疑問を差し挟むべき点は見当たらなかったことが認められるから、協栄企業に対する多額の融資

第6章　一般社団法人等の理事・監事の責任をめぐる裁判例

の存在について、被告金子ら及び被告伊藤らが知ることは困難であったというべきである。

5　したがって、被告金子ら及び被告伊藤らは、組合の協栄企業に対する融資を知らず、また、この融資を防止できなかったことについて重過失も認められないから、原告に対して責任を負わない。」

【実務上の意義】

　この事案は、原告である債権者は異なるが、前記〔裁判例67〕東京地判平成6・2・23判タ868号279頁と同じ事業協同組合の理事らの損害賠償責任が問題になったものであり、中間法人である事業協同組合に対する債権者が、組合の理事長らが株式会社に多額の貸付けをし、回収不能になっていることから、任務懈怠等を主張し、理事長らの役員に対して損害賠償を請求した事件である。この事案は、中間法人である事業協同組合の債権者が常勤理事ら、非常勤理事ら、監事らに対して損害賠償を請求し、理事・監事らの事業協同組合の取引先（第三者）に対するの損害賠償責任が問題になった事件である。この事案は、事業協同組合に貸金債権を有する債権者が損害賠償責任を追及したこと、事業協同組合の理事長、理事らが高額の融資を行い、回収不能になったこと、理事長等の常勤理事のほか、非常勤理事、監事の責任が問題になったこと、理事らの中協法38条の2第2項所定の任務懈怠の責任が問題になったことに特徴がある。

　この判決は、前記〔裁判例67〕東京地判平成6・2・23判タ868号279頁と同様な判断を示し、貸付けに関与した理事長、専務理事、常勤理事の損害賠償責任を肯定したこと、非常勤の理事ら、監事らの損害賠償責任を否定したことに特徴があり、事例判断として参考になるものである。

〔裁判例71〕社会福祉法人の運営に係る保育園の園上に設置された駐車場において利用者が自動車の運転を誤り転落した事故により園児が死亡したことにつき理事長、園長の不法行為責任が問題になった事例（控訴審）（名古屋高判平成18・2・15判時1948号82頁）

Ⅲ　理事・監事の第三者に対する法的な責任

【事案の概要】

　A（当時、4歳）は、Y₁社会福祉法人（理事長は、Y₂）が運営する保育園に通園していたところ（園長は、Y₃）、平成14年9月、本件保育園の屋上に設置された駐車場において、Y₄の運転する自動車が運転を誤り、転落し、Aの頭上に落下し、死亡したため、A父母X₁、X₂がY₁に対して安全配慮義務違反、駐車場の設置・保存の瑕疵（土地工作物責任。民法717条1項）に基づき、Y₂、Y₃に対して安全配慮義務違反、保育士に対する監督義務違反等を主張し、不法行為、使用者責任（同法715条1項）に基づき、Y₄に対して自動車損害賠償保障法（自賠法）3条、不法行為に基づき損害賠償を請求した。

　第1審判決（名古屋地判平成17・3・29判時1898号87頁）は、本件駐車場の柵の強度は、駐車ないし方向転換する自動車の衝突による転落を防止するには不十分であり、瑕疵があったとし、Y₁の土地工作物責任を認め、Y₄の自賠法3条の責任を認め、Y₂らの責任を否定し、Y₁、Y₄に対する請求を認容し、Y₂、Y₃に対する請求を棄却したため、X₁ら、Y₁、Y₄が控訴した。

　本判決は、Y₁、Y₄の責任を認めた第1審判決の判断を是認したほか、Y₂、Y₃の責任については、本件駐車場で柵が破損する事故が発生したことがあるにもかかわらず、安全性を確認せず、安全性が確認されるまで利用を中止する等の措置を講じなかった不法行為を認め、X₁ら、Y₁らの控訴に基づき原判決を変更し、X₁らのY₁らに対する請求を一部認容した。

【判旨】

「三　一審被告重喜の責任について

（中略）

　本件駐車場2月事故による本件駐車場柵の損傷は、柵が変形するに留まらず、支柱の根本部分が基礎から外れ、支柱間の下継も切れるというものであったから、一般人が見れば、本件駐車場柵は、自動車の衝突・転落事故に対し高度の安全性（強度）を備えていないのではないかと、不安ないし疑問を十分抱かせるものであったと認められる。そして、本件駐車場の駐車車両は、軽自動車に限らず、また、乙山車のように日産リバティよりも大型の車両が転回場所として利用していたのであるから、衝突車両や衝突の態様によ

363

っては、本件駐車場柵に対し、本件駐車場2月事故以上の衝撃が加わる衝突事故が発生することも十分予想可能であったと認められる。

したがって、一般人であれば、本件駐車場柵に本件駐車場2月事故発生以前の状態に復元するだけでは、自動車の衝突・転落という事故が発生することを十分防ぐことはできず、何らかの対策を講じる必要があることは十分認識できたと認められる。

一審被告重喜が、本件駐車場2月事故の現場を直接あるいは写真で確認しなかったのは、上記（引用にかかる原判決、付加訂正後のもの）二の(3)のオ認定のとおり、主として事故を起こした保護者にも、園児にも怪我がなく、本件駐車場柵は安全に車を止めることができたという報告を受けたためであると認められる。

しかし、上記（引用にかかる原判決、付加訂正後のもの）二の(4)のとおり、本件駐車場の構造については高度の安全性が要求されるところ、実際に車両が本件駐車場柵に衝突するという事故が発生したのであるから、一審被告法人の代表者理事である一審被告重喜としては、本件駐車場2月事故がどのような態様（原因）で発生したのかということや、本件駐車場2月事故により本件駐車場柵の損傷の程度等を確認の上、本件駐車場の構造が高度の安全性を満たしたものであるか否かを検討し、責任を持った判断ができないのであれば、補助参加人設計事務所等に対しそのための調査ないし確認を求めるべき注意義務があったというべきである。ところが、一審被告重喜は、本件駐車場2月事故の報告は受けたが、同事故の現場を直接見に行くことはせず、本件駐車場柵の損傷状況等について写真による確認もせず、補修についても補修をするという報告を受けたもののその内容について確認しなかったのであるから、一審被告重喜には上記注意義務違反があったというべきである。なお、一審被告重喜は、本件駐車場柵は安全に車を止めることができたという報告を受けたものの、どのような態様の事故であったとか、本件駐車場柵の損傷の程度について確認しなかったのであるから、上記報告内容は、一審被告重喜の上記注意義務違反を否定する理由とはならない。

以上のとおり、一審被告重喜には、注意義務違反が認められ、一審被告重喜が上記注意義務を尽くしていれば、本件駐車場柵の強化等本件事故の発生

を防止するために必要な措置を取ることが可能であったと認められる。

　したがって、一審被告重喜には、本件事故につき、民法709条の不法行為責任がある。

(中略)

四　一審被告鎮子について

(中略)

　上記三の(1)のオのとおり、本件駐車場2月事故による本件駐車場柵の損傷状態は、一般人が見れば、本件駐車場柵は、自動車の衝突・転落事故に対し十分な安全性（強度）を備えていないのではないかと、不安ないし疑問を十分抱かせるものであり、本件駐車場柵を本件駐車場2月事故発生以前の状態に復元するだけでは、自動車の衝突・転落という事故が発生することを十分防ぐことはできず、何らかの対策を講じる必要があることは十分認識できるものであったと認められる。

　そして、本件駐車場の構造については高度の安全性が要求されるところ、実際に車両が本件駐車場柵に衝突するという事故が発生したのであるから、本件保育園の園長として本件保育園の施設管理、人的管理等について委任ないし準委任されていた一審被告鎮子としては、本件駐車場2月事故がどのような態様（原因）で発生したのかということや、本件駐車場2月事故による本件駐車場柵の損傷の程度等を確認の上、本件駐車場の構造が高度の安全性を満たしたものであるか否かを検討し、安全性を確認できない場合には、一審被告重喜に対し、補助参加人設計事務所等に安全性に関する調査を求めるよう勧告するとともに、安全性が確認されるまで、本件駐車場の利用を中止する等所要の措置をとるべき注意義務があったというべきである。

　しかし、上記（引用にかかる原判決、付加訂正後のもの）二の(3)のオ、カ認定のとおり、一審被告鎮子は、本件駐車場2月事故の後、本件駐車場の使用を中止したことはなく、保育士らに対し、本件駐車場のすぐ下にある本件園庭に園児らを近づけないようにという指示ないし指導をしたこともなかったことが認められる。また、一審被告鎮子が、本件駐車場2月事故の後、一審被告重喜に対し、本件駐車場の安全対策を強化するように要望したことを窺わせる証拠はない。したがって、一審被告鎮子には、注意義務違反があった

第6章　一般社団法人等の理事・監事の責任をめぐる裁判例

というべきである。

　なお、原審における一審被告鎮子の供述によれば、一審被告鎮子は、本件駐車場においては車両転落防止のために有効な構造設備が備えられていると思っていたこと、本件駐車場2月事故によっても車両が転落せず、保護者及び園児とも無事だった旨の報告を受けて、安全性に疑問を持たなかったことが認められる。しかし、上記認定のとおり、本件駐車場2月事故発生の報告を受けた一審被告鎮子は、事故の態様や本件駐車場柵の損傷の程度について確認すべき注意義務があったにもかかわらず、上記報告を受けただけで、上記の確認をしなかったのであるから、一審被告鎮子には注意義務違反があるというべきである。

　以上のとおり、一審被告鎮子には、注意義務違反が認められ、一審被告鎮子が上記注意義務を尽くしていれば、本件駐車場柵の強化や本件駐車場の使用禁止等本件事故の発生を防止するために必要な所要の措置を講ずることが可能であったと認められる。

　したがって、一審被告鎮子には、本件事故につき、民法709条の不法行為責任がある。」

【実務上の意義】

　この事案は、社会福祉法人の運営に係る保育園において建物の屋上に駐車場が設置されていたところ、利用者が駐車場で運転を誤り、地上に転落し、園児の頭上に落下し、死亡した事故が発生したことから、園児の両親が社会福祉法人の土地工作物責任（民法717条1項）、運転者の自賠法3条の責任のほか、法人の理事長、保育園の園長の不法行為責任、使用者責任を追及した控訴審の事件である。この事案は、社会福祉法人の理事長の園児、両親（第三者）に対する損害賠償責任が問題になった事件である。第1審判決は、社会福祉法人の土地工作物責任、運転者の同条所定の責任を肯定したが、理事長、園長の不法行為責任を否定したものである。この事案は、社会福祉法人が保育園を運営していたこと、保育園の建物の屋上に駐車場が設置されており、保育園の利用者等に利用されていたこと、運転者が駐車場で自動車を運転し、地上に落下したこと、園児の頭上に自動車が落下し、園児が死亡したこと、社会福祉法人の土地工作物責任、運転者の同条所定の責任のほか、理

366

事長、園長の不法行為責任、使用者責任が追及されたこと、過去一度、平成14年7月、駐車場の柵等の損傷事故（自動車の転落・落下事故ではなかった）が発生したことがあったことに特徴がある。

この判決は、理事長の責任について、過去の本件駐車場の事故により本件駐車場柵の損傷の程度等を確認のうえ、本件駐車場の構造が高度の安全性を満たしたものであるか否かを検討し、責任を持った判断ができないのであれば、設計事務所等対して調査ないし確認を求めるべき注意義務があったとしたこと、理事長が補修の報告を受けただけであったとし、注意義務違反を認め、不法行為を肯定したこと、園長の責任については、過去の本件駐車場の事故がどのような態様（原因）で発生したのかということや、事故による本件駐車場柵の損傷の程度等を確認のうえ、本件駐車場の構造が高度の安全性を満たしたものであるか否かを検討し、安全性を確認できない場合には、理事長に対して設計事務所等に安全性に関する調査を求めるよう勧告するとともに、安全性が確認されるまで、本件駐車場の利用を中止する等所要の措置をとるべき注意義務があったとしたこと、園長が事故の報告を受けただけであったとし、注意義務違反を認め、不法行為を肯定したことに特徴がある。この判決は、理事長、園長の注意義務について、過去の事故（本件事故とは必ずしも同種の事故ではない）を起点として高度かつ広範な内容の注意義務を設定したうえ、厳格に両者の過失、不法行為を肯定したものであり、議論があるが（第1審判決は、これを否定している）、その当否は別として、理事らにとってはこの判決のような判断がされる可能性が相当にあるから、この判決をも考慮して業務を遂行することが重要であろう。

〔裁判例72〕学校法人の経営に係る幼稚園において園児が遊具を利用中に死亡したことにつき理事長、理事、園長らの不法行為責任等が問題になった事例（浦和地判平成12・7・25判時1733号61頁）

第6章　一般社団法人等の理事・監事の責任をめぐる裁判例

【事案の概要】

　Y₁学校法人は、幼稚園を経営していたところ、園児A（当時、3歳）が園庭にある遊具である雲梯で遊んでいたところ、遊具にかけてあったロープ（縄跳び用の縄）に首をかけているのが発見され、救急車で病院に搬送されたが、死亡していたため、Aの両親X₁、X₂がY₁のほか、Y₁の理事長Y₂、理事兼幼稚園の園長Y₃、担任の教諭Y₄ら、Y₅県に対して債務不履行・不法行為に基づき損害賠償を請求した。

　この判決は、日頃は縄跳び用の縄を確認して保管し、園児を監視していたところ、事故当日、縄跳び用の縄を使用したものの、事故に至ったことから、安全確保に一層の配慮が必要であるのに怠ったとし、Y₁ないしY₄の責任を認め、請求を認容し、Y₅の責任を否定し、請求を棄却した。

【判旨】

「右事実によると、被告学園は、日ごろ、縄跳びの縄等については、その本数を確認し、安全な場所に保管するようにしており、本件うんていについては、本件うんていで遊ぶ園児が落下しないように監視をすることとなっていたというのであるが、本件事故当日は、里幼稚園の行事のために縄跳びの縄を使用しており、春子は、本件うんていにかけられた本件ロープに首をかけるという本件事故に遭ったのであり、特に、春子は、3歳児であり、里幼稚園に入園して間もないころで、親元を離れて慣れない幼稚園生活を始めた状況であったのであるから、自由遊びの時間であっても、その安全確保、事故防止には一層の配慮が求められるというべきであるところ、里幼稚園の教職員らは、本件事故が発生するまでの間、春子及び他の園児らの行動及び本件うんていにおける園児らの遊びの状況等について知らなかったというのであるから、里幼稚園の園長である被告智子、春子のクラス主任及び副主任である同吉田及び同豊田は、里幼稚園における縄跳びの縄の管理、本件うんていの落下防止等に関する運用を履践し、春子の自由遊び時間における行動、本件うんていにおける園児らの遊戯の状況や縄跳びの縄の使用等について十分な監視をしていたとは認められない。また、被告学園も、里幼稚園を経営するものとして、里幼稚園の教職員らに対する園児らの安全確保及び事故防止に関する教育、管理をしていたと認めることもできない。

368

したがって、本件事故は、右のとおり、被告学園等が、園児らに対する安全確保及び事故防止に関する注意義務を怠ったことに起因するというべきであるから、被告学園等は、本件事故によって生じた損害を賠償すべき責めを負う。」

【実務上の意義】

この事案は、学校法人の経営する幼稚園において園児（3歳）が遊具（雲梯）で遊んでいたところ、遊具にかけてあったロープ（縄跳び用の縄）に首をかけ、死亡する事故が発生し、園児の両親が幼稚園を運営する学校法人の理事長、理事兼幼稚園の園長らに対して損害賠償を請求した事件である。この事案は、幼稚園の園児が死亡し、両親が幼稚園を経営する公益法人である学校法人、理事長、理事（園長）、担任教諭らに対して損害賠償を請求し、理事長、理事らの園児、両親（第三者）に対する法的な責任が問題になった事件である。この事案は、幼稚園における園児の死亡事故が問題になったこと、園児が園庭の遊具で遊んでいる間に事故に遭ったこと、遊具にかけてあったロープに園児が首をかける事故であったこと、学校法人のほか、理事長、園長を兼務する理事の損害賠償責任が問題になったこと、園児の両親が理事らの損害賠償責任を追及したこと、理事長、理事の安全確保、事故防止に関する不法行為が問題になったことに特徴がある。理事らの損害賠償責任は、法人が行う取引に関する事例が多いが、法人の事業活動に伴う各種の事故、物理的な事故に関する事例もある。この事案は、公益法人である学校法人が運営する幼稚園内における園児の死亡事故について、理事らの損害賠償責任が問題になったものであるが、同種の事故は、小学校・中学校・高等学校・大学等の教育機関においても生じ得るし、学校法人以外の法人の設置、管理する施設においても生じ得るものである。これらの事故が発生した場合、法人を運営する理事らが損害賠償責任を負うかどうかは、事故の場になった施設の設置、管理の状況、理事らの関与の内容、事故の内容・態様等の事情によるが、法人を運営する理事らの注意義務が認められ、事情によっては注意義務違反が肯定される可能性がある。

この判決は、事故の内容、態様、幼稚園の管理の状況等を認定し、簡単な説示であるが、学校法人のほか、理事長、理事らの損害賠償責任（不法行為

第6章　一般社団法人等の理事・監事の責任をめぐる裁判例

責任）を肯定したものである。この判決は、事故の内容の悲惨さ等の事情を重視したものであるが、理事長らの責任の根拠についてはさほど明確な説示をしていないため、先例として利用する場合には、この事情を留意することが必要である。幼稚園等を運営する法人の理事がこの事案のような事故について損害賠償責任を負う可能性があることは、理事らにとって、偶発的な事故に対する日頃からの法人の運営に注意を払うことを迫ることになる。

> **〔裁判例 73〕宗教法人の主催する研修等に参加した信者らにつき代表役員・教祖、理事長、理事の共同不法行為責任が問題になった事例**（大阪地判平成 12・11・13 判時 1758 号 72 頁）

【事案の概要】

　Xら（合計 16 名）は、Y_1 宗教法人が主催する研修等に参加し、研修費用・参加費用等を支払ったが、Y_1 の信者である Y_5、Y_6 らから足裏診断等を介して害悪を告知され、多額の出捐を強いられたと主張し、Y_1、Y_5、Y_6 のほか、代表役員・教祖 Y_2、理事長 Y_3、理事 Y_4 に対して共同不法行為に基づき損害賠償を請求した。

　この判決は、代表役員・教祖、理事長らの共同不法行為を認め、請求を認容した。

【判旨】

「三　被告らの法的責任

1　被告法の華について

　前記認定事実によれば、被告福永及び被告法の華の信者らによる違法な勧誘は、被告福永を始めとする被告法の華の教義に基づいてされたものであり、各都道府県の支部に至るまで、マニュアル等を用い、法の華の組織全体の意思に基づいて統一的に行われ、違法な勧誘及びこれによる金員の出捐についても「天声」の趣旨に沿うものとして被告福永自身が容認していたのであるから、勧誘行為としては、個人によってされたものであっても、被告福永及び被告法の華の信者個人の勧誘行為としてではなく、教祖である被告福

370

永を頂点とする被告法の華自体の行為であると評価すべきであるから、被告法の華は、民法709条、719条に基づき、違法な勧誘行為により原告らに与えた損害について損害賠償責任を負うというべきである。

2　被告福永について

前記認定の事実及び《証拠略》によれば、被告福永は、被告法の華の開祖、教祖かつ責任役員として、役員会議の場で意思決定を行い、被告法の華の信者に対して、定期的にマイクを使用し、自らしか聞くことのできない「天声」であるとして指示指導等を伝達することにより、信者らによる違法な勧誘行為に関与したほか、前記認定のとおり、自ら、足裏診断において「天声」と称して害悪を直接告知して、それにより原告らに高額の金員を出捐させたのであるから、他の被告らとの共同不法行為に基づく損害賠償責任を負うというべきである。

3　被告井本について

前記認定の事実及び《証拠略》によれば、被告井本は、被告福永の実母、被告法の華の経理等を担当する責任役員及び被告法の華の広報紙である「さくら新聞」の発行主として、被告福永らと共同して被告法の華の組織の中核で前記違法な活動の前提となる意思決定等に関与したのであるから、他の被告らとの共同不法行為に基づく損害賠償責任を負うというべきである。

4　被告星山について

前記認定の事実によれば、被告星山は、被告法の華の責任役員として被告福永に次ぐ主導的立場にあり、役員会議等の場で前記違法な活動の前提となる意思決定等に関与したことが認められるから、他の被告らとの共同不法行為に基づく損害賠償責任を負うというべきである。」

【実務上の意義】

この事案は、宗教法人の信者が法人の主催する研修等に参加し、研修費用・参加費用等を支払ったところ、足裏診断等を介して害悪を告知され、多額の出捐を強いられたと主張し、宗教法人のほか、代表役員、教祖、理事長、理事に対して損害賠償を請求した事件である。この事案は、宗教法人の信者が法人のほか、代表役員、理事長、理事に対して損害賠償を請求し、法人の代表役員、理事長、理事の信者（第三者）に対する法的な責任が問題に

第6章　一般社団法人等の理事・監事の責任をめぐる裁判例

なったものである。この事案は、公益法人である宗教法人の活動が問題になったこと、宗教法人の信者が法人にさまざまな出費をしたこと、信者の出費につき代表役員、教祖、理事長、理事らの共同不法行為上の損害賠償責任が問題になったこと、宗教法人の信者が損害賠償責任を追及したことに特徴がある。

　この判決は、宗教法人の活動状況、代表役員らの関与の状況を詳細に認定したうえ、代表役員、教祖、理事長、理事らの共同不法行為上の損害賠償責任を肯定したものであり、事例判断を提供するものである。

〔裁判例 74〕社会福祉法人による福祉施設の建設計画に関する県からの補助金の交付につき法人の代表理事の不法行為責任が問題になった事例（山形地判平成 14・3・26 判時 1801 号 103 頁）

【事案の概要】

　Yは、A社会福祉法人の理事長（代表理事）であるが、特別擁護老人ホーム等の複合施設の建設を計画し、B株式会社（代表取締役は、Y）との間で施設整備の請負契約を締結し、Bは、C株式会社と下請契約を締結し、X県（山形県）に補助金の交付申請をし、補助金の交付を受け、また、Yは、D社会福祉法人の理事長（代表理事）であり、特別擁護老人ホーム等の建設を計画し、Bとの間で建設請負契約を締結し、Bは、E株式会社との間で下請契約を締結し、Xに補助金の交付申請をし、補助金の交付を受けたことから、XがYに対して水増しの工事代金によって補助金を過大に取得した等と主張し、不法行為に基づき損害賠償を請求した。

　この判決は、補助金の交付に関する代表理事の不法行為を認め、請求を認容した。

【判旨】

「(2)　上記認定の被告のジェイ社に対する支配状況、契約締結の経緯、建設請負工事の施工状況及びジェイ社の実態に加え、被告がこれまで多くの補助事業を手がけ、補助金額の算定方式については熟知していたばかりか、過去

にも架空の契約書を作成して補助金を過大に取得するなどの行為に及んでいたことをも加味すると、被告は、成安工事及び大江工事についても、補助金を過大に取得する目的でジェイ社をいわばトンネル会社として介在させたものというほかない。

なお、被告も、週刊誌によるインタビューにおいて、ジェイ社に受注させた建設工事を下請会社に安く丸投げし、稼いだ差額を運営費や次の特養建設資金に回していた旨発言したり、さいたま地方裁判所での別件訴訟においては、ジェイ社は被告が実質的に支配していた会社であることを自認する主張を準備書面で展開するなど、本件訴訟外ではまさに上記認定に沿う発言等を行っている。

(中略)

(4)　結論

　このように、被告は、成安工事及び大江工事について、補助金を過大に取得する目的でジェイ社をいわばトンネル会社として介在させたものであるから、被告が、彩山会及び彩江会の理事長として、上記各工事に関する平成7年度分の各実績報告において、本件各元請契約の代金額を算定基礎に用いて補助金交付額を算出し、原告に対しその実績報告をした各行為は、原告に対する関係で、違法のそしりを免れないというべきである。」

【実務上の意義】

　この事案は、社会福祉法人が福祉施設の建設を計画し、事業者と請負契約を締結し、県に補助金の交付申請をし、補助金の交付を受けたところ、県が過大な補助金の交付申請をした等と主張し、法人の代表理事に対して不法行為に基づき損害賠償を請求した事件である。この事案は、県が社会福祉法人の代表理事に対して交付に係る補助金の損害賠償を請求し、法人の代表理事個人の県（第三者）に対する損害賠償責任が問題になったものである。この事案は、公益法人である社会福祉法人の代表理事の責任が問題になったこと、社会福祉法人が過大な補助金の交付申請をし、交付を受けたこと、代表理事自身の過大申請に係る不法行為責任が問題になったことに特徴がある。

　この判決は、代表理事が過大な補助金の交付を受けるため、トンネル会社を利用する等した不法行為があるとしたものであり、代表理事自身の不法行

第6章　一般社団法人等の理事・監事の責任をめぐる裁判例

為責任を認めた事例として参考になるものである。

> **〔裁判例 75〕学校法人の経営に係る野球専門学校において教育を実施したところ、学校案内と実際の教育内容がかけ離れていたことにつき理事長らの不法行為責任が問題になった事例**（大阪地判平成 15・5・9 判時 1828 号 68 頁）

【事案の概要】

　Y_1 学校法人は、野球専門学校等を運営し、入学志願者向けの学校案内に充実した施設の下で著名な講師による高度な実技指導等が行われる旨が記載されていたところ、X_1 ないし X_8 は、野球専門学校に入学したが、学校案内と実際の教育内容がかけ離れていたため、X_1 らのほか、父母 X_9 ら（合計 18 名）が Y_1 のほか、理事長 Y_2、最高顧問 Y_3、学園長 Y_4 に対して不法行為等に基づき損害賠償を請求した。

　この判決は、現実の学科授業等が不十分であり、Y_1 の債務不履行、不法行為を認めたうえ、Y_2 につき Y_1 の運営に実質的権限を有し、決定していたものであるとし、その不法行為を認め、請求を認容し、Y_3、Y_4 の不法行為を否定し、請求を棄却した。

【判旨】

「四　争点四（被告笹見の責任原因）について

　（中略）によれば、被告笹見は、被告アスピア学園の創立者、設立代表者であるとともに理事長でもあること、被告アスピア学園の設立当初の基本財産及び運用財産のすべてである合計約 1 億円について、その全額を被告笹見が寄付していること、被告アスピア学園が練習道具等を購入したり、備品を修理に出したりする際には、逐一、被告笹見の承認を得ることが必要であったこと、最高顧問、学園長等は、被告アスピア学園の学校運営について何ら実質的な権限を有していないことがそれぞれ認められる。

　これらの事実を総合すれば、被告アスピア学園の運営事項については、細部に至るまですべて被告笹見が決定していたものと認めるのが相当であり、

そうである以上、上記三ア(イ)で述べたとおり、学校案内に記載された内容とかけ離れた形態において被告アスピア学園の運営を行い、原告父母らが、再三、運営を改善するよう申入れたにもかかわらず、これに対して特段の措置を講じなかった点について、被告笹見個人も、原告らに対して不法行為責任を負うものと解するのが相当である。

そして、上記のとおり、被告笹見の行為は、被告アスピア学園の行為と一体化したものであり、両者の間には主観的関連共同性が認められるから、被告笹見は、被告アスピア学園とともに民法719条1項の共同不法行為者としての責任を負うものと解すべきである。」

【実務上の意義】

この事案は、学校法人が野球専門学校を運営し、入学者に教育を実施したところ、学校案内と実際の教育内容がかけ離れていたことから、入学者ら、父母らが学校法人らのほか、理事長に対しても損害賠償を請求した事件である。この事案は、学校法人の運営する専門学校の入学者ら、父母らが学校法人のほか、理事長に対して損害賠償を請求し、理事長の入学者ら、父母ら（第三者）に対する法的な責任が問題になった事件である。この事案は、教育過誤が問題になった興味深い事件であるが、公益法人である学校法人の理事長の責任が問題になったこと（学校関係者としては、ほかに最高顧問、学園長の責任も問題になっている）、学校の入学者ら、父母らが学校法人、理事長らの損害賠償責任を追及したこと、学校案内と実際の教育内容の乖離が問題になったこと、理事長の不法行為責任が問題になったことに特徴がある。

この判決は、理事長が学校教育の運営事項を決定していたとし、父母らから運営の改善を申し入れられたものの、特段の措置を講じなかったことにつき不法行為責任を負うとしたものであり、学校法人の理事長の教育過誤につき不法行為責任を肯定した事例判断として参考になる。公益法人等の法人は、各種の事業を行うが、その事業の遂行によって他に損害を与えた場合には、理事の事業への関与の内容・程度によっては任務懈怠の損害賠償責任のほか、直接不法行為責任を負うことがあり得るが、この判決は、学校法人の理事長につき教育上の不法行為責任を肯定したものであり、従来見られなかった類型の不法行為責任を肯定したものとして参考になるものである。

第6章　一般社団法人等の理事・監事の責任をめぐる裁判例

〔裁判例 76〕学校法人の経営に係る私立大学において法学部長の選挙をめぐり、理事会が選挙の当選者の適格性を審議し、法学部長への就任を承認しない旨の裁決を行うなどしたことにつき理事長、総長らの名誉毀損に係る不法行為責任が問題になった事例（東京地判平成 15・8・22 判時 1838 号 83 頁）

【事案の概要】

　Ｘは、Ａ学校法人の設置、運営するＢ大学の法学部教授であり、平成 12 年 6 月に行われた法学部長の選挙において当選者になったところ、Ａの理事会が Y₁、Y₂、Ｃから構成される特別委員会を設置し、Ｘの法学部長としての適格性の調査等を委託し、特別委員会が意見書を作成し、理事会に提出し、理事会が審議のうえ、法学部長に不適格であると決定し、法学部長への就任を承認しない旨の裁決を行い、裁決書を作成し、Ａの広報、職員組合速報に転載されたため、Ｘが Y₁、Y₂、Ａの総長 Y₃、理事長 Y₄ に対して不法行為に基づき損害賠償、謝罪広告の掲載を請求した。

　この判決は、裁決書の内容がＸの社会的評価を低下させるものであり、その一部の記載が真実ではないとし、名誉毀損を認め、Y₃、Y₄ の不法行為を認め、請求を認容し、その余の請求を棄却した。

【判旨】

「エ　本件裁決理由④について

　本件裁決理由④は、原告が、訴外大学における「ロースクール構想等について、法学部内に設置された検討委員会が存在するにもかかわらず、稲田教授はその組織的行動を軽視する言動をとって」いることを前提として、「このことは現法学部執行部体制に背反している」との、ロースクール構想等に対する原告の取り組みに対する評価を記載したものと認められる。

　そこで検討するに、本件意見書においては、意見書結論部分において、本件裁決理由④と同じ記載がされているほかには、訴外大学におけるロースクール構想等に対する原告の取組みなどについての事実や意見を記載した部分はない。また、本件意見書（乙一）及び本件理事会の議事録（乙二）を一覧

376

しても、本件特別委員会及び理事会が、本件裁決理由④の結論に至った根拠となるような事実は現れていないものといわざるを得ない。なお、本件意見書の本文部分には、ロースクールについての問題が重要であるとの記載部分はあるものの、あくまで訴外大学法学部における一般論として述べたものにすぎず、原告の努力が足りないとの結論を導き出し得るものでないことは明らかである。

　また、本件意見書に資料として添付された「稲田俊信教授に係る法学部内委員会出欠状況一覧表」によれば、原告は、ロースクール検討委員会については、平成11年度及び平成12年度に開催された全4回のうち2回欠席していることが認められる。しかし、他方、《証拠略》によれば、原告が、本件選挙の所信表明演説において、「私は法科大学院については、今年の3月以降、全精力を費やして、たたき台を作り、先生方のご意見を伺いながら作って参りました。ほぼ、それは素案として教授会に提案できる段階まで完成させたのではないかと考えます。後は、教授会の先生方の協力により、承諾が得られれば、本部へ送られて手続的に本部と法学部の協力によって、実行に移されていくであろうと考えております。」と発言していること、本件事情聴取において、本件特別委員会に対し、「これは法学部で今年の2月以降、協議して作り上げてきた内容である。そのたたき台は私が作ったが、皆さんの意見を聴取しながらやってきたのであり、決して私一人の意見ではない。（中略）最初に私がたたき台を作り、それを前提として検討を重ね、全体で集まったのも都合10回近くやりとりをした。まとまったものは8月3日に文部省へ提出した。」と発言していることが認められる。さらに、甲第一六号証（教授会議事録）によれば、佐藤教授が、「裁決通知書の不適格理由④ロースクール構想の件については、8月3日に法学部ロースクール構想の冊子を作成した。この土台そのものを作成したのは、稲田教授の私案を頂き、研究会・ロースクール検討委員会等の検討を経過する中で作り上げたものである。ここにそのときの議事録、参加者名簿がある。ロースクールひとつに関しても稲田教授なくして、8月3日に文部省に提出した意見書は提出されなかった。」と発言していること、小林教授が、「ロースクールの問題において、稲田教授の不作為を非難することは、全く事実誤認に基づき、甚だしい

限りである。稲田教授が最も熱心な推進者であり、この行為によって学部長選挙を勝利した事実を否定することは、法学部には存在しないと考える。」と発言していることが認められる。これらを勘案すると、前記２回の欠席のみをもって、「ロースクール構想等について、法学部内に設置された検討委員会が存在するにもかかわらず、稲田教授はその組織的行動を軽視する言動をとっており、このことは現法学部執行部体制に背反している」と評価することは、社会通念上著しく妥当性を欠くものというべきである。

以上によれば、本件裁決理由④については、何を根拠とするものであるか明らかではない上、仮に、原告がロースクール検討委員会に２回欠席したことを理由として、認定評価を加えたのであるならば、これは社会通念上著しく妥当性を欠くものというべきである。そのほか本件裁決理由④が原告の名誉を毀損することについて、その違法性を阻却するような事情を認めるに足りる証拠はない。

(3)　以上によれば、本件裁決書については、本件裁決理由②、本件裁決理由③のうち「法学部教員充足、キャンパス整備等については稲田教授が法学部在任中（平成２年４月１日～３年７月20日）においても、改善すべき課題であったが、任期中の解任という事情はあるものの改善努力の姿勢は見当たらない。」との記載部分及び本件裁決理由④が、原告の名誉を毀損するものであり、また、その違法性を阻却するような事情を認めることはできないから、被告瀬在及び被告森田は、これら各記載部分の公表について、名誉毀損の不法行為責任を負うというべきである。」

【実務上の意義】

この事案は、学校法人の経営に係る私立大学の法学部長の選挙をめぐって学校法人の理事会が特別委員会を設置し、選挙の当選者の法学部長としての適格性の調査等を委託し、特別委員会が意見書を作成し、理事会に提出し、理事会が審議のうえ、法学部長への就任を承認しない旨の裁決を行い、裁決書を大学の広報等に転載される等したため、当選者が名誉毀損等を主張し、学校法人の理事長、総長らに対して損害賠償等を請求した事件である。この事案は、大学の学部長の選出をめぐる紛争が生じている状況において、学部長選挙の当選者が大学を運営する学校法人の理事長・総長らに対して損害賠

償を請求し、学校法人の理事長、総長の当選者（第三者）に対する法的な責任が問題になった事件である。この事案は、学校法人の理事会等における理事らの活動が問題になったこと、法学部の学部長選挙が実施され、当選者が選出されたこと、理事会において当選者に対する反対があり、適格性の調査等のための特別調査委員会が設置されたこと、特別調査委員会の意見を経て、理事会で当選者を法学部長に承認しない旨の裁決がされ、裁決書が公表されたこと、法学部長に対する名誉毀損等が問題になったこと、学校法人の理事長、総長らの不法行為責任が問われたことに特徴がある。

　この判決は、理事会の作成、公表した裁決書が当選者の名誉を侵害するとし、学校法人の理事長らの不法行為責任を認めたものであり、その旨の事例判断として参考になるものである。公益法人等の法人においては、役職員らの間で意見の対立等の紛争が発生することがあり、そのような状況において一方の役職員が他方の役職員らを誹謗中傷したり、双方が互いに誹謗中傷したりする事態が見られることがあるが（派生的な紛争であるが、これらの紛争の背景として、法人内に派閥が形成されていることもある）、このような場合、名誉毀損・信用毀損等の不法行為責任が追及されることがある。また、このような事件が発生し、訴訟等において一旦決着しても、後日別の事柄をめぐって新たに紛争が発生し、同様に深刻な事態に発展することもある。法人等の団体においては、多数の人間が連携・協力する等して活動を行うが、多数の人間が関与すればするほど、派閥等が形成されがちであるし、派閥等が形成されると、紛争の基盤・雰囲気も生じることになる。

〔裁判例 77〕信用組合において追加出資を募集した後間もなく大幅な債務超過に陥り、解散したことにつき理事長、理事の不法行為責任が問題になった事例（東京地判平成 16・7・2 判時 1868 号 75 頁）

【事案の概要】

　Y₁信用組合は、平成 10 年 2 月から 3 月まで出資金の増強キャンペーンを

行い、出資を募集し、Xらがこれに応じて出資したところ、平成11年6月、Y₁が大幅な債務超過に陥り、同年12月、事業全部をA信用組合に譲渡し、解散したため、XらがY₁、その理事長Y₂、理事Y₃に対して不法行為等に基づき損害賠償を請求した。

この判決は、出資募集時にはすでに大幅な債務超過にあった等とし、Y₁、Y₂の不法行為責任（Y₁については、民法44条に基づく責任）を肯定し、その範囲で請求を認容したが、Y₃については、理事会の日程調整等を担当していたにすぎず、Y₂の不法行為を阻止することを期待することはできなかった等とし、責任を否定し、Y₃に対する請求を棄却した。

【判旨】

「6　被告信用組合及び被告丙川の責任

㈠　このように、被告丙川は、被告信用組合の職員に被告信用組合の財務内容に関する正確な情報を与え、被告信用組合の職員が募集の相手方に対して被告信用組合が保有株式等に多額の含み損を抱え、実質的には大幅な債務超過に陥っており、破たんするおそれがあることを説明した上で、これを救済するため募集に応ずるか否かの意思決定をさせるように指示する義務を怠り、原告らに対し、出資金相当額の出捐をさせたのであり、過失により原告らの財産権を侵害したというべきであるから、原告らは、被告丙川に対し、民法709条に基づき、その損害を賠償するように請求することができるというべきである。

また、被告丙川は、被告信用組合の理事長の職務を行うにつき、原告らに対し、損害を与えたというべきであるから、原告らは、被告信用組合に対し、民法44条1項に基づき、その損害を賠償するように請求することができるというべきである。

㈡　これに対し、被告らは、原告らの主張に係る損害は、被告信用組合が損害を被ったことにより原告らが間接的に被った損害であるから、被告丙川は、原告らに対し、不法行為に基づく損害賠償責任を負わないなどと主張する。

しかし、原告らの主張に係る損害は、出資に係る出捐をしたことそのものを理由とするいわゆる直接損害と解すべきであるから、被告らの上記主張

は、前提を欠くものというべきであり、採用することができない。

㈢　また、被告らは、被告丙川は、多額の業務利益を確保し、これを保有株式等の含み損の償却に充てるなどすることにより被告信用組合の資産を健全化してきたのであり、本件各出資募集は、このような状況下において、自己資本を増強し、更なる資産の健全化を図るためにされたものであるから、被告丙川の経営判断につき、不合理、不適切なものということはできない旨主張する。

しかし、仮に経営判断として合理的であるとしても、他の者に対する第三者に対する注意義務違反が認められ、不法行為が認められる場合には、その責任を阻却ないし軽減する理由はないのであるから、被告らの上記主張は、採用することができない。

四　次に、被告丁原の理事としての責任について検討する。

原告らは、被告丁原は、被告信用組合の理事として、理事長である被告丙川を監視する義務を負っていたにもかかわらず、これを怠り、被告丙川が必要な情報を秘匿して出資を募集するという詐欺的行為をするのを阻止しようとせず、原告らに対し、損害を与えたのであるから、原告らに対し、中小企業等協同組合法38条の2第2項に基づき、その損害を賠償する義務を負う旨主張する。

しかし、前記認定のとおり、被告丁原は、理事ではあったものの、理事会の日程調整等の庶務を担当していたにすぎず、被告丙川に対して意見を具申することができる立場にはなかったのであり、被告丁原に対し、被告丙川の行為を阻止することを期待することはできなかったというべきである。したがって、被告丁原につき、被告丙川を監視する義務を怠ったとして損害賠償責任を認めることまではできないというべきである。

よって、原告らの上記主張は、採用することができない。」

【実務上の意義】

この事案は、信用組合が出資金の増強を企画し、追加出資を募集し、出資がされたところ、その後間もなく大幅な債務超過に陥り、事業全部をほかの信用組合に譲渡し、解散したため、出資者らが信用組合の理事長、理事らに対して不法行為等に基づき損害賠償を請求した事件である。この事案は、信

用組合の出資の募集に応じた出資者らが信用組合のほか、理事長、理事に対して損害賠償を請求し、理事長、理事の出資者ら（第三者）に対する法的な責任が問題になった事件である。この事案は、中間法人である信用組合が出資金の増強のため出資を募集し、出資の募集が問題になったこと、信用組合が出資の募集後間もなく経営破綻し、ほかの信用組合に事業譲渡したこと、出資者らが出資によって損失を被ったこと、出資者らが信用組合の理事長、理事らに対して損害賠償責任を追及したこと、理事長、理事の不法行為責任が問題になったことに特徴がある。

　この判決は、信用組合が出資募集時にはすでに大幅な債務超過にあったこと等を認め、理事長について、実質的には大幅な債務超過に陥っており、破綻するおそれがあることを説明したうえ、これを救済するため募集に応ずるか否かの意思決定をさせるように指示する義務を負い、この義務違反を肯定したこと、理事については、理事長に対する監視義務を認めたものの、理事会の日程調整等の庶務を担当していたにすぎず、理事長の行為を阻止することを期待することはできなかった等とし、監視義務違反を否定したことに特徴がある。この判決は、信用組合の経営が悪化した状況における出資の募集を判断した理事長の義務を広く認め、義務違反を肯定したものであるが、この判決の指摘する説明をしたとすれば、出資の募集時にさらに経営が悪化した蓋然性が認められるものである。このような状況に置かれた信用組合の理事長らの役員としては、困難な判断が迫られたことになる。他方、庶務担当の理事については、理事長に対する監視義務を認めたことは当然であるとしても、監視義務違反を否定したことは、事案によるとはいえ、微妙な判断を示したものであり、疑問が残るところである。

〔裁判例 78〕株式会社の設立に係る厚生年金基金の清算につき理事長、理事の不法行為責任が問題になった事例（大阪地判平成 16・7・28 判時 1877 号 105 頁）

Ⅲ　理事・監事の第三者に対する法的な責任

【事案の概要】

Y₁厚生年金基金は、A株式会社において厚生年金保険法に基づき設立されたものであるが、運営が悪化し、解散を検討し、代議員会において解散を決議する等し、清算手続が行われたため（Aは、その後、更生手続が開始された）、Aの従業員で、Y₁の加入員であるXら（合計11名）がY₁のほか、理事長Y₂、理事Y₃ないしY₇に対して忠実義務違反を主張し、不法行為に基づき損害賠償を請求した。

この判決は、Y₁は、法に基づき設立された法人であり、国の運営する厚生年金の支給を代行するものであり、理事等は公務に従事する職員とみなされているから、その職務行為につき個人として責任を負う余地はない等とし、請求を棄却した。

【判旨】

「五　争点五（被告個人らの賠償義務の有無）について

(1)　公権力の行使に当たる国の公務員がその職務を行うにつき故意又は過失によって違法に他人に損害を与えた場合には、国がその被害者に対して賠償の責に任じ、公務員個人はその責を負わないと解される（最高裁判所昭和53年10月20日第二小法廷判決・民集32巻7号1367頁）。

(2)　ア　これを本件についてみると、基金は厚生年金保険法に基づき設立される法人であって（同法108条1項）、その事業の一部として、国の運営する厚生年金の支給を代行するものである。そして、基金には掛金及び徴収金の強制徴収権が認められ、その処分に関する不服申立てについては、行政庁の処分に準じた取扱いがされる（同法169条）ほか、基金の役員等その事務に従事する者は、罰則の適用につき、公務に従事する職員とみなされる（同法121条）。

以上の諸規定に鑑みると、基金は、国が行政事務たる厚生年金事務を遂行するに当たり、法律により設立を認められた団体であって、公共団体（公共組合）たる性格を有するものであり、被告基金の事務を処理する理事等の役員は、公務員に準じた地位にあるものということができる。

イ　そして、基金が解散した場合、厚生年金基金連合会が国の行う厚生年金給付の代行部分につき年金給付義務を承継する一方、基金は、加入員に対す

第6章　一般社団法人等の理事・監事の責任をめぐる裁判例

る年金給付義務を免れ、加入員の基金に対する掛金支払義務も消滅すること
になる。

　このように、基金の解散により、加入員と基金との間の権利義務関係が法
律上当然に変動を生じることになるから、基金がその解散に関し行う行為
は、公権力の行使に当たるものということができる。

ウ　したがって、被告基金の業務を執行する機関である理事等の役員であっ
た被告個人らが、被告基金の解散に関し行った行為につき、個人として責任
を負う余地はないものというべきである。」

【実務上の意義】

　この事案は、株式会社において設立された厚生年金基金の運営が悪化し、
解散決議を経て、清算手続が行われ、加入者である会社の従業員らが厚生年
金基金の理事長、理事らに対して損害賠償を請求した事件である。この事案
は、厚生年金基金の加入者らが基金の理事長、理事に対して不法行為に基づ
き損害賠償を請求し、基金の理事長、理事の加入者ら（第三者）に対する法
的な責任が問題になった事件である。

　この判決は、厚生年金保険法に基づき設立された厚生年金基金は公共団体
たる性格を有するものであり、理事らは公務員に準じた地位にあるとし、公
務員は個人責任を負わないとし、理事らの損害賠償責任を否定したものであ
り、その旨の事例判断として参考になるものである。

〔裁判例 79〕信用組合において追加出資を募集した後間もなく経
営破綻したことにつき信用組合の法的責任の前提として理事らの
不法行為責任が問題になった事例（大阪地判平成 17・2・22 判時
1914 号 127 頁、判タ 1182 号 240 頁）

【事案の概要】

　Xら（個人、株式会社ら合計 40 名）は、Y 信用組合の組合員であったが、
平成 10 年から平成 12 年にかけて、Y が追加出資を募集し、これに応じて追
加出資したところ、平成 12 年 12 月、経営破綻し（金融再生委員が金融機能の

384

再生のための緊急措置に関する法律（金融再生法）8条に基づき金融整理管財人による業務および財産の管理を命ずる処分を行った）、出資金相当額の損失を被ったため、XらがYに対して虚偽の説明をしたと主張し、理事らの不法行為に基づき損害賠償を請求した（Yの理事らの一部である4名はYに補助参加した）。

この判決は、理事らに破綻に至る具体的危険性があることを十分に認識することができた状況にあり、説明義務違反があったとし、請求を認容した。

【判旨】
「被告は、平成10年度初頭の時点においても、実質的債務超過状態を解消できていなかっただけでなく、将来にわたってもその見込みがあるとはいえず、したがって早晩破綻する恐れの高い状態にあり、本件各出資募集によって約150億円の出資金を募ること（これにより自己資本比率が約1.6%上昇する。）によって、実質的な債務超過状態が解消されるものと安易に想定することは、信用協同組合（協金法が銀行法の規定を多数準用し、業務停止等の措置までとれるようにしているなど、監督官庁の強力な監督権限が認められていることからも窺われるように、不特定多数の預金者を保護する必要性があるだけでなく、万一破綻すれば地域社会に対する影響が甚大であることから、財務内容の健全性を保持することが強く要請されている。）の理事長ないし理事として、過失により事実の認識を誤り、かつ不合理な判断に基づくものであったというほかない。

以上によれば、被告は、平成8年検査の講評を受けた平成8年6月25日以降は、早晩、監督官庁から破綻した旨の認定を受けるに至る具体的危険があったものといえ、被告の理事も、被告の全資産について管理すべき立場上、そのような具体的危険性があることを十分認識することができたものというべきである。

したがって、被告の理事は、同日以降、被告に対する出資を募集する場合、その相手方に対して上記危険性があることを説明する義務があったのであり、募集の具体的な担当者に対して被告が破綻の危機にあることを告げないで勧誘することを禁止することなく、そのため、担当者において上記危険性があることを告げないまま出資を勧誘し、被勧誘者をしてこれに応じさせ

第 6 章　一般社団法人等の理事・監事の責任をめぐる裁判例

た場合には、民法 709 条の不法行為（説明義務違反）が成立し、被告は、民法 44 条に基づき、これによって前記各原告に生じた出資金相当額の損害を賠償する責任があるというべきである。」

【実務上の意義】

　この事案は、信用組合が追加出資を募集し、その後間もなく、信用組合が経営破綻したことから、追加出資に応じた者らが信用組合の理事らの不法行為（民法 709 条、44 条）を主張し、信用組合に対して損害賠償を請求した事件である。この事案は、信用組合の組合員が信用組合に追加出資をしたところ、経営破綻し、信用組合に対して損害賠償を請求したものであるが、実質的には、理事の説明義務違反、不法行為を主張し（理事らの第三者である出資者らに対する損害賠償責任が問題になった）、同法 709 条、44 条に基づき信用組合に対して損害賠償責任を追及する事件である（なお、この判決は、同法 709 条、44 条を根拠として記載するが、理事が代表権を有しない場合には、同法 709 条、715 条も記載するのが正確である）。この事案は、中間法人である信用組合の追加出資の募集が問題になったこと、出資後間もなく信用組合が経営破綻したこと、信用組合につき金融整理管財人が選任されたこと、出資者らが信用組合に対して損害賠償責任を追及したこと、信用組合の理事らの説明義務違反等による不法行為責任の有無が問題になったことに特徴がある。この事案では直接損害賠償請求訴訟が提起されたのは信用組合であり、理事らではないが、信用組合の法的責任につき理事らの不法行為責任が前提として主張されており、信用組合の法的責任が肯定された場合には、理事らが求償責任を負う関係にある。

　この判決は、信用組合の理事らは、出資を募集する場合、その相手方に対して早晩監督官庁から破綻した旨の認定を受ける危険性があることを説明する義務があったとしたうえ、募集の具体的な担当者に対して信用組合が破綻の危機にあることを告げないで勧誘することを禁止することなく、担当者においてこの危険性があることを告げないまま出資を勧誘し、被勧誘者をしてこれに応じさせた場合には、説明義務違反が成立するとしたこと、この事案では、信用組合が実質的に債務超過であった状況において、出資を募集したことが理事長・理事として、過失により事実の認識を誤り、かつ不合理な判

断に基づくものであったとしたこと、理事らの説明義務違反による不法行為が認められるとしたことに特徴があり、その旨の事例判断として参考になる。この判決は、信用組合の理事らの出資募集についての説明義務を具体化し、説示するものであるが、この判決の求める説明義務を前提とすると、出資の募集に応じることは通常考えられないところであるから、特段の事情のない限り、理事らにとっては、出資の募集を行うこと自体法的に問題になる判断、行為になるということができる。

〔裁判例 80〕社団法人において理事長、理事らが記者会見で会員を批判したことにつき理事長らの名誉毀損に係る不法行為責任が問題になった事例（東京地判平成 17・3・17 判タ 1182 号 226 頁）

【事案の概要】

　能楽の狂言方の宗家を称する X は、所属する Y_1 社団法人の理事長 Y_2、理事ら（Y_3 ないし Y_9）が、X の公演のダブルブッキング、遅刻・早退の繰り返し等につき Y_1 の定款違反であり、処分を行う臨時総会の開催の決定、X が宗家ではない旨を記者会見で発言したため、X が Y_1、Y_2、Y_3 らに対して名誉毀損を主張し、不法行為に基づき損害賠償、謝罪広告の掲載を請求する等した。

　この判決は、発言が相当な論評である等とし、名誉毀損の不法行為を否定し、請求を棄却した。

【判旨】

「(1)　争点①（原告の社会的評価の低下の有無）

　一般の視聴者において通常理解するところによれば、本件発言①は、原告がその公演においてダブルブッキング、遅刻、早退等を繰り返し、また、被告協会に対する誹謗中傷を繰り返したことから、被告協会より除名又は退会させられる可能性があるとの印象を与えるものである。また、本件発言②は、原告は和泉流二十世宗家でないにもかかわらず二十世宗家であると偽っているかのような印象を与えるものである。したがって、本件発言①、②は

いずれも原告の社会的評価を低下させる内容のものであると認められる。

　これに対し、被告らは、本件発言①は、被告Y₂及び同Y₁が、記者会見において、公演において遅刻等を繰り返した原告に対する被告協会の対応を回答したものにすぎず、また、本件発言②は、記者会見において、和泉流宗家問題についての被告協会の認識を問われたので、被告協会の理事として、被告協会の認識を、そのまま回答したものにすぎないので、いずれも社会通念上、当然に許されるべき態様の行為であるばかりか、何ら原告の社会的評価を低下させる内容ではないと主張する。しかしながら、本件発言①は、原告において被告協会の除名又は退会命令事由となりうる公演のダブルブッキング、遅刻、早退等及び被告協会に対する誹謗中傷を繰り返した旨を発言しているのであるから、これが原告の社会的評価を低下させるものといわざるを得ない。また、本件発言②も、上記のとおり受け取られるものであるから、原告の社会的評価を低下させるものといわざるを得ず、これらの発言が許容されるべきものかどうかは後記の違法性又は故意・過失を欠くかという観点から検討すべきである。

（中略）

③　以上からすれば、発言前提事実のうち、㈠ないし㈥、㈠、㈲、㈹及び㈼については、被告らが主張するように原告が遅刻、早退、予定を急遽中止等したとして、公演先との間で問題が生じたとまでいえないが、発言前提事実のうち、㈹ないし㈡、㈯及び㈾については、原告の遅刻等によって現に公演先との間で問題になったことが認められる。

　これを前提として、被告らが、原告が遅刻等を繰り返していたと発言しても、内容が人身攻撃に及ぶなど意見ないし論評としての域を逸脱したものではなく、論評の前提としている事実が主要な点において真実であると認められ、遅刻等の回数、程度に照らし、論評として相当というべきである。」

【実務上の意義】

　この事案は、社団法人の会員の活動につき理事長、理事らが記者会見で批判したことから、会員が社団法人、理事長、理事らに対して名誉毀損を主張し、損害賠償等を請求した事件である。この事案は、社団法人の会員が社団法人、理事長、理事らに対して名誉毀損に係る損害賠償を請求し、社団法

人、理事長、理事らの会員（第三者）に関する法的な責任が問題になった事件である。この事案は、特定の芸能者を会員とする公益法人である社団法人の理事長、理事らの記者会見における発言が問題になったこと、事件の背景には、問題になった会員の活動がマスコミ等において盛んに話題になっていたこと（会員自身、その家族が盛んにマスコミに登場し、さまざまな言動を繰り返していた）、社団法人の理事らが記者会見において会員の活動を批判したこと、社団法人の理事長、理事らの名誉毀損による不法行為責任が追及されたことに特徴がある。

この判決は、理事の記者会見の発言が会員の社会的評価を低下させる論評であることを認めたものの、内容が真実であるか、真実であると信じるにつき相当性が認められる等とし、違法性または故意・過失を否定したものであり、事例判断を提供するものである。公益法人のような会員等の関係が比較的緊密な団体においては、会員等の間で批判・誹謗が問題になることがあるが、この事案もそのような一例であるところ、公益法人の理事長、理事らが記者会見において会員の批判をしたことが問題になったという特徴がある（前記のとおり、当時、会員側もマスコミ等においてさまざまな言動を繰り返しており、理事長、理事らの側でも記者会見を行い、対応を説明する等したものと推測される）。

〔裁判例81〕漁業協同組合において漁業権放棄による補償金の分配につき理事らの第三者責任等が問題になった事例（控訴審）（福岡高判平成 17・5・12 判タ 1198 号 273 頁）

【事案の概要】

N 漁業協同組合（漁協）は、港湾整備事業の一環として行われた廃棄物埋立護岸工事に伴い、昭和 62 年、区画漁業権の一部を放棄することの対価として補償金を受け取り、総会を開催し、多数決によって、N の A 支所、B 支所、C 支所、D 支所に所属する組合員に分配したため、N の組合員 X ら（合計 222 名）が理事 Y_1、Y_2 らに対して現実に損失を被っていない A 支所、

B支所所属の組合員らにも配分した、善管注意義務違反がある等と主張し、水産業協同組合法（水協法）37条3項所定の理事の第三者に対する責任、不法行為、善管注意義務違反に基づき主体的、予備的に損害賠償を請求した。

第1審判決は、補償金の配分は総会の特別決議によるべきであるところ、本件配分手続は違法で、無効である等とし、主位的請求を棄却し、理事としての忠実義務違反を認め、水協法37条3項所定の第三者に対する責任を肯定し、予備的請求を認容したため、Y₁、Y₂らが控訴した（一部の者が死亡し、訴訟が承継され、控訴人は合計15名）。

この判決は、本件配分手続は特別決議が必要であるとする最一小判平成元・7・13民集43巻7号866頁の前に行われたものであり、任務懈怠に悪意または重大な過失が認められないし、権利侵害に対する故意、過失も認められない等とし、原判決を取り消し、請求を棄却した。

【判旨】

「(1) 任務懈怠に対する悪意又は重過失の有無

まず、本件配分基準が特別決議によらずに決定され、これに基づき本件配分行為が実施されたことについては、本件補償金の配分に当たり、水産業協同組合法が求める適法な手続を踏んでいないことになるから、この点を看過し、配分委員会の決議のみによって本件配分基準を決定することについて異議を述べなかった各理事及び本件配分行為を実施した組合長E男には、客観的には任務違背があるといわざるをえない。しかし、上記認定のとおり、中津市漁協における配分事例においては、いずれも配分委員会ないし理事会の決議のみで決定されており、総会の特別決議を経た例はなかったというのである。そして、平成元年7月13日に漁業補償金の配分に関する上記最高裁判所の判決が出される以前の本件配分行為当時は、中津市漁協以外の漁業協同組合においても、配分委員会を組織して配分を決定することが一般的であったことがうかがわれる。本件補償金の配分に関しても、理事をはじめ組合員からも総会の特別決議によるべきである等、本件配分基準の決定手続に関して異議を述べた者は、本件証拠上認められない。これらの事実からすると、本件配分基準を決定し、本件配分行為を行うに当たり、特別決議によらなかったことについて被控訴人らに過失はあるが、その当時としては、少な

くとも重過失まではなかったものといわなければならない。

　これに関連して、被控訴人らは、中津市漁協において、従前、漁業補償金等の配分を行うに当たっては理事会ないし配分委員会の全員一致により決定されてきたものであるから、今回配分委員会の多数決によって決定したことは、これまでの慣行に反している旨主張する。しかし、本件補償金の配分に関しては、昭和62年3月に配分委員会が4回開かれたものの、結局、配分基準についての合意に至らなかったので、暫定案としてパンフレット案が提案され、同年8月に本件補償金の額が確定した後に再開された配分委員会においても、同年12月に至るまで意見の一致を見ることなく、会議は紛糾していたものである。かかる経過からみて、過去における補償金の配分とは異なり、委員の全員一致を得ることは極めて困難な状況にあったということができる。そして、このような状況における配分委員会の決議について、慣行の存在を認めるに足りる証拠はない。したがって、本件補償金について、配分委員会が多数決によって決定したことをもって、従来の慣行に反する行為とはいいがたいことになる。

　次に、本件配分基準がその内容において、適法性ないし相当性を欠き、これを決定した理事としての任務に違反するものであるか否かを検討する。上記説示のとおり、本件配分基準が被控訴人らの期待権を侵害したとまでは認められないが、他方、本件各漁業権のうち区第207号漁業権及び区第281号漁業権についての被控訴人らの行使権の一部消滅等による損害の対価の配分として、実質的公平の観点から十分な金額であったか、また、過去の配分事例と比較して説得力のあるものであったかについては、上記説示のとおり疑問があるところである。しかし、本件配分基準は、A支所及びB支所所属の組合員は正組合員一人当たり45万円であるのに対し、C支所所属の組合員は一人当たり約98万円余（45万円＋約53万円余）、D支所所属の組合員は一人当たり約54万円余（45万円＋約9万円余）と、C支所及びD支所所属の組合員への配分額が多くなっており、一応の配慮がされているということができるのである。そして、配分委員会では、長期間にわたって議論が重ねられ、その間、組合員からはすみやかに本件補償金を配分してほしいとの要求が高まっており、配分委員会においても早期の決着が迫られた状況にあっ

たことがうかがわれる。また、本件各漁業権の価値や影響を実質的に検証するという議論は、配分委員会や理事会において出されておらず、それはパンフレット案に賛成した控訴人らに限られなかったことであるから、控訴人らが、本件配分行為を強行したというのはいささか酷といわなければならない。そして、配分委員会には、C支所及びD支所から組合員数の比率よりも多い14名の委員が選出され、同人らを含む30名で構成されていたところ、反対者が8名にとどまり、結局、賛成多数で決議されたこと等の決議に至る経過を考慮すると、本件配分基準の内容を決定するに当たり、検討に不十分な点があったとしても、その内容の面からしても配分委員会の決定に異議を述べず、また、これに基づいて本件配分行為を実施した控訴人らに、重過失までは認められないというべきである。

さらに、本件配分行為は、被控訴人らが、中津市漁協に対し、本件配分行為を停止するよう求める旨の通知書を送付するとともに、本件補償金の配分停止を求める仮処分を申し立てている中で実施されたものではあるが、控訴人らが、本件配分行為の前に上記通知書の内容や仮処分申立ての事実を認識していたかは明らかでない。また、上記通知書の内容も配分委員会決議が違法である旨を指摘するにとどまり、これにより本件配分基準についての手続的及び内容的な問題点を控訴人らが認識し得たとはいいがたいところである。すなわち、これらの事実をもって控訴人らの重過失を基礎づけることは、未だ不十分であるというべきである。

(2) 権利侵害に対する故意又は過失の有無

本件配分行為が被控訴人らの期待権を侵害したと認められないことは上記3に説示したとおりであるから、これに対する故意又は過失の有無は問題とならないが、仮に、客観的には期待権を侵害したものであったとしても、組合に支払われた本件補償金の配分は、種々の複雑な要素を考慮した上で、基本的に組合員の自治的な決定により決せられるべきものである。すなわち、予めその客観的な範囲を決することは困難であるから、理事らにおいて、各組合員が最低限有するというべき期待権の限度を認識することは困難といわなければならない。いずれにしても、上記のような経過の中で、本件配分基準が被控訴人らの期待権を侵害する内容であることを、控訴人らが認識して

い、あるいは、その認識を欠いていたことについて過失があった、とは言い難いというのが相当である。」

【実務上の意義】

　この事案は、漁協が区画漁業権の一部を放棄することの対価として補償金を受け取り、総会を開催し、多数決によって分配したところ、組合員の一部が理事らに対して損害賠償を請求した控訴審の事件である（第1審判決は理事らの忠実義務違反を認め、水協法37条3項所定の理事の第三者に対する責任を肯定したものである）。この事案は、漁協の組合員が漁業権の一部放棄による補償金の分配につき理事らに対して損害賠償を請求し、理事らの組合員（第三者）らに対する損害賠償責任が問題になった事件である。この事案は、中間法人である漁協の漁業権の放棄の対価である補償金の配分が問題になったこと、漁協において総会の多数決によって分配が決められたこと、組合員の一部が現実に損失を被っていない組合員にも配分した等と主張したこと（4カ所の漁協の支所に所属する組合員らに分配されたところ、そのうち2カ所の支所にも分配したことが問題になったが、この背景には、補償金の配分につき支所間の対立・組合員間の対立があった）、組合員が水協法37条3項（現行水協法39条の6第8項）所定の理事の第三者に対する責任、不法行為責任、理事らの善管注意義務違反が問題になったことに特徴がある。この事案における漁協の総会の決議は、昭和62年に行われたものであり、総会の特別決議が必要であるとする最一小判平成元・7・13民集43巻7号866頁の前に決議が行われたものである。

　この判決は、この事案の補償金の配分は水協法が求める適法な手続を踏んでいないことになり、この点を看過し、配分委員会の決議のみによって配分基準を決定することについて異議を述べなかった各理事および配分行為を実施した組合長には、客観的には任務違背があるとしたこと、最高裁判所の判決が出される以前の本件配分行為当時は、ほかの漁協においても、配分委員会を組織して配分を決定することが一般的であり、理事をはじめ組合員からも総会の特別決議によるべきである等、配分基準の決定手続に関して異議を述べた者は、証拠上認められないとし、特別決議によらなかったことにつき理事らに過失はあるものの、その当時としては、少なくとも重過失まではな

かったとしたこと、理事らの任務懈怠による損害賠償責任を否定したこと（水協法37条3項所定の第三者責任を否定したこと）、理事らの不法行為責任を否定したことを判示したものであり、事例判断を提供するものである。

　なお、前記最一小判平成元・7・13民集43巻7号866頁は、共同漁業権放棄の対価としての補償金の配分手続が問題になった事案について、「1　現行漁業法の定める共同漁業権は、旧漁業法（明治43年法律第58号）のもとにおける専用漁業権及び特別漁業権を廃止して、従来の定置漁業権の一部とともに第一種ないし第五種の共同漁業権に編成替えされたものであり、沿革的には、入会的権利と解されていた地先専用漁業権ないし慣行専用漁業権にその淵源を有することは疑いのないところである。

2　しかしながら、現行漁業法によれば、漁業権は都道府県知事の免許によつて設定されるものであり（10条）、しかも、旧漁業法が先願主義により免許していたのを改めて、都道府県知事が海区漁業調整委員会の意見をきき水面の総合的利用、漁業生産力の維持発展を図る見地から予め漁場計画を定めて公示し（11条）、免許を希望する申請人のうちから、適格性のある者に、かつ、各漁業権について定められた優先順位に従つて免許を与えるものとされており（13条ないし19条）、漁業権の存続期間は法定されていて、その更新は認められていない（21条）。

3　また、同法は、共同漁業権につき、その免許について適格性を有する者を漁業協同組合又は漁業協同組合連合会（以下「漁業協同組合等」という。）に限定し（14条8項）、右適格性を有する漁業協同組合等に対してのみ免許をするものとする（13条1項）一方、漁業協同組合の組合員（漁業者又は漁業従事者である者に限る。）であつて、当該漁業協同組合等がその有する共同漁業権ごとに制定する漁業権行使規則で規定する資格に該当する者は、当該漁業協同組合等の有する当該共同漁業権の範囲内において漁業を営む権利を有するものとしている（8条1項）。右8条1項の規定は、昭和37年法律第156号による改正前の漁業法8条が、漁業協同組合の組合員であつて漁民（漁業者又は漁業従事者たる個人をいう。）である者は、定款の定めるところにより、当該漁業協同組合等の有する共同漁業権の範囲内において「各自漁業を営む権利」を有すると規定していたものを改めたものであるところ、右改

正前の規定については、右のように漁民である組合員全員が「各自漁業を営む権利」を有するものとしていたところから、漁民による漁場管理といういわゆる組合管理漁業権の本質を法的に表現したもので、組合が管理権限を持ち組合員がそれに従つて漁業を営む関係は陸における入会山野の利用関係と同じであり、組合員たる資格を有する漁民は各自漁業を営む権利を有するが、その行使方法を定款で定め、形式的、機械的にではなく、団体規制下に実質的平等に権利を行使させようとするものであるとの見解を容れる余地があつた。これに対し、右改正後の規定は、いわゆる組合管理漁業権について、組合員（漁業者又は漁業従事者である者に限られる。）は、組合が定める漁業権行使規則に規定された資格を有する場合に、当該漁業権の範囲内においてその内容たる漁業を営む権利を有するものとし、組合員であつても漁業権行使規則に定める資格要件を充たさない者は行使権を有しないことを明らかにしたもので、全組合員の権利という意味での「各自」行使権は存在しなくなるため、旧規定の「各自」の文言は削除された。そして、右漁業法の改正と同時に行われた水産業協同組合法の改正により、漁業権行使規則の制定、変更及び廃止が、総組合員（准組合員を除く。）の半数以上が出席したその議決権の３分の２以上の多数による議決を要する総会の特別決議事項とされたが（48条１項10号、50条５号）、同時に、右改正後の漁業法では、特定区画漁業権及び第一種共同漁業権について漁業権行使規則を定めるについては、右議決前に、当該漁業又は沿岸漁業を営む者の３分の２以上の書面による同意を得なければならないものとして（8条３項）、関係地区内の漁業者等の利益保護の見地から組合意思の決定に制約を加えているほか、漁業権行使規則は、都道府県知事の認可を受けなければその効力を生じないものとされている（同条４項）。

4　他方、水産業協同組合法によれば、漁業協同組合は法人とされ（5条）、組合員たる資格要件（18条）を備える者の加入を制限することはできず（25条）、組合からの脱退も自由とされている（26条）。また、漁業協同組合は、組合員に対する事業資金の貸付け等同法11条１項各所定の事業を営むほか、一定の組合は、組合員の３分の２以上の書面による同意があるときには、自ら漁業を営むことができるものとされている（17条）。更に、漁業権又はこ

れに関する物権の設定、得喪又は変更は総会の特別決議事項とされており（48条1項9号、50条4号）、漁業権の放棄は組合員の全員一致を要するものとはされていない。

5　以上のように、現行漁業法のもとにおける漁業権は都道府県知事の免許によつて設定されるものであり、しかも、その免許は、先願主義によらず、都道府県知事が予め定めて公示する漁業計画に従い、法定の適格性を有する者に法定の優先順位に従つて付与されるものであり、かつ、漁業権は、法定の存続期間の経過により消滅するものと解される。そして、共同漁業権の免許は漁業協同組合等に対してのみ付与され、組合員は、当該漁業協同組合等の定める漁業権行使規則に規定された資格を有する場合に限り、当該漁業権の範囲内において漁業を営む権利を有するものであつて、組合員であつても漁業権行使規則に定める資格要件を充たさない者は行使権を有しないものとされており、全組合員の権利という意味での各自行使権は今や存在しないのである。しかも、共同漁業権の主体たる漁業協同組合は、法人格を有し、加入及び脱退の自由が保障され、組合員の3分の2以上の同意があるときには組合が自ら漁業を営むこともできるものとされているほか、総会の特別決議があるときには、漁業権の放棄もできるものとされている。このような制度のもとにおける共同漁業権は、古来の入会漁業権とはその性質を全く異にするものであつて、法人たる漁業協同組合が管理権を、組合員を構成員とする入会集団が収益機能を分有する関係にあるとは到底解することができず、共同漁業権が法人としての漁業協同組合に帰属するのは、法人が物を所有する場合と全く同一であり、組合員の漁業を営む権利は、漁業協同組合という団体の構成員としての地位に基づき、組合の制定する漁業権行使規則の定めるところに従つて行使することのできる権利であると解するのが相当である。そして、漁業協同組合がその有する漁業権を放棄した場合には漁業権消滅の対価として支払われる補償金は、法人としての漁業協同組合に帰属するものというべきであるが、現実に漁業を営むことができなくなることによつて損失を被る組合員に配分されるべきものであり、その方法について法律に明文の規定はないが、漁業権の放棄について総会の特別決議を要するものとする前記水産業協同組合法の規定の趣旨に照らし、右補償金の配分は、総会の特

別決議によつてこれを行うべきものと解するのが相当である。」と判示し、補償金の配分につき総会の特別決議が必要であることを明らかにしている。

> **〔裁判例 82〕医療法人の経営に係る産婦人科病院において無資格で医療行為を行つた理事長、院長・理事の共同不法行為責任が問題になつた事例**（東京地判平成 11・6・30 判タ 1007 号 120 頁）

【事案の概要】

Xら（患者合計 60 名のほか、患者の夫 1 名。なお、ほかに 1 名は、その後、訴えを取り下げた）は、Y_1 医療法人が開設する A 産婦人科病院において子宮全摘手術等の手術を受けたが、Y_2 理事長が医師の資格を有しないにもかかわらず、勤務医らとともに、Y_2 の出鱈目な検査結果、所見に依拠して、手術適応が認められない子宮、卵巣を摘出する等の手術を長年にわたり繰り返していたものであり、Y_1、Y_2 のほか、院長 Y_3（Y_1 の理事であり、Y_2 の妻）、医師 Y_4 ら（院長を含め医師合計 6 名）、Y_5（国）、Y_6 県（埼玉県）に対して、Y_1 ないし Y_4 らにつき共同不法行為、使用者責任に基づき損害賠償を請求した（Y_2、Y_3 は、その後破産宣告（当時）を受けた）。

本判決は、理事長らの共同不法行為を認め、請求を認容し、Y_5、Y_6 に対する請求を棄却した。

【判旨】（省略）

【実務上の意義】

この事案は、医療法人の経営に係る産婦人科病院において理事長が医師の資格を有しないにもかかわらず、医師らとともに理事長の出鱈目な検査結果、所見に依拠し、長年にわたり手術を繰り返したことから、多数の患者らが医療法人、理事長、院長、医師らに対して共同不法行為、使用者責任に基づき損害賠償を請求した事件である（ほかに、国、県に対しても国家賠償法（国賠法）1 条 1 項に基づき損害賠償を請求したものである）。この事案は、本書のテーマの範囲では、医療法人の理事長、理事・院長の患者ら（第三者）に対する共同不法行為責任が問題になつた事件である。この事案は、一時期、

397

第 6 章　一般社団法人等の理事・監事の責任をめぐる裁判例

社会的な大きな話題になった事件であり、医療法人の理事長、院長（理事）が起訴され、有罪判決を受ける等したものである。この事案は、医療法人が産婦人科病院を経営していたこと、理事長は医師の資格を有しておらず、資格を院長（理事、妻）と夫婦であったこと、理事長が無資格で検査を実施し、根拠のない検査結果による診断をし、手術を前提とする入院をさせたこと、病院の医師らはこれに追随して子宮、卵巣を摘出する等の手術を行ったこと、理事長が昭和 49 年から昭和 55 年までの間、出鱈目な医療を行ったこと、昭和 55 年 9 月、理事長が逮捕されたこと、医療法人の使用者責任、理事長、理事（院長）、医師らの不法行為責任が追及されたこと、国、県の監督権限の不行使に係る同項所定の責任が追及されたことに特徴がある。なお、この訴訟は、最初に提起されたのは、昭和 56 年であるが（昭和 57 年、昭和 60 年にも提訴され、合計 3 件の訴訟が併合されたものである）、この判決が言い渡されたのは平成 11 年であり、長期の審理が行われたものである。

　この判決は、この事件の経過、内容を詳細に認定し、理事長、店長（理事）、医師らの共同不法行為責任を肯定したこと、医療法人の使用者責任を肯定したこと、国、県の国賠法 1 条 1 項所定の責任を否定したことに特徴があり、その旨の事例判断を提供するものである。

〔裁判例 83〕信用組合において追加出資を募集した後間もなく大幅な債務超過に陥り、解散したことにつき理事長、理事の不法行為責任が問題になった事例（控訴審）（東京高判平成 18・4・19 判時 1964 号 50 頁）

【事案の概要】

　前記〔裁判例 77〕東京地判平成 16・7・2 判時 1868 号 75 頁の控訴審判決であり、Y_1、Y_2 が控訴した。

　この判決は、第 1 回募集時は経営破綻のおそれがあったとすることは困難であったが、第 2 回募集時には近い将来経営破綻のおそれがあったとし、Y_1 の財務内容を説明しないで募集したとして不法行為を認め、大幅な過失

398

相殺をし、原判決を変更し、一部のＸらの請求を認容し、ほかのＸらの請求を棄却した。

【判旨】

「㈠　第一回出資募集について

第一回出資募集当時には、控訴人信用組合の経営がそのまま推移すれば近い将来に破綻するおそれがあったと認めるのは困難であるから、控訴人信用組合は、第一回出資募集に当たり、出資金の性質等の一般的な出資募集に必要とされる事項を説明する程度で足りるというべきである。そして、控訴人丙川は、職員に対し、出資募集の必要性等を指示し、職員は、出資募集に当たり、相手方に対し、出資については出資金の返還が保証されていないこと、その募集が控訴人信用組合の自己資本比率を改善するためのものであることなどを説明したことは前記のとおりであるから、控訴人丙川について不法行為が成立すると認めることはできない。

㈡　第二回出資募集について

前記のとおり、①第二回出資募集の当時、控訴人信用組合は、実質的には大幅な債務超過に陥っており、保有株式等の一部を原価法により評価し、その含み損を営業利益等をもって段階的に償却する方法により、金融機関としての信用を維持することができない事態に至っており、近い将来、実質的には大幅な債務超過に陥っていることが明らかになって、破綻するおそれがあったこと、②控訴人信用組合は、短期間のうちに、財務内容の健全化を達成することのできる営業利益を確保することができたとは認め難いこと、③控訴人信用組合は、比較的小規模な信用協同組合であり、控訴人丙川は、理事長として、控訴人信用組合の経営方針等に関する意思決定を行っていたこと、④被控訴人らは、学校の教員、事務職員、栄養士又はその退職者であって、金融機関の財務内容の判断や、金融機関への出資、金融機関の破綻処理等について、格別の知識及び経験を有していなかったこと、⑤第二回出資募集は、控訴人信用組合が自らの業務利益のみをもって保有株式等の含み損を償却しつつ自己資本比率４パーセントを達成することができないことから組合員等に対して救済を求めるために行われたものであることを総合すると、控訴人丙川は、第二回出資募集を実施するに当たり、募集の相手方に対する

第6章　一般社団法人等の理事・監事の責任をめぐる裁判例

一般不法行為法上の注意義務として、実際に募集に当たる控訴人信用組合の職員にその財務内容に関する正確な情報を与え、職員が募集の相手方に控訴人信用組合が保有株式等に多額の含み損を抱え、実質的には大幅な債務超過に陥っており、破綻するおそれがあることを説明した上で、これを救済するため募集に応ずるか否かの意思決定をさせるように指示する義務を負っていたというべきである。そして、控訴人丙川は、控訴人信用組合の職員に対し、上記指示をしなかったため、保有株式等の含み損の状況など財務内容に関する正確な情報を与えられていなかった職員は、第二回出資募集に当たり、相手方に対し、出資については出資金の返還が保証されていないこと、出資募集が控訴人信用組合の自己資本比率を改善するためのものであることなどを説明したものの、控訴人信用組合の財務内容や、前記のように保有株式等の含み損が資産の額に照らして多額に達していること、そのため実質的な債務超過に陥っていること、破綻のおそれもあることなどの点については説明しなかった。したがって、控訴人丙川は、第二回出資募集について、民法709条に基づいて不法行為責任を負うべきであると認められる。

　これに対し、控訴人らは、控訴人丙川に上記注意義務を課するのは、出資を求めることを断念し、倒産の憂き目を見ることを甘受しなければならないのと同じであって不当である、信用組合の理事は、これを維持経営していかなければならない義務を既存の出資者との関係で負っているのであり、財務状況等から見て増資の必要性があれば、必要な範囲で増資を求めることは当然の責務であり、金融機関として法令に適合した決算書類の作成・開示をし、株式等の含み損を継続して多額に償却し、信用組合としての維持が可能と判断しても不合理とはいえない状況の下にあったのであるから、控訴人丙川に対し、上記指示義務を要求することは不可能を強いるものである旨主張する。しかし、前記認定のとおり、控訴人信用組合は、保有株式等に多額の含み損を抱え、実質的には大幅な債務超過に陥っており、破綻するおそれがあったこと、第二回出資募集は、組合員等に対して救済を求めるために行われたものであること、出資募集の相手方となった者は、一般の教職員等であって、金融機関の財務内容の判断や、金融機関への出資、金融機関の破綻処理等について、格別の知識及び経験を有していなかったことを併せ考える

400

と、第二回出資募集に際しては、一般的な出資募集の際に必要とされる説明をするだけでは足りず、上記のとおり、実際に募集に当たる控訴人信用組合の職員は、控訴人信用組合の財務内容に関する正確な情報を把握した上、それを前提として、募集の相手方に対し、控訴人信用組合が保有株式等に多額の含み損を抱え、実質的には大幅な債務超過に陥っており、破綻するおそれがある旨説明し、これを救済するために募集に応ずるか否かの意思決定をさせなければならなかったというべきである。

　また、控訴人らは、控訴人丙川が控訴人信用組合の総代会における報告、組合員全員に対して送付される事業報告書及び控訴人信用組合の機関紙である「ペンのひろば」等において、決算及び財務内容について報告するなどしていたのであり、募集相手は、控訴人信用組合の財務内容を認識していた旨主張する。しかし、被控訴人ら各自が、本件各出資募集を受けるに当たって、既に上記報告等の内容を現実に認識していたと認めるに足りる証拠はない上、むしろ、前記認定のとおり、控訴人丙川が、控訴人信用組合の職員に対し、控訴人信用組合の財務内容について、自己資本比率は良くないが、それ以外は他の信用協同組合よりも優れていると説明していたことなどからすると、前記のとおり、被控訴人らは、本件各出資募集に応じた際、控訴人信用組合の財務内容が健全であると信じていたものと認めるのが相当である。したがって、控訴人らの上記主張は、採用することができない。」

【実務上の意義】

　この事案は、信用組合が追加出資を募集し、出資がされたところ、その後間もなく大幅な債務超過に陥り、事業全部を他の信用組合に譲渡し、解散したため、出資者らが信用組合、理事長、理事に対して不法行為等に基づき損害賠償を請求した控訴審の事件である（第1審判決である〔裁判例77〕東京地判平成16・7・2判時1868号75頁は理事長の不法行為責任、信用組合の責任を肯定したが、理事の責任を否定した）。この事案は、信用組合の出資の募集に応じた出資者らが信用組合のほか、理事長、理事に対して損害賠償を請求し、理事長の出資者ら（第三者）に対する法的な責任が問題になった事件である。なお、理事に関する判決は控訴されず、確定した。

　この判決は、第1回の出資募集については出資の説明がされたとし、理事

長の不法行為を否定したこと、第2回の出資募集については、募集の相手方に対する一般不法行為法上の注意義務として、実際に募集に当たる信用組合の職員にその財務内容に関する正確な情報を与え、職員が募集の相手方に信用組合が保有株式等に多額の含み損を抱え、実質的には大幅な債務超過に陥っており、破綻するおそれがあることを説明するうえで、これを救済するため募集に応ずるか否かの意思決定をさせるように指示する義務を負っていたとしたこと、理事長は、信用組合の職員に対し、この指示をしなかったため、信用組合の財務内容や、保有株式等の含み損が資産の額に照らして多額に達していること、そのため実質的な債務超過に陥っていること、破綻のおそれもあることなどの点については説明しなかったことから、理事長の義務違反を認めたこと、理事長の不法行為を肯定したことに特徴があり、この判決が提示する具体的な理事長の義務内容には議論が予想されるが、出資募集に関する理事長の不法行為を肯定した事例判断を提供するものである。

> **〔裁判例84〕社会福祉法人において通所者の行方不明につき理事の不法行為責任が問題になった事例**（鹿児島地判平成18・9・29判タ1269号152頁）

【事案の概要】

知的障害を有するAは、Y_1県（鹿児島県）の福祉事務所長から援護委託措置決定を受け、Y_2社会福祉法人が設置運営する知的障害者更生施設に通所していたところ、Y_2の理事Y_3（施設長）に引率され、山中の作業所で保護訓練を受けている間に行方不明となり、その後も行方が不明であったため、Aの両親X_1、X_2がY_1のほか、Y_2、Y_3に対して不法行為等に基づき損害賠償を請求した。

この判決は、山中の作業所で知的障害者に作業をさせることが危険性が高く、Y_3としては自己の管理下でAの動静を絶えず把握すべき注意義務を負っていたところ、これを怠ったとし、Y_3の不法行為を認め、Y_2の民法44条1項の責任を認め、請求を認容し、Y_1の責任を否定し、請求を棄却した。

【判旨】

「イ　まず、被告乙山が目を離している間に二郎が小松尾作業所から何らかの理由でいなくなった場合につき検討するに、前記のとおり、小松尾作業所は知的障害者に作業をさせるにはそもそも危険性の高い場所であり、しかも、二郎は IQ20 以下、社会生活年齢もせいぜい 3、4 歳程度の最重度知的障害者であったのであるから、二郎を小松尾作業所に引率してきた B 園の施設長たる被告乙山としては、二郎が少なくとも自己の管理下から離れることがないようその動静を絶えず把握すべき注意義務を負っていたというべきである。にもかかわらず漫然と二郎の動静から目を離す行為は、それ自体、上記注意義務に違反するものといわなければならない。なお、被告乙山は、当公判廷において、知的障害者には指導する者がまず自ら作業を実践してみせなければならない旨供述するが、1 人で作業の指導等をしながら引率してきた入所者らの動静を絶えず把握することが困難であれば、引率者を複数にする等の措置をとるべきなのであって、そのことは何ら前記注意義務を軽減するべき理由とはならない。

ウ　次に、二郎が犬を追いかけて小松尾作業所から出ていくのを少なくとも被告乙山が容認した場合について検討するに、小松尾作業所の危険性及び二郎の知的障害の程度については既に繰り返し述べたとおりであり、近隣に人家も存在しないような山中で最重度の知的障害者である二郎に犬を追いかけさせるなどすれば、二郎が犬を追いかけるうちに、又は興味に駆られるなどして山中等に入り込み、帰路を見失って遭難したり、斜面から滑落、転落するなどして、その生命、身体に危険が及びうることが容易に予見できたのであるから、被告乙山としては、これを制止するか、少なくとも自ら又は他の適切な保護者を同行させるなどの措置をとるべきであったにもかかわらず、何らかかる措置をとることなく、漫然と二郎に犬を探しに行かせたのであるから、かかる被告乙山の行為が注意義務に違反するものであることは多言を要しないというべきである。このことは、二郎が自ら犬の捜索を申し出たとする被告乙山の前記供述を仮に前提としたとしても同じことであって、いずれにせよ被告乙山は注意義務違反の誹りを免れないというべきである。

　この点、被告らは、二郎の自主性を尊重した結果であると主張するが、知

第6章　一般社団法人等の理事・監事の責任をめぐる裁判例

的障害者の場合は、自主性尊重といってもあくまでその安全が確保された状況にあることを前提とするものであることは、被告乙山も当公判廷において供述するとおりである。被告らは、集落から小松尾作業所に至る道路は一本道であり、二郎は小松尾作業所の周囲の状況にある程度通じていたから、道に迷うようなことは考え難いとするが、二郎は最重度知的障害者なのであり、しかも本件事故までに十数回小松尾作業所に行ったことがあるとしても、すべて自動車で送迎されたものにすぎず、それまで保護者の同伴なしに1人で外出したこと自体なかったのであるから、被告らの上記主張は二郎の知的障害を理解していないものといわざるを得ない。しかも、小松尾作業所から各方面に至る舗装道路自体、一本道であるなどといえないことは明らかであり、二郎が舗装道路から林道や全くの山中に踏み込むことも考え得るのであるから、被告らの上記主張は採用できないものというほかない。また、被告らは、本件事故までの約7年間、15名位の利用者（知的障害者）が放れた犬の連れ戻しに出かけたが、誰一人として小松尾作業所に連れ帰らない者はいなかった旨主張するが、知的障害者に放れた犬の連れ戻しに行かせたという事実自体が本件事故まではなかったことは被告乙山自身が当公判廷において認めるところである。さらに、被告らは、二郎が丁田と2人で行ったことから安心していたとも主張するが、丁田もIQ20以下の重度知的障害者であり、同人を同行させたことが結果回避のための適切な措置といえないことはあまりにも明らかである。

エ　したがって、二郎が行方不明となった原因が上記各場合のいずれであるにしても、被告乙山には小松尾作業所で二郎を適切に保護、監督しなかった過失があるというべきである。」

【実務上の意義】

　この事案は、社会福祉法人が設置運営する知的障害者更生施設を運営し、知的障害者が通所し、その理事（施設長）に引率され、山中の作業所で保護訓練を受けている間に行方不明となったため、その両親が社会福祉法人、理事に対して損害賠償を請求した事件である（ほかに、県の損害賠償責任も問題になっている）。この事案は、社会福祉法人の運営する施設を利用する障害者の両親が法人、理事らに対して損害賠償を請求し、理事の施設利用者（第三

404

者）に対する損害賠償責任が問題になった事件である。この事案は、公益法人である社会福祉法人、その理事の事業の遂行が問題になったこと、法人が知的障害者更生施設を運営していたこと、法人が山中の作業所で知的障害者の保護訓練を実施していたこと、理事（施設長）が引率し、保護訓練を実施していた間に、参加した知的障害者が行方不明になったこと、法人、理事の損害賠償責任が問われたこと、理事の不法行為責任が問題になったことに特徴がある。

　この判決は、引率した理事（施設長）は、引率に係る知的障害者につき自己の管理下から離れることがないようその動静を絶えず把握すべき注意義務を負っているとしたこと、この事案では、理事が知的障害者の動静から目を離し、行方不明になったものであるとし、注意義務違反を認め、適切に保護、監督しなかった過失があるとしたことに特徴がある。この判決は、公益法人である社会福祉法人の理事の注意義務について、法人の事業の性質、内容に照らし、高度な注意義務を提示したものであり、また、具体的な注意義務違反の判断に当たっても、相当に厳格な判断を示したものであり、さまざまな立場からの議論が予想されるが、理事の不法行為責任を肯定した事例判断を提供するものである。

〔裁判例 85〕共済協同組合において多額の債務超過に陥り、破産宣告を受けたことにつき理事長、専務理事らの不法行為責任が問題になった事例（佐賀地判平成 19・6・22 判時 1978 号 53 頁）

【事案の概要】

　A 共済協同組合は、中小企業等協同組合法に基づき設立され、会員に対する事業費の貸付け、福利厚生事業等を行っていたところ、多額の債務超過に陥り、経営が悪化し、粉飾決算を続ける等し、平成 15 年 8 月、破産宣告（当時）を受けたため、貸金債権・共済金債権を有する A の組合員 X ら（合計 221 名）が A の元理事長 Y_1、元専務理事 Y_2、元専務理事 Y_3、Y_4 県（佐賀県）に対して不法行為等に基づき損害賠償を請求した。

405

第6章　一般社団法人等の理事・監事の責任をめぐる裁判例

　この判決は、Y₁ないしY₃が粉飾決算を繰り返して組合員らから貸付金等の受入れをしたことが不法行為に当たる等とし、請求を認容した。

【判旨】

「(2)　ところで、本件において、原告らを含む組合員は、商工共済が粉飾経理を行っていた前後を通じて預け入れた貸付金等について、粉飾経理後、更新（本件更新）を行っており、原告らが本訴にて請求しているうちの相当部分は、このような更新を経たものと推察される。

　一般的な金銭消費貸借契約における借換えは、既存の旧債務を目的とする準消費貸借契約と、新たに貸し付けられた現金額を目的とする消費貸借契約とが混合した契約であると解されるところ、殊に、本件での更新にあっては、貸増しがされるのでない限り、前記でみたとおり、現金が授受されたことはなかったというのであるから、本件更新の法的性質は、単なる準消費貸借契約の締結にすぎず、更新（本件更新）をすること自体により、原告らに新たな損害が生ずることはないのが原則である。

　しかしながら、商工共済と組合員との関係においては、その規約等により更新が義務付けられているといったことはなく、更新するか又は払い戻すかは、原告らを含む組合員の自由意思に委ねられていたと認められ、他方、商工共済、すなわち被告理事らは、原告らに対し、更新がされなければ、更新時期に従前の契約に基づく金員を全額返還する義務を負っていたところ、原告らは、被告理事らが粉飾経理に積極的に関与し、かつ、それを秘匿したまま事業の継続を決め、原告らを含む組合員に対し、商工共済の財政の健全性を偽ったため、更新に応じ、貸付金等の預入れを継続したというものである。

　以上によれば、被告理事らは、責任負担時期開始以降に新たに契約が締結されて金銭の現実の授受がされたものについて責任を負うことはもちろん、責任負担時期以後に新たに更新がされたものについても、原告らを含む組合員の正当な権利行使を積極的に阻止し、その時点までに既に発生していた損害の回復を困難にしたものというべきであるから、責任負担時期以降の更新の有無を問わず（もちろん、当該被告らの責任負担時期開始以前に更新が終了している場合は別であり、共済掛金で、同時期以前に支払期間（共済期間）が完了

した分についても同様である。これに対して、共済期間（特に、年金共済）中に当該被告らの責任負担時期が生じたにすぎない場合には、同時期後の共済掛金の集金行為において、組合員の正当な権利行使であるはずの既払分の共済掛金の返還を阻止するという、黙示的な意思が合意されているのであるから、責任負担時期開始以後に新たに更新がされた貸付金と同様に責任を負う。）、従前の預入額全額について損害賠償責任を負うと解される。」

【実務上の意義】

　この事案は、組合員に対する事業費の貸付け、福利厚生事業等を行う共済協同組合が多額の債務超過に陥り、粉飾決算を続ける等し、破産宣告を受けたため、貸金債権・共済金債権を有する組合員らが理事ら（元理事長、元専務理事ら）に対して不法行為に基づき損害賠償を請求した事件である（この事案では監督権を有する県に対しても訴訟が提起されているが、県の責任は紹介を割愛する）。この事案は、破産宣告を受けた協同組合の組合員（債権者）らが理事長、専務理事らに対して損害賠償を請求し、理事長、専務理事らの組合員ら（第三者）に対する損害賠償責任が問題になった事件である。この事案は、中間法人である協同組合の理事長・専務理事らの責任が問題になったこと、協同組合が粉飾決算を続け、破産宣告を受けたこと、協同組合に対して債権を有する組合員らが理事らの責任を追及したこと、協同組合の理事らの損害賠償責任が追及されたこと、理事長らの粉飾決算を続けたことにつき不法行為責任が問題になったこと、組合員らの貸金債権は契約が更新されたものであったこと（当初の貸金の時点を基準とすると、不法行為の要件を満たさないことになるため、更新の時点で不法行為が認められるかが争点になっている）に特徴がある。

　この判決は、協同組合が粉飾決算を繰り返して組合員らから貸付金等の受入れをしたことにつき、理事らが粉飾経理に積極的に関与し、かつ、それを秘匿したまま事業の継続を決め、組合員らに対して協同組合の財政の健全性を偽ったため、更新に応じ、貸付金等の預入れを継続したと認定し、理事長、専務理事らの不法行為を肯定し、県の国家賠償法（国賠法）1条1項所定の責任も肯定したものであり、事例判断を提供するものである。なお、この判決が相当前から協同組合に貸金債権を有していた組合員らが更新に応じ

第6章　一般社団法人等の理事・監事の責任をめぐる裁判例

た経緯の認定は、後知恵の類であり、さらに組合員の債権侵害に係る不法行為の成否等の議論が必要であろう。

〔**裁判例 86**〕**協同組合において債権者から売掛債権の仮差押え・差押えを受けた後、売掛に係る取引を他の名義で継続したことにつき理事長、理事らの不法行為責任等が問題になった事例**（名古屋地豊橋支判平成 19・12・21 判タ 1279 号 252 頁）

【事案の概要】

X 株式会社は、A 協同組合に継続的に農産物を販売していたところ、A の弁済が遅滞したことから（その後、訴訟を提起し、確定判決を受けた）、A に対する売掛債権を被保全債権として、A の Y_1 株式会社に対する債権を仮差押えし、その後本執行をし、一部の債権を回収したものの、A の理事 Y_2 ないし Y_6（Y_3 は理事長）、Y_1 の担当者 Y_7 が従来 A で行っていた取引を Y_8 の名義で行い、Y_9 が経理を担当する等したため、X が Y_1、Y_2 ないし Y_6、Y_7、Y_8、Y_9 らに対して執行妨害を主張し、不法行為、農業協同組合法（農協法）33 条に基づき損害賠償を請求した。

この判決は、Y_2 が実質 A を経営しており、Y_8 の事業も実質 Y_2 が経営していたこと等から Y_2 が執行妨害の意図で Y_8 の事業を設立したと推認し、不法行為を肯定し、Y_3 ないし Y_6 については不法行為、理事としての故意、重大な過失を否定する等し、Y_2 に対する請求を認容し、その余の請求を棄却した。

【判旨】

「(1)　被告昭雄に対する請求について

ア　前記認定事実によれば、渥美有機を実質上経営していたのは被告昭雄であり、エバーグリーンを実質上経営していたのも被告昭雄である。しかも、前記2の(9)のような渥美有機が本件仮差押えを受けた後の被告昭雄の言動、(10)記載の被告六田との折衝経過や新しい若い世代の団体を作る旨の言動、(11)記載のエバーグリーンと被告らでいっしゅとの取引を依頼したこと、(12)の夢

408

市場の社長らとの協議内容、⒀のエバーグリーンの口座開設への関与状況や同口座への入金状況、⒂のようなエバーグリーンと渥美有機との書類や従業員の共通性などを総合して検討すると、被告昭雄は、渥美有機が本件仮差押え後も被告らでいっしゅに農作物を売り続けていたのでは、その売掛金債権が本件仮差押え決定の目的となってしまうため、これを妨害する意図でエバーグリーンを設立したものと推認することができる。そして、このことは、原告に対する不法行為を構成するものということができる。

（中略）

⑴　被告一色に対する請求について

ア　前記認定事実によれば、被告一色は、渥美有機設立時からの理事であるが、平成16年当時は、渥美有機の経営への実質的な関与はしておらず、経理内容も把握しておらず、本件仮差押えがなされたことさえ知らなかった上、被告昭雄にいきなり言われてエバーグリーンの口座の開設をしたとはいえ、普段はほぼ毎日出勤して農作業に従事していたのであり、それ以上に原告の主張する執行妨害工作に関与したという証拠はない。したがって、被告一色には不法行為は成立しない。

イ　前記認定事実によれば、被告一色は、被告昭雄とともに渥美有機を中心となって設立し、当初から理事に就任し、理事長の地位にあったこと、しかし、渥美有機は被告昭雄が実質上経営し、被告一色は経理内容も全く把握しておらず、毎日出勤して、他の従業員と同様、農作業に従事していたこと、本件仮差押えがなされたことも知らなかったこと、理事としての報酬も受けていないことが明らかである。

　ところで、農事組合法人の理事は、組合の業務執行の全般についてこれを監視し、必要があれば臨時総会を招集し、総会等を通じて農事組合の業務の執行が適正に行われるようにするべき職責を有するものである。

　しかし、前記認定事実によれば、渥美有機はその実質においては被告昭雄及び被告花子の家族経営と同視すべきものであり、その経営の一切を被告昭雄が実質的に取り仕切っていたこと、被告一色の渥美有機での地位や就労状況、被告一色と渥美有機の関わり合いの状況、さらに被告一色が理事に就任してから本件仮差押えがなされるまでには約11年近い年月があること、こ

の間、被告一色は無報酬であったことを考えると、本件において、被告一色に対し理事としての職責を尽くすよう求めることは困難であると認められるから、渥美有機を実質上経営していた被告昭雄が前記認定のような経緯でエバーグリーンを設立して被告らでいっしゅと取引を開始したことについて、被告一色が渥美有機の理事としての職務を行うにつき故意又は重大な過失があったものということはできない。

ウ　したがって、被告一色の免責許可決定の有効性を判断するまでもなく、被告一色には不法行為が成立せず、また、農事組合法人の理事としての損害賠償責任はないというべきである。

(2)　被告三井及び被告四谷に対する請求について

ア　前記認定事実によれば、被告三井及び被告四谷は、いずれも、渥美有機の出荷先に被告らでいっしゅがあることは知っていたものの、その農産物の種類や出荷量は知らず、渥美有機と原告との取引状況やエバーグリーンが設立されたことは知らなかったというのであり、原告の主張する執行妨害工作に関与したという証拠もない。したがって、被告三井及び被告四谷に不法行為は成立しない。

イ　前記認定事実によれば、被告三井及び被告四谷は、いずれも、被告昭雄から理事就任を要請され、渥美有機に野菜を出荷したり被告昭雄の農業の後輩でもあったことから、名前だけの理事のつもりでこれに応じたこと、平成8年9月30日に理事に就任して以降、本件仮差押えの時点まで、渥美有機の経営に参画したことはなく、経理関係も把握しておらず、理事の報酬も受けていないこと、被告昭雄が渥美有機を実質上経営し、被告花子がその経理を担当していることを知っていながら、決算書を見たこともなかったこと、被告昭雄に対し、過去において理事会の開催を要求したことがあったが、結局開催されなかったことが明らかである。

　ところで、農事組合法人の理事には、前記のような監視義務があり、このことは上記のとおりたとえ名目的に就任した理事であっても変わるところはないというべきである。

　しかし、渥美有機の前記のような経営実態、被告三井及び被告四谷が渥美有機の理事に就任するに至った事情、被告三井及び被告四谷と渥美有機の関

わり合いの状況、さらに被告三井及び被告四谷が理事に就任してから本件仮差押えがなされるまでには約7年6か月の年月があることを考えると、本件において、無報酬であった被告三井及び被告四谷に対し理事としての職責を尽くすよう求めることも困難であると認められるから、被告一色と同様、被告三井及び被告四谷が渥美有機の理事としての職務を行うにつき故意又は重大な過失があったものということはできない。

(3) 被告二宮に対する請求について

ア 前記認定事実によれば、被告二宮は、渥美有機と被告らでいっしゅとの取引状況は知らず、被告忠雄に将来エバーグリーンを設立させる予定があると聞いてはいたものの、エバーグリーンの業務内容については知らなかったというのであり、原告の主張する執行妨害工作に関与したという証拠もない。したがって、被告二宮に不法行為は成立しない。

イ 前記認定事実によれば、被告二宮は、被告昭雄及び被告一色から頼まれ、渥美有機の設立に協力したが、当初は理事に就任しなかったこと、その後、渥美有機の営業担当者として理事の肩書が必要となり、平成8年9月30日に理事に就任し、平成13年ころまでは理事としての報酬を月額約10万円を得ていたこと、しかし、平成14年12月以降本件仮差押えの時点まで、渥美有機の経営に参画したことはなく、経理関係も把握しておらず、理事の報酬も受けていないこと、被告昭雄が渥美有機を実質上経営し、被告花子がその経理を担当していることを知っていながら、決算書の開示を要求したこともなかったこと、被告昭雄に対し、平成15年及び平成16年に理事会の開催を要求したことはなかったことが明らかである。

そうすると、農事組合法人の理事について前記のような監視義務があるとはいえ、渥美有機の前記のような経営実態、被告二宮と渥美有機の関わり合いの状況や程度などを考えると、本件において、本件仮差押え当時無報酬であった被告二宮に対しても、理事としての職責を尽くすよう求めることはいささか困難であるといわざるを得ない。したがって、被告二宮も、被告三井及び被告四谷と同様、渥美有機の理事としての職務を行うにつき故意又は重大な過失があったものということはできない。

(4) したがって、被告三井、被告四谷及び被告二宮についても、いずれも、

第6章　一般社団法人等の理事・監事の責任をめぐる裁判例

不法行為は成立せず、農事組合法人の理事としての損害賠償責任も認めることはできない。」

【実務上の意義】

　この事案は、協同組合である農事組合法人が債権者から売掛債権の仮差押え、差押えを受けたが、売掛に係る取引を他の名義で継続したことから、債権者が農事組合法人の理事長、理事らに対して損害賠償を請求した事件である。この事案は、中間法人である農事組合法人の理事の責任が問題になったこと、農事組合法人の債権者が法人の売掛取引の債務者に対する売掛債権を差し押さえたものの、売掛取引が中止され、債権の一部が回収不能になったこと、前記売掛取引が名義を変えて続行されていたこと、債権者が執行妨害を主張したこと、債権者が農事組合法人の理事長、理事らの不法行為責任、農協法33条所定の第三者責任を追及したことに特徴がある。

　この判決は、この事案の農事組合法人は実質的には理事の一人の家族経営であるとしたこと、理事長は無報酬であり、経理内容も把握せず、農作業に従事していたとしたこと、実質的に経営していた理事につき売掛債権の執行を妨害した不法行為を肯定したこと、理事長についてはその職務の実態から故意または重大な過失があったとはいえないとし、不法行為、農協法所定の第三者責任を否定したこと、その余の理事らについても同様な理由で不法行為、農協法33条所定の第三者責任を否定したこと（名目的な理事長、理事らの監視義務違反を否定したものである）に特徴があり、事例判断として参考になるものである。

〔**裁判例87**〕**病院を経営する医療生活協同組合において資金調達のため組合債を発行し、運営が悪化して債務超過になり、破産手続開始決定がされたことにつき理事長、理事らの不法行為責任が問題になった事例**（新潟地高田支判平成22・3・18金判1377号36頁）

【事案の概要】

　Ａ医療生活協同組合は、組合員の保険医療の向上等のためにＢ病院を開

412

Ⅲ　理事・監事の第三者に対する法的な責任

設し、運営し、銀行業を営む Y₁ 株式会社がメインバンクであったところ、A は、資金を調達するため、組合債を発行し、X ら（合計 85 名）は、組合債を購入していたが、平成 18 年 10 月、債務超過の状況であり、平成 19 年 6 月、理事会で病院の閉院を決定し、同年 7 月、破産手続開始決定の申立てをし、破産手続開始決定がされたため、X らが Y₁ に対して組合債の発行によって弁済を受けたことにつき不当利得の返還を、病院長 Y₂、理事長 Y₃（Y₁ からの出向者）、理事 Y₄ ないし Y₁₂（理事合計 9 名）に対して不法行為に基づき損害賠償を請求した。

この判決は、A の担当者が組合債の募集、書換えの際に財務状況につき積極的に虚偽の説明をしたことはなく、総代会等において財務状況の正確な情報が提供されていた等とし、Y₂、Y₃ らの不法行為を否定する等し、請求を棄却した。

【判旨】

「(3)　これに対し、原告らは、平成 18 年 3 月までの理事会及び常任理事会において、資金繰りの悪化について話し合われており、破綻の具体的危険性があり、被告理事らはそれを認識していた旨主張する。

確かに平成 18 年 3 月 4 日に開催された常任理事会において、当時の B 理事長及び被告 Y₃（当時は生協管理部長）が、平成 18 年 6 月の資金繰りが困難である旨の発言をしていることが認められる（甲 25 の 4）。

しかし、前記(1)クないしコ及び証拠（甲 25 の 4、被告 Y₃）によれば、上記常任理事会における議題は、医師の確保と事業収入の増加のための方策であって、B 理事長と被告 Y₃ の発言を全体としてみると、本件病院を平成 19 年度、平成 20 年度も存続させることを前提として、被告院長に対して医師の増員と事業収入の確保について責任をもって推し進めてもらうための方策を話合う中で、被告院長に対し、経営の厳しさを強調した姿勢で臨むため、資金繰りの困難さを指摘したものと解される。これに、前記(1)カ及び前記(2)のとおり、平成 14 年度以降、補助金を得て、建設債の償還期を乗り切り、平成 18 年 3 月まで実際に資金繰りができ、わずかながらも経常利益を計上したこと、本件組合の組合債を一時期に償還することができる財務状況にはなかったものの、本件組合の組合債は随時、募集、書き換えがされており、償

413

第6章　一般社団法人等の理事・監事の責任をめぐる裁判例

還期限も3年、5年、10年とあったため一時期にまとまって償還期を迎える性質のものではなかったこと（前提事実(2)）、本件組合が、被告銀行を含む取引金融機関からは融資を拒まれたことがなく、後には実際に平成18年11月から平成19年5月までの約半年間に、被告銀行からだけでも3億6000万円もの多額の資金を調達できたのであって、このように金融機関から新規融資に応じてもらえる状況があったこと（被告Y3、弁論の全趣旨）を考え合わせれば、被告Y3や当時理事になっていた被告理事らが上記常任理事会の時点で、本件組合が破綻する具体的危険性を認識していたとみることはできない。

　さらに、本件組合が上記のとおり被告銀行から3億6000万円の資金調達ができたことに加え、平成19年度には2億円の補助金を得ることについて糸魚川市の内諾を受けていたこと（被告Y3）を考え合わせれば、組合債の償還期前の解約申入れが相次いで取り付け騒ぎが起きるまでは、被告Y3を含む被告理事らや被告院長が経営破綻についての具体的危険を認識していたと認めることはできない。

　なお、被告銀行については、本件組合が本件病院の閉院を決定する直前まで、本件組合に融資を行っていることに照らして、本件組合が破綻する直前までその具体的危険を認識していなかったことは明らかである。

　したがって、原告らが主張する被告Y3らの常任理事会等における発言内容を前提としても、被告Y3や組合債募集担当者が、原告らに対して本件組合の財務状況について積極的に虚偽の事実を申し向けたということはできない。

(4)　また、原告らは、被告らが本件組合の財務状況に関する正確な情報を提供しなかったと主張する。

　しかし、証拠（乙C5、乙C6、被告Y3）によれば、本件組合の通常総代会においては、貸借対照表と損益計算書の説明や監査報告が行われていたこと、通常総代会議案書は各総代に対して、通常総代会に先立ち郵送配布され、同議案書には、同年度の事業報告、財産目録、貸借対照表、損益計算書、剰余金処分案、監査報告書、次年度の事業計画、収支計画が添付されていたこと、総代でない組合員でも、希望する者には通常総代会議案書が配布

414

され、総代会に出席できたことが認められるほか、本件組合においては、通常総代会開催の後、例年7月8月にかけて、14の地区に分けて各地区ごとに全総代を集めた地区総代会が開催され、本件組合の理事から通常総代会の報告や本件病院の診療内容や方針の説明がされ、組合員組織の拡大等も含めた意見交換の場になっていたことが認められ、総代を通じて組合員に対して本件組合の財務状況に関する情報が提供されていたことが認められる。加えて、証拠（乙C7の1〜19）によれば、本件組合は年4回、全組合員に対して新聞折り込み又は郵送により配布する「糸魚川医療生協だより」を発行しており、それには通常総代会の開催と業務報告の概要の記事が掲載されていたほか、平成11年度及び平成14年度以降は、損益計算書も掲載されていたことが認められる。

したがって、組合債の募集や書き換えの際に、積極的に原告ら組合員に対して個別に財務状況について説明する者がいなかったとしても、本件においては、貸借対照表や損益計算書の記載や説明に虚偽があったことをうかがわせる事情はなく、通常総代会、地区総代会及び「糸魚川医療生協だより」によって、原告らを含む組合員に対して、本件組合により財務状況についての正確な情報が提供されていたと認めることができる。」

【実務上の意義】

この事案は、病院を経営する医療生活協同組合が資金調達のため組合債を発行したところ、運営が悪化して債務超過になり、病院が閉院され、協同組合につき破産手続開始決定（自己破産）がされたため、組合員で組合債を購入した者らが組合の理事長、理事らに対して損害賠償を請求した事件である（調達に係る資金によって貸付金の返済を受けた取引先の銀行に対しても損害賠償を請求したが、理事長は銀行からの出向者であった）。この事案は、破産した協同組合の組合債を購入した組合員らが理事長、理事らに対して損害賠償を請求し、理事長、理事らの組合債の購入者ら（第三者）に対する損害賠償責任が問題になった事件である。この事案は、医療生活協同組合の病院経営、組合債の募集、発行、書換えが問題になったこと、病院の経営が悪化し、閉院、破産手続開始決定に至ったこと、組合の理事長は取引銀行から派遣された出向者であったこと、組合債の購入者らが理事長、理事らの損害賠償責任

第6章　一般社団法人等の理事・監事の責任をめぐる裁判例

を追及したこと、理事長、理事らの不法行為責任が問題になったこと、組合
による虚偽の説明が問題になったことに特徴がある。

　この判決は、組合の理事長らが経営破綻の具体的危険を認識していたとは
いえないし、総代会等において財務状況の正確な情報が提供されていた等と
し、理事長、理事らの不法行為を否定したものであり、その旨の事例判断と
して参考になるものである。

〔裁判例88〕マンションの管理組合（権利能力なき社団）において株
式会社である管理者の管理費の残余金の引渡義務、親会社の不法
行為責任が問題になった事例（東京地判平成22・6・21判タ1341号
104頁）

【事案の概要】

　マンションのX管理組合（権利能力なき社団）において、Y_1株式会社がマ
ンションの竣工後、マンションの専有部分の80％を超える専有部分を区分
所有するとともに、管理者に選任されており（規約上、Y_1が管理者に選任さ
れていた。Y_1の100％親会社であるA株式会社があり、Aの100％親会社として
Y_2株式会社があった）、Y_1が区分所有者らから管理費を徴収し、管理を行っ
ていたが、Y_1が区分所有権をB株式会社に譲渡し、管理者を辞任したもの
の、Bが管理費の残預金として金銭を引き継ぐことはなかったし、その後、
Bも区分所有権をC株式会社に譲渡し、管理者を辞任する等したことから、
XがY_1に対して建物の区分所有等に関する法律（区分所有法）28条、民法
646条に基づき残余金の引渡しを請求し、Y_2に対して不法行為に基づき損
害賠償を請求する等した。

　この判決は、管理者が辞任した場合、管理者は区分所有者または後任の管
理者に対して区分所有者から徴収した管理費等の残余金を引き渡すべき義務
を負うとしたうえ、Xの行った推計計算による残余金を推定し、Y_1に対す
る請求を認容し、Y_2の不法行為、不当利得を否定し、Y_2に対する請求を棄
却した。

416

【判旨】

「(1) 区分所有法上の管理者は、区分所有者に対し、その職務上受け取った金銭を引き渡す義務を負うのであり（区分所有法28条・民法646条1項）、当該管理者が辞任した場合、区分所有者又は後任者に対し、区分所有者から徴収した管理費等の残余金を引き渡すべき義務を負うと解すべきである。

前記前提事実(2)アのとおり、被告 Y_1 社は、本件マンションの竣工当初から平成19年3月23日までの間、本件マンションの管理者として、区分所有者から本件管理費を徴収し、平成19年3月23日に管理者を辞任した。よって、被告 Y_1 社は、本件管理費の残余金が存在するのであれば、本件マンションの区分所有者全員により構成される原告に対し、当該残余金を引き渡す義務を負うというべきである。

(2) 被告 Y_1 社は、同社が本件マンションの管理に掛かる費用を原則としてすべて負担し、他の区分所有者にはその費用の一部のみを被告 Y_1 社に対し支払ってもらうとの考えを前提とし、他の区分所有者から支払われた本件管理費を自己の財産と区別して管理していなかった、よって、本件管理費の残余金は存在しないと主張する。

証拠（乙12、証人W）及び弁論の全趣旨によれば、被告 Y_1 社が本件管理費について上記のとおり運用していたことが認められるところ、そのような運用をしていたのであれば、被告 Y_1 社に本件管理費の残余金としての金銭は存在し得ないことになる。

しかしながら、管理者は区分所有者から徴収した管理費を自己の財産と区別して管理するのが原則であるというべきところ、旧規約には、被告 Y_1 社が上記運用をすることを許容する旨の規定はなく、また、他の区分所有者が、被告 Y_1 社による上記運用を認識、認容していたことをうかがわせる事情はない。

したがって、他の区分所有者が被告 Y_1 社による上記運用を許容していたということはできないから、被告 Y_1 社は、原則どおり、同社を含む各区分所有者から本件管理費を徴収し、自己の財産と区別して管理すべきであったといえる。よって、被告 Y_1 社は、上記運用を理由に本件管理費の残余金の支払を拒むことはできないというべきである。

⑶　ア　このように、被告 Y_1 社は、本件管理費の残余金が存在していれば、原告に対し、これを引き渡す義務を負うところ、原告は、本件管理費の残余金額に関する別紙試算表のとおり残余金が存在すると主張する。その計算方法は次のとおりである。

（中略）

4　争点⑶（被告 Y_2 社に対する請求）ア（不法行為に基づく損害賠償請求の可否）について

　原告は、被告 Y_2 社が、被告 Y_1 社がB社に引き渡すべき本件管理費の残余金を故意に隠蔽し、又は当該残余金の有無及び額について誠実に調査・検討すべき義務があったにもかかわらず当該義務を怠り、被告 Y_1 社を解散させて清算手続を終了させ、原告が被告 Y_1 社から当該残余金の支払を受けることを事実上不可能にしたと主張する。

　前記3のとおり、被告 Y_1 社は、管理者としての地位を辞任するに当たり、後任者に対し、本件管理費の残余金を引き継ぐべき義務を負っていたといえる。しかしながら、被告 Y_2 社及び担当者であった丁谷が、故意にこれを隠蔽したと認めるに足りる証拠はない。さらに、前記前提事実⑴ウのとおり、被告 Y_1 社は、被告 Y_2 社の100％子会社であるA社の子会社であり、被告 Y_1 社の解散に被告 Y_2 社の何らかの関与があったことも考えられるところであるが、このことから直ちに、被告 Y_2 社及び担当者の丁谷が、完全子会社であるA社の完全子会社であった被告 Y_1 社の清算に当たり、被告 Y_1 社が管理すべき本件管理費の残余金の有無及び額を調査・検討すべき注意義務を負うと解することはできない。

　よって、原告の上記主張は採用できず、当該請求は理由がない。」

【実務上の意義】

　この事案は、株式会社がマンションの大半の区分所有権を有しており、管理組合の管理者（区分所有法25条）であり、管理費の徴収、保管等の管理業務を行っていたところ、区分所有権が二度譲渡され、管理者の地位も辞任、承継が二度繰り返されたが、管理費の残余金の引継ぎがされなかったことから、管理組合が元管理者に管理費の残余金等の引渡しを請求するとともに、元管理者の親会社（より正確には親会社の親会社）に対して損害賠償等を請求

した事件である。この事案の管理組合は、権利能力なき社団と解されるところ（法人化した管理組合については、同法 47 条以下の管理組合法人となり、役員として理事が選任されることが予定されているし、権利能力なき社団である管理組合の場合にも、通常、理事が選任されることが多い）、管理者は、管理組合の理事長が管理者とあわせて選任されることが多く（管理者等は、個人だけでなく、法人が選任されることもあり得る）、この事情を背景としてみると、管理組合が元管理者の親会社に対して損害賠償等を請求したことは、管理組合の元理事長の親会社の不法行為責任が問題になったものと類似の不法行為責任が問題になった事件であるということができる。この事案では、不法行為の根拠として、元管理者の親会社が元管理者の管理すべき管理費の残余金の有無および額を調査・検討すべき注意義務、その義務違反に係る不法行為責任が問題になったことに特徴がある。

　この判決は、元管理者の管理組合（区分所有者ら）に対する管理費等の残余金の引渡義務を認めたこと、管理費等の残余金の計算については推計によったこと、親会社の元管理者の管理すべき管理費の残余金の有無および額を調査、検討すべき注意義務を否定したことに特徴があり、その旨の事例判断を提供するものである。なお、親会社による 100％子会社の経営に対する関与、監督、経営指示等の実態は、個々の事案ごとに多様なところがあり、日頃の子会社の経営、経営悪化した子会社の経営、清算する際の子会社の処理・対応については親会社の関与、監督、経営指示等の実情が相当に異なるものであり、この判決は、この実態・実情に関する認定・分析に乏しいものである。

〔裁判例 89〕学会において役員らが医師につきさまざまな機会に学会の倫理指針に従っていないなどと批判したことにつき名誉毀損に係る不法行為責任が問題になった事例（松山地判平成 23・6・29 判タ 1372 号 152 頁）

第6章　一般社団法人等の理事・監事の責任をめぐる裁判例

【事案の概要】

　Xは、A病院に勤務する医師であり、ドナーから提供された腎臓をレシピエントに移植する生体腎移植手術を多数行っていたが、臓器売買等が社会問題になる状況において、日本移植学会倫理指針等に従わなかったことから、日本移植学会の役員である副理事長 Y_1 が報道機関のインタビューで勝手に臓器を融通するのは社会のルールに反している旨を発言し、理事長 Y_2 が米国の学会における X の報告が論文として適切でない旨の書簡を学会会長に送付し、前副理事長 Y_3 が国会議員の勉強会で手術のデータから犯罪である旨を発言し、前副理事長 Y_4 が同勉強会で発言したり、学会の記者会見で X の論文に虚偽の記載がある旨の発言をしたりしたため、X が Y_1 らに対して名誉毀損を主張し、不法行為に基づき損害賠償を請求した。

　この判決は、Y_2 の書簡、Y_4 の発言の一部は社会的評価を低下させるものではなく、Y_1 の発言は事実であり、Y_4 の発言の一部は真実と信ずるにつき相当の理由があるとし、Y_3 の発言は意見の表明であるところ、X の手術が医療行為として著しく相当性を欠き、刑罰法規に触れる可能性があることを指摘するものであり、意見・論評としての域を逸脱するものとはいうことができないとし、いずれも名誉毀損に係る不法行為を否定し、請求を棄却した。

【判旨】（省略）

【実務上の意義】

　この事案は、日本移植学会の役員ら（理事長、副理事長）が多数の生体腎移植手術を行っていた医師につきさまざまな機会に批判をしたため、医師が学会の理事長、副理事長らに対して名誉毀損を主張し、損害賠償を請求した事件である。この事案は、生体腎移植手術を行っていた医師が学会の理事長、副理事長に対して損害賠償を請求し、学会の理事長らの医師（第三者）に対する名誉毀損に係る不法行為責任が問題になった事件である。

　この判決は、学会の理事長らの批判が名誉毀損に係る不法行為に当たることを否定したものであり、その旨の事例判断を提供するものである。

Ⅲ　理事・監事の第三者に対する法的な責任

> **〔裁判例 90〕酒類業組合において仕組債を購入し、年金資産事業が破綻したことにつき会長理事、副会長理事、専務理事、理事ら、監事らの不法行為責任、第三者責任が問題になった事例**（大阪地判平成 23・7・25 判時 2184 号 74 頁）

【事案の概要】

　Y_2 酒類業組合中央会は、酒税の保全及び酒類業組合等に関する法律（酒類業組合法）に基づき設立され、私的年金制度を運用しており、Y_1 は、事務局長、Y_3 は、専務理事であったところ（その余の会長理事、副会長理事 2 名、理事ら、監事 2 名ら Y_8 らも被告である）、Y_1 が年金共済事業全般を統括し（「ミスター年金」と呼ばれていた）、Y_3 が当該事業に関する常務を執行し、Y_1 を指揮監督する立場にあり、Y_4 は、A 社が組成した仕組債（アルファフロント債、チャンセリー債。取引履歴がなく、格付け機関の評価もない新規開発の私募債であった）の購入の仲介業務を行い、Y_5 は、Y_2 の関連団体の政治顧問をし、スイスの銀行である Y_6 会社は、本件仕組債の購入、保管に関与したものであるが（Y_7 は、担当の従業員であった）、Y_2 の年金共済事業は、平成 6 年頃から収支が悪化し、平成 13 年 12 月には掛け金の元本割れの事態に陥り、年金資産の運用の総幹事会社である信託銀行が平成 14 年 2 月以降、年金共済事業が破綻状態にあるとし、事業の廃止を提案する状況であり、Y_2 の理事らは年金共済事業の解散によって組合員の離反・組織の求心力の低下等を懸念し、運用の改善を図り、年金共済事業を継続することとし、Y_2 の年金懇談会においてデリバティブ、仕組債等のオルタナティブ商品を組み入れた運用が提案され、役員会においてオルタナティブ商品を組み入れた資産配分を決議し、Y_1 の依頼を受け、Y_5 は、投資の専門家として Y_4 を紹介し、Y_4 は、平成 14 年 2 月頃、本件仕組債の購入を勧め、Y_1 は、一旦はこれを拒絶したものの、リベートの提供を示唆される等し、運用可能な年金資産で本件仕組債を購入しようとし、平成 14 年 12 月、Y_3 の了解を得て、同月から平成 15 年 4 月の間、Y_6 に約 144 億円を送金し、本件仕組債を購入し、一部の利払いを受けたが、元本がいっさい償還されず、本件仕組債の管理会社が経

421

営破綻する等し、Y_2 の年金共済事業は、平成 16 年 5 月、廃止され、X らに年金掛け金相当額の一部が返還されることが臨時総会で決議されたものの、返還が中止される等したため（Y_1 は、本件仕組債購入の謝礼として合計約 1 億 5000 万円を受領し、平成 19 年 9 月、背任罪で起訴され、懲役 7 年の実刑判決を受けた）、X ら（合計 65 名）が Y_1、Y_2、Y_3、Y_8 らに対して不法行為、酒類業組合法 30 条 2 項等に基づき年金相当額（年金掛け金累計額の約 7 割）、弁護士費用の損害賠償を請求した（本件訴訟の関連事件として、Y_2 が Y_6 らに対して損害賠償を請求した（東京地判平成 22・11・30 判時 2104 号 62 頁）があり、刑事事件については、（東京地判平成 19・9・28 判タ 1288 号 298 頁）がある）。

　この判決は、Y_1 の不法行為、Y_2 の使用者責任を肯定し、Y_3 の責任については、Y_1 の直接の指揮監督権者であり、本件仕組債への投資を知っていた唯一の理事として、Y_1 に対して本件仕組債の仕組み、管理会社の信用度、運用能力、運用実績等の調査、検討を指示するとともに、事前に理事会に諮るべき職務上の義務があったとし、Y_1 の説明の裏付け資料等を確認することもなく、専門家の意見を聴取することもなく、漫然と了解したものであり、組合員らとの関係でも不法行為に該当するとし、その余の理事・監事の責任については、一般的な任務懈怠が認められるだけでは足りず、酒類業組合法 30 条 2 項所定の具体的な法令・定款違反が認められることが必要であるとし、本件では Y_1 に任せきりにしていたことが非難に値するとしても、X らとの関係で何らかの注意義務違反を認め、損害賠償責任を問うことはできない等とし、Y_1 ないし Y_4 に対する請求を認容し、その余の請求を棄却した。

【判旨】

「**【被告戊田】**

（中略）

(2)　被告戊田が被告丙川のチャンセリー債への投資を了承し、チャンセリー債の購入に当たり、必要書類に署名し、必要書類として自己のパスポートを貸与したことは、被告中央会の理事としての善管注意義務違反に当たるか

ア　被告戊田は、平成 8 年 5 月から被告中央会の理事を務め、平成 12 年 5 月からは専務理事として、主に年金共済事業に関する常務を執行し、事務局

長である被告丙川の事務の遂行について、直接指揮監督し、決裁する立場にあった。

イ　被告中央会の年金共済規程においては、自ら年金資産を管理・運用する権限を有していたものの、実際には、被告中央会が小売酒販店主及びその家族らを構成員とする団体であることに鑑み、外部の専門家に年金資産の運用を委託する方法が採られていた。具体的には、総幹事会社を三菱信託銀行と定め、三菱信託銀行に対し、加入者管理等を含めた年金資産の管理・運用事務を包括的に委託するとともに、年金資産の運用面に関しては、5社の投資顧問会社との間で投資一任契約を締結し、その運用を委託していた。

　そして、このような運用を前提として、施行細則においては、新規運用委託機関の採用については被告中央会の理事会の承認事項とされ、運用委託機関との解約や資産配分率の変更については年金委員会の承認事項とされていた。特に、新規運用委託機関の採用については、運用委託先の信用度、運用能力を十分検討した上で理事会に事前に諮ることを要するものとされており、これらの規定については、被告戊田自身も自認するように、被告中央会の専務理事としてよく認識していたはずである。

（中略）

オ　このように、チャンセリー債への投資は、投資判断を投資顧問会社等に委託する従前の場合と異なり、被告中央会が主体的に商品を選択して投資判断をするものであった。したがって、チャンセリー債の仕組みはもちろんのこと、訴訟費用の貸付事業の市場規模、貸付運用を行うインバロ社の信用度、運用能力及び運用実績等、貸付債務の履行率並びに類似商品の有無及びその収益性等について、専門家に依頼するなどして調査を行うとともに、専門家の意見を徴するなどして投資の是非や許容される投資規模等を検討すべきであった。被告中央会の専務理事であった被告戊田は、事務局長であった被告丙川の直接の指揮監督権者として、また、被告丙川によるチャンセリー債への投資を知っていた唯一の理事として、被告丙川に対し、これらの調査検討を指示するとともに、チャンセリー債への投資を了承するのであれば、事前にこれを理事会に諮るべき職務上の義務があったというべきである。

カ　それにもかかわらず、被告戊田は、チャンセリー債への投資に関する被

告丙川の説明を鵜呑みにして、その説明を裏付ける資料等を確認すること
も、専門家の意見を聴取することも、理事会に諮ることも、さらには、被告
クレディとの契約内容さえ確認することもなく、原告らを含む加入者の年金
掛金を原資とする被告中央会の年金資産を、被告丙川がチャンセリー債へ投
資することを漫然と了承した。これが、加入者である原告らとの関係でも不
法行為に該当することは明らかというべきである。

（中略）

Ⅲ　最後に、被告戊田を除く被告中央会の役員らの責任について判断する。

【被告丙山、被告丁川、被告甲山】

(1)　組合法 30 条 2 項の「法令」に民法 644 条（善管注意義務）は含まれるか

ア　原告らの被告丙山らに対する請求は、組合法 30 条 2 項に基づき、理事
の善管注意義務違反を理由として、第三者である原告らに対する損害賠償責
任を追及するものである。

　これに対し、被告丙山らは、組合法 30 条 2 項は、「理事が法令又は定款に
違反する行為をしたときは、総会の決議によった場合でも、その理事は、第
三者に対して連帯して損害賠償の責めに任ずる」と規定するところ、同項の
「法令又は定款に違反する行為」とは、具体的な法令又は定款に違反する行
為に限られるのであり、原告らが主張するような善管注意義務違反行為は含
まれないから、被告丙山らが、原告らに対し、組合法 30 条 2 項に基づく第
三者責任を負うことはないと主張する。

　そこで、この点について検討する。

イ　組合法 30 条 2 項は、理事の第三者に対する責任について定めたもので
ある。その趣旨は、本来、理事は、被告中央会に対しては委任関係に立つ
が、原告らを含む第三者に対しては何らの法律関係に立つものではないか
ら、不法行為責任は別として、被告中央会に対する任務の懈怠により、第三
者に対し損害賠償責任を負う理由はないはずであるが、法令又は定款の規定
の中には、第三者の利益保護に関するものも存在することから、特に第三者
の保護を図るため、特別の法定責任として認められたものである。

　そして、同条 1 項は、理事が被告中央会に対する責任を負う場合として、
「理事がその任務を怠ったとき」と規定しているのに対し、同条 2 項は、理

事が第三者に対する責任を負う場合として、「法令又は定款に違反する行為をしたとき」と、両者を明確に区別して規定している。

このような理事の第三者に対する責任の法的性質及び組合法の規定に従うならば、同条2項にいう「法令又は定款」とは、具体的な法令又は定款を意味し、理事に一般的な任務懈怠（善管注意義務違反）が認められるだけでは、同項の対第三者責任は生じないと解するのが相当である。このことは、取締役の第三者責任を規定した昭和25年改正前商法266条2項に定める「法令又ハ定款ニ違反スル行為」についても、会社に対する善管注意義務又は忠実義務に違反する行為では足りず、具体的な法令又は定款に違反する行為が必要であると解されていたのと同様である（大審院昭和7年(オ)第2141号同8年2月14日判決・大審院民事判例集12巻5号423頁、最高裁昭和39年(オ)第1175号同44年11月26日大法廷判決・民集23巻11号2150頁）。

ウ　これに対し、原告らは、平成17年改正前商法266条1項5号は、取締役が会社に対して損害賠償責任を負う場合として、「法令又ハ定款ニ違反スル行為ヲ為シタルトキ」を規定していたところ、同号の「法令」には、善管注意義務も含まれると解釈されていたなどと主張する。

しかし、原告の主張を前提としても、同号は、取締役の会社に対する責任を規定したものであって、理事の第三者に対する責任とは法的性質を異にするものであるから、同様に解することはできない。

エ　なお、原告らは、被告丙山らが被告中央会の年金資産の運用検証を適時適切に行わなかったことが、「事務局は委託各機関から3カ月ごとに運用実績を聴取し、専門の外部機関により運用評価を取得の上、年金運営委員会に報告することを要す。」と規定する施行細則32条に違反すると主張する。

そこで、施行細則32条が、組合法30条2項所定の具体的な法令又は定款に該当するかについても検討する。

オ　そもそも、被告中央会の年金共済事業は、組合法82条1項6号にいう「組合員の福利厚生に関する施設」を法令上の根拠とするにすぎず、組合法その他の法令により個別的具体的に規律された事業ではなかった。加えて、被告中央会の定款においても、年金共済事業に関する具体的な規定は全く存在していなかった。

実際には、被告中央会の年金共済事業は、年金共済規程に基づいて運営されていたものであった。年金共済規程は、被告中央会の定款において規約として定めることを委任された規則の一つであったが、その委任の方法を見ても、定款においては、「業務の執行、会計の処理その他本会の運営に関し必要な事項は、規約で定める。」（定款8条）と規定されていたにすぎず、年金共済事業に関し、個別的具体的な委任規定が存在していたものではない。加えて、施行細則は、年金共済規程により委任されたさらに下位の規則であって、年金共済規程の円滑な運用のために、詳細な事務手続や実務の取扱いを取り決めたものにすぎないものであった。

　このように、被告中央会の年金共済事業それ自体、組合法又は被告中央会の定款を直接の根拠として運営されていた事業ではなかった。そして、原告らが主張する施行細則は、被告中央会の定款により規約として定めることを包括的に委任された年金共済規程のさらに下位規則にすぎないものであった。

　これによれば、原告らが主張する施行細則の規定が、理事の第三者に対する損害賠償責任を認めた組合法30条2項所定の具体的な法令又は定款に該当するということはできない。

（中略）

⑶　まとめ

　以上要するに、原告らの被告丙山らに対する組合法30条2項に基づく損害賠償請求はもとより失当であるが、それを措いても、被告中央会におけるそれまでの年金共済事業の運営方法や理事らの関与の度合い、被告中央会を取り巻く政治状況等に加え、被告丙川がチャンセリー債への投資を殊更に秘匿していたという事情などに鑑みるならば、被告丙山らが、被告中央会の年金資産の運用を被告丙川に任せきりにし、その結果、被告丙川によるチャンセリー債への投資及び送金を阻止できなかったとしても、これについて、原告らとの関係で何らかの注意義務違反を認め、損害賠償責任を問うことはできないというべきである。」

【実務上の意義】

　この事案は、酒類小売業者の組合（酒類業組合）が私的な年金事業（年金

共済事業）を行っていたが、年金資産を仕組債に投資したところ、償還不能
となったことから、年金の加入者ら（合計 65 名）が組合、仕組債の購入の紹
介者、購入・保管に関与した金融機関等のほか、事業を実際に遂行していた
組合の事務局長、専務理事、理事長、副理事長 2 名、理事ら、監事 2 名に対
して損害賠償を請求し、理事、監事らの関係では不法行為、酒類業組合法
30 条 2 項、善管注意義務違反、債務不履行が法的な根拠として主張された
ものである。この事案は、事業者の組合の運用する年金共済の加入者らが組
合、その理事（理事長、副理事長、専務理事、理事）、監事らに対して損害賠
償を請求し、理事、監事らの年金共済の加入者ら（第三者）に対する損害賠
償責任が問題になった事件である。この事案は、事業者の組合で私的な年金
共済制度が運営されていたこと、組合の事務局長が運用の実務を担当してい
たこと（実務経験から組合において信頼されていたこと）、年金資産（全体の約
8 割に相当する約 144 億円）を紹介によって外国の金融機関から仕組債を購入
したこと、仕組債は英国の弁護士事務所の裁判費用の融資事業等による貸付
債権を内容とするものであったこと、仕組債は格付け機関による評価がされ
ていない私募債であったこと、組合では理事会等の審議等を経ていなかった
こと、専務理事は事務局長の説明を鵜呑みにして投資を了承したこと、専務
理事は説明を裏付ける資料等を確認することもなかったこと、専務理事は専
門家の意見を聴取することもなかったこと、専務理事は外国の金融機関に契
約内容を確認しなかったこと、仕組債が償還不能になったこと、年金共済の
加入者らが年金掛け金の損害等を主張し、損害賠償を請求したこと、加入者
らが仕組債の購入の紹介者、購入・保管に関与した金融機関等のほか、組合
の事務局長、専務理事、理事長、副理事長 2 名、理事ら、監事 2 名の損害賠
償責任を追及したこと、組合の理事、監事らについては不法行為、酒類業組
合法 30 条 2 項、善管注意義務違反の責任が問題になったことに特徴がある。

　この判決は、組合の事務局長の不法行為を認めたこと、組合の使用者責任
を認めたこと、専務理事については、事務局長の直接の指揮監督権者とし
て、また、事務局長による仕組債への投資を知っていた唯一の理事として、
事務局長に対して調査検討を指示するとともに、仕組債への投資を了承する
のであれば、事前にこれを理事会に諮るべき職務上の義務があったとし、義

第6章　一般社団法人等の理事・監事の責任をめぐる裁判例

務違反を認め、不法行為を肯定したこと、理事長、副理事長、その余の理事
ら、監事らの責任を否定したことに特徴がある。この判決が組合の専務理
事・事務局長の年金共済の加入者らに対する不法行為を肯定した事例判断は
参考になる反面、年金共済の規模、投資額・年金共済に対する割合、投資の
内容・方法のリスクの酒類・内容・程度、年金運用の丸投げの実態、年金運
用等に関する組合における諸規定等の事情に照らすと、少なくとも理事長、
副理事長等の法的な責任を否定した判断には相当な違和感が残るものであ
る。

> **〔裁判例91〕病院を経営する医療生活協同組合において資金調達
> のため組合債を発行し、運営が悪化して債務超過になり、破産手
> 続開始決定がされたことにつき理事長、理事らの不法行為責任が
> 問題になった事例**（控訴審）（東京高判平成23・7・27金判1377号30
> 頁）

【事案の概要】

　前記〔裁判例87〕新潟地高田支判平成22・3・18金判1377号36頁の控
訴審判決であり、Xらが控訴した。

　この判決は、基本的には第1審判決の理由を引用する等し、控訴を棄却し
た。

【判旨】

「1　当裁判所も、被控訴人らには説明義務違反は認められず、本件組合債
の発行は出資取締法に違反するものでもないから、被控訴人らの共同不法行
為は成立せず、被控訴人銀行の不当利得も認められないから、控訴人らの請
求はいずれも理由がないと判断する。

　そのように判断する理由は、後記2のとおり原判決を補正するほかは、原
判決の「事実及び理由」欄の「第3　争点に対する判断」の1ないし3（原
判決12頁7行目から同21頁10行目まで）に記載するとおりであるから、これ
を引用する。ただし、控訴人らに関する部分に限る。」

428

Ⅲ　理事・監事の第三者に対する法的な責任

【実務上の意義】

　この事案は、病院を経営する医療生活協同組合が資金調達のため組合債を発行したところ、病院が閉院され、破産手続開始決定がされたため、組合債の購入者らが組合の理事長、理事らに対して損害賠償を請求した控訴審の事件である。この事案は、破産した協同組合の組合債を購入した組合員らが理事長、理事らに対して損害賠償を請求し、理事長、理事らの組合債の購入者ら（第三者）に対する損害賠償責任が問題になった事件である。

　この判決は、第1審判決を引用し、理事長らの不法行為を否定したものであり、事例判断として参考になるものである。

〔裁判例92〕マンションの管理組合法人において大規模修繕工事を施工した際、規約違反を行う区分所有者の施工を留保したことにつき理事らの不法行為責任が問題になった事例（東京地判平成24・3・28判時2157号50頁）

【事案の概要】

　Xは、マンションの1階に専有部分を区分所有し、店舗を営業していたところ、本件マンションのY_1管理組合法人が大規模修繕を行うこととなり、修繕委員会の設置を決議し、検討し、総会において大規模修繕工事の施工を決議し、A株式会社との間で工事請負契約を締結し、工事が施工されたが、Xの店舗前の共用部分のタイル張替え等の工事については、Xが規約に違反して設置した空調用室外機・店舗看板を移動させず、理事長Y_2、理事Y_3らの理事会の決定により工事を留保することとなったことから施工されなかったため（Xが空調用室外機等の規約違反の状態を認めない限り、工事を施工させないとの態度をとった）、XがY_1に対して工事の施工、Y_1の理事Y_2、Y_3ら、監事Y_{10}に対して債務不履行、不法行為に基づき損害賠償を請求した。

　この判決は、総会が工事を決議したことは、理事会はその執行が義務付けられているものではなく、執行する権限が授与されたものというべきであり、理事会が工事を施工するに当たっては一定の裁量が認められていると

429

し、本件では裁量の逸脱はないとし、Y$_2$らの債務不履行、不法行為を否定し、請求を棄却した。

【判旨】

「(2)　総会は、被告管理組合における最高の意思決定機関であり、総会で選任される理事、ひいては、その理事により構成される理事会は、総会の議決に基づく組合業務を執行することが求められている。

ところで、本件修繕工事は、計画修繕または特別修繕にあたるところ、修繕積立金の使用方法は、総会だけでなく、理事会も決定することができるとされ（規約20条）、また、総会議決で実施することになっていた各戸ベランダのアルミサッシ取替工事（本件修繕工事の一部）が予算の都合で理事会の決定で見送られたことがあり、その後に同工事実施の可否や、過去にも本件マンションの設備工事実施の可否が理事会の決定に委ねられたことがあったことが認められる（甲12、甲84、乙4、5、7、51、60による。）。

そして、理事会が、組合業務を執行するにあたり、規約や区分所有法に違反し、区分所有者共同の利益を害する事態が存在するにもかかわらず、総会で議決された事項すべてを必ず執行しなければならないと解すると、区分所有者の共同の利益を守る目的で、本件マンションの共用部分の管理等を行う理事会が、かえって規約や区分所有法に違反する行為や、区分所有者共同の利益を害する行為に及ぶことになってしまう。

以上から、本件修繕工事については、総会が実施することを議決したが、理事会は、すべてにおいてその執行（実施）が義務付けられたというものではなく、執行（実施）する権限が授与されたものというべきであり、理事会が本件修繕工事を実施するにあたっては、理事会に一定の裁量が認められているというべきである。

理事会が総会の議決に反し本件工事を保留したことにつき、執行（作為）義務や損害賠償義務が認められるには、その裁量を逸脱したと認められることが必要であると解すべきであり、理事会は、被告管理組合の執行機関であるから、同義務の主体となりうるのは、構成員である個々の理事ではなく、被告管理組合となると解すべきである。個々の理事にも責任が生じる場合は、個々の理事が原告の権利を侵害するとの積極的意図をもって、理事会の

決定を導いたときなどに限られるというべきである。

　以下、本件工事を保留する決定をしたこと、あるいは、本件工事を保留し続け、実施していないことが、理事会が有している裁量を逸脱していると認められるかどうか、まず、検討していく。

（中略）

四(1)　原告店舗前の共用部分の原告の使用状況は、共用部分に看板等工作物を築造すること、共用部分の不法占有及び物品を放置すること、本件マンション、敷地及び附属施設の管理または使用に関し、組合員の共同の利益に反する行為をすることを禁止事項とした規約（25条3号、11号、13号）に違反するものと解すべきであり、本件マンションの区分所有者共同の利益に反し、被告管理組合には、原告に対し、現状の使用状況を改善させ、規約違反を是正させる責務があったというべきである。

　原告店舗前の共用部分は、本件マンションの区分所有者がごみ置き場や最寄り駅等への通路として使用するところであり、本件マンションの共用部分の中でも公共性の高い部分であって（このようなものである以上、原告店舗前の共用部分上の看板が公序良俗を害しないとはいえない。）、住戸に接するバルコニーと同視できるものではないというべきである。原告店舗前の共用部分の使用状況が規約に違反していること、原告の専用使用が認められたものではないことは、原告も認識しているといえ、原告店舗前の共用部分について、原告の専用使用が許可されたことや承認されたことがあると認めるに足りる証拠はない。

　共用部分が原告という特定の組合員のみにより使用されていることが問題なのであって、本件マンションの区分所有者がごみを出しに行く時間帯に、原告店舗前の共用部分に現に自転車等が駐輪されているかどうかは、上記判断に影響を与えるものではない。また、1階が店舗になっている他のマンションの店舗前敷地の使用状況についても、本件マンション（被告管理組合）の規約違反が問題となっている本件には直接には影響を及ぼすものではない。

(2)　そして、前記認定事実、すなわち、原告店舗前の共用部分に室外機や看板が設置され、自転車やバイクが駐輪されている状況では、本件工事を実施

第6章　一般社団法人等の理事・監事の責任をめぐる裁判例

できないこと、以前から原告店舗前の共用部分には室外機等が設置され、自転車やバイクが駐輪していたこと、これらのことに関し、被告管理組合の組合員から苦情が寄せられていたこと、本件修繕工事の実施が決定される以前から被告管理組合が原告に対し原告店舗前の共用部分の使用状況について改善を求めていたこと、本件修繕工事が始まった後、原告がいったんは原告店舗前の共用部分の使用状況について改善の約束をしたが、それを撤回し、現状の使用状況を容認するよう求めたこと、結局、原告が原告店舗前の共用部分の使用状況を改善せずに現在に至っていることなどからすると、原告店舗が当初から店舗としての使用が予定されていたことを考慮しても、理事会で本件工事を保留することを決定し、被告管理組合が本件工事を実施しなかったことは、やむを得ないものであったといえる。

（中略）

　以上から、理事会が本件工事を留保する決定をしたことについて、裁量の逸脱は認められず、違法になることはない。被告先任理事には、債務不履行も不法行為も認められない。被告乙山は、上記決定時、修繕委員会委員長であったが、被告管理組合の監事であり、理事会の決定に関与することができなかったのであるから、そもそも何らかの責任を負わされることはない。

(3)　原告は、本件訴訟等を通じ、被告管理組合に対し、本件工事の実施を求めているといえるが、原告店舗前の共用部分の使用状況に改善が認められない以上、理事会ひいては被告管理組合が本件工事を留保し続け、本件工事を実施していないことについても、裁量の逸脱は認められず、違法になることはない。被告丁原及び被告乙野を除く被告先任理事及び被告後任理事（被告乙山を含む。）には、債務不履行も不法行為も認められない。」

【実務上の意義】

　この事案は、マンションの管理組合法人（建物の区分所有等に関する法律（区分所有法47条））の総会において大規模修繕工事の施工を決議し、施工業者に工事を発注し、工事が施工されたところ、マンションの1階部分（店舗部分）の区分所有者（管理組合法人の組合員、社員の一人である）が従来から規約に違反して設置した空調用室外機・店舗看板を移動させなかったことから、管理組合法人が理事会の決定により、店舗前の共用部分のタイル張替え

432

等の工事について施工を留保したため、区分所有者が管理組合法人に対して工事の施工を請求するとともに、施工留保に関与した理事らに対して損害賠償を請求した事件である。この事案は、マンションの区分所有者が大規模修繕工事のうち自己の専有部分付近の工事の施工留保につき理事らに損害賠償を請求し、理事らの区分所有者（第三者）に対する法的な責任が問題になった事件である。この事案は、管理組合法人がマンションの大規模修繕工事を施工する総会の決議がされ、施工業者に工事が発注されたこと、1階部分に専有部分（店舗部分）の区分所有者が自己に関係する工事について、従来から規約に違反して設置した空調用室外機・店舗看板を認めることを条件に工事の施工を容認するとの態度をとったこと、管理組合法人の理事会はこれらの撤去がされないとし、撤去がされるまで工事の施工を留保したこと、区分所有者が工事の施工留保につき理事らの損害賠償責任を追及したこと、区分所有者が責任の根拠として債務不履行、不法行為を主張したこと、債務不履行、不法行為の内容は、理事らが区分所有者に対して総会の決議に従って工事を遂行すべき義務違反が主張されていることに特徴がある。

　この判決は、総会における工事の決議は、理事会がその執行を義務付けられているものではなく、執行する権限が授与されたものであるとしたこと、理事会が工事を施工するに当たっては一定の裁量が認められているとし、本件では裁量の逸脱はないとしたこと、理事らの債務不履行、不法行為を否定したことに特徴があり、マンションの管理に従事する理事の権限行使をめぐる理事の法的な責任が問題になった一つの類型の事案について理事の責任を否定した事例判断として参考になるものである。

〔裁判例93〕外国人研修制度、技能実習制度の運用に関与する第一次受入れ機関（協同組合）において代表理事の不法行為責任、第三者責任が問題になった事例（長崎地判平成25・3・4判時2207号98頁）

第6章　一般社団法人等の理事・監事の責任をめぐる裁判例

【事案の概要】

　X_1 ないし X_5 は、出入国管理及び難民認定法（入管法）に基づく外国人研修制度・技能実習制度により、日本国内に入国し、研修を受け、技能実習生として受入れ機関において雇用され、勤務していたところ、賃金の未払い、過酷な労働、旅券・預金通帳の管理、セクシュアルハラスメント、暴行等を被ったこと（本件不法行為）から、X_1 らが第二次受入れ機関である A 会社の代表取締役 Y_1、取締役 Y_2、第一次受入れ機関である Y_3 協同組合、代表理事 Y_4、受入れ機関等のサポートを業とする Y_5 株式会社、代表取締役 Y_6、Y_7 公益財団法人に対して、Y_1、Y_2 につき本件不法行為に基づき、Y_3、Y_4 につき本件不法行為の幇助を主張し、共同不法行為、中小企業等協同組合法（中協法）38 条の 3 第 1 項、一般法人法 78 条に基づき、Y_5、Y_6 につき本件不法行為の幇助を主張し、共同不法行為等に基づき、Y_7 につき巡回指導による調査を行うべき義務の懈怠を主張し、共同不法行為に基づき損害賠償を請求した（本件訴訟の提起時には、A も被告とされていたが、破産手続開始決定・廃止決定がされ、確定したことから、訴訟が終了した）。

　この判決は、Y_1、Y_2 による本件不法行為を認め、Y_4 の責任については、第一次受入れ機関の代表理事として、第二次受入れ機関の残業代を決定し、研修生の選抜に関与し、X_1 らの賃金請求・団体交渉、逃亡等の禁止をし、研修につき虚偽の監査結果を地方入国管理局（当時）に報告する等して本件不法行為を幇助したことを認め、Y_3 につき一般法人法 78 条の責任を肯定し、Y_5、Y_6 の各責任を肯定し、Y_7 の責任についてその指導、監督の法的権限がなく、X_1 らの主張に係る調査義務を否定し、Y_1 ないし Y_6 に対する請求を認容し、その余の請求を棄却した。

【判旨】

「(ア)a　被告丙川は、被告協同組合の代表理事として、平成 19 年 3 月 19 日、同年 6 月 19 日及び同年 9 月 19 日の 3 回にわたり、四期生原告らの乙野社における研修について監査を行い、その頃、各監査の結果を地方入国管理局の長に対して報告した。

　被告丙川は、上記各監査の際、四期生原告らに係る後記(イ)の各事実を認識していたが、地方入国管理局の長に提出する各報告書には、「受入れ機関に

よる文書等の保管」欄に「無」と、研修手当の「支給方法」欄に「手渡し」と、「研修手当以外の支給」欄に「無」とそれぞれ虚偽の記載をし、地方入国管理局の長に対し、上記各報告書を提出して虚偽の報告をした。

b　被告丙川は、被告協同組合の代表理事として、平成20年1月25日、同年4月23日及び同年7月24日の3回にわたり、五期生原告らの乙野社における研修について監査を行い、その頃、各監査の結果を地方入国管理局の長に対して報告した。

　被告丙川は、上記各監査の際、五期生原告らに係る後記(イ)の各事実を認識していたが、地方入国管理局の長に提出する各報告書には、前記aと同様の虚偽の記載をし、地方入国管理局の長に対し、上記各報告書を提出して虚偽の報告をした。

(イ)　被告太郎は、原告らが乙野社に在籍した期間、乙野社（第二次受入れ機関）の代表取締役として、原告らの旅券及び預金通帳を預かり保管し、原告らの研修手当については、各原告名義の口座にこれを入金し、被告太郎において上記口座に係る預金通帳を預かり保管していた。また、乙野社は、研修期間中は、原告らを残業させてはならないとされているにもかかわらず、原告らを残業させ、原告らに対し、1時間当たり300円の残業代の支給をしていた。

(ウ)　被告丙川は、前記(ア)のとおり、原告らの乙野社における研修について監査を行い、その結果を地方入国管理局の長に対して報告するに当たり、虚偽の報告をしてはならない義務があったにもかかわらず、その義務に違反し、虚偽の報告をしたものである（なお、上記のとおり虚偽の報告をしてはならない義務があったといえる根拠は、次のとおりである。出入国管理及び難民認定法第7条第1項第2号の基準を定める省令の研修の在留資格に係る基準の5号の特例を定める件（前記一(1)イの法務省告示）第8号ロ及びハは、入管法7条1項2号の基準（入国審査官が、本邦に上陸しようとする外国人から上陸の申請があった場合に、審査すべきものとされている上陸のための条件に関して法務省令で定められたもの）の一つとして、事業協同組合等の中小企業団体を第一次受入れ機関とする団体監理型研修について、①当該研修が当該団体（第一次受入れ機関）の監理の下に行われるものであること、②当該団体の役員で当該

事業の運営について責任を有するものが、第二次受入れ機関において行われる研修の実施状況について、3か月につき少なくとも1回監査を行いその結果を地方入国管理局の長に報告することとされていることを規定している。そして、四期生原告らは、平成18年12月1日に、五期生原告らは、平成19年10月5日に、それぞれ、団体監理型研修（被告協同組合を第一次受入れ機関とし、乙野社を第二次受入れ機関とするもの）の受入れがあるものとして、研修の在留資格をもって、日本に上陸したことからすると、原告らに係る上記団体監理型研修は、上記の上陸のための条件に適合するものであったこと、すなわち、①当該研修が被告協同組合（第一次受入れ機関）の監理の下に行われるものであること、②被告協同組合の代表理事が、乙野社（第二次受入れ機関）において行われる研修の実施状況について、3か月につき少なくとも1回監査を行いその結果を地方入国管理局の長に報告することとされていることという上記基準（上陸のための条件に関する法務省令で定められた基準）に適合するものであったことを推認することができる。したがって、被告丙川には、地方入国管理局の長に上記②の報告をするに当たって、虚偽の報告をしてはならない義務があったことは、明らかである。）。

オ　残業に係る要求

　被告丙川は、平成21年9月14日、被告協同組合の代表理事として、被告甲野ら及びSと共に、原告らとの間で、話合いを行うに当たって、原告らに対し、残業に関し（なお、残業代は、当時、四期生原告らについては1時間当たり400円で、五期生原告らについては1時間当たり350円であった。）、「研修期間中の残業は違法であるため、秘密にする必要がある。その秘密を守れない場合には残業代は没収になる。残業代は、被告協同組合に加盟している各会社で統一されているから、乙野社の残業代だけを上げることはできない。」旨告げ、上記金額の残業代を容認するよう要求した。

(2)　本件不法行為①は、前判示のとおり、被告甲野らが、前記三(1)ア（原告らが当時置かれていた状況）の状況に置かれていた原告らに対し、(a)著しい長時間、原告らを縫製作業に従事させ、(b)著しく少ない休日しか与えずに、原告らを縫製作業に従事させ、(c)最低賃金額を著しく下回る賃金しか支払わずに原告らを労働させ、(d)通信機器の所持を禁止したり、本件各受入れ機関の

関係者以外の者との交流を禁止したりして原告らの私生活上の自由を侵し、被告太郎が、(e)違法に原告らの旅券及び預金通帳を管理したというもの（そして、これらが、一連の行為として被告甲野らの各原告に対する共同不法行為を構成するというもの）である。

そして、前記一及び三の事実によれば、①被告丙川の前記(1)アないしオの各行為は、被告甲野らが最低賃金額を著しく下回る賃金しか支払わずに長時間にわたって（著しく少ない休日しか与えないで長時間にわたって）原告らを縫製作業に従事させることを容易にするものであること、②被告丙川は、上記アないしオの各行為をする時、上記各行為により被告甲野らの原告らの残業に係る行為（被告甲野らが最低賃金額を著しく下回る賃金（残業代）しか支払わずに原告らを残業させ、長時間にわたって原告らを縫製作業に従事させる行為）を容易にすることを認識（予見）・認容していたこと、③被告丙川は、上記アないしオの各行為をして、被告甲野らが本件不法行為①を行うことを容易にして幇助したことが認められる（なお、これに関し、上記事実によれば、被告丙川は、上記アないしオの各行為をした時、上記②のとおり、認識（予見）・認容していたものであり、一連の行為としての本件不法行為①のうち、主要な部分である被告甲野らの原告らの残業に係る上記行為について、これを容易にすることを認識（予見）・認容していたということができるから、本件不法行為①を幇助したことにつき故意があったというべきである。）。

(3)　以上によれば、被告丙川は、被告甲野らの本件不法行為①を幇助したものであり、本件不法行為①及びその幇助は、各原告に対する共同不法行為（民法 719 条）を構成すると解すべきである。したがって、被告丙川は、各原告に対し、民法 719 条に基づき、本件不法行為①により各原告が被った損害につき、被告甲野らと連帯して損害賠償金を支払う義務を負うというべきである。

なお、原告らは、本件不法行為②及び本件不法行為③につき、「被告丙川は、被告太郎の上記各不法行為を幇助した。これは、被告協同組合の代表理事の職務を行うについて、悪意又は重大な過失があったものである。」旨主張するが、被告丙川が被告太郎の上記各不法行為を幇助したとの事実は、これを認めるに足りる証拠がない。したがって、原告らの上記主張は、採用す

第6章　一般社団法人等の理事・監事の責任をめぐる裁判例

ることができない。」

【実務上の意義】

　この事案は、入管法に基づく外国人研修制度、技能実習制度により、日本
国内に入国し、研修を受け、技能実習生として受入れ機関において雇用さ
れ、勤務していたところ、賃金の未払い、過酷な労働、旅券・預金通帳の管
理、セクシュアルハラスメント、暴行等を被ったことから、第二次受入れ機
関（会社）の代表取締役、取締役、第一次受入れ機関（協同組合）、代表理事、
サポート会社、代表取締役、公益財団法人（国際研修協力機構）に対して損
害賠償を請求した事件である。この事案は、本書のテーマからみると、第一
次受入れ機関（協同組合）の代表理事の技能実習生らに対する損害賠償責任
が問題になった事件である。この事案は、入管法に基づく外国人研修制度、
技能実習制度の技能実習生の被害が問題になったこと、技能実習生が第二次
受入れ機関において賃金の未払い、過酷な労働、旅券・預金通帳の管理、セ
クシュアルハラスメント、暴行等の被害を受けたこと、第二次受入れ機関
（会社）の代表取締役・取締役、第一次受入れ機関、その代表理事、サポー
ト会社、その代表取締役、公益財団法人らの損害賠償責任が追及されたこ
と、代表理事については、不法行為責任が問題になったことに特徴がある。

　この判決は、第二次受入れ機関（会社）における技能実習生に対する不法
行為が行われたことを認めたうえ、第二次受入れ機関、その代表取締役・取
締役、サポート会社、その代表取締役の不法行為責任を肯定したこと、公益
財団法人の責任を否定したこと、第一次受入れ機関の代表理事については、
不法行為の幇助を認めたこと、第一次受け入れ機関である協会については、
一般法人法78条の責任を肯定したことに特徴があり、技能実習制度にかか
わる関係機関らの不法行為を肯定した事例判断として参考になるものであ
る。

438

Ⅲ　理事・監事の第三者に対する法的な責任

〔裁判例 94〕法科大学院の学生に奨学金の給与・貸与等を目的とする公益財団法人の代表理事（弁護士）が受任した訴訟において訴訟上の和解が成立し、依頼者と報酬に関する合意をしたことにつき報酬合意の錯誤・公序良俗違反が問題になった事例（東京地判平成 25・8・27 判タ 1417 号 232 頁）

【事案の概要】

　法科大学院の学生に奨学金の給与・貸与等を目的とする X₁ 公益財団法人の代表理事である X₂ 弁護士は、Y₁ 株式会社（代表者は、Y₂、取締役は、Y₃ であり、Y₂ の母。なお、Y₁ は後に吸収合併されるが、その経過等は省略する）から賃貸に係る建物の賃借人である A 株式会社から提起された建物の賃料減額請求訴訟（別件第 1 訴訟）につき訴訟を委任され、着手金 2000 万円を受領し、Y₁ らの提起に係る賃料増額請求訴訟（別件第 2 訴訟）につき訴訟を委任され、2 件の訴訟が併合審理され、地方裁判所は、別件第 1 訴訟につき A の請求を認容し、別件第 2 訴訟につき Y₁ らの請求を棄却する判決を言い渡したことから、X₂ は、訴訟代理人として控訴する等し、控訴審において地方裁判所の判決を前提とした訴訟上の和解をした後、X₂ は、Y₁ らに成功報酬として本来の 3 億 1660 万円を 1 億 5000 万円に減額する等の内容の計算書を交付し、協議のうえ、7500 万円の報酬とし、分割支払いとする旨の合意をし、Y₁ らは 2000 万円を支払ったが、X₂ は、残額 5500 万円のうち弁済期の到来した 1000 万円の債権を X₁ に譲渡したことから、X₁ が Y₁ ないし Y₃ に対して譲渡に係る 1000 万円の支払いを請求し（第 1 事件）、Y₁ らが X₂ に対し、報酬合意が錯誤、公序良俗違反により無効であると主張し、残額 4500 万円の報酬債務の不存在確認を請求し（第 2 事件本訴）、X₂ が反訴として不当な訴訟提起であると主張し、不法行為に基づき損害賠償を請求した（第 2 事件反訴）。

　この判決は、報酬の合意は錯誤無効（当時）、公序良俗違反に当たらないとし、第 2 事件の訴訟提起は本件において報酬の合意を終局的に解決することを目的としたものであり、裁判制度の趣旨目的に照らして著しく相当性を

439

欠くものとはいえないとし、不法行為を否定し、第1事件のX_1の請求を認容し、第2事件本訴請求、反訴請求を棄却した。

【判旨】

「2　争点(1)について

(1)　前記の認定事実によれば、甲野とZ社らとの間において、別件第1事件についてZ社らに有利に解決できたときは、甲野は、Z社らに対して弁護士報酬規程に基づいて算出した経済的利益に応じた成功報酬の支払請求をすることができるが、協議の上で減額することができるとの合意がされた事実を認めることができるところ、甲野がZ社らの訴訟代理人として関与して、別件判決ではA地所の請求を一部退けられたこと、別件控訴審においては、別件判決に基づいてA地所から請求されるよりも支払方法の点でZ社にとって有利な内容であったと認められ、別件はZ社らに有利に解決できたといえるから、Z社らは甲野に対して弁護士報酬規程に基づいて成功報酬支払義務があったといえる。

　Yらは、甲野が、弁護士報酬規程に基づく別件に関する成功報酬の計算基準及び額について十分な説明をしなかったから、Z社らの甲野弁護士に対する成功報酬支払義務は発生していなかったと主張するが、前記説示のとおり、Z社らは甲野に対して成功報酬支払義務があったものと認められ、甲野が受任する際に具体的な成功報酬の計算基準及び額を説明しなかったとしても、この認定は左右されないから、Yらの主張は、その前提を欠くというべきであり、採用できない。

　また、甲野が、弁護士報酬規程の成功報酬の算出方法とは全く異なる算出方法によって3億1660万円という多額の本件成功報酬の標準額を算出し、同額から1億5000万円に減額する旨記載された本件成功報酬計算書をZ社らに交付して多額の成功報酬の支払義務があるかのごとく説明し、報酬支払請求訴訟を提起すると告げることで、Z社らをして、多額の報酬支払義務があると誤信させ、本件報酬合意をさせたとも認められない（B本人はその旨供述をするが、これを裏付ける的確な証拠はなく、採用できない。）。

(2)　Yらは、甲野が、本件報酬合意をする際、一郎に対し、2000万円を超える部分の支払については「あるとき払いの催促なし」と述べたため、一郎

は、2000万円を支払えばその余は免除されると信じ、支払義務の範囲について錯誤があると主張し、一郎本人も同様の供述をするが、これを裏付ける的確な証拠がないばかりか、同供述は本件報酬合意の内容と実質的に矛盾する内容であるにもかかわらず、Z社らは、本件報酬合意の内容が表現された文書に押印等をしている（前記認定事実(9)）のであり、そのことについて合理的な説明もされていないから、一郎本人の供述は採用できず、他に、Yらの主張を認めるに足りる証拠はない。

(3)　したがって、本件報酬合意は、Z社らの錯誤によって無効となるとは認められない。

3　争点(2)について

　Yらは、本件報酬合意は、甲野が一郎の無思慮及び窮迫に乗じて不当の利を博する目的で合意されたから、公序良俗違反として無効であると主張する。

　しかし、前記認定事実及び前記2説示のとおり、甲野がZ社らの訴訟代理人として関与して、別件はZ社らに有利に解決でき、Z社らは、甲野に成功報酬支払義務があったと認められること、甲野は、平成16年4月15日、同年6月末日までの一括払いを前提として本件成功報酬を本件成功報酬計算書記載の1億5000万円（消費税は別途）から7678万1250円（消費税込み）に減額したこと、甲野は、同月9日、一郎からの申入れを受け、Z社の資金繰りに配慮して本件報酬合意において本件成功報酬を7500万円に減額し、当時のZ社の経済状況に配慮して5500万円の支払開始日を7年後にした上で、11年間の分割払いにすることとして本件報酬合意がされたこと、Z社らは別訴判決の言渡し及び別件控訴審における和解成立後に本件報酬合意をしたこと、Z社らは、本件報酬合意に関する覚書の内容を認識した上でこの覚書に署名押印していること、Z社らは本件報酬合意に基づいて合計2000万円を支払ったことが認められる。

　そうすると、本件報酬合意は、甲野が一郎の無思慮及び窮迫に乗じて不当の利を博する目的で合意されたとは認められず、Yらの公序良俗違反により無効であるとの主張は、採用できない。

4　争点(3)について

Ｙらは、本件報酬合意に基づく合計 5500 万円の報酬債権は高額にすぎる、別件で、甲野が出頭した期日は最大で 30 期日、提出した書面の枚数は 149 枚であるから、甲野の業務時間及び業務量を考慮しても、甲野が着手金も含めてＺ社らから既に受け取った合計 4000 万円の報酬で十分であるから、信義誠実の原則及び衡平の原則に基づいて、本件報酬合意に基づく報酬請求権は、減額されるべきであると主張する。

しかし、Ｙらが主張する甲野が別件において出頭した期日の回数及び提出した書面の枚数に基づいて 4000 万円の報酬が十分であるとする根拠は示されておらず、これを採用することはできないばかりか、本件全証拠によっても、本件報酬合意に基づく報酬請求権が減額されるべきであるとは認められないから、Ｙらの主張は採用できない。

（中略）

6　争点(5)について

甲野は、Ｙらが第 2 事件本訴において主張している本件報酬合意の錯誤無効、本件報酬合意の公序良俗違反による無効、信義則に基づく本件報酬合意に基づく報酬請求権の減額はいずれも事実的及び法律的根拠を欠き、本件報酬合意の直接の当事者であったＹらは、このことを知っていた、又は容易に知り得たから、第 2 事件本訴の訴訟提起は、裁判制度の趣旨目的に照らして著しく相当性を欠く不法行為であると主張する。

しかし、公序良俗による無効の主張は、その主張の前提となる事実の認識の側面もあるが、最終的には法的判断又は法的評価の問題であるといえること、信義則に基づく本件報酬合意に基づく報酬請求権の減額については、依頼された事件の難易、労力の程度、所要時間の多寡、弁護士会報酬規程の内容その他諸般の事情を総合考慮して判断されるものであることが認められる。

そうすると、Ｙらは特段の根拠もないまま本件報酬合意が公序良俗に反する、あるいは、信義則に基づく本件報酬合意に基づく報酬請求の減額ができると考えたとはいうことができず、その主張する権利又は法律関係が事実的、法律的根拠を欠くものであることを知りながら又は通常人であれば容易にそのことを知り得たのにあえて第 2 事件本訴を提起したと認めるに足りる

証拠もない。

　加えて、法的紛争の当事者が紛争の解決を求めて訴えを提起することは、裁判を受ける権利として国民に与えられた権利の行使といえるところ、明石弁護士証言及び弁論の全趣旨によれば、Ｙらは、Ｘ会だけでなく甲野との関係でも本件報酬合意に関して防御を尽くすこと及び甲野とＹらとの本件報酬合意に関する紛争を終局的に解決することを目的として第２事件本訴を訴訟提起したことが認められる。

　したがって、Ｙらの第２事件本訴の訴訟提起は、いまだ裁判制度の趣旨目的に照らして著しく相当性を欠くものとはいえず、甲野に対する違法な行為とはいえないというべきであるから、甲野の主張は採用できない。」

【実務上の意義】

　この事案は、法科大学院の学生に奨学金の給与・貸与等を目的とする公益財団法人の代表理事である弁護士は、会社から訴訟を受任し、着手金2000万円を受領し、判決を経て、控訴審において訴訟上の和解が成立したことから、会社らと報酬に関する合意をし、一部の支払いを受け、残額の債権につき公益財団法人に譲渡し、公益財団法人が会社らに対して報酬の支払いを請求し、会社らが代表理事に対して報酬合意が錯誤、公序良俗違反により無効であると主張し、報酬債務の不存在確認を請求し、代表理事が反訴を提起し、不当訴訟を主張し、損害賠償を請求した事件である。この事案は、公益財団法人の代表理事（弁護士）が依頼者と締結した報酬合意に係る法的な責任（錯誤、公序良俗違反による無効）が問題になった事件である。

　この判決は、報酬の合意が錯誤、公序良俗違反に当たらないとしたこと、依頼者による訴訟の提起が不法行為に当たらないとしたことに特徴があり、その旨の事例判断を提供するものである。

第 6 章　一般社団法人等の理事・監事の責任をめぐる裁判例

> 〔裁判例 95〕行政書士の懲戒処分につき知事が行政書士会に調査、
> 意見の報告を求め、所定の手続が行われ、綱紀委員会が答申をし、
> 会長に報告したことにつき会長、申請取次業務適正化委員会の委
> 員長である理事の第三者責任が問題になった事例（東京地判平成
> 26・10・15 判時 2248 号 56 頁）

【事案の概要】

　A 行政書士は、X 行政書士につき都知事に二重事務所、名義貸しを理由
とし、懲戒処分を求め、都知事は、Y_1 行政書士会（行政書士法 15 条に基づき
東京都に設立された法人。代表者会長は、Y_2。なお、X は、Y_1 の会員である）に
調査・意見の報告を求め、Y_2 は、Y_1 に設置された綱紀委員会・申請取次業
務適正化委員会（委員長は、理事 Y_3）に調査を求め、綱紀委員会は、平成 23
年 5 月、可罰的違法行為とはいえないとする旨を Y_2 に答申し、Y_2、Y_3 は、
同年 5 月と 10 月、平成 24 年 5 月、X に申請取次業務適正化委員会に調査の
ための出席を求めたものの、X が出席を拒否する等したが、これらの間、X
は、弁護士とともに都総務局に綱紀委員会の答申が報告されていないのは不
当であると働きかける等し、都は、平成 24 年 6 月、処分を行わない旨の決
定をしたため、X が Y_1 ないし Y_3 に対して、答申後 1 年間都知事に報告を
しなかったことや業務妨害、名誉毀損等の不法行為を主張し、Y_1 につき一
般法人法 78 条、Y_2、Y_3 につき同法 117 条に基づき損害賠償を請求した。

　この判決は、行政書士法 18 条の 6 に基づき都知事から懲戒請求に関する
調査報告が求められたときは、会長においてしかるべき部署に調査をさせる
べきであるところ、本件において綱紀委員会のほか、申請取次業務適正化委
員会に調査依頼をしたことは会則、慣行に反したものではないし、本件で問
題にされている行為の内容から申請取次業務適正化委員会に調査させたこと
は合理性があり、不当な目的でされたものとはいえず、調査報告までに約 1
年間を要したことは X が出席要請に繰り返して応じなかったことが大きく
影響しているとし、違法行為を否定し、請求を棄却した。

444

Ⅲ　理事・監事の第三者に対する法的な責任

【判旨】

「ウ　そこで、被告中西が、本件調査報告依頼に対し、申請取次委員会に対して調査依頼したことについて検討する。

被告行政書士会の会則（乙1）では、被告行政書士会に必要な業務組織は別に定め（57条1項）、理事会の議決により必要と認めたときは、特別委員会等を設けることができるとされ（57条2項）、被告行政書士会の申請取次業務適正化委員会規則（乙6）によると、申請取次委員会は、被告行政書士会を経由して東京入国管理局長への届出を行おうとする者及び当該届出済で届出済証の交付を受けた行政書士の管理につき必要な事項を定め、申請取次業務の適正化等を図るため、被告行政書士会の会則57条2項に基づく特別委員会として設置されたものであることが認められる。

東京都知事からの調査報告依頼に対し、会長において、当該調査報告依頼の趣旨や内容に即して然るべき部署に適切な調査をさせるべきであることは上記のとおりであるから、専門の業務組織や委員会があるときは当該業務組織又は委員会に諮問して調査させることができるものと解される。

そして、本件懲戒請求において問題とされている行為が、事務員を使用して、東京入国管理局庁舎内のレストランに顧客を連れ込み、同所で受任しており、これが二重事務所の禁止や名義貸等の禁止に抵触するというものであることから、申請取次業務の適正化を図ることを目的として設置され、届出者等の処分に係る通知や聴聞手続の主宰、申請取次業務の是正勧告処分（申請取次業務適正化委員会規則3条、10条、11条等参照）などを専門的に取り扱う委員会である申請取次委員会に調査させたことには合理性があるということができる。

したがって、被告中西が、本件調査報告依頼に対し、綱紀委員会のほか、申請取次委員会に調査をさせたことには合理的な根拠があり、原告の行政書士としての正当な業務を妨害するなどの不当な目的でされたものということはできないから、これが不法行為に当たるとする原告の主張は理由がない。

⑵　次に、原告は、被告中西及び被告古谷が繰り返し申請取次委員会への出席要請をしていたのは、本件懲戒請求の後で申し立てられた、本件懲戒請求や本件調査報告依頼とは何ら関係のない苦情申立てに係るものであるにもか

445

かわらず、東京都知事に対し、本件懲戒請求や本件調査報告依頼と関係があるかのように装って、本件調査報告依頼に基づき調査中であるなどの虚偽の報告をしていたことが不法行為に当たると主張している。

ア　まず、被告中西が、本件調査報告依頼について申請取次委員会に対しても調査を依頼したことは上記認定のとおりであるから、申請取次委員会が行っていた調査が本件懲戒請求や本件調査報告依頼とは関係のない内容のものであったということはできない。

　また、本件訴訟に提出されている苦情申立書（乙10）は、その具体的な発生日時や申立日時が明らかにされていないから、その記載からその発生日時と本件懲戒請求との先後を判断することはできないが、その内容には、東京入国管理局と同じビルにあるファミリーマートで原告の事務所のスタッフが顧客からの依頼を受けて、現金を受け取るなどしていることなども含まれているから、本件懲戒請求において問題とされている行為と同様の行為に対する苦情申立てであるといえるのであり、その内容の点に照らしても、本件懲戒請求や本件調査報告依頼とは関係がないものであるとはいえない。

イ　被告中西が、平成23年5月に綱紀委員会からの答申を受けたにもかかわらず、東京都知事宛ての報告をしなかったのは、綱紀委員会からの答申が二重事務所や名義貸違反の問題に対して十分な調査をしていないと判断したことによるものであることは上記認定のとおりであり、上記認定の事実によると、綱紀委員会の各答申の内容は、本件調査報告依頼に記載された本件懲戒請求に係る事実には対応しておらず、十分な調査をした上、その結果を示したものといえないとの被告中西の判断は合理性がある。

　綱紀委員会からの答申がされた後、被告中西が東京都知事に対して調査報告をするまでには約1年を要しており、これは長期に及ぶものというべきであるが、前記認定事実によれば、その原因は、原告が申請取次委員会に調査権限がないと思い、その出席要請に繰り返し応じなかったことによるところが大きく影響していると認められるのであり、調査報告までに長期間を要したことについて被告中西や同古谷に違法行為（法的責任）があるということはできない。」

Ⅲ　理事・監事の第三者に対する法的な責任

【実務上の意義】

　この事案は、行政書士が他の行政書士につき知事に懲戒処分を請求し、知事が行政書士会に調査、意見の報告を求め、所定の手続が行われ、綱紀委員会が可罰的違法行為とはいえない旨の答申をし、行政書士会の会長に報告したものの、綱紀委員会の決定等に時間を要したこと等から、行政書士が行政書士会、会長、申請取次業務適正化委員会の委員長である理事に対して損害賠償を請求した事件である。この事案は、行政書士会の会員（行政書士）が行政書士会、会長（代表理事）・理事に対して損害賠償を請求し、理事らの会員（第三者）に対する損害賠償責任が問題になった事件である。この事案は、行政書士がほかの行政書士から知事に懲戒請求されたこと、知事は行政書士会に調査、意見の報告を求めたこと、綱紀委員会は可罰的違法行為とはいえない旨の答申をしたこと、申請取次業務適正化委員会は調査のための行政書士に出席を求めたものの、出席を拒否したり、出席したものの、簡単な受け答えをしただけであったこと、答申の約1年後、知事の処分しない旨の決定がされたこと、行政書士が一般法人法117条に基づき会長、理事に対して損害賠償責任を追及したこと、行政書士が報告懈怠、業務妨害、名誉毀損等を主張したことに特徴がある。

　この判決は、答申から調査報告までに約1年間を要したことは行政書士が出席要請に繰り返して応じなかったことが大きく影響している等とし、違法行為を否定したことに特徴があり、行政書士会の会長、理事の一般法人法117条所定の責任を否定した事例判断として参考になるものである。

〔裁判例96〕日本舞踊の流派団体（権利能力なき社団）において会員、名取が除名処分を受けたことにつき家元の不法行為責任が問題になった事例（東京地判平成28・5・25判時2359号17頁）

【事案の概要】

　Xは、日本舞踊の最大流派であるA流の名取の試験に合格する等し、名取として活動するものであり、Y₂は、A流の宗家家元および名取を会員と

し、会則を定め、講習会・研修会を開催する等の事業を行う団体（権利能力なき社団）であり、Y₁は、三世家元の後見人の一人として補佐役を務めていたものであり、平成19年5月、三世家元が死亡した後（家元の承継は、指名によるものとされていたところ、三世家元は、次期家元を指名することなく死亡した）、Y₂の理事会の家元推挙を経る等し、四世家元として活動するものであったところ、Y₁は、平成26年4月、Xの苗字芸名、流紋の無断使用等を理由としてXを除名した旨の通知を行ったことから、Xは、Y₁に対して本件処分が無効であると主張し、名取の地位にあることの確認、除名処分に係る不法行為に基づく損害賠償、Y₂に対してY₂の会員の地位にあることの確認、Y₂の除名処分、総会出席拒否に係る不法行為に基づき損害賠償を請求する等した（ほかにX以外の名取とともにY₂の総会の決議の不存在確認を請求するものもあるが、理事の責任の問題ではないため、省略する）。

この判決は、名取の地位確認、会員の地位確認請求を認容したものの、損害賠償請求については、Xの行為がA流規則に違反することは客観的に存在したとし、Y₁が家元としての裁量権の範囲を超えて除名処分という重きに失する懲戒処分を選択したことに故意または過失があったとは認めがたいとし、出席拒否は、Y₂に合理的理由があったとはいいがたいものの、これによって直ちに金銭をもって慰謝すべき法的利益の侵害を伴う精神的損害を被ったとまではいいがたい等とし、不法行為を否定し、損害賠償請求を棄却した。

【判旨】

「六　争点六（被告Y₁の本件除名処分に係る不法行為責任の有無）について

(1)　前記四において説示したとおり、本件除名処分は家元としての裁量権の範囲を超えるものとして無効というべきであるが、他方で、原告Xに係る本件処分対象事実とされたP₆のA流規則に違反する行為への間接的な関与及び本件運用に係る事前の届出の懈怠という規律違反行為はいずれも事実として存在したものであり、同原告が、A流の分派活動と評価される法人設立等の行為を理由に除名されたP₆によるA流の苗字芸名と流紋の使用を容認し、その後の被告らによる注意や警告にもかかわらず、これらの規律違反行為を繰り返したことについて、自らの四世家元への就任後に流派の秩序の

確立を企図していた被告 Y_1 の立場からみて、自らの家元の地位の正統性に疑義を呈していた同原告によるこれらの所為が除名処分に相当し得る「重大な違背」ないし「著しい非行」に該当すると考えたことにも相応の理由があったとみることもできると解され得る。

　そうすると、前記四のとおり、客観的な評価としては、原告 X のこれらの所為が除名事由としての「重大な違背」ないし「著しい非行」に該当し得るものではなく、家元の地位の承継をめぐる同原告の言動等を秩序維持の観点からしんしゃくしたとしても上記の評価が左右されるものではなかったとはいえ、被告 Y_1 が家元としての裁量権の範囲を超えて除名処分という重きに失する懲戒処分を選択したことについて、当時の状況の下において同被告に故意又は過失があったとまでは認め難く、本件除名処分につき被告 Y_1 が同原告に対して不法行為責任を負うとまではいい難いものというべきである。

(2)　したがって、原告 X の被告 Y_1 に対する本件除名処分に係る慰謝料の請求は、その余の点について判断するまでもなく、理由がない。

七　争点七（被告 Y_2 の平成 26 年の新年総会への原告 X の出席を拒否したことに係る不法行為責任の有無）について

(1)　前記五のとおり、平成 26 年の新年総会が開催された平成 26 年 1 月 28 日の時点で、原告 X が被告 Y_2 の会員の地位を喪失していたとは認め難い一方で、前記四(1)タ及びモの認定事実並びに前記四(2)エにおいて説示したところによれば、同原告が平成 26 年の新年総会において被告 Y_2 に対して回答を求めており、自らも発言をすることが想定された事項の中には、客観的にみて必ずしも新年総会の場における議論の対象とするのが相当とはいい難い家元の地位の承継に係る事柄も含まれていたものということができ、同原告が当該新年総会において議決権を行使し得なかったこと等によって直接的に自らの権利利益の具体的な侵害を受けたことを認めるに足りる証拠もない以上、被告 Y_2 による同原告の出席の拒否が十分な合理的理由に基づくものであったとはいい難いものの、同原告について、新年総会への出席を拒否され、同総会の場で議論の対象とすることを企図した事項についてその機会を得られなかったという事情をもって、直ちに金銭をもって慰謝すべき法的利

第6章　一般社団法人等の理事・監事の責任をめぐる裁判例

益の侵害を伴う精神的損害を被ったとまでは認め難く（仮に同原告について上記のような損害を被ったとみる余地があり得るとしても、当時の状況の下において同被告に故意又は過失があったとまでは認め難い。）、そのことにつき被告Y₂が同原告に対して不法行為責任を負うとまではいい難いものというべきである。

(2)　したがって、原告Xの被告Y₂に対する平成26年の新年総会への出席拒否に係る慰謝料の請求は、その余の点について判断するまでもなく、理由がない。」

【実務上の意義】

　この事案は、日本舞踊の流派団体（権利能力なき社団）の会員、名取が除名処分を受けたため、家元（会則によると、役員である名誉会長と考えられる）、流派団体に対して損害賠償等を請求した事件である。この事案は、流派団体の役員（名誉会長）の会員（第三者）に対する損害賠償責任が問題になった事件である。この事案は、会員（名取）が流派団体により除名処分されたこと、処分の理由が苗字芸名・流紋の無断使用等であったこと、家元に対する損害賠償請求は家元による除名処分・総会出席拒否に係る不法行為に基づくものであることに特徴がある。

　この判決は、会員の行為が流派の規則に違反することは客観的に存在したとしたこと、家元が裁量権の範囲を超えて除名処分という重きに失する懲戒処分を選択したことに故意または過失があったとは認めがたいとしたこと、出席拒否については、合理的理由があったとはいいがたいものの、これによって直ちに金銭をもって慰謝すべき法的利益の侵害を伴う精神的損害を被ったとまではいいがたいとしたこと、家元による不法行為を否定したことに特徴があり、事例判断を提供するものである。

〔裁判例97〕日本舞踊の流派団体（権利能力なき社団）において会員、名取が除名処分を受けたことにつき家元の不法行為責任が問題になった事例（控訴審）（東京高判平成28・12・16判時2359号12頁）

450

Ⅲ　理事・監事の第三者に対する法的な責任

【事案の概要】

　前記〔裁判例96〕東京地判平成28・5・25判時2359号17頁の控訴審判決であり、Y₁らが控訴した。

　この判決は、基本的に第1審判決を引用し、控訴を棄却した。

【判旨】（省略）

【実務上の意義】

　この事案は、日本舞踊の流派団体（権利能力なき社団と考えられる）の会員、名取が除名処分を受けたため、家元（会則によると、役員である名誉会長と考えられる）、流派団体に対して損害賠償等を請求した事件である。この事案は、流派団体の役員（名誉会長）の会員（第三者）に対する損害賠償責任が問題になった控訴審の事件である。

　この判決は、基本的に第1審判決を引用し、流派団体の役員（名誉会長）の損害賠償責任を否定したものであり、事例判断を提供するものである。

> **〔裁判例98〕一般財団法人において理事らのパワーハラスメントにつき不法行為責任が問題になった事例**（東京地判平成30・3・29労判1184号5頁）

【事案の概要】

　Xは、昭和61年、年金積立金の一部を原資として被保険者に住宅ローンの融資を業とするY₁一般財団法人に雇用され、債権の保全、管理、回収等の業務に従事していたところ、Y₂、Y₃は、平成24年7月当時、Y₁の理事であり、Y₂は、Xの上司であったが、Xは、Y₂からたびたび辞めろ等と言われ、Y₃に相談した際は態度が悪い等と言われ、稟議書の承認を拒否されたり、電話対応を叱責されたり等し、平成25年2月、Y₁がXにつき懲戒解雇したことから、Xが解雇無効を主張し、Y₁に対して労働契約上の権利を有することの確認等を請求する訴訟を提起し、東京地方裁判所が請求を認容し（東京地判平成26・2・25労判1101号62頁）、東京高等裁判所も同様な判断を示し（東京高判平成26・7・10労判1101号51頁）、上告、上告受理申立も

451

第6章　一般社団法人等の理事・監事の責任をめぐる裁判例

却下され、判決が確定し、賃金が支払われるようになったところ、XがY₁、Y₂らに対してパワーハラスメント等を主張し、Y₁に対して債務不履行、使用者責任、Y₂らに対して不法行為に基づき損害賠償を請求した。

　この判決は、Xの主張のうち一部についてY₂らの行為がパワーハラスメントに当たるとし、Y₂らの不法行為を肯定し、Y₁の使用者責任を肯定し、請求を認容した。

【判旨】（省略）

【実務上の意義】

　この事案は、一般財団法人において、従業員が理事らからパワーハラスメントを受け、解雇されたことから、解雇無効請求訴訟を提起し、判決が確定した後、パワーハラスメントにつき法人、理事らに対して損害賠償を請求した事件である。この事案は、一般財団法人の理事らのパワーハラスメントに係る法人、理事らの損害賠償責任が問題になった事件である。この事案は、一般財団法人において理事らが従業員にパワーハラスメントを行ったこと、従業員が解雇されたこと、従業員が解雇につき解雇無効を主張し、訴訟（前訴）を提起したこと、前訴は、従業員の勝訴判決によって確定したこと、従業員が理事らのパワーハラスメントを主張し、法人、理事らに対して損害賠償を請求する本訴を提起したこと、理事らの不法行為責任、法人の使用者責任、債務不履行責任が問題になったことに特徴がある。

　この判決は、従業員の理事らによるパワーハラスメントに関する主張を個別に認定、評価し、主張の一部のパワーハラスメントを認めたこと、理事らの不法行為を肯定し、一般財団法人の使用者責任を肯定したことに特徴があり、その旨の事例判断を提供するものである。

〔裁判例99〕学校法人の運営する幼稚園において宿泊保育の川遊びの際、参加した園児数名が流され、うち1名が死亡したことにつき理事長らの不法行為責任等が問題になった事例（松山地西条支判平成30・12・19判時2421号94頁）

Ⅲ　理事・監事の第三者に対する法的な責任

【事案の概要】

　Y₁ 学校法人（理事長は、Y₁₀）は、8 カ所で幼稚園を運営しており、そのうち C 幼稚園において平成 24 年 7 月に 1 泊 2 日でお泊まり保育が外部の宿泊施設で実施され、園児 31 名（年長組 5、6 歳）、園長 Y₂、教諭 Y₃ ないし Y₇、助教論 Y₈、Y₉ が参加し、川遊びを行ったところ、A、X₁₁ らの数名の園児が増水した川に流され、救出され、A が病院に救急搬送されたものの、病院で死亡が確認される等したため（Y₁ らは、事故後、X₁ らに対して任意保険の保険金・日本スポーツ振興センターの災害共済給付金・賠償金を支払った）、A の両親 X₁、X₂、X₁₁ のほか、園児の親ら X₃ ないし X₁₀ が Y₁ に対して債務不履行、使用者責任等、Y₁₀、Y₂ らに対して不法行為に基づき損害賠償を請求した（Y₂、Y₃、Y₅ は、業務上過失致死傷事件で起訴され、Y₂ につき罰金 50 万円が科され、Y₃、Y₅ は、無罪になった）。

　この判決は、本件場所の地理的状況、インターネット等で一般人が知り得た河川の安全に関する情報に照らすと、本件場所付近が晴れていたとしても、上流域の降雨によって本件場所付近にも河川の変化が生じ、ある程度の水量や流速の増加（増水等）の危険性があること、増水等が生じることにより、園児らを安全に退避させることが著しく困難な状況となり、園児らの生命、身体に重大な危険が及ぶ蓋然性が高いことが一般人において予見可能であり、本件活動の計画準備段階において園児らのライフジャケットを準備し、事故の当日、園児らにこれを適切に装着させる義務を結果回避義務として負っていた等とし、Y₁、Y₂ の安全配慮義務違反を肯定し、その余の Y₃ らにつき否定し、X₁、X₂ の Y₁、Y₂ に対する請求を認容し、Y₁₀ の注意義務違反を否定する等し、その余の請求を棄却した。

【判旨】

「(イ)　増水等が生じた場合の危険性の予見可能性

　前記一(1)のとおり、本件活動場所の水深は、増水が生じていない場合でも、深いところで園児らの胸辺りとなることが想定されており、また、本件増水直前に撮影された写真によると、下流側石段直下における水深は、場所によっては成人女性の膝まであり、下流側石段から川の中央へ入った地点の水深は場所によっては成人女性の股下まで、園児は腰まで水につかる状態で

453

あり、こうした本件活動場所の状況は、これまでのお泊り保育の経験や下見により、被告教諭らにとって認識可能であった。このように、本件活動場所は、園児らからみれば、増水前でも相当程度の水深となることが想定されていたことからすれば、被告教諭らは、本件活動場所の水位がある程度上昇することにより、園児らが流されたり溺れたりする危険性があることは認識し得たものということができる（前記一(2)のとおり、サポートセンターの職員は、未就学児が遊泳する場合には、大人と比べて浅いところであっても増水によるリスクがあり、川遊びをさせる際の望ましい水位は膝下ぐらいであると指摘していること、Dの従業員も、下流側石段から対岸に渡る際、園児の腰位の水深であっても、流れが集まる場所であるから、園児が渡るのは難しいと思っていた旨供述している。）。

　また、本件活動場所は、川幅は十数mあり、右岸は護岸堤防で、下流側石段付近には苔の生えた大きな石もあり、足下が悪く、滑りやすくなっており、その地理的状況からみて、必ずしも速やかに川から退避できる状況ではない。その上、園児らの半分以上は泳ぐことができず（甲131の1、133の2、被告P13本人）、泳ぐことができる園児らについても、その年齢を踏まえると、十分な泳力があったものとは考え難く、園児らが自ら速やかに川から退避することは困難である。そして、本件活動では、被告教諭ら8名で、園児31名を監視することが想定されていたことからすれば、被告教諭らが、全ての園児らを速やかに川から退避させることも困難な状況であったといえる。

　以上によれば、被告教諭らは、本件お泊り保育の計画準備段階において、本件活動中に、前記(ア)のとおり、増水等が生じることにより、園児らを安全に退避させることが著しく困難な状況となり、これにより園児らの生命・身体に重大な危険が及ぶ蓋然性が高いことを予見できたものというべきである。

(ウ)　そして、前記一(4)のとおり、本件事故の当日、県内全域に雷注意報が発令されており、また、W地方の天気予報では、降水確率が50〜60％などとされており、こうした天気予報は、インターネット、テレビ、新聞などでも確認することができた。こうした事情も踏まえれば、本件事故の当日においても、被告教諭らにおいて、本件活動場所の上流域において降雨があり得る

ことは十分に予見できたものということができ、前記(イ)の予見可能性は、本件事故の当日においても継続していたものというべきである。

イ　結果回避義務について

　幼稚園の教諭等は、園児らの生命・身体に対する安全を確保すべき義務を負うところ、前記アの予見可能性を前提に、被告教諭らとして、具体的にいかなる結果回避義務を負っていたかを検討する。

㋐前記アのとおり、本件お泊り保育の計画準備段階で、本件活動中に、本件活動場所において、増水等が生じることにより、園児らの生命・身体に重大な危険が及ぶ蓋然性が高いことにつき予見可能性があったのであるから、被告教諭らとしては、こうした危険について十分な知識を習得した上で、これを防止するための準備をするべき義務を負っていたものといえる。

　具体的には、水難事故防止にライフジャケットが有効であることは一般的にも知られていることである上、証拠（甲101）によれば、上記「水辺の安全ハンドブック」には、「一見穏やかに見える流れも、川底の影響で流水は一定ではない。川の事故の約90％はこの穏やかな流れで発生している。近寄るときはライフジャケットを必ず着用するぐらいの心構えを。」「水に入る場合　ライフジャケット：必ず着用する。体重の10％の浮力を持つものが適当。」との記載があることが認められ、インターネットを利用できる環境にある一般人において、ライフジャケットの着用に着想する契機があったものといえる。また、園児らがライフジャケットを適切に装着していれば、頭部等が水面上に浮上した状態を維持することができ（甲123）、溺水による死亡や重大な傷害の発生を防ぐことができる蓋然性は高かったと認められる。

　他方、本件当時、サポートセンターでは、ライフジャケットの貸出業務を行っており、送料負担のみでライフジャケットを調達することが可能であったことが認められ、また、インターネット等によっても、比較的安価でライフジャケットを購入することが可能であると考えられること（甲93の1、123）からすれば、園児らのライフジャケットを準備させることが過大な負担になるとは考えられない。

　以上によれば、被告教諭らとしては、園児らの生命・身体に重大な危険が生じることを防止するため、本件お泊り保育の計画準備段階において、園児

第6章　一般社団法人等の理事・監事の責任をめぐる裁判例

らのライフジャケットを準備し、本件事故の当日、本件活動を実施するに際して、これを園児らに適切に装着させる義務を負っていたものというべきである。

(中略)

カ　被告 Y_{10} の注意義務違反について

本件当時、被告 Y_{10} は、被告法人の理事長として、本件幼稚園の園児らの安全確保のために、被告教諭らを指導・監督すべき一般的義務を負っていたものと認められる。

しかしながら、本件お泊り保育において、安全配慮面で具体的にいかなる措置をとるべきかについては、そのスケジュールや実施場所の地理的状況等の詳細な情報を踏まえて検討されるべきものであるところ、前記前提事実①①イのとおり、被告法人は本件幼稚園を含めて8つの幼稚園を運営しており、その理事長であった被告 Y_{10} において、その全ての幼稚園につき、お泊り保育等の情報を詳細に把握すべき義務があったとまで認めることはできない。そして、前記一(3)アのとおり、実際にも、本件お泊り保育については、本件幼稚園の判断で行われており、被告 Y_2 から被告法人の本部への報告もされていなかったところである。

したがって、被告 Y_{10} に、本件お泊り保育の計画準備について、注意義務違反があったと認めることはできない。」

【実務上の意義】

この事案は、学校法人の運営する幼稚園が宿泊保育を実施し、川遊びが行われ、折から川が増水する等していたことから、参加した園児数名が流され、うち1名が死亡したため、園児らの両親らが学校法人、同行した園長、教諭らのほか、学校法人の理事長に対して損害賠償を請求した事件である。この事案は、理事長の川遊びの際に事故に遭った園児、両親ら（第三者）に対する損害賠償責任が問題になった事件である。この事案は、学校法人の運営に係る幼稚園が宿泊保育を実施したこと、園長のほか、数名の教諭らが同行したこと、保育の中で川遊びが行われたこと、川が増水していたため、園児数名が流され、救出後、病院に搬送されたこと、園児1名が死亡したこと、事故に遭った園児らの両親らが学校法人、園長、理事長、教諭らに対し

456

Ⅲ　理事・監事の第三者に対する法的な責任

て損害賠償を請求したことに特徴がある。

　この判決は、宿泊保育に同行した園長、教諭らに本件事故現場の増水等の危険性があり、園児らを安全に待避させることが著しく困難な状況となり、園児らの生命、身体に重大な危険が及ぶ蓋然性が高いことにつき予見可能であるとしたこと、園長の安全配慮義務違反を認めたこと、ほかの教諭らの安全配慮義務違反を否定したこと、理事長の責任については、園児らの安全確保のため、教諭らを指導・監督すべき一般的義務を負うとしたものの、宿泊保育等の情報を詳細に把握すべき義務はなかったとしたこと、理事長の注意義務違反を否定したことに特徴があり、その旨の事例判断を提供するものである。

〔裁判例100〕市が全額を出資して一般財団法人を設立し（代表理事は市長）、財団法人が経営破綻し、住民が市長に対して財団法人の役員の忠実義務違反等を追及した事例（大阪地判平成31・3・20判自459号24頁）

【事案の概要】

　A市は、国が公的年金保険料を原資として建設し、所有していたB宿泊施設（健康保養センター）を売買により取得し、Bを運営するため、財産の全額を拠出し、C一般財団法人を設立したうえ、CにBの土地建物を賃貸し（当時、Aの市長は、Dであり、Cの代表理事も、Dであった）、運営資金等を貸し付け、その後、Cの賃料の支払いが困難になる等したことから、本件賃貸借契約に基づく賃料等の支払いを猶予したが、Bの経営が破綻し、Cが破産手続開始決定を受け、Aの市民Xが住民訴訟により、Aの市長Yに対して、Cの役員らの忠実義務違反によりCが経営破綻し、貸付け、賃料の回収が不能になった、貸付け当時、双方代理であった等と主張し、一般法人法198条、117条1項に基づき損害賠償を請求した。

　この判決は、貸付けに係る監査請求が期間の経過後に行われたとし、適法な監査請求が前置されていないとし、この範囲の訴を却下し、忠実義務違反

457

第6章　一般社団法人等の理事・監事の責任をめぐる裁判例

については、Xが具体的な主張をしない等とし、請求を棄却した。

【判旨】

「(1)　原告は、Bは、本件法人を設立するに当たり、平成21年6月23日の総務省自治財政局長による「第三セクター等の抜本的改革等に関する指針」に従って公・民の責任の範囲を明確に切り分ける仕組みの構築を検討することをせず、前記指針の考え方を踏まえて慎重に判断したということもなかったとして、この点についてBに本件法人の理事としての忠実義務違反がある旨主張する。

　しかしながら、原告の前記主張は本件法人の設立の在り方を問題とするものであって、その主張に係る事情は本件法人の設立後における理事の忠実義務の内容に影響するものではない。

　したがって、理事としての忠実義務違反をいう原告の前記主張は、採用することができない。

(2)　原告は、Bは、柏原市長であり、市長という極めて重要な立場で市政を行いながら、本件法人の代表理事としてその経営に関わることは不可能であったのに、忠実義務に違反して、本件法人の代表理事に就任した旨主張する。

　しかしながら、普通地方公共団体の長は、主として当該普通地方公共団体に対し請負をする法人の取締役等となることができないとされるものの、ここにいう「法人」には、当該普通地方公共団体が資本金、基本金その他これらに準ずるものの2分の1以上を出資している法人は含まれない（地方自治法142条、同法施行令122条）。そうであるところ、本件法人は、柏原市が設立者としてその財産の全額を拠出した法人であるから（甲2）、同法142条が適用される「法人」に当たらない。そうすると、Bが市長であったからといって、当然に本件法人の代表者に就任することができないとか本件法人の経営に関わることが不可能であるなどということはできない。

　したがって、原告の前記主張は採用することができない。

(3)　原告は、Bは、事業開始からわずか半年の時点でAの収支決算が3212万4679円の赤字であったにもかかわらず、何らの対策も講じなかった旨主張する。

Ⅲ　理事・監事の第三者に対する法的な責任

　しかしながら、原告は、Bが当時どのような対策を講ずべきであったかについて何ら具体的に主張しない。他方、本件全証拠によっても、Bが何らの対策も講じなかったとまでは認められず、かえって、前記認定事実(5)のとおり、Bが本件法人の代表理事であった間、飲食部門の運営委託先との間で委託料の減額交渉が行われたり、宿泊客を増やす方策について検討されたりしたほか、証拠（乙24、25）によれば、経費節減のほか飲食部門の利用客や宿泊客を増やすための対策が講じられたことがうかがわれる。

　したがって、原告の前記主張は採用することができない。

(4)　原告は、Bは、本件法人の定款の定めに反して、年1回の割合で理事及び評議員の総会を開催していたにすぎず、この総会は十分に機能していなかったなどと主張する。

　しかしながら、本件全証拠によっても、原告の前記主張に係る事実を認めるに足りない一方で、前記認定事実(5)のとおり、本件法人の理事及び評議員総会において経営についての具体的な議論がされた形跡がある。また、そもそも、本件において、代表理事が自らの職務の執行の状況を理事会に報告しないことが、本件貸付けに基づく貸付金の回収が不能となったことに関する損害賠償責任の原因となる忠実義務違反を直ちに構成するものとはいえない。

　したがって、理事としての忠実義務違反をいう原告の前記主張は、採用することができない。

(5)　原告は、平成22年度の損益計算書（甲23）では、被告からの寄附金2500万円を収益として計上しながら、平成23年度の損益計算書（甲24）の前期繰越正味財産額の計算においては、これを計上しない金額が記載されていることから、Bは平成23年度の損益計算書に虚偽の記載をした旨主張する。

　しかしながら、原告指摘の平成22年度の損益計算書においては、一般会計と特別会計とが区別され、寄附金は一般会計上の特別利益として計上されており、特別会計上の期末繰越正味財産額は4270万9476円であると記載されている。そして、原告指摘の平成23年度の損益計算書は、特別会計の損益明細書であることが表題部において明記されており、前期繰越正味財産額

459

第6章　一般社団法人等の理事・監事の責任をめぐる裁判例

は 4270 万 9476 円であると記載されている。

　したがって、原告指摘の平成 22 年度の損益計算書と平成 23 年度のそれとの間には何ら矛盾はなく、B が平成 23 年度の損益計算書に虚偽の記載をした事実は認められないのであり、原告の前記主張は採用することができない。

(6)　原告は、B が、A の評議員であった E を副市長に選任するため、職権を濫用し、E が平成 23 年度末に退職した後に E を嘱託職員として再雇用し A に派遣していた旨主張する。

　しかしながら、本件全証拠によっても、原告の前記主張に係る事実を認めるに足りない。また、そもそも、E を再雇用して A に派遣することが、本件貸付けに基づく貸付金の回収が不能となったことに関する損害賠償責任の原因となる忠実義務違反を直ちに構成するものとはいえない。

　したがって、原告の前記主張は採用することができない。」

【実務上の意義】

　この事案は、地方自治体（市）が全額を出資し、一般財団法人を設立し（代表理事は、市長）、宿泊施設を賃貸し、運営資金等を貸し付けて一般財団法人が運営していたところ、経営が破綻し、一般財団法人につき破産手続開始決定がされる等したことから、住民が一般財団法人の役員の忠実義務違反等を主張し、住民訴訟を提起し、市長に対して損害賠償を請求した事件である。この事案は、市長の市に対する損害賠償責任が問題になった事件であるが、実質的には財団法人の代表理事であった市長の財団法人に対する法的な責任が背景にあるものである。この事案は、市が公的資金で建設された宿泊施設を購入したこと、市が宿泊施設を運営するため全額を出資し、財団法人を設立したこと（市長が代表理事に就任した）、財団法人が宿泊施設を賃借し、運営したこと、市が財団法人に運営資金等を貸し付けたこと、宿泊施設の運営が悪化したこと、財団法人が賃料の支払い、借入金の返済を遅滞したこと、市が宿泊施設の賃貸借契約を解除したこと、財団法人につき破産手続開始決定を受けたこと、市にとって貸金・賃料の回収が不能になったこと、市民が財団法人の代表理事であった市長に対して住民訴訟を提起し、損害賠償を請求したこと、代表理事であった市長の一般法人法 198 条、117 条所定の

460

Ⅲ　理事・監事の第三者に対する法的な責任

責任（第三者責任）が問題になったこと、市長らの忠実義務違反が問題になったことに特徴がある。

この判決は、貸付けに係る監査請求が期間の経過後に行われたとし、適法な監査請求の前置の要件を否定したこと、この範囲の訴を却下したこと、忠実義務違反については、住民が具体的な主張をしない等とし、主張を排斥したことに特徴があり、その旨の事例判断を提供するものである。

〔裁判例101〕プロボクシングのライセンス等を取り扱う一般財団法人においてボクシングジムの会長、マネージャーの各ライセンスの更新を不許可にしたことにつき理事長、理事らの不法行為責任、第三者責任が問題になった事例（東京地判令和2・1・31判タ1495号228頁）

【事案の概要】

プロボクサーであるX₁、X₂、X₃は、Aプロボクシングジム（会長はBであり、クラブオーナーライセンス、プロモーターライセンスを有しており、マネージャーはCであり、マネージャーライセンスを有していた）に所属し、X₁らのプロボクシングの試合はX₄株式会社が興業として行っており、Y₁一般財団法人（Y₂は、理事長であり、資格審査委員会の委員長、倫理委員会の委員長であり、Y₃は、事務局長代理であり、各委員会の委員であり、Y₄は、理事であり、事務局長であった）は、日本国内のプロボクシングの試合を管轄し、前記ライセンスに係る許可を交付・更新等の業務を行い、管轄下で行われる試合はY₁が定める試合ルールに従って行われる等していたところ、平成25年12月、国際ボクシング連盟（IBF）のスーパーフライ級王座を有していたX₂と世界ボクシング協会（WBA）のスーパーフライ級王座を有していたDの世界タイトルマッチが開催され（2団体の王座統一戦であった）、Dが本件試合前の体重測定で規定体重オーバーで計量失格し、本件試合でX₂が敗れたことから、IBF王座の帰趨が問題になり、Y₁とCらの説明が食い違う等したことから、Y₁は、B、Cの各ライセンスの更新に当たって更新を不許可とす

461

第6章　一般社団法人等の理事・監事の責任をめぐる裁判例

る処分をし（Y₁の資格審査委員会・倫理委員会が設置され、その調査・検討を経て、Y₁が行ったものであった）、X₁らが日本においてプロボクシングの試合をすることができなくなったため（プロボクシングのジム、選手が日本国内でプロボクシングの試合をするためには、少なくとも選手の所属するジムの会長がY₁の発行に係るクラブオーナーライセンスが必要であり、ライセンスの有効期間は1年間であり、特別の事情がない限り、更新されるものであった）、X₁ないしX₄は、Y₁ないしY₄のほか、Y₁の理事Y₅、Y₆（いずれも非執行理事）、Y₁の会長E（非執行理事）の相続人Y₇ないしY₉に対してY₁、Y₃につき不法行為、その余のY₂らにつき不法行為、一般法人法198条、117条1項（理事の第三者責任）に基づき損害賠償を請求した。

　この判決は、Y₁は本件ライセンスの更新を不許可とすべき特別の事情の有無につき一定の裁量があるものの、本件では本件処分には理由がなく、特別の事情が認められないとし、本件処分が裁量権を逸脱・濫用する違法なものであるとし、Y₁の不法行為、Y₃の不法行為を認め、理事であったY₂、Y₄については本件処分を是認した不法行為、理事の第三者責任を肯定し、その余の非執行理事らについては本件処分の違法性を容易に認識できたとはいえないとし、責任を否定し、Y₁ないしY₄に対する請求を認容し、その余の請求を棄却した。

【判旨】

「エ　結論

　以上によれば、Eらについて本件処分の理由とされた事情は、いずれもライセンスの更新を不許可とすべき特別の事情には当たらない。そして、乙20によれば、Eらは、本件処分の2か月前にも被告JBCから厳重注意処分を受けていることが認められるものの、これは、Fが計量時間の変更の連絡を失念したという不注意によるもので、被告JBCとの信頼関係を失わせるような理由に基づくものではないから、当該処分歴を考慮して、なお、Cジム所属のボクサーらに対し重大な不利益をもたらす更新不許可処分を行うことは処分の量定として相当性を欠くといわざるを得ず、被告JBCが、Eらに対し、ライセンスの更新を不許可とした処分は、社会通念上相当性を欠き、違法である。

なお、被告らは、本件処分は、本件委員会における評議において、弁護士である法務アドバイザーの関与の下で行われたものであることから、適法である旨主張する。しかしながら、事案整理表（甲 92、乙 46）及び検討が必要な論点を記載した「検討していただきたい事項」と題する書面（甲 93、乙 47）は、最終的な判断として本件処分をすべきことを積極的に示唆するものではないし、むしろ、被告 B₃ が IBF ルールブックに署名していることが保持説の根拠になり得ることなどが指摘されていたほか、決定書案では、処分の選択肢として厳重注意処分も提案されていたというのであるから、本件委員会がこれらの書面で指摘された事項について検討を尽くしていれば、本件処分には至らなかった可能性も十分に考えられる。そうすると、本件委員会が本件処分に至ったのは、法務アドバイザーの助言に従った結果ではなく、むしろ法務アドバイザーの助言を十分に検討しなかったことによるものであるとも考えられるから、法務アドバイザーを検討過程において関与させたことをもって本件処分が正当化されるものとはいえない。したがって、被告らの前記主張は採用できない。

⑶　以上より、被告 JBC の F 及び E に対する本件処分は、裁量権を逸脱・濫用するものとして違法である。そして、本件処分は、被告 JBC の業務の一環として組織的に行われたものであり、争点 2 において判示するとおり、本件処分を執行した理事長である被告 B₁ に過失が認められるのであるから、被告 JBC も不法行為責任を負う。

3　争点 2（被告 B₁ の責任）について

被告 B₁ は、本件委員会の委員長兼被告 JBC の理事長として、前記 2 のとおり、社会通念上妥当性を欠き違法な本件処分の判断に加わり、最終的に本件処分を執行したものである。

ところで、被告 B₁ は、被告 JBC の理事長として、本件ルールミーティングから本件試合に至る経緯を熟知していたものと考えられるところ、被告 B₃ に対し本件ルールミーティングの状況を十分に確認するよう指示し、その結果の報告を受けるなどして、本件試合が保持説により行われることを認識することは十分に可能であったと考えられる。また、被告 B₁ は、本件委員会における審議の過程において、IBF 自身が本件試合が保持説により行わ

れたことを公式に表明していることや、IBF ルールブックに関係者が署名していることなどを認識するに至ったことは明らかであって、遅くとも本件処分が行われた時点では、本件試合が保持説により行われたことを認識することが可能であったというべきである。さらに、被告 B₁ は、被告 JBC の理事長として、プロボクシング業界の実情に通じていたのであるから、本件処分によって C ジムに所属する原告 3 選手が日本国内において試合を行うことができなくなることも十分に認識していたものと考えられる。そうすると、被告 B₁ は、本件処分が裁量の範囲を逸脱する違法なものであること及びこれにより原告らが重大な損害を被ることをいずれも予見可能であったといわざるを得ず、本件委員会の委員長として本件処分を主導した上、被告 JBC の理事長として本件委員会の結論をそのまま是認して本件処分を執行したことについて、過失があったというべきである。

また、被告 B₁ は、理事長として、被告 JBC が裁量権を逸脱した違法な処分をすることがないように職務を執行すべき善管注意義務を負っていたところ、前記のとおり、本件試合が保持説により行われたことが十分に認識可能であり、本件処分により原告らが重大な損害を被ることも容易に予見できたにもかかわらず、理事長として、原告らに対する不法行為に該当する本件処分を執行したのであるから、上記義務に重大な過失により違反したものというべきである。

したがって、被告 B₁ は、原告らに対し、不法行為責任及び理事の第三者責任に基づき、原告らが被った損害を賠償すべき義務を負う。

（中略）

5　争点 4（被告 B₃ の責任）について

被告 B₃ は、理事として、被告 JBC が裁量権を逸脱した違法な処分をすることがないように職務を執行し、理事長がそのような違法な処分を判断、執行することがないかどうかを監視すべき善管注意義務を負っていたところ、本件委員会が判断した違法な本件処分について、理事会において報告を受けたにもかかわらず、何らの異議も述べずにこれを是認したのであるから、前記監視義務に違反したといえる。

また、被告 B₃ は、被告 JBC の事務局長として本件試合を指揮、監督する

立場にあり、本件ルールミーティングにも IBF 及び WBA の各責任者と共に出席していたのであって、本件試合に適用されるルールを把握しておくべき立場にあり、また、少しの注意を払えば容易に本件試合が保持説によって行われることを認識することが可能であった。しかるに、被告 B₃ は、通訳を同行せずに本件ルールミーティングに臨み、IBF ルールブックに署名しながら本件試合が保持説によって行われることを認識しておらず、かえって、本件ルールミーティング後の記者会見における H の誤った発言を信じて本件試合が空位説で行われるものと誤信し、その後の空位説に基づく報道等を認識しながらこれを放置していたというのであるから、本件試合をめぐるその後の混乱に対する責任は大きいといわなければならない。

このように、被告 B₃ は、本件試合を指揮、監督する者としてそのルールを把握すべき立場にあり、また、少しの注意を払えば本件試合が保持説により行われることを認識することが可能であったにもかかわらずその注意を怠り、その結果、本件委員会が決定した本件処分の違法性を指摘することもなくこれを是認したのであるから、重過失により理事の任務を怠ったものといわざるを得ず、原告らに対する理事の第三者責任を免れない。

また、被告 B₃ が被告 JBC の事務局長としてプロボクシング業界に精通しており、本件処分によって原告らが重大な損害を被ることを容易に予見可能であったことを考慮すれば、原告らとの関係でも過失があったものといえ、不法行為責任を免れないというべきである。

6　争点5（Dの責任）について

Dは、理事として、被告 JBC が裁量権を逸脱した違法な処分をすることがないように職務を執行し、理事長がそのような違法な処分を執行することがないかどうかを監視すべき善管注意義務を負っていたところ、本件委員会が判断した違法な本件処分について、理事会において報告を受けたにもかかわらず、何らの異議も述べずにこれを是認したのであるから、前記監視義務に違反したといえる。

もっとも、被告 JBC において、ライセンスの更新や懲罰に関する事項は資格審査委員会又は倫理委員会に判断が委嘱されており、理事会はその報告を受けるにすぎないこと、D は、被告 JBC の会長ではあったものの、業務

第6章　一般社団法人等の理事・監事の責任をめぐる裁判例

執行に携わらないいわゆる非執行理事であり、被告 JBC の業務執行には直接関与していなかったこと、D が、本件ルールミーティングや本件試合の経緯の詳細を把握していたことを認めるに足りる証拠はないことからすれば、D が、本件委員会から報告を受けただけで、本件試合が保持説により行われたこと及び本件処分が社会通念に照らし相当性を欠き違法であることを容易に認識できたとはいえないから、上記任務懈怠について重過失があったとはいえない。また、上記に述べた事情に照らせば、D が本件処分を是認したことについて原告らに対する不法行為を構成するとも認められない。

　したがって、D が原告らに対し理事の第三者責任又は不法行為責任を負うとは認められず、D 承継人らは原告に対し損害賠償義務を負わない。

7　争点6（被告 B₄ 及び被告 B₅ の責任）について

　非執行理事であった被告 B₄ 及び被告 B₅ は、理事として、被告 JBC が裁量権を逸脱した違法な処分をすることがないように、理事長の職務執行を監視すべき善管注意義務を負っていたところ、本件委員会が判断した違法な本件処分について、理事会において報告を受けたにもかかわらず、何らの異議も述べずにこれを是認したのであるから、前記監視義務に違反したといえる。

　しかしながら、被告 JBC において、ライセンスの更新や懲罰に関する事項は、資格審査委員会又は倫理委員会に判断が委嘱されており、理事会はその報告を受けるにすぎないこと、被告 B₄ 及び被告 B₅ は、被告 JBC の業務執行には関与しておらず、本件ルールミーティングから本件試合に至る経緯の詳細を認識していたことを認めるに足りる証拠もないことからすれば、同被告らが、本件委員会の報告を受けただけで、本件試合が保持説により行われたことや本件処分が社会通念に照らし相当性を欠き違法であることを容易に認識できたとはいえないから、上記任務懈怠について重過失があったとはいえない。また、上記に述べた事情に照らせば、被告 B₄ 及び被告 B₅ が本件処分を是認したことについて原告らに対する不法行為を構成するとも認められない。

　したがって、被告 B₄ 及び被告 B₅ は、原告らに対し、理事の第三者責任及び不法行為責任を負わない。」

Ⅲ　理事・監事の第三者に対する法的な責任

【実務上の意義】

　この事案は、プロボクシングのライセンス等を取り扱う一般財団法人がボクシングジムの会長、マネージャーの各ライセンスの更新を不許可にし、ジムに所属するプロボクサーらが試合をすることができなくなったことから、プロボクサーらが一般財団法人の理事長、理事、非常勤理事ら、会長（非常勤理事であったが、死亡したことから、相続人ら）に対して損害賠償を請求した事件である。この事案は、一般財団法人の理事長、理事らのプロボクサーら（第三者）に対する損害賠償責任が問題になった事件である。この事案は、一般財団法人がプロボクシングのライセンス等を取り扱っていたこと、ボクシングジムの会長、マネージャーには試合を行うために各ライセンスが必要であったこと（特段の事情がない限り、更新されるものであった）、ジムの会長、マネージャーの各ライセンスが試合ルールの認識の違いによって世界タイトルマッチにおいて選手が失格した出来事を理由に更新が不許可になったこと、ジムに所属するボクサーが日本で試合をすることができなくなったこと、ボクサー、試合の興業会社が理事長（常勤理事）、会長（非常勤理事）、理事ら（常勤理事、非常勤理事ら）に対して損害賠償を請求したこと、責任の根拠として不法行為、一般法人法198条、117条1項（理事の第三者責任）が主張されたことに特徴がある。

　この判決は、ライセンスの更新を拒否した処分の経過は、判決が詳細に認定しているところ、更新を不許可とすべき特別の事情の有無につき一定の裁量があるものの、本件では更新の不許可処分には理由がなく、特別の事情が認められないとしたこと、本件では更新の不許可処分が裁量権を逸脱・濫用する違法なものであるとしたこと、一般財団法人の不法行為責任を認めたこと（担当職員の不法行為を認めた）、理事長、常勤理事（更新問題の担当理事）の不法行為責任、理事の第三者責任を認めたこと、会長（非常勤理事）、非常勤理事らは更新の不許可処分の違法性を容易に認識できたとはいえないとし、不法行為責任、理事の第三者責任を否定したことに特徴がある。この判決が理事長、会長、理事らの責任について、各人の更新問題に関する関与の内容・程度を考慮し、これを肯定し、あるいは否定した判断は事例判断として参考になるが、肯定した判断が不法行為責任と理事の第三者責任の双方を

467

第6章　一般社団法人等の理事・監事の責任をめぐる裁判例

肯定したことは、判決の事例上散見される判断である。

〔裁判例102〕学校法人の運営に係る中学校において男子生徒に
よる女子生徒らに対するセクシュアルハラスメント等があり、校
長（理事）が男子生徒に自主退学を勧告したことにつき理事の不法
行為責任が問題になった事例（控訴審）（福岡高判令和2・5・29判時
2471号74頁）

【事案の概要】

　X（男子生徒）は、Y学校法人の運営に係る中学校（理事Aが学校長を務め
ていた）の2年生に在籍していたところ、平成28年10月頃、カラオケで女
子生徒に下半身を見せたり、ほかの女子生徒に教室の隅で腕を壁に押し付
け、したいと言ったり、さらにほかの女子生徒にテレビ電話をかけ、股間を
映したりしたことから、Xが自宅待機させられ、Yにおいては、担当教諭ら
がX、女子生徒らに事情聴取をし、学年会、懲戒委員会、職員会議を経て、
Aから自主退学を勧告され、Xが退学したため、XがYに対してAによる
自主退学の勧告が不法行為に当たると主張し、私立学校法29条、一般法人
法78条に基づき損害賠償を請求した。

　第1審判決（福岡地判令和元・10・17判時2471号85頁）は、自主退学の勧
告は違法ではない等とし、請求を棄却したため（判決は単独裁判官によるもの
であったが、判決の言渡期日調書には、言渡裁判官の記載が欠けていた）、Xが控
訴した。

　この判決は、本件調書は、裁判官による判決の言渡しがされたことが証明
されず、適式な判決の言渡しがされなかったというほかはないから、判決の
取消しは免れないとしたものの、本件はすでに十分に審理が尽くされてお
り、控訴審において判断するのに熟しており、原審に差し戻す必要はないと
し、控訴を棄却した。

【判旨】

「(4)　次に、被控訴人校長が、本件勧告を選択したことが、社会通念上不合

468

理であり、裁量権の範囲を超えていると認められるかについて検討する。

ア　前記認定事実（1⑹）及び《証拠略》によれば、被控訴人校長は、臨時職員会議における検討結果を尊重して本件勧告を行っている。そして、前記認定事実（1⑷から⑹まで）のとおり、臨時職員会議及びそれに先立つ懲戒委員会では、控訴人の行為態様の悪質性や女子生徒らに及ぼした影響を考慮し、過去の指導実績との均衡も踏まえた上、控訴人の関心が不特定多数の女子生徒に向けられていることからすると今後の監督が困難であり、場合によっては控訴人を学外に排除することもやむを得ないとして本件勧告が選択されたものである。

イ　被控訴人の内規においては、犯罪行為に匹敵するものや被害を受けた生徒に重大な影響を及ぼすもの（いじめ）が退学事由となり得るとされているところ（前記1⑼）、前記認定事実（1⑴、⑵ウ、⑶ア）によれば、控訴人の行為は、平成28年10月から平成29年2月までの約4か月間という短期間に前記のとおりの3件の問題行動を複数の女子生徒との間で起こしたというものである。特に、CやAらとの件は、自己の下腹部や股間を露出するという点で、状況によっては刑事処罰の対象ともなり得る行為であり、決して軽微なものとはいえない。また、対象となった女子生徒らの中には控訴人の行為を受けて泣き出した者や学校を欠席した者もおり、少なからぬ影響を与えている。控訴人の関心が不特定多数の女子生徒に向けられ、生徒間でも控訴人のこれらの行為が認識されるに至っていたことを踏まえると、控訴人の行為は、学校の風紀を大きく乱すものであったといえる。

　以上を踏まえると、被控訴人の内規における退学事由（前記1⑼）やそれまでの生徒指導の実績（前記1⑽）と比較しても、本件勧告が明らかに均衡を失するような処分であったとはいえない。

ウ　この点、《証拠略》によれば、控訴人は、それまでに本件学校において懲戒を受けたことはなく、平素から学業や生活態度にも問題がなかったこと、少なくとも平成29年2月6日の聞き取りの際には泣いており、具体的な言葉はないものの反省した様子もうかがわれたこと、控訴人両親も家庭での監督を誓う旨を述べていたことが認められ、これらの事情を踏まえると、控訴人には今後の指導による一定の改善の可能性があったことは否定できな

第6章　一般社団法人等の理事・監事の責任をめぐる裁判例

い。

　しかし、この点を考慮しても、上記のような事情を踏まえると、被控訴人校長が、場合によっては控訴人を学外に排除することがやむを得ないと判断し、本件勧告に至ったことが社会通念上不合理であるとはいえず、本件勧告が違法であるとは認められない。

エ　控訴人は、AやBとは、問題となった行為の後もLINEでやり取りをするなどしていたし、Cはビデオ電話の件を何も嫌がっておらず、その後も交流を続けていたなどと主張する。しかし、女子生徒らの表面的な対応から、女子生徒らに与えた影響が軽微であったということはできない。加えて、上記被控訴人校長の判断には、上記の個々の女子生徒に対する影響にとどまらず、学校全体の生徒への悪影響やその指導全般に対するそれを踏まえてされたものと容易に想定できるのであって、上記主張は、いずれにしても上記認定を左右するものではない。

オ　以上検討した点に、本件学校が私立中学校であること（前記3(1)イ）、自主退学勧告に従って退学した後も一般に公立中学校における就学機会は法的に確保されていることなどの事情を併せると、控訴人の本件勧告当時の年齢等を最大限考慮に入れても、本件勧告がその裁量権の範囲を超えているということはできない。」

【実務上の意義】

　この事案は、学校法人の運営に係る中学校において男子生徒が女子生徒らにセクシュアルハラスメント等の行為を行い、校長（理事）が男子生徒に自主退学を勧告し、男子学生が退学したことから、男子生徒が学校法人に対して理事の不法行為を主張して私立学校法29条、一般法人法78条に基づき損害賠償を請求した事件である。この事案は、中学校を運営する学校法人の理事の行為につき学校法人の男子生徒（第三者）に対する損害賠償責任が問題になった控訴審の事件である（理事である校長が被告になっているものではないが、学校法人の責任の前提として理事の責任が問題になっていることから、紹介するものである）。

　この判決は、中学校の校長（理事）の男子生徒に自主退学を勧告したことが社会通念上不合理ではないとしたこと、この勧告が裁量権の範囲を超えて

470

いないとしたことに特徴があり、その旨の事例判断を提供するものである。

〔裁判例 103〕学校法人の運営に係る大学において部活動の監督による女子部員に対するセクシュアルハラスメントにつき理事長、副学長の不法行為責任が問題になった事例（東京地判令和 2・8・28 判タ 1486 号 184 頁）

【事案の概要】

X は、Y_2 学校法人（代表者理事長は、Y_3、副学長は、Y_4）の運営に係る大学に入学し、女子ソフトボール部に所属し、平成 28 年 5 月当時、キャプテンであり、Y_1 は、本件部の監督を務めていたところ、Y_1 は、同月、監督室に X を呼び出し、セクシュアルハラスメントを繰り返したことから、X は、平成 28 年 6 月、学生相談室の主任である教授にセクシュアルハラスメント行為を申告し、A 学長、Y_3 に報告され、同年 9 月、A が Y_3 とともに Y_1 と面談し、事実関係を聴取したところ、Y_1 がセクシュアルハラスメント行為を認めたため、Y_3 が監督を解任したものの、Y_3 が解任を撤回し、Y_1 を総監督に就任させ、Y_2 は、第三者委員会（弁護士 3 名が構成員）を設置し、本件の調査を行い、調査報告書を作成する等したため、X が Y_1 ないし Y_4 に対して Y_1 につき不法行為、Y_2 につき使用者責任、安全配慮義務違反、Y_3、Y_4 につき調査不足、説明懈怠、Y_1 に関する処分懈怠の不法行為を主張し、私立学校法 29 条、一般法人法 78 条、安全配慮義務違反に基づき損害賠償を請求した（Y_1 ないし Y_3 に対する訴訟は、第 1 事件、Y_4 に対する訴訟は、第 2 事件である）。

この判決は、X の主張に係る大半の Y_1 のセクシュアルハラスメント行為を認定し、不法行為を肯定し、Y_2 の使用者責任も肯定し、Y_3、Y_4 の責任については、第三者委員会という内部調査が報告書を作成したものの、その内容を X に開示せず、X に説明をしなかった等としたものの、調査権限・調査時間等から限界がある第三者委員会の調査結果が開示されることで無用の誤解を生む可能性があったこと等を指摘し、Y_3 らが X に特段の説明をしな

かったことが不法行為を構成するものとまではいえないとし、不法行為を否定し、Y₁、Y₂に対する請求を認容し、その余の請求を棄却した。

【判旨】

「(3) 原告は、被告法人らが、本件調査報告書を開示しなかったことが、原告に対する不法行為となる旨主張する（前記第2の2(3)ア(ア)b）。

しかし、原告が、平成28年12月及び平成29年1月に、被告法人に対し、本件第三者委員会による調査結果の開示を求めたのに対し、被告法人は、同年3月頃、原告が本件部活動の関係者等の第三者に開示しないことに同意するならば、名前をアルファベットに置き換えた上で本件調査報告書を開示する旨を回答しており、一律に開示を拒絶していたわけではない。そして、平成28年9月3日のG学長と原告らの面談時に、原告の父親が、被告Aが辞めないのであればソフトボール協会やマスコミに言うしかないと発言し、その後も被告法人らの対応に不満を表明していたこと、同年10月には本件部活動の卒業生保護者一同という名義で、平成29年2月には被告Aの歴代教え子並びに被害者有志という名義で、被告Aによるセクハラ等に関する文書が被告法人に送付されていたこと、また、原告が公益財団法人日本ソフトボール協会に本件各行為に関する通報・相談を行った結果、同協会から被告法人に対して、本件第三者委員会による調査結果を原告やその父親に説明報告する機会を設けることを求められていたことなどの事実が認められるのは前記のとおりである（前記(1)エ、シ、セ、ソ及びノ）。このように被告Aによる本件各行為の問題が、原告と被告Aという当事者以外においても取り上げられるようになった状況下において、強制力を有せず限界のある第三者委員会が限られた時間の中で行った調査の結果が第三者に開示されることは、無用の誤解を生む可能性もあり、第三者への開示をしないことへの同意を求めた被告法人の対応はやむを得ないものであったといえる。そうすると、前記の同意が得られないことを理由として、本件第三者委員会の調査結果である本件調査報告書を開示しなかった被告法人らの対応が不法行為を構成するとまではいえない。

（中略）

(6) 原告は、被告法人らは、被告Aに対し、適切な処分をしなかったと主

張する（前記第2の2(3)ア(イ)b）。

　被告法人においては、被告Aに対し、原告からの本件各行為に係る申告に関連して、平成28年9月から約1年間にわたって本件部活動の指導を離れさせたことのほか、同月支給分から手当の一部ないし全額のカットを、平成29年4月支給分からこれに加えて基本給の減額を行ったことが認められる。しかし、この給与のカット・減額は、どのような法令ないし就業規則上の根拠に基づき、どのような処分として行われたものかは証拠上明らかではなく（手当のカットについては、その開始時期に照らすと、本件部活動の指導を行っていたことに対する対価の支払が停止されたものとみることも可能である。）、本件調査報告書において一部とはいえセクハラ行為が認められたことを踏まえてこれらの措置がされているのかは不明である。また、本件調査報告書において一部とはいえセクハラ行為が認められているところ、本件調査報告書を踏まえて被告法人が懲戒処分等を行ったか否か及びその内容については的確な証拠が提出されておらず、むしろ、被告Eが本件大学経営学部の教授会の際にした説明からは、正式には特段の処分は行われていないことがうかがわれる（前記(1)マ。被告C本人も、被告Aの給与を減額したことや本件部活動の指導を禁じたことは、理事会等の決議を経たものではなく、被告Cの判断で行ったものであると供述している（被告C本人）。）。

　しかしながら、本件調査報告書が認定したセクハラ行為は、被告Aが、平成28年5月21日、原告を膝の上に座らせたこと（本件行為1）及びその後同年6月上旬までの間に少なくとも原告に対し2回抱擁をしたこと（本件行為8、9）、前後の経緯は不明であるものの被告Aが「好きになって欲しい。」とか「信頼関係があれば、服を脱げるんだよ。」といった発言をしたことであり、これらがセクハラ行為に該当することは明らかであるものの、重大な性犯罪等に該当するものであるとまではいえないこと、被告Aは本件部活動の指導を主たる業務として被告法人に雇用されていたものとうかがわれるところ、平成28年9月から約1年間にわたり、本件第三者委員会による調査、報告の終了後も、本件部活動を指導する立場から外された状態が続き（被告Cはこれを謹慎と表現する（被告C本人）。）、かつ、その根拠は必ずしも明らかではないにしても給与の減額を受けていたこと、これらの被告C

がした措置について、被告法人の理事会等の機関が事後に反対した事実はうかがわれないことからすると、被告法人は、被告法人が認識した被告Aの行為を前提として、被告Aに一定の不利益を科していたものであり、被告Aに対して何らの対応もしていなかったわけではないと認められる。そもそも、被告法人が雇用する被告Aに対しどのような処分をすべきかは就業規則等に基づき、被告法人によって定められるべきものであって、本件各行為の被害者である原告の要望に基づき当然に解雇等の処分がされなければならないものではないことにかんがみても、本件の経過をみたときに、被告法人らの被告Aに対する対応が原告の何らかの法益を侵害したとまでいうことはできない。

また、被告Aは、平成28年9月9日及び同月11日以降、被告法人との関係でも、本件各行為の存在を争っていたものであるから、被告法人らが本件各行為についてどのような認識を有していたかにかかわらず、被告Aをして原告に対し謝罪をさせることは困難であり、これをさせなかったことを問題とする原告の主張は採用することができない。」

【実務上の意義】

この事案は、学校法人の運営に係る大学に入学した女子学生が、女子ソフトボール部に所属し、キャプテンであったところ、監督がセクシュアルハラスメントを繰り返したことから、学生相談室の主任である教授にセクシュアルハラスメント行為を申告し、学長、理事長に報告され、理事長が監督を解任したものの、解任を撤回し、総監督に就任させる等したため、女子学生が元監督の不法行為、学校法人の不法行為、安全配慮義務違反、私立学校法29条、一般法人法78条、理事長、副学長の不法行為に基づき損害賠償を請求した事件である。この事案は、学校法人の運営に係る大学に入学し、ソフトボール部に所属していた女子学生（第三者）がセクシュアルハラスメントを繰り返した部の監督、学校法人、副学長のほか、理事長に対する損害賠償責任を追及した事件である。この事案は、女子学生が学校法人の運営に係る大学に入学し、ソフトボール部に所属したこと、女子学生が部のキャプテンを務めたこと、部の監督が女子学生を監督室に呼び出し、セクシュアルハラスメントを繰り返したこと、女子学生が学生相談室の主任である教授にセク

シュアルハラスメント行為を申告したこと、学長、理事長が女子学生の事情聴取をしたこと、監督がセクシュアルハラスメント行為を認めたこと、理事長が監督を解任したこと、理事長が解任を撤回したこと、監督を総監督に就任させたこと、大学が弁護士から構成される第三者委員会を設置したこと、第三者委員会が調査を実施し、調査報告書を作成、提出したこと、理事長らは調査の結果を女子学生に説明せず、特段の説明をしなかったこと、女子学生が元監督、学校法人、理事長、副学長に対して損害賠償を請求したこと、請求の法的な根拠として不法行為等が援用されたことに特徴がある。

　この判決は、女子学生の主張に係る大半の監督によるセクシュアルハラスメント行為を認定したこと、監督の不法行為を肯定したこと、学校法人の使用者責任も肯定したこと、理事長による調査結果の不開示、特段の説明拒否につき不法行為を否定したこと、副学長の不法行為を否定したこと、女子学生の慰謝料として70万円を認めたことに特徴がある。この事案の大学、理事長の対応は、通常、大学のみならず法人、会社におけるセクシュアルハラスメントの申告があった場合の対応に照らすと問題があるものであり、理事長らの責任を否定するこの判決の判断には疑問が残るものであり、被害者の法的な利益侵害を認めることができるものであるし、慰謝料が70万円というこの判決の判断はセクシュアルハラスメントの各種の判断事例と比較しても著しく低額であるとの違和感が残るものであって、この判決による事実の評価、論理、結論は疑問があるものである。

〔裁判例104〕学校法人において学校の建物の建築工事がほとんど完了した時点で学校法人の再生手続開始決定がされたことにつき理事長らの不法行為責任が問題になった事例（大阪地判令和3・8・24判時2537号29頁、金判1628号28頁）

【事案の概要】

　幼稚園を運営していたA学校法人（代表者理事長は、Y₁であり、Y₂は、Y₁の妻であり、理事長を務めたことがあった）は、小学校の開設を計画し、B有

限会社に本件小学校の設計、管理業務を発注する等し、X株式会社は、平成
27年12月頃、Aとの間で小学校の建築工事の請負契約を締結し（なお、請
負代金が7億円から23億円までの4通の請負契約書が作成された）、平成29年3
月頃までに本件工事のほとんどを行ったところ、Aは、同年4月、大阪地
方裁判所に民事再生の申立てを行い、再生手続開始決定が行われ、管財人が
選任され、管財人は、同年10月、再生計画案を提出する等したことから、
Xは、Y₁、Y₂に対してY₁らが私学助成金で工事代金の半分を支払うなど詐
欺によって契約を締結させた等と主張し、不法行為に基づき損害賠償を請求
した。

　この判決は、Y₁が故意に詐欺を行ったとは認められない等とし、不法行
為を否定し、請求を棄却した。

【判旨】

「(ｵ)　以上によれば、森友学園が、本件請負契約締結時において、本件請負
契約の報酬である15億5520万円をその最終残金の支払時期までに調達する
だけの資力ないし能力がなかったものと評価するのは相当でないというべき
である。

(ｶ)　ところで、被告Y₁は、被告本人尋問において、15億契約書で最終残金
の支払時期を本件小学校の完成から4か月後の平成29年5月31日とした理
由として、本件小学校の開校式も終わって、子供たちも学ぶ時期になってい
るから、本件小学校の評価も上がり、寄付金なども入ることが見込まれたか
らである旨供述するところ、前記認定事実(1)及び(5)のとおり、森友学園は、
長年、幼稚園を経営し、被告Y₁も相当期間、学校経営に関与する中で、長
年の希望であった小学校を開校する計画を実行に移したものであって、本件
小学校の開設に当たっては、当時の総理大臣夫人を名誉校長に迎える内諾を
取りつけるなどの話題作りを行うなどして相応の準備もしていたことが認め
られ、上記のような話題性に照らして、本件小学校が平成29年4月1日に
開校した後における相当程度の寄付金があるとの見込みは合理的なものであ
ったとみるのが相当である。

　そして、被告Y₁の上記供述によれば、被告Y₁が本件請負契約の締結に
際し、原告代表者に対して私学助成金が下りる旨の架空の話を持ち出したの

は、本件小学校が実際に開校し、運営がされていく中で本件小学校の評価が
上昇して相当の寄付金が集まり、小学校の校舎を担保とした借入れが可能と
なることなどを見込んで、本件小学校の開校後まで弁済期を遅らせることに
よって、請負報酬の支払をより確実にするための方便であったということが
できる。

　そうすると、被告 Y_1 は、請負報酬の支払をより確実にするための方便と
して請負報酬の半分について私学助成金で支払う旨を告げて資金調達の方法
を偽ったものではあるものの、前記㋑のとおりの森友学園の資力ないし能力
を前提にすると、被告 Y_1 の上記行為をもって、森友学園が請負報酬を支払
う意思も能力もないのに、これを秘して、請負報酬を支払わないまま本件小
学校を建設させてこれを騙取することを企図してされたものと評価すること
はできない。

エ　以上によれば、被告 Y_1 が、本件請負契約を締結するに際し、森友学園
には本件請負契約の報酬額である 15 億 5520 万円を支払う意思も能力もない
のに、これを秘して原告を欺罔したということはできず、被告 Y_1 において、
原告に対する欺罔行為があったものとは認められない。

(2)　被告 Y_1 の故意の有無について

　前記(1)のとおり、森友学園において、本件請負契約締結に際し、請負報酬
額である 15 億 5520 万円を支払う意思も能力もなかったものと認めるに足り
ないのであるから、被告 Y_1 において、原告に対する詐欺の故意があったも
のと認めるに足りない。」

【実務上の意義】

　この事案は、学校法人が建築会社に学校の建物の建築を請け負わせ、工事
がほとんど完了した時点で学校法人につき再生手続開始決定がされたことか
ら、会社が学校法人の理事長らに対して不法行為に基づき損害賠償を請求し
た事件であるこの事案は、学校法人の理事長らの取引の相手方（第三者）に
対する損害賠償責任が問題になった事件である。

　この判決は、学校法人の理事長らの詐欺に係る不法行為を否定したもので
あり、その旨の事例判断を提供するものである。

第6章　一般社団法人等の理事・監事の責任をめぐる裁判例

〔裁判例105〕プロボクシングのライセンス等を取り扱う一般財
団法人においてボクシングジムの会長、マネージャーの各ライセ
ンスの更新を不許可にしたことにつき理事長、理事らの不法行為
責任、第三者責任が問題になった事例（控訴審）（東京高判令和4・2・
24判タ1514号72頁）

【事案の概要】

　前記〔裁判例101〕東京地判令和2・1・31判タ1495号228頁の控訴審判
決であり、X₁ら、Y₁らが控訴した。

　この判決は、基本的に第1審判決を引用する等し、Y₁らの不法行為責任、
理事の第三者責任を肯定し、Y₁らの控訴を棄却し、X₁らの控訴に基づき原
判決を変更し、損害賠償額を増額し、請求を認容した。

【判旨】（省略）

【実務上の意義】

　この事案は、プロボクシングのライセンス等を取り扱う一般財団法人がボ
クシングジムの会長、マネージャーの各ライセンスの更新を不許可にし、ジ
ムに所属するプロボクサーらが試合をすることができなくなったことから、
プロボクサーらが一般財団法人の理事長、理事、非常勤理事ら、会長（非常
勤理事であったが、死亡したことから、相続人ら）に対して損害賠償を請求し
た事件である。この事案は、一般財団法人の理事長、理事らのプロボクサー
ら（第三者）に対する損害賠償責任が問題になった控訴審の事件である。こ
の事案は、一般財団法人がプロボクシングのライセンス等を取り扱っていた
こと、ボクシングジムの会長、マネージャーには試合を行うために各ライセ
ンスが必要であったこと（特段の事情がない限り、更新されるものであった）、
ジムの会長、マネージャーの各ライセンスが試合ルールの認識の違いによっ
て世界タイトルマッチにおいて選手が失格した出来事を理由に更新が不許可
になったこと、ジムに所属するボクサーが日本で試合をすることができなく
なったこと、ボクサー、試合の興業会社が理事長（常勤理事）、会長（非常勤
理事）、理事ら（常勤理事、非常勤理事ら）に対して損害賠償を請求したこと、

478

Ⅲ　理事・監事の第三者に対する法的な責任

責任の根拠として不法行為、一般法人法 198 条、117 条 1 項（理事の第三者責任）が主張されたことに特徴がある。

　この判決は、基本的に第 1 審判決を引用したもであり、一般財団法人の不法行為責任を認めたこと、理事長、常勤理事（更新問題の担当理事）の不法行為責任、理事の第三者責任を認めたこと、会長（非常勤理事）、非常勤理事らについては不法行為責任、理事の第三者責任を否定したことに特徴があるが、この判決が理事長、会長、理事らの責任について、各人の更新問題に関する関与の内容・程度を考慮し、これを肯定し、あるいは否定した判断は、第 1 審判決と同様に、事例判断として参考になる。

〔裁判例 106〕学校法人において学校の建物の建築工事がほとんど完了した時点で学校法人の再生手続開始決定がされたことにつき理事長らの不法行為責任が問題になった事例（控訴審）（大阪高判令和 4・8・24 判時 2595 号 57 頁）

【事案の概要】

　前記〔裁判例 104〕大阪地判令和 3・8・24 判時 2537 号 29 頁、金判 1628 号 28 頁の控訴審判決であり、Y が控訴した（X は、Y₁ らの責任に関する主張を追加した）。

　この判決は、基本的に第 1 審判決を引用し、Y₁ らが資金の調達方法を偽ったにとどまり、学校法人の請負契約締結当時の資力に照らせば、請負報酬を支払う能力も意思もなかったとはいえ、欺罔行為も詐欺の故意も認められないとし、虚偽の事実を申し向け、騙して無謀な学校建設計画に巻き込んだ行為が不法行為であるとの追加主張については、違法行為に巻き込んだということはできないとして排斥し、私立学校法 44 条の 3（第三者責任に関する規定）等による旨の追加主張については、同条は本件後に施行された規定であるとして排斥し、控訴を棄却した。

【判旨】

「(2)　控訴人は、本件後に新設された私立学校法 44 条の 3（役員の第三者責

任）の趣旨を踏まえると、被控訴人らが同条40条の2（忠実義務）、民法644条（善管注意義務）に違反し、法人に損害を与え、そのことによって第三者である控訴人に損害を与えたときは、第三者に対する重大な過失があったと評価することができ、被控訴人らは、民法709条、719条に基づく賠償責任を負うと解すべきであると主張する。

　しかし、私立学校法44条の3の規定は、令和元年法律第11号（以下「改正法」という。）により新設された規定であり、改正法附則10条3項は、改正法の施行の際現に在任する学校法人の役員の施行日前の行為の損害賠償責任については、なお従前の例による旨定めている。本件で問題となる被控訴人らの行為は、改正法の施行日であるから、被控訴人らの行為について、私立学校法44条の3の規定を適用することはできず、従前の例によることになる。しかるところ、改正法による改正前の私立学校法には学校法人の役員について定めた規定はない。私立学校法44条の3の規定の趣旨は、本来、学校法人の役員は、学校法人との関係で負担する善管注意義務や忠実義務に違反して第三者に損害を被らせたとしても、当然に損害賠償の義務を負うものではないが、第三者保護の立場から、特に規定を設けることにより、役員において故意または重大な過失により学校法人に対する義務に違反し、これにより第三者に損害を被らせたときは、任務懈怠行為と損害との間に相当の因果関係がある限り、当該役員が直接に第三者に対し損害賠償の責に任ずべきことを定めたものと解される。したがって、私立学校法44条の3のような特別の規定がない場合には、学校法人の役員が悪意又は重過失により学校法人に対する義務違反行為をしたことを理由に第三者に対する損害賠償責任を認めることはできず、被控訴人らの控訴人に対する損害賠償責任の有無は、あくまで不法行為（民法709条）責任が成立するかどうかという見地から判断するほかない。すなわち、被控訴人らの控訴人に対する不法行為責任が成立するためには、控訴人に対する加害につき故意又は過失があることが必要である。

　これを本件についてみると、被控訴人Y₁には、不正に補助金申請をしたことや小学校のの設置認可を不正に得ようとした点において、森友学園の理事長としての忠実義務及び善管注意義務に違反する行為は認められるが、控

訴人に対する関係では、本件請負契約の締結について、故意による不法行為（詐欺）は認められず、説明義務違反等による不法行為も認められないことは、前記したとおりである。

したがって、森友学園が控訴人に対して請負報酬支払等について債務不履行責任を負うことや、被控訴人 Y₁ が森友学園に対して任務懈怠による損害賠償責任を負うことは格別、故意（詐欺）又は過失（説明義務違反等）による不法行為責任を負うと認めることはできない。控訴人の前記主張は採用することができない。」

【実務上の意義】

この事案は、学校法人が建築会社に学校の建物の建築を請け負わせ、工事がほとんど完了した時点で学校法人につき再生手続開始決定がされたことから、会社が学校法人の理事長らに対して不法行為に基づき損害賠償を請求した控訴審の事件である。この事案は、学校法人の理事長らの取引の相手方（第三者）に対する損害賠償責任が問題になった控訴審の事件である。

この判決は、第1審判決と同様に、学校法人の理事長らの詐欺に係る不法行為を否定した事例判断を提供するものである。なお、この事案の後に制定・施行された理事等の第三者責任を定める私立学校法 44 条の 3 に関するこの判決の判断は、一般論として参考になるので、判旨に紹介することにしたものである。

第7章　責任の追及者と追及の理由・機会

1　理事・監事らに対する損害賠償責任追及の可能性

　理事・監事・評議員は、所属する一般社団法人・公益社団法人、一般財団法人・公益財団法人、その他の公益法人、中間法人や、その取引の相手方ら（第三者）からさまざまな義務違反、任務懈怠、権限の不正な行使・権限の不正な不行使等を理由に損害賠償責任が追及される可能性がある。理事・監事らに就任することは、一般社団法人・公益社団法人、一般財団法人・公益財団法人らの法人の目的を達成するために有意義な業務を遂行することに貢献することが重要な動機であることが多いであろう。理事・監事らに就任する者の多くは、社会的な貢献とか、一般社団法人・公益社団法人、一般財団法人・公益財団法人の業務への賛同といった好意で就任を受諾する者も多いものと推測され、今後も同様に予測される。現実の一般社団法人・公益社団法人、一般財団法人・公益財団法人らの法人の経営・事業は、このような動機・好意を裏切らないものであることが多いことも実際であろう。

　しかし、一般社団法人・公益社団法人、一般財団法人・公益財団法人らの法人の組織・経営・事業の遂行は、一般法人法等の法律の観点から見ると、理事・監事らの詳細な権限の行使、義務の履行によって行われることになっており、権限の行使・不行使、義務の履行・不履行に伴うさまざまな損害賠償責任のリスクを伴う活動であり、判断行為であるということができる。理事・監事らに就任し、その職務を遂行することは、法的な観点からの適否、違法・適法の判断を受けざるを得ないものであり、しかも、後日、一般社団法人らに損失が生じた後に職務の遂行の適否等が問題にされるものである（個々の職務の遂行が終わった後、忘れた頃に問題として指摘され、現実化するものである）。一般社団法人らに対するよい思い出が一瞬にして悪夢に変わる事例があるのも世の中の現実である。

　理事・監事らの損害賠償責任が後日問題にされる頃には、就任当時の理事らに対する信頼、一般社団法人らに対する期待も、理事の交代等の事情によ

482

って信頼、期待の基盤が失われていることもあり、ほかの理事ら、あるいは一般社団法人らの従業員に相談をしたり、問題の解決を依頼したりすることができなくなっていることも少なくない。「弱り目にたたりめ」である。降りかかる責任追及という火の粉は自分で払うほかないのである。

2 損害賠償責任を追及する可能性のある者

理事らに対する損害賠償責任を追及する可能性のある者は、所属する一般社団法人・公益社団法人、一般財団法人・公益財団法人らの法人自体、これらの役員、従業員、これらの法人と取引を行った者等の第三者がいる（第三者は一般社団法人らと取引を行った者に限られるものではなく、事故の被害者等も第三者に含まれるし、一般社団法人・公益社団法人においては職員、従業員も損害賠償責任を追及する可能性のある者に含まれる）。理事らの損害賠償責任の追及の可能性がある者は、このように多様で、多数を数えるものであり、一般社団法人・公益社団法人、一般財団法人・公益財団法人らの法人の行う業務が広範で規模が大きくなるほど、その可能性が高まるものである。

一般社団法人らの業務によって損失が発生した場合には、その損失を被った者がそれを我慢しないときは、その業務の検討、判断、遂行の過程に関与した理事らに対して損害賠償責任を追及する可能性が生じるわけである。理事らは、その積極的な行為によって関与しただけでなく、不作為によって関与した場合にも損害賠償責任の根拠になり得ることに留意することが必要である。

理事らの損害賠償責任が現実化し、その追及の可能性が高まるのは、一般社団法人らの業務の遂行によって損失が誰かに発生したときであるが、理事らは、このような損失の発生を予見していないことが多いし、認識していないことが多いから、損害賠償責任の追及の可能性を認識すると、突然の出来事、突然の不幸が到来したように感じることが通常である。突然の出来事に直面すると、理事らは、不快と不安を感じることが多いが、その不快と不安を自分だけで払拭することができない現実に怒ることになる。過去の記憶を呼び起こしても、過去の業務の執行等を反省してみても、何の慰めにもならないのである。理事らとしては、現実に損害賠償責任が追及される事態に備

えて、とりあえず、法律専門家に相談する等の対策をとることが最も実効的であり、精神的な安定を取り戻す妙薬である。

3　理事らの損害賠償責任の根拠

　一般法人法の下においては、理事らは、それぞれ法律上の広範な権限、義務が認められているものであり、その損害賠償責任の要件は抽象的なものが多いことと相まって、損害賠償責任を追及する根拠を主張することが相当に容易になっている（一般法人法が適用されない公益法人・中間法人の場合には、その設立の根拠となっている法律や事業を規制する法律を検討することが不可欠である）。たとえば、法令違反・定款違反を取り上げただけでも、理事らの経営陣の不祥事を完璧に防止することは容易ではないだけでなく、従業員の法令遵守を監視していない事例を見かけることは少なくないものであり、理事らの損害賠償責任の追及の種はあちこちにまかれているのである（過誤の規模、内容、程度を問わなければ、どの一般社団法人らであっても、過誤を完璧になくすことは事実上不可能であろう）。

　理事らの損害賠償責任の成否、内容は、最終的には訴訟の場において裁判官の認定、判断によって決着がつくことになっているが、従来の株式会社の取締役らの損害賠償責任をめぐる裁判例を概観すると、裁判例ごとの判断がまちまちであり、訴訟における判断の信頼度は高いとはいいがたい。そもそも日本の民事訴訟の審理において三審制度が採用されていること自体（理事らの損害賠償責任が問題になる民事訴訟は、地方裁判所・高等裁判所・最高裁判所の三審によって判断されるであろう）、誤った認定、判断がされる可能性が常に存在していることを前提としている。一般社団法人らの理事らの職務を遂行する者のほとんどは、弁護士等の法律専門家でもなく、法律実務家でもないから、損害賠償責任が追及されたり、民事訴訟が提起されたりした場合、その後の手続がどのようになるのか、勝訴・敗訴はどのようにして決まるのか、いつ決着するのか、勝訴判決を得るためにはどのようにしたらよいのか、担当の裁判官はきちんと判断してくれるのかといった基本的で重大な事柄について知識も、経験もないため、不安でいらいらした状況において一層不安と焦りが募ることになる（理事らが弁護士に事件を委任し、弁護士から

説明を受けたとしても、理事らの気持を満足させるような助言は得られないのが通常であるし、弁護士も理事らの気持を満足させ、不安を和らげるような助言をすることができる術もないのが通常である）。

理事らの損害賠償責任の法的な根拠となる権限、義務は相当に抽象的な内容であり、その解釈は裁判官の裁量によって行われるものであるうえ、その権限の行使・不行使が違法であるか、義務の不履行があるか等の判断も、その前提となる証拠の評価、事実関係の認定も裁判官の裁量によって行われるものであるため（証拠の評価、事実関係の認定は、裁判官の自由な心証によって行われることになっている）、その結論はますます不安定になり、予測が困難になるわけである。

4　損害賠償責任の追及の兆し

理事らに対する損害賠償責任の追及は、従来の公益法人、中間法人、株式会社に関する損害賠償責任の事例に鑑みると、一般社団法人らの経営の悪化、破綻、経営をめぐる経営陣の対立、経営陣の不祥事、取引上の損失の発生、経営陣の交替、企業買収等の事態に伴って発生することが多いものと予想されるところであり、これらの事態が損害賠償責任の追及の機会・きっかけを提供するものである。理事らにとっては、これらの事態が発生し、あるいは発生するおそれを認識したような場合には、損害賠償責任の問題が現実化する可能性が一段と高まることになる。

一般社団法人らの各類型の法人においては、その経営、事業の遂行に当たって過誤の発生は不可避であるところ、理事らに対する損害賠償責任を追及する可能性が現実化するかどうかは、経営の悪化等の責任追及の兆しがあることが重要な指標であるが、例外的に軽微な過誤の事案でも責任追及を選択する者が登場する可能性がある（一般社団法人・公益社団法人における社員代表訴訟は、そのような責任追及の選択を可能にしている）。

なお、理事らの損害賠償責任の追及の可能性が高いということは、必ずしも理事らの損害賠償責任が認められる可能性が高いということにはならない。理事らの損害賠償責任が追及され、最終的に訴訟においてその責任が肯定されるような事態に陥ることは最も不幸な事態であるが、仮に訴訟におい

て損害賠償責任を否定する判決を得たとしても（地方裁判所で敗訴し、高等裁判所で勝訴することがあるし、高等裁判所で敗訴し、最高裁判所で勝訴することもある）、その責任の追及、訴訟への応訴に伴う不利益・負担は相当に重大なものであり（事情によっては深刻であることがある）、決して軽視することはできないのである。

5　理事らの所属する一般社団法人・一般財団法人らの法人からの損害賠償責任追及

　理事らの損害賠償責任は、第三者から追及されるだけでなく、所属の一般社団法人・公益社団法人、一般財団法人・公益財団法人らの法人からも追及されることがある。一般社団法人・一般財団法人らが理事らの損害賠償責任を追及する場合には、その追及が必要であると判断した理事らの経営陣において相当な決意・決断があることが通常であるうえ、一般社団法人らが追及の対象である理事らの権限の行使・不行使、義務の不履行等に関する証拠を相当に保有しているものである。損害賠償責任を追及される理事らにとっては、理事らの就任当時の好意・情誼、人間関係、過去のよき思い出が交錯し、第三者から追及される場合よりも一層怒りと失望が感じられることになる。

　また、冷静になって事態を分析しても、前記のとおり、理事らの損害賠償責任の前提となる事実関係を立証する証拠を豊富に握られている可能性があるため、第三者から追及される場合よりも、理事らは、訴訟においても敗訴の可能性が高いことになる。理事らが一般社団法人、一般財団法人らから損害賠償責任が追及されるに至った場合、現在の経営陣に友人・知人の理事らがいたとしても、相談をもちかけることができないだけでなく、不要な情報を提供するおそれがあり、より一層孤独感が募ることになる。

6　理事らに就任する際の責任追及のリスク

　一般法人法の下においては、理事らの損害賠償責任が認められるかどうかは別として、責任追及を行う者を拡大し（一般社団法人については社員代表訴訟を認めている）、責任追及の機会を広く提供しているものであり、理事らに

就任を打診され、就任を検討している者は、この責任追及のリスクを十分に理解し、就任を判断することが重要である。

　また、仮に理事らに就任した場合には、責任の内容を十分に理解したうえ、日頃から責任追及を防止・防衛する諸般の対策を構築し、実施することが賢明である（一般社団法人らの関係者、理事らに推薦してくれた者が責任を回避してくれるとか、責任追及から防衛してくれるなどの勝手な思い込みは禁物である）。自らの責任は、自ら防衛しなければならないのである。法律実務の世界では、損害賠償責任への対応を他人任せにすることは最もリスクが高いのである（他人任せは禁物である）。

　一般社団法人・公益社団法人、一般財団法人・公益財団法人の理事らに就任する者は、理事らの友人・知人、社会的な地位、法人との関係等から就任を承諾することが多く、しかも法的な責任とは関係の乏しい職歴・生活歴を有する者が少なくないことから、損害賠償責任が追及された場合における対応が心理的にも、事務処理上も適切に行うことが困難であることが予想される。そもそも一般社団法人・一般財団法人における理事・監事らの権限、義務、職責は、一般法人法の諸規定、職責の遂行に関連する法令の諸規定、関連する従来の判例・裁判例によって定められているものであるが、理事らに就任した者が就任の前後を通じて、これらの諸規定等につき十分な知識、あるいは相当な知識を得ること自体少ないものである。

　また、理事らとしての日頃の権限の行使、義務の履行、職責の遂行に当たって、一般社団法人らの業務への効果だけでなく、一般社団法人、一般財団法人、従業員、取引の相手方らの第三者への損得、ひいては損害賠償責任の追及の可能性につきどの程度の認識があるかも疑問である（リスクの認識がないところにリスクが現実化した場合には、著しい不安におそわれることがある）。さらに、理事らは、精神的にも、社会的な地位からも、リスクへの対応がないか、他人任せになっていることもその権限の行使等による損害賠償責任への対応が適切に行われない可能性がある。

　一般社団法人、一般財団法人らの理事らに就任し、その権限の行使、義務の履行、職責の遂行を行うことは、見方を変えると、理事らの権限の行使等に伴う損害賠償責任のリスクをどのように軽減し、さらに消滅させるかとい

うことであり、理事らにとっては、そのような事務処理を理事らの在任中継続して行うことがリスクを軽減し、現実化することを防止する観点から重要である。

7　クレーマーへの対応

さらに、理事らに対する損害賠償責任の追及については、近年、社会全体で顕著に見られるクレーマー、モンスタークレーマーの横行の傾向にも注意を払っておくことが重要である。

社会においては、一般社団法人・公益社団法人、一般財団法人・公益財団法人らの公益法人、中間法人、あるいは従来の民法法人の業務だけでなく、さまざまな事業活動において膨大な数のクレーム等がつけられているのが現状である。クレームの内容・態様・つけ方は年々変化しつつあり、その対応・処理もその変化に応じて柔軟に対応・処理することが重要になっているが、一般社団法人らの業務、事業に対するクレーム等は、社会全体に見られるクレーム等、背景事情をよく反映しているものであり、特に近年はモンスタークレーマーも登場している。

現代社会におけるクレーム等の特徴は、

① 権利主張の社会になっていること
② クレームが常識になっていること
③ クレームに対する障害・躊躇がなくなっていること
④ 自己主張の社会になっていること
⑤ 権威が喪失した社会になっていること
⑥ 聖域が消滅した社会になっていること
⑦ 高度情報化社会になっていること
⑧ 告発型の社会になっていること
⑨ モラル・常識の相対化、低下した社会になっていること
⑩ 自己の損失を他人に転嫁することが当然であるとの認識が広まっていること

などがあげられ、これらの諸事情がクレームに色濃く反映している。

クレーム等は、これをつける現代社会に生活する人の特徴も色濃く反映し

ているものであり、

① 公共・公益の意識が乏しいこと
② 共通の常識が存在しないこと
③ 常識が大きく変化していること
④ 常識が相対化していること
⑤ 常識が行動の基準としての機能を喪失つつあること
⑥ 共通のモラルが存在しないこと
⑦ 共通の言葉がないこと
⑧ 共通の基盤に立った会話が成立しづらくなっていること
⑨ 共通の信頼感の前提が欠けていること
⑩ とことん自己中心的であること
⑪ 権利の主張に伴う義務の観念が存在しないこと
⑫ 情報依存型の人間が支配的であること
⑬ 権威に対する挑戦するポーズに好意的であること
⑭ 自分の負担、自分の損失の他人転嫁に熱心であること
⑮ 社会全体に変化の意識が強いこと

などの諸事情が見られる。

　クレーマーの中には、根拠もなくクレームをつける者・執拗にクレームをつける者、加害行為に及ぶクレーマーがモンスタークレーマーと呼ばれて登場し、増加しているが、モンスタークレーマーを取り巻く社会環境として、

① クレームが推奨されていること
② クレーム対応に不慣れな業界が多いこと
③ クレームによって経済的な利益が得られること
④ クレームによる心理的な満足感が得られること
⑤ クレームの手段・方法は手軽で、簡便で、多様であること、特にインターネット等の発展がクレームに拍車をかけていること
⑥ クレームによる成功体験が新たなクレームを誘発すること
⑦ 根拠のないクレームであっても、真摯な対応が得られること

などの事情が見られる。モンスタークレーマーの登場、流行は、現代社会を反映した現象であり、社会の鏡である。

第7章　責任の追及者と追及の理由・機会

　理事らが損害賠償責任を追及される場合、事実関係、法律関係の観点から一応の理由が認められることもあるが、その理由が乏しく、あるいは理由がないようなときも少なくないところ、社会全体のクレーマー、特にモンスタークレーマーの登場と流行の現象に照らすと、理事らに対して責任を指摘し、追及する者がこのような性格を有する場合には、責任の指摘、追及が始まった後、その責任の疑念を払拭することは相当に困難になっている。このような場合、理事らとしては、訴訟の提起を認識し、そのための現実的な対策を講じることが重要であり、単に説明すれば理解してもらえるなどとの期待をもたないほうがよいことになる。

第8章　訴訟の実態と訴訟対策の実務

1　訴訟の実態

　理事らが一般社団法人らの業務に関係して損害賠償責任を追及される概要については前記のとおりであるが、最終的には損失を被った一般社団法人・公益社団法人、一般財団法人・公益財団法人らの法人、第三者から損害賠償を請求する訴訟が提起され、訴訟の勝敗によって決着することになる。

　損害賠償請求訴訟が提起されるまでの過程については、理事らの権限の行使・不行使等が問題になり、訴訟が提起されるまでには相当の期間があり、その間、責任を指摘された理事らは、あれこれの可能性を憶測し、心理的、事務処理上、さらに人間関係上さまざまな負担を強いられる（誰を被告として訴訟を提起するかは、原告が選択することができるものであり、複数の理事らの中から特定の理事らのみが被告とされて訴訟が提起されると、理事らの間に不公平感が生じることがある）。仮に訴訟が提起されなかったとしても、責任を指摘されたこと自体、理事らのプライド・自信を傷つけるものであるし、無視できないストレスを受けるものである。

　損害賠償請求訴訟が提起された場合、どのように訴訟に対応するかは、訴訟の実態を十分に認識していないと、適切な対応が困難になり、対応の不適切さが敗訴判決の原因の一つになる可能性がある。訴訟代理人の選任だけを取り上げても容易な事柄ではない。訴訟が提起された場合、理事らの知人らである弁護士、保険会社の推薦する弁護士を訴訟代理人に選任し、訴訟の追行を委任することが多いが、理事ら本人にとっても、訴訟代理人にとっても思いどおりに訴訟が進行しないのが通常であり、訴訟の進行につれ、理事らと訴訟代理人との間に認識の齟齬、方針の対立が生じるだけでなく、裁判所、原告（訴訟代理人）との対応に理事ら本人が不満を抱くことは珍しいことではない（むしろ通常の事態というべきである）。これらの齟齬、対立、不満を解消させつつ、訴訟を進行させることが必要であるが、知人の弁護士を訴訟代理人に選任した場合には、個人的な信頼関係が強すぎるために、理事ら本人

と弁護士との間に相互の甘え、依存関係が生じる可能性があり、このことが逆に不信を呼び、不満を増大させる可能性もある（有能な弁護士であっても、自分の巻き込まれた法律問題については決して有能さを発揮できないが、近い友人の場合にも、事務処理上の客観性を維持することが困難であることがある）。

訴訟は、相当の期間継続する手続であり、その間、原告側、裁判所との間でさまざまな主張・立証活動を行うことが必要であるが、原告の主張・立証の内容が腹立たしいだけでなく、自己の主張・立証が思いどおり行うことが困難であったりして、理事ら本人がさらに不満を募らせ、訴訟代理人に対して訴訟に伴う不満を蓄積させることが生じがちである。訴訟代理人が依頼者の言い分を主張しなかったり、依頼者の言い分を排斥したりすると、理事ら本人と訴訟代理人との間には一層緊張した関係が生じることになる（訴訟の進行が思いどおりに進行しないと、敗訴判決の可能性がちらつくようになり、判決の結果に対する不安も生じることになる）。このような不満を訴訟代理人にぶつける事態も生じるわけであるが、売り言葉に買い言葉であり、理事ら本人、弁護士の双方が普段は冷静な性格であっても、不満をぶつけた後にはその前の信頼関係は再び見られないのが通常である。理事らの損害賠償責任について保険がかけられ、弁護士の費用・報酬が保険によって賄うことができるといっても、諸経費のすべてが保険で賄われるものではないし、弁護士の報酬も一定の金額は自己負担になっているのであって（保険契約上の免責額が定められている）、相当の金銭的な負担を理事らが強いられることになる。しかも、損害賠償請求訴訟を提起された理事らの負担、不利益は金銭的なものにとどまらず、ほかにもさまざまな負担、不利益が次から次へと生じてくるのが実情である。

2 訴訟の結論を予測することの困難さ

理事らが損害賠償請求訴訟を提起され、弁護士に事件を委任した場合、勝訴・敗訴の予測を質問することが通常であり、弁護士によってその回答はさまざまであるが、個々の事案の証拠等の特徴を捨象しても、容易に予測することできるものではない。弁護士が大丈夫である旨の回答をしても、その回答の信頼度は高いとはいえない。勝訴・敗訴の判決の結論に影響を与える事

情は多様であり、単に主張・立証の内容によって結論が決まるものではない
し、参考になる裁判例が存在してもそれによって結論が決まるものでもな
い。勝訴・敗訴の判決の結論に影響を与える諸事情のうち、担当裁判官の能
力、知識、経験、洞察力、人格・性格、常識等は外部から容易に把握するこ
とができないだけでなく、重要な影響、事件によっては決定的な影響を与え
るものである。

　理事らの損害賠償責任を追及する訴訟において、理事らの訴訟代理人が主
張・立証の努力をし、相当に有利であると思われる事実関係、法律関係の主
張・立証を展開したとしても、ほかに多くの不確定・不明確な事情が勝訴・
敗訴の判決の結論に影響を与えるものであるから、その予測は相当に困難で
あるのが実情である。被告となった理事らとしては、主張・立証の努力を訴
訟の審理の最終時点（高等裁判所における口頭弁論の終結時）まで続けること
が重要であり、これで十分であるなどといった根拠のない安堵感を抱くこと
は禁物である（安堵感を抱くこと自体、敗訴のリスクを増大させるものである）。

3　応訴した場合の対応

(1)　理事らの置かれている諸状況

　訴訟の提起を受けて応訴した場合における理事らの置かれた状況につい
て、訴訟の実態を踏まえてざっと紹介しただけでも、このように相当に深刻
な状況である（訴訟の実態を詳細に紹介するとなると、通常の人にとっては、本
書はとても読むに耐えない代物になる。訴訟においては正義が勝つなどと根拠も
ない思い込みをしないことも大切である）。このような状況は、第１審の訴訟
だけでなく、控訴審でも継続するものであるし、具体的な主張、立証活動の
実態を踏まえたさまざまな準備、活動を紹介すると、理事らにとってはさら
に重大な負担を強いられることになる。このような重大な負担は、勝訴判決
を得た場合であっても、負担せざるを得ないものであり、敗訴判決を受けた
場合には、敗訴判決に伴うさらに深刻な負担を強いられることになる。

　従来の株式会社の取締役らの損害賠償責任をめぐる裁判例を概観すると、
裁判例ごとの認定、判断がまちまちであり、訴訟における判断の信頼度は高
いとはいいがたいし、そもそも日本の民事訴訟の審理につき三審制度が採用

第8章　訴訟の実態と訴訟対策の実務

されていること自体、誤った認定、判断がされる可能性が常に存在していることを前提としている。理事らのほとんどは、法律専門家でもなく、法律実務家でもないから、損害賠償責任が追及されたり、民事訴訟が提起されたりした場合、その後の手続がどのようになるのか、勝訴・敗訴はどのようにして決まるのか、いつ決着するのか、勝訴判決を得るためにはどのようにしたらよいのか、担当の裁判官はきちんと判断してくれるのかといった基本的で重大な事柄について知識も、経験もないため、不安でいらいらした状況において一層不安と焦りが募ることになる。この不安と焦りは、訴訟の係属中には常に湧き上がるものであるし、勝訴判決を得て確定するまで続くことになる（敗訴判決を受けたり、裁判官に主張・立証上の弱点を指摘されたりすると、根拠のないものであっても、不安と焦りは著しく高まることになる）。他方、理事らから委任を受けた訴訟代理人の弁護士にとっても、訴訟の実務の知識、経験があるとはいっても、個々の担当裁判官ごとに判断が相当にまちまちであることや双方の主張・立証の評価には常に不安がつきまとうことから、勝訴判決を確信したくても判決は不確定要素が多く、安心することができない心境にある。依頼者である理事らの訴訟代理人としても、理事らと会うたびに、理事らの物問いたげな顔付きが心に突き刺さるが、簡単に、あるいは安易に説明することができず、ついつい話をほかに逸らしつつ、訴訟の現在の進行状況、今後の主張・立証の課題を説明し、最後まで頑張りましょうなどと自らを奮い立たすことにもなる。依頼者である理事らも、訴訟代理人である弁護士も、共に不安と不満を抱え、最善の結果が得られるよう鼓舞しつつ訴訟の審理が淡々と続いて行くことになる。訴訟は、法廷の場における主張・立証等の訴訟活動の闘争であるが、当事者も、訴訟代理人も精神的な闘争でもある。

　第1審の訴訟で敗訴判決があっても、控訴審で勝訴判決を得れば、勝訴は勝訴であるなどと説明するのは、訴訟の実態を知らない者の戯言にすぎない。敗訴判決を受けて、控訴審で勝訴判決を得るためには、理事ら本人の心理的な負担・経済的な負担、人間関係上の悪影響等のさらに重大な負担の大波が押し寄せてくるものであり、筆舌に尽くしがたい。誤った判決も判決であるため、その誤りを正すには、訴訟の当事者・代理人は他人には語れない

494

負担と苦悩を強いられることになる。

(2) 具体的な諸対策

一旦訴訟が提起されると、理事らは、応訴せざるを得ないものであり（応訴しなければ、たちまち敗訴判決を受けることになる）、その主導権は原告が握っているのである。このような事態に陥らないためには、訴訟が提起してから対策を練っても、時はすでに遅いのである。理事らへの就任を打診された際から対策を検討し、実施することができるものは速やかに実施しておくことが重要である。

具体的には、①就任の打診の段階、②就任の説明の段階、③就任の段階、④日頃の権限の行使等の職責遂行の段階、⑤非公式な会議の段階、⑥理事会の段階、⑦社員総会の段階、⑧評議員会の段階、⑨決算の段階、⑩一般社団法人らの内部に問題が発生した段階、⑪問題調査の段階、⑫責任追及の可能性が生じた段階、⑬訴訟提起の段階、⑭訴訟追行の段階に分けて、それぞれ対策を講じておくことが重要である。これらの対策と努力の積み重ねが勝訴判決をより確実にするものであり、勝訴判決の可能性を高めることになる。

これらの諸対策は、一般法人法等の法令における理事らの権限、義務、職責を相当程度に理解することを前提とし、理事らの責任免除の方策をとったうえ、訴訟の実態を踏まえて訴訟対策を講じることが基本である。具体的には前記の各段階ごとに検討し、対策を立てることになるが、訴訟対策は訴訟が提起されてから立てるものではなく、理事らに就任する段階から必要で可能な対策を講じることが重要であるし、理事らに在任中には適正に権限を行使する等が必要であるだけでなく、日頃から権限行使等に関係する証拠を保存しておくことが極めて重要である。

(3) 就任時の心構え

友人・知人の依頼によって理事らに就任した場合、いざという非常時・緊急時に友人・知人は援助ができない立場にあることが多いし（援助しない者も多い）、信用できる一般社団法人らであっても、経営が悪化したり、経営陣が交替したりしたような場合には、前の経営陣らの責任を追及する可能性が相当に高まる。友人・知人も昔のままではないし、一般社団法人らも昔のままではない。善意の理事らへの就任、友好的な理事としての勤務は、損害

第 8 章　訴訟の実態と訴訟対策の実務

賠償責任が追及された場合には、何らの反論にもならないのである。理事らの損害賠償責任を突き詰めると、理事らに就任した際の心理的な油断と人間関係上の友誼が最も重大なリスクになっている。

　さらに、理事らの損害賠償責任は、その大半は原則として 5 年間、10 年間の消滅時効にかかるものであるが（民法 166 条 1 項参照）、理事らが死亡した場合、その責任（正確には損害賠償債務という金銭の支払債務である）は相続人に相続されるものであるから、死亡した後、相続人にも迷惑をかけることになる（株式会社の場合には、取締役の損害賠償責任が取締役の死亡後に相続人に対して追及された事例は少なくない）。理事らが死亡する前に損害賠償責任が現実に問題になっているような場合には、その死亡時に相続の放棄、限定承認（同法 915 条以下）によってその責任を回避することができるが、その利用には制約があるし、死亡後相当の年月を経て現実化した場合には、損害賠償責任を承継することにならざるを得ないため、推定相続人に対するリスクに配慮することも無視できない。

第9章　後悔しないために

後悔しないためのいくつかの注意点

　一般社団法人らの理事等に就任し、公益のために活動することは、相当に社会的な意義のあることであるが、予想外の損害賠償責任の追及を受けたり、運悪く損害賠償責任が認められるような事態に陥ることは誠に不幸なことである。後悔は、どのようにしても先には立たないものである。社会的に意義のある活動をし、かつ最後に後悔しないよう日頃から注意を払っておくことが重要である。後悔しないためのいくつかの注意点を最後に列挙しておきたい。

① 　友人・知人の依頼のみによって理事等に就任していないか。友人・知人が理事らに就任している場合には、理事らの業務執行を公平・中立に評価することができるか。

② 　理事らの権限、義務、職責の概要を十分に理解しているか。

③ 　理事らとしての損害賠償責任を軽減する等の措置がとられているか。これらの措置を利用しているか。

④ 　理事らとして就任する一般社団法人・公益社団法人、一般財団法人・公益財団法人らの法人、理事らの信用・評判を認識しているか。

⑤ 　理事らとして就任する一般社団法人・公益社団法人、一般財団法人・公益財団法人らの法人の事業の内容、会計の内容を理解しているか。

⑥ 　理事らとして就任する一般社団法人らの経営者、従業員の概要、職歴、職務遂行を理解しているか。

⑦ 　一般法人法等の関係する法令の概要を理解しているか。

⑧ 　理事らとして判断をするに当たって、判断事項の前提となる事実の確認に努め、議論をしたうえで判断をしているか。適切な事実の確認、十分な議論、相当な判断をするよう努めているか。その過程を書面で残すようにしているか。

⑨ 　理事らとして審議事項等につき積極的に検討し、発言する等、合理的

第9章　後悔しないために

で妥当な言動、判断をしているか。権限の行使等を他人任せにしていないか。

⑩　理事らとしての検討、言動、判断が合理的で妥当なものであることを示す証拠を常に作成させ、常に保存しているか。

⑪　一般社団法人らの法人の内部の情報に常に気をつけているか。

⑫　一般社団法人らの法人の事業の内容・動向、理事らの職務の遂行状況に気をつけているか。

⑬　一般社団法人らの法人、理事らの不祥事等が判明した場合、合理的で妥当な言動、判断をしているか。不祥事等の隠蔽に加担していないか。

⑭　常に法令・定款の内容を確認しているか。法令の遵守を重視しているか。

⑮　法律問題が生じたときは、顧問弁護士等の法律専門家の助言を得て、その助言内容を証拠として保管しているか。

⑯　会計問題については、会計士の意見を徴し、その意見内容を証拠として保管しているか。

⑰　理事らとして在職中の職務遂行に関係する書類は、退任または辞任後、10年間は保存しているか。

すでに理事らの一般社団法人・一般財団法人らの社団法人、財団法人らの法人、第三者等に対する法的な責任に関する判例・裁判例を紹介したところであるが、その数は、法律雑誌に公刊されたものは多いとはいえない現状にある（実際に訴訟になり、判決が言い渡された数は公刊されたものよりも相当に多いと推測される）。理事・監事らの損害賠償責任が問題になった事件において参考になる数、法人の種類、問題の類型に関する判例・裁判例としては少ないが、本書でも紹介しているように、理事・監事らの法人、第三者等に対する損害賠償責任の構造、法的な根拠は、株式会社の取締役・監査役らの損害賠償責任とは基本的に共通するものがあるので、本書の最後において近年における取締役・監査役の損害賠償責任に関する判例・裁判例の概要を参考資料として紹介することとしたい。

《**参考裁判例**》

　公益法人、中間法人らの法人の理事・監事らの損害賠償責任に関する判例、裁判例については、本書で紹介したところであるが、代表的な営利法人である株式会社の取締役、監査役らの損害賠償責任に関する判例、裁判例は商法の時代、会社法の時代を通じて多数公表されており、法人の目的、経営のあり方等異なることも多いが、公益法人等の理事・監事についても参考とされるべきことが多々あることから、最後に近年の判例・裁判例をまとめて紹介しておきたい。

〔**裁判例 1**〕東京地判平成 20・1・17 判時 2012 号 117 頁

　電気絶縁材料等の製造・販売を業とする A 株式会社は、株式譲渡制限会社であり、株主は前代表取締役 B の同族関係者、元代表取締役、役員持株会、社員持株会、メインバンクであったところ、平成 11 年 9 月、自己株式41 万 53 株を 1 株 800 円で代表取締役 Y_1 に譲渡したことから（その後、株式分割が実施された）、A の株主 X が株主代表訴訟を提起し、取締役 Y_1、Y_2 らに対して取締役会の承認決議が不存在・無効、廉価売買につき善管注意義務違反等を主張し、株券の引渡し・損害賠償等を請求した。

　本判決は、株券の引渡請求は株主代表訴訟の対象にならず、公認会計士等の意見書に照らし、売却価格が廉価とはいえない等とし、株券の引渡請求に係る訴えを却下し、その余の請求を棄却した。

〔**裁判例 2**〕東京地判平成 20・3・27 判時 2005 号 80 頁

　定期航空運送業等を営む A 株式会社は、B 株式会社と株式移転により、C株式会社が設立され（A は、C の完全子会社になった）、A の株主は C の株主になったところ、A の株主であった X（現在は C の株主）が株主代表訴訟を提起し、A の取締役、その後 C の取締役になった Y に対して株主優待券の

不正流用、暴力団員に対する債権の未回収等につき善管注意義務違反、忠実義務違反を主張し、損害賠償を請求した。

本判決は、完全子会社において行った過去の違法行為を理由に、完全親会社に対して責任を負うことは特段の事情がない限りないとし、本件では特段の事情が認められないとし、請求を棄却した。

〔裁判例3〕名古屋高判平成20・12・25労判983号62頁

Y₁株式会社は、倉庫業・運送業等を営んでおり、Y₂は、Y₁に雇用され、大型トレーラーの定期運送に従事していたところ、平成14年8月、Y₂が長距離運送等の疲労により眠気を催したまま漫然とトレーラーを運転したことから、渋滞中の自動車に連続して追突する事故を発生させ、漏れたガソリンに引火する火災も発生する等し、死者3名等の被害が生じたため、被害者らの遺族X₁ないしX₅がY₁に対して自動車損害賠償保障法（自賠法）3条、民法715条、Y₂に対し同法709条、Y₁の運行管理者（従業員）Y₃、Y₄、労働関係の管理責任者であった常務取締役Y₅、代表取締役Y₆に対して同法709条に基づき損害賠償を請求した。

第1審判決（名古屋地判平成19・7・31交民集40巻4号1064頁）は、Y₆の責任を否定したものの、その余のY₁らの責任を認め、Y₁らに対する請求を一部認容し、Y₆に対する請求を棄却したため、X₅は控訴しなかったが、X₁らが控訴した（控訴審において、X₁らは、Y₆について民法715条2項、当時の商法266条ノ3の主張を追加した）。

本判決は、Y₆の不法行為も認め、X₁らの控訴に基づき原判決を変更し、請求を認容した。

〔裁判例4〕大阪地判平成21・1・15労判979号16頁

A株式会社は、ファッションホテルを経営していたところ、従業員らX₁ないしX₈が割増賃金等の支払いがない等と主張し、Aに対してその支払い

を請求する訴訟を提起し、時間外・深夜労働の割増賃金の支払いを命ずる判決がされたが（大阪地判平成 18・10・6 労判 930 号 43 頁）、A がこの支払いをしなかったため、X_1 らが A の取締役・監査役 Y_1 ないし Y_4 に対して当時の商法 266 条ノ 3 に基づき損害賠償を請求した。

本判決は、Y_1 らの重過失による善管注意義務、忠実義務違反を認め、請求を認容した。

〔**裁判例 5**〕最三小判平成 21・3・10 民集 63 巻 3 号 361 頁、判時 2041 号 139 頁

A 株式会社の取締役 Y は、土地につき所有権移転登記を有しているところ、A の株主 X が本件土地は A が買い受けたものである等と主張し、株主代表訴訟を提起し、Y に対して主位的に A に真正な登記名義の回復を原因とする所有権移転登記手続、予備的に登記手続の借用の終了による真正な登記名義の回復を原因とする所有権移転登記手続を請求した。

控訴審判決（大阪高判平成 19・2・8 民集 63 巻 3 号 381 頁）は、株主代表訴訟によって追及することができる取締役の責任は商法が取締役の地位に基づいて負わせている厳格な責任を指すべきである等とし、訴えが不適法であるとし、訴えを却下したため、X が上告受理を申し立てた。

本判決は、取締役の責任には取締役が会社との取引によって負担することになった債務についての責任も含まれるとし、原判決中、予備的請求に関する部分を破棄し、大阪高等裁判所に差し戻し、主位的請求に関する上告を棄却した。

〔**裁判例 6**〕最二小判平成 21・11・27 判時 2063 号 138 頁、判夕 1313 号 119 頁

銀行業を営む A 株式会社は、B 県の公金の収納または支払いの事務を取り扱う金融機関であったところ、B か B が再建資金の融資を計画している

C 株式会社へのつなぎ融資を要請され、つなぎ融資を実行した後、さらに追加融資を実行し、融資債権の回収が困難になったため、A の株主 X が株主代表訴訟を提起し、A の取締役 Y_1、Y_2 らに対して損害賠償を請求した。

第 1 審判決（高知地判平成 17・6・10 商事法務 260 号 194 頁）は、取締役の善管注意義務違反を否定する等し、請求を棄却したところ、X が控訴した。

控訴審判決（高松高判平成 19・3・16 商事法務 310 号 260 頁）は、同様な判断を示し、控訴を棄却したため、X が上告受理を申し立てた。

本判決は、融資先の破綻・倒産の可能性が高い状況で追加融資が行われ、追加融資の維持につきこれを決定した取締役に善管注意義務違反があるとし、原判決中一部を破棄し、本件を高松高等裁判所に差し戻した。

〔裁判例 7〕京都地判平成 22・5・25 労判 1011 号 35 頁

A は、平成 19 年 4 月、飲食店等を全国展開して経営する Y_1 株式会社に雇用され、飲食店で調理業務（仕入品の検品、収納、調理の準備、品出し、盛り付け、食器洗い等）に従事していたところ、同年 8 月、急性左心機能不全により死亡したため、両親 X_1、X_2 が Y_1 に対して債務不履行、不法行為、取締役 Y_2 ないし Y_5 に対して不法行為、会社法 423 条 1 項に基づき損害賠償を請求した。

本判決は、A の長時間労働を認め、Y_1 につき労働者の労働時間に配慮していたとは全く認められないとし、安全配慮義務違反による不法行為を認め、Y_2 らについては取締役は、会社に対する善管注意義務として、労働者の安全に配慮すべき義務を負い、これを懈怠して労働者に損害を与えた場合には、会社法 429 条 1 項の責任を負うとし、本件では労働者の生命・健康を損なうことがないような体制を構築すべき義務を負い、労働時間が過重にならないよう適切な体制をとらなかったから、悪意または重大な過失により、任務懈怠があったとし、責任を認め、請求を認容した。

参考裁判例

> **〔裁判例8〕**大阪高判平成 23・5・25 労判 1033 号 24 頁

　前記〔裁判例7〕京都地判平成 22・5・25 労判 1011 号 35 頁の控訴審判決であり、Y₁ らが控訴した。

　本判決は、基本的に第1審判決を引用し、控訴を棄却した。

> **〔裁判例9〕**最一小判平成 22・7・15 判時 2091 号 90 頁、判タ 1332 号 50 頁

　不動産賃貸のあっせんのフランチャイズ事業を行う A 株式会社は、備品付マンスリーマンション事業を行うため、B 株式会社を設立していたところ（1 株 5 万円、持株比率は 66.7％）、傘下の子会社等を統合・再編し、A を持株会社とする事業再編計画を策定し、B を完全子会社とするため、株式の買取を行い、買取に反対する株主との間では株式交換の手続をとることを予定し、監査法人等に交換比率の算定を依頼する等し（1 株 1 万円前後の意見が提出された）、A の経営会議において代表取締役 Y₁、取締役 Y₂、Y₃ が出席し、可能な限り任意の買取りによって B を完全子会社とする、買取価格は 1 株 5 万円とすることが提案され、出席した弁護士は B の株主である重要な加盟店等との関係を良好に保つ必要があり、許容範囲であるとの意見を述べ、買取を決定し、実施されたため、A の株主 X が株主代表訴訟を提起し、Y₁ らに対して高額な買取りにつき善管注意義務違反を主張し、損害賠償を請求した。

　第1審判決（東京地判平成 19・12・4 金判 1304 号 33 頁）は、請求を棄却したため、X が控訴した。

　控訴審判決（東京高判平成 20・10・29 金判 1304 号 28 頁）は、買取価格が 5 万円より低い価格では買取が円滑に進まないといえるかの調査・検討がされていないし、1 株当たりの価格は 1 万円である等とし、善管注意義務違反を認め、請求を認容したため、Y₁ らが上告受理を申し立てた。

　本判決は、本件の事業再編計画の策定は完全子会社とするメリットの評価

を含め、将来にわたる経営上の専門的判断に委ねられており、払込金額である5万円を買取りの基準としたことに一般的にみて相応の合理性がある等とし、善管注意義務に違反したということはできないとし、原判決を破棄し、控訴を棄却した。

〔裁判例10〕横浜地判平成24・7・17判時2162号105頁、金法1994号78頁

X₁ないしX₅は、大手の消費者金融業を営むA株式会社から金銭を借り入れ、弁済を繰り返していたところ、Aが経営破綻したことから、Aの取締役社長であったYに対して過払金の返還を受けることができなくなった等と主張し、不法行為、会社法429条1項に基づき損害賠償を請求した。

本判決は、X₁らのうち一人については、最高裁判所判決(最二小判平成18・1・13民集60巻1号1頁、判時1926号17頁)以後、弁済等の取引を行っていないとし、その請求を棄却し、その余のXらについては、Aの代表取締役がみなし弁済の成立の余地がないことを認識した時点で制限利率による引直計算をする義務が生じ、その時点以降は通常の貸金業者であれば貸金債権に事実的・法律的根拠のないことを容易に認識し得たとし、Yの不法行為責任を肯定し(会社法429条1項に基づく損害賠償責任は、仮に同規定による責任が認められるとしても、損害額が同額であるとし、特段の判断をしなかった)、請求を一部認容した。

〔裁判例11〕大阪地判平成24・9・28判時2169号104頁

A株式会社は、多数の商品を製造・販売等を業とし、平成11年4月以降、独立した会社のような権限と責任をもたせる企業体であるカンパニーの下に事業部・関連会社を置く体制で事業を行い(五つのカンパニーが設置された)、配当を実施していたところ、Aの株主Xが株主代表訴訟を提起し、平成14年9月中間期から平成16年9月中間期までに実施された配当が関係会社株

式の減損処理等の会計処理が行われず、配当可能性がなかった等と主張し、Aの取締役・監査役Yらに対して損害賠償を請求した。

本判決は、平成13年3月期から時価会計が導入されるに際し、関係会社の株式につき相当額の減損を行う必要があること等が周知されており、当時の公正なる会計慣行にもとる違法な処理がされたことはない等とし、配当可能利益を欠くような違法な配当は実施されなかったとし、請求を棄却した。

〔裁判例12〕東京高判平成24・11・29金法1994号66頁

前記の第1審判決（〔裁判例10〕横浜地判平成24・7・17判時2162号105頁、金法1994号78頁）の控訴判決であり、X₁ないしX₅、Yが控訴した。

本判決は、Aが最高裁判所判決（最二小判平成18・1・13民集60巻1号1頁、判時1926号17頁）以後、引直計算をしないで顧客に貸金の請求をし、弁済を受領したとしても、社会的に不当であったとはいえず、また、Aにおいてそれなりに対応の措置・改善策をとってきたものであり、不法行為、任務懈怠は認められないとし、Yの控訴に基づきYの敗訴部分を取り消し、請求を棄却し、X₁らの控訴を棄却した。

〔裁判例13〕大阪高判平成25・3・27判時2286号50頁

Xは、不動産業等を営むY₁株式会社（代表取締役は、Y₃）から仲介を依頼されたA株式会社（代表取締役は、Y₂）の仲介により、Y₁との間で、土地付き建売住宅を購入したところ、建物に修補できない施工上の瑕疵のあることが判明したため、XがY₁に対して瑕疵担保責任、債務不履行責任、不法行為責任、Y₂、Y₃に対して商法266条ノ3、不法行為に基づき損害賠償を請求した。

第1審判決（大津地彦根支判平成23・6・30判時2286号65頁）は、建物の基礎等の瑕疵を認め、Y₁の瑕疵担保責任を肯定したが、Y₂らの故意・過失を否定し、Y₁に対する請求を一部認容し、Y₂らに対する請求を棄却したた

め、X、Y₁らが控訴した。

本判決は、本件建物の建築の工事施工者・工事監理者はY₁であり、本件
建物のべた基礎の瑕疵は建築基準法等の法令に反する基本的な安全性を損な
う瑕疵である等とし、Y₁の不法行為責任を肯定し、Y₃については代表取締
役としてY₁の業務執行に少なくとも重大な過失があるとし、不法行為責任
を肯定し、Y₂については売主側の仲介業者の代表取締役であり、また、Y₁、
Aを含む企業グループのオーナーでもあり、公庫仕様の建物ではないのに、
公庫仕様の建物であると説明する等したものであり、少なくとも大きな過失
があるとし、不法行為責任を肯定し、原判決を変更し、Y₁ないしY₃に対す
る請求を認容した。

〔裁判例 14〕名古屋高判平成 25・3・28 金判 1418 号 38 頁

食品の製造・販売等を業とするX株式会社（ジャスダック上場会社）は、
手形の割引、金銭の貸付け等を業とするA株式会社の100％子会社であるB
株式会社がXの株式の31.9％を保有し、その後新株の引受けにより37.72
％、50.41％に持株割合が増加していたところ、Aの発行に係る額面15億円
のCPを引き受け、Aの子会社であるC株式会社の発行に係る社債を引き
受ける等したが、Aが経営破綻し、破産手続開始決定を受け、償還されな
かったため、Xが取締役Y₁ないしY₆に対して善管注意義務違反等を主張
し、会社法423条1項に基づき損害賠償を請求した（Y₅、Y₆とは、第1審に
おいて訴訟上の和解が成立した）。

第1審判決（名古屋地判平成23・11・24金判1418号54頁）は、社外取締役
Y₃、Y₄の責任を否定し、Y₁、Y₂の責任を肯定し、Y₁らに対する請求を認
容し、Y₃らに対する請求を棄却したため、Y₁ら、Xが控訴した（控訴審に
おいてY₃、Y₄と訴訟上の和解が成立した）。

本判決は、CPの引受けに関する取締役会の決議が行われた以前に、CP
の引受けを禁止する旨の決議がされており、この決議を覆してCPを引き受
けなければならない特段の事情も認められない等とし、Y₁らの善管注意義

務違反を認め、控訴を棄却した。

〔裁判例 15〕 大阪地判平成 25・12・26 判時 2220 号 109 頁、金判 1435 号 42 頁

マンションの販売等を業とする A 株式会社（ジャスダック上場会社）は、大幅な赤字の中、株式を発行し、資金を調達していたところ、債務超過となり、上場廃止のおそれがあった中、A の代表取締役 B は、貸金・業務提携の契約金、現物出資等のため多額の資金を流出させていたが、A につき破産手続開始決定がされ、Y が破産管財人に選任された後、Y が社外・非常勤監査役 X（公認会計士）に対して会社法 423 条 1 項の任務懈怠責任があると主張し、破産裁判所に責任査定の申立てを行い、同裁判所が損害賠償額 648 万円につき査定決定を行い、また、Y が X の不動産の共有持分につき仮差押え決定を得たうえ、仮差押えを執行したことから、X が査定決定に対して異議の訴えを提起し（第 1 事件）、Y が反訴として任務懈怠を主張し、損害額 8000 万円につき損害賠償を請求し（第 2 事件）、X が仮差押え、訴訟の提起が不法行為に当たると主張し、Y に対して損害賠償を請求した（第 3 事件）。

本判決は、X には監査役として取締役にリスク管理体制を構築するよう勧告すべき義務違反等があるものの、重大な過失がないとし、責任限定契約の適用を認めたうえ、仮差押え、訴訟の提起に係る不法行為を否定し、査定決定を認可し、X の請求を棄却した。

〔裁判例 16〕 大阪高判平成 26・2・27 判時 2243 号 82 頁

外国語会話教室を経営していた A 株式会社は、多数の受講生がいたところ、破産手続開始決定を受けたため、受講生 X_1、X_2 ら（合計 27 名）が代表取締役 Y_1、取締役 Y_2 ないし Y_5、監査役 Y_6 ないし Y_{10} に対して不法行為、当時の商法 266 条ノ 3、会社法 429 条 1 項等、会計監査人であった Y_{11} 監査

507

法人、Y_{12} 監査法人に対して不法行為、株式会社の監査等に関する商法の特例に関する法律（商法特例法）10 条、会社法 429 条 1 項等に基づき損害賠償を請求した。

第 1 審判決（大阪地判平成 24・6・7 金判 1403 号 30 頁）は、A の受講料等の会計処理が企業会計原則に反して無効であるとはいえないし、粉飾決算、債務超過の隠匿、財政破綻状態の隠匿を否定したうえ、資金流出回避義務違反、倒産回避義務違反、法令遵守義務違反を否定する等し、請求を棄却したため、X_1 らが控訴した。

本判決は、Y_1 について代表取締役として法令遵守体制を構築し、必要な指示を行うべき義務に故意または重過失により違反したとし、Y_3 ないし Y_5 について重過失による監視義務違反を認め、Y_1、Y_3 ないし Y_5 の会社法 429 条 1 項、当時の商法 266 条ノ 3 の任務懈怠責任を肯定し、原判決を変更し、Y_1、Y_3 ないし Y_5 に対する請求を認容し、その余の Y_2 らの責任を否定し、請求を棄却した。

〔裁判例 17〕東京高判平成 27・1・21 金判 1503 号 10 頁

不動産業を営む X 株式会社は、コンサルティング業を営む Y_1 株式会社（代表取締役は、Y_2）との間で匿名組合契約を締結し、3 億円を出資をし、Y_1 は、パソコンリサイクル事業を営む A 株式会社（代表取締役は、Y_2 の実弟である Y_3）を B 株式会社と共同事業とすることを計画し、公認会計士から、A の事業を新設分割により設立する株式会社に承継させ、Y_2、Y_3 に割り当てられる株式をさらに別に設立する株式会社が譲り受け、両会社を合併する旨の提案を受け、これを実行し、新設分割により C 株式会社に承継させ、Y_2、Y_3 は C の株式を全部取得し、Y_2 が代表取締役、Y_3 が取締役に就任し、Y_1、Y_3、B の出資により D 株式会社が設立され、Y_3 が代表取締役、Y_2 が取締役に就任し、Y_1 は、D の発行する新株予約権付社債を引き受け、D は、Y_2、Y_3 との間で C の株式全部を買い受ける契約を締結し、D は、C を吸収合併する等したことから、X が Y_1 への出資金が Y_2、Y_3 との利益相反取引にあ

てられ、損害を被った等と主張し、Y$_1$らに対して不法行為、選択的にY$_1$に対して債務不履行、Y$_2$らに対して会社法429条1項に基づき損害賠償を請求した。

第1審判決（東京地判平成25・11・27金判1503号18頁）は、Y$_1$に営業者としての善管注意義務違反があるとは認められず、Y$_2$については、Y$_1$の取締役としての任務懈怠に係る損害賠償責任が認められないとし、請求を棄却したため、Xが控訴した。

本判決は、匿名組合員と営業者またはその利害関係人との利益が相反する取引をすることは、営業者がその営業の遂行に当たりその地位を利用して匿名組合員の犠牲において自己または第三者の利益を図るものと認められるときに限り、営業者が匿名組合員に対して負う善管注意義務に違反すると解すべきであるとし、本件では善管注意義務違反が認められないし、Y$_2$の会社法429条1項の責任も認められない等とし、Y$_1$の出資金の払戻義務を認め、原判決を変更し、Y$_1$に対する請求を一部認容し、その余の請求を棄却した。

〔**裁判例18**〕東京地判平成27・4・22判時2297号51頁

A会社は、自動売買ソフトを利用した外国為替証拠金取引（FX取引）の投資を勧誘するとし、Y$_1$から運転免許証・住民票・電気料金等の領収書の写しの提供を受け、投資の勧誘に利用したバーチャルオフィスの総括責任者として連絡先とし、Y$_2$から実印・印鑑証明書・運転免許証の写しの交付を受け、Y$_3$株式会社（代表者は、Y$_4$）から電話回線の貸与を受け、Aにさらに貸与したとされ、X$_1$、X$_2$、X$_3$にそれぞれFX取引を勧誘し、X$_1$らがAに金員を交付したが、X$_1$らがY$_1$らに対して虚偽の説明を受けて詐取された等と主張し、共同不法行為等（Y$_4$については、選択的に会社法429条1項も援用）に基づき損害賠償を請求した。

本判決は、Y$_1$、Y$_2$については、交付した書類が悪用されるとの認識、過失がなかった等とし、不法行為を否定し、Y$_3$らについては、電話回線が何らかの犯罪行為に利用されることを認識していなかった等とし、不法行為を

否定し、請求を棄却した。

〔**裁判例 19**〕東京地判平成 27・5・28 判時 2355 号 82 頁、金判 1472
号 34 頁

　生命保険業を営む A 株式会社は、政治家の開催する政治資金パーティー
に当たって、平成 16 年度、平成 22 年度にそれぞれ 1000 万円を超えるパー
ティー券を購入したことから、A の株主 X が株主代表訴訟により、平成 16
年度以降、常務取締役、取締役兼常務執行役員、取締役兼専務執行役員、代
表取締役であった Y に対して政治資金規正法違反、善管注意義務違反を主
張し、会社法 423 条 1 項に基づき損害賠償を請求した。
　本判決は、A が購入したパーティー券の枚数、金額が特に不自然・不相
応であるとはいえないし、社内の正式な手続を経ており、パーティーの規
模、出席状況に照らして購入枚数に見合うだけの人数の参加が想定できない
ような数のパーティー券を購入したものではない等とし、善管注意義務違反
を否定し、請求を棄却した。

〔**裁判例 20**〕大阪高判平成 27・7・10 判時 2281 号 135 頁

　Y は、飲食店を経営する B 株式会社の一人株主であり、唯一の取締役で
代表取締役であり、B の経営に関する権限を A に委ねていたところ、A は、
平成 23 年 11 月、X 株式会社を貸主、B を借主とする物件のリース契約を締
結したが、B がリース料の支払いを怠ったことから、X がリース契約を解除
し、物件の返還、リース料の支払いを求めたものの、A は、物件を営業権
等とともに C に譲渡したため、X が Y に対して取締役の任務懈怠等を主張
し、会社法 429 条 1 項に基づき損害賠償を請求した。
　第 1 審判決（神戸地判平成 26・10・10 判例集未登載（平成 25 年(ワ)第 449 号））
は、Y の会社法 429 条 1 項所定の責任を肯定し、請求を認容したため、Y が
控訴した。

本判決は、Y は月に一度程度 A に連絡し、B の経営状況を確認し、剰余金の配当見込みを尋ねていただけであり、店舗に赴いて会計帳簿、これに関する資料を閲覧したり、客の来店状況を実地に見分するなどして A の報告の真偽を確かめることもなかったから、取締役としてその職務を行うにつき重大な過失があるとし、控訴を棄却した。

〔裁判例 21〕 東京地判平成 27・9・11 金判 1493 号 40 頁

自動車運送事業を営む Z 株式会社は、自動車教習所を経営する X 株式会社の株式を保有しており（3 万株のうち 2 万 8890 株であったが、発行済株式総数はその後 3 万 6400 株に増加した）、Z 企業グループ（Z、X、D 株式会社、E 株式会社）の創業者 F には妻 G、その間に長男 Y_1、二男 Y_3、三男 A がおり、Y_1 の妻 Y_2、その子 Y_5、Y_3 の妻 Y_4、その子 Y_6、A の妻 B が家族であり（F は、元々 Z の代表取締役であり、その後、Y_1、Y_3 は、Z の代表取締役、A は、X の代表取締役）、平成 7 年 1 月、Z、X、A、B、A が代表取締役である D、E、C 株式会社との間で、Z が X の株式を A ら、X に譲渡する旨の契約を締結し、平成 10 年 3 月から平成 18 年 3 月までの間、A らは本件契約に基づき Z から株式を譲り受けたが、平成 19 年 2 月、D、E が買取通知をしたものの、Z がこれを拒否したことから、D、E が Z に対して本件契約上の義務違反を主張し、103 億円余の損害賠償を請求する訴訟を提起し、平成 23 年 6 月、東京地方裁判所は、49 億円余の損害賠償を命ずる判決をし、東京高等裁判所は、原判決を一部変更し、22 億円余の損害賠償を命ずる判決をし、上告棄却等によって判決が確定したため、X が株主代表訴訟を提起し、Y_1 ないし Y_9 に対して前記損害賠償義務の履行を請求した。

本判決は、取締役の会社に対する善管注意義務違反の判断は、行為当時の状況に照らし、合理的な情報収集・調査・検討等が行われたか否か、その状況、取締役に要求される能力水準に照らし不合理な判断がなされなかったかを基準に判断されるべきであり、取締役が業務執行を決定するに際して弁護士、証券アナリスト等の専門家のアドバイスを受け、それを合理的に信頼し

て業務執行の決定等を行ったときは、その内容が著しく不合理なものでない限り、合理的な情報収集・調査・検討等が行われたものとして、善管注意義務に違反しないと解すべきであるとし、本件では弁護士の本件契約に関する解釈に関する意見を聴取したこと、XからA、D、E等に対して38億円を超える貸付金があったこと、Aの借金問題につき当初はY_1、Y_2に債務整理の相談があったこと、平成18年3月当時Aらの保有するXの株式の保有比率が46.51％であり、50％を超えると、Aの責任等があいまいにされるおそれが想定されたこと等を指摘し、Y_1らの買取拒否は合理的な判断であり、善管注意義務に違反するものではない等とし、請求を棄却した。

> **〔裁判例 22〕** 東京地判平成 27・10・8 判時 2295 号 124 頁、金判 1504 号 41 頁

　不動産業を営む Z 株式会社は、平成 15 年 12 月、A 株式会社が新株を発行するに際し、新株を引き受け、平成 19 年 10 月から平成 21 年 6 月までの間、B 株式会社が 3 回にわたり新株を発行するに際し、新株を引き受けたが、A は銀行取引停止処分を受け、B は更生手続開始決定を受けたため、Z の株主である X_1 会社（ケイマン諸島法人）、X_2 会社（シンガポール法人）が Z の取締役、監査役ら Y_1 ないし Y_{15} に対して株主代表訴訟により、A、B の事業の将来性、企業の継続性、取得条件の合理性を十分に調査・検討することなく新株を引き受ける決定をする等したものであり、善管注意義務違反、忠実義務違反があった等と主張し、A の株式の取得につき商法 266 条 1 項 5 号、B の株式の取得につき会社法 423 条 1 項に基づき損害賠償を請求し、Z が補助参加した。

　本判決は、株式を取得した会社が取引停止処分、更生手続開始決定がされ、損害を被る結果となった場合でも、株式を取得することが当時の取締役の経営判断として相応の合理性が存する事情がある場合には、株式の取得に関係した取締役ないし監査役に任務懈怠は認められないとし、請求を棄却した。

参考裁判例

〔裁判例 23〕 大阪地判平成 28・1・13 判時 2306 号 77 頁

　年金生活を送る高齢者 X（当時、77 歳）は、以前未公開株式に関する詐欺
の被害を受けたことがあったところ、被害回復の支援をしたと申し出る者か
ら電話がかかり、会社の社債購入手続をするだけで報酬を受け取れるとの勧
誘を受け、社債を購入し、その後、会社の従業員を名乗る者から早期に社債
の購入代金を支払わなければ権利を失う可能性があると言われ、後に返金を
受けることができると信じ、Y₁ 株式会社名義の預金口座に金銭を振り込ん
だところ、利息名目で一部の金銭が支払われ、社債も償還されなかったた
め、X が Y₁ のほか、Y₁ の代表取締役 Y₂、Y₁ を新設分割により設立した Y₃
株式会社、その代表取締役 Y₄、取締役 Y₅、Y₆ に対して共同不法行為、取締
役の任務懈怠に係る会社法 429 条 1 項等に基づき損害賠償を請求した（Y₃、
Y₄ については公示送達がされた）。

　本判決は、Y₁ については、設立に関する書類が偽造されたものであると
し、設立を無効とし、Y₁ に対する訴えを却下し、Y₂ については、代表取締
役の就任を承諾したことも、関与したこともない等とし、責任を否定し、
Y₃ については、会社分割自体が実体がない等とし、幇助に係る不法行為を
認め、Y₄ については、任務懈怠責任を認め、Y₅ については、取締役に就任
したことも、不実の登記に加功したこともない等とし、任務懈怠を否定し、
Y₆ については、会社法 908 条 2 項の類推適用による任務懈怠責任、過失に
よる幇助責任を認め、Y₃、Y₄、Y₆ に対する請求を認容し、Y₂、Y₅ に対する
請求を棄却した。

〔裁判例 24〕 東京高判平成 28・1・27 判時 2297 号 44 頁

　前記〔裁判例 18〕東京地判平成 27・4・22 判時 2297 号 51 頁の控訴審判
決であり、X₁ らが控訴した。

　本判決は、Y₁ については、投資を勧誘された者が A のバーチャルオフィ

スの総括責任者として連絡先とされるのに運転免許証・住民票等の写しをAに提供したものと推認され、Aの不法行為に加担したとし、Y_2については、実印・印鑑証明書等を使用させたり、運転免許証の写しを提供したりして電話会社から電話回線の貸与を受けるに当たって使用され、Y_1と同様に不法行為に加担したとし、Y_3、Y_4については、IP電話サービスを提供するに当たって一般的な本人確認義務を怠っていたとはいえない等とし、不法行為を否定し、Y_3、Y_4に対する控訴を棄却し、原判決中Y_1、Y_2に関する部分を取り消し、請求を認容した。

〔**裁判例 25**〕東京高判平成 28・2・18 金判 1493 号 32 頁

前記〔裁判例 21〕東京地判平成 27・9・11 金判 1493 号 40 頁の控訴審判決であり、Xが控訴した。

本判決は、第1審判決を引用する等し、Y_1らの買取拒否が当時Xの大株主であるZの取締役の経営判断として、不合理なものであるとはいえないうえ、合理的な情報収集・検討に基づく合理的な判断であるとし、善管注意義務に違反するものではないとし、控訴を棄却した。

〔**裁判例 26**〕大阪地判平成 28・2・19 判時 2318 号 130 頁

X_1ないしX_4は、A株式会社の株主であり、X_1、X_2、X_4は、Aの取締役であり、Y_1株式会社（Y_2は、Y_1の常務執行役員）は、Aの発行済株式の過半数を保有していたところ、X_1らは、Aの株主総会において取締役を解任され、Y_2らが取締役に就任し、Y_1は、Aから新株予約権の無償割当を受ける等し、発行済株主の3分の2を超える株式を取得した後、Aの取締役会・株主総会において事業の一部を新設するB株式会社に承継させる旨の新設分割計画が承認され、Bが設立される等し、Aの取締役会においてAに割り当てられたBの普通株式の全部をY_1に譲渡する旨の決議がされ、Aは、Y_1に株式を代金6000万円で譲渡した後、Aが破産手続開始決定を申し立て、

同決定がされる等したため、X_1らがY_1、Y_2らが行った破産に至るまでの一連の行為が不法行為に当たる、Y_2が廉価譲渡する等したものであり、会社法429条1項所定の責任を負うなどと主張し、損害賠償を請求した。

本判決は、株式の譲渡が不相当に廉価とはいえず、Y_1の一連の行為が会社法上適正な手続に則って行われたものであり、不法行為とはいえず、Y_2が新設分割を実行した判断は、当時のAの経営状態に鑑みれば取締役として合理性を欠く不当なものであったということはできない等とし、善管注意義務・忠実義務違反に当たらないとし、請求を棄却した。

〔**裁判例 27**〕名古屋地岡崎支判平成 28・3・25 判時 2331 号 74 頁、金判 1526 号 18 頁

X株式会社は、主要な3部門において事業を行っていたところ、経理部担当の取締役A、経理部参与Bが取引先であり、資本関係もあったC株式会社の代表取締役の要請を受け、Xの取締役会の決議を経ることなく、1億5000万円を融資したほか、融資や保証が繰り返して行われ、Cの融資におけるXの無断保証が発覚したことから、Cが金融機関から無断保証の解消のため14億5000万円を借り受けることになり、この借受金の返済のためBがXの取締役会の決議を経ることなく金融機関に額面3億円の約束手形5枚を振り出したものの、決済日までに支払資金を準備することができず、Bが約束手形の決済を防ぐため取引先のD株式会社に立替金名目等の名目で合計14億9700万円を送金し、Cに送金させる等し、これらの融資等が回収不能になったため、Xがその代表取締役Y_1、取締役Y_2（Cの取締役を兼務していた）に対して監視義務違反等を主張し、会社法423条1項に基づき損害賠償を請求し、Xの株主Zが共同訴訟参加した。

本判決は、Y_1については、途中で不正融資・無断保証を知ったものであり、不正行為にかかわったA、Bを直ちにCの担当から外し、自ら指揮するか、A、B以外の者に指示し、速やかにCとの取引関係を監視下に置き、これ以上不正な金融支援が行われることを阻止することを周知徹底し、リス

ク拡大を防止し、早期に無断保証を含むXのCとの間の債権債務関係の全
容を調査し、Xのリスクを明らかにしたうえ、できる限りの対応を迅速に尽
くさせるなどの措置を講ずべき義務があったとし、その義務違反を認め、
Y₂については、Cとの取引関係を最もよく知る立場にあることから、Cの
経営状態等の実情につき調査に取りかかり、報告すべき義務等があったとし、
その義務違反を認め、14億7336万円余の損害につき請求を認容した。

〔裁判例 28〕東京地判平成 28・3・28 判時 2327 号 86 頁

　ゲームソフトの開発・販売等を業とするX株式会社は、平成 12 年 3 月、
設立され、平成 19 年 2 月、札幌証券取引所アンビシャス市場に上場され、
Yは、Xの創業者であり、平成 13 年 11 月以降、Xの代表取締役社長、あ
るいは取締役会会長を務めており、Xの前記市場への上場が困難であった
り、社債の返還に苦慮する等していたところ、Y、ほかのXの取締役等は、
架空取引・水増し取引等を行い、これを基とした有価証券報告書・有価証券
届出書等を作成し、関係先に提出し、Xの会計処理等に疑義が生じ、Xは、
第三者調査委員会を設置したが、第三者調査委員会は、平成 23 年 10 月、11
件の取引に伴う会計処理は不適切または疑問が残る旨の報告をし、Xは、こ
の報告を受けて、財務局長に対して過年度の有価証券報告書等の訂正報告書
を提出し、金融庁長官は、平成 24 年 3 月、Xに対して、課徴金合計 4996 万
円の納付命令を決定し、Xは、これを納付し、Xは、同月、上場が廃止され
たことから、Xは、Yに対して有価証券報告書等の虚偽記載に係る善管注意
義務違反を主張し、会社法 423 条 1 項、430 条、民法 709 条、719 条に基づ
き第三者委員会の報酬、登記簿謄本等取得費用、速記費用、上場審査料、監
査法人費用、課徴金合計 1 億 1366 万 9227 円の損害賠償を請求した。
　本判決は、問題になった 11 件の取引のうち 7 件の取引につき有価証券報
告書の各計算書類に虚偽の記載があったとし、Yは、ほかの取締役と共謀
し、Xの財務状況を良好に見せたり、転換社債に関する損失補填にあてるた
め、あえて架空・水増し・循環取引を行い、前記の虚偽記載を行ったとし、

善管注意義務違反を認め、損害につき第三者委員会の報酬として1416万1413円、登記簿謄本等取得費用として1万1340円、速記費用として17万3250円、上場審査料として55万5295円、監査法人費用として2340万1521円、課徴金として4996万円の損害を認め、裁判上、裁判外の和解金を控除し（損害額は結局、6002万2819円。なお、損益相殺の主張は排斥した）、請求を認容した。

〔裁判例29〕 東京地判平成28・4・13判タ1453号134頁

X株式会社は、家電量販店の事業を行い、大阪証券取引所第2部の上場審査を受け、上場したところ、経営が悪化し、他の会社の支援を受け、業態の転換を図る等し、平成17年、支援会社に所属するA、経営コンサルタントを行っていた公認会計士YがXの再建を図るため取締役に就任し、Aが代表取締役となり、業態を投資事業、経営コンサルティングに変更し、家電量販店を廃業する等し、Aが、平成18年8月、代表取締役を辞任し、同年11月、取締役を辞任し、YがAの後任として代表取締役に就任したが、証券取引所から上場廃止基準の抵触の疑いをかけられ、上場廃止猶予されており、Yは、更生会社であるB株式会社の株式を取得・保有していたことから、株式の売却のためとしてC株式会社にデューディリジェンス・コンサルタント業務を委託したとし、報酬名下に1億605万円を支払う等していたことから、Yが、平成21年1月、代表取締役を辞任し、同年6月、取締役を辞任し、Xにつき上場が廃止され、新たに取締役らが選任され、平成26年、XがYに対してデューディリジェンス・コンサルタント業務の実態がない等の善管注意義務違反を主張し、債務不履行に基づき損害賠償を請求した。

本判決は、更生会社の株式の売却につき更生会社のデューディリジェンスや適正な売却価格の査定等がされたこと等を認め、請求を棄却した。

参考裁判例

〔**裁判例 30**〕東京地判平成 28・7・14 判時 2351 号 69 頁

　有価証券等の売買等を業とする A 株式会社は、信託銀行を介して外国投資信託の受益証券を年金基金等に販売し、投資顧問業を営む B 株式会社と投資一任契約を締結していたところ、A、B がファンドの運用が順調でないのに、これを偽る等して取引が継続されたこと等から、顧客から多額の解約請求がされる等し、ファンドの純資産額が虚偽であることが発覚し、年金基金等に多額の損害賠償義務を負うに至り、破産手続開始決定がされ、破産管財人 X が社外取締役 Y$_1$（B の監査役でもあった）、常勤監査役 Y$_2$ に対して監視義務違反を主張し（純資産額に関する客観的かつ合理的な調査を行うよう取締役会に上程すべき義務違反、純資産額に関する外部の第三者に対し調査を行うべき義務違反等）、会社法 423 条 1 項に基づき損害賠償を請求した。

　本判決は、ファンドの一口当たりの純資産額が虚偽の内容であることを発見することができる事情またはこれに疑いを抱かせる事情が存在したということはできない等とし、X の主張に係る義務を否定し、請求を棄却した。

〔**裁判例 31**〕東京高判平成 28・7・19 判時 2355 号 76 頁

　前記〔裁判例 19〕東京地判平成 27・5・28 判時 2355 号 82 頁、金判 1472号 34 頁の控訴審判決であり、X が控訴した。

　本判決は、Y がパーティー券を購入したことが政治資金規正法 21 条 1 項で禁止される寄附に当たらないとし、本件では Y がパーティー券の購入を差し控えるべき注意義務があるとまでは認められない等とし、控訴を棄却した。

〔**裁判例 32**〕東京高判平成 28・7・20 金判 1504 号 28 頁

　前記〔裁判例 22〕東京地判平成 27・10・8 判時 2295 号 124 頁、金判 1504

号 41 頁の控訴審判決であり、X₁ らが控訴した。

本判決は、基本的に第 1 審判決を引用し、取締役ら、監査役らの善管注意義務違反を否定し、控訴を棄却した。

〔**裁判例 33**〕 東京地判平成 28・7・28 金判 1506 号 44 頁

委員会設置会社である B 株式会社は、C 独立行政法人を委託者とする電池発電システムの研究開発を委託する契約を C と締結した A 研究組合から、本件委託業務の一部を再受託し、業務を行ったが、再委託契約に基づき支払いを受けた労務費につき不正行為があったとし、A に労務費の一部の返還を申し入れ、平成 14 年 8 月、C は、A に返還請求をし、A が支払ったところ、B の株主 X は、平成 24 年 4 月、B の監査委員に対して取締役 3 名を特定して取締役・執行役・監査役に損害賠償請求の訴えを提起するよう請求したが、監査委員会は訴訟を提起しない旨を決定し、X に通知したが、X は、平成 25 年 3 月、取締役・執行役 22 名を特定して損害賠償請求の訴えを提起するよう請求したものの、監査役会は訴訟を提起しない旨を決定し、X に通知したが（なお、X は、平成 25 年 8 月、取締役 7 名を被告として前記労務費につき損害賠償を請求する株主代表訴訟を提起したが、平成 26 年 2 月、損害賠償請求権の消滅時効を理由として請求を棄却する判決がされ、その後、確定した）、X は、平成 26 年 3 月、監査役・監査委員を特定して訴訟を提起しなかったことにつき損害賠償請求の訴えを提起するよう請求したものの、代表執行役が訴訟を提起しない旨を X に通知したため、X が株主代表訴訟により、B の監査委員 Y₁ ないし Y₄ に対して提訴請求に係る善管注意義務違反、忠実義務違反を主張し、損害賠償を請求した。

本判決は、株主代表訴訟の提起が権利の濫用に当たらないとしたものの、提訴請求を受けた監査委員が取締役の責任追及のための訴えを提起するか否かの善管注意義務、忠実義務の違反の有無を判断するに当たっては、監査委員が判断・決定時に合理的に知り得た情報を基礎として、訴えを提起するか否かの判断・決定権を会社のために最善となるよう行使したか否かによって

519

決するのが相当であるが、本件では、訴えを提起した場合の勝訴の可能性が非常に低いという監査委員の判断は合理的であり、訴えを提起しないと判断・決定したことをもって善管注意義務違反、忠実義務違反があるとはいえない等とし、請求を棄却した。

〔裁判例 34〕 最三小判平成 28・9・6 判時 2327 号 82 頁、金判 1503 号 152 頁

前記〔裁判例 17〕東京高判平成 27・1・21 金判 1503 号 10 頁の上告審判決であり、X が上告受理を申し立てた。

本判決は、本件の一連の取引は、これにより Y_1 に生ずる損益が匿名組合契約に基づき全部 X に分配されるものであり、Y_2、Y_3 と X との間に実質的な利益相反関係が生ずるものであり、X の利益を害する危険性の高いものであった等とし、出資、引受け、売買に係る匿名組合員である X の承諾の有無につき審理判断することなく、Y_1 につき善管注意義務違反はないとした判断が違法であるとし、原判決の一部を破棄し、本件を東京高等裁判所に差し戻した。

〔裁判例 35〕 東京高判平成 28・10・12 判タ 1453 号 128 頁

前記〔裁判例 29〕東京地判平成 28・4・13 判タ 1453 号 134 頁の控訴審判決であり、X が控訴した。

本判決は、現実には行われていない業務の報酬として 1 億円余が送金され、支払われた等とし、善管注意義務違反を認め、原判決を取り消し、請求を認容した。

〔裁判例 36〕 名古屋高判平成 28・10・27 金判 1526 号 53 頁

前記〔裁判例 27〕名古屋地岡崎支判平成 28・3・25 判時 2331 号 74 頁、

金判 1526 号 18 頁の控訴審判決であり、X、Z、Y_1 が控訴した。

本判決は、第 1 審判決を引用する等し、代表取締役、担当取締役の監視義務違反を認め、X、Z の控訴に基づき原判決中、X、Z の敗訴部分を取り消し、X、Z の請求を認容し、Y_1 の控訴を棄却した。

〔裁判例 37〕東京高判平成 28・12・7 金判 1510 号 47 頁

前記〔裁判例 33〕東京地判平成 28・7・28 金判 1506 号 44 頁の控訴審判決であり、X が控訴した。

本判決は、提訴請求を受けた監査委員の善管注意義務違反、忠実義務違反の有無については、当該判断、決定時に監査委員が合理的に知り得た情報を基礎として、訴えを提起するか否かの判断・決定のために最善となるよう行使したか否かによって決定するのが相当であるところ、本件では監査委員らが合理的に知り得た情報を基礎として、不提訴の判断を行ったものであり、責任追及の訴えを提起した場合の勝訴の可能性が非常に低いというべきであるから、善管注意義務、忠実義務の違反があるとはいえないとし、控訴を棄却した。

〔裁判例 38〕東京地判平成 28・12・20 判時 2401 号 45 頁、判夕 1442 号 136 頁

半導体製造装置の製作は販売業を行っていた A 株式会社は、長期間にわたり架空の売上げを計上して粉飾決算を行い（売上げの 97％が粉飾であった）、これによる虚偽の内容の有価証券届出書、目論見書を作成し、株式の募集を行い（本件募集等）、平成 21 年 10 月、東証マザーズ市場に上場したが、粉飾決算の事実が発覚し、上場廃止となったところ、X ら（200 名以上）は、本件募集等に応じて株式を取得したり、上場後に株式を取得したりした株主らであるが、株価下落による損害等を主張し、A の取締役 Y_1 ないし Y_4、監査役 Y_5 ないし Y_7、株式の募集・売出しに関与した元引受証券会社である Y_8

株式会社ないし Y₁₇ 株式会社、受託証券会社である Y₂₄ 株式会社、Y₂₅ 株式会社、売出しに係る株式の元所有者である Y₁₈ ないし Y₂₁、Y₂₂ 取引所（東京証券取引所）、Y₂₃ 自主規制法人（日本取引所自主規制法人）に対して金融商品取引法（金商法）21 条 1 項 1 号・2 号・4 号、22 条 1 項、17 条、会社法 429 条 2 項、不法行為に基づき損害賠償を請求した。

本判決は、取締役らの金商法 21 条 1 項 1 号、22 条 1 項の責任を肯定し、監査役らについては、虚偽記載を認識していなかったとしたものの、相当な注意を用いたとはいえないとし、同様な責任を肯定し、引受証券会社のうち、主幹事証券会社であった証券会社については、調査が不十分であり、相当な注意を用いたとはいえないとし、同法 21 条 1 項 4 号、17 条の責任を肯定し、その余の責任を否定し、Y₁ ないし Y₈ に対する請求を認容し、その余の請求を棄却した。

〔裁判例 39〕 東京地判平成 29・1・19 金判 1512 号 42 頁

X 株式会社は、ホテル、スポーツ施設等の運営、経営等を行うことを目的として平成 24 年 12 月に設立されたものであり（平成 25 年 11 月まで Y₃ が代表取締役であり、その後は A が代表取締役であり、同年 12 月まで Y₃ が X の唯一の株主であった）、Y₁ 株式会社（代表取締役は Y₃）との間に X を委託者とするホテルのコンサルティング等を内容とする契約、業務委託等を内容とする契約が存在し、Y₂ 株式会社（代表取締役は Y₃）との間に X を委託者とするホテルの取得、運営等に関するプロジェクトマネジメント契約が存在するところ、Y₃ が Y₂ に X 名義の預金口座から業務委託料等の名目で金銭を支払い、妻 B に業務委託料の名目で同様に金銭を支払い、前記ホテルが平成 25 年 8 月にオープンする等したが、X が前記各契約が利益相反取引に該当し、Y₃ に任務懈怠があった等と主張し、Y₃ に対して会社法 423 条、不法行為、Y₁、Y₂ に対して同法 350 条、共同不法行為に基づき損害賠償を請求したのに対し、Y₁ が反訴として X に対して契約の解除等を主張し、未払業務委託料、違約金の支払いを請求する等した。

参考裁判例

本判決は、X の代表取締役である Y₃ が別に代表取締役を務める Y₁、Y₂ に対して契約に基づく代金として X に係る金銭を支払った場合であったとしても、その支払いが利益相反行為に当たり、無効であり、これによって生じた損害につき、法令違反行為をした取締役として、任務懈怠による損害賠償責任を負い、Y₁、Y₂ の各不法行為を認める等し、本訴請求を認容し、反訴請求を棄却した。

〔**裁判例 40**〕名古屋地判平成 29・2・10 金判 1525 号 50 頁

A 株式会社（名古屋証券取引所における上場会社）は、不動産賃貸、自転車販売等を業とする会社であり、X は、株主であるところ、A の自転車部門は赤字であり、A は、平成 25 年 11 月頃、B 株式会社に自転車販売業務の委託を開始し（有価証券報告書には、事業部門ごとの営業損益が記載されていなかった）、株主総会において自転車事業を定款記載の目的から削除を求める提案が株主からされたものの、否決され、自転車事業を継続していたため、X が株主代表訴訟により、取締役 Y₁ ないし Y₃、監査役 Y₄ ないし Y₇ に対して自動車部門の営業損益の不開示、自動車部門の継続等に係る会社法 423 条 1 項所定の責任等を主張し、損害賠償を請求した。

本判決は、複数の事業部門を有する会社において有価証券報告書に事業部門ごとの営業損益を記載することは法令上要求されていないとし、法令違反を否定し、赤字部門から撤退をしない旨の経営判断が善管注意義務違反に当たるかは、事後的・結果論的な評価によるのではなく、行為当時の状況に照らし、合理的な情報収集・調査・検討等が行われたか、その状況と取締役に要求される能力水準に照らし、不合理な判断がされなかったか等を基準に、当該事業が好転する可能性の有無、程度、当該事業の会社における位置づけ、事業全体に占める割合、当該事業から撤退することによってほかの事業に及ぼす影響、その他当該事業を撤退することによるメリット・デメリット等を総合的に考慮し、判断に不合理な点があったか否かを検討して決するのが相当であるとし、本件では経営判断に不合理な点があったとはいえないと

523

し、責任を否定し、請求を棄却した。

〔**裁判例 41**〕水戸地土浦支判平成 29・7・19 判タ 1450 号 240 頁、金判 1538 号 26 頁

焼却装置、集塵装置等の施工、保守管理等を業とする X 株式会社（資本金 1000 万円）は、Y が 40％、B が 60％の株式を保有する会社であり、Y が代表取締役であり、Z 株式会社、A 有限会社は、それぞれ Y が代表取締役であったところ、X は、平成 20 年 6 月、C らから土地を購入し、平成 20 年 9 月、A から土地、建物を購入し、平成 23 年 9 月、D に本件建物を賃貸したが、Y と B が経営方針をめぐり意見が対立するようになり、Y が X、Z の代表取締役を退任する等したり、B が弁護士に依頼し、X が賃貸に関与していない等とし、D と退去の交渉をし、退去される等したことから、X が Y に対して Z の設立の際における出資金の立替払い、不動産の購入、賃貸に係る任務懈怠を主張し、費用償還請求、損害賠償を請求したのに対し、Y が反訴として X に対して貸金の返還を請求し、Z に対して貸金の返還を請求した。

本判決は、不動産の購入については総株主の事前承認があるとし、建物の賃貸借については、任務懈怠の程度が軽微であり、実質的経営者が相当期間問題点の指摘を行わなかった等とし、少額の損害賠償を請求することが権利の濫用に当たるとし、Y の任務懈怠による会社法 423 条 1 項の責任を否定し、X の Y に対する借入れを認め、X の本訴請求を棄却し、Y の反訴請求を認容し、Y の Z に対する請求を棄却した。

〔**裁判例 42**〕水戸地土浦支判平成 29・7・19 金判 1539 号 52 頁

Y₁ 株式会社は、産業廃棄物の処理等を業とし、Y₂ 株式会社は、焼却装置の設計、施工を業とし、X は、Y₁ の発起人であり、Y₁、Y₂ の取締役、代表取締役を務めたことがあり、Y₃ は、Y₁ の取締役、代表取締役を務めたこと

があり、その後、Y_2 の取締役、代表取締役であり、Y_4 は、Y_1 の発起人で、取締役であったが、X は、Y_1 の設立時発行株式の一部の引受けにつき払込責任を負っており、Y_2 との準委任契約によって Y_2 が立替払いをしたとして処理されていたところ、平成27年10月、Y_1 の定時株主総会において決算報告書の承認決議がされた際、Y_2 が実質的株主であるとし、X に招集通知がされず（出席もしなかった）、Y_2 が株主権を行使する等していたことから、X が Y_1 ないし Y_4 に対して株主の地位の確認、承認決議の不存在の確認、株主権を否定する取扱い等の不法行為に基づき損害賠償等を請求した。

本判決は、本件の事情の下において Y_1 の株主は X であり、X に対する招集通知がされず、株主総会に出席もしていないとし、承認決議の不存在を認め、株主権を否定する取扱いが違法であった等とし、不法行為を認め（慰謝料として50万円、弁護士費用として5万円の損害を認めた）、請求を認容した。

〔裁判例43〕 東京高判平成29・9・27判時2386号55頁、金判1528号8頁

銀行業を営む A 株式会社は、中小企業向け融資、預金の受入れを主たる業務を行っていたところ、商工ローン事業を行っていた B 株式会社から、取締役決議を経て総額460億円の商工ローン債権を買い取る等していたが、平成22年2月、金融庁の検査において B が破綻懸念先であると指摘され、同年9月、預金保険法74条5項、139条1項に基づき金融庁長官に財産をもって債務を弁済できない旨を申し出、同長官は、金融整理管財人による業務・財産の管理を命ずる行政処分を行い、同月、再生手続開始決定を受け、破綻し、X 株式会社（株式会社整理回収機構）は、A から取締役らに対する善管注意義務違反を理由とする損害賠償請求権を譲り受けたことから、取締役 Y_1 が破綻の前後に妻 Y_2、弟 Y_3 に多額の送金をする等したため（Y_2 については、贈与契約、Y_3 については、A の株式の売買契約に基づくものとされている）、X が Y_1 に対して債権買取りの賛成決議に係る善管注意義務違反の50億円の損害賠償を請求し（第1事件）、Y_2 に対して贈与につき通謀虚偽表示

525

による不当利得返還、詐害行為取消権の行使による贈与の取消し等、Y₃に
対してAの売買の詐害行為取消権の行使による売買の取消し等を請求した
（第2事件）。

第1審判決（東京地判平成28・9・29判時2386号78頁、金判1507号26頁）
は、Aの買取りに係る債権は回収可能性に相当程度疑念を生じさせる状況
にあったのに、Aの行ったデューディリジェンスは名ばかりで、調査が甚
だ不十分であり、Bの経営状態は極めて危険な状態にあり、Y₁はこれを十
分認識しており、徴求した担保が不十分である等とし、善管注意義務違反を
肯定し、債権の買取代金と経済的価値の差額の損害との相当因果関係を認め
（37億5693万円余）、贈与、株式譲渡の合意につき詐害行為を認め、Y₁に対
する請求を一部認容し、Y₂らに対する請求を認容したため、XがY₁に対す
る関係で控訴し、Y₁らが控訴し、XがY₂との関係で附帯控訴した（Xは、
控訴審においてY₂に対する請求を追加する等した）。

本判決は、Y₁の善管注意義務違反については、買取債権自体を調査する
とともに、その信用力に依拠するBの経営状態等も調査し、その安全性を
確認して債権買取を決定したか否か、確実な担保を徴求する等、相当な措置
が講じられたか否かを踏まえ、銀行の取締役として求められる水準に照ら
し、取締役会決議において買取りを承認したことが合理性を有するものであ
ったか否かにより判断すべきであるとし、本件では善管注意義務違反があっ
た等とし、基本的にX、Y₁らの控訴を棄却し、Xの附帯控訴に基づきXの
Y₂に対する請求を認容した。

〔裁判例44〕東京地判平成29・11・22金判1554号30頁

X株式会社は、平成2年、体感音響機器事業を営んでおり、日本証券業協
会の審査により、店頭登録銘柄として株式を公開し、平成16年、ジャスダ
ック市場が開設されると同時に同市場に上場されたが、その間、業態をコン
テンツビジネス事業に変更し、その後、レジャー事業に変更し、商号の変更
等も行われていたところ（株価が低迷し、経営陣の交代もあった）、Yは、平

成 23 年 6 月以降、X の取締役に就任し、平成 25 年 3 月以降は、代表取締役であり、株主らとの経営権争いが生じ、取締役の選任提案、解任提案、会社財産に対する抵当権の実行、株主の議決権行使等をめぐる問題が発生し、Y が法律事務所の弁護士に対応策の検討、対応を委任する等し、A 法律事務所に報酬 1802 万 1412 円、B 法律事務所に報酬 556 万 6980 円、C 法律事務所に報酬 324 万円を支払ったものの、平成 26 年 11 月、取締役を退任したことから、経営陣が交代した X が Y に対して弁護士費用の支出が代表取締役の地位を守るという自己保身のための会社財産の浪費であり、善管注意義務に違反する等と主張し、会社法 423 条 1 項に基づき損害賠償を請求した。

本判決は、代表取締役として法律事務所の弁護士と委託契約ないし委任契約を締結し、その報酬を支払ったことは、主としてその地位を保全するため正当な理由なく会社の財産を流出させたものとして善管注意義務、忠実義務違反が認められ、会社法 423 条 1 項の任務懈怠が認められる等とし、請求を認容した。

> **〔裁判例 45〕** 東京地判平成 30・1・22 判タ 1461 号 246 頁

貸室業等を行う X 有限会社は、平成 7 年 11 月、株式会社から組織変更されたものであり、特例有限会社であり、C が所有する都内の不動産、C の妻 D が所有する都内の不動産を賃借し、第三者に賃貸することを業としていたところ、C と D との間には A、E、F の子がおり、A は、G と婚姻し、F は、Y と婚姻し（その間に H が生まれた）、平成 7 年 11 月、C、D、A が X の取締役に就任し、C が代表取締役に就任し、平成 14 年 4 月、C が取締役等を辞任し、Y が取締役、代表取締役に就任したが、Y は、平成 14 年 5 月以降、平成 20 年 8 月までの間、取締役の報酬として合計 9470 万円を受領し、その間、報酬の支給に関する株主総会の決議がなかったところ（X の出資口は、C が 30 口、A が 10 口、G が 10 口、H が 10 口であるとの定款の記載があった）、Y は、平成 27 年 7 月、取締役を解任され、同年 8 月、A が代表取締役に就任したことから、X が Y に対して会社法 423 条 1 項に基づき取締役報酬の

527

参考裁判例

一部の損害賠償を請求した。

　本判決は、株主は全員で4名であり、一部の者の同意があっても全株主の
同意があったと認めることはできず、Y が取締役報酬の支給に係る全株主の
同意があったと過失なく信じたと認めることもできないとし、会社法 423 条
1 項に基づく損害賠償責任を負うことは否定しがたいとしたものの、本件の
事情を考慮し、X が Y に対して取締役報酬に係る損害賠償を請求すること
は信義則に反し、権利の濫用として許されないとし、請求を棄却した。

〔**裁判例 46**〕最一小判平成 30・2・15 金判 1543 号 8 頁

　Y₂ 株式会社は、Y₁ 株式会社の子会社であり、Y₁ の事業所において工場を
稼働させており、X は、Y₂ の契約社員であり、本件工場で作業に従事して
いたところ、Y₁ の子会社である Y₃ 株式会社の従業員で、課長である Y₄ が
前記事業所内の Y₃ の業務に従事していたが、Y₄ と X が職場で知り合い、
一時期交際をしたものの、その後疎遠となり、X が Y₄ に関係を解消したい
旨を告げた後、Y₄ が X に対して繰り返して交際を要求され、自宅に押しか
けられる等したことから、X は、Y₁ が自社、グループ会社における法令遵
守に関する相談窓口を設けており、X が上司らに相談をしたり、相談をした
同僚が前記窓口に相談と対応の申出をし、Y₁ が聞取調査を実施したりする
等したが、X に対する事実確認を行うことなく、申出に係る事実は確認でき
なかった旨を伝える等したため、X が Y₁ ないし Y₄ に対して不法行為、債
務不履行に基づき損害賠償を請求した。

　第 1 審判決（岐阜地大垣支判平成 27・8・18 金判 1543 号 21 頁）は、Y₄ によ
るセクシュアルハラスメント行為が認められないとし、請求を棄却したた
め、X が控訴した。

　控訴審判決（名古屋高判平成 28・7・20 金判 1543 号 15 頁）は、Y₄ によるセ
クシュアルハラスメント行為を認めたうえ、Y₃ の使用者責任、Y₂ の安全配
慮義務ないし措置義務違反による責任をそれぞれ肯定し、Y₁ の責任につい
ては、相談を受け、調査および善処が求められたのに、Y₁ の担当者らがこ

れを怠ったとし、コンプライアンスに則った解決をするにつき債務不履行が
あったとし、その責任を肯定し、原判決を変更し、請求を認容したため、
Y_1 が上告受理を申し立てた。

　本判決は、親会社が法令遵守体制を整備していたとしても、子会社の契約
社員に実質的に労務の提供を受ける関係にあったとみるべき事情はないし、
法令遵守体制の仕組みの具体的内容が勤務先会社が使用者として負うべき雇
用契約上の付随義務を親会社が自ら履行しまたは直接間接の指揮監督の下で
勤務先会社に履行させるものであったとみるべき事情はうかがわれない等と
し、Y_1 の責任を否定し、原判決中 Y_1 の敗訴部分を破棄し、X の控訴を棄却
した。

〔**裁判例 47**〕 大阪地判平成 30・3・1 判時 2382 号 60 頁

　A は、調理師学校を卒業し、複数の飲食店で勤務した後、平成 17 年 5 月、
そば店等を経営する Y_1 有限会社にアルバイトとして勤務し（Y_1 と同種の事
業を行う Y_2 株式会社が設立され、関連会社として経営が行われていたが、Y_3 が
両会社の代表取締役であり、Y_4 は、Y_2 の取締役であり、Y_5 は、Y_3、Y_4 の父であ
り、両会社の取締役であった）、平成 18 年 7 月、正社員として採用され、店舗
を異動していたところ、深夜帯まで客があり、閉店後も開店するまでの間に
清掃、仕込み等の作業が続き、平成 20 年 5 月、店長となったが、ほかの店
舗に異動した後、うつ病となり、同年 12 月から休職し、平成 21 年 4 月、死
亡したため、A の母 X が Y_1、Y_2、Y_3 らに対して過重な労働に従事したこと
につき安全配慮義務違反等を主張し、不法行為、会社法 429 条 1 項に基づき
損害賠償を請求した（X は、本件とは別に、国に対して労働災害の認定を求める
訴訟を提起したが、地方裁判所、高等裁判所で請求が棄却された）。

　本判決は、A の勤務状況、勤務時間に関する Y_1 らの側の証言等の証拠を
排斥し、X の側の証拠を採用し、A が 82 日連続勤務をしたこと、3 カ月連
続で 100 時間以上の時間外労働に従事したことを認め、ほかにうつ病を発症
する原因がうかがわれなければ、過重労働によりうつ病を発症し、自殺した

529

ものと認められるとし、Y_1、Y_3、Y_5 の責任を肯定し、Y_1、Y_3、Y_5 に対する請求を認容し、その余の請求を棄却した。

〔裁判例 48〕 東京地判平成 30・3・1 判タ 1470 号 222 頁、金判 1544号 35 頁

　A 株式会社は、コンピュータのソフトウェアの企画開発等を業とする会社であり（東京証券取引所第 1 部上場）、Y_1 ないし Y_{11} は、A の取締役であったところ、A は、平成 18 年 9 月、B 株式会社の発行に係る社債（120 億円）を引き受け、平成 19 年 5 月、B 発行に係る社債（60 億円）を引き受け、平成 20 年 9 月、キプロス法人の発行に係る社債（30 億円）を引き受けたものの、評価損が発生し、B が平成 24 年 6 月に破産手続開始決定を受け、金融庁長官が有価証券報告書の虚偽記載を指摘し、884 万円余の課徴金の納付を命じる等したことから、A の株主 X が株主代表訴訟を提起し、Y_1、Y_2 らに対して取締役らの善管注意義務違反等を主張し、会社法 423 条 1 項に基づき損害賠償を請求した。

　本判決は、取締役が会社の資金の運用として社債を取得する場合には、善管注意義務の内容として、会社の財務状況に重大な影響を及ぼさないよう、資金運用のリスクを勘案し、資金運用の性質、内容、規模等に照らして取得の是非を判断する義務を負い、企業がその資金をどのように活用するかは経営上の判断に委ねられる事項であり、その判断をする際にどれだけ情報を集め、どの程度検討を行うかも経営上の判断事項であるから、社債の取得については、取得の判断の前提となった事実を認識する過程における情報収集やその分析が不合理であるか、あるいはその意思決定の推論過程や内容に著しく不合理な点がある場合に、取締役が善管注意義務に違反したものと解するのが相当であるところ、本件では各取締役らの事実の認識が不合理であるとはいえず、それを前提とすると、社債に投資するという取締役らの意思決定の内容が著しく不合理であるとはいえない等とし、取締役らの会社法 423 条 1 項の責任を否定し、請求を棄却した。

参考裁判例

〔裁判例49〕東京地判平成 30・3・22 判タ 1472 号 234 頁

　ソーシャルアプリケーションの企画、開発、販売等を行う Y₁ 株式会社
（取締役会非設置会社。代表取締役は、Y₂）は、Y₂、X らが設立し、発行済株
式総数 100 株のうち、Y₂ が 63 株、X が 8 株を保有していたところ、Y₂ が
株主総会の決議を経た後、899 株の新株の募集株式の発行を行い（払込金額
1 株 1 万円であったが、別件の株式取得価格決定申立事件における鑑定の評価金額
の約 9000 分の 1 であった）、Y₂ が新株を取得したため、X が Y₁、Y₂ に対して
一連の行為は低廉な価格で X を追い出すために行われた、新株発行自体が
違法である等と主張し、会社法 350 条、429 条 1 項、共同不法行為に基づき
株式価格の低下相当額 7 億 8543 万円余の損害賠償を請求した。

　本判決は、本件新株発行は X の追い出し目的のものであるとし、Y₂ の任
務懈怠、任務懈怠の悪意等を肯定し、5 億 2769 万円余（うち弁護士費用とし
て 4700 万円）の損害を認め、請求を認容した。

〔裁判例50〕東京高判平成 30・3・23 判時 2401 号 32 頁

　前記〔裁判例38〕東京地判平成 28・12・20 判時 2401 号 45 頁、判タ 1442
号 136 頁の控訴審判決であり、X ら、Y₁、Y₈ が控訴した。

　本判決は、元引受契約を締結した主幹事証券会社は、引受審査において、
会計監査を経た財務情報の部分については公認会計士等による監査結果の信
頼性に疑義を生じさせるような事情の有無を調査・確認し、このような事情
が存在しないことが確認できた場合には、当該監査結果を信頼することが許
され、調査・確認の結果、公認会計士等による監査結果の信頼性に疑義を生
じさせるような事情が判明した場合であっても、自ら財務情報の正確性につ
いて公認会計士等と同様な実証的な方法で調査する義務はなく、一般の元引
受証券会社を基準として通常要求される注意を用いて調査結果に関する信頼
性についての疑義が払拭させたと合理的に判断できるか否かを確認するため

531

参考裁判例

に必要な追加調査を実施すれば足りるとし、本件では Y₈ は相当の注意を用いていたとし、その責任を否定し、Y₈ の控訴に基づき原判決を取り消し、請求を棄却し、X ら、Y₁ の控訴を棄却する等した。

〔裁判例 51〕 東京地判平成 30・3・29 判時 2426 号 66 頁

学習塾等を経営する A 株式会社は、昭和 60 年、Y が設立し、代表取締役として経営しており、Y は、平成 16 年頃から、取締役副社長 B に学習塾事業を、専務取締役 C に財務会計を委ね、平成 20 年 4 月、B を代表取締役社長に就任させたものの、平成 24 年 6 月、B が急死し、平成 25 年 9 月、C を代表取締役社長に就任させていたところ（Y は、代表取締役会長を務めていた）、A が平成 21 年 2 月期から平成 25 年 2 月期までの有価証券報告書等に売上を過大に不正計上した虚偽記載があるとされ、金融庁長官から課徴金納付命令（課徴金額 4 億 1477 万円）を受けたことから、A が弁護士に本件不正会計につき取締役、監査役、会計監査人に対する責任追及訴訟の提起の方針を紹介し、弁護士は、平成 27 年 3 月、A の監査役会に B、常務取締役 D につき任務懈怠による責任を追及すべきであり、Y につき法的な責任を追及することは困難である旨が記載された意見書を提出し、A は、平成 27 年 5 月、B、D を被告として任務懈怠を主張し、連帯して 3 億円の支払いを求める損害賠償請求訴訟を提起し、B、D がこれを認諾していたところ、A の株主 X が Y に対して代表訴訟を提起し、不正会計等を防止するための監視義務、内部統制システム構築義務を怠った善管注意義務違反、忠実義務違反を主張し、損害賠償を請求した。

本判決は、A が売上を過大に計上し、分配可能利益を超える余剰金の配当等を行ったことにつき監視義務、内部統制システム構築義務違反は認められないし、違法配当等につき職務を行うについて注意を怠らなかったということができるとし、Y の責任を否定し、請求を棄却した。

参考裁判例

〔**裁判例 52**〕東京地判平成 30・4・12 金判 1556 号 47 頁

　A 株式会社（東京証券取引所第 1 部上場）は、船舶、航空機等の部品の製造、販売を業とし、X は、株主であり、Y_1 は、代表取締役、Y_2 ないし Y_5 は、取締役であったところ、A は、平成 26 年 2 月期の取締役の報酬について、同年 2 月の株主総会において、報酬額の総額を 30 億円とし（前期は 10 億円）、各取締役への具体的な配分を取締役会に一任する旨の決議をし、取締役会において各報酬額の決定を Y_1 に一任する旨を決議したが、Y_1 は、自分の報酬を 14 億 500 万 2000 円（基本報酬 7 億円、賞与 3 億 3000 万円、特別手当 3 億円）と定めたことから（過去 3 年間、増額されてきた）、X が Y に対して代表訴訟により、報酬額の決定に係る善管注意義務違反等を主張し、損害賠償を請求した。

　本判決は、報酬額の決定に至る判断過程、その判断内容に明らかな不合理な点があるということはできないとし、善管注意義務違反を否定する等し、請求を棄却した。

〔**裁判例 53**〕東京高判平成 30・5・9 金判 1554 号 20 頁

　前記〔裁判例 44〕東京地判平成 29・11・22 金判 1554 号 30 頁の控訴審判決であり、Y が控訴した。

　本判決は、Y が弁護士に相談したこと等は株主の一部のグループの行動が公開企業である X の株主共同の利益に反する可能性があるとして行ったものであり、善管注意義務違反や忠実義務違反を構成するものではない等とし、原判決を取り消し、請求を棄却した。

〔**裁判例 54**〕東京高判平成 30・9・26 金判 1556 号 59 頁

　前記〔裁判例 52〕東京地判平成 30・4・12 金判 1556 号 47 頁の控訴審判

参考裁判例

決であり、X が控訴した。

本判決は、基本的に第 1 審判決を引用する等し、善管注意義務違反を否定
し、控訴を棄却した。

〔**裁判例 55**〕東京高判平成 30・9・20 金判 1566 号 27 頁

前記〔裁判例 48〕東京地判平成 30・3・1 判タ 1470 号 222 頁、金判 1544
号 35 頁の控訴審判決であり、X が控訴した。

本判決は、基本的には第 1 審判決を引用し、本件社債の取得に係る判断の
前提になった事実を認識する過程における情報収集やその分析に不合理な点
があったか否かの判断については、取得時点の経済情勢や経営実務等に照ら
して通常の取締役が有すべき知見や経験を基準に判断すべきものであり、本
件社債の償還が一部実現しておらず、X が主張するような情報収集や分析を
Y_1 らが網羅的に行ってはいなかったとしても、何らかの具体的ないし客観
的な根拠や証拠がない以上、X の主張を前提としても、Y_1 らに善管注意義
務違反があるとまでいうことは困難である等とし、控訴を棄却した。

〔**裁判例 56**〕東京地判平成 30・9・20 判時 2454 号 78 頁

X 株式会社は、紙類等の製造、販売を業としており、紙類等の製造、販売
を業とする A 株式会社（東京証券取引所第 1 部上場。発行済株式総数 1 億 4934
万 8785 株）の株主であり、3170 万 7808 株を保有していたところ（議決権保
有比率 21.96％）、A は、平成 27 年 9 月 1 日、取締役会を開催し、転換社債
型新株予約権付社債の発行を決議し、その旨を公表する等したため、X が
A の取締役 Y_1 ないし Y_{13} に対して X の保有議決権比率を希釈化する不当な
目的であり、有利発行であり、不公正な方法による発行であり、株価の下落
のおそれを放置したなどと主張し、会社法 429 条 1 項、不法行為に基づき損
害賠償を請求した。

本判決は、公募により新株予約権付社債を発行するに際し、客観的資料に

基づく一応合理的な算定方法によって発行条件が決定されている場合には、特段の事情のない限り、有利発行には当たらないところ、本件では特段の事情は認められないし、不公正発行については本件では中期事業計画に掲げた施策実現のための資金調達として行われた等の事情があるとし、これを否定し、Y_1 らの判断が裁量の範囲を超え、その判断過程、内容に著しく不合理な点があるとはいえない等とし、善管注意義務違反を否定し、請求を棄却した。

〔**裁判例57**〕 福岡地判平成30・11・30判時2419号75頁

Y_1 株式会社（代表取締役は、Y_2）は、中古車販売を業としており、X は、平成11年12月、Y_1 に雇用され、平成12年に新車、中古車の展示場内における Y_1 の店舗の店長になり、勤務していたところ、長時間労働、営業目標の達成のための労働を行う等し（疾病発症前6カ月間の月平均の時間外労働時間数は174時間50分）、脳梗塞を発症し、後遺症が残ったことから（疾病の発症につき労働災害認定がされた）、平成21年12月、Y_1 を退職したため、X が Y_1、Y_2 に対して Y_1 につき債務不履行、Y_2 につき会社法429条1項に基づき損害賠償を請求した。

本判決は、過剰な業務に伴う負荷により基礎疾患の自然経過を超えて脳梗塞が発症したとし、業務起因性を認め、Y_1 の安全配慮義務違反、Y_2 の会社法429条1項の悪意または重過失による善管注意義務違反を肯定し、請求を認容した。

〔**裁判例58**〕 長崎地判平成30・12・7労判1195号5頁

X は、平成24年3月、広告の企画、製作を目的とする Y_1 株式会社にデザイナーとして雇用期間を1年間として採用され、平成25年3月、雇用期間の定めのない従業員として採用されたところ、Y_5 株式会社は、Y_1 の親会社であり、Y_2 は、Y_1、Y_5 の代表者、Y_3 は、Y_1 の取締役等、Y_4 は、Y_1、Y_5

の創業者であり、大株主であったが、Y_3 は、長期間にわたり、複数回、時には長時間 X を激しく注意・叱責をし、叱責中に X の目つきや表情をとらえて叱責し、Y_3 の指示に納得しない X の考え方自体を否定する言動を繰り返したり、解雇を想起させる言葉を用いたり、X の会議への参加を拒否する等したことから、不安障害、適応障害と診断され、休職し、Y_1 は、平成 27年 6 月、休職期間の満了による解雇を通知したことから、X が Y_1 に対して時間外労働に関する賃金の支払い、労働契約上の地位の確認等を請求し（A事件。なお、Y_1 は、訴訟の係属中に解雇を撤回した）、Y_2、Y_3、Y_4 に対して Y_3 のパワーハラスメント等を主張し、不法行為に基づき損害賠償を請求し（B事件）、訴訟の係属中、Y_2 が X のウェブページの削除要請、会社への説明要請等を内容とする文書を X、その訴訟代理人に送付する等したことから、Y_1 ないし Y_5 に対して不法行為等に基づき損害賠償を請求した（C 事件）。

　本判決は、Y_3 のパワーハラスメントを認める等し、A 事件のうち地位確認の訴えを却下し、A 事件のその余の請求、B 事件、C 事件の各請求を認容した。

〔裁判例 59〕 千葉地判平成 31・2・21 金判 1579 号 29 頁

　X 株式会社（取締役会設置会社、監査役設置会社）は、印刷業を目的としており、税理士・公認会計士 Y は、昭和 42 年から平成 24 年 9 月まで監査役であり（監査の範囲は会計に関するものに限定されていた）、A は、X の従業員であり、経理事務を担当していたところ、A は、平成 19 年から平成 28 年の間、X の当座預金口座から 126 回にわたり合計 2 億 3525 万円余を横領したが、その間の監査役監査は 1 回だけ A がカラーコピーで精巧に偽造した預金残高証明書による確認が行われ、その余の年度は残高証明書の白黒のコピーによる確認が行われただけであったことから、X が Y に対して任務懈怠を主張し、会社法 423 条 1 項に基づき損害賠償を請求した（X は、A に対しても損害賠償を請求する訴訟を提起したが、A の死亡により、訴えを取り下げ、A の横領期間における取締役、監査役のうち、訴訟が提起されたのは、Y のみで

あった）。

本判決は、Yは、預金の実在性につき金融機関発行の預金残高証明書の原本確認の義務があるとし、その注意義務違反を認め、請求を認容した。

〔**裁判例60**〕福岡地判平成 31・2・22 判時 2418 号 104 頁

Y₁ 株式会社（代表取締役は、Y₄）、Y₂ 株式会社（代表取締役は、Y₅）、Y₃ 株式会社（代表取締役は、Y₆）は、A がインターネット上で出会い系サイトを運営しており、その料金等の支払代行業務を行っており、本件サイトが女性会員と連絡先を交換させるつもりがないにもかかわらず、女性会員と連絡先の交換ができるとし、料金等を交付させていたところ、X は、本件サイトを利用し、合計 1966 万円の金員を Y₁ 名義の預金口座、Y₂ 名義の預金口座、Y₃ 名義の預金口座に振り込ませたため、X が Y₁ ないし Y₃ に対して不法行為、Y₄ ないし Y₆ に対して会社法 429 条 1 項に基づき損害賠償を請求した。

本判決は、本件サイトの運営者である A は、各種の費用を支払えば女性会員と連絡先を交換することができるように装い、金員を詐取させたものであり、Y₁ らがこれに関与したものであるとし、共同不法行為を認め、Y₄ らの代表取締役らにつき会社法 429 条 1 項の任務懈怠に少なくとも重過失が認められるとし、各責任を肯定し、請求を認容した。

〔**裁判例61**〕東京地判平成 31・3・22 判タ 1474 号 249 頁、金判 1613 号 44 頁

X 株式会社の株主は A 投資事業有限責任組合（無限責任社員は、C 株式会社であった）一人であり、取締役は Y₁（X の設立時から取締役で、代表取締役であった）、Y₂（B 株式会社の取締役であり、C の従業員であった）、Y₃（B の取締役であり、C の従業員であった）であり、監査役は Y₄（B の監査役であり、C の代表取締役であった）であったところ、X は、A が保有する B の株式（B 株式）を 5250 万円で取得したが、半年後、B に B 株式を 2650 万円で売却し、

参考裁判例

これらの取得、売却はAの業務を遂行するCの同意を得て行われたものであったが、Xの株式は、Aから転々譲渡され、D株式会社が取得し、Dによって選任されたXの役員がY₁ないしY₄に対してB株式の取得、売却に係る善管注意義務違反を主張し、会社法423条1項に基づき損害賠償を請求した。

本判決は、一人株主の業務執行の意思決定があった場合の取締役の善管注意義務の水準は、その業務が法令定款に違反する、または、会社が債務超過状態にあるなどの特段の事情がない限り、同意思決定を尊重すべきこととなると解するのが相当であり、一人株主の意思決定に従った取締役に任務懈怠があるとはいえないとし、請求を棄却した。

〔裁判例62〕 神戸地判令和元・5・23金判1575号14頁

レディースインナー等の衣料品、化粧品の販売等を業とするA株式会社には、子会社としてB株式会社、C株式会社があり（いずれも完全子会社）、Y₁は、Aの執行役、代表執行役、Bの代表取締役、Y₂は、Aの執行役、取締役、Cの取締役であり、Bは、新規事業開拓等のために設立し、Cは、LED照明事業につきD株式会社との合弁事業を行うために設立したものであったところ、Aは、Bについて、平成19年9月から平成22年2月までの間、取締役会の決議を経て6回にわたって融資、増資を行い（合計5億9500万円。融資は5回）、平成24年3月、新規事業を断念し、Bの全株式を香港の会社に譲渡し、Cについて、平成22年10月から平成24年1月までの間、取締役会の決議を経て5回にわたって融資を行い（合計9億2500万円）、平成24年12月、LED照明事業を断念し、Cの全株式をほかに譲渡したことから、Aの株主Xが株主代表訴訟により、Y₁、Y₂に対して融資、増資に係る善管注意義務違反等を主張し、会社法423条1項に基づき損害賠償を請求した。

本判決は、子会社の新規事業に係る貸付け、増資の判断については、事業の開始時および事業の開始後において、新規事業の成功の見込みおよび将来

538

の見通し、失敗した場合に会社に与える悪影響、親会社および子会社の事業予測、財務状況等を総合的に考慮する必要があり、その意思決定は将来予測にわたる経営上の専門的判断に委ねられた事項であって、その決定の過程、内容に著しく不合理な点がない限り、取締役としての善管注意義務に違反するものではないとし、本件では、新規事業の収益性が見込めなかったということはできないこと、貸付けが回収不能になるリスクが一定程度あったとしても、事業の成功の見込みが高く、成功した場合の利益が大きいこと等の諸事情を考慮し、経営判断における裁量として合理性が認められ、取締役に善管注意義務違反はないとし、請求を棄却した。

〔裁判例 63〕東京高判令和元・7・17 判時 2454 号 64 頁

前記〔裁判例 56〕東京地判平成 30・9・20 判時 2454 号 78 頁の控訴審判決であり、X が控訴した。

本判決は、基本的には第 1 審判決と同様な判断を示し、Y₁ らの善管注意義務違反を否定し、控訴を棄却した。

〔裁判例 64〕東京高判令和元・8・21 金判 1579 号 18 頁

前記〔裁判例 59〕千葉地判平成 31・2・21 金判 1579 号 29 頁の控訴審判決であり、X、Y が控訴した。

本判決は、会計限定監査役は、取締役作成の会計帳簿の信頼性欠如が容易に判明可能であるなどの特段の事情のない限り、会計帳簿の記載内容を信頼して計算関係書類の監査をすれば足りるとし、本件では会計帳簿の裏付け資料（徴憑）を確認するなどして会計帳簿の不適正記載を積極的に調査発見すべき義務を負わない等とし、Y の注意義務違反を否定し、Y の控訴に基づき原判決を変更し、請求を棄却し、X の控訴を棄却した。

参考裁判例

〔**裁判例 65**〕東京高判令和元・9・25 金判 1613 号 40 頁

　前記〔裁判例 61〕東京地判平成 31・3・22 判タ 1474 号 249 頁、金判 1613
号 44 頁の控訴審判決であり、X が控訴した

　本判決は、基本的に第 1 審判決を引用し、控訴を棄却した。

〔**裁判例 66**〕東京地判令和 2・1・20 判時 2510 号 26 頁

　Y₁ 株式会社（代表取締役は、Y₂）は、平成 29 年 8 月、A 株式会社に弁済
期平成 30 年 8 月 17 日として 3000 万円を貸し付けていたところ（600 万円を
天引きし、2400 万円を交付した）、A は、同年 12 月、取引銀行から新規融資
の打切りを通告され、同月末、資金繰りがショートし、従業員全員を解雇
し、代表者を除く全役員が退任することとなったが、Y₂ は、平成 30 年 1 月
10 日頃、A の事業再生のために A に入社していた B から 1 億円の融資を求
められ、本件貸金の弁済がされること等を条件に、第三者を介して融資を承
諾し、A は、同月 19 日、Y₁ に本件貸金の弁済の趣旨で 2800 万円を支払い、
その後、A につき債権者から破産手続開始の申立てにより、平成 30 年 5 月
22 日、破産手続開始決定がされ、弁護士 X が破産管財人に選任されたこと
から、X が Y₁、Y₂ に対して Y₁ につき否認権の行使による不当利得の返還、
Y₁、Y₂ につき不法行為、Y₂ につき会社法 429 条 1 項に基づき損害賠償を請
求した。

　本判決は、本件支払いにつき否認権の行使を認め、Y₂ については、否認
権行使の対象となる行為をさせないようにすべき善管注意義務を負っていた
とし、利息制限法違反の弁済は無効な弁済であり、不当利得として返還を余
儀なくさせることが明らかな支払いを受けないようにすべき法令遵守義務な
いし善管注意義務を負っているとし、これらの義務違反による任務懈怠があ
るとし、会社法 429 条 1 項の責任を認め、請求を認容した。

540

参考裁判例

〔**裁判例 67**〕東京地判令和 2・2・13 金判 1600 号 48 頁

　パチスロ機、パチンコ機等の製造、販売等を業とする X 株式会社（ジャスダック市場上場）は、海外におけるカジノリゾートの展開を企図しており、取締役 Y は、X の創業以来、X の代表取締役社長、取締役会長を務め、香港に自己の資産管理を行う B 香港法人を経営していたところ、X の取締役会は、Y に海外子会社等（A 香港法人、フィリピン法人等の子会社があった）を統括管理することを委嘱し、A の代表者に選定し、Y は、B の第三者に対する債権を回収するため、A の代表者として第三者が関与する会社に金員を貸し付けたり、自己の個人的利益を図るため、A の代表者として受取人白地の小切手を振り出す等したことから、X は、弁護士を構成員とする特別調査委員会を設置し、調査委員会の調査等により調査費用（委員の報酬、実費、消費税）2129 万 3712 円を要したため、X が Y に対して会社法 423 条 1 項に基づき前記調査費用相当額の損害賠償を請求した（他に株主一人が本件訴訟に原告として共同訴訟参加した）。

　本判決は、Y は、本件において、自己が担当する業務執行一般につき監視し、担当業務である X の子会社による違法行為を防止し、X グループの損害の拡大を防止すべき義務を X に対する善管注意義務ないし忠実義務として負っていると解することができるところ、取締役としての善管注意義務ないし忠実義務違反があったとし、特別調査委員会の調査費用が Y の任務懈怠と相当因果関係があるとし、請求を認容した。

〔**裁判例 68**〕大阪地判令和 2・2・21 判時 2452 号 59 頁

　A は、レストランを営業する Y_1 有限会社（代表者でオーナーシェフは、Y_2）に雇用され、調理師として勤務していたところ、時間外労働が 1 カ月当たり約 250 時間であり、睡眠時間が 5 時間未満の状態が続いていたが、ウイルス性急性心筋炎に罹患し、劇症型急性心筋炎になり、手術によって補助人工心

541

臓を装着し、脳出血となり、死亡したことから、Ａの妻 X_1、両親 X_2、X_3 が Y_1、Y_2 に対して Y_1 につき安全配慮義務違反、Y_2 につき不法行為、会社法429条1項に基づき損害賠償を請求した。

　本判決は、Ａの長時間労働、睡眠不足と感染症、急性心筋炎との因果関係は否定できない等とし、Y_2 の注意義務違反を認め、Y_1、Y_2 の責任を肯定し、請求を認容した。

〔裁判例69〕 東京地判令和2・2・27金法2159号60頁

　銀行持株会社であるＡ株式会社は、銀行業を営むＢ株式会社が完全子会社であり、Ｂは、クレジット事業を営むＣ株式会社と自動車、テレビ等の購入、住宅リフォーム等の顧客に融資を行う提携ローンにつき業務提携していたところ、金融庁が提携ローンのうちキャプティブローン等につき問題視し、平成24年12月、Ｂに対して金融検査を実施し、平成25年9月、業務改善命令を出し、同年12月、一定期間キャプティブローンの新規取引の停止の業務停止命令、業務改善命令を出し、Ａに対して反社会的勢力排除等の問題点につき業務改善命令を出したため、Ａの株主ＸがＡの取締役 Y_1 ないし Y_4 に対して反社会的勢力排除の内部統制構築義務違反、善管注意義務違反を主張し、会社法423条1項、847条3項に基づき損害賠償を請求した（ほかに一人、Ａの株主が本件訴訟に原告として共同訴訟参加した）。

　本判決は、銀行持株会社の取締役は、反社会的勢力に対してグループ全体で対応することができるよう、倫理規定や社内規則等の規程を制定するとともに、専門の部署を設置するなどして組織体制を整備し、グループ全体として顧客の属性判断を行う体制を内部統制システムとして構築する義務、これが適正かつ円滑に運用されるように監視する義務を負っているが、それ以上に、特段の事情がない限り、子会社である銀行に対して具体的な業務を直接指導するなどの義務を負うものではない等とし、請求を棄却した。

参考裁判例

> **〔裁判例 70〕** 高知地判令和 2・2・28 判時 2509 号 70 頁

　A は、フルーツトマト等を生産する農家 Y_2 に期間雇用職員として採用され、平成 14 年 10 月、Y_2 が Y_1 有限会社を設立し（代表取締役は、Y_2）、個人事業を法人化したことに伴い、Y_1 に入社し、Y_1 の統括責任者、統括部長に就任していたところ、長時間労働を行い、心理的負荷がかかっている状況にあり、Y_2 の娘で、Y_1 の常務取締役 Y_3 からひどい嫌がらせ、いじめ、叱責を受け、精神障害を発病し、平成 22 年 2 月、自殺したため、A の夫 X_1、娘 X_2、X_3 が Y_1 ないし Y_3 に対して Y_1 につき安全配慮義務違反、Y_2 らにつき安全配慮義務違反、会社法 429 条 1 項に基づき損害賠償を請求した。

　本判決は、X_1 らの主張を認め、長時間労働、叱責等と精神障害の発病、自殺との間の相当因果関係を認める等し、Y_1 の安全配慮義務違反、Y_2 らの会社法 429 条 1 項の責任を肯定し、請求を認容した。

> **〔裁判例 71〕** 東京地判令和 2・3・19 金判 1628 号 20 頁

　損害保険業を営む Y 株式会社は、A 株式会社との間で、代表取締役 B を被保険者ととし、法令に違反することを被保険者が認識しながら（認識していたと判断できる合理的名理由がある場合を含む）行った行為に起因する損害賠償請求についてはこれに起因する損害に対して損害金を支払わない旨の免責特約のある会社役員損害賠償保険契約を締結していたところ、A が C 株式会社に対する回収不能になった融資金相当額等につき取締役 B 等に損害賠償を請求する訴訟を提起し（融資訴訟）、また、A の株主が株主代表訴訟により B 等の取締役、監査役に対して有価証券報告書等の虚偽記載に係る任務懈怠の損害賠償を請求する訴訟を提起し（株主代表訴訟）、弁護士 X_2 は、B から株主代表訴訟の訴訟委任を受け、訴訟代理人として訴訟活動を行い、融資訴訟は、請求を認容する控訴審判決が確定し、株主代表訴訟は、請求を認容する第 1 審判決がされ、B の控訴中に破産手続開始決定がされ、弁護士

X_1 が破産管財人に選任され、債権調査において X_1 が B の債務を承認する等していたところ、その間、X_2 が B に対する報酬債権を基に、これを保全するため、B の Y に対する保険金請求権につき債権者代位をし、X_2 が Y に対して保険金の支払いを請求する訴訟を提起したが、前記のとおり、B につき破産管財人 X_1 が選任されたことから、X_1 が本件訴訟を受継した。

本判決は、免責特約について、B の善管注意義務違反の態様が注意義務違反の状況にあることを認識しつつあえて注意義務を果たさなかった等と認め、善管注意義務違反につき認識していたか、または認識していたと合理的に認められるとし、免責特約を適用し、請求を棄却した。

〔裁判例 72〕 大阪地判令和 2・3・27 判時 2455 号 56 頁

電気機械器具の製造、販売等を業とする Y_1 株式会社（東京証券取引所第 1 部、名古屋証券取引所第 1 部上場。代表執行役は、Y_2）は、有価証券報告書等を財務局長に提出し、公衆の縦覧に供されたが、虚偽記載の疑いが指摘され、金融庁長官が課徴金納付命令を出す等したことから、Y_1 の株主 X が Y_1、Y_2 に対して虚偽記載による株価の下落によって損失が生じた等と主張し、Y_1 につき金融商品取引法（金商法）21 条の 2 第 1 項等、Y_2 につき同法 24 条の 4、22 条、不法行為、会社法 429 条 1 項に基づき損害賠償を請求した。

本判決は、Y_1 が虚偽記載の可能性があることによる株価下落のリスクを一般投資家にあらかじめ警告していたと認め、投資家が株価下落のリスクを引き受けていたものとし、主張に係る虚偽記載と株価下落の損害との間の相当因果関係を否定し、請求を棄却した。

〔裁判例 73〕 横浜地判令和 2・3・27 判時 2505 号 79 頁

Y_1 株式会社は、治工具の製造販売を業としており、A は、昭和 63 年 9 月頃、Y_1 に入社し、平成 19 年頃、Y の B 支社の工場で営業技術係長であったところ、長時間の時間外労働を行っていたが、平成 23 年 8 月、自宅のトイ

レ内で意識を失って倒れていたことを発見され、病院に救急搬送され、治療を受けたものの、脳幹部出血で死亡したため、Aの妻X_1、子X_2、X_3がY_1、代表取締役Y_2、Y_3、専務取締役で工場長（Aの直属の上司であり、B支社に常駐していた）に対してY_1につき債務不履行（安全配慮義務違反）、Y_2ないしY_4につき会社法429条1項に基づき損害賠償を請求した。

本判決は、Aの死亡が長時間の時間外労働によるものであったと認め、Y_1の安全配慮義務違反を認め、Y_4の軽過失を認めたものの、重過失等を認めず、Y_2らの重過失等を認めず、Aが高血圧であったこと等につき7割の過失相殺を認め、Y_1に対する請求を認容し、Y_2らに対する請求を棄却した。

〔裁判例74〕長野地上田支判令和2・3・30判時2539号84頁

自動車の警報機の製造、販売を業とするX株式会社の代表取締役Yは、Xがベトナムに進出するため、ベトナムにおいて完全子会社を設立し、同会社で使用する機械設備を購入したが、購入に先立ち、Xの大口受注先であるA株式会社からベトナムへの進出につき慎重な検討が求められていたものであり、取締役の報酬の増額に当たってほかの取締役につき数%の増額であったのに、自己の報酬を25%増額させる等したことから、XがYに対して善管注意義務違反を主張し、債務不履行に基づき損害賠償を請求した（Yは、退職慰労金債権との相殺の合意を主張した）。

本判決は、本件機械の購入額がXの資産合計額の約1.5%に及ぶものであり、取締役会の決議を経ずに重要な財産を購入したものであり、任務懈怠に当たるとし、退職慰労金請求権の発生を否定し、相殺の主張を排斥し、報酬増額に係る訴えについては民事訴訟法143条1項ただし書により許されないとし、請求を認容した。

〔裁判例75〕東京高判令和2・12・17金判1628号12頁

前記〔裁判例71〕東京地判令和2・3・19金判1628号20頁の控訴審判決

であり、X₁が控訴した。

　本判決は、基本的に第1審判決を引用し、会社法330条、民法644条により取締役は会社に対して負う善管注意義務は、法令上の義務であると解され、本件免責条項にいう「法令」からこれを除外する理由は見当たらない等とし、控訴を棄却した。

〔裁判例76〕高松高判令和2・12・24判時2509号63頁

　前記〔裁判例70〕高知地判令和2・2・28判時2509号70頁の控訴審判決であり、Y₁らが控訴した（X₁は、訴訟係属中に死亡し、X₂、X₃が訴訟を承継した）。

　本判決は、基本的に第1審判決を引用し、長時間労働、叱責等と精神障害の発病、自殺との間の相当因果関係を認める等し、Y₁の安全配慮義務違反、Y₂らの会社法429条1項の責任を肯定し、控訴、訴訟承継に基づき原判決を変更し、請求を認容した。

〔裁判例77〕東京高判令和3・1・21判時2505号74頁

　前記〔裁判例73〕横浜地判令和2・3・27判時2505号79頁の控訴審判決であり、X₁らが控訴した。

　本判決は、第1審判決と同様にY₁の責任を肯定し、Y₄については、B支社の実質的な代表者というべき地位にあり、残業時間の集計結果からAに過労死のおそれがあることを容易に認識することができ、実際にも認識していたのに、一般的な対応にとどまり、業務量を適切に調整するための具体的な措置を講ずることがなかったとし、重過失により任務懈怠を認め、Y₂、Y₃の重過失を認めず、Aの過失相殺を5割認め、原判決中Y₁、Y₄に関する部分を変更し、請求を認容する等した。

〔**裁判例 78**〕大阪高判令和 3・3・25 判時 2519 号 120 頁

前記〔裁判例 68〕大阪地判令和 2・2・21 判時 2452 号 59 頁の控訴審判決であり、Y₁ らが控訴した（本件訴訟とは別に、X₁ が国に対して遺族補償給付金の不支給処分を受けたことから、不支給処分取消請求訴訟を提起しており、第 1 審判決が業務起因性を認め、請求を認容したのに対し、控訴審判決が業務起因性を否定し、原判決を取り消し、請求を棄却したため、X₁ が上告受理を申し立てている）。

本判決は、Y₁ の代表者であり、オーナーシェフである Y₂ は、従業員である調理師に対する負担軽減措置を講じなかった注意義務違反があり、長時間労働による過労状態と死亡との間には相当因果関係がある等とし、控訴を棄却した。

〔**裁判例 79**〕札幌地判令和 3・3・25 金判 1622 号 33 頁

A 株式会社は、B 株式会社が診療報酬債権等を医療機関から買い取り、これを裏付資産としてレセプト債を発行することを目的として設立した特別目的会社（SPC）であり（A の代表取締役は、Y₁）、その実質的な運営は B が行っており（B の常務取締役は、Y₃ であり、代表取締役は、D）、証券業を営む C 株式会社が主幹事会社となり（C の取締役で、中心的に関与したのは、Y₂ であり、代表取締役は、Y₄）、販売し、X 株式会社は、販売支援等の業務委託を受けていたところ、X は、顧客にレセプト債を販売していたが、レセプト債の商品説明、運用実績報告書等には裏付資産がある旨の記載があったものの、虚偽の記載であり、調達された資金が B によって流用され、本来の目的以外の投資に使用される等しており、証券取引等監視委員会の調査を受け、新規発行の停止を指示され、A が破産手続開始決定を受ける等したことから（X は、顧客から責任の追及を受け、調停手続によって 7 億 6320 万円の損失補償を行った）、X が Y₁ ないし Y₄ に対して A、B、C の各取締役として会社法

429 条 1 項に基づき損害賠償を請求した（Y₃、Y₄ は、その後、破産手続開始決定を受け、X が債権を届け出たところ、異議なく確定した）。

本判決は、特別目的会社の取締役は、特別目的会社を実質的に管理、経営する会社が虚偽情報を提供していることを認識していたか、容易に認識できたにもかかわらず、これを止めなかったという場合に限って、善管注意義務違反が認められ、会社法 429 条 1 項の責任を負うが、本件では Y₁ が容易にこれを認識できたとはいえないとし、Y₁ の責任を否定し、Y₂ は、レセプト債の販売等に中心的に関与しており、虚偽記載を認識していた等とし、その責任を肯定し、Y₂ に対する請求を認容し、Y₁ に対する請求を棄却した。

〔裁判例 80〕千葉地松戸支判令和 3・3・26 判タ 1507 号 103 頁、金判 1662 号 24 頁

Z 株式会社（東京証券取引所第 2 部上場）は、ゴム事業を行い、A 株式会社、B 株式会社の持株会社であり、Y₁ は、Z の取締役であり、C 株式会社の 100 ％株主であり、D 株式会社、E 株式会社、G 株式会社（D、E、G は、I グループ）の各代表取締役であり、Y₂ は、Z の取締役、D の代表取締役であり、Y₃ は、Z の取締役、代表執行役であったところ、Z は、平成 20 年 6 月、J グループ、I グループの傘下にあり、I グループの持株会社である K 株式会社から支援を受け、増資を図ることとし、平成 23 年 4 月、Z の取締役会は、C が D、E の株式を取得することとし、交渉を執行役会に委任する決議を行い（Y₁ は、決議に参加しなかった）、同年 6 月、Z の執行役会は、Y₃ らの執行役で株式取得を決議し（Y₂ ら D の取締役を兼務している者は決議に参加しなかった）、Z は、C から D の株式 4032 株、E の株式 4753 株を合計 7 億 4479 万円余で取得し、以後、Z は、D から経営指導料を収受し、平成 28 年 4 月以降は G からも経営指導料を収受するようになったが、Z の株主 X ら（合計 36 名。なお、そのうち少なくとも 32 名は、労働組合員または元労働組合員である）が Y₁ ないし Y₃ に対して株主代表訴訟により、取得した本件株式の価値が 1 億 4847 万円を超えず、善管注意義務、忠実義務違反がある等と主張し、

548

会社法 423 条 1 項に基づき損害賠償を請求した。

　本判決は、X らの訴訟提起が J グループを経営から排除するためのものであり、訴権の濫用に当たるとの Y₁ の主張を排斥し、Y₁ らにつき本件株式取得との利益相反を認めたものの、本件株式取得による経営指導料の収受等の経済的メリットを総合し、Z が損害を被ったとは認められないとして会社法 423 条 3 項の推定を認めず、本件株式取得が上場廃止の危険があり、長期的に業績が低迷していた Z が上場廃止のリスクを避けるとともに、会社経営やマネジメントの向上を主な目的として行われたことも否定できないし、本件株式の評価が不当に高額であるとは認められず、その決定の過程、内容に著しく不合理な点がなく、取締役としての善管注意義務、忠実義務違反を認めることはできない等とし、請求を棄却した。

〔裁判例 81〕東京地判令和 3・4・28 判時 2543・2544 号 88 頁

A は、平成 25 年 9 月、レストランを経営する Y₁ 株式会社（平成 25 年 7 月設立。代表取締役は、Y₂）に雇用され、レストランにおいて板前（料理長）として勤務していたところ、平成 26 年 3 月、自宅で倒れ、病院に救急搬送されたものの、突然の不整脈の発症により死亡したため（A の妻 X₁ は、労働災害による遺族補償給付等の支給を求めたところ、不支給決定等がされたが、最終的には支給決定がされた）、X₁、A の子 X₂ が Y₁、Y₂ に対して長時間の過重労働による不整脈の発症、死亡等を主張し、Y₁ につき債務不履行、Y₂ につき債務不履行、会社法 429 条 1 項に基づき損害賠償を請求した（Y₂ は、名目的取締役である等の主張をした）。

　本判決は、A の死亡が Y₁ の業務における長時間労働により生じたことを認め、Y₁ の安全配慮義務違反を肯定し、Y₂ については、代表取締役としてその職務を行うにつき悪意または重大な過失があったとし、会社法 429 条 1 項の責任を肯定し、請求を認容した。

参考裁判例

〔裁判例 82〕 大阪地判令和 3・7・16 判時 2526 号 68 頁

　Y₂ 株式会社は、Y₁ 株式会社の親会社であり、Y₁ は、平成 17 年 3 月、構造改革特別区域法に基づき全日制課程、通信制課程による B 高等学校を設置、運営していたところ、広域通信制課程を設け、全国各地に通信制教育支援施設を展開することとし、基本契約を締結し、全国各地の支援事業者である X₁ ないし X₁₀、A と提携し、支援施設を運営していたが、Y₁ は、平成 28 年 3 月、B の広域通信制課程の新年度生徒募集を停止することを決定し、平成 29 年 1 月、学校廃止の認可を受け、B を閉校したため、X₁ ないし X₁₀、A の破産手続開始による破産管財人 X₁₁ が Y₁、Y₂ のほか、Y₂ の大株主・代表取締役兼 Y₁ の代表取締役 Y₃、Y₁ の監査役（Y₂ の幹部従業員）Y₄ に対して Y₁ につき債務不履行、不法行為、使用者責任、Y₂ につき不法行為、使用者責任、Y₃、Y₄ につき会社法 429 条 1 項、不法行為に基づき損害賠償を請求したのに対し、Y₁ が反訴として債務不履行に基づき X₁ らに対して損害賠償を請求した。

　本判決は、Y₁ が X₁ らとの間で基本契約を締結しており、基本契約上、教育支援施設を運営できるように高校を運営すべき義務を負い、高校の生徒募集の停止、閉校により教育支援施設の運営をできなくしたことは債務不履行に当たるとし、Y₃ の責任については、就学支援金詐欺につながる不適切な生徒募集を認識しながら放置していたが、これは任務懈怠に当たるとし、会社法 429 条 1 項の責任を肯定し、Y₂、Y₄ の不法行為等を否定し、Y₁、Y₃ に対する請求を認容し、その余の請求を棄却した。

〔裁判例 83〕 最二小判令和 3・7・19 判時 2514 号 13 頁

　前記〔裁判例 64〕東京高判令和元・8・21 金判 1579 号 18 頁の上告審判決であり、X が上告受理を申し立てた。

　本判決は、会計限定監査役は、計算書類等の監査を行うに当たり、会計帳

簿が信頼性を欠くものであることが明らかでない場合であっても、計算書類等に表示された情報が会計帳簿の内容に合致していることを確認しさえすれば、常にその任務を尽くしていたといえるものではない等とし、原判決を破棄し、本件を東京高等裁判所に差し戻した。

〔裁判例 84〕 熊本地判令和 3・7・21 判時 2535 号 102 頁

Xの夫Aは、平成7年4月、銀行業を営むB株式会社に雇用され、平成24年、Bの業務統括部業務企画グループに所属し、副部長の部下として勤務していたが（Xは、Bの株式を保有していた）、Bにおいて各従業員の時間外労働が把握されていたところ、同年10月、自殺したことから（Aの死亡につきXらに損害賠償金等が支払われた）、XがBの代表取締役ら、取締役らY_1ないしY_{11}に対してBの損害賠償金、Bの名誉毀損がY_1らによる従業員の労働時間管理体制の構築に係る善管注意義務の懈怠による等と主張し、会社法847条の2、423条1項に基づき損害賠償を請求した。

本判決は、Bにおける従業員の労働時間の管理の実情、Bの対策等を詳細に認定し、Bが構築・運用していた労働時間管理に係る体制は合理的なものであり、その適正な運用を担保するために複合的・重畳的な施策がとられていたと評価することができるし、Aが自殺した当時、BがICカードを利用したゲートをジムセンターのみに設置しており、従業員のICカードの利用履歴を取得するためには警備会社に対し定期的な開示を依頼する必要があったことなどから、Y_1らがICカードを利用した労働時間管理体制を構築すべき義務を負っていたものともいえない等とし、義務違反を否定し、請求を棄却した。

〔裁判例 85〕 東京高判令和 3・9・28 判時 2539 号 66 頁

前記〔裁判例74〕長野地上田支判令和2・3・30判時2539号84頁の控訴審判決であり、X、Yが控訴した。

参考裁判例

　本判決は、本件機械の購入については、大口受注先から技術課題を指摘さ
れ、技術レベルが改善されなければ製品の発注を大幅に減少させる旨の予告
を受ける等していたから、取締役会で十分な議論をあらためてすべきであ
り、その結論が出るまでベトナム進出に関する具体的な準備作業を一時中止
すべき注意義務を負っていたとし、本件機械を発注する等したことに注意義
務違反が認められ、役員報酬の増額については、ほかの取締役の報酬の増額
に比して、自己の報酬の増額、増額率からみてお手盛りの色合いの濃いもの
であり、Xの出捐によりYが株式を取得するのと同じ効果を有する等とし、
善管注意義務違反に該当する等とし、Xの控訴に基づき原判決を変更し、請
求を認容し、Yの控訴を棄却した。

〔**裁判例 86**〕福岡地判令和 4・3・1 判タ 1506 号 165 頁

　Y₁ 株式会社は、パン等の委託加工等を業とする同族会社であり、Y₂ は、
代表取締役会長であり（発行済株式 3210 株のうち、Y₂ は、1058 株、親族が合
計 570 株保有しており、Y₂ は、元社長の娘婿であった）、X は、昭和 56 年 3 月、
Y₁ に入社し、平成 29 年 6 月、代表取締役社長に就任したところ、平成 30
年 6 月頃から Y₁ の業績が悪化し、Y₂ は、X を会長室に呼び、罵声を浴びせ、
会議の席で厳しい叱責を加え、「バカ者」、「無能」、「会社の経営のことを考
えようとしないサラリーマン」などと面罵する等し、社長としての対面をこ
とさらに損なう言動を行ったことから、X は、平成 31 年 3 月、取締役、代
表取締役を退任したが、その間、報酬を減額し、退任に際して退職慰労金を
支給しなかったため、X が Y₁、Y₂ に対してパワーハラスメント等を主張し、
Y₁ につき会社法 350 条、Y₂ につき不法行為、同法 429 条 1 項に基づき慰謝
料、退職慰労金相当額、未支給の報酬相当額の損害賠償を請求した。
　本判決は、経営者一族の代表取締役会長が優越的地位に基づきほかの取締
役等の面前で人格を否定する激しい言葉を発したものであり、業務指導、叱
咤激励を必要とする状況にあったことを踏まえても、その内容に照らし、正
当化することはできないとし、不法行為を認め、Y₁ が内規で退職慰労金の

算定基準を定めており、Y_2 が内規に従って取締役会に X の議案を上程するか、内規に反して退職慰労金を支給しないのを相当とするならこれを取締役会に諮るべき義務があるのにこれを怠ったとし、報酬の減額については X の黙示の同意があった等とし、Y_1 につき会社法 350 条の責任、Y_2 につき不法行為、同法 429 条 1 項の責任を肯定し、請求を認容した。

〔裁判例 87〕東京高判令和 4・3・10 判時 2543・2544 号 75 頁

前記〔裁判例 81〕東京地判令和 3・4・28 判時 2543・2544 号 88 頁の控訴審判決であり、Y_1、Y_2 が控訴した。

本判決は、第 1 審判決と同様に、業務起因性、Y_1 の安全配慮義務違反を肯定し、Y_2 の責任については、Y_1 の業務執行が予定されていない名目的な代表取締役であったとしたが、名目的な代表取締役であったことをもって代表取締役として負うべき一般的な善管注意義務を免れまたは軽減されるものではなく、Y_2 は Y_1 の業務をいっさい行わず、A の労働時間や労働内容の把握や是正につき何も行っていなかったとし、任務懈怠につき悪意または重大な過失があった等とし、原判決を変更し、請求を認容した。

〔裁判例 88〕東京地判令和 4・3・28 判時 2550 号 73 頁

アスファルト舗装等を業とする A 株式会社は、同業他社 8 社との間でアスファルト合材の販売価格の引上げを共同して行うことを合意していたところ、公正取引委員会から合材の販売分野における競争を実質的に制限する私的独占の禁止及び公正取引の確保に関する法律（独占禁止法）2 条 6 号所定の不当な取引制限に該当する等として、排除措置命令、課徴金納付命令を受けたことから、A の株主 X が代表訴訟により、代表取締役 Y_1、取締役 Y_2 ないし Y_4 に対して善管注意義務違反を主張し、会社法 423 条 1 項に基づき課徴金相当額の損害賠償を請求した。

本判決は、Y_1 らの法令遵守義務違反による任務懈怠責任を肯定し、請求

参考裁判例

を認容した。

〔**裁判例 89**〕大阪地判令和 4・5・20 判時 2546 号 71 頁

　Y₁ は、建築工事の請負等を業とする大手のハウスメーカーの A 株式会社（上場会社）の代表取締役社長であり、Y₂ は、取締役副社長であり、財務部門の最高責任者であり、東京都内の旅館の建物、敷地（本件不動産）の所有者が B であったところ（B の登記があった）、A の東京マンション事業本部（担当者は、5 営業次長 D）は、詐欺グループに本件不動産を紹介され、購入の検討を進めることとし、Y₁ は、平成 29 年 4 月 18 日、本件不動産の現地視察をし、東京マンション事業本部内で購入を承諾する決裁が行われ、A の不動産部、法務部、経営企画部、経理財務部の各部長の承認の決裁がされ、Y₁ は、取引を承認する決裁をし、同月 20 日、D が詐欺グループの者、B に成りすました者、司法書士らと同席して面談し、同月 24 日、売買契約の締結（代金 70 億円。契約実行日は 7 月 31 日）、手付金（14 億円）の支払いが行われ、本件各土地につき仮登記もされ、同月 26 日、A の Y₂、関係する取締役が稟議を決裁し、東京マンション事業本部は、同年 5 月 30 日、売買契約の実行日を 7 月 31 日から 6 月 1 日に繰り上げることとし、Y₁ の了解を得て、同年 5 月 31 日、登記申請のための準備を行い、同年 6 月 1 日、残代金 56 億円のうち 49 億円等の支払いを行い、本件各不動産の登記申請手続が行われたが、同月 9 日、登記官が本件申請を却下する等したため、A の株主 X が平成 30 年 3 月に Y₁ に対する提訴請求をしたものの、監査役が提訴しない旨の回答をし、X が同年 4 月に Y₂ に対する提訴請求をし、平成 31 年 4 月に Y₁、Y₂ に対する提訴請求をしたものの、監査役が提訴しない旨を回答したことから、X が Y₁、Y₂ に対して株主代表訴訟により、善管注意義務ないし忠実義務に違反する任務懈怠があった等と主張し、会社法 423 条 1 項に基づき損害賠償を請求した。

　本判決は、取締役の地位や担当職務等を踏まえ、判断の前提となった事実等の認識ないし評価に至る過程および内容が著しく不合理なものでない限

554

り、取締役が善管注意義務ないし忠実義務違反による責任を負うことはないとし、本件では大規模で分業された組織形態になっており、下部組織から提供された事実関係やその分析および検討の結果に依拠して判断することに躊躇を覚えさせるような特段の事情のない限り、これによって取締役が判断したときは、合理的なものということができる等し、Y₁らの責任を否定し、請求を棄却した。

〔裁判例 90〕 東京高判令和 4・7・13 金判 1662 号 14 頁

前記〔裁判例 80〕千葉地松戸支判令和 3・3・26 判タ 1507 号 103 頁、金判 1662 号 24 頁の控訴審判決であり、X らが控訴した。

本判決は、基本的には第 1 審判決を引用する等し、第 1 審判決と同様な判断を示し、訴権の濫用の主張を排斥し、本件株式取得が利益相反取引に該当するものの、株式の客観的な価値を一義的に評価することが困難であり、取得後に多額の経営指導料を収受した等の本件の事情の下においては、取得価格が不当に高額であったといえず、本件株式取得により損害が発生したとはいえず、会社法 423 条 3 項による任務懈怠は推定されないとし、本件株式取得の決定の過程および内容に著しく不合理な点があるとはいえず、Y₁らは同条 1 項の責任を負わないとし、控訴を棄却した。

〔裁判例 91〕 東京地判令和 4・7・14 金判 1659 号 20 頁

X 株式会社は、有料老人ホームの経営等を業とし、平成 12 年 2 月に設立され、発行済株式総数は平成 21 年 2 月以降 1800 株であり、平成 28 年 5 月までは代表取締役 Y₁がその全部を保有し、同月以降は A 株式会社が全部保有しており（A は、平成 28 年 5 月に設立され、Y₁が平成 30 年 7 月までの間代表取締役であり、発行済株式の全部を保有していた）、Y₂は、平成 18 年、営業担当の職員として X に雇用され、平成 20 年以降、取締役、代表取締役を務め、Y₃は、平成 29 年、財務担当の職員として雇用され、同年 11 月以降、取締

役、代表取締役を務めていたところ、Xは、平成23年以降（平成22年9月1日から平成23年8月31日までが12期）、平成27年（16期）まで2億6400万円、2億5400万円の各報酬を取得し（ほかの取締役の報酬は、1350万円、1800万円等）、Xは、平成28年6月、Aとの間で業務委託契約を締結し、Aに業務委託費を支払い、平成23年11月、平成28年11月、それぞれ剰余金の配当を行っていたが、Xは、平成31年1月、再生手続開始決定の申立てをし、同月、同決定を受け、裁判所に対し、Y₁につき業務対価相当額を超える高額な役員報酬を支払ったことは会社法461条1項に違反し、善管注意義務、忠実義務違反に当たると主張し、14期から16期までに支払われた役員報酬のうち1800万円を超える部分の損害賠償請求権の額の査定を申し立てたところ、再生裁判所が損害賠償の額を7億2800万円とする査定をしたことから、XがY₁ないしY₃に対して高額な役員報酬の支払い、剰余金の配当、業務委託金の支払いにつき同法423条、462条に基づき損害賠償を請求したのに対し、Y₁が本件査定決定を取り消す旨の判決を求め、異議の訴えを提起した。

　本判決は、Y₁の報酬の支払いに係る任務懈怠責任を肯定し、業務委託料の支払いについては取締役を辞任した後であっても、事実上Xの取締役（主宰者）として内部的な行為をあえてしたとし、会社法423条1項の類推適用を認め、善管注意義務違反を肯定し、剰余金の配当についてはY₁の同法462条1項所定の責任を肯定し、Y₂の業務委託料の支払いにつきY₁の善管注意義務違反を看過した等とし、同法423条1項の責任を肯定し、Y₃の任務懈怠と損害との間の相当因果関係を否定し、その責任を否定する等し、Y₁、Y₂に対する請求を認容し、Y₃に対する請求を棄却し、Y₁の本件査定決定の取消しに係る請求を棄却した。

【判例索引】

本文中で理事・監事を対象とする〔裁判例〕をあげる。

〔最高裁判所〕

最二小判昭和 54・2・23 民集 33 巻 1 号 125 頁、判時 922 号 42 頁・・・・・・・・・・146

最三小判平成 9・12・16 判時 1627 号 144 頁 ・・・・・・・・・・・・・・・・・165

最三小判平成 15・12・16 判時 1846 号 102 頁 ・・・・・・・・・・・・・・213

最三小判平成 21・3・31 民集 63 巻 3 号 472 頁、判時 2065 号 145 頁、

　金判 1342 号 39 頁・・・・・・・・・・・・・・・・・・・・・・・・・・・・・・238

最二小判平成 21・11・27 判時 2067 号 136 頁、金判 1342 号 22 頁・・・・・・・・・・・・244

〔高等裁判所〕

仙台高判昭和 53・4・21 金判 584 号 32 頁・・・・・・・・・・・・・・・・・・・・・344

福岡高判昭和 55・7・29 判タ 429 号 132 頁・・・・・・・・・・・・・・・・・・・347

名古屋高金沢支決昭和 63・11・15 判タ 700 号 216 頁 ・・・・・・・・・・・154

大阪高判平成 6・12・21 金判 966 号 24 頁・・・・・・・・・・・・・・・・・・・・355

東京高判平成 11・5・27 判時 1718 号 58 頁 ・・・・・・・・・・・・・・・・・173

東京高判平成 13・7・18 判時 1751 号 75 頁・・・・・・・・・・・・・・・・・・318

東京高判平成 13・12・26 判時 1783 号 145 頁 ・・・・・・・・・・・・・・202

大阪高判平成 14・3・29 金判 1143 号 16 頁 ・・・・・・・・・・・・・・・・207

福岡高判平成 17・5・12 判タ 1198 号 273 頁・・・・・・・・・・・・・・・・389

名古屋高判平成 18・2・15 判時 1948 号 82 頁・・・・・・・・・・・・・・・・362

東京高判平成 18・4・19 判時 1964 号 50 頁・・・・・・・・・・・・・・・・・・398

高松高判平成 22・9・28 判時 2103 号 42 頁・・・・・・・・・・・・・・・・・・329

東京高判平成 23・7・27 金判 1377 号 30 頁・・・・・・・・・・・・・・・・・・428

東京高判平成 25・2・27 判時 2246 号 17 頁・・・・・・・・・・・・・・・・・・121

大阪高判平成 26・12・19 判時 2250 号 80 頁・・・・・・・・・・・・・・・・・121

大阪高判平成 27・5・21 判時 2279 号 96 頁、金判 1469 号 16 頁・・・・・・・109

東京高判平成 28・8・10 判タ 1434 号 121 頁・・・・・・・・・・・・・・・・・274

東京高判平成 28・12・16 判時 2359 号 12 頁・・・・・・・・・・・・・・・・・450

東京高判平成 29・1・31 判時 2335 号 28 頁・・・・・・・・・・・・・・・・・・331

福岡高宮崎支判平成 29・11・17 金判 1532 号 14 頁・・・・・・・・・・・・277

東京高判平成 30・4・11 判時 2402 号 6 頁・・・・・・・・・・・・・・・・・・・99

名古屋高判平成 30・4・18 金判 1570 号 47 頁・・・・・・・・・・・・・・・・98

東京高判平成 31・4・17 判時 2468・2469 号 5 頁・・・・・・・・・・・・・337

東京高判令和元・11・20 判時 2446 号 3 頁、金判 1589 号 24 頁・・・・・・・288

福岡高判令和 2・5・29 判時 2471 号 74 頁・・・・・・・・・・・・・・・・・・468

東京高判令和 4・2・24 判タ 1514 号 72 頁・・・・・・・・・・・・・・・・・・・・・・・・・・・・・・478
東京高判令和 4・5・31 判時 2576 号 67 頁・・・・・・・・・・・・・・・・・・・・・・・・・・・・・302
大阪高判令和 4・8・24 判時 2595 号 57 頁・・・・・・・・・・・・・・・・・・・・・・・・・・・・・479

〔地方裁判所〕

仙台地判昭和 52・9・7 判時 893 号 88 頁・・・・・・・・・・・・・・・・・・・・・・・・・・・・・・142
東京地判昭和 60・8・30 判時 1198 号 120 頁　・・・・・・・・・・・・・・・・・・・・・・・・・148
神戸地判昭和 60・11・29 判時 1209 号 115 頁　・・・・・・・・・・・・・・・・・・・・・・・149
大阪地判昭和 63・1・29 判時 1300 号 134 頁　・・・・・・・・・・・・・・・・・・・・・・・・152
静岡地判平成 3・7・30 判タ 774 号 260 頁、金法 1301 号 31 頁、金判 876 号 20 頁
・・・157
大阪地判平成 5・11・26 金判 966 号 28 頁・・・・・・・・・・・・・・・・・・・・・・・・・・・・・349
東京地判平成 6・2・23 判タ 868 号 279 頁・・・・・・・・・・・・・・・・・・・・・・・・・・・・352
大阪地判平成 6・3・1 判タ 893 号 269 頁　・・・・・・・・・・・・・・・・・・・・・・・・・・・159
東京地判平成 7・3・6 金法 1445 号 62 頁・・・・・・・・・・・・・・・・・・・・・・・・・・・・・161
奈良地判平成 7・9・6 判タ 903 号 163 頁・・・・・・・・・・・・・・・・・・・・・・・・・・・・・357
東京地判平成 7・9・19 金法 1458 号 115 頁・・・・・・・・・・・・・・・・・・・・・・・・・・359
神戸地判平成 7・10・4 判時 1569 号 89 頁　・・・・・・・・・・・・・・・・・・・・・・・・・・162
東京地決平成 7・11・30 判タ 904 号 198 頁、金法 1443 号 40 頁、
　　金判 991 号 37 頁　・・164
東京地判平成 9・3・25 判タ 960 号 229 頁・・・・・・・・・・・・・・・・・・・・・・・・・・・307
大阪地決平成 9・9・29 判時 1629 号 136 頁　・・・・・・・・・・・・・・・・・・・・・・・・164
静岡地判平成 9・11・28 判時 1654 号 92 頁・・・・・・・・・・・・・・・・・・・・・・・・・・310
東京地判平成 9・12・24 判タ 987 号 222 頁・・・・・・・・・・・・・・・・・・・・・・・・・・313
大阪地判平成 10・3・31 判タ 998 号 230 頁・・・・・・・・・・・・・・・・・・・・・・・・・・316
東京地判平成 10・7・13 判時 1678 号 99 頁・・・・・・・・・・・・・・・・・・・・・・・・・・・95
名古屋地判平成 10・10・26 判時 1680 号 128 頁　・・・・・・・・・・・・・・・・・・・・168
東京地判平成 11・6・30 判タ 1007 号 120 頁・・・・・・・・・・・・・・・・・・・・・・・・397
札幌地浦河支判平成 11・8・27 判タ 1039 号 243 頁　・・・・・・・・・・・・・・・・・176
大阪地判平成 12・5・24 判時 1734 号 127 頁　・・・・・・・・・・・・・・・・・・・・・・・184
大阪地判平成 12・5・31 判時 1742 号 141 頁・・・・・・・・・・・・・・・・・・・・・・・・105
大阪地判平成 12・6・21 判時 1742 号 146 頁・・・・・・・・・・・・・・・・・・・・・・・・105
浦和地判平成 12・7・25 判時 1733 号 61 頁・・・・・・・・・・・・・・・・・・・・・・・・・367
大阪地判平成 12・9・8 判時 1756 号 151 頁　・・・・・・・・・・・・・・・・・・・・・・・・187
東京地判平成 12・11・13 判時 1758 号 72 頁・・・・・・・・・・・・・・・・・・・・・・・・370
大阪地判平成 13・3・30 判タ 1072 号 242 頁　・・・・・・・・・・・・・・・・・・・・・・・189
大阪地判平成 13・5・28 判時 1768 号 121 頁、金判 1125 号 30 頁　・・・・・・・・・・・193
東京地判平成 13・5・31 判時 1759 号 131 頁　・・・・・・・・・・・・・・・・・・・・・・・198

津地判平成 13・10・3 判時 1781 号 156 頁、判タ 1207 号 255 頁　・・・・・・・・・・・・201

松山地判平成 14・3・15 判タ 1138 号 118 頁　・・・・・・・・・・・・・・・・・・・・・・205

山形地判平成 14・3・26 判時 1801 号 103 頁・・・・・・・・・・・・・・・・・・・・・・・・・372

大阪地判平成 14・10・30 判タ 1163 号 304 頁　・・・・・・・・・・・・・・・・・・・・・・210

大阪地判平成 15・5・9 判時 1828 号 68 頁・・・・・・・・・・・・・・・・・・・・・・・・・・374

東京地判平成 15・8・22 判時 1838 号 83 頁・・・・・・・・・・・・・・・・・・・・・・・・・376

東京地判平成 16・7・2 判時 1868 号 75 頁・・・・・・・・・・・・・・・・・・・・・・・・・・379

大阪地判平成 16・7・28 判時 1877 号 105 頁・・・・・・・・・・・・・・・・・・・・・・・・・382

東京地判平成 17・1・31 判タ 1182 号 254 頁　・・・・・・・・・・・・・・・・・・・・・・216

大阪地判平成 17・2・22 判時 1914 号 127 頁、判タ 1182 号 240 頁・・・・・・・・・・・384

東京地判平成 17・3・17 判タ 1182 号 226 頁・・・・・・・・・・・・・・・・・・・・・・・・・387

東京地判平成 17・6・27 判時 1923 号 139 頁・・・・・・・・・・・・・・・・・・・・・・・・・106

青森地判平成 18・2・28 判時 1963 号 110 頁・・・・・・・・・・・・・・・・・・・・・・・・・218

東京地判平成 18・7・6 判時 1949 号 154 頁、判タ 1235 号 286 頁・・・・・・・・・・・・225

鹿児島地判平成 18・9・29 判タ 1269 号 152 頁・・・・・・・・・・・・・・・・・・・・・・・402

東京地判平成 18・12・12 判時 1981 号 53 頁・・・・・・・・・・・・・・・・・・・・・・・・・95

東京地判平成 18・12・21 判時 1959 号 152 頁・・・・・・・・・・・・・・・・・・・・・・・・229

佐賀地判平成 19・6・22 判時 1978 号 53 頁・・・・・・・・・・・・・・・・・・・・・・・・・405

盛岡地判平成 19・7・27 判タ 1294 号 264 頁・・・・・・・・・・・・・・・・・・・・・・・・・232

東京地判平成 19・9・12 判時 2002 号 125 頁・・・・・・・・・・・・・・・・・・・・・・・・・320

東京地判平成 19・9・27 判時 1986 号 146 頁、金判 1278 号 18 頁・・・・・・・・・・・・106

東京地判平成 19・10・25 判時 2005 号 27 頁・・・・・・・・・・・・・・・・・・・・・・・・・322

名古屋地豊橋支判平成 19・12・21 判タ 1279 号 252 頁・・・・・・・・・・・・・・・・・・408

東京地判平成 20・1・17 判時 2012 号 117 頁・・・・・・・・・・・・・・・・・・・・・・・・・112

東京地判平成 20・3・27 判時 2005 号 80 頁・・・・・・・・・・・・・・・・・・・・・・・・・112

那覇地判平成 20・6・25 判時 2027 号 91 頁・・・・・・・・・・・・・・・・・・・・・・・・・236

東京地判平成 21・1・30 判時 2035 号 145 頁・・・・・・・・・・・・・・・・・・・・・・・・・96

東京地判平成 21・10・22 判時 2064 号 139 頁・・・・・・・・・・・・・・・・・・・・・・・・112

高知地判平成 22・2・23 判時 2103 号 45 頁・・・・・・・・・・・・・・・・・・・・・・・・・325

新潟地高田支判平成 22・3・18 金判 1377 号 36 頁・・・・・・・・・・・・・・・・・・・・・412

さいたま地判平成 22・3・26 金判 1344 号 47 頁・・・・・・・・・・・・・・・・・・・・・・107

東京地判平成 22・6・21 判タ 1341 号 104 頁・・・・・・・・・・・・・・・・・・・・・・・・・416

福岡地判平成 23・1・26 金判 1367 号 41 頁・・・・・・・・・・・・・・・・・・・・・・・・・113

宮崎地判平成 23・3・4 判時 2115 号 118 頁・・・・・・・・・・・・・・・・・・・・・・・・・248

松山地判平成 23・6・29 判タ 1372 号 152 頁・・・・・・・・・・・・・・・・・・・・・・・・・419

大阪地判平成 23・7・25 判時 2184 号 74 頁・・・・・・・・・・・・・・・・・・・・・・・・・421

横浜地横須賀支判平成 23・9・12 判タ 1370 号 169 頁・・・・・・・・・・・・・・・・・・252

東京地判平成 24・3・15 判時 2150 号 127 頁・・・・・・・・・・・・・・・・・・・・・・・・・114

東京地判平成 24・3・28 判時 2157 号 50 頁・・・・・・・・・・・・・・・・・・・・・・・429
東京地判平成 24・6・8 判時 2163 号 58 頁・・・・・・・・・・・・・・・・・・・・・・・256
横浜地判平成 24・7・17 判時 2162 号 99 頁、金法 1994 号 89 頁・・・・・・・・・120
松山地今治支判平成 24・8・23 判時 2173 号 111 頁・・・・・・・・・・・・・・・・258
大阪地判平成 24・9・28 判時 2169 号 104 頁・・・・・・・・・・・・・・・・・・・・114
長崎地判平成 25・3・4 判時 2207 号 98 頁・・・・・・・・・・・・・・・・・・・・・・433
東京地判平成 25・8・27 判タ 1417 号 232 頁・・・・・・・・・・・・・・・・・・・・439
大阪地判平成 25・12・26 判時 2220 号 109 頁、金判 1435 号 42 頁・・・・・・・・108
東京地判平成 26・10・15 判時 2248 号 56 頁・・・・・・・・・・・・・・・・・・・・444
東京地判平成 27・3・13 判時 2273 号 88 頁・・・・・・・・・・・・・・・・・・・・260
東京地判平成 27・3・26 判時 2271 号 121 頁・・・・・・・・・・・・・・・・・・・・108
東京地判平成 27・3・30 判時 2274 号 57 頁・・・・・・・・・・・・・・・・・・・・262
名古屋地判平成 27・6・30 金判 1474 号 32 頁・・・・・・・・・・・・・・・・・・・・96
東京地判平成 27・11・9 判時 2293 号 67 頁・・・・・・・・・・・・・・・・・・・・266
東京地判平成 28・3・16 判時 2314 号 129 頁・・・・・・・・・・・・・・・・・・・・97
宮崎地延岡支判平成 28・3・25 金判 1532 号 33 頁・・・・・・・・・・・・・・・・268
東京地判平成 28・5・19 金判 1502 号 42 頁・・・・・・・・・・・・・・・・・・・・109
東京地判平成 28・5・25 判時 2359 号 17 頁・・・・・・・・・・・・・・・・・・・・447
大阪地判平成 28・5・30 金判 1495 号 23 頁・・・・・・・・・・・・・・・・・・・・122
名古屋地判平成 28・6・15 金判 1570 号 55 頁・・・・・・・・・・・・・・・・・・・・97
東京地判平成 28・9・27 判時 2370 号 79 頁・・・・・・・・・・・・・・・・・・・・122
東京地判平成 28・9・29 判時 2386 号 78 頁、金判 1507 号 26 頁・・・・・・・・・110
東京地判平成 29・6・6 判時 2402 号 19 頁・・・・・・・・・・・・・・・・・・・・・99
名古屋地判平成 29・12・27 金判 1539 号 16 頁・・・・・・・・・・・・・・・・・・100
東京地判平成 30・3・29 労判 1184 号 5 頁・・・・・・・・・・・・・・・・・・・・・451
東京地判平成 30・7・31 判時 2468・2469 号 10 頁・・・・・・・・・・・・・・・・333
福岡地判平成 30・9・14 判時 2413・2414 号 195 頁・・・・・・・・・・・・・・・・101
東京地判平成 30・11・28 判時 2446 号 18 頁、金判 1589 号 37 頁・・・・・・・・283
松山地西条支判平成 30・12・19 判時 2421 号 94 頁・・・・・・・・・・・・・・・・452
大阪地判平成 31・3・20 判自 459 号 24 頁・・・・・・・・・・・・・・・・・・・・457
東京地判平成 31・4・26 金法 2142 号 57 頁・・・・・・・・・・・・・・・・・・・・102
名古屋地判令和元・10・31 金判 1588 号 36 頁・・・・・・・・・・・・・・・・・・286
東京地判令和 2・1・31 判タ 1495 号 228 頁・・・・・・・・・・・・・・・・・・・・461
東京地判令和 2・8・28 判タ 1486 号 184 頁・・・・・・・・・・・・・・・・・・・・471
東京地判令和 3・7・1 金判 1634 号 28 頁・・・・・・・・・・・・・・・・・・・・・294
大阪地判令和 3・8・24 判時 2537 号 29 頁、金判 1628 号 28 頁・・・・・・・・・475
東京地判令和 3・8・30 金判 1635 号 37 頁・・・・・・・・・・・・・・・・・・・・299

【著者紹介】

升田　純（ますだ　じゅん）

〔略　歴〕

昭和 25 年 4 月 15 日生まれ　島根県安来市出身

昭和 44 年 3 月　松江北高校卒業

昭和 44 年 4 月　京都大学法学部入学

昭和 48 年　国家公務員試験上級甲種、司法試験合格

昭和 49 年 3 月　京都大学法学部卒業

昭和 49 年 4 月　農林省入省

昭和 52 年 4 月　裁判官任官、東京地方裁判所判事補

昭和 56 年 7 月　在外研究・米国ミシガン州デトロイト市

昭和 57 年 8 月　最高裁判所事務総局総務局局付判事補

昭和 62 年 4 月　福岡地方裁判所判事

昭和 63 年 7 月　福岡高等裁判所職務代行判事

平成 2 年 4 月　東京地方裁判所判事

平成 4 年 4 月　法務省民事局参事官

平成 8 年 4 月　東京高等裁判所判事

平成 9 年 4 月　裁判官退官、聖心女子大学教授

平成 9 年 5 月　弁護士登録

平成 15 年 1 月　升田純法律事務所設立

平成 16 年 4 月　中央大学法科大学院教授

令和 3 年 3 月　中央大学法科大学院定年退職

〔著　書〕

『大規模災害と被災建物をめぐる諸問題』（法曹会、平成 8 年）

『詳解　製造物責任法』（商事法務研究会、平成 9 年）

『高齢者を悩ませる法律問題』（判例時報社、平成 10 年）

『裁判例からみた内部告発の法理と実務』（青林書院、平成 20 年）

『現代社会におけるプライバシーの判例と法理』（青林書院、平成 21 年）

『モンスタークレーマー対策の実務と法〔第 2 版〕』（共著、民事法研究会、平成 21 年）

『原発事故の訴訟実務』（学陽書房、平成 23 年）

『マンション判例で見る標準管理規約』（平成 23 年、大成出版社）

『平成時代における借地・借家の判例と実務』（平成 23 年、大成出版社）

『警告表示・誤使用の判例と法理』（民事法研究会、平成 23 年）

『一般法人・公益法人の役員ハンドブック』（民事法研究会、平成 23 年）

『風評被害・経済的損害の法理と実務〔第 2 版〕』（民事法研究会、平成 24 年）

『不動産取引における契約交渉と責任』（大成出版社、平成 24 年）

『民事判例の読み方・学び方・考え方』（有斐閣、平成 25 年）

『現代取引社会における継続的契約の法理と判例』（日本加除出版、平成 25 年）

『インターネット・クレーマー対策の法理と実務』（民事法研究会、平成 25 年）

『変貌する銀行の法的責任』（民事法研究会、平成 25 年）

『名誉毀損の百態と法的責任』（民事法研究会、平成 26 年）

『最新 PL 関係判例と実務〔第 3 版〕』（民事法研究会、平成 26 年）

『自然災害・土壌汚染等と不動産取引』（大成出版社、平成 26 年）

『要約マンション判例 170〔新版〕』（学陽書房、平成 27 年）

『民法改正と請負契約』（大成出版社、平成 29 年）

『民法改正と賃貸借契約』（大成出版社、平成 30 年）

『判例にみる慰謝料算定の実務』（民事法研究会、平成 30 年）

『判例にみる損害賠償額算定の実務〔第 3 版〕』（民事法研究会、平成 31 年）

『写真の撮影・利用をめぐる紛争と法理』（民事法研究会、令和 2 年）

『名誉毀損判例・実務全書』（民事法研究会、令和 2 年）

『乳幼児事故の判例と実務』（民事法研究会、令和 3 年）

『現代社会における著作権・著作者人格権の判例と実務』（大成出版会、令和 4 年）

『部品・原材料の製造物責任』（民事法研究会、令和 4 年）

『実戦民事訴訟の実務〔第 6 版〕』（民事法研究会、令和 5 年）　など

社団法人・財団法人等の法人の理事・監事の
法的な責任をめぐる判例と実例

2025 年 2 月 8 日　第 1 刷発行

著　　　者　升田　純
発　　　行　株式会社民事法研究会
印　　　刷　中央印刷株式会社

発 行 所　株式会社　民事法研究会
　　　　　〒 150-0013　東京都渋谷区恵比寿 3 - 7 -16
　　　　　〔営業〕TEL03(5798)7257　FAX03(5798)7258
　　　　　〔編集〕TEL03(5798)7277　FAX03(5798)7278
　　　　　http://www.minjiho.com/　　info@minjiho.com

落丁・乱丁はおとりかえいたします。ISBN978-4-86556-657-4
カバーデザイン：関野美香

最新実務に必携の手引

実務に即対応できる好評実務書！

2025年1月刊 「福祉と司法の連携」を実現するための手引書！

弁護士とケースワーカーの連携による生活保護の現場対応Q&A

借金、養育費請求や相続放棄などのさまざまな法律問題を抱える生活保護利用者の支援するときに、弁護士と連携すべきタイミングや留意点を物語形式でわかりやすく解説！　生活保護の現場で日々奮闘するケースワーカーはもちろん、福祉関係者や法律実務家の必携書！

眞鍋彰啓　編著

（Ａ５判・277頁・定価　3,080円（本体　2,800円＋税10％））

2024年12月刊 ブランドの管理・活用のためのマーケティングを意識した法務がわかる！

商標実務入門〔第3版〕
―ブランド戦略から権利行使まで―

氏名を含む商標の登録要件緩和、コンセント制度など商標法改正や実務に与える影響の大きい改訂商標審査基準に対応したほか、ウェブ会議による訴訟参加など民事裁判手続のIT化のポイントを解説するとともに、裁判例・データ等のアップデートを行い改訂！

片山英二　監修　阿部・井窪・片山法律事務所　編

（Ａ５判・396頁・定価　4,730円（本体　4,300円＋税10％））

2024年12月刊 森林・林業における法務を網羅した関係者必携の書！

森林業法務のすべて

森林・林業における法務を大局的に鳥瞰し網羅的に理解して、森林計画・森林経営管理から所有者・共有者不明森林や境界不明、林道の管理、森林データの利活用、環境の保全や林業種苗、労務管理など多岐にわたる分野の適法で万全なリスクマネジメントを実現する！

弁護士　品川尚子・弁護士　石田弘太郎　著

（Ａ５判・410頁・定価　4,840円（本体　4,400円＋税10％））

2024年12月刊 不動産関係訴訟をめぐる法理・実務・要件事実を研究者・実務家・裁判官が詳説！

不動産関係訴訟〔第2版〕

紛争解決の底流にある理論、相談から訴状作成、立証までの実務、要件事実と裁判について1冊に織り込み、紛争解決のための思考と知識を網羅！　民法（債権法）改正や財産管理制度、共有制度、相隣関係規定、相続制度など多くの法改正や判例理論の変遷を反映した最新版！

澤野順彦・齋藤　隆・岸日出夫　編

（Ａ５判・950頁・定価　9,680円（本体　8,800円＋税10％））

発行　民事法研究会

〒150-0013　東京都渋谷区恵比寿 3-7-16
（営業）TEL. 03-5798-7257
FAX. 03-5798-7258
http://www.minjiho.com/
info@minjiho.com

最新実務に必携の手引

| 実務に即対応できる好評実務書！ |

2024年12月刊　この1冊があれば格安な競売物件を安心して購入できる！

安心できる競売物件の見方・買い方〔第7版〕
―危ない物件の見分け方―

第7版では、競売における暴力団等の買受制限や共有制度・財産管理制度の見直し等、最新の法改正に対応してわかりやすく解説！　トラブルのある物件はどう見分けたらよいのか、申込書の書き方から購入後の手続までをわかりやすく解説！

競売実務研究会　編

（A5判・369頁・定価 4,180円（本体 3,800円＋税10％））

2024年12月刊　バングラデシュへの企業進出・事業展開の予測可能性を高める！

バングラデシュ法務
―外資規制、許認可、労務、税務から紛争対応までの完全ガイドブック―

世界一の人口を有するインドと国境を接している地理的優位性や、投資促進を目的にさまざまな税制優遇や便宜供与を設ける一方で、文化や法制度が日本と大きく異なり、不安材料もあるバングラデシュ法制度への対応について、実務上の留意点等を概説した関係者垂涎の書！

ＴＮＹグループ　編　　堤　雄史・永田貴久・藤本抄越理　著

（A5判・339頁・定価 4,290円（本体 3,900円＋税10％））

2024年11月刊　訴訟上の和解の基本的な技法と実践方法を体系的に解説！

和解の考え方と実務

著者の20年以上に及ぶ裁判官としての実務経験やさまざまな先行研究を踏まえて、和解手続を担う裁判官が身につけておくべき技法や知識など、裁判官の中で蓄積されてきた「暗黙知」としての技法を言語化し開示！

武藤貴明　著

（A5判・484頁・定価 5,280円（本体 4,800円＋税10％））

2024年11月刊　小規模公益法人がどのように運営され、どのような活動を行っているかについて紹介！

小規模公益法人500ガイドブック
―現在の公益認定審査の実情と問題点・公益認定取得のすすめ―

令和6年改正、令和7年4月施行予定の改正公益法人認定法に合わせ、公益認定等ガイドラインも改訂される予定であり、より多くの公益法人の誕生を期待しての手引！　法人の概要や事業の概要のほか、より詳細な情報を調べやすいように法人コードも掲載！

公益財団法人公益事業支援協会　編　　編集代表　弁護士　千賀修一

（A5判・307頁・定価 1,980円（本体 1,800円＋税10％））

発行　民事法研究会

〒150-0013　東京都渋谷区恵比寿 3-7-16
（営業）TEL. 03-5798-7257　　FAX. 03-5798-7258
http://www.minjiho.com/　　info@minjiho.com

家族の一員が加害者となって事件・事故を起こした場合の判例・裁判例を分析！

家族の監督義務・監護義務違反をめぐる判例と実務
─現代社会における家族の絆・柵(しがらみ)の実情と法的責任─

升田 純 著

A5判・509頁・定価 5,940円(本体 5,400円＋税 10％)

▶事故・事件の加害者の家族が監督義務者・監護義務者等として法的責任を追及された149件に及ぶ裁判例を分析・検証して、主張・立証の指針を示す好個の書！

▶家族間で相互に問題、不利益、負担をかけあうファミリーリスクの一つである家族の法的な責任をめぐる判例・裁判例を昭和から令和の各年代ごとに事案の概要と判旨を紹介するとともに、判決の実務上の意義を提示！

▶暴行、いじめ、強姦、性的嫌がらせ、原付自転車の運転、自動車の運転、失火・放火、キャッチボール、ナイフ・包丁、空気銃・エアーガンなど子による加害行為のほか、線路への立入による高齢の親の加害行為に対する家族の責任をめぐる判例も掲載！

▶家族像が大きく変容する現代社会における家族の不法行為等による紛争の予防や解決に取り組む法律実務家にとって至便！

◆本書の主要内容◆

第1章　現代社会における家族像とリスクの概況
第2章　家族の責任をめぐる裁判例──昭和20年代～昭和30年代
第3章　家族の責任をめぐる裁判例──昭和40年代
第4章　家族の責任をめぐる裁判例──昭和50年代
第5章　家族の責任をめぐる裁判例──昭和60年代
第6章　家族の責任をめぐる裁判例──平成一桁年代
第7章　家族の責任をめぐる裁判例──平成10年代
第8章　家族の責任をめぐる裁判例──平成20年代
第9章　家族の責任をめぐる裁判例──平成30年代
第10章　家族の責任をめぐる裁判例──令和一桁年代

発行　民事法研究会

〒150-0013　東京都渋谷区恵比寿 3-7-16
（営業）TEL. 03-5798-7257　FAX. 03-5798-7258
http://www.minjiho.com/　info@minjiho.com

論点ごとに精緻に分析して、主張・立証の指針を示す！

部品・原材料の製造物責任

―製造物責任の法理と製品製造を衰退させる判決の実情―

升田　純　著

A5判・393頁・定価 3,960 円（本体 3,600 円＋税 10%）

▶製造物責任法の解釈を誤った裁判例による日本の製品製造分野の衰退を回避するために、最終製品の製造業者等の製造物責任と部品・原材料の製造業者等の製造物責任の関係について、実務現場の実態を踏まえた基本的な考え方を紹介するとともに、関連する裁判例を精緻に分析！

▶抗癌剤、洗顔石鹸、医薬部外品・化粧品、カーステレオ等の「部品・原材料の製造業者」の責任の有無の判断が分かれている裁判例を論点ごとに精緻に分析して、主張・立証活動の指針を示すとともに、訴訟リスクに備える！

▶施行から約25年が経過した製造物責任法の立法過程・趣旨を繙くとともに、施行後の判例と実務の動向を詳解！

本書の主要内容

第1章　製造物責任法の施行後の動向

第2章　製造物責任をめぐる最大の重大問題

第3章　製造物の欠陥と科学・技術水準、予見可能性、回避可能性の考慮

第4章　製造物の欠陥の判断の基準時

第5章　製品の設計・製造等の実態・実務と部品等の製造物責任

第6章　最終製品の製造業者等と部品等の製造業者等の求償関係

判例索引

発行　民事法研究会

〒150-0013　東京都渋谷区恵比寿 3-7-16
（営業）TEL. 03-5798-7257　FAX. 03-5798-7258
http://www.minjiho.com/　info@minjiho.com

最新実務に必携の手引

― 実務に即対応できる好評実務書！―

2021年10月刊 教育・保育施設等における乳幼児事故の裁判実務のあり方を示す！

乳幼児事故の判例と実務
―教育・保育施設等におけるリスクと法的責任―

160件に及ぶ傷害・死亡事故の裁判例を分析・検証して、施設等の法的責任の主張・立証、損害額の認定・算定の実務のあり方を示す好個の書！　事故調査・紛争解決に取り組む法律実務家はもちろん、事故予防・再発防止を担当する幼稚園・保育所その他の施設関係者にとって至便！

升田　純　著

（Ａ５判・467頁・定価 5,170円（本体 4,700円＋税10%））

2021年2月刊 近年ますます増加する名誉毀損事件の実態・法対策を理論・実務の両面から分析・解説！

名誉毀損判例・実務全書
―判例分析からみる法理と実務―

900件に及ぶ平成元年から最新の幅広い範囲の名誉毀損判決を「週刊誌」「テレビ放送」から「ビラ」「裁判活動」「記者会見」「インターネット上」などの類型に分類・整理！　判例から法理を明らかにし、被害を受けた場合の対応策を明示！

升田　純　著

（Ａ５判・548頁・定価 6,160円（本体 5,600円＋税10%））

2019年3月刊 より説得的な主張・立証のあり方、認定・算定の判断基準を探究する好評書の第3版！

判例にみる損害賠償額算定の実務〔第3版〕

130件超の損害賠償請求事件の裁判例を取り上げ、事業者の事業の種類、加害行為の種類、損害の種類によって類型化して精緻に分析・検証し、損害賠償額の認定・算定が困難な事例における賠償額の立証や認定・算定の実務のあり方を示す好個の書！

升田　純　著

（Ａ５判・598頁・定価 5,940円（本体 5,400円＋税10%））

2018年5月刊 慰謝料等請求実務の指針を示す！

判例にみる慰謝料算定の実務

130件超の慰謝料等請求事件の裁判例を類型化して精緻に分析・検証し、説得的な主張・立証のあり方、認定・算定の判断基準と実務指針を示す！　裁判官・弁護士・司法書士などの法律実務家や研究者、企業の法務担当者の必携書！

升田　純　著

（Ａ５判・511頁・定価 5,500円（本体 5,000円＋税10%））

発行　民事法研究会

〒150-0013　東京都渋谷区恵比寿 3-7-16
（営業）TEL. 03-5798-7257　FAX. 03-5798-7258
http://www.minjiho.com/　info@minjiho.com